KB213133

제일철학 2

Erste Philosophie
Zweiter Teil: Theorie der phänomenologischen Reduktion

by Edmund Husserl

Published by Acanet, 2025

한국연구재단총서 학술명저번역 670

제일철학 2
현상학적 환원의 이론

Erste Philosophie

Zweiter Teil: Theorie der phänomenologischen Reduktion

에드문트 후설 지음
박지영 옮김

아카넷

일러두기

1. 이 책은 1958년 후설 전집(Husserliana) 제8권으로 출간된 *Erste Philosophie*(1923~1924) 2권을 완역한 것이다. 단, 원서의 편집자 루돌프 뵘(Rudolf Boehm)의 해설과 주석은 한국어판에 옮겨 싣지 않았다.
2. 원서의 본문에서 자간을 달리하여 강조된 내용은 볼드체로 표시했다.
3. 옮긴이가 독자의 이해를 돕기 위해 보충한 내용은 대괄호로 묶었다.
4. 각주는 대부분 옮긴이가 단 것이며, 원주인 경우에는 별도로 '원주'라고 표시했다.

차례

1부

철학의 필증적 시작에 대한 사전 성찰

* '필증적(apodiktisch)'이라는 말은 아리스토텔레스에게서 유래한다. 아리스토텔레스는 명제를 분류하여 사태를 단순히 진술하기만 하는 확언(assertorisch) 명제, 사태가 가능함을 표현하는 미정(problematisch) 명제, 사태가 필연적으로 참이거나 거짓임을 표현하는 필증(apodiktisch) 명제로 나누었다. 후설은 아리스토텔레스의 이 용어를 빌려 와, 학문의 토대가 될 인식이 가져야 할 특성인 의심 불가능성을 표현하기 위해 사용한다. 후설에서 의심 불가능성, 또는 필증성은 주어진 사태가 실제로는 주어진 것과 다르거나 아예 성립하지 않는다는 것이 원칙적으로 불가능한 경우를 뜻한다. 가령 내가 길을 가다 멀리 있는 친구를 보았다고 하자. 이 사태는 필증적이지 않다. 내가 잘못 본 것이었고, 다가가보니 모르는 사람으로 밝혀지는 경우가 언제나 가능하기 때문이다. 반면에 내가 존재한다고 생각할 때 이 사태는 필증적이다. 존재함을 의심할수록 의심하는 내가 존재함이 확증되기 때문이다. 이처럼 후설은 세계의 우연성과 의식의 필증성을 대비시키고 이를 현상학적 환원의 토대로 삼는다. 다만 후설에서 '필증성'이 뜻하는 의심 불가능성은 데카르트적 의미의 의심 불가능성보다는 다소 약한 의미를 지닌다. 즉 현상학적으로는 어떤 것을 의심할 경우, 수행적 모순에 이르게 되는 인식만을 필증적이라고 하는 것이 아니라, 어떤 인식이 하나의 구체적 사례를 넘어 지금뿐만 아니라 앞으로도 그리고 어떤 상황에서도 원리적으로 계속해서 반복될 수 있는 것으로 경험될 때 필증적이라고 말한다. 이러한 앎은 경험이 더하여진다고 해서 수정되지 않는다. 가령 "1 + 1 = 2"라는 앎(수학적 진리)이나 "색깔을 가진 물체는 연장(Extension)을 가진다"와 같은 앎은 그것을 부정할 경우 수행적 모순을 일으키지는 않으므로 데카르트적 의미의 필증적 앎은 아니지만, 지금뿐만 아니라 앞으로도 어떤 상황에서도 계속해서 반복될 수 있는 앎이라는 점에서 현상학적 의미에서는 필증적인 앎에 속한다. 필증성에 대한 자세한 논의는 이 책의 31강을 참조할 것.

1장

도입: 절대적 상황에서 시작하는 철학자의 동기

28강 역사 속 철학의 이념과 철학하면서 시작하는 주체의 동기부여 상황

성탄절 이전의 강의들은 초월론적 현상학과 현상학적 철학의 이념사적 서설이라는 하나의 완결된 전체를 이루었다. 철학의 이념은 소피스트 철학에 대한 소크라테스적-플라톤적 반작용으로부터 생겨났으며, 〔학문을〕 내적으로 주도하는 목적 이념이 되어, 이후의 모든 학문의 전개 과정을 규정하였다. 저 강의들은 철학사를 이러한 철학의 이념의 관점 속에서 고찰했다. 이 이념에 따라, 철학은 자신의 인식 수행에 대한 인식자의 철저하고 궁극적인 최고의 자기 숙고, 자기 이해, 자기 책임에서 나온 인식이어야만 했다. 달리 말하자면, 철학은 자신을 절대적으로 정당화하는 학문, 더욱이 보편학이어야만 했다. 역사적 전개 속에서 이 이념은 실현될 수 없다. 이러한 상황의 지표가 된 것은, 때로는 드러나 있고 때로는 은폐되어 있던 회의주의의 지속적 전개의 흐름이었다. 우리는 끊임없는 철저한 비판 속에서 이 전개의 과정을 추적하였고 다음과 같은 사실을 실질적으로 이해하게 되었다. 그것은 모든 정당화의 궁극적 원천과 통일성은 초월론적 순수성 속에서 포착 가능한, 인식하는 주관성의 통일체 속에 있다는 점이다. 그래서 근원 원천 학문, **제1철학**, 초월론적 주관성의 학문이 요청되었다. 모든 진정한 학문은 자신의 모든 근거 개념들과 근거 문장들, 그리고 그 밖에 모든 자신의 방법의 원리들의 근원을 이러한 제1철학으로부터 도출해야만 했다. 바로 이처럼 모든 진정한 학문들이 자신의 궁극적 근원 영역을 공유한다는 점을 통해, 이들은 하나의 유일한 철학의 나뭇가지로서 나타나야만 했다. 우리는 가장 일반적인 수준에서 초월론적 현상학, 그리고 초월론적 현상학에서 발원하는 진정한 철학이라는 선행 개념(가장 일반적인, 그래서 이론에서 가장 먼저 발현되어야 할 목적 이념)을 획득하였고, 향후 모든 전개에 필수적인 목적 이념을 인식하였다. 그 후 우리는 그러한 목적 이념을 능동적으로 실현시키는 데로, 그러니까 그러한 목적 이념에 걸맞은 철학을 근원적 시작점에서 출발하여 현실적인 생성으로 옮기는 데로 나아간다.

초월론적 철학의 맹아는 역사적으로 **데카르트**에게서 발견된다. 데카르트의 성찰을 상기하는 것은 우리의 시도에 도움이 될 것이다. 특히, 최초의 시작을 올바르게 시도하는 데에 도움이 될 것이다.

데카르트의 이론에는 잘못이 있고, 그의 단순한 사고 과정은 곧장 진부함 속에 빠져버리는 것처럼 보인다. 그러나 그 속에조차 더 높은 진리가 담겨 있다는 점에 이 철학 천재의 탁월함이 있다. 이 진리는 숨겨져 있지만, 감지될 수 있다. 이 진리는 '발생 중인(*in statu nascendi*)' 진리이다. 즉, 아직 올바른 형태 및 근거 지음과는 거리가 멀지만, 그럼에도 불구하고 예견으로 가득 차 미래를 가리키는 진리, 다른 한편 이를 완숙한 진리로서 가지고 있는 후대인들이 보기에는 발전의 참된 맹아 형태로서 충분히 인식될 수 있는 진리인 것이다. 데카르트의 『성찰(Meditationen)』이 바로 그러한 저작인데, 특히 잘 알려진 일련의 성찰 중 처음 두 성찰이 그러하다. 데카르트의 성찰은 가장 본질적인 점에 있어서는 거의 계승되지 않음에도 불구하고 거듭하여 강력한 인상을 행사했는데, 이 점은 주로 저 두 성찰로부터, 저 두 성찰이 가진 예견에 가득 찬 그 깊이로부터 설명된다. 데카르트는 (수학적 학문조차도 예외 없이) 모든 학문에서 근거 지음의 궁극성을 부정하고, 모든 학문에 절대적 정당화를 부여해줄 하나의 유일한 절대적 원천으로부터 근거를 짓는 새로운 방법을 요청했다. 이는 그 자체로 위대한 업적이었다. 절대적 정당화를 통해서 모든 학문은 하나의 '보편적 지혜(universalis sapientia)'의 분과가 되어야 했다. 데카르트에 따르면 이 보편적 지혜는 그 자체로 모든 진정한 인식을 포괄하며, 이 인식들이 필수적으로 지녀야 할 통일성을 부여해준다. 보편적 지혜가 그럴 수 있는 것은, 이성의 통일성 덕분이다. 모든 진정한 인식은 이성으로부터 유래해야만 하는 것이다. 더 나아가 데카르트는 겉보기에는 진부해 보이는 "에고 코기토(ego cogito, 나는 생각한다)"를 발견했고, [위에서] 요구된 절대적 인식의 근거 지음을 에고 코기토로 되돌아 관련시켰다. 즉, 초월론적 자기 인식이여타 인식의 근원 원천이라고 확신했다. 이 역시 위대한 업적이었다. 가장 일반적인 차원에서 볼 때 참된 학문적 철학의 시작이 어떤 기본 형식을 갖추어야 하는지를 데카르트가 발견했다는 사실을 우리는 보여줄 것이다. 아무리 데카르트가 이 시작의 의미를 오해했고 이 때문에 실제적인 시작을 그르쳤다 할지라도 말이다.

데카르트가 자기 철학과 그 철학의 방법의 아르키메데스 점인 "에고 코기토"로 자신과 독자를 이끌 때 사용하는, 성찰의 문체 또한 관심을 기울일 만하다. 자신에게 참된 방법을 가져다준 숙고에 관하여, 데카르트는 마치 자기의 개인적 숙고에 대한 역사적 보고인 양 서술한다. 그러나 이 서술은 명백히 초개인적인 의미를 지니며, 이러한 초개인적 의미 속에서 이해되어야만 한다. 우선 여기에서 시작해보자.

가장 드높은 의미에서 철학자가 되고자 한다면, 절대적 정당화로부터 비롯된 보편적 학문이라는 **플라톤적이며 데카르트적인 이념**에 응하여, 근원적으로 그러한 자기 숙고를 통해서 되어야 하고, 이성적 자기 형성과 자기 인식의 그러한 길을 통해서 되어야 한다. 다른 한편 올바른 방식으로 시작하고 올바른 방식으로 계속해서 형성되어나가는 이러한 자기 숙고는 또한 철학의 체계 내용 자체에 속한다. 철학 자체로부터 주관적 원천이 분리되어서는 안 되고, 그러한 주관적 원천으로부터 철학은 객관적 형태를 획득한다. 자연적 인식은 물론이고 심지어는 실증적 학문조차도 대상을 곧바로 다루며 시작할 수 있고, 소박하게 확증된 명증 속에서 사유의 길을 열고 방법들을 형성해나갈 수 있다. 사유하며 형태를 만드는 모든 활동 이전에 실증 학문은 대상들을 가지고 있고, 각각의 학문 영역을 지니고 있으며, 그리고 무엇보다도 먼저, 자연적 경험을 통해 미리 주어진 하나의 세계를 가지고 있다. 그러나 철학자는 대상을 곧바로 다루며 시작할 수가 없다. 왜냐하면 그는 어떤 것도 미리 주어진 것으로서 타당하게 두어서는 안 되기 때문이다. 왜냐하면 그가 가지고 있는 것, 그가 가져도 되는 것은 그가 절대적 정당화 속에서 자기 자신에게 준 것뿐이기 때문이다. 철학자는 어떠한 대상도 미리 갖고 있지 않다. 현존하는 대상들을 그에게 아낌없이 제공해줄 자연적 경험의 자명한 권리란 철학자에게는 없다. 철학자는 소박하게 확증된 어떠한 명증도 검사하지 않은 채로 미리 통과시켜서는 안 된다. 어떤 경험 방식에서 온 것이든 간에 말이다. 그것들 자체로부터 아무 의혹도 피어오르지 않는다 해도 그렇다. 즉 어떤 것도 자명해서는 안 되고, 미리 받아들여서는 안 된다. 절대적으로 정당화되지 않은 그 무엇도 타당한 것으로 생각해서는 안 된다.

그래서 철학자는 자신이 그 어떤 무엇도, 그 어떤 이론적 토대도 갖기 전에 반성을 해야 한다는 필연성에 처해 있음을 안다. 그것은 그가 이러한 시작에 어떻게 이르는지, 또 그가 자신에게 그 어떤 무언가를 자발적으로 줄 수 있는지, 그가 무엇을 절대적으로 정당화된 것으로서 — 그리고 여기서는, 무엇을 그 자체로 최초의 시작으로서 타당하게 두어도 좋은지에 대한 반성이다. 모든 것에 앞서서, 절대적 정당화의 의미에 대한 물음, 철학적 목표의 의미에 대한 물음이 서 있어야 한다. 그리고 이러한 물음은 계속해서 효력을 발휘한다. 왜냐하면 저 의미는 최초의 싹에서 시작하여 언제나 점점 더 형성되고 분화되기 때문이다. 철학자로서의 철학자는 우선 **자기**를 제외하고는 아무것도 갖고 있지 않다. 그렇기 때문에 그는 철학을, 즉 보편적인 절대적 인식을 원하는 자로서의 자기 자신에 대하여 반성하고, 이러한 점을 스스로에게 명확히 하는 데에서 시작해야 한다. 그는, 자기 자신에게는 무관심한 채로 이론적 주제로서의 그 어떤 대상들에 곧바로 몰입하는 소박한 인식 주체이기를 완전히 멈춰야 한다.

이 반성은 근원적으로 **의지** 속에 있다. 주체는 철학적 주체가 되기로 함으로써, 자신의 다가올 모든 인식 삶을 향한 의지의 결단을 내린다. 그 주체는 지금부터 (선학문적으로든 학문적으로든) 더는 이제까지와 같은 방식으로 인식하고자 하지 않고, 언제나 단지 절대적으로 정당화된 인식만을, 그리고 체계적이고 보편적인 인식만을, 그러니까 철학만을 원하는 자로서 자신을 의지적으로 규정한다. 이러한 목표의 의미와 목표를 실현할 가능성에 대한 숙고들은 저 반성적 의지로부터 발원한다. 이러한 숙고의 내용이 (그러므로 이 숙고는 저 반성적이고 철학적인 의지를 실현할 수단이다) 철학에 이르는 길의 최초의 필연적 시작을 형성한다. 이 숙고들은 방법의 근본 부분을 형태 짓고, 방법을 일반적으로 형성한다. 철학 자체는 그러한 방법을 행함을 통해 내용적으로는 사후에야 — 절대적으로 정당화된 이론의 체계로서 — 자라날 것이다. 오직 이를 통해서만 철학은 실제로 저 철학적 의지를 단계적으로 완전히 충족시켜가는 인식 형성물로서 — 끝없는 체계적 전진 과정 속에서 — 자라나게 된다.

이러한 방식으로, 철학이 소박한 인식 행위에서 생겨나는 것은 원칙적으로 불가능하다. 철학은 오로지 자유로운 자기 숙고, 또는 인식자의 자유로운 자기규정으로부터 생겨난다. 또한 자기 자신에 대한 철저한 반성적 명료함으로부터, 그리고 주체가 철학적 주체로서 본질적으로 목표하는 것에 대한, 그리고 이의 실현을 위해 주체가 따라야 할 방법론에 대한 철저한 반성적 명료함으로부터만 생겨난다. 그러고서 철학을 목표로 할 수 있기 위해서 철학하는 자아가 자기 자신에게 의지의 주제가 되어야 한다면, 그는 (후속하는 결과에서이긴 하지만) 자기 자신에게 또한 최초의 인식 주제가 되어야만 한다. 다시 말해서 철학하는 자아는 모종의 방법적 통각에 근거하여 자신을 초월론적 자아 혹은 순수 자아로 파악해야 하며, 그 후 이 초월론적 자아 혹은 순수 자아 속에서 이론적 작업의 토대 영역을 찾아야 한다. "후속하는 결과에서"라고 나는 말했다. 왜냐하면 이는 더 이상 그 자체로 최초의 시작에 속하지 않고, 성찰이 이끌어낸 최초의 정점으로서, 성찰의 결과 내용에 속하기 때문이다.

그러나 아직은 철학하는 주체를 반성적으로 향하는 의지의 결단이라는, 최초의 성찰하는 시작 형태 속에 머무르자. 이러한 결단을 통해 설립되는, 생성 중인 철학자의 습성적인 **삶의 모습**을 고찰해보면, 그러한 삶의 모습은 완전하고 부단한 자기 책임 속에 있는 인식 삶의 모습으로 특징지어진다.

철학적으로 시작하는 주체가 철학적 삶을 살기로 하는 것은 어떤 주관적 동기부여 상황 속에서다. 이 상황을 형식적이고 일반적으로 고찰해보자. 철학적으로 시작하는 주체는 우선 아직은 소박한 인식 주체이다. 그럼에도 불구하고 그가 지금까지의 자신의 인식 소박성을 의식하게 되고 그러한 인식 소박성에 만족하지 않는 한, 그는 이미 더는 전적으로 소박하지는 않다. 그는 하나의 삶의 구간을, 그러니까 하나의 인식하는 삶의 구간을 통과한 것이다. 모든 깨어 있는 삶에는 아무리 낮은 형태의 인식일지라도 또한 인식이 포함되어 있기 때문이다. 게다가 그는 이미 학문적으로 인식하는 주체였다. 그는 그러한 주체로서 인식 수행을 실행했을 뿐 아니라, 또한 그러한 인식 수행을 가치평가하는 비판에 내맡겼고, 목적을 가지고 궁극적인 가치에 의거하여 그러한 인식 수행들을 변형시켰다. 학문적 주체로서 그에게는, 어떤 판단하는 사념들은 완전히 탁월한 방식으로 '진정한' 인식으로 형성될 수 있다는 점이 친숙하다. 이러한 사념은 사념 대상을 그저 사념하기만 하지 않는다. 오히려 사념의 대상은 인식하는 형태 지음 속에서 통찰된 진리 자체로 실현될 수 있다. 사념하는 지향은 인식에서 충족에 이른다. 인식하는 주체는 목표하는 형태 지음 속에서 이제 목표 자체에 이르렀음을 의식한다. 그는 인식하면서 '진리'를 직시한다. 그것은 바로 목표된 것, 판단적 사념이 향하는 **'그것 자체'**다. 이것은 철학하며 시작하는 자에게, 혹은 오히려 '발생 중인(*in statu nascendi*)' 철학자에게 (비록 논리적으로 엄밀히 표현되고 확정된 것은 아닐지라도) 친숙한 상황이다. 그가 보기에, 이와 대조적인 그 밖의 판단 사념들이 있다. 그것은 진정한 인식 형태의 형식인 '명증[1]'이 결여되어 있는 판단 사념, 판단 사념이 향하는 사태 자체를 직시한('근거 지은', '통찰되게 한') 것이 아니라 그것을 단순히 사념하기만 하는 판단 사념이다. 그에게는 또한 다음도 친숙하다. 각각의 한갓된 판단-**사념**에 추가 작업을 할 수 있다는 것, 그것들을 정당화하며 근거 짓는 시도를 할 수 있다는 것, 즉 상응하는 진정한 인식으로 이행시킬 수 있다는 것 말이다. 이 진정한 인식 속에서는 자체소여적 진리가 판단 사념들의 정당함의 척도가 된다. 혹은 판단 사념들이 올바른 것으로 증명되도록 하는 정당함 자체가 된다. 그러나 또한 이러한 시도가 종종 실패하고 그 반대로 뒤집히기도 한다는 것도 그는 안다. 이 판단적 사념을 산산조각 내고 무너뜨리고 그것의 부당함을 증명하는 그러한 진리가 등장하는 한 그렇게 된다. 이때 그에게 자명해 보이는 것은 각각의 모든 판단은 옳거나 그르다는 것, 참이거나 거짓이라는 것, 그래서 이 두 사건 중 하나가 증명될 수밖에 없다는 것이다. 또한 그 밖에도 다음이 자명해 보인다. 즉 이 모든 것은 일시적인 판단 작용과 인식 작용의 우연적 사건에 관한 것이 아니라는 것, 진리는 지속적으로 획득 가능한 자산이라는 것 말이다. 이 자산은 인식자가 한번 자발적으로 획득하면, 하나의 동일한 진리로서의 진리, 동일한 것으로 언제나 다시 획득할 수 있고 더는 반대나 허위로 전복될 수 없는 진리로서, 이제는 지속적인 획득물과 소유물로 인식자에게 봉사할 수 있는 것이다. 참인 것, 즉 실제적이고 진정한 인식에서 진리 내지는 판단의 올바름으로서 통찰 가능한 것은 영원히 진리이고, 거짓은 영원히 거짓이다.

∵

1 명증은 진리 경험으로서 사태 자체가 주어지는 직관적 경험이다. 이것은 사태의 주어짐이 결여된 공허한 사념과 대비된다.

그런데 실제로 진리는 획득 가능한 좋음(자산)이라 불릴 수 있다. 진리는 가치이고 비(非)진리는 무가치다. 진리는 실천적 가치로서 인식 추구와 인식 행위의 목표가 된다. 여타 행위와 마찬가지로 인식 행위도 목표에 다소간 불완전하게 도달할 수 있다. 즉 알아차리고서든지 모르는 채로든지 목표에서 빗나갈 수 있다. 그리고 인식은 아직 사태와 거리가 있을 수 있고, 불완전한 명료함을 가질 수 있다. 이때 인식은 이미 보고 있지만 단지 미리 보고 있을 뿐이며, 아직 완전히 자체를 파악하지 못하거나 혹은 아직은 사념의 모든 의미 계기에 따라서 자체를 주지 못한다. 그래서 이제 인식하는 행위를 반성적으로 시험하고 정당화하는 새로운 추구의 동기가 생긴다. 즉 추정된, 아직 불완전한 성취에 대한 반성적 비판의 길을 통해, 인식하는 행위를 현실적으로 완전한 성취로 변형시키고자 하는 새로운 추구의 동기가 생긴다.

이 모든 것은 철학을 시작하는 학자에게 '구체적으로(*in concreto*)' 잘 알려져 있다(비록 그에게는 일반적인 분석과 기술에서야 비로소 발원하는 논리적인 법칙 통찰이 결여되어 있을지라도 말이다). 정말이지 그것은 모든 학문적 추구와 그로부터 생겨나는 학문적 인식의 근본 특성에 속한다. 그렇기에 학문적 인식은 소박한 것이 아니라 인식 비판을 거쳐 가는 인식이고자 한다. 학자가 무엇을 진술할 때, 그는 언제나 규범적 올바름의 의식 속에서 진술한다(학자로서 최소한 포부는 그럴 것이다). 그것은 이미 비판의 연옥을 통과했고, 그 때문에 학문적으로 진정한 인식의 형태를 가지며, 비판적으로 사후 검증된 것으로서 받아들여진다.

29강 생성 중인 철학자의 습성[2]적 삶의 형식의 설립에 대하여

    그래서 시작하는 철학자는 이러한 한에서 학자 일반의 동기를 넘겨받는다. 그러한 동기가 그의 내면에서 계속 살아가고 있는 것은, 오직 그가 참으로 이전부터 학자였기 때문이다. 그는 철학자로서, 학자 이외에 결코 다른 그 무엇도 되고자 하지 않는다. 더욱이 물론 진정한 학자, 철저히 진정한 학자가 되고자 한다. 다른 여느 학자와 마찬가지로 그의 마음을 움직이는 것은 지혜에 대한 사랑이다. 그는 지혜에 대한 사랑을 따라 자신을 명명하는데,[3] 이는 우선은 다름 아닌, 학문적인 진리에 대한 사랑이다. 이는 판단 영역의 본질에 포함된, 진리라는 가치 영역에 습성적으로 몰두하는 방식으로 존재한다. 그래서 그는 또한 진리에 대한 이러한 사랑을 통해 지속하는 삶의 결단을 내리기로 한다. 이러한 삶의 결단은 실천적 가능성의 범위 내에서 이러한 진리의 영역의 가장 위대하고 가장 좋은 것을 향한다.

    그럼에도 여기에는 언제나 본질적인 차이가 있다. 원래 학문과 철학은

---

2 일상적으로 습성(Habitualität)은 우리의 심리적 삶에서 동일하거나 유사한 행위를 다시 하려는 경향성, 즉 기질이나 성향 등을 의미한다. 이는 동일한 행위의 반복을 통해 형성되는데, 자연주의적 태도에서 습성은 자기의식이 결여된 자동적 메커니즘을 통해 일어나는 것으로 파악된다. 그러나 후설은 인격주의적 태도에서의 습성 개념과 더불어 초월론적 태도에서의 습성 개념을 발전시켰다. 인격주의적 태도에서의 습성은 지향적 동기 연관으로 파악되는 심리적 체험 연관 속에서 귀납적 규칙성을 띠는 기질이나 성향을 일컫는다. 그러나 초월론적 태도에서 습성은 초월론적 발생의 산물이면서 그것 자체가 또다시 새로운 지향적 체험들의 초월론적 발생을 동기 짓는 구성적 역할을 갖는다. 초월론적 태도에서의 습성은 초월론적 자아의 인격적 존재 방식인 것이다. 이것은 의식 체험의 근원설립(Urstiftung), 침전(Sedimentierung), 반복(Wiederholung)의 과정을 통해 형성된다. 즉 습성은 최초에 설립한 행위가 반복되고 침전됨으로써 형성되는 것이다.

3 철학이라는 말의 기원이 된 그리스어 필로소피아(*philosophia*)란 어원적으로 지혜(*sophia*)에 대한 사랑(*philos*)을 뜻한다.

분명 하나였기는 하다. 자세히 말하자면, 개별 학문은 그저, 분리 불가능한 생명의 통일체인 **하나의** 철학이라는 전체 줄기에 붙은 살아 있는 가지였다. 그러나 그동안 이 둘은 분리되었고, 이 둘을 분리시킨 것은 다름 아닌, 모든 작업 활동에 혼을 불어넣는 저 신념이었다. 이 둘이 분리된 이유는 철저주의의 정신이 상실되었기 때문이다. 이 정신은 '철학'이라는 명칭 아래, 학문을 학문이게끔 하는 것에 있어서 ─ 그러니까 인식을 인식 비판적으로 정당화함에 있어서, 그리고 바로 그렇기에, 학자가 자신의 모든 인식 활동에 있어서 자기 정당화를 함에 있어서 ─ 궁극적인 것에까지 이르고자 했던 저 정신이다. 독립된 학문들, 그리고 이제까지의 모든 학문 일반은 참된 철학자, 즉 '진정한(κατ' ἐξοχήν)' 학자를 만족시키지 못한다. 그것은 각각의 학자가 자신의 이론적 지배 영역으로 포괄하고자 하는 대상적 총체가 ─ 무한함에도 불구하고 ─ 아직 제한되어 있기 때문만은 아니다. 최적의 진리, 즉 각각의 학자가 추구하는 진리의 체계 역시 제한되어 있어서, 완전한 최적의 진리의 보편 통일체가 아니기 때문만도 아니다. 무엇보다 그것은 모든 학문이 어정쩡한 소박성에 갇힌 채로 있고, 그래서 모든 학문이 학문으로서 태생적으로 지니고 있는 의미, 즉 철저한 규범 정당성의 의미를 충족시키지 못하기 때문에 그러하다. 모든 학문은 미리 주어진 것, 즉 인식을 통해 미리 주어진 것들을 갖는다. 왜냐하면 또한 종국적으로 미리 주는 것, 즉 **경험함** 자체가, 비록 낮은 단계의 인식이긴 하지만 어쨌든 이미 인식이기 때문이다. 학문은 미리 주어진 것들을 갖는다 ─ 이는 다음을 의미한다. 즉 학문은, 이러한 미리 주는 인식을 결코 앞서 비판적으로 탐구하지 않은 채로, 미리 주어진 것들을 받아들인다. 마찬가지로 학문은 방법적 인식을 수행하며, 이것을 어느 정도 비판적으로 고찰하고 여기에 비판적 형태를 각인시키기는 했다. 그럼에도 불구하고 인식하는 이론적 활동을 궁극적으로 숙고된 고유한 주제로 만드는 일을 가장 철저한 반성 속에서 행할 정도까지 하지는 않았다. 바로 그 때문에 전제 없는 시작에 대한 철학적 열망, 하나의 새로운, 정말로 철저한 인식 삶에 대한 열망이 생겨났다. 그러한 삶은 절대적 정당화로부터 학문을 창조하는 삶이다. 그러한 삶이란 철학자가 인식 활동가로서 양심에 절대 거리낌 없이 자기 자신에게 떳떳할 수 있고, 모든 인식 활동의 의미와 권리, 그리고 그것을 지배하는 모든 선택과 결정을 이해하고 책임질 수 있는 삶이다.

그러나 이러한 절대적 철저주의는 이러한 가장 진정한 의미에서의 철학자가 되고자 하는 사람에게, 그에 상응하는 절대적이고 철저한 삶의 결단을 의미한다. 이러한 삶의 결단 속에서 그의 삶은 **절대적 소명에서 비롯된 삶**이 된다. 그것은 하나의 결단이다. 이러한 결단을 통해 주체는 인식의 보편적 가치 영역에서 그 자체로 최선인 것을 향하기로, 그리고 시종일관 이러한 최선의 이념에 헌신하는 삶을 향하기로, 스스로 그리고 오직 자기 자신<u>으로서</u> — 자신의 가장 내밀한 인격성의 중심으로부터 — 결단한다. 혹은 이렇게도 말할 수 있겠다. 그것은 어떤 의미에서 주체 자체가 자신을 이러한 최선의 것과 '절대적으로 동일시하는' 결단이다. 바로 이러한 중요하고 보편적인 자기규정에 상응하여 다음과 같이 표현할 수도 있다. 자신을 철학자로 규정하는 주체는 최고의 인식, 즉 철학을, 자신이 추구하는 삶의 절대적 궁극 목적으로서, 자신의 참된 '직업'[4]으로서 선택한다. 주체는 이제부터 영원히 이것을 향하기로 정했고, 결단했다. 그리고 주체는 실

---

4 독일어로 '직업(Beruf)'은 '소명(Berufung)'과 어원이 같다. 즉 직업이라 함은 단순히 생계를 유지하기 위한 일이 아니라, 신의 부름에 응하는 일, 자기 삶에 의미를 부여하는 일, 자기가 헌신하는 일을 뜻한다.

천적 자아로서 절대적으로 여기에 헌신했다. 그러한 확고한 결단성의 주체인 철학자는 자기를 이끄는 이 궁극 목적, 자신의 이러한 삶의 소명을 언제나 의식하고 있다. 물론 쉽게 납득할 만한 의미에서 그렇다. 궁극 목적은 철학자의 내면에 지속적인 습성의 형태로 계속 유효하게 살아 있는 것이다. 그리고 철학자는 이를 언제나 자각할 수 있다. 즉 언제나 이것이 그의 지속적인 삶의 목적**임**을 분명히 할 수 있다. 이 최종 목적은 근원적으로 설립[5]하는 결단에서 비롯되어 이제 영원히 효력을 발휘하면서, 모든 인식 행위를 지배하는 이념적 극으로 지속적으로 작용한다.

그에 따라, 저 철학자에게는, 그러니까 자신의 이념적 중심을 오직 이처럼 설정함을 통해서만 존재하는 철학자에게는, 자신의 삶의 궁극 목적으로부터의 모든 일탈은 자기 자신에 대한 일탈을 의미하며, 스스로에게 불충실하게 됨을 의미한다. 마찬가지로 철학적 삶의 의지에서 솟아 나오는, 철저한 절대적 정당화를 향한 의지의 활동은 동시에 상관적으로 철학자 자체의 자기 정당화라는 성격을 갖는다.

우리가 이러한 결단의 의미와 방식에서 가장 중요한 요소를 절대성에 대한 강조를 통해 특징짓기는 했지만, 이는 아직 아주 불충분하고 불명료하다. 우리는 그것을 더 명료하게 전개해보고자 한다.

∴

5 후설의 의식 분석에 따르면, 우리가 인식이나 의지 결단 등을 통해 어떤 대상을 한번 분명히 경험하면, 그 경험은 우리 의식 속에 자리 잡고 이후의 우리의 의식 활동을 동기 짓는 자산이 된다. 가령 우리가 옆집 강아지를 한번 보고 나면, 우리는 이후에 그 강아지를 다시 알아보거나 상기하고 예상하는 등 그 강아지와 관련된 새로운 인식 활동을 수행할 수 있다. 그래서 우리가 옆집 강아지를 본 것은 나의 의식에 옆집 강아지를 '설립(Stiftung)'하는 일이다. 이러한 설립 중 특히 중요한 것은, 어떤 종류의 대상의 최초의 설립이다. 가령 내가 생애 처음으로 강아지를 봤을 때, 나의 의식에는 전에는 없었던 '강아지'라는 의식상이 생긴다. 이러한 최초의 설립을 후설은 '근원설립(Urstiftung)'이라고 한다.

철학, 즉 '보편적 지혜'를 삶의 목적이라는 궁극 목적으로서 개인적으로 받아들인다는 것은, 단순히 그 어떤 다른 삶의 목적을 선택하는 것과 마찬가지로 하나의 삶의 목적을 선택함을 의미하는 것이 아니다. 어떤 의미에서는 가령 부, 명예, 권력, 명성도 개인적 궁극 목적이라는 성격을 가질 수 있고, 소위 직업적 삶의 모습들을 결정할 수 있다. 그러나 그러한 직업적 삶은 더 높은 소명은 보여주지 못할 것이다. 그러한 더 높은 소명에서 비롯될 때, 직업 자체가 더 높은 의미, 특유의 숭고한 성격을 가지게 된다. 철학이라는 직업, 또한 진정한 예술가의 직업, 진정한 정치인의 직업 등에서 명백히 그러하듯이 말이다. 일상적인 의미에서든 더 높은 의미에서든 간에 우리가 직업에 관해 말할 때면 언제나, 일반적인 정신적 형태의 통일체로 결합되는 일반적인 특징들이 물론 같은 방식으로 다시 나타남을 우리는 발견한다. 가령 누군가가 상인이라는 직업을 향해 결단하고, 이를 가능한 한 최대로 실현하기로, 가능한 한 최대의 부, 권력, 외관에 이르기로 결단했다고 하자. 그 사람도 내적으로 '이제부터 영원히'의 형식으로 결단하며, 이 점에서는 철학자와 다르지 않다. 그의 눈앞에도 역시 가치와 목표의 무한한 사슬이 있다. 가치와 목표는 나란히 줄지어 있기도 하지만, 위로 쌓아 올라가면서 통합되고 높아지기도 한다. 이러한 가치와 목표는 나중의 총합이 이전의 총합을 흡수한다. 이때, 후자는 전자를 어떤 방식으로 보존하기는 하지만, 전자를 초과함으로써 그것을 무가치하게 만든다. 더 나아가 가치들은 점점 높아지는 상승의 이러한 끝없는 위계 구조 자체 속에서 가치의 전체를, 말하자면 '파르나소스산에 오르는 계단(gradus ad Parnassum)'[6]을 형성한다. 이것은 끝없는 계단으로서 그 자체가 하나의 가

··
6　파르나소스산은 그리스 델포이의 북쪽에 있는 해발 2457미터의 석회암 산이다. 이 산은 아

치이고 목표이다. 이것도 또한 '직업'이라는 명칭하에서 선택된 것이다. 자유롭게, 그리고 정말로 내적으로 선택된 모든 직업에는 궁극 가치, 궁극 목적의 이념이 담겨 있는데, 상관적으로 전체를 이루는 이러한 형태들로 담겨 있다. 의지의 주체인 인격적 주체에게, 그것은 이러한 목적 혹은 목적 체계와의 동일시를 의미한다. 그리고 '사랑으로 인해', 자아 중심으로부터 그러한 목적에 창조적–실천적으로 헌신함을, 그리고 그 속에서 특수한 방식으로 영원히 자신을 펼치며 살고자 함을 의미한다.

그럼에도 불구하고 일상적인 의미에서의 직업과 소명에서 비롯된 직업은 하늘만큼 거리가 멀다. 실제로 하늘만큼 멀다. 왜냐하면 이러한 진정한 직업의 본향은 '천상의 장소(τόπος οὐράνιος)'이기 때문이다. 즉, 한갓 추정된 가치에 대립되는 절대적 가치 혹은 순수 가치의 **절대적 이념**이기 때문이다. 어쨌든 한갓 추정된 가치도 어느 정도 진정함을 지닐 수는 있겠지만, 그럼에도 순수한 완전성을 지닐 수는 없을 것이다. 다른 한편 소명의 본향은 **자아 자신**이다. 이러한 자아는 단순히 가치를 평가하기만 하지 않는다. 이러한 자아는 일면적으로 유한하고 혼탁하게 만드는 모든 사태를 겪으면서도 순수하고 진정한 가치 자체를 예감하고 예견하면서 지향하며, 또 사랑하는 마음으로 그러한 가치들에 헌신하고, 창조적 실현 속에서 자신과 이러한 가치들을 일치시킨다. 순수한 것 자체는 그러나 수학적 극한과 동일하다. 그것은 무한 속에 놓인 한계 이념이다. 적어도 다음과 같은

∴ 폴론 신과 코리키아 님프의 신화 전설에 따라 신성하게 여겨져왔으며, 뮤즈의 고향이기도 하다. 두 봉우리 중 하나는 아폴론과 뮤즈에게, 다른 하나는 디오니소스에게 봉헌되었다. 로마 시인들은 이 산의 남쪽 기슭에 있는 카스탈리아 샘에서 영감을 얻었고, 뮤즈의 거처인 헬리콘산보다 이 산을 더 숭배하였다. 이러한 신성함과 높음으로 인하여, '파르나소스산에 오르는 계단'이라는 표현은 낮은 수준으로부터 시작하여 높은 수준까지 차근차근 밟아나가는 단계적 과정을 뜻하는 관용구로 근세 이후 유럽에서 사용되었다.

상황이 참이라면 그렇다. 이미 그 자체로 직시된 모든 순수한 것이 언제나 아직도 자아로부터 멀리 있는 면을 가지고 있는 상황, 그 자체에든 그것의 맥락 지평에든 간에 충족되지 않은 요소들이 아직도 있어서, 이념을 사랑하는 자가 그리로 끌어들여질 수 있고 끌어들여져야 하는 상황 말이다. 모든 가치 영역에는 이러한 방식으로 순수한 것, 자체적 가치, 이념으로서의 순수한 '좋음(καλόν)'이 있다. 이처럼 인식의 가치 영역에는 순수한 진리가 있다. 이 순수한 진리는 이론을 통해 진리들을 체계적, 창조적으로 형태 짓는 가운데 끊임없이 고양된다. 이처럼 단계적으로 상승하며 형성해가는 과정에서, 가장 낮은 단계에서 산출되는 진리도 어떤 방식에서 지속적으로 보존되는 가치이기는 하다. 그럼에도 불구하고 다른 한편 이것은 더 높은 가치 단계에 흡수되고, 〔이미〕 극복된 한갓 낮은 단계의 가치로 평가절하된다. 이제 이론 자체의 무한한 진보와 이러한 진보를 통해 실현되는 진리 창조물의 잇따르는 단계들로 눈을 돌리면, 그러한 진보는 그 무한성과 통일성 속에서 다시 순수한 가치로, 모든 단계의 위에 우뚝 솟아 있는 가치로 나타난다. 개별적인 가치 형성과 가치 증가의 총체로서 그 자체는 변하지 않고 증가하지 않은 채로, 그래서 절대적이면서 동시에 지속하는 가치로서 나타나는 것이다. 분명 여기서 최고의 궁극적인 것은 순수한 진리들 일반의 무한한 총체와 그 아래에 있는 근거 짓는 이론들의 무한한 총체이리라. 이러한 총체는 분명, 임의적인 진리 출발점을 기점으로 하여 생각할 수 있는 이론화의 진보 전부를 포괄하리라.

그래서 우리는 여기, 이론적으로 결합된 진리의 총체에서 순수한 아름다움의 고유하고 무한한 영역을 갖는다. 이러한 영역은 순수한 봄(視)을 통해 열리지만, 수동적으로 바라보거나 움켜쥠을 통해서는 정녕 열리지 않고, 오히려 사랑하는 창조적 행위 속에서 열린다. 이러한 행위에서는 자체적인 순수함과 아름다움이 예견적 지향들의 충족으로서, 그것 자체인 것으로서 현실화되고, 이제 능동적으로, 창조적으로 일깨워진 궁극 목표, 자아 자체가 당도한 궁극 목표로서 직시된다. 그러나 모든 궁극 목표는 다만 상대적인 '목표(τέλος)'에 지나지 않는다. 그것은 새로이 시선을 돌림에 따라 나타나는 새로운 지평들, 그리고 이 지평들에 대한 아직 들추어지지 않은 예감을 밝히는 데로 언제나 다시 계속해서 나아간다. 이때, 무한한 진보라는 항구적 주도 이념(혹은 항구적인 절대적 가치)은 나름의 방식으로 실현된다. 그러나 갈망을 충족시키기는 하지만 상대적으로 충족할 뿐인 인식 행위를 포함하는 현행적 인식 운동의 상대적이고 유한한 형식 속에서 실현된다.

아름다운 것은 사랑받는다. 사랑은 과연 끝이 없다. 사랑은 오직 사랑함의 무한성 속에서만 사랑이다. 그리고 이때 사랑은 언제나 자신 안에 순수한 가치 자체의 무한성을 그 상관자로 지닌다. 그것은 아름다움을 무한히 갈망하는 창조적 자아의 사랑이다. 부자유가 억압할 때 자아는 불행하다. 그리고 자유롭게 흘러가는 능동적인 충족을 통해, 예감된 것의, 다음으로 예견된 것의, 결국은 (아무리 언제나 상대적인 것, 유한하게 경계 지어진 것에 불과할지라도) 자체 형성된 아름다움 자체가 부단히 현실화됨을 통해 행복해진다.

그러나 이제 우리는 다음에 주의해야 한다. 순수한 아름다움을 사랑하며 열려 있고 이미 예견하면서 아름다움의 세계를 껴안는 것과 그러한 세계에 헌신하는 것은 서로 다르다는 것 말이다. 더 나아가, 때때로 거기에 헌신하는 것, 때때로 순수한 기쁨 속에서 창조적으로 형성하거나 모방하여 형성하면서 아름다움의 세계를 현실화하고 바로 이를 통해 자기 자신을 정화하여 고양하는 것과, 가능한 창조적 형성물의 세계인 그러한 가치 세계에 자기 자신을 완전히 헌신하는 것, 말하자면 자신을 이러한 무한성 속에 쏟아붓는 것, 무한하고 무조건적이고 절대적인 사랑 속에서, 아름다움의 무한한 폭을 자신에게 가장 고유한 활동의 끝없는 전진 속에서 자신의 것으로 만들고자 하고 만들어야 한다는 것은 별개의 것이다.

어떤 아름다움 영역 내의 순수한 아름다움에 대한 사랑이 이미 일깨워졌다면, 이해의 어떤 전제들이 충족되는 한, 일반적으로 또한 다른 영역들의 아름다움에 대한 사랑도 일깨워질 수 있고, 일깨워지게 된다. 그러나 사랑하는 자가 실제로 실천적으로 결단할 때, 그는 모든 가치 영역을 동일한 방식으로 향하기로 결단할 수도 없고, 동시에 향하기로 결단할 수도 없다. 각 가치 영역은 하나의 세계이고, 자체로 무한한 총체이다. 하나의 영역을 향한 결단이 현실화라는 사랑의 행위로 이행할 때, 그것은 다른 영역을 향한 현실화를 억압한다. 그리고 이와 더불어 그것을 향한 무조건적 결단의 가능성도 억압한다. 그런데 이제 선택, 그러니까 무조건적 결단은 여기서 우연의 문제인가? '소명'이라는 말을 떠올리는 것이 우리에게 답을 준다. 나는 사랑하는 가치평가를 하면서 순수한 아름다움의 다양한 세계를 직관할 수 있을 것이다. 나는 심지어 이들의 가치 자체의 관점에서 이 다양한 세계들이 아름다움으로서는 동등하다고 여길 수도 있겠다. 그럼에도 불구하고 나는 다음과 같이 말할 수 있고 또 말해야만 하게 될 것이다. 나 자신으로서의 나에게 이러한 아름다움의 세계는 동등하게 가치 있는 것은 아니다. 나 자신으로서의 나는 오직 하나의 아름다움의 세계를 향하기로만 결단할 수 있고 결단해야만 한다. 그것은 단지 내가 그저 하나를 결심해야만 하기 때문이 아니다. 이성적 존재로서의 나는 실천적으로 결단해야만 하며, 그렇다면 나는 오직 하나의 아름다움을 향하기로 결단할 수밖에 없다. 순수한 의미에서 아름다운 모든 것들에 대립하여, 일찍이 (그저 추정된 가치로서) 뜨겁게 갈망되었던 다른 모든 가치들이 절대적이고 실천적인 무가 되어버리는 한에서 그렇다. 또한 그것은 그저 내가 이제 한 번에 모든 것을 한꺼번에 할 수 없고, 행동할 때에는 가치 세계들 중 뭐든 간에 하나의 세계만을 선호해야만 하기 때문만도 아니다. 그것은, 내가 이 세계에 대해 특별하고 무조건적인 근친성을 가지기 때문이기도 하다. 혹은, 자체로 고찰했을 때에는 대등한 모든 아름다움들이 그렇다고 해서 나에게 실천적으로 대등할 필요가 없음을, 여기 주어진 상황에서는 결코 대등할 수가 없음을 내가 직시하기 때문이기도 하다. 나의 가장 내밀한 내면성에서 볼 때, 한 가치를 나에게 절대적인 가치로 보증하는 개인적 가치평가는, 오직 단 하나의 가치 영역에 대해서만 이루어지는 한에서 그렇다. 그래서 나는 다음과 같이 말해야겠다. 이 하나의 아름다움의 가치 영역은 나 자신이 속해 있는 영역이라고. 나의 인격성의 가장 내밀한 중심으로부터 비롯되어 그러하다고 말이다. 또한 그쪽 편에서 말하자면, 이 영역은 나에게 고유한 것으로서, 나를 완전히 개인적으로 부르는 것이면서 내가 소명에 따라 향하는 것으로서 나에게 속한다고 말이다. 나 자신으로서의 나는 이러한 아름다움(그리고, 실천적으로 말하자면, 순수한 의미에서의 좋음)의 영역으로부터 나를 분리할 수 없다. 그것을 실현하는 것은 나의 일이다. 여기에 나의 직업적 의무의 영역이 있다. 그러니 내가 이 부름에 따를 때 내가 할 수 있는 것은, 나의 진정하고 참된, 나의 무한한, 현세적인 것으로부터 정화된 나를 획득하기 위해서 나를 버리는 것, 그러니까 유한하고 감각적이고 진짜가 아니고 참되지 않은 나로서의 나를 버리는 것 외에 무엇이 있겠는가? 그렇게 살면서 현세적인 것에서 영원한 것을, 순수하지 않은 것에서 순수한 것을, 유한한 것에서 무한한 것을 내다보며 예감하면서, 나는 그저 '행운'을 획득하는 것이 아니라 '지복'을 획득한다. 즉 나를 만족시키는 유일한 것인 저 순수한 만족을 획득한다. 그리고 바로 그와 더불어 나는 나 자신을, 오직 정신과 진리 속에서 존재한다고 말할 수 있는 그런 존재로서 실현한다.

우리가 일반성의 형식 속에서 생각하기는 했지만, 물론 우리에게 여기에서 문제가 되는 특수성도 함께 생각했다. 우리는 일반적으로는 소명으로부터 결단하는 자에 대해 이야기했고, 특수하게는 철학을 향해 결단하는 자에 대해 생각했다. 그는 참된 철학자이고, 오직 하나의 부름에 따를 때 더욱 참되게 된다. 그 부름은 '보편적 지혜(sapientia universalis)'의 이념으로부터 들려오는 부름, 절대적 헌신을 요구하는 부름이다. 자기 자신을 예술에 전적으로 봉헌하는 자만이 예술가이듯이, 오로지 자신을 철학에 봉헌하는 자만이 철학자다. 철학에 관심을 가지고, 때에 따라 진리의 물음들에 대해 곰곰이 생각하고, 심지어 지속적으로 그에 대해 연구한다고 해서 철학자인 것은 아직 아니다. 아마추어적으로 그림을 그리고 조형물을 만든다고 해서, 심지어 전 생애 동안 그렇게 한다고 해서 예술가인 것은 아직 아님과 아주 마찬가지다. 여기에 결여된 것은 궁극적인 것을 향하는 의지의 철저주의이다. 이러한 철저주의는 순수 이념의 무한성과 전체 이념 세계의 무한성을 염두에 두고, 영원한 극을 향해 헌신함을 통해서만 만족시킬 수 있다. 그러한 헌신과 창조적-활동적인 자기 펼침 속에서 그는 자기 자신을 영원한 자아로 실현한다.

30강 순수한 문화 정신 일반과 철학적 철저주의의 근원설립

지난 강의에서 우리는 창조적 실현(ποίησις)의 영역인 순수한 가치 영역들을 고찰했고, 인식의 영역을 다른 순수한 가치 영역들과 나란히 놓았

다. 이때 철학, 보편적이고 절대적인 학문 내지는 인식 가치의 총체를·그
것의 궁극적이고 가장 순수한 완성 속에서 실현하고자 하는 학문은 순수
한 문화의 다른 이상적인 형태들, 그러니까 시각 예술의 이상적 형태와 같
은 것과 동일한 차원에서 다루어졌다. 그때그때의 순수하고 진정한 가치
들을 실현하는 일은 창조하는 주체의 측면에서는 언제나 저 철저주의 정
신을 요구했다. 철저주의 정신은 유한한 채로는, 불완전하고 미완성된 채
로는 결코 충족될 수 없으며 그 이념의 영원한 극들을 향해 계속해서 나아
간다. 그럼에도 불구하고 다른 한편으로는 철학과 학문에서의 사정은 예
술과 그 밖의 문화 영역의 경우와 본질적으로 다르다. 예술과 학문 모두
보편적인 개념이다. 학문은 학문적 형태들의 총체를 포괄하고 예술은 예
술 형태들의 총체를 포괄한다. 그러나 보편학으로서의 철학은 현실적이거
나 가능적인 학문 형태들의 총체를 위해 목적 활동적인 실현을 가능하게
하거나 심지어 수행해내고자 한다. 그리고 이미 모든 특수 학문은 비록 제
한되어 있으나 자신의 무한한 영역의 진리들의 전문화된 총체를 의지의 주
제로 갖는다. 그것이 의미하는 바는 다음과 같다. 철학자들을 추동하는 것
은 개별적 작업의 순수한 완성의 이념으로서 개별적인 작업의 기반에 놓여
있는 이념의 무한성뿐만 아니라 그러한 완성된 형태들의 총체의 무한성이
다. 그때그때 수행된 개별적인 인식과 이론은 학문적 의지의 보편적 정복
이 향하는 보편적 진리 영역의 새로운 부분을 실현하는데, 이를 객관적으
로 실현할 뿐 아니라 각각의 연구자들의 생각인 고유한 의식적 지향으로
부터도 실현한다. 이 모든 일은 다른 문화 영역에는 당연히 해당되지 않는
다. 다른 문화 영역에서는 그와 관련하여 인류가 보편적으로 향하는 실천
적 지향들을 일깨우고, 그럼으로써 높은 단계에서 그 자체로 보편성을 향
하는 문화 형태를 근거 지을 가능성이 생각되어야 하는지는 묻지 않는다.

어쨌든 우리에게 예술은, 순수하고 진정한 예술로 생각된다고 하여도, 현실적이고 가능적인 예술 형태들의 총체와 어떤 식으로든 경계 지어진 특수 총체를 향하는 보편적인 예술적 의지를 일컫는 말이 아니다.

철학의 독특한 의미를 다른 모든 순수 문화와 구별해주는 또 다른 것이 이러한 문제와 아직 연결되어 있다. 순수 문화는 결코 어떤 소박성을 배제하지 않는다. 순수 문화는 — 철학을 제외하면 — 오히려 어디에서나 이러한 소박성 속에서 성장하고 머물러 있다. 그 밖의 반성적 자기비판과 작업 형태의 그때그때의 단계들에 대한 비판이 철저주의 이념 아래에서 아무리 각각의 순수 문화에, 또한 실증 학문에 속해 있다고 할지라도 말이다. 이러한 점에서 실제로 실증 학문은 모든 다른 문화와 동일한 차원에서 고찰될 수 있다. 그러나 철학은 이러한 모든 차원을 뛰어넘는다. 철학은 원리적으로 자신의 방법을 모든 소박성과 분리시킨다. 이것은 이미 철학의 철저주의가 그 밖의 모든 문화 정신에 속하는 철저주의와는 본질적으로 다르다는 사실을 의미한다. 그래서 직시하고 사랑한 순수한 가치를 무조건적 헌신 속에서 추구하는 이러한 보편적 철저주의는 아직 철학적 철저주의가 아니다. 그것은 또한 다음의 사실과도 관련된다. 철학자를 만드는 저 삶의 결단의 근거는 예술가나 학자에게 속하는 삶의 결단의 근거와는 그 종류가 본질적으로 다르다.

우선 실증 학문의 독단주의에 대해 철학자가 품고 있는 이의는 결코 학문적 신념의 이상주의를 표적으로 하지 않는다는 점을 말해야겠다. 근대 실증 학문이 "아는 것이 힘이다(*Scientia est potentia*)"라는 모토에 따라 지나치게 **베이컨**의 공리주의 원리에 입각해 있기는 하다. 그렇다고 해도 정당하게 본다면, 우리는 그 학자들에게서 학문적 진리의 영역에 대한 순수한 사랑의 마음을 주저함 없이 일반적으로 부정해서는 안 될 것이다. 홀륭한 최고의 학자들의 경우에는 진정한 소명의식에서 온 연구 정신이 결코 결여되어 있지 않다. 그러나 여기서 이러한 사랑과 이에 따르는 인격적인 삶의 결단은 부지불식간에 자라날 수 있다. 다른 순수 문화의 영역, 가령 예술에서도 마찬가지다. 어떤 사람의 마음속에 아주 이르게 이미 젊은 시절에, 순수한 예술 사랑이 깨어나고, 그것이 실천적 헌신이 되고, 어쩌면 풍경화 연습으로 전문화될 수 있다. 그래서 이때 말하자면 엄숙한 결단 없이도 부지불식간에 그 직업에 빠져들지 모른다. 이 경우, 나중에 일어날 수도 있는 명시적 직업 선택은 말할 것도 없이 이미 자연스럽게 생겨난 습성적 삶 의지와 행위 의지의 단순한 확인이자 명시적인 형성의 성격을 지닌다. 이것은 학문에 관해서도 마찬가지일 수 있다. 일찍 발달한 재능의 경우 이런 일은 드물지 않다.

그러나 철학자의 경우에는 사정이 아주 다르다. 철학자는 그를 처음으로 근원적으로 철학자로 만드는 고유한 **결단**을 **필연적으로** 필요로 한다. 말하자면 근원적인 자기 창조인 하나의 근원설립을 필요로 한다. 아무도 철학에 그냥 빠져들 수는 없다.

왜냐하면 인식 사랑과 인식 창조의 저 어떤 소박성은 필연적으로 최초의 것이어서 그러한 소박성은 인식 자체에 숨겨져 있는, 기껏해야 어둡게 감지되나 이해되지 않는 불완전성을 품고 있기 때문이다. **회의주의**는 이러한 불완전성을 처음으로 밝혀낸다. 여기에는 다음과 같은 사실이 놓여 있다. 인식 주체가 인식 대상들과 인식된 진리들이 인식하는 자와 맺는 관계로 자신의 관심을 향하기 시작할 때, 그래서 이제 잘 알려진 이른바 인식 이론적 어려움에 빠져들게 될 때, 그러한 불완전성이 비로소 나타나게 된다. 결국 인식 주체는 모든 인식이 이러한 어려움을 가짐을 확신하게 된다. 그리고 모든 인식적 가치가 인식 주체와 인식하는 형태들로의 분리 불가능한 소급적 관계를 지니는 한, 어떠한 인식적 가치도 소박한 절대성 속에 놓일 수 없으며 소박한 태도에서 절대적인 것으로 주장될 수 없음을 확신하게 된다. 여기서 순수한 인식 가치가 획득되고 주장될 수 있다면, 그러한 가치는 이러한 상관관계 속에서 인식하는 작업수행을 통해 파악되고 알려져야 한다는 것을 인식하고자 하는 자는 인식해야만 한다. 여기에서 이따금씩 반성을 하거나, 소박성과 반성이 뒤섞여 있는 식으로는 아무것도 수행될 수 없고 오히려 이런 경우 불합리만 생겨날 뿐이라는 사실이 그에게 점점 더 분명해질 것이다. 학자들 자신이 수행하고 있으며, 또한 학자들이 독단적 논리학만을 형식들로 가져오는 식의 한갓 논리적 비판은 도움이 되지 않음이 분명해질 것이다. 왜냐하면 바로 모든 논리적 형태 지음과 논리학 자체는 여전히 이해 불가능성의 차원을 품고 있기 때문이다. 그래서 새로운 보편적이고 절대적인 철저주의의 필요성이 비로소 생겨난다. 이러한 철저주의는 모든 소박성을 원리적으로 비판하며 소박성의 극복을 통해 궁극적인 진리, 즉 참되고 본래적인 진리를 획득하고자 하며, 그것도 보편성의 정신 속에서 그러한 진리를 획득하고자 한다. 그래서 모든 것을 포괄하며 철저히 초월론적인 학문의 시작과 체계적 진행, 더는 어떠한 회의론적 심연도 갖지 않으며, 오히려 모든 것이 그 속에서 철두철미 밝고 명료하고 확실해지는 그러한 학문의 시작과 체계적 진행을 향한 의지가 발원하게 된다.

플라톤 앞에는 회의적인 **소피스트 철학**(Sophistik)이 있었고, 플라톤은 그러한 소피스트 철학에 대항하여 새로운 철저주의 속에서 하나의 새로운 학문을 추구했다. 회의는 이후의 철학과 학문 전체, 고대와 중세의 철학과 학문에 동행하며 또 이들을 재촉한다. 회의는 계속해서 회의를 극복하고 절대적 학문을 가능하게 만드는 궁극적인 철저주의를 재촉한다. 회의론적 **유명론**[7]은 근대로 뻗쳤다. **르네상스** 시대에 새로워지고 강화된 **플라톤주의**는 회의론적 유명론 및 이와 더불어 소생한 고대 회의주의와 경험론에 대항했다. **데카르트**에서 절대적으로 철저한 학문적 정초의 의지가 근대라는 시대를 규정하면서 새롭게 그리고 근원적인 힘 속에서 되살아났다. 자기 자신에게 절대적으로 스스로 부여하지 않은 그 무엇도 앞서 갖지 않는 궁극적 학문으로서의 철학의 이념이 거기에 서 있었다. 그럼에도 **영국 경험주의**가 등장했고 오늘날의 시대에까지 공공연한 혹은 은폐된 회의주의로 존속하고 있다. 우리 모두의 앞에 **흄**, 그리고 흄으로부터 번져 나온 실증주의가 서 있다. 우리 모두의 앞에 근대의 독립한 학문이, 그리고 이와 더불어 근원적으로 ― 그리고 근본적으로는 오늘날까지도 ― 수학에서 가져온 학문의 이상이 서 있다. 그럼에도 저 원형적 수학은 수학적 방법의 근본 요소, 근본 개념, 명제들, 추론 원리들을, (모범적인 정밀성이라는 수학의 명성을 마침내 참되게 할 수 있을) 명료성으로 가져오려는 헛된 수고 속에서 소진되었다. 이 모든 것이 우리 앞에 서 있다. 그러한 수고의 불충분함과 희망 없음을 이해하면서 우리는 하나의 철학을 의지한다. 그래서 철학의 이념 자체는 일종의 궁극성과 그러한 궁극성의 철저주의를 포함한다. 자연적으로 소박한 어떠한 인식애로부터도 그리고 실증 학문에서 지배적인 여전히 소박한 어떠한 학문애로부터도 철학의 이념은 자연적인 방식으로 슬그머니 자라날 수는 없다. 철학의 이념이 주도적인 목적 이념으로 등

7   보편개념이 실재한다고 주장하는 실재론에 대립하여, 보편개념의 실재를 부정하는 입장이다. 유명론에 따르면, 실재하는 것은 오직 개체일 뿐이고, 보편개념이란 개체들을 지칭하는 기호나 이름일 뿐이다. 중세 유럽에서 보편자의 실재 여부에 대한 논쟁이 활발히 이루어졌는데, 이를 '보편논쟁'이라고 한다. 유명론자로서 대표적인 인물은 11세기 로스켈리누스와 13세기 둔스 스코투스, 그리고 윌리엄 오컴을 들 수 있다. 유명론은 본유 관념을 부정하는 근세 초기의 영국 경험론으로 계승된다.

장할 수 있기 위해 그것이 인식 주체 안에서 전제하는 것은 바로 다름 아닌 모든 소박한 인식적 가치, 학문적 가치들의 일종의 붕괴다. 즉 모든 이제까지의, 그리고 아직 높이 평가되는 학문들은 치유될 수 없는 불완전성을 앓고 있다 ― 그러한 학문들이 자신의 유형 속에 머물러 있는 한 치유될 수 없다 ― 는, 따라서 만약 학문, 진정한 의미에서의 학문이 가능해야만 한다면 모든 그러한 '실증적' 학문은 의문시해야 하고, 처음부터 모종의 방식으로 무효화해야 한다는, 그래서 완전히 새로운 시작, 완전히 새로운 종류의 학문이 필요하다는 그러한 인식 속에서 말이다. 그러나 그것이 가능한지 자체도 실제로 전제되어서는 안 되고 처음에는 의문시되어야 한다.

시작하는 철학자는 이러한 독특한 상황 속에 서 있다. 그리고 이것은 그저 우연적인 역사적 사실성에 의해서가 아니다. 왜냐하면 절대적으로 철저하게 정초된 학문의 이념은 시작하는 철학자가 놓여 있어야만 하는 그러한 상황에서 자신의 의미를 길어냄이 '이상적으로 말해서(idealiter)' 틀림없기 때문이다. 그렇지 않다면 시작하는 철학자는 자신의 순수한 인식애 전부에도 불구하고 불가피하게도 그저 인식 소박성에 빠져들 뿐이다. 이후의 전개가 사실적으로 어떻게 흘러가든 간에, 그러한 전개가 끼치는 영향은 보편적 형식을 지님에 틀림없다. 그러한 전개는 인식하는 자들을 초월론적인 인식의 심연 앞에 세우면서 회의주의적인 덫과 수수께끼에 당황시킬 것임이 틀림없다. 이런 것들과 더불어 진정한 철학의 시작을 위한 고전적 상황이 수립되리라.

이러한 상황과 관련되면서 이제 자신의 삶의 거대한 결단이 요구된다. 모험 ― 궁극적 진리와 학문의 철저주의 속에서 감행되는 모험, 자기 자신으로부터 그리고 동지들과 연대하여 그러한 진리와 학문을 시도하는 모험 ― 을 감수하고 여기에 자신의 삶을 거는 것, 그것은 이제부터 순수한 인식애를 홀로 궁극적으로 만족시킬 수 있는 궁극적 양심으로부터의 학문이다. 그것은 모든 가능한 측면들에 따라 완성된 명료성을 제공해주고, 곧 즉각적인 인식 지향의 충족 속에서 소박한 만족으로는 충분하게 여기지 않으며 무엇보다 초월론적인 유령과 허구─한편에서는 회의, 다른 한편에서는 독단적 형이상학─를 몰아내는 초월론적 명료성을 산출하는 학문이어야 한다. 그러나 모든 학문적 작업수행이 **활동하는 주관성과의 완전한 구체적 연관 속에서** 고찰되고 이러한 상관관계의 연구 속에서 함께 탐구됨을 통해서만 그런 일이 일어나게 된다.

자신의 절대적 상황 속에서 근원적인 결단의 실행에 따라 시작하는 철학자로서, 그러한 근원적 결단을 철학자로서 충족시키고자 하는 철학자를 생각해보자. 그러면 이제 필연적으로 첫 번째 일은 **가능한 방법에 대한 성찰**을 실행하는 것이다. 그러한 성찰이 진행되면서 시작이라는 철학적 이념의 공허한 보편성은 점점 더 구체적으로 충족된 이념이 되어야 하고 그렇게 철학의 구체적인 의미가 점점 더 드러나야만 한다. 점점 더 풍부하게 규정하는 요소들과 연관들과 관련하여, 방법에 대해서도 같은 말이 타당할 것이다.

여기까지 오게 된 우리는 즉시 성찰들 자체 속으로 들어가서, 시작하는 자에게 절대적 요구로서 그리고 자신의 철학적 의지의 순수한 결과로서 산출되는 최초의 철학적 활동을 시작할 수 있을 것이다. 다시 말해 앞서 있는, 언제나처럼 획득된 모든 확신들을 **보편적으로 전복하기**를 시작할 수 있을 것이다. 데카르트가 건전한 정신을 진지하게 추구하는(*qui serie student ad bonam mentem*)─이는 명백하게도 철학자의 저 절대적으로 훌륭한 인식적 양심, 철학자의 저 절대적인 자기 정당화를 의미한다─ 모든 사람들에게 '일생에 한 번' 요구했던 전복을 시작할 수 있을 것이다.

그럼에도 우리가 그것으로 시작하기 전에, 나는 여러분에게 금세 다음과 같은 사실을 보여줄 사소하지 않은 고찰로 이 도입부를 끝내고 싶다. 즉 철학은 아무리 그저 인식적 가치의 보편적 영역 — 이 보편적 영역 곁에는 다른 작업 범주들이 있고, 그에 따라 순수 문화의 다른 형식들이 있는데 — 과 관계한다고 할지라도, 그 자체로 **모든 순수 문화까지 포괄하는 의미**를 지닌다. 그리고 이와 더불어 그리고 상관적으로 문화가 되돌아 관계하는 모든 보편적인 이성적 인간 전체에게 어떤 중요한 의미를 지닌다. 그러나 우리는 이러한 보편적 의미를 단순히 역사적인 사실의 의미에서 이해하는 것이 아니라 학문과 문화를 결합하는 본질 필연성의 의미에서 이해한다.

이성적인 것과 비이성적인 것, 비직관적인 것과 직관적인 것 등을 모두 합쳐서 우리가 인식 작용을 그 완전한 범위에서 취한다면, 인식 작용은 전체 판단 영역, 술어적인 판단 영역과 선술어적 판단 영역, 이러저러한 믿음의 각종 자아 작용들, 그리고 믿음의 모든 변양들(추측, 가능한 것으로 여겨짐 등)을 포괄한다. 가장 넓은 의미에서 인식 작용이나 판단 작용의 하위 부류가 이렇게 다양함에도 불구하고 자아 작용의 다른 유들도 충분히 넉넉하게 아직 남아 있다. 갖가지 종류의 사랑과 미움, 마음에 듦과 마음에 들지 않음, 소망, 욕구, 의지 등등. 다른 한편 그러한 모든 자아 기능들은 나란히 놓여 있는 것이 아니라 서로 얽혀 있다. 가장 엄밀한 의미의 인식 작용에 대해서, 가령 학문적 인식 작용에 대해서 말하자면 각각의 그러한 작용은 단순한 판단 작용이 아님이 분명하다. 그러한 작용은 여기서 우선은 추구 성향과 의지 성향을 통과하여 분별력 없는 판단을 관통하며, 마침내 그에 상응하는 분별력 있는 판단 작용에서, 엄밀한 의미에서의 인식하는 판단 작용에서 종결되며, 목표되었던 진리의 의지 성격을 이러한 판단 작용의 내용에 부여한다. 그래서 여기서 판단 작용과 의지 작용은 어디서나 서로 얽혀 있고, 또 진리를 실천적으로 향하는 자가 인식의 상관자인 진리를 적극적으로 평가하여 의지의 목표로 삼는 한, 가치평가 작용도 여기에 얽혀 있다. 고찰해볼 다른 예들도 있다. 순수하게 마음에 들어하는 가치평가 작용, 가령 꽃을 매우 마음에 들어하는 것과 같은 그러한 작용. 이때 꽃 자체는 지각될 수 있게 눈앞에 서 있다. 이는 꽃이 지각 믿음 속에서 그러그러한 실질적 특징들과 더불어 직접적으로 현존하는 것으로서 주어진다는 것을 의미한다. 그러나 지각을 통해 공급된, 보인 꽃의 특징 내용을 넘어 마음에 듦 자체로부터 무언가가 추가된다. 여기서부터 꽃은 어떤 내용을, 그러니까 '매력적인, 아름다운, 사랑스러운' 등등의 특성과 같은 그러한 내용을 갖게 된다. 우리는 마음에 듦이라는 태도, 즉 어떤 감정 속에서의 순수한 자아 관심으로부터 판단 태도로 쉽게 이행할 수 있다. 이러한 판단 태도에서 '아름다운' 것, '매력적인' 것은 이제 경험하는 믿음 속에서 파악되어 가령 이러한 단어들을 사용하여 진술된다. 그래서 모든 그러한 술어들은 선술어적으로 그리고 파악하는 경험에 앞서서 감정 속에서 자신의 근원을 갖는다. 마찬가지로 다른 술어들, 즉 좋음, 나쁨, 유용함, 목적에 맞음, 해로움 등은 평가하는 감정에 묶인 의지 속에서 자신의 근원을 갖는다. 우리가 다양한 문화 영역을 둘러볼 때에도 사정은 마찬가지이다. 문화는 실천의 형성물을 포괄한다. 실천은 해당하는 감정 작용과 의지 작용을 따라 이해함을 통해 그러한 것으로 이해하면서 파악된다. 여기서 의지 지향들은, 가령 미학적인 감정 지향을 관통하여, 해당하는 미학적 형상의 객관적 현실화에 해당하는 추구함과 행위함을 동기부여한다. 이처럼 따라 이해된 것은 경험하는 파악의 대상이, 술어적 규정의 대상이, 그리고 심지어 학문적 주제가 될 수도 있다. 이때 미학적 태도와 실천적 태도는 인식하는 태도로 변화한다. 자연과학자가 그렇게 하듯이 우리가 의도적으로, 감정과 의지에서 의미의 근원을 갖는 모든 술어들을 자의적으로, 또 추상적으로 배제할 때에만 우리는 순수 인식의 학문을 획득한다. 이러한 학문들, 즉 자연과학에서도 감정과 의지는 실제로 함께 작동한다. 그러나 다만 인식함을 의지함의 형식으로, 혹은 진리를 인식 목표로 평가함의 형식으로만 작동한다. 그러나 아름다움이라는 술어의 경우에서처럼 감정과 의지가 대상적 술어의 의미 원천이 되는 그러한 형식으로는 작동하지 않는다. 문화 형성물에 관한 학문들이라는 특수한 의미에서의 모든 문화 학문들은 자신의 주제적 영역에 단순한 자연의 술어들을 지니는 단순한 자연을 갖는 대신에, 감정에서 유래하여 가치평가하고 의지하면서 형성하는 주체를 되돌아 가리키는 그러한 술어들을 갖는다.

이를 통해 감정 주관성과 의지 주관성에서 유래하는 작업수행의 모든 영역까지 인식의 영역이 포괄한다는 이러한 보편성이 분명하게 부각되었다. 물론 또한 상관적으로 유사한 포괄을 통해 가치평가하는 감정, 그리고 추구와 행위 속의 의지는 전체 주관성과 모든 주관성의 지향적 기능들 너머에까지 다다른다. 그러나 학문에 대해서 이는 다음을 의미한다. 인식하는 이성의 객관화로서의 학문 안에는 또한 모든 가치평가하는 이성과 실천적 이성이 반영되어 있으며 더불어 객관화된다. 혹은 이렇게도 말할 수 있는데, 이론적 진리의 인식 형태들 속에는 모든 다른 진리들, 그러니까 모든 가치 진리(우리가 참된 진정한 가치라고 부르는 것)와 실천적 진리가 술어적 형태 속에서 나타나고, 규정되며, 인식적 근거 지음 형태들을 취한다. 순수하게 그 자체를 평가하는 것은 감정이고, 순수하게 그 자체 혹은 그러한 것으로서 아름다움을 형태 짓는 것은 행위하는 의지이다. 진리, 가치의 참됨과 작품의 참됨은 근원적으로는 감정 속에서, 순수한 만족 속에서 소박하게 다시금 나타나며, 마찬가지로 아름다움의 실천적 현실화가 목표함의 근거 지어진 만족 속에서 나타난다. 그러나 결국 가치의 참됨과 목표함의 진리를 **책임지는 것**은 **인식 작용**이다. 인식 작용은 판단 태도와 자신의 논리적 형태 속에서 가치와 무가치를 술어화하고, 우연히 존재하는 가치 직관을 일반적으로 분별력 있는 가치 규범들에 납득할 수 있도록 되돌아 관계 지으며, 이를 통해 더 높은 책임, 인식 책임을 획득한다. 그러나 최고의 궁극적 책임은 궁극적인 구성적 감정 활동과 의지 활동들에 대한 초월론적 태도로부터의 인식에서 발원한다.

이러한 고찰을 통해 동시에 다음과 같은 사실이 분명해진다. 즉 학문 일반과 관계하는 보편적 철학은, 그것이 정말로 완전한 보편성을 추구한다면, 그래서 모든 초월론적 문제들과 가능한 전체 인식 세계들을 확고히 시야에 두고자 한다면, 그것은 '단순한' 인식 이론, '단순한' 학문 이론이 아니라는 것이다. 그러니까 한갓 제한된 무언가와 관계하거나 논리적이고 노에시스적으로 일반적인 것들과 관계하는 가능적 인식과 학문의 명칭이 아니라는 것이다. 오히려 주관과 객관 사이에서 어떤 본질적 일반성들이, 그리고 구체적이지만 언제나 여전히 본질적인 특수성들이 작동하든지 간에, 그리고 어떤 이성 유형이, 어떤 이성 형성물이, 사회적 주관성들의 어떤 본질 형식들이, 그리고 그러한 주관성들에 의해 그 속에서 가능해진 문화 형성물과 문화 체계의 어떤 상관적 형태들이 문제시되든지 간에, 이 모든 것이 완전한 철학의 틀 속으로 들어온다. 그리고 이때 순수한 인식 물음이 처음으로 제기된다면 그것은 오로지 논리학의 경우처럼 철저한 초월론적 철학의 자연스러운 진행이 가장 일반적인 것들로부터 시작하여 충족된 개별성들로 넘어가기 때문에 생겨나는 것이다. 이러한 학문 내에서 가장 일반적인 것은 — 진리라는 의미에서 존재자의 형식적이고 가장 일반적인 의미에서의―존재자의 원리적 특수성에 대해 미리 결정할 수 없는 형태이다. 그러므로 아직은 (모든 규범적 술어 종류를 고려하지 않는) 한갓 사실, 그리고 가치, 실천적 존재 당위들 간의 주제적 구분을 알지 못하는 형태, 혹은 사실 안에서 단순한 자연과 정신(인격성들, 인격적 생산물: 문화)의 구분 등을 알지 못하는 형태이다.

2장
필증적 명증의 이념과 시작의 문제

31강 자연적 명증과 초월론적 명증, 필증적 명증과 충전적 명증

우리는 시작이라는 커다란 물음 앞에 서 있다. 우리는 지금 절대적 상황 속에서 철학자가 되고 있는 사람들이다. 우리 뒤에는 이제까지의 우리의 학문적 삶이 놓여 있다. 그리고 그러한 학문적 삶과 더불어 이전에 우리에게 아주 만족스러웠던 인식 산출물들 전부, 또 우리가 일찍이 절대적인 것으로 평가한 진리들, 이론들, 학문들이 놓여 있다. 그런데 그것들은 이제 더는 우리를 만족시킬 수 없다. 우리는 실증적 진리 정초의 소박성으로부터 눈을 떴고, 우리는 회의주의의 독침을 고통스러우리만치 충분히 느꼈다. 그리고 우리는 이를 통해 인식하는 주관성으로 향하는 시선을 배우게 되었다. 인식하는 주관성의 의식적 작업수행으로부터, 인식하는 주관성의 선-이론적 수동성과 이론적 능동성으로부터 모든 사념된 존재 및 참된 것으로 근거 지어진 존재와 모든 사념된, 그러나 또한 객관적 진리로 밝혀진 이론들이 주관적으로 생겨난다. 우리는 세계와 세계 이론을 초월론적으로 구성하는 초월론적 주관성에 대한 연구 없이는 세계가 무엇인지, 또 무엇이 세계에 대한 참된 이론을 규정하는지에 관한 완전한 인식을 획득할 수 없음을 이미 깨달았다. 그에 따라 모든 실증적 학문은 추상적 일면성을 지닌다. 실증 학문에는 초월론적 삶과 경험하고 생각하고 연구하고 근거 짓는 의식의 작업수행이 익명적으로 남아 있고 보이지 않으며, 이론화되지 않고 이해되지 않기 때문이다.

이제까지의 일군의 학문들이 주관 및 주관의 인식 작용을 마찬가지로 이미 주제로 삼기는 했음을 우리는 이미 알고 있다. 그러한 학문들은 말하자면 **심리학**과 심리학에 얽힌 생물학, 사회학, 문화학이다. 그러나 이러한 학문들은 '실증적'이거나 '독단적'이다. 바꾸어 말하자면 이러한 학문들은 그 전체 방법적 절차에 있어서 저 소박성 속에서 작업한다. 이때 그러한 소박성 속에서 인식된 대상의 근원적 기능(의미부여, 존재 정초)으로서의 인식 작용은 이론적 권리를 얻지 못한다. 이 점은 이들 속에서 — **세속적 객체로서의** 인격적 주체 및 주체적 형성물에 관한 학문 속에서 — 동물적 주관과 인간적 주관, 개별 주관과 사회적 주관에도 해당하고, 세계 속에서의 그것들의 주관적 산출물(편입된 정신성, 문화)에도 해당한다. 즉 그러한 (세속화된 정신성의 범주들로서의) 주관성들과 관계하는 인식 기능의 선-이론적이며 이론적인 형성물로서의 주관적 산출물에도 해당한다.

그러므로 모든 학문이 우리의 고찰 범위 속으로 들어왔다. 그리고 어디에서나 동일한 종류의 실패가 사실적 학문들에서 나타날 뿐 아니라, 이러한 불완전성은 그러한 학문들의 **본질적이고** 원리적인 방법적 특성에 놓여 있었기에 그러한 불완전성은 여전히 동일한 방법으로 새롭게 정초될 모든 학문들에도 미리 귀속됨에 틀림없다는 사실이 분명해졌다. 그래서 이러한 학문에서 생각해낼 수 있는 어떠한 개선책도 그 방법적 종류의 틀에 있어서 여전히, 이 점에 있어서 무엇도 변경시킬 수 없음이 분명했다.

이것으로 우리는 이미 모든 것을 포괄하는 학문 비판을, 그리고 어떤 의미에서 철저한 학문 비판을 수행했다. 그것은 (모든 학문의 역사와 실증적 학문 자체의 역사적 근원을 함께 포괄하는) 전체 철학사의 진행 과정에 대한 비판이자 오늘날의 학문 형태에 대한 비판이었다. 그리고 여기에는 오늘날의 학문 형태의 가망 없는 철학적 부속물에 대한 비판도 포함된다. 그러나 전승된 철학적, 학문적 소박성에 대한 이러한 비판, 그리고 동시에 언제나 다시 어중간함, 불명료함, 일관성 없음을 통해 그러한 소박성의 극복을 방해하는 시도들에 대한 비판은 우리에게 단지 '제일철학에 관한 성찰(*meditationes de prima philosophia*)'을 위해 처음 필요한 부분이었을 뿐이다. 그러한 작업수행은 실증 학문이 원리적으로 불충분하다는 점, 그리고 세계와 모든 인식 가능한 것의 절대적 의미를 향하는 학문으로서의 철학이 실증적 정신에 정초되는 것은 절대적으로 불가능하다는 점을 우리에게 가장 예민하게 **느낄 수 있게** 해주는 것 이외에 다른 것이 아니고, 또 다른 것일 수 없다. 더 나아가 모든 인식 수행 중에서 저 철저한 인식 수행으로 눈을 돌리고, 의미 및 타당한 의미를 형성하는 주관성으로 눈을 돌리며, 인식하는 작업수행, 인식 의미 그리고 인식된 존재 사이의 신비로운 상관관계들로 눈을 돌려 새로운 종류의 학문과 철학을 **예감하도록** 하는 것 이외의 다른 것일 수 없다. 그뿐 아니라 모든 이성과 이성 형태들의 근원적 장으로서, 그러므로 한 번에 모든 학문의 근원적 장으로서의 '초월론적' 주관으로 돌이켜 지시하는 것은, **데카르트**에게서 이미 작동하고 있었던 것처럼, 철학이란 보편적이고 절대적으로 정초된 학문, 궁극적 인식 원천에서 명료해지고 이를 통해 절대적으로 정당화되는 학문이라는 고대의 사상에 새로운 의미를, 그리고 그러한 의미 속에서 새로운 힘을 불어넣어주어야만 했다.

그러나 바로 그것이 동기, 절대적 상황을 유발했다. 왜냐하면 활동적인 작업 속에 있는 모든 학문과 같은 유형이면서 궁극적 의미에서 진정한 학문에 대해 절망하는 것으로 상황이 끝나지 않았기 때문이다. 학문의 실증적 작업수행의 궁극성에 대한 절망은 진정한 학문 일반의 가능성에 대한 회의주의적 절망을 함축하지 않는다. 반대로 회의론 — 회의론의 동기 원천 자체는 전적으로 모든 인식 실증성의 불충분함 속에 놓여 있는데 — 의 모든 유형에 대한 비판은 우리에게 거기에 결여된 것을 미리 직관하며 파악하기 위한 주요 수단이었다. 결여된 것은 바로 모든 인식과 특히 모든 학문의 저 통일성 근거 — 즉 초월론적 주관성 — 에 대한 이론적 해명과 체계적 연구였다. 즉 인식하며 수행하는 삶 속에서 모든 인식 통일체들을 발원시키는 초월론적 주관에 대한 연구였다.

결국 바로 이것, 즉 이러한 근원적으로 근거 짓는 것에 관한, 가장 엄밀한 의미에서, 모든 가능한 참된 존재 및 모든 가능한 학문의 의미부여와 존재 타당성을 위해 근원적인 것에 관한 보편적인 학문의 이념, 그러니까 보편적이고 절대적 학문으로서의 보편적인 철학의 이념이 이제까지의 우리의 고찰 전체의 수확물이다. 그리고 이러한 보편적이고 절대적인 학문은 모든 가능한 학문들을 이러한 근원적인 것에서, 그리고 구체적으로 통일적인 것에서 자기 활동적으로 산출하고, 절대적인 이해 가능성 속에서 그러한 학문들에 대해 절대적으로 지지되어야 할 권리를 생겨나게 하며, 그러한 학문들 전부를 하위 분야로서 포괄한다.

그래서 우리는 모든 인식 수행을 탁월하게 주도하는 목적 이념을 획득한다. 이때 이러한 이념이 명료한 동기부여 속에서 우리에게 자라나기는 했어도 근원에 관한 것이며 근원으로부터 비롯된 이러한 학문의 명시적인 주도 원리라는 가치를 이 이념이 벌써 가지는 것은 결코 아니다. 바꾸어 말하자면, 우리는 여기서 처음에는 아직 철학의 명료하고 분명한 원형(Urbild)을 가지고 있는 것이 아니라 다만 형식적이고 일반적인 방법적 주도 사상만을 가진다. 이 주도 사상의 내용은, 이러한 표제하에서 하나의 학문이 필연적으로 존재해야 한다는 것이다. 이 학문은, 참되게 '고고학'이라고 불릴 수 있는 것으로서, 존재와 진리의 모든 근원을 자기 안에 포함하는 저 궁극 근원적인 것을 구체적으로 연구해야만 한다. 더 나아가, 어떻게 모든 사념과 타당성의 이러한 근원 원천으로부터 각각의 모든 인식에 최고의 궁극적 이성 형식을 줄 수 있는지를 우리에게 가르쳐줄 수 있어야 한다. 이 이성 형식이란 절대적 기초 놓기와 절대적 정당화, 의미의 궁극적 해명과 권리 완성의 이성 형식이다. 그러므로, 이 형식은 학문이 절대적인 양심을 통해서, **완성된** 것으로서, 그저 타당한 것이 아니라 '**궁극적으로 타당한 것**'으로서 획득될 수 있고, 이제 영원히 해결된 것으로서 제쳐두어질 수 있게 되는 형식이다. 이를 통해 그러한 학문은 확고한 인식 소유물의 범위 속으로 편입된다. 그리고 그러한 것으로서 이제 그것의 필연적인 변경 불가능한 궁극성 속에서 언제나 다시 근원적으로 참된 형태 속에서 재활성화될 수 있고 절대적으로 지지될 수 있다. 그저, 일반적으로 '명증'이라 불리는 소박한 명료성(**자연적 명증, 실증성의 명증**)으로부터가 아니라, **초월론적인 근원 명료성**의 최고 단계의 **명증**으로부터 말이다. 이러한 명증에서 실증성의 명증에 숨겨진 인식 수행의 근원이 근본 권리를 규정하고 경계 짓는 자신의 동기부여 지평과 더불어 드러나고, 그러한 근원들로부터 이해된다.

철학자가 되고 있는 자로서 우리는 이러한 이념을 위해 실천적으로 하나의 철학을 결단하고, 이러한 결단으로부터 실천적 결과를 끌어낸다. 즉 우리는 그러한 철학이 지향으로서 자신 안에 품고 있는 것, 그리고 미규정적 요구로서 미리 암시하는 것을 전개하여, 이를 통해 의도된 학문을 시작하게끔, 그리고 현실화하는 형상화를 진행하게끔 시도한다. 그래야 비로소 우리는 **그러한 학문 자체**를 가질 수 있다. 그리고 이를 통해, 우리가 원래 계획했던 것이 **무엇**인지, 우리가 무엇을 원했는지, 그리고 그것이 현실적으로 그리고 그 자체로 무엇인지를 알 수 있다. 이 추구된 보편적 학문은 '절대적 정당화' 속에 있다. 이 학문이 참된 의미에서 모든 각각의 참된 존재에 대한 궁극적으로 타당한 인식을 처음으로 제공하는 한에서, 이 학문은 궁극적으로 타당해야 한다.

우리의 철학적 주도 이념의 의미를 전개함으로써 그 이념의 최초의 밑그림을 풍부하게 하기를 시작한다면, 방금 짧게 암시한 자연적 명증과 초월론적 명증 사이의 구별을 통해 다음의 사실이 벌써 명백해진다. 즉 '절대적 정당화로부터의 보편학'이라는 우리의 철학적 주도 이념은 자신 안에 더 많은 의미 구성요소들, 그러니까 보편적이고 절대적인 인식 정당화라는 이러한 말의 이중성 속에서 명백히 부각되지 않는 더 많은 의미 구성요소들을 품고 있다.

'절대적'이라는 말은 한편으로는 모든 인식 일반의 원천, 즉 초월론적 주관성을 지시하는데, 초월론적 주관성은 물론 지금까지 우리에게 단지 먼 이념으로 알려진 것이다. 다른 한편으로 **'절대적'** 정당화라는 표현은 '명료함과 분명함'에 있어서, 명증, 통찰에 있어서 자기 안에 최소한의 결핍도 허용하지 않고, 최소한으로라도 확실성을 흐리는 그 무엇도 허용하지 않으며, 인식 결과를 장차 여전히 의문시하고 의심스럽게 만들 수 있는 그 무엇도 허용하지 않는, 전적으로 완전한 설명의 의무를 가리켜야 한다. 나의 인식은 '**최종적인**' 인식이어야 한다. 내가 확실성 속에서 믿었던 것이 존재하지 않거나, 아니면 내가 믿었던 대로가 아니고, 오히려 나의 믿음을 없어지게 하는 다른 것임을 내가 나중에 볼 수 있는 한에서는, 나에게 확실하게 타당한 것을 다시 포기해야 할 터인데, 저러한 최종적 인식은 이러한 일을 방지해주는 인식이다. 나의 인식은 그러나 또한 모든 관점에서 **명증적**이어야 하며, 지금 혹은 보통은 나에게 현행적 관점이 아닌, 모든 가능한 관점에서도 명증적이어야 한다. 즉 인식된 것은 나의 완전한 명증의 시선 밖에 놓인, 그리고 그러한 명증을 알지 못함 때문에 미심쩍은 불명료성, 수수께끼, 의심을 지니는 규정들을 자신에 본질적으로 속한 것으로 가져서는 안 된다.

절대적 정당화의 이러한 **이중성**은 자신의 더 깊은 근거들을 갖는다. 곧 밝혀지듯이, 아직 절대적 주관성으로 되돌아 관계하지 않는 모든 명증이, 비록 그것이 수학적인 명증처럼 완전한 것이더라도, 의문스러울 가능성, 난해하고 의심스러울 가능성의 측면 — 이런 것들은 근원적인 시선 향함에서 명증의 고유한 내용을 변경시키지 않고, 명증 자체를 자신의 '실증성' 속에서 폐기하지 않지만, 인식의 관점에서 허용될 수 없는 불완전성을 의미한다 — 을 필연적으로 갖는 한에서 말이다. 이것으로 우리는 또한 앞에서 이야기한 구분, 즉 인식 폐기를 가능한 것으로 두는 명증 결여와 그렇진 않고 단지 일면적 명증과 일면적 인식의 그릇된 부분을 가리키는 명증 결여의 구분을 비로소 완전히 이해한다. 그리고 이를 통해, 자연적 인식 향함이 아마도 아주 위험한 방식으로 빗나갈 수 있게 하는 보이지 않는 심연들을 이해한다. 이러한 구분은 초월론적인 것과 관련된 것을 단념하는 모든 것들에 결핍된 것, 우리가 앞서 또한 실증성의 명증으로 불렀던 모든 한갓 자연적-소박한 명증에 결핍된 것을 고려하길 원했다.

어쨌든 우리는 참된 시작을 찾으면서 끊임없이 다음의 두 가지를 염두에 두어야 한다. 한편으로는 우리는 맨 앞에 **가장 보편적인 정당화의 원리**를 놓아야 한다. 소박한 실증성 속에 있는 일면적 인식이나 반성적인 초월론적 인식이나 모든 인식이 이러한 원리 아래에 서 있으며, 이 원리는 순수한 명증에서 비롯된 진정한 근거 놓기의 요구를 표명한다. 시작하는 철학자들인 우리는 그래서 의도적으로 절대적 정당화로부터의 보편적 인식의 이념을 향하면서, 가장 엄밀한 의지 보편성 속에서 순수한 '명증'의 원리를 따르기를 원한다. 우리는 그것을 다음과 같이 이해한다.

우리에게 그렇게 존재하는 것으로, 혹은 자신의 존재 양상 속에서 존재하는 것으로 **그 자체가 눈앞에 서 있지 않은 것**, 우리에게 그것이 우리의 인식 믿음에서 사념되고 정립된 대로 정확히 그 자체로 파악되지 않은 것은 그 무엇도 우리는 최종적으로 인식된 것으로 타당하게 두지 않으려 한다. 그러니까 존재하는 것으로서 혹은 그렇게 존재하는 것으로, 그리고 그 어떤 존재 양상 속에서 존재하는 것으로 최종적으로 승인하지 않으려 한다. 이러한 의미에서 우선 우리는 궁극적 철저주의의 지배에 맡기고자 하며, 말하자면 모든 인식에서 명증의 극한까지 가거나 언제나 가려고 시도하려 한다. 우리의 인식 만족은 '절대적인' 인식 만족의 가능성을 추구해야 한다. 우리의 인식 만족은 우리가 인식하면서 의도한 것의 절대적 성취일 것이다. 그것은 우선 그 성취가 존재자 자체를 가짐에 있어서 순수한 확실성의 양상일 것을 요구한다. 그러나 확실성은 극한에서 절대적으로 명증적이어야 한다. 그래서 완전히 확실한 사념일 뿐 아니라 직관하는 확실성이어야 하고, 결국 절대적으로 자체 부여하는 것이어야 한다. 자체 부여가 우리에게 척도여야 하고, 자체 부여의 절대적 최상은 우리가 모든 판단, 모든 우리의 존재 사념을 입증하는 궁극적 척도여야 한다. 근본적으로 그것은 모든 학문적 활동의 **의미** 속에 있다. 우리는 그것을 그저 우리에게 의식되게 하며, 그것으로부터 최초의 원리를 의식적으로 목적 활동적인 방법으로 만든다.

그러나 이제 여전히 다음을 덧붙여야겠다. 우리는 명증의 활동에서 **느껴진** 인식 만족을 신뢰해서는 안 된다. 우리가 갖는 명증은 자신을 우리에게 명증으로 **정당화**해야 한다. 우리는 우리의 인식 지향이, 아마도 어떤 정도나 범위 속에서 명증을 충족한다는 것을 확신해야 하며, 인식된 것이 정말로 그 자체로 현실화되고 주어졌으며, 자체소여의 상응하는 구성요소 없이 한갓 선취 속에서 사념된 것이 어느 정도까지는 명증 속에 더 이상 없음을 확신해야 한다. 명백히 이러한 자기 확신은 원리적 가능성에 따라서 볼 때 언제나 인식 활동을 따르는 반성의 형태로 이루어질 수 있는데, 이 반성은 여기에서 판단 확실성 속에서 사념된 의미 내용의 구성요소를 자체 주어진 것의 존립 내용에 비추어 측정하며, '자체'의 구성요소를 통해 의미 내용의 구성요소가 어떻게 충족되느냐는 관점에서, 의미 내용의 구성요소들을 개별적으로 시험한다. 이렇게 특징지어진 이념적 완전성을 갖는 명증을 우리는 또한 **충전적 명증**이라고 부른다. 그것이 충전적 명증이라는 **사실**을 우리는 어쨌든 다만 두 번째 명증, 즉 **반성적 명증** 속에서 인식한다. 그리고 이 반성적 명증은 다시 충전적 명증이어야만 한다. 그것이 충전적으로 수행될 수 있다는 것, 충전적 반성이 무한히(*in infinitum*) 가능하며, 정당화가 무한히(*in infinitum*) 필요해 보인다는 것은 여기서 아직은 우리에게 불평거리가 되어서는 안 된다. 비록 우리가 여기 놓인 문제를, 또 충전적 소여의 가능성을 지니는 문제도 적절한 때에는 살펴봐야겠지만 말이다. 아마도 말하자면 그러한 자체소여성은 하나의 단순한 '이념'임이 분명해질 것이다. 우리가 순수 빨강을 순수 빨강이라고 부르는 것과 비슷한 의미에서, 우리는 우리가 본 빨강이 언제나 단지 다소간 불완전한 순수성 속의 빨강이며, 거기에는 증가 계열이 속해 있다고 생각한다. 우리는 이 증가 계열을 지각하면서 거쳐 감으로써 순수한 빨강에 접근하게 되지만, 결국에는 그럼에도 (다소간) 순수한 빨강에 멀리 머무르게 된다. 그러한 계열에서 최종적으로 보인 것을 넘어서 언제나 그 이상의 증가가 있을 수 있고, 생각될 수 있다. 다른 한편 진행 자체에서 우리는 멀리 있는 '그 순수한 빨강'에 접근함의 명증을 갖는다. 그러나 그것과 더불어, 말의 본질적으로 근거 지어진 이중성에서, 비록 명증, 명실상부 순수한 빨강의 자체 소유가 아니더라도 이러한 이념의 존재의 명증을 ─ 이념으로서 ─ 갖는다. 자체 부여로서의, 사념된 것을 '그것 자체'로서 파악하는 의식으로서의 모든 명증에는 이제 아마도 그 어떤 상대성이 놓여 있다. 이 상대성이란, 충전적 명증에 대해 이야기하고, 충전적 명증 자체를 확신하는 어디에서나 유사한, 이때 경우에 따라서는 연속적이고 자유롭게 계속되는 상대적 명증들의 증가 과정만이 존재한다는 식이고, 그러므로 의식적으로 함께 포함된 목표에 부단히 자유롭게 접근하는 의식이 존재한다는 식이다. 이러한 의식은 자체로서는 ─ 그러므로 다만 이념으로서 ─ 명증적이지만, 접근의 명증에도 불구하고 ─ 명증적 방식으로 ─ 도달되지 못한 채로 머무른다. 여기서 또한 무한 소급이 위협하지 않는가 하는 등등의 계속되는 물음이 즉시 제기된다. 그럼에도 불구하고 그것은 시작의 물음일 수는 없다.

시작하는 자로서 나는 어떠한 인식도 **갖고 있지** 않다. 나는 인식을 **추구한다.** 나는 임의의 '인식'을 추구하는 것이 아니라 내가 진정한 것으로 정당화할 수 있는 '진정한' 인식을 추구한다. 우리의 최초의 숙고는, 그와 같은 것이 가능해야만 하는 한, 그것은 명증적인, 그리고 가장 충전적으로 명증적인, 혹은 충전적 명증을 통해 정당화되는 인식 이외의 무엇일 수 있 겠는가. 말하자면 나는 그것을 향해 사념하고자 하는 것이 아니라 내가 사 념한 것을 (가장 넓은 의미에서는 판단한 것을) 자체 소유, 자체 파악으로부터 길어 오거나, 나의 사념이 그렇게 길어 와지지 않은 곳에서는 그 사념에 대 해 상응하는 자체 소유를 추구하고자 하는 것이며, 한갓 사념된 것을 자체 파악으로 이행시킴 속에서 바로 그와 같은 것을 '확증하고자' 하는 것이다.

노력과 행위가 목표 겨눔과 목표 달성으로 흘러간다는 점, 그리고 단적 인 자체 숙고가 보여주듯, 이러한 목표 달성이 행위자에게 행위함 자체 속 에서 확실해지는 목표의 현실화, 목표의 자체 소유로 의식된다는 점은, 불 가피한 시작을 형성하는 그 어떤 소박성 속에서일지라도, 완전히 분명하지 않은가? 인식하는 행위 속에서 실천적 지향은 한갓 존재 사념을 통과하여 사념된 존재의 자체 소유를 추구하며, 그때마다 실제로 명증과 같은 그 무 엇이, 충전성의 극한까지의 다양한 단계의 명증과 같은 그 무엇이 인식하 는 추구의 만족의 상응하는 점층적 차이의 전제로서 존재하며 존재할 수 있다는 사실이 분명하지 않은가? 그렇지만 내가, 사물을 지각하면서 **그 것을**, 거기에 존재하는 이것을, **그 자체** 그리고 그것 자체**로서** 파악한다는 것, 그리고 다시, (충전성의 경우를 이해하기 위해서) 나는 2보다 3이 크다는 것을 '통찰하면서', 내가 거기서 사념하는 사태를 그것 자체로서 가지고 파 악한다는 것, 그리고 나는 그렇게 파악하면서 인식 노력과 더불어 실제로 자신의 충전성 속에서 더 이상 아무것도 추구하지 않는 목표 자체 속에 있 다는 것보다 더 명료한 것은 없다. 명백히 '통찰된 것'은 다름 아닌 사념된 것에 대한 '그것 자체'이며, 그것은 이로써 사념된 것인 동시에 자체 소유 된 것이며, 자체 파악된 것이다.

여기서 아직 한 가지가 충전적 명증의 특징으로 주목되어야 한다. 그것은 부정이나 의심을 통과하는 시험 속에서 나타난다. 내가 충전적 명증을 부정하고자 시도하거나 의심스러운 것으로 두려고 시도하면, 충전적 명증 속에서, 다시금 명증적인 것, 절대적 자체 부여에서 파악된 것의 비존재나 의심스러움이 불가능하다는 사실이 튀어나온다. 우리는 충전적 명증의 이러한 특성을 또한 그것의 **필증성**으로 부를 수 있다. 명백히 거꾸로 **모든 필증적 명증은 충전적**이다.[8] 따라서 우리는 두 표현을 등가적으로 사용할 수 있고, 특히 우리가 충전성에 특별한 가치를 두는가 혹은 필증성에 특별한 가치를 두는가에 따라 이것 혹은 저것을 우선시할 수 있다.

이러한 숙고는 결국 우리를 의심 불가능성이라는 데카르트적 준칙의 원리적 의미로 이끈다. 데카르트는 자신의 성찰의 시작에서 준칙을 완전한 정당화의 원리로 사용했다. 이것은 데카르트의 잘 알려진 방법 — 절대적 인식 정초의 목표를 위해, 최소한의 의심의 동기를 제공할 수 있는 모든 것을 정당화되지 않은 것으로 기각하는 방법의 형식으로 일어난다.

32강 가능한 출발점들: "나는 존재한다" — "시작하는 철학자로서의 나는", "나는 존재한다" — "이 세계는 존재한다"

지난 강의에서 우리는 충전적 명증과 필증적 명증의 주도 원리를 이야기했고, 우리의 것으로 만들었다. 그것은 형식적인, 그리고 실제로는 넘

∙∙
∙

8　여기서 후설은 필증성과 충전성을 등가적인 것으로 설명하고 있다. 그러나 필증성과 충전성의 관계에 대한 후설의 입장은 이후에 변화를 겪게 된다. 후설은 이 책의 부록 13에서 '사유하는 자아'의 필증성은 인정하면서도 이것이 충전적으로 인식될 수는 없다고 언급함으로써 필증성과 충전성이 서로가 서로에 의해 정의되는 등가적인 개념이 아님을 시사하고 있다. 『데카르트적 성찰』(후설 전집 I, 62쪽)에서도 후설은 충전성과 필증성이 반드시 일치하지는 않는다고 이야기한다.

기 어려운 인식 정당화의 이상을 가리킨다. 어떤 판단에 대한 완전한 정당화는 우리가 그것을 우리에게 명증적으로 만들 뿐 아니라 우리가 판단하면서 사념한 것이 우리가 사념한 대로 정확히 그 자체가 우리의 파악 속에 있음을, 말하자면 그 자체가 몸소 직관되고 파악됨을 확신한다는 것 외에 달리 생각될 수 없다. 또한 충전성의 시험으로서, 우리는 그렇게 직관된 것에 대해서는 비존재나 의심스러움의 어떠한 단초도 절대적 명증 속에는 없음을 확신한다는 것 외에 달리 생각될 수 없다. 어쩌면 이러한 원리를 적용함으로써, 미리 주어진 명증을 이 명증이 가진 절대적으로 정당화되는 내용에 제한시킬 가능성이 생겨난다. 그래서 충전적이지 않은 명증으로부터 충전적인, 그러나 제한된 명증을 수립할 가능성이 생겨난다.

우리는 이러한 절대적인 충전성의 이상을 그것이 우리에게 요구하는 만큼 수행하고자 시도하려 한다. 우리는 그것으로 우리가 어디까지 갈 수 있는지를 보고자 한다.

아마도 우리는 우리의 성찰의 계속되는 도정에서, 그 자체로는 전혀 충전적 명증의 성격을 갖지 않는 **갖가지** 고유한 정당화 형태들을 구별해야만 할 것이다. 그러나 아마도 우리가 이제 그럼에도 그러한 모든 정당화 형태 속에서 충전적 명증이 궁극적인 정당화 원천으로 기능해야 하고, 이를 통해 정당화가 현실적이고 진정한 것으로 여겨질 수 있음을 가리킬 수 있다는 사실은 보여줄 수 있을 것이다. 그러나 우리는 우선은 그러한 것에 대해 아직 아무것도 모르고, 어쨌든 시작의 주도 원리로서 정당화의 절대적 이상이 우리에게 밑그림 그려진다.

이제 필요한 바로 다음의 숙고는 시작 자체를 목표로 한다. 그것은 우리가 우리에게 최초의 것으로 선사해야 하는 바로 그 충전적 명증에 대한 질문과 관계하며, 그래서 철학의 완전한 구축을 산출하도록 되어 있는 정당화된 인식의 근본 영역에 대한 질문과 관계한다. 그것을 획득하기 위해 우리는 어떻게 나아가야 하는가? 전체 학문은 시작하는 철학자인 우리에게는 타당성 밖에 두어져야 한다. 전체 학문은 모두 의문시되어야 한다. 우리는 충전적 명증을 샅샅이 찾아내야 하는가? 즉, 학문의 명증들 중 어떤 것이 충전적인 것으로 변화될 수 있는지를 검토해야 하는가? 전체 학문은 학문으로서 간접적 인식의 구축물이며, 간접적 인식의 정당화는 직접적인, 근본 인식의 정당화에 근거하기 때문에 우리는 학문의 모든 근본 인식에서 명증의 비판을 행해야 하는가?

인식의 보편적 정당화가 간접성의 길을 따라가야 한다는 생각, 그래서 사실적으로 존재하는 학문의 비판만이 아니라 모든 (그리고 언제나 이해할 수 있는) 보편적 인식 비판이 우선은 직접적 인식의 보편적 비판을 요구하리라는 생각은 훌륭하고, 완전히 명증적이 되기도 쉽기는 하다. 그럼에도 불구하고 우리가 우리의 앞선 성찰을 기억하고, 그것의 동기가 다시 우리에게 영향을 끼치도록 한다면, 우리는 문제시되는 진행에 관해 즉시 신중해져야 한다. 우리가 의도한 것이 전통적 학문의 방법적 본질에 관한 학문이라면, 필요한 일은 이러한 학문 자체가 단지 불완전하기는 하지만 어쨌든 개선 가능한 방식으로 이미 하고 있는 것을 순수히 완전하게 행하는 것에 불과한가? 만약 그렇다면 우리는 학문의 근본적 재건설, 혹은 학문들을 보편적으로 자신 안에 포함하고 자신으로부터 체계적으로 전개시키는 철학의 근본적 재건설이 필요하지 않았을 것이다. 우리는 학문을 실제로 전복할 필요도 없었을 것이며, 상응하는 보편적 검토와 적절한 개선을 통하여, 평가하는 비판이 행하는 보편적 의문시로 충분했을 것이다. 완전한 명증 속에서 입증되는 인식은 다시금 영예롭게 받아들여질 것이고, 다른 인식들은 개선된 혹은 새로운 인식을 통해 대체될 것이다.

그러나 그것은 전도유망한 시도가 아닐 것이다. 이런 종류의 비판은 어차피 모든 학자들이 수행하는 것이다. 모든 학자들이 작업 중에 지속적으로 힘닿는 대로 수행하는 것이다. 이러한 비판 속에서 실증적 학문들은 낮은 완전성의 단계에서부터 높은 완전성의 단계까지 위로 전진해나간다. 뿐만 아니라 그러한 비판에 대한 요구는 오래전에 이미, 개별 학문의 작업의 방법적 특수성에서 떨어져 나와 학문들 자체의 방법적 보편성을 향하는 보편적 학문 비판적 고찰들에 이르렀다. 오래전부터 이미 논리학은 보편적 학문 이론으로서 존재하고, 명백하게, 모든 학문 비판의 보편적 학문이라는 바로 이러한 기능을 하게 되어 있다.

그럼에도 불구하고 이러한 보편적 논리학도, 또 가령 이러한 논리학의 도움으로 산출되는, 우리가 이미 갖고 있는 방식의 보다 완전하고 특수한 학문의 체계도 우리가 의도한 것일 수 없다. 왜냐하면 우리의 역사적-비판적 성찰들이 보여주었듯이, 이러한 방식에는 원리적 불완전함, 즉 저 초월론적 소박성이 드리워져 있으며, 그러한 소박성의 극복이 우리가 철학으로서 추구한 것의 철저한 의미를 규정하기 때문이다. 모든 인식이 인식하는 주관성의 작업수행이라는 점은 순수하게 자명하다. 그럼에도 불구하고 그러한 자명성은 모든 초월론적 혼란과 불합리한 형이상학의 근원을 특징짓는다. 실증적 학문의 완전하게 형태 지어진 명증은 초월론적이고 형이상학적인 안개로 둘러싸여 있으며, 그 속에서 회의와 신비가 장난을 칠 수 있다. 모든 실증적 인식은, 그것이 진정한 것인 한, 명증이지만, 그럼에도 불구하고 그러한 인식은 동시에 수수께끼이다. 모든 실증적 인식은 초월론적 해명을 요구한다. 이 점은 모든 인식 자체에 대해 적용되기 때문에 여기서 하나의 보편적 과제, 즉 인식하는 주관성 일반을 인식을 수행하는 자로서, 그리고 그러한 수행의 모든 방식과 형태들에 따라서 체계적으로 연구할 과제가 생겨난다. 그리고 이러한 거부할 수 없는 과제가 우리의 앞선 성찰을 통해 우리에게 자라난다.

이러한 과제는 이제 어떻게 다루어져야 하고 어떻게 충족되어야 하는가? 이러한 과제의 순수하고 독특한 의미가 파악될 수 있는 그 방법은, 그러니까 인식, 모든 종류와 형태의 인식의 초월론적 작업수행을 학문적으로 탐구하는 그 방법은 어떻게 구체화되어야 하는가? 주관이 모든 진리와 학문을 자신 속에서 형성된 형성물로서 철저히 이해할 수 있게 하고, 또 그로부터 진리와 학문의 궁극적 의미를 이론적으로 확정할 수 있게 하는 자기 인식을 주관이 어떻게 수행할 수 있는가? 이해하는 이러한 명료성은 어떻게 획득될 수 있으며, 이때 초월론적 자기 인식은 우리가 맨 꼭대기에 세워두어야 하는 저 원리, 그러니까 충전적 명증의 원리를 어떻게 충족할 수 있는가? 덧붙여 우리는 여기서 이렇게 묻고 싶다. 초월론적 인식 탐구 자체라는 요구는 결국 모든 인식을 궁극적으로 충족시키고 모든 인식을 생각 가능한 최고의 정도로 충전적으로 만드는 요구의 또 다른 귀결이 아닌가? 절대적이고 보편적인 인식에 대해 우리가 요구해야 하는 저 두 완전성은 그 자체로 매우 가까운 관계에 있다. 아마도 모든 인식 지향의 충족이라는, 즉 궁극적 인식 만족이라는 이상을 수행해야 한다는 저 극단적 요구는 자신에게 초월론적 문제로 이행하도록 강제해야 할 것이고, 그래서 절대적으로 정당화되는 학문은 궁극적 명증의 이상에 적합하게 그 자체로 초월론적 철학이 되어야 할 것이다.

여기에 커다란 어려움이 놓여 있다는 사실을 우리는 앞선 성찰로부터 이미 오래전부터 알고 있다. 무엇보다 우리는 자기 인식, 그것도 인간의 자연적이고 소박한 자기 인식과는 완전히 다른 그러한 자기 인식이 문제이며, 심리학적 내적 체험이라는 명칭하에 그러한 자기 인식에서부터 길어

오는 심리학과는 완전히 다른 무언가가 문제임을 알고 있다. 그러나 우리의 앞선 성찰에서 우리에게 무엇이 알려졌든 여기 우리가 가장 엄밀한 체계 속에서 구축해야만 하는 곳에서 우리는 우리의 직관하는 눈과 새롭게 수행된 깨달음을 지도하는 동기를 제외하고는 그에 관해 그 무엇도 전제해서는 안 된다. 실제적인 시작, 절대적으로 근거 지어진 철학의 시작으로 오고 싶다면, 우리는 우리가 우리 자신에게 근원적으로 획득한 것 이외의 그 무엇도 가져서는 안 된다.

그래서 이제 우리의 과제는 초월론적 토대, 모든 초월론적 문제들의 초월론적 토대를 이러한 근원적 방식 속에서 새롭게 산출하고, 독특하고 단적으로 필연적인 의미를 가진 "나는 존재한다"의 정립[9]을 초월론적 자기 정립으로서 우리가 행하도록 강제하는 과제가 될 것이다. 그리고 계속적 귀결로, 자연적이고 소박한, 객관적-논리적 인식 비판의 맞은편에 완전히 다르게 근거 지어진 초월론적 인식 비판을 보편적으로 수행하는 과제가 자라날 것이다. 그러나 그 뒤에는 또한 실증적 학문의 모든 작업수행과 그것의 보편적 비판은 초월론적인 틀과 초월론적인 비판에 의해 함께 포괄되고 함께 수행되나, 궁극성의 정신 속에서 수행되리라는 사실을 보여주는 과제가 자라날 것이다.

이제 이어지는 성찰은 **시작 자체를 만들어야 하는 성찰**이다. 이를 위해 우리는 상이한 방식으로 나아갈 수 있다. 한편으로 우리는 예견된 것으로서 이미 우리에게 알려진 목표를 향해 곧장 힘차게 나아갈 수 있다. 우리

----

9 어떤 대상이나 세계가 존재한다고 믿을 때, 그것을 '정립한다'고 표현한다. 그러니까 정립이란 어떤 것이 존재한다고 믿는 것이다. 정립 작용은 지각 작용에 속하는 본질적인 계기이기도 하다. 그러니까 우리가 어떤 대상을 지각한다는 것은 그 대상이 존재함을 믿는다는 의미도 포함하고 있다.

는 "나는 존재한다"는 인식을 가지고 아주 직접적으로 시작할 수 있고, 그러한 인식의 충전적 명증의 사정이 어떠한지를 볼 수 있다. 그리고 "나는 존재한다"의 최초의 명증이 물론 완전한 것이 아니라는 사실이 드러난다면, 그것을 충전적이고 그래서 필증적인 명증으로 변화시키고자 시도할 수 있다. 원리적으로 충전적으로 주어지지 않은 모든 것을 순수화하는 이러한 배제를 방법적으로 수행하면서 우리는 순수한 주관성 내지는 초월론적 주관성으로 올 수 있으리라. 그리고 그러한 주관성은 순수한 충전성 속에서 자기 자신이 접근 가능한 주관성의 내용이리라.

두 번째로 우리는 앞선 성찰로부터의 지도를 모두 거부하면서, 순전히 절대적 정당화로부터 구축될 수 있는 보편적 학문의 이념을 우리 손에 쥐여주는 그러한 지도에 따를 수 있을 것이다. 이제 '나'는 시작하는 철학자로서의 나를 뜻해야 할 것이다. 처음에는 당연히 직접적인 인식이 있을 것이다. 경우에 따라서는, 직접적인 인식을 통해 함께 드러나는, 완전히 직접적으로 접근 가능한 인식의 장, 그러므로 그 자체로 직접적인 인식의 장이 있을 것이다. 그리고 이러한 직접성들은 필증적 방식으로 확실해야만 한다. 이제 나는 모든 학문들을 타당하게 여기지 않는다. 그러나 나에게 나 자체와 내가 살고 있는 세계를 지속적으로 보증하는 내 삶과 내 직접적 경험의 흐름은 계속된다. 물론 그것도 또한 인식이고, 그것은 보편적인 절대적 정당화에 대한 나의 요구에서, 전복 속에 함께 포함되어야 한다. 그러나 나는 **그러한 인식**을 즉시 소생시킬 수 있다. 여기서 나는 피할 수 없고 의심할 수 없는 명증들을 갖기 때문이다. **나는 존재하고, 이 세계는 존재한다.** 내가 그것을 어떻게 의심할 수 있을까? 물론 나는 그러한 명증을 충전성의 현실적 존립 내용에서 비롯된 현실적 필증성에 근거하여 더 자세히 시험해보아야 한다. 그러한 시험은 이제 필증적 직접성의, 절대적으로 의심할 수 없는 경험 소여성의 유일한 존립 내용으로서 초월론적 주관성으로 이끈다. 그리고 이를 통해 첫 번째 길이 산출한 것과 동일한 것으로 이끈다. 이것에 대해 나중에 요구된 비판이 반대로 세계 실존의 추정된 의심 불가능성에 대한 비판을 수행하는 것을 불가피하게 만들더라도, 두 가지 길은 현실적 수행 속에서 곧 합치해야만 한다.

체계적인 근거에 따라 우리가 **두 번째 길**을 선호한다면, 모든 학문에 앞서 놓여 있는 직접적 명증에 관한, 그리고 이제 일관된 방식으로 그러한 명증들의 앞에 놓여 있는 경험들에 대한 **주도적 물음**은 의심할 수 없는 존재로서의 **경험 세계**로 이끄는 것처럼 보인다. 우리 자신은 우리를 그러한 세계 속에 포함되고 종속되어 있는 통일체들로서 경험한다. 그래서 우선은 특히 우리를 부각시켜서 "나는 존재한다"라는 고유한 명제로 표명할 어떠한 동기도 없어 보인다. **세계는 지속적인 경험 속에서 현존한다.** 우리의 인식 수행, 우리의 걱정거리와 근심, 우리의 행위는 계속해서 세계와 관계하고, 세계 속에서 경험되는 개별적 사건들과 관계한다. 이 세계보다 더 자명한 것은 없다. 물론 개별적으로 보자면 경험이 우리를 속이고, 우선은 경험된 현존으로 몸소 우리의 눈앞에 있는 것이 존재하지 않거나 다른 것이 되는 일이 종종 생겨난다. 그러면 우리는 환영, 감각 기만, 가상이라고 말한다. 그러나 주어진 개별 경우들에서 감각적 경험이 곧바로 의심 불가능성을 요구할 수 없다고 하더라도, 그 때문에 세계의 현존이 우리에게 문제시되는 일은 결코 없다. 경험은 급하게, 또는 부주의하거나 불완전하게가 아니라, 또한 주의 깊게 수행될 수 있으며, 명증을 의도하여 필요한 완전성 속에서 수행될 수도 있다. 그래서 경험은 이성적 학문에 정당한 근본 인식을 제공한다. "세계가 존재한다"는 보편적 명칭은 의도적으로 정확히 관찰된 경험의 귀속되는 총체와 더불어 **모든 궁극적인, 즉 직접적 인식**

원리의 총체를 자신 안에 포함하고, 혹은 보편적 학문에 필수적인 모든 경험의 총체를 포함하는 것으로 **보인다. 나는** 나의 현존, 그리고 나를 직접적으로 파악하는 경험과 더불어 **이러한 총체** 속에 자명하게 함께 **포함되어 있다.** 세계를 부정하고 실제로 없애버리면 나 자체도 부정되고 없어질지 모른다.

그럼에도 불구하고 실제로 매우 자연스러운 이러한´숙고가 아무리 분명해 보이더라도, 그리고 "나는 존재한다"는 명제가 경험된 세계 실존의 우연한, 그리고 전혀 선호되지 않는 특수 사례로 제시되더라도, 그럼에도 불구하고 **"나는 존재한다"는 명제는 오히려 모든 원리 중의 참된 원리이며,** 모든 참된 철학의 최초의 명제여야 한다는 견해를 주장할 수 있고, 그것도 아마 훨씬 나은 근거들을 통해 주장할 수 있다. 실제로 우리는 세계 실존의 자명성 내지는 세계 경험의 권리에 유효한 설명이 진정한 필증성의 시험을 통과하지 못함을 보일 수 있다. 그리고 절대적으로 근거 지어진 철학에서는 세계 전체가 그것의 완전한 총체성으로 취해져서 타당한 것으로 여겨지지 않아야 함을 보일 수 있다. 즉 전체 세계 학문의 명제들과 학문 일반과 같이, 우선은 절대적 근거가 결여된 것으로서 의문시되어야 함을 보일 수 있다.

실제로 우리는 공간 사물의 모든 지각이 비충전적이라는 사실을 쉽게 납득한다. 공간 사물의 지각은 우리에게 사물을 단지 일면적으로 제시하고, 단지 약간의 규정들과 더불어, 부분적으로 볼 수 있는 형태에 속하는 부분적 성질들과 더불어 제시한다. 우리는 과연 사물 자체의 현존에 관한 의식을 갖지만, 지각의 이러한 불완전성에 있어 아무것도 변하지 않는다. 만약 우리가 연속적이며 더 주의 깊은 관찰 속에서 지각에서 지각으로 이행해가면서 전체 지각 연관을 하나의 지각으로 간주할지라도 아무것도 변하지 않는다. 그러한 연관의 모든 지각 위상 각각이 단지 **자신의** 존립 내용만을 실제로 보았고, 새로운 위상에서는 이전에 실제로 보았던 것에서 불가피하게 많은 것이 없어지고, 계속해서 새로운 것이 없어진다는 점을 도외시한다고 하더라도, 관찰하는 지각은 그럼에도 결코 끝나지 않는다. 이 점은 경험 자체의 고유한 의미 속에 놓여 있다. 지각하는 자는 실제로 지각된 것을 넘어서는 수많은 경험 가능성의 지평들을 아주 잘 의식한다.

2부

세속적 경험에 대한 비판.
초월론적 환원으로의 첫 번째 길

1장

세계 경험과 세계 믿음

33강 "세계는 존재한다"는 명제의 폐기할 수 없는 우연성

지난 강의에서 우리는 연속적으로 진행되는 세속적 경험에 의한 세계 실존의 확실성을 필증적 비판에 처하게 했다. 즉 우리는 이러한 확실성이 실제로 필증적인 것인지, 그래서 외적 경험이 (그리고 그것도 아주 주의 깊게 관찰하고 실험하는 경험으로서의 외적 경험이) 충전적 지각일 수 있는지 연구했다. 왜냐하면 이제 우선은 개별적인 공간 사물에 대한 모든 지각에서 전적으로 피할 수 없는 불충전성이 드러나기 때문이다. 각각의 지각에서 지각하는 자는 그때그때의 그의 공간 사물적인 것을 생생한 자체성 속에서 포착함을 의식하고 있지만, 그는 그것을 완전하게, 이러한 모든 규정 내용들에서도 이러한 생생함(Leibhaftigkeit)[10] 속에서 포착하는 것이 아니다. 따라서 그것은 한갓 그 어떤 외부로부터 확인될 수 있는 사실이 아니다. 모든 지각이 그 자체에 있어서 경험적 사념이듯이, 모든 지각은 한편으로는 지각 속에 본래적이고 실제적으로 자체 파악된 것으로서 의식되는 규정의 내용―가령, 성질을 가진 채로 본래적으로 보이는 사물 형태의 부분―을 가지고 있으나, 다른 한편으로는 공허하게 함께 사념된 것과 미리 사념된 것의 내용도 가지고 있다. 이 내용은 이후의, 경우에 따라서는 자유롭게 작동시킬 수 있는 지각의 진행 속에서야 비로소 생생하게 자체 주어질 것으로서 의식된다.

우리가 방금 상술했던 것은 명백히 엄밀한 필연성과 보편성에서 타당하다. 그래서 모든 공간 사물적인 지각은 불가피하게도 본래적인 자체 부여와 함께 사념된 것의 혼합으로서 존재한다. 그리고 이것은 우리가 지각할 때, 우리에게 불가피하게 타당하다. 이러한 함께 사념함은 관찰하고 실험하는 모든 지향에 그 실천적 의미를 부여한다. 이러한 함께 사념함은 또한 그러한 지향에 열린 지평(Horizont),[11] 아직 파악되지 않았고 아직 알려지지

⋮

10 '생생함(Leibhaftigkeit)'은 지각에서 대상이 주어지는 특정한 소여 방식을 가리킨다. 지각에서는 대상 자체가 주어질 뿐 아니라 대상 자체가 원본적으로, 몸소 주어진다. 그러나 공간 사물적인 외부 지각에서는 관점에 따라 특정한 부분만 '생생하게' 포착될 뿐, 나머지 부분은 함께 사념된다. 결국 공간 사물적 지각에서는 대상의 모든 규정 내용들이 '생생함' 속에서 포착되지는 않는다고 말해야 한다.

11 의식이 주목하는 대상은 대상을 둘러싸고 있는 배경으로부터 자아의 시선에 부각된다. 이때 배경은 당장은 주목되고 있지 않지만 언제나 의식의 주목하는 시선 속에 들어올 수 있는 잠재적인 지각의 장이다. 이와 같은 배경이 지평에 해당하며, 이러한 배경에 대한 의식이 지평 의식에 해당한다. 후설에서 지평 개념은 배경 현상으로서의 이러한 지평 개념보다 훨씬 폭넓다. 지평은 규정 가능한 비규정성으로 정의되기도 하는데, 당장은 규정되어 있지 않지만, 장차 해명되고 규정될 수 있는 잠재성의 영역이다. 공간적 지각과 관련된 지평에는 내부 지평과 외부 지평이 있다. 내부 지평은 대상이 내부적으로 갖는 가능적 의미의 터로서 아직 규정되어 있지 않으나 점차 해명될 수 있는 규정성들의 영역이다. 가령 한 채의 집이 있다고 할 때, 아직 규정되어 있지 않은 지붕, 창문과 같은 집의 내적 계기들은 어두운 내부 지평으로 존재하다가 계속적인 경험을 통해 점차 특정한 규정들로 해명될 수 있다. 외

않았거나 불완전하게 알려진 지평을 부여한다. 그리고 동시에 이러한 함께 사념함은, 한갓 함께 사념된 것, 한갓 예견 속에서 의식된 것이 몸소 그 자체 파악된 것이 되고 본래적으로 지각된 것이 되게 하는, 자유롭게 작동시켜지는 지각 계열을 제시한다. 공간 사물의 지각이 확장된다면, 공간 사물의 지각이 사물의 언제나 새로운 부분과 측면을 밝혀주는 자체 파악으로 전개된다고 하더라도, 지각의 보편적 본질에 속하는 이러한 구조는 폐기될 수 없다. 그것은 비충전적 지각이며 비충전적 지각으로 머물러 있다. 예견 없는, 함께 사념함의 지평 없는 철저히 본래적인 지각이라는 지각 형성으로 종결되는 것은 생각될 수 없다.

바로 이러한 점과 연관된 것이, 공간적으로 경험된 것은 달리 존재하거나 비존재할 가능성이 열려 있다는 점이다. (일상적으로 말하자면 흔히 '외부' 지각이라고 불리는) 모든 공간 사물의 지각은, 비록 그 지각이 그 고유한 의미에 따라서 볼 때 직접적인 자체 파악일 때조차도, 착각일 수 있다. 마찬가지로 공간 사물의 지각은 그 고유한 의미에 따라서 볼 때 예견적이다(예견은 **함께 사념된 것**과 관계한다). 이 점은 주어진 지각 계기 속에서 자체 파악된 것의 내용 속에 자세히 보면 예견의 계기가 놓여 있을 정도로, 아주 근본적이다. 근본적으로 볼 때, 지각된 것 속에 순수하고 충전적으로 지각

∴

부 지평은 대상이 다른 사물들과의 관계에서 갖는 가능적 의미의 터로서 특정 대상을 둘러싼 환경이나 맥락을 포함한다. 대상의 주변 세계로서의 외부 지평은 가시적 지각장에서부터 무한한 세계 지평으로까지 뻗어 있다. 후설에서 지평 개념은 이렇게 공간적인 지평 개념을 넘어 시간적인 지평 개념에까지 확장된다. 후설은 과거 지평과 미래 지평에 대해서도 자주 언급한다. 주목되고 있는 현재를 둘러싼 과거 지평이나 미래 지평도 어렴풋하게 알려진 것에서부터 알려지지 않은 어두운 미규정적 영역으로까지 무한히 뻗어 있다. 이와 같이 지평은 특정한 지각 작용에서 미규정적인 것으로서 함께 사념되나 계속적 경험을 통해 점차 해명될 수 있는 잠재성과 가능성의 영역이다.

된 것은 아무것도 없다. 언제나 우리는 계속되는 지각 확증으로 지시된다. 가령 우리는 한결같이 붉게 칠해진 평평한 조각을 실제로 본다. 그러나 가까이 다가가보면, 계속되는 지각 속에서 색깔이 동일하지 않음이 나타날 수 있다. 그러나 색깔의 동일함이 확증되는 것도 처음에는 마찬가지로 하나의 열린 가능성이다. 그러나 다시금, 그렇게 확증됨이 신뢰할 수 있는 상태로 있더라도, 모든 순간에 사태는 동일하다. 이후에 확증되지 않을 가능성이 열린 채로 남아 있다. 그래서 경험이 속이고, 그럼에도 불구하고 또 경험이 경험을 통해 정당화되나, 언제나 단지 추정적으로 정당화될 뿐이라는 사실은 놀라운 일이 아니다.

개별적인 사물과 관계하는 지각 대신에 전체 지각, 즉 모든 개별 지각들이 거기에 편입되고, 한갓 계기로서 거기에 포함되어 있는 전체 지각을 고찰해볼 때에도 명백히 동일한 것이 타당하다. 이러한 보편적인 지각, 그 보편성 속에서 연속적으로 진행되는 지각 덕분에 우리는 통일적 세계를 지속적으로 의식해 간다. 통일적 세계는 무한한 시간 동안 지속하고, 개별적인 변경들의 변화 속에서 영속하며, 하나의 공간을 관통하여 펼쳐져 있다. 이러한 세계는 부단히 지각적으로 경험된다. 그렇지만 달리 존재함, 심지어 비존재의 열린 가능성들을 가진 채로 단지 미리 파악하는 사념의 방식으로만 경험된다. 이 점을 좀 더 자세히 고찰해보자.

우리의 외부 지각의 연속적 흐름은, 자신의 우연적이고 언제나 새롭게 위협하는 모든 실망들과 더불어 일관적 수정의 형식 속에서 사실적으로 흘러간다. 이것은 다음을 의미한다. 입증되지 않은 모든 선취하는 파악은 언제나 대체될 수 있다. 파악을 변경함으로써 무너진 일치가 회복되며, 이 변경은 최소한 당장은 계속되는 경험 속에서 계속적 타당성 속에서 입증되는데, [본래의 파악은] 자기 자신에 의해, 즉 이렇게 변경된 파악을 통해서 언제나 대체될 수 있다. 어떤 지각은 착각으로 드러난다. 여기에는 다음의 사실이 놓여 있다. 그러한 지각은 지각의 진행 속에서 등장하는 불일치를 통해 폐기된다. 사념 변경, 지각 의미의 변경, 가령 안개 속의 인간을 안개 속의 나무 그루터기로 고쳐 해석하는 현상 변경은 이러한 폐기와 손을 맞잡고 간다. 그리고 이로써 일치가 다시 회복된다. 그러한 방식으로 계속해서 진행되고 진행될 수 있다는 것은 아주 주목할 만한 사실이고 정확히 필증적인 필연성이다. 외부 지각의 끝없는 흐름은 나의 깨어 있는 삶을 통해 흘러간다. 그것은 언제나 하나의 동일한 세계가 지각에 적합하게 현존하면서 의식될 수 있는 방식의 생성의 구조를 가지며, 그러한 방식의, 모든 부조화를 해소하는 조화로의 변경을 지녔다. 언제나 우리는 '그' 세계라고 말한다. 그리고 생생하게 자체 파악된 것으로서의 하나의 동일한 세계를 경험한다. 비록 이러한 자체 파악이 철저히, 그 자체 전적으로 확증하는 새로운 경험을 겪게 되어 있는, 한갓 예견에 불과하더라도 말이다. 그리고 이러한 예견이 개별적인 예견 속에서 때로는 일치하면서 계속 흘러가며 확증되고, 때로는 일치의 단절 속에서 의문스럽고 흔들리는, 혹은 아주 헛된 가상으로 끝나더라도 말이다. 그러나 언제나 수정이 일어나고, 어쨌든 수정이 가능하다. 의심은 해결될 수 있고, 의식적으로 비존재하는 것의 기저에 올바른 것이 놓일 수 있으며, 그래서 새로운 일치가 회복될 수 있고, 깨지지 않고 계속 타당한 믿음의 통일체가 거주하는, 철저히 입증되는 경험의 통일체가 회복될 수 있다. 이에 상관적으로 그때그때 수정함에 따라 경험된 세계는 참된 세계로 여겨진다. 이러한 진리는 영원히 전진해 나간다. 또한 이러한 진리는 유보적이다. 이러한 진리는 경우에 따라서 다시 극복되어야 한다. 그러나 이러한 진리는 새로운 수정의 형식 속에서, 그리고 새롭게 일치하며 경험된 세계의 형식 속에서 (이제까지 언제나 그랬던 것처럼) 언제나 그것이 **될 수 있다**. 이때 이전의 진리는, 자체 파악된 것으로서, '수정'이라는 우리의 표현이 암시하듯이, 실제로 여기에서 추정된 세계로서 결코 완전히 포기되지는 않는 것처럼 보인다. 계속적인 상대적 진리 속에서 세계는 현존한다. 그러나 그럼에도 불구하고 언제나 상대적 진리 속에서 인식 가능할 뿐이다.

외적 경험의 흐름 속에서, 그리고 지속적인 자체 교정의 이러한 주목할 만한 경과의 조화로움 덕택에 현실적으로 그리고 궁극적으로 참된 세계의 이념이 생겨난다. 하나의 동일한 세계, 그러나 궁극적이고 **이념적으로** 산출된 일치 속에서 경험될 것이며, 그러므로 어떠한 교정도 더 이상 요구하지 않는 세계로서의 참된 세계의 이념이 생겨난다. "가상이 많을수록, 존재로의 암시도 많다"는 **헤르바르트**[12]의 문장은 단지 우리의 보편적 경험의 사실적 구조에 대한 표현일 뿐이다. 우리에게 현존하는 현실성으로 여겨진 것이 가상으로 입증될 가능성이 언제나 존속하더라도, 가상으로 끝나는 것이 아니다. 연속적으로 전진하는 경험은 전진하는 수정 속에서, 계속적 교정의 열린 가능성이 원리적으로 속해 있어서 원리적으로 궁극성을 주장할 수는 없는 상대적 진리를 드러낸다. 그러나 상대적 진리로서 그것은 상대적 진리들의 단계 계열과 관계할 수 있다. 그리고 그러한 진리는 근삿값, 궁극적이나 그 자체로 도달 불가능한 진리의 더 나은 근삿값으로 간주될 수 있다. 적어도 의도적인 관찰의 형식으로, 즉 실험하고, 경험 획득물을 체계적으로 확립하고 서로를 통해 측정하는 경험의 형식으로, 그러한 근삿값 획득의 진행은 성과 풍부하게 실현될 수 있다고 우리는 생각한다. 궁극적인 진리, 궁극적으로 참된 것으로서의 세계는 하나의 이념이다. 그

----

12 헤르바르트(Johann Friedrich Herbart, 1776~1841)는 독일의 철학자이자 교육학자다.

러나 그것은 다음을 의미한다. 그러한 이념은 한편으로는 충전적으로 지각될 수 있는 것으로서 전혀 생각될 수 없다. 그러나 다른 한편으로 그러한 이념은 결코 가설, 혹은 자의적 이상이 아니다. 오히려 그것은 경험의 보편적인 경과 형태 속에서 동기 지어지는 것이다. 그리고 이러한 형태가 주어지는 한, 그러한 이념은 필연적으로 정립되어야 하고, 거부될 수 없는 이상이다. 이 이상은 내다봐져야 할, 저 믿음 타당성에 근원적으로 만족할 수 없는 극이며, 경험적 진리의 모든 상대성은 이 극이 정당하게 관계한다. 그것은 물론 설명이지만, 다음과 같은 연속적 지각 경과의 고유한 특성을 해명해준다. 세계는 연속적 지각 경과 속에서 우리에게 부단히 실제로 현존하는 것으로서 존재하나, 이러한 지각 경과 속에서 필연적으로 불완전하게 주어진다. 세계의 주어짐은 부단히 가능한 완전화의 이념, 부단히 가능한 교정의 이념 아래에 놓여 있다.

그러나 이제 우리는 보편적 세계 지각의 이러한 조화로운 통일성 구조가 필증적 필연성인지 묻는다. 이러한 경험 구조(이것은 자체로 경험적 추정에 불과한데)가 해체되는 일, 경험이 계속되는 교정의 방식 속에서, 모든 것을 조화시키는 교정의 계속되는 연속성의 방식으로는 더 이상 흘러가지 않는 일은 하나의 열린 가능성이자, **지속적으로** 열려 있는 가능성이 아닌가? 경험이 그렇게 흘러가야 한다는 것은 비록 우리가 경험이 이제까지 그렇게 흘러갔다는 사실을 필증적으로 알고 있더라도 결코 필증적인 확실성일 수 없다. 그래서 우리는 칸트적으로 말하자면, 조화시키는 현상들의 연속성이 현상들의 한갓 '혼란'으로 끝나는 일이 생각 가능하다고 말해야 할 것이다. 물론 개별적인 지각들은 자신이 앞서 붙잡은 믿음들을 잃지 않을 것이며, 또 자신의 전체 체계적 예취 구조를 변경시키지 않을 것이다. 정상적인 외부 지각으로서의 개별 지각에 속하는 개별 지각의 선(先)−사념과 함께 사념은 정상적인 지각 경과 속에서 선-예상이라는 성격을 지니는데, 이러한 선-사념과 함께 사념이 자신의 지지대와 힘, 믿음 확실성을 상실하게 될 것이다. 선-예상이 계속해서 다시 실망되면, 더 이상 아무것도 기대되지 않고 예견이 떨어져 나간다. 그러나 이는 외부 지각의 종말을 의미할 것이며, 지각 경과는 사물 지각의 경과로서의 자신의 성격을 상실함을 의미할 것이다. 그것은 이제 더는 경험하는 자에게 지각적으로 거기 있는 사물과 세계가 아닐 것이다. 현행적으로 경험된 것으로서도 아니고, 경험될 준비가 된 것으로서, 자유롭게 입증되는 지각을 통해 언제나 접근할 수 있는 것으로서도 아닐 것이다. 기껏 그 밖에 남아 있는 것은 이전에, 때때로 완전히 일치하는 경험 속에서 현상했던, 그리고 확실성 속에서 믿어진 세계에 대한 기억일 뿐이리라. 그러나 그러한 세계의 계속적 타당성은 이제 모든 경험적 동기를 상실했을 것이다. 현행적인 모든 외부 지각이 없다면, 게다가 현행적인 지각 채비가 없다면, 즉 공간 사물적인 것을 보고 들으며 찾고 발견하기를 "나는 할 수 있다"는 확실성이 없다면, 이전의 세계 믿음은 완전히 뿌리 뽑힐 것이다. 모든 세계 표상은 자의적 허구의 성격을 지니게 될 것이며, 모든 세계 표상은 그러한 허구인 모든 다른 세계 표상과 동등해질 것이다.

그러나 인식하는 자에게 세계 실존의 정립이 자신의 근원적 정당성을 길어 오는 외적 경험이 추정적 성격을 지닌다는 점으로 인해, 세계가 아무리 지금 경험된 것으로 주어진다고 해도 어쩌면 전혀 존재하지 않을 지속적 가능성이 경험하는 자에게 열린다는 사실이 이로써 보이지 않는가? 경험하는 자인 내가 경험에도 불구하고, 그리고 경험하는 중에, 경험된 것의 비존재의 가능성을 나에게 명증적으로 명료하게 할 수 있다면, 경험된 것의 존재의 필증적 필연성은 말도 안 되는 일이다. 우리는 가령 경험된 세계의 그렇게 존재함과 존재함 자체를 구분하면서 최소한 그것의 **실존**에 대해 필증적이고 절대적인 확실성을 구해낼 수 있다고 생각해서는 안 된다. 필증적 인식은 인식된 것의 비존재의 가능성을 전적으로 배제한다. 그것은 또한 이렇게도 이해될 수 있다. 외부 경험의 그렇게 존재함에 대해, 즉 규정 내용에 대해 충전적인 어떠한 것도 주어질 수 없다면, 그저 실존만의 필증성을 위한 공간조차 더는 남아 있지 않다.

여기서 다음에 유의하자. 모든 사실은, 세계 사실 또한, 일반적으로 인정되듯이, 사실로서 **우연적**이다. 여기에는 다음과 같은 사실이 놓여 있다. 그것이 일반적으로 존재한다고 할 때, 그것은 그럼에도 달리 존재할 수 있고, 아마도 또한 존재하지 않을 수도 있다. 그것이 모든 사실에 대해 정말로 타당한지, 그리고 어디까지 타당한지 하는 문제는 여기서 우리에게 아무 관계가 없다. 그러나 세계 실존에 대해 여기서 완전히 다른 종류의 우연성이 문제시된다는 사실이 주목되어야 한다. 내가 세계를 지각하고, 일반적으로 경험하고, 보다 큰 완전성 속에서 지각하는 **동안에도**, 그리고 세계가 또한 나에게 부서지지 않는 확실성 속에서 자체 주어진 것으로서, 그것의 실존을 내가 단적으로 의심할 수 없는 세계로서 의식하는 **동안에도**, 그럼에도 세계는 지속적인 **인식 우연성**을 지니고, 그것도 **이러한 생생하게 자체소여됨이 원리적으로 그것의 비존재를 결코 배제하지 않는다**는 의미에서의 인식 우연성을 지닌다. 여기서 **이중적 확실성**이 부각된다. 내가 깨지지 않는 일치 속에서 지각할 때, 나는 믿고 있으며, 자의적으로 믿음을 불신으로 변경시킬 수 없다. 아무것도 경험된 현존에 반대하지 않는 한, 나는 의심하지 않고, 또한 의심할 수 없다. 의심의 본질에는 "무언가가 거기에 반대한다"는 사실이 놓여 있다. 그러나 **필증적 확실성**은 다른 것을 의미하고, 훨씬 더 많은 것을 의미한다. 필증적 확실성은, 내가 보는 곳에서,

내가 보는 방식에서, 내가 그렇게 보고 있음을 확립할 때에, 내가 본 것이 존재하지 않거나 달리 존재할 가능성을 내가 전혀 생각할 수 없다는 것을 뜻한다. 그러므로, 내가 본 것이 존재하지 않는다고 후에 드러날 가능성도 생각할 수 없다는 것을 뜻한다. 이와 같은 것을 나는 생각할 수 있다. 나는 내가 보는 것이 아니라 이러한 필증적 방식에서 본다고 생각한다면, 그것을 다만 가능성으로 통찰하면서 직관할 수 있다. 외부 경험을 보는 것은 다르다. 지각된 것이 존재하지 않는 일은 명증적으로 모순이 없다. 그래서 거기에 "세계가 존재한다"는 명제의 폐기할 수 없는 우연성이 놓여 있다.

34강 초월론적 가상과 경험적 가상. '정신착란의 이의'에 대하여

우리는 세계의 폐기할 수 없는 인식 우연성을 확인했다. 이 우연성은 우리가 다룬 세계 지각의 구조에 본질적으로 드리워져 있으며, 이것 없이는 세계가 우리에게 현존하지 않는다. 그래서 세계는 그 밖의 방식에서는 우리에게 인식될 수 없다. 이러한 우연성의 방식, 세계를 책임지는 세계 경험 구조의 우연성의 방식에 대해 좀 더 살펴보자.

이때 개별적 지각의 구조, 그리고 지각의 그때그때의 계기에서 모두를 통일시키는 전체 지각의 구조만 문제시되는 것이 아니다. 이와 동시에 계속되는 지각 경과의 **보편적** 구조가 또한 문제시된다. 모든 지각은 사물 지각으로서 속속들이 예견이다. 그리고 이것은 보편적인 세계 지각에 적용됨을 우리는 보았다. 그래서 세계 지각은 매 순간 의식적으로, 장차 일치하는, 혹은 경우에 따라 수정을 통해 일치되는 경과의 예견을 지닌다. 지각하는 자 자신이 현행적으로 미래를 향하는 자신의 예상의 확증을 끊임없이 기대한다. 게다가 지각하는 자는 지각 경과를 많은 다른 차원들에 따라 자유롭게 지휘할 수 있으며, 다른 함께 사념함의 열린 예상 지평의 다른 경과 계열 속에서 본래적으로 자체 부여하는 직관으로 변경시킬 수 있음을 의식한다. 더 나아가 지각하는 자는 자신의 예견이 확증되지 않을 가능성을 의식한다. 그러나 또한 그때그때의 수정의 실천적 가능성을 의식하고, 그래서 결국 전체 지각 내부에서 일반적인 자체 확증의 일치를 회복할 가능성을 의식한다. 지각하는 자가 계속해서 존재하는 세계를, 자기 동일적인, 깨지지 않는 전체 믿음 속에서 지각하는 자에게 생생하게 현존하는 세계를, 더욱이 지금 현존할 뿐 아니라 동시에 과거로부터 열린 채 다가오는 미래로 생성되는 세계를 들여다본 것은, 저러한 사실에 대한 한갓 상관 개념일 뿐이다. 그리고 이 세계는 이러한 구조 때문에 지속적으로 존재와 진리의 이중적 의미를 지니게 된다. 모든 경험에 수정의 가능성이 부착되어 있는 것처럼, 그리고 등장하는 수정에 다시 새로운 수정의 가능성이 부착되어 있고, 이것이 무한히 계속될 수 있는 것처럼, 이와 상관적으로, 그때그때 현실적으로 지각된 세계는 '한갓 현상의 세계'이다. 즉 그 세계는, 그것이 그때그때 그러그러한 감각 직관적 특징들과 더불어 현실적으로 지각에 적합하게 주어지듯이, 그 자체로 존재하는 세계의 한갓 현상일 뿐이다. 여기에서 세속적 지각의 의미 구조로부터, 현상 세계와 세계 자체, 현상 사물과 사물 자체 사이의 지속적 상관관계의 의미가 얻어지는데, 이 의미는 전혀 형이상학적이지도 신비롭지도 않고, 순전하며 참된 의미다. 그러나 이러한 '그 자체(an sich)'는 다음을 의미한다. 수정에 의한 변경의 열린 가능성에는 어떤 접근의 이상이 포함되어 있는데, 그것은 자유롭게 활동하며 경험하는 주체로서 계속적으로 점점 더 완전해지는 수정에 접근해 갈 수 있는 이상을 의미한다. 사실적으로 이루어진 모든 수정은 원리적으로 계속적인 수정의 가능성을 열어놓기 때문에 이는 결코 도달할 수 없는 이상이기는 하지만 말이다.

　이러한 전체 지각 구조는, 어떤 관계에서 이야기하자면, 물론 자신의 절대적 필연성을 갖고 있으며, 그러한 필연성의 의미는 이미 이제까지의 우리의 분석에서 드러났다. 즉 지각하는 자의 지각적 삶이 이러한 방식으로 흘러가는 한, 지각하는 자는 지속적으로 자신 앞에 현존하는 세계, 하나의 자기 동일적 세계로서 지각하는 자의 눈앞에 생생하게 서 있는 세계, 그리고 하나의 현존하는 세계로서, 가능하며 흔한 착각과 수정을 통해서조차 손상되지 않는 세계 속에 의식적으로 들어가 산다. 그러나 또한 반대로 다음의 사실이 명증적으로 타당하다. 지각하는 자가 하나의 현존하는 세계에 대한 믿음에 머물러 있어야 한다면, 그래서 지각하는 자에게 세계가 경험될 수 있게 머물러 있어야 한다면, 이러한 방식은 우리에게 끝없이 남아 있어야 한다. 하나의 세계는, 무한한 미래의 지평 속으로 들어가지 않고서는, 그리고 이러한 무한성 속에서 경험하는 주체에게 경험 가능하지 않고서는 존재할 수 없다. 내가 지금 감각적으로 현상적으로 지각하는 세계의 참된 존재의 상관자는 결코 부서지지 않고 모든 미래에 남아 있는 나의 지각 경과의 조화로운 구조다.

　우리가 이제 이러한 상관관계를 아무리 필연적인 것으로 통찰하더라도, 그래서 그것의 머물러 있는 경과 형태에 관해 세속적 지각의 기술된 구조의 본질 필연성 — 이 필연성은 우리에게 참되게 존재하는 세계가 있어야 하고 경험될 수 있어야 함을 전제하는데 — 을 아무리 필연적인 것으로 통찰하더라도 그것은 바로 상대적인 필연성이다. 단적으로 말해서 세속적 지각의 이러한 보편적 구조는 우연적인 것이고, 달리 존재할 수 있는 한갓 사실일 뿐이다.

　물론 지금 우리는 하나의 생생하게 현존하는 세계를 제시했다. 우리는 살고 있고, 기억이 말해주듯이, 모든 지각의 확증의 일치를 보존하고 언제나 다시 복구하는 경험의 조화 속에서 지금까지 살아왔다. 세속적인 전체 지각의 이러한 지나간, 그리고 여전히 계속되는 방식은 필연적으로 세계가 계속해서 그렇게 머물러 있으리라는 앞선 믿음을 동기 짓는다. 그렇기에 우리는 믿으며, 그래서 우리는 믿어야 한다. 이 믿음은 흘러가는 세계 지각의 보편적 구조 속에 부단히 속한다. 다른 한편 그럼에도 경험적 믿음은 한갓 예견, 즉 그 믿음이 확증되지 않으며, 일관적 수정의 경과 구조가 해체되는 일을 언제나 열려 있게 하는 그러한 예견일 뿐이다. 우리가 얼마 전에 보았듯이 말이다. 그래서 우리가 아직 세속적 경험 속에, 그리고 일치하면서 확증되는 지각적 믿음 속에 살면서 그 믿음을 확인하면서 기대하는 동안에는, 우리는 이러한 생생하게 지각된 세계가 한갓 **가상**일 수 있으며, 그 세계가 자명하게 있는 바와 달리, 언제나 그 세계에 이념으로 감추어진 그 자체로 참된 세계의 순전한 가상일 가능성을 볼 수 있다. 물론 특별한 방식의 가상, **초월론적 가상**이 여기서 문제시되는데, 이는 일반적 의미의 가상인 모든 **경험적 가상**과 잘 구별된다. 우리가 경험적 세계 확실성의 토대 위에 서 있는 동안, 그래서 정상적으로 경험하면서 세계를 제시하는 동안, 여기저기서 경험적 가상이 발생한다. 그러한 경험적 가상의 해명에 대해, 그리고 언제나 그 가상의 **근거가 되지만** 단지 숨겨져 있는 그 가상의 진상에 대해 우리는 물을 수 있다. 이러한 물음이 하나의 의미를 가지며, **결정할 수 있는** 물음이라는 사실은 이제 우리에게 미리 확실하다. 초월론적 가상의 경우 사정은 완전히 다르다. 세계, 방금 생생하게 주어진 세계가 그럼에도 실제로는 존재하지 않을지 모른다는 것, 생생하게 주어진 이러한 것이 가상, 초월론적 가상일 수 있다는 것은 언제나 열려 있는 가능성이다. 그러나 여기에서 상응하는 진리를 통해 수정을 추구하고, 혹은 참된 존재에 대해 질문하며, 존재하지 않는 세계 **대신에** 그것을 정립하는 것은, 완전히 의미 없는 일이라는 이러한 사실은 우리가 초월론적이라고 불렀던 가상에 속한다. 이것은 마치 물의 요정으로 우리에게 거짓되게 현상하는 것이 무언가 참된 것으로 될 수 있다는 식으로 우리가 이와 같은 무(Nichts)를 변경할 수 있기라도 하듯이, 방금 자유롭게 꾸며낸 물의 요정 대신 무엇이 참된 사물로 존재하는가 하고 묻는 것이나 다를 바 없다.

우리가 경험한 세계가 '아마도'─'추정컨대'까지는 아닐지라도, '아주─상당히─가능한'이라는 일상적 의미에서 '아마도'─ 존재하지 않을 수 있음이 밝혀졌다고 우리가 말하기라도 한 듯이, 우리의 수확은 반대의 의미로 바꿔 해석해서는 물론 안 된다. 혹은 마치 세계가 끝날 수 있으며, 맑은 하늘이 구름 속에 뒤덮일 수 있는 만큼이나 세계의 멸망이 가능하다는 사실을 염두에 두어야 하기라도 한 듯 그렇게 이해되어서는 안 된다. 우리는 오히려 다음과 같이 이야기한다. 세계의 실존은 **전적으로 의심할 수 없다.** 그리고 이러한 확실성이 우리가 거기 포함되어 연속해서 살고 있는 세계 지각 속에 놓여 있다. 회의주의적 논변을 통해 혼동이 되어 세계가 실제로는 존재하지 않는다고 판단하고 믿거나 혹은 그럴 수 있음을 언제나 각오해야 한다고 그저 판단하는 사람은 이론적인, 그리고 언어적이고 개념적인 논변의 동기를 따르며, 세계 경험의 의미 내용을, 모든 회의주의적 논변에도 불구하고 세계 경험에 놓여 있는 깨질 수 없는 세계 믿음을 주목하지 않는다. 그것은 달리 존재한다고 최소한으로 추측하는 것도, 달리 존재할 실제적 가능성도, 자기 곁에서도 자기 안에서도 허용하지 않는 믿음이다. 그 무엇도 세계가 존재하지 않을 수 있다는 것을 말해주지 않으며, 모든 것이 세계가 존재한다고 말하고 있다. 우리는 실제로 경험하고, 그러한 경험은 언제나 그래왔듯, 실제로 일치하는 확증의 흐름이다. 그러나 우리에게 중요한 것은 이러한 완전한 경험적 확신, 이러한 경험적 확실성이, 그럼에도 불구하고 경험적인 것으로서, 세계가 존재하지 않을 가능성을 열어 놓으며, 이러한 가능성이 현실화된다고 그 무엇도 절대적으로 말하지 않음에도 이러한 가능성이 통찰될 수 있다고 하는 것이다. 이러한 주목할 만한 수확은 우리에게 중요한 것이어야 한다. 세계의 현존에 관한, 경험적으로 의심의 여지 없는 우리의 지각 확실성과, 이러한 세계가 순전히 무일 수 있고, 한갓 초월론적 가상일 수 있다는 명제는 **모순되지 않는다**. 그에 따라 내가 의심의 여지 없는 경험적 확실성 속에서 경험하는 **세계의 비존재에 대한 가정적 언명**은 "1이 2보다 크다"라든가 "사각형이 둥글다"와 같은 그러한 임의적인 가정적 명제가 아니다. 나는 가정적 언명 속에서 모든 모순적 명제를 형성할 수 있다. 그러나 그것은 모순적 언명이다. 여기 우리의 경우에 문제 되는 것은 **명증적으로 가능한, 즉 모순 없이 통찰 가능한 언명**이다. 그리고 그러한 언명이 내가 경험하는 (그리고 그 생생하고 의심의 여지 없는 소여성 속에서 경험되는 동안에도) 세계 전체와 관계한다는 것은 우리, 시작하는 철학자들에게는 커다란 관심사다.

그럼에도 불구하고 우리가 쉽게 떠오르는 이의를 아직 고려하지 않았다면, 우리는 그것을 아직 확고한 획득물로 주장해서는 안 된다. 생생하게 현존하면서 언제나 더 잘 인식되는 세계를 하나의 유일하게 참된 세계로 의식하는 것을 가능하게 하는 보편적 조화의 형식 속에서 어떤 주체의 지각이 흘러간다는 것이 한갓 우연적인 사실이라고 말하는 것은 확실히 가능한 일이다. 그리고 어떤 사람의 조화로운 지각 흐름이 의미 없는 혼란, 현상의 혼란으로 변할 가능성도 확실히 열려 있다. 그러나 이것이 의미하는 바는 어떤 사람이, 마침내는 모든 사람이 **미칠** 수 있다는 것에 불과하지 않은가? 정신착란의 가능성은 그럼에도 세계의 비존재의 가능성을 지지하는 것은 전혀 아니다. 반대로 우리는 여기서 바로 우리가 세계의 고유한 절대적으로 필연적인 존재를 고수해야 함을 보게 된다. 왜냐하면 정신착란의 가능성은 세계의 실존을 이미 전제하지 않는가?

그것은 물론 이제 그 어떤 강력한 반대 논변도 될 수 없을 것이다. 그러나 그러한 비판은 우리의 논의를 명확히 하는 데에 이바지할 수 있다.

우리는 소통적 복수형으로 표현을 해왔는데, 이는 처음에는 아주 자연스럽기는 하지만, 허용되지 않는 방식이며, 개선할 필요가 있다. 저러한 이의는 우선, 이러한 개선을 행할 동기를 준다. 성찰하는 자인 나는 이렇게 말해야만 한다. 내가 타당성 밖에 놓아둔 모든 학문에 앞서, 근원적 경험으로부터, 나의 외부 지각으로부터, 세계가 나에게 주어져 있다고. 사물에 대해, 세계 일반에 대해 자체 파악한다는 것, 생생하게 파악한다는 것은 '외부 지각'을 수행한다는 것에 다름 아니다. 우리는 우리에게 공통적인 일련의 성찰들을 자연스러운 우리-태도에서 수행했다. 이제 내가 이러한 경험하는 자로서의 나에 대해 이러한 일련의 성찰을 수행한다면, 나의 고유한 내적 삶에 속하는 고유한 나의 세계 지각에 대해 그러한 성찰들의 계열을 수행한다면, 나는 내가 스스로 경험하는 세계의 현존에 대해 어떠한 필증성도 적용시킬 수 없다는 사실이 드러난다. 동시에 나는 나의 지각 경과가 부조화스럽게 될 수 있을 가능성을 인식하고, 이전에 나에게 경험된 세계가 무(Nichts)로 해체될 가능성을 인식한다.

그러나 나의 경험의 의미 없는 부조화에 개의치 않고, 경험의 경과가 정상적인 일치 속에서 흘러갈 수 있었을 다른 경험하는 주관들에게는 사정이 어떠한지 묻는다면, 나는 다음과 같이 쉽게 대답할 수 있게 될 것이다. 인간들은 근원적으로 나의 어떤 외부 지각에 근거해서만 주어진다. 즉 **신체**로서 두드러지는 어떤 사물이 나에게 일치하면서 경험되는 사물 세계 속에서의 사물로서 주어지고, 그러한 신체에서 '영혼 삶', 감각함, 표상함, 느낌, 의지함 등이 **육화됨**을 통해서만 인간들이 나에게 주어진다. 나는, 내가 나의 것이라고 부르는 그 신체에서 근원적인 방식으로 이러한 육화를 경험함으로써 우선 나 자신을 인간으로 발견한다. 그리고 나서 내가 나의 신체의 주어짐과 같은 유형의 공간 사물적 유형에 속하는 그 밖의 사물들을 발견하면, 나는 다른 주체를 나에게 알려주는 작용으로서의 타인경험 (Einfühlung)[13]의 방식으로 그 사물들을 경험하고, 그래서 다른 인간, 내가 인간이듯이 하나의 인간인 다른 인간을 경험한다.

그래서 여기서 다음과 같은 사실이 미리 전제된다. 즉 공간 사물적 경험으로서의 나의 경험은 거기서 공간 세계가 나에게 현존하는 저 일치하는 경험 삶의 형태 속에서 진행된다. 내가 명증적으로 통찰하고, 언제나 다시 통찰할 수 있듯이, 나의 경험 흐름이 저 기술된 방식으로 변할 가능성이 있다면, 나의 경험 흐름이 연속적으로 확증되는 경험 믿음과 경험 의미를 상실할 가능성이 있다면, 그래서 현존하는 이러한 세계, 경험된 혹은 (자유롭게 실행되는 지각 속에서) 경험 가능한 사물들에 관해 더 이상 말할 수 없

⠂⠄

13 '타인경험(Einfühlung)'은 후설의 상호주관성의 현상학의 중심적인 개념이다. 이 용어는 '감정이입', '자기이입' 등으로 번역되고 있다. Einfühlung이라는 용어는 립스(Theodor Lipps, 1851~1914)의 감정이입론에서 학술적 개념으로 처음 등장하였는데, 후설은 립스의 감정이입론이 타인을 나에 의해 완전히 동일화될 수 있는 단순한 나의 표상으로 간주하고 있다고 비판한다. 후설에 의하면 우리는 타인을 결코 단순한 나의 복사물로 경험하는 것이 아니라 나를 초월하여 그 자체로 현실적으로 존재하는 그 무엇으로서 경험한다. 그런데 'Einfühlung'을 '감정이입'으로 번역하는 것은 후설의 타인경험 이론에 등장하는 'Einfühlung'을 립스의 감정이입론에 등장하는 'Einfühlung'과 유사한 것으로 오해하게 할 우려가 있다. 또 타인경험의 구조는 단순히 타인에게 '자기'를 '이입'하는 것도 아니기 때문에 '자기이입'이라는 번역어도 오해를 낳을 수 있다. 따라서 후설의 타인경험 이론에 등장하는 'Einfühlung'은 다양한 유형의 타인경험을 지칭한다는 점에서 '타인경험'으로 번역하는 것이 가장 적절해 보인다.

을 가능성이 있다면, 더 이상은 나의 신체에 대해서도, 또한 동물들, 그리고 인간에 관해서도 말할 수 없을 것이다. 그리고 일치하는, 실제 세계를 구성하는 경험 경과를 가지고 있는 인간, 그래서 내가 그의 그러한 경과에 의지할 수 있는 인간에 대해서도 말할 수 없을 것이다. 나는 나의 열려 있지만 여전히 타당한 경험의 틀 속에서 (아직 경험되지는 않았다고 해도) 적어도 경험 가능하기는 한―즉, 내가 현행적 지각 계열을 자유롭게 실행하고 겪는다면 공간 속에서, 자유로이 접근 가능한 경험 지평의 형식 속에서 발견될 수 있는―다른 사람에게만 의거할 수 있다. 그러나 만약 내가 어떠한 믿음 지평도 더는 갖고 있지 않고, 기껏 허구적인 지평을 가진 허구적 세계를 갖고 있을 뿐이라면, 거기서 '세계'는 무한히 많은, 전부 **공허한** 상상-가능성들에 대한 명칭을 의미한다. 그래서 다른 인간들도 이제 나에게 그러한 공허한 가능성들이고, 이 인간들 각각에게 다른 인간들 각각도 마찬가지이며, 마찬가지로 '무'이다. 이러한 공허한 가능성의 방식을 잊지 말자! 시리우스 성에 인간이 살고 있다는 것은 나의 경험에서 아무것도 그것을 지지하지 않는 한, 나에게, 그러니까 나의 경험의 깨지지 않는 통일성 속에서 현존하는 공간 세계를 제시했던 나에게 마찬가지로 하나의 '공허한' 가능성이다. 그러나 내가 실제로 경험의 길에 접어들어, 그러한 인간이 실존하는지 아닌지를 결정하는 앎을 획득할 수 있는 한, 그것은 완전히 공허한 가능성은 아니다. 이른바 절대적 허구의 영역이란, 세계 공간 속으로 편입되지 않으며, 이 세계 공간의 '실재적' 가능성의 지평에 거주하지 않으며, 경험의 일치의 힘(혹은 같은 것이지만 현실적인 보편적 지각)에 어느 정도 참여하지도 않는 영역이다. "나는" 볼 "수 있다", 나는 경험적 앎을 획득하고 결정할 수 있다는 방식의 경험의 길, 이러한 길은 결코 절대적 허구의 영역으로 이끌지 않는다.

이제 나에게 분명해졌듯이, 성찰하며 시작하는 철학자로서의 내가 세속적인 경험에 대한 보편적 비판을 수행하고자 한다면, 나는 내가 현실적인 혹은 다만 실재적으로 가능적인(즉 일상적인 경험적 의미에서 가능적인) 인간의 현존을 전제하는 의사소통적 태도에서 그렇게 해서는 안 된다. 그럼으로써 나는 이미 물음 속에 있는 무언가를, 비판의 보편적 의미에 적합하게, 그 자체로 함께 비판되어야 할 무언가를 이미 전제하게 된다. 더 자세히 말해보자면 다음과 같다. 나의 경험을 통해서 다른 인간이 나에게 현존하게 되듯이, 그들의 경험도 나에게 다만 나의 경험에서 경험된 것으로서 그러나 감추어진 채로, 함께 사념됨의 방식으로 경험된 것으로서 현존한다. 다른 인간에 대한 나의 지각은 직접적으로는 다만 그들의 물체적 신체에 대한 지각이다. 그들의 함께 사념된 영혼 삶, 그리고 특히 함께 정립된 다른 인간들의 지각은 나에게 나의 지각으로서 결코 주어질 수 없다. 다른 심리적 주체와 그들의 지각들은 필연적으로 다만 나의 지각 속에 간접적으로, 내가 본 신체의 이해할 수 있는 표정을 통해 함께 사념된다.

나의 경험에 대한 보편적 비판은 그래서 내가 수행할 의무가 있으며, 또한 도대체 수행할 의무가 있을 수 있을 바로 그 보편적 경험 비판이다. 내가 경험으로서의 다른 사람의 경험에 비판을 수행할 근거와 동기를 갖는 한, 이것은 다만 나의 경험의 간접성으로 돌입하는 비판으로서만, 즉 **나의** 어떤 경험들에서 그러그러한 정초를 통해 함께 경험된 것인 경험들에 대한 비판으로서만 의미를 지닐 수 있다.

어떤 고유하게 인식 비판적인 순환이 있는데, 이 순환은 경험 비판에 고유한 의미를 거스른다. 이제 내가 이러한 순환을 피하는 법을 배웠으니, 이제 나는 내가 지금까지 검토했고, 원했으며, 실제로 수행했던 것을 더 잘 나의 것으로 만들도록 시도한다.

2장

'정신착란의 이의'에 이은 보충과 해명

35강 '타인경험'의 이론에 대하여

지난 강의에서 우리는 세계가 경험되고 경험적 의심 불가능성 속에서 경험되더라도 경험된 세계가 존재하지 않을 가능성에 대한 (곧바로 종결된) 우리의 해명에 반대하는 이의를 검토했다. 그것은 경험적 예기들의 무한한 직조물을, 자기 동일적 세계의 연속적으로 계속해서 흐르는 전체 지각으로 만드는, 그리고 이 세계에 대한 의심 불가능한 자체 증명으로 만드는 조화로운 일치의 방식이 해체될 수 있다는 가능성을 돌이켜보는 중에 우리에게 분명해졌다. 그러한 이의가 주장했던 바는, 이제 이러한 가능성은 해당되는 경험 주체가 의미 없는 혼란 속의 체험들의 진행으로서의 정신착란에 빠졌음을 의미할 뿐이며, 이는 다른 주체는 미치지 않았음을 배제하지 않는다는 것이었다. 이러한 이의는 시작하는 철학자가 수행해야 하는 자기 숙고가 자연적인 의사소통적 태도에서가 아니라 말하자면 유아론적인 태도 속에서 수행되어야 함을 증명하는 데 기여해야 한다. 그것이 의미하고 요구하는 것은 바로 전개되고 있었다. 이제 우리는, 우리 각각은 '나-화법(Ich-Rede)'의 태도로 이행한다.

나, 철학의 가능한 원리적 시작으로서 세계 실존의 명증에 대해 성찰하는 나는, 같은 것을 추구하는 자들의 무리 속에서 그들과 심지어 공동으로 내가 나의 숙고를 수행한다는 점을 자연적인-소박한 방식에서 의식하고 있다. 그리고 나는 그럼에도 불구하고 거기서 의사소통적인 복수형 속에서 아무것도 생각하고 말해서는 안 된다는 것을 발견한다. 그러나 나는 그럼에도 이러한 우리 전체가 나의 세속적 지각 전체의 경험 내용에 속함에 유의해야 한다. 모든 인간을 포함하는, 완전한 의미에서의 세계 전체가 나에게 주어져 있는데, 근원적으로, 즉 내가 타당성 밖에 놓아둔 모든 학문에 앞서, 나의 보편적 지각으로부터, **나의** 지각하는 삶을 형성하는 개별 지각들의 그와 같은 통일시키는 다양체로부터 나에게 주어져 있다.

실제로 나는 또한 의사소통적으로 말했을 때에도, **나의** 현행적인 외부 지각을 바탕으로 나의 전체 숙고를 (공간 사물적인, 물리적 지각을 우선시하여) 수행했다. 내가 나의 동료들을 끌어들인 것은 단지 부차적인 방식이었다. 나의 동료들도 모두 각자에 대해서 이러한 점을 마찬가지로 발견함에 틀림없다고 내가 생각할 때에 그들은 끌어들여진 것이다. 그러나 이제 나는 모든 소박성의 찌꺼기를 치우고, 어떻게 나에게 나의 동료들이, 어떻게 인간 일반이 나에게 지각에 적합한 방식으로 주어지는지를 숙고해야 한다. 나는 오직 내가 그들이 나에게 근원적으로 현존하는 것으로 주어지는 경험을 갖고 또 그러한 경험을 획득할 수 있음으로써만 그들에 대해서 알 수 있기 때문이다. 내가 이제 인간들을, 그리고 동물들을 자체소여로 가져오는 경험들 및 경험들이 완전한 세속적 경험에 삽입되는 방식을 자세히 고찰함으로써 획득하는 것은, '우리-화법(Wir-Rede)'의 형식에서 표현하고 통찰했던 것에 대한 확증과 보충만이 아니다. 내가 보충이라고 말한 것은, 내가 세속적 경험 전체에 포함되었던 이러한 중요하고 독특한, 새로운 종류의 경험의 존립 내용을, 즉 동물 존재와 인간 존재에 대한 경험을 고려하지 않았기 때문이다. 다른 한편 입증이라고 말한 것은, 사물 지각만을 바탕으로 획득했던 우리의 결과가 이러한 확장 속에서 입증되기 때문이다. 그러나 그것만이 아니다. 전체 결과는 이러한 방식으로 순수화를 경험할 것이다. 즉 나의 고유한 세계 지각의 보편적 흐름으로 가는 필요한 환원을 경험할 것이다. 저 세계 지각 속에서 나에게 근원적으로 지각에 적합하게 주어질 수 있는 모든 것, 내가 그 뒤에서 거기에 대해 간접적 앎을 획득할 수 있는 모든 것이 주어진다.

더 자세한 설명은 쉽다. 동물과 인간은 나에게 지각에 적합한 방식으로 명백히 현존하는데, 다만 내가 가지고 있는 지각 중에서, 나에게 사물을 주기는 하지만 한갓 사물만이 아니라 신체도 주는 지각이 존재함을 통해서만 그렇게 현존한다. 혹은 마찬가지를 의미하겠지만, 내가 나의 현상적인 공간 사물적 환경세계 속에서 **신체**로서 두드러지는 사물을 발견함을 통해서만 그렇게 현존한다. 그것이 신체로서 두드러짐은 그 속에서 '영혼 삶'이, 감각함, 지각함, 생각함, 느낌, 의욕함 등이 '표현'되거나, 이른바 육화될 수 있다는 데 놓여 있다. 사물이 한갓 사물 지각의 경우처럼 한갓 사물로 나에게 현존하는 것이 아니라 **신체**로서 보이고 파악되며, 경험의 진행 속에서 일치하며 확증되는 그러한 경험 방식 속에서 내가 사물을 신체로서 경험하는 한, 사물은 물론 나에게 이러한 두드러짐을 갖는다. 이때 **하나의** 신체가 주목할 만한 방식으로 나에게 우선시되고, 그래서 모든 다른 것들에 앞서 하나의 동물적 존재, 특히 하나의 인간이 우선시된다. 그것은 **나의** 신체이다. 그리고 그에 따라서 나는 모든 경험 대상들에 앞서 나에게 두드러진다. 일상적인 경험적 말의 의미에서의 나, 즉 이러한 신체, 나의 신체가 속해 있는 이러한 인간인 바, 내가 두드러진다. **나의** 신체는 유일한 신체다. 나는 유일한 나의 신체에서 나의 고유한 삶인 영혼 삶, 즉 감각함, 표상함, 느낌 등의 육화, 내지는 변화하는 신체−사물적 사건들 속에서 자신을 신체적 형태로 표현하는 육화를 절대적 직접성의 방식 속에서 경험한다. 그러한 방식 속에서 나는 단지 사물 신체, 그리고 그것의 사물적인 거동만을 지각하는 것이 아니라 동시에 나의 심리적 삶을 지각하고, 그리고 결국 양자 모두를 한꺼번에 지각한다. 신체 속에서 영혼적 삶이 육화되고, 신체 속에서 영혼적 삶이 표현된다. 그래서 가령 내가 그러한 것으로서 지각하는 모든 나의 신체적 움직임, 나의 손의 움직임, 걸어가는 나의 다리의 움직임 등은 사물적인 것으로, 말하자면 기계적 움직임으로 (기계학만이 그와 같은 것에 대해 말할 수 있는 한) 고찰되고, 동시에 내적으로 고찰된다. 주관적인 "나는 움직인다"가 말하자면 사물적−기계적인 움직여짐에 혼을 불어넣는다. 나에게 현상하는 신체는, 그리고 이 신체의 현상 방식의 변화는, 이러저러한 심리적인 것을 간직하여 담지하는 것으로서, 그리고 자신 안에 표현되는 내면성을 원본적으로 자기 안에 갖고 있는 외면성으로서 단계적으로 주어진다. 둘은 불가분하게, 합치되어 주어진다. 그래서 경험하는 시선 속에서는 손이, 그리고 손의 움직임 속에서 이중적인 심리 물리적 움직임, 신체 특유의 움직임이 주어진다.

　그래서 그것은 특유한 신체 지각 속에서 나에게 일어나고, 이러한 이중성 속에서 근원적으로 경험되는데, 이로써 외면성과 내면성의 두 층이, 그리고 그것의 통일 자체가 완전히 근원적으로 경험되고, 즉 한꺼번에 지각된다. 그리고 이는 혼 불어넣기에 있어서 나의 신체에 지각적으로 속하는 모든 것에 대해 그러하다. 그러나 그것은 단지 **나의** 신체에만 타당하다. 내가 다른 신체 자체가 그리고 이와 더불어 동물과 다른 인간이 세계 지각의 보편적 틀 속에서 어떻게 경험되고 경험될 수 있는지 묻는다면, 대답은 다음과 같다. 이러한 틀 속에서, 그러므로 근원적인 경험 인식의 관점에서 나의 신체는, 모든 다른 신체에 대한 경험이 파생되는 **근원 신체**의 역할을 한다. 그래서 나는 나와 나의 경험에 있어서 **근원 인간**이 되는데, 모든 다른 인간에 대한 경험은 이러한 근원 인간인 나로부터 그 의미와 지각 가능성을 이끌어낸다. 즉 오직 나의 지각장에 이미 끊임없이 나의 신체가 신체로서 근원적인 지각적 심리 물리적인 이중적 층의 소여로 현존한다는 것을 통해서만 다른 신체는 이제 신체로서 나에게 현전할 수 있으며 모종의 방식으로 지각된 것으로서 여겨질 수 있다. 나의 신체적 주위 환경의 사물이 나의 신체, 그리고 나의 신체에서 자신의 물리적 거동에 혼을 불어넣는 표현의 지위를 부여하는 무엇과 닮아 있는 한, 그것들은 이제 또한 신체로 파악되고 경험될 수 있으며, 그렇게 파악되고 경험되어야 한다. 그러나 그것을 나는 그 어떤 객관적-심리적 이론에 근거하여 말하는 것이 아니다. 그러한 이론에 대해 나는 여기서 아무것도 알아서는 안 된다. 대신 나는 나의 지각 자체에 대한 고찰에 근거하여, 그리고 나의 신체와 타인의 신체의 지각으로서 그러한 지각의 고유한 구조에 대한 고찰에 근거하여 말하는 것이다. 내가 이러한 신체의 현존을 직접적인 것으로서 그 자체로 거기에서 파악하는 한, 타인의 신체에 대한 지각은 지각이다. 그리고 마찬가지로 나에게 다른 **인간**이 인간으로서 지각에 적합하게 거기에 존재한다. 지각적 직접성을 가장 예리하게 강조하여 표현하기 위해 나는 다음과 같이 말한다. 여기에 한 인간이 내 앞에 생생하게 서 있다. 그것은 추론이 아니고, 다른 신체성과 옆사람에 대한 정립으로 이끄는 그 어떤 간접적 사유도 아니다. 추론이나 간접적 사유라는 말은, 그가 다만 가장 넓은 의미에서 '거기에' 존재하고, 나의 환경세계가 그 어딘가에서 **발견될 수 있으며**, 나에게 **경험될 수 있음**을 뜻할 것이다. 그렇지 않다. 그는 **실제로** 경험되고, 거기 그의 공간 위치에 완전히 직접적으로 서 있다. 내가 그를 더욱더 직접적으로 경험할 수 있으리라는 것은 전혀 생각될 수 없다. 그래서 나는 내가 그를 생생하게 지각한다고 정당하게 말한다.

그리고 그럼에도 불구하고 이러한 지각의 의미 속에는 나의 고유한 신체에 대한 지각과는 본질적으로 구별되는 모종의 간접성이 포함되어 있다. 나의 고유한 신체에 대한 지각에서 우리는 사물적인 신체, 그러나 또한 거기서 육화되는 심리가, 그것이 육화된 대로, 근원적인 방식 속에서 지각됨을 보았다. 그 심리적인 것은 나 자신의 심리다. 이와는 반대로, 타인의 신체물체(Leibkörper)[14]가 나의 공간적 환경세계에서 지각되기는 하고, 그것도 나의 신체와 마찬가지로 완전히 근원적으로 지각되기는 하지만, 거기에 육화된 심리는 그렇지 않다. 그것은 실제로 본래 자체소여되지 않고, 다만 파생현전적으로[15] 함께 사념된다. 이러한 점에 외부 지각에서의 예견과의 유사성이 있다. 모든 외부 지각에서는, 가령 보고 있는 사물의 잘 보이지 않는 뒷면 같은 함께 지각된 것이, 그 자체로서 거기서 사념된 것과 함께 포함되어 있다. 그러나 이러한 유비는 완전한 것이 아니다. 그것은 암

---

14 신체(Leib)는 객관적 공간의 내부에서 특정한 위치를 차지한다는 점에서 사물적 측면을 지님과 동시에 감각과 지각 등 다양한 의식 작용이 가능하다는 점에서 영혼적 측면을 지닌다. 신체는 이와 같은 복합체로서 존재하는데, 여기서 특별히 신체의 사물적 측면만을 지칭하고자 할 때 후설은 '신체물체(Leibkörper)'라고 표현한다.

15 현전 작용은 대상을 눈앞에 존재하는 것으로 직관적으로 현시하는 작용이다. 파생현전(Appräsentation)은 무언가가 직접적으로 현전하는 것이 아니라 반드시 현전 작용에 토대하여 그로부터 무언가가 함께 (간접적으로) 현전하게 되는 의식 작용이다.

시(Indikation)지만, 자체 파악(Selbstgriff)으로 올 수 있는 예취(Vorgriff)가 아니다. 공간 사물적 지각의 내부에서 미리 암시하는 모든 계기들의 경우에는 되찾는 지각[16]을 요구하거나 가능하게 하지만, 저러한 [타인의 심리를] 암시하는 지향은 그런 것을 요구하거나 가능케 하지 않는다. **타인의 신체적 지각**은 오히려 그 고유한 본질에 따라서 볼 때 **근원적인 해석을 통한 지각**이라고 말해야만 할 것이다. 이러한 근원성은 그것에 본질적이며, 그것과 분리할 수 없는, 나 자신의 근원 신체로의 소급 지시에 근거해 있다. 나 자신의 근원 신체 속에서 나는 사물적으로 현상하는 것 속으로 **주관적인 것이 육화됨**에 대한 **근원 체험**을 갖는다. 만약 내가 그 전체 거동에 있어서 나의 신체와 유사한 이러한 사물을 저기서 지각한다면, 나는 그것을 주관적인 것이 그 속에서 육화되는 것으로 파악할 수밖에 없다. 자아적인 손의 움직임, 머리 흔듦, 만지는 감각 등의 그때그때의 특정하게 암시된 방식 속에서 주관적인 것이 육화된다. 우선은 내가 이러한 사물을 거기서 직접 육화되는 것에 따라 파악함으로써, 나는 그것 자체를 구체적으로 완전한, 다소간 미규정적으로 머물러 있는 주관성, "나는 존재한다" 속에서 체험되어야 하는, 그러나 나 자체는 아닌 그러한 주관성이 속해 있는 신체로서 함께 파악한다. 타인의 신체의 파악과 연결된 이러한 공간적인 봄과 **근원적으로 해석적인 응시**는 단적인 외부 지각에 대비되고, 이미 정초된 것

··

16 공간 사물적 지각에서 보이지 않는 면에 대한 예견적 사념은 보이지 않았던 면을 나중에 직접 지각함으로써 자체 파악으로 충족될 수 있다. 즉 공간 사물적 지각에서는 보이지 않았던 면을 결국 직접 지각해봄으로써 사념되기만 했던 것에 대해 자체-주어짐을 되찾을 수 있다. 그러나 타인의 심리에 대해서는 직접적인 지각이 원천적으로 불가능하기 때문에 이러한 되찾는 지각이 있을 수 없다. 타인의 심리는 어떤 경우에도 그 '자체'가 주어질 수 없고, 타인에 대한 지각은 오직 타인의 신체를 매개로 하는 파생현전적 지각, 해석적 지각으로서만 가능하다.

인 자기 신체 지각과도 대비되는, **나름의 근본적 경험 형식**이다. 이는 본성에 따라 여전히 지각으로 특징지어질 수 있다.[17] 경험의 모든 형식이 그렇듯이, 그것은 자신의 고유한 확증의 방식을 갖는다. 해석하는 지각의 자체 확증은 다시 해석을 통해 수행된다. 그러나 이에 관해서는 그러한 확증의 더 상세한 방식에 대해서는 여기에서 논할 수 없다. 해석하는 지각은, 그것이 자신의 고유한 의미에서 고유한 신체 지각을 전제하며, 그러한 신체 지각에서 부단히 자신의 근거를 갖는 한, 지각의 이차적 형태로 특징지어진다. 바로 그 때문에 나는 특수한 방식으로 타인의 지각에 참여한다. 내가 타인을 신체적으로 해석하며 이해함과 동시에, 나는 이해하면서 파악된 것과 말하자면 합치한다. 그리고 내가 해석하면서 타인의 내면성으로 더 침투해가면서 타인에게 접근하는 명료성은 더 완전해질수록 저 합치는 더 분명하게, 더욱 생생한 의식 속에서 일어난다.

36강 초월론적 유아론. 세속적 경험에 대한 비판의 부정적 결과

이제 이러한 보충과 해명에 따라 나의 세속적 경험 전체를 조망해본다면, 공간 사물적 경험의 층이 나의 세속적 경험 전체를 관통하고 있다. 저 공간 사물적 경험 층은 모든 다른 세속적 경험을 담지하고 있다. 인간에 대해 내가 가질 수 있는 모든 가능한 경험은 공간 사물적 경험을 전제한

---

17 꼭 알맞지는 않지만, 해석을 통한 이러한 경험은 요즘 보통 '아인퓔룽(Einfühlung)'이라 불린다.- 원주.
'Einfühlung'이라는 말은 후설 이전에, 립스(Theodor Lipps, 1851~1914)가 학술적 개념으로 이미 사용하고 있었다. 후설은 립스의 감정이입론과 씨름하면서 자신의 타자론을 발전시켜나갔다.

다. 내가 공간 사물적 경험의 충만을 순수하게 추적해간다면, 여기서 순수하게 그것의 일치, 불일치, 수정만을 내다보면서, 이전에 수행된 고찰들을 수행한다면, 그리고 내가 모든 믿음 일치가 그 속에서 해체되는, 현상들의 한갓 '혼란'으로 변경될 가능성을 인식한다면, 그래서 '현존하는' 사물들과 더불어 경험적으로 의심의 여지 없이 '현존하는' 세계에 대한 어떤 말도 나에게 더 이상 가능하지 않다면, 거기에는 필연적 귀결로서 이제부터는 나에게 현존하는 동물과 인간에 대한 말도 더는 가능할 수 없다는 사실이 포함되어 있다. 공간 사물적 세계, 순수 물리적 자연을 내가 경험적 확실성 속에서 지각하는 동안에도 그것이 존재하지 않을 명증적 가능성이 존립할 뿐만 아니라 그에 따라서 동시에, 신체성 속에서 나에게 표현되는 그의 모든 영혼 삶을 지닌 **어떠한 인간도** 존재하지 **않을** 가능성도 실제로 나에게 존립한다. 물론 — 지금 나는 이전에 내가 내 것으로 삼았던 고찰을 상기하는 것이다 — 모든 인간들과 더불어 나의 경험 세계의 절대적 비존재의 가능성은, 나에게 현존하고, 현존하는 것으로 정립된 세계를 토대로서 갖는 그 어떤 실재적 가능성과 혼동되어서는 안 된다. 왜냐하면 그러한 가능성, 가령 지금 카이저 슈트라세를 통과하여 가장 행렬이 움직이고 있을 가능성은 평소에는 공허한 생각 가능성일지 모른다. 그러나 그러한 가능성은 경험의 일반적 토대에 근거하여 설정될 수 있고, 경험의 틀 속에서 하나의 객관적 비진리로 결정될 수 있다. 그러나 [세계의 비존재 가능성에서] 문제가 되는 것은 모든 경험 일반이 모든 조화를 상실하고, 이로써 그 어떤 정립의 어떠한 타당한 토대도, 실제적 가능성들의 그러한 토대도 있을 수 없을 그러한 가능성이다.

경험의 비판에서 다른 주체의 실재적인 실제성과 가능성이 다루어져도 되는 것은, 이러한 비판이 가령 역사적 비판이나 증인 진술에 대한 비판 같은 통상적인 경험적 비판인 한에서만이다. 인간들이 미쳤을 가능성도 마찬가지로 그러한 한에서 다루어질 수 있다. 그러한 가능성은 이미 세계 실존을 전제하는 실재적 가능성의 형식이다. 그러나 세계 실존이 그 자체로 보편적으로 문제시되고, 세계 실존을 근원적으로 부여하고 증명하는 세계 경험에 대한 보편적 비판이 수행되어야 한다면, 이러한 비판은 다른 인간이 실존함을 전제하면서, 아니면 비판하는 자인 나와 함께 다른 인간이 공존할 가능성만을 전제한다고 해도 그런 것을 전제하면서 수행될 수 없다. 만약 그렇다면 문제시되고 있는 것 자체가 비판의 보편적 주제 속에 암묵적으로 포함되어 있어서 비판되어야 할 것 자체가 이미 전제되는 셈이다. 내가 나의 세속적 경험이 의미 없는 현상들의 혼란으로 이행할, 명증적으로 가능한 가정의 토대 위에 나를 세운다면, 이러한 혼란의 주체로서 나에게는 내가 증거로 끌어들이고, 무언가를 배울 수 있는, 다른 인간의 — 미친 인간이든 정상인 인간이든 간에 — 어떠한 가능성도 더는 있을 수 없다. 나의 지각 삶의 혼란이라는 가정적 언명을 곰곰이 생각하면서 이러한 가정 내부에서 내가 인간들을 실재로 가능적인 것으로 여기도록 나에게 여전히 요구하는 것은 하나의 모순이다. 왜냐하면 바로 그러한 혼란의 형식이 그러한 실재적 가능성에 대한 믿음의 모든 동기를 배제하기 때문이다. 그러나 함께 생각된 다른 인간들이 단지 함께 생각된 공허한 허구들이라면, 이러한 인간들의, 일치하는 혹은 일치하지 않는 지각 경과들 또한 아무것도 의미하지 않으며, 한갓 허구들일 것이다.

그래서 그러한 고찰들로부터 나는, 시작하는 철학자인 나에게 의무 지워진, 혹은 의무 지워질 수 있는 저 보편적 경험 비판은 적절한 의미에서 **유아론적 비판**일 수밖에 없음을 인식한다. 그리고 그러한 보편적 경험 비판은 **나의** 경험에 대한 비판으로서만 가능함을 인식한다. 이러한 비판에서 나는 다른 주체들과 그들의 경험을 나의 경험의 경험된 것으로 인식하며, 이들을 비판적으로 물음 속에 세우고, 존재하는 것으로 전제하지 않는다. 나중에 내가 타인의 경험에 대해 철학적 비판을 수행할 동기와 근거를 가질 수도 있는 한, 그것은 단지 내가 일차적으로 나의 보편적 경험의 간접성으로 들어가는 비판을 이미 수행한 후에나 의미를 가질 수 있다. 타인의 경험이, 나에 의해 직접 경험된 것에서 암시되면서, 나에게 다만 해석적 간접성을 통해 암시되는 경험으로서 현존하는 한, 어쨌든 모든 비판의 토대는 나의 의식 자체에서 경험되고, 추적될 수 있는 이러한 간접성에 대한 연구이어야 한다. 이 모든 것에 더하여, 정신착란의 가능성이라는 이의에 대한 우리의 오랜 숙고가, 우리에게 인식 이론에 고유한 순환 — 그러한 인식 이론적 순환은 사람들이 논증하면서, 주의하지 않고, 비판적 주제의 일반성 속에서 문제시되는 것을 특히 사용하는 데 놓여 있다 — 의 위험에 대한 주의를 환기시키는 유익함을 주었다.

세속적 경험에 대한 성찰, 그리고 세속적 경험을 하는 동안의 세계의 비실존의 가능성에 대한 이러한 성찰을 마침에 따라 나는 그러한 성찰의 **결과**, 결국 개선되고 순수해진 결과를 나의 철학적 목적을 위해 사용할 수 있다. 세계는, 나의 일치하는 지각 덕분에, 나에게 의심의 여지 없이 현존한다. 세계는 나의 일깨우는 기억, 나의 이전 지각의 흐름에 대한 기억의 끝없는 계열 덕분에 무한한 과거로 펼쳐져 있다. 그리고 내가 지각 흐름의 진행을 이제까지처럼 동일한 일치의 방식 속에서 미리 보는 한, 나의 경험 믿음은 무한히 열린 미래로 뻗어 있다. 이러한 의심의 여지 없는 경험 확실성의 모든 국면에 또한 다음과 같은 의심 불가능성이 속해 있다. 그때그때 일시적 전체 지각의 보편성 속에서, 또는 개별성 속에서 본래적으로 지각된 것에는 지각 가능성의 다양한 지평이 있다는 의심 불가능성, 혹은 상관적으로 말하자면, 현실적인 모든 지각에는 갖가지 가능한 지각이, 자유롭게 실행되는 지각 계열을 통해 내가 자유롭게 접근 가능한 것들의 영역이 속해 있다는 바로 그러한 의심 불가능성 말이다. 일반적으로 말해서 여기에서도 나는, 이러한 주관적으로 실행할-수-있음에 관해 가능하고 열려 있는 개별적 실망 전체를 포괄하는 의심 불가능한 확실성을 갖는다. 어쨌든 현실적으로 경과하게 되는 경험들이 서로 어울린다는 사실, 그리고 세계의 통일성, 나의 세계의 이러한 통일성이 확고한 믿음 속에서 고수됨을 허용한다는 사실은 이미 언제나 합당할 것이다.

그러나 나의 자세한 고찰이 보여주었듯이, 이 모든 것은, 세계 믿음이, 경험 자체 속에서 형성되고 언제나 새롭게 규정되는 의미를 형성하는 자신의 대상적 내용들 전체와 더불어, 철저히 하나의 추정적인 것이라는 사실은 전혀 변경하지 못한다. 모든 의심 못 할 가능성에도 불구하고 세계 믿음은 지금 현실적으로 흘러가는 일치의 지각 방식이 의미 없는 혼란에 이를 가능성을 언제나 열어놓는다. 또한 세계 믿음이 다음 가능성을 열어놓는다는 점도 간과되어서는 안 된다. 그것은 세계 믿음이 과거에 실제로 일치적으로 경과했고 지금 여전히 일치적으로 경과하고 있음에도 불구하고 결코 지각되지 않았던 지각 가능성의 지평에도, 부단히 의심의 여지 없이 가정되었던 그러한 것의 충족 가능성이 결여되어 있을 수 있다는 가능성이다. 상관적으로 이는 다음을 의미한다. 세계는 존재할 필요가 없고, 결코 존재했을 필요도 없으며, 비록 세계가 존재했고, 존재하고 있더라도, 계속해서 앞으로 존재할 필요가 없다. 내가 지금 의심의 여지 없이 연속적으로 확증되는 지각 믿음 속에서 현전하는 것으로 경험하는, 그리고 일치하는 과거 경험으로부터 의심의 여지 없는 경험적 기억 믿음 속에서 과거의 세계로 경험하는 이 세계는 초월론적 가상으로서 더는 존재할 필요가 없다. 세계가 그러하다는(존재할 필요가 없다는) 것은 절대적으로 공허한 가능성이다. 경험적 지식 전체는, 자신의 일치의 완전한 힘을 갖고서 이러한 절대적으로 공허한 가능성에 반대하며, 이 가능성을 단적으로 전혀 **지지하지** 않는다. 세계 경험의 힘 속에서 살고 있고, 세계 경험을 자의적으로 무화시킬 수 없는 나는, 이 가능성이, 그리고 이 가능성이 포함하는 그 어떤 무한히 많은 법칙 없는 개별 가능성들이 진리라고는 믿을 수 없다. 나는 그래서 아마도 이 가능성은 의심할 여지 없이 무가치한 것이며, 즉 그것의 실제성에 관해 검토될 것으로서는 무가치한 것이라고 말할 수 있을 것이다. 그럼에도 불구하고 그것은 하나의 가능성이고, 그럴 수도 있다. 혹은 이렇게도 말할 수 있다. 실제로 실재적인 어떤 것도, 어떠한 세계도 존재하지 않을 수 있고, 존재하지 않았을 수 있으며, 지금 여전히 존재하지 않을 수 있다. 내가 확실성 속에서 완전히 의심할 여지 없이 이러한 것들을 경험하고 있는 동안에도 말이다.

이러한 통찰의 동기가 된 것은 **철학의 올바른 시작에 대한** 우리의 **물음**이었다. 이제 저 통찰을 이 물음과 관련시켜보자. 모든 학문을 보편적으로 '전복'한 후에, 시작하는 철학자에게 가장 가까이 있는 시작으로서 제공되는 것은 "나는 존재한다"는 인식, 그러나 또한 "세계가 존재한다"는 인식이라고 우리는 말했다. 이때 우선은 "세계가 존재한다"는 인식이 우선권을 지니는 것처럼 보인다. 왜냐하면 이 인식은 "나는 존재한다"는 인식을 포함하고 있기 때문이다. 이때 최초의 방법적 성찰은 시작을 위해서 가장 가까이 놓여 있는 요구, 즉 충전적이고 그래서 필증적인 그러한 인식이 절대적으로 정당화된 인식으로 여겨져야 한다는 요구를 정립했다. 그러한 인식에는 가능한 모든 부정, 가능한 모든 의심이 배제되며, 그것도 이러한 배제 자체가 충전적으로 파악되는 방식으로 그리된다. 충전적으로 주어진 것의 비존재의 가능성은 바로 그것이 주어지는 방식을 통해, 절대적 명증 속에서 배제된다는 것은 저 말을 상관적으로 표현한 것에 다름 아니다.

세계 실존은 철저히 비충전적이며, 본질에 따라서도 실존에 따라서도 원리적으로 충전적인 것으로 변경될 수 없는, 그래서 세계의 비존재를 부단히 열려 있게 하는 그러한 경험 속에서 근원적으로 주어진다. 그래서 "세계가 실존한다"는 명제, 그리고 여기서 정립될 특수한 경험 명제들의 총체는 조정된다. **세계, 그리고 세계가 포함하는 모든 것들의 현존은 보편적 전복에 포함되어야 한다.**

세계 경험의, 그리고 더 나아가 세계 학문의 어떠한 방식 속에서 철학적인 '다시 타당하게 함' 내지는 다시 재건함을 획득할 수 있는지, 지금 나는 알지 못한다. 그러나 그런 것이 영원히 배제되어 있다는 점을 나는 안다. 또는 경험적으로 정초된 인식들이 자신의 단적인 의미를 가지고서 경험적 확실성이 된다고 할 때, 이러한 인식들이 저 의미에 따라서 필증성이라는 인식 규범을 충족해야 한다고 요구될 경우, 경험적으로 정초된 인식들의 정당화는 영원히 불가능하다는 것을 나는 안다. 그와 같은 것은 명백히 모순적인 요구일 것이다. 이것은 이제 나를 걱정스럽게 하고, 나에게 다음과 같은 물음을 불러일으킬 수 있다. 내가 미래에 필증적 정당화라는 나의 철저한 요구를 지금 변경시켜야만 하지는 않을 것인가, 혹은 어떠한 의미 변양 속에서일지라도, 경험이야말로 필증적으로 정당화되는 인식 원천이라는 사실이 발견될 수는 없을 것인가, 그리고 그에 따라 완전히 정당화된 경험 학문은 그 권리, 그 참된 진정한 권리를 실제로 필증적으로 명증적인 원리들에서 길어 올리며, 오직 그러한 것으로부터만 길어 올릴 수 있다는 사실이 발견될 수는 없을 것인가 하는 물음 말이다. 그러나 시작하는 자로서의 나는 아직 그러한 물음에 착수할 수 없다. **나는 아직 내가 절대적**

으로 확고하게 신뢰하는 아르키메데스의 점을, 그리고 내가 최초의, 이른바 절대적인 작업을 실행할 수 있게 하는 인식 토대를 **찾는다.** 나는 절대적 정당화라는 철저한 요구를 고수하고, 보편적인 경험적 인식에 대한 필증적 비판에서 내가 얻은 부정적 결과와 이러한 비판 자체의 진행이 나에게 일깨웠던 생각을 따른다.

3장

초월론적 경험 영역의 개시.
초월론적인, 현상학적이고 필증적인 환원

37강 세계의 비존재의 가능성의 필증적 확실성,
그리고 주관성의 초월론적 삶의 배제

일치하면서 계속적으로 흐르는 세계 경험에도 불구하고 세계 전체, 무한한 전체 공간이, 그것이 품고 있는 모든 것들과 더불어 존재하지 않을 수 있다는 명증적으로 가능한 언명을 내가 확정했다고 해도, 나는 이렇게 물을 수 있다. 그러면 무엇이 영향받지 않고, 아마도 필증적으로 존재하면서 남아 있는가? 그러나 '세계 전체'는 '**존재자 전부**'를 의미하지 않는가? 나의 물음은 **아무것도** 존재하지 않는다면 그것이 어떻게 존재하는가 하고 불합리한 방식으로 묻고 있는 것이 아닌가? 그럼에도 불구하고 내 것으로 삼은 비판적 통찰은, 자세히 숙고해보면, 가장 넓은 의미에서의 존재자 전체와 관계하지 않고, 다만 **세속적 경험**의 존재자, **객관적** 존재자 전체와만 관계한다. 그러한 경험을 나는 **부단히 존재하는 것으로 정립했고 전제했으며**, 자신의 구체적 흐름 속에 세속적 경험을 포함하는 나의 삶과 더불어 나, 경험하는 자 또한 그렇게 했다. 내가 검토했던 것은 철두철미 나의 현실적 경험 삶의 형식들, 그리고 그것의, 명증적으로 생각 가능한 변양 형식들이었다. 그중에는, 어떠한 세속적 대상성들도 경험된 것으로 그리고 경험될 수 있는 것으로 있을 수 없게 하는, 어떠한 세계(*mundus*)도 있을 수 없게 하는 형식도 있었다. 물론 나는 이때 나의 실존과 나의 경험 경과의 실존을 가정의 방식으로 전제하지 않았다. 오히려 나는 경험된 세계를 비판적으로 문제시하는 동안, 내가 살고 있는 나의 삶, 흘러가는 나의 지각함, 기억함, 미리 사념함 등을 주시했고, 내가 발견했던 것처럼, 지각했던 것처럼, 그것을 그 체험적 자체성 속에서 취했다. 이로써 나는 인식 비판적 순환을 범한 것은 아닌가? **성찰 전체에서 나는 자기 인식을**, 나의 세속적 경험에 관한 자기 인식을 **수행했다**. 즉 내가 세속적 경험을 나의 고유한 삶의 요소로 발견하는지, 어떻게 그것의 방식에서 기술하는지, 그것의 변경 방식에 대해 숙고하는지에 관해 인식했다. 나는 세계에 함께 속하고, 자기 인식에 함께 실행되어야 하는 세계 인식에 대한 필증적 비판에 함께 속하는데, 나는 어떻게 자기 인식을 수행하도록 허용될 수 있었는가?

여기서 나는 아주 주목할 만한 상황 앞에 서 있다. 한편에서는 내가 세속적 경험 인식의 비판에서 나와 나의 경험하는 삶을 전제했음을 부정할 수 없다. 이러한 비판적 성찰을 수행하는 동안, 그것은 나에게 고찰의 중심점에서, 지각에 적합하게 현존했고, 이러한 현존 속에서 받아들여졌다. 이러한 '나에게 현존함 자체'를 필증적 비판에 내맡길 생각을 하지 않고서, 즉 나 자신을 의식함과 나의 세속적 경험을 의식함, 지속적으로 그것을 바라봄, 그것을 고찰함, 거기에 대해 곰곰이 생각함, 그리고 이러한 것이 나에게 현존하고 나의 숙고의 주제가 되게끔 하는, 행해진 자기 인식의 전체 경과를 비판에 내맡기는 것을 생각하지 않고서 말이다. 거기에는 어떤 소박성이 놓여 있었다고 나는 고백해야만 한다. 나는 나의 세속적 경험에 대한 보편적인 필증적 비판을 수행했다. 그런데 자기 경험, 즉 나의 세속적 경험에 대한 경험, 그리고 자기 숙고, 이러한 세속적 경험에 대한 숙고는 (저 전체 비판은 본래적으로 이러한 것들로 이루어졌다), 다시금 비판에 처하게 하지 않았다.

어쨌든 그러한 비판이 필요할지 모른다. 무엇보다도, 세속적 비판에 자신의 토대를 부여하는, 자기 의식함, 자기 지각함에 대한 비판이 필요할지 모른다. 나는 그것이 매우 중요함을 벌써 예감한다. 그러나 여기서 우선 **물음** 속에 있는 것은 다음과 같다. 나는 그러한 태만을 통해 **정말로 인식 비판적 순환**을 범했는가? 오히려 여기에는 **자아의 이중적 의미**가, 그리고 이어서 '나의 심리적 삶', '자기 경험', '자기 인식'의 이중적 의미가 부각되기 시작함이 **분명**하지 않은가?

나의 일상적 '나-화법(Ich-Rede)'에 따르면 나, 자아는 **인간-자아**를 의미한다. 구체적으로 완전하게 파악해보면, 나는 영혼이 불어넣어진 신체, 심리 물리적 실재성이며, 세계, 즉 실재성들 전체에 속한다. 나는 나의 세속적 경험의 여러 대상들 중 하나의 **대상**이다. 나는 그것과, 여기서 경험의 **주체**인 그러한 자아, 자아 대상에 대한 자아 주체인 그러한 자아를 **구별**해야 하지 않는가? 더 자세히 숙고해보면, 연속적 세계 경험을 수행하면서 살아가는 자아는 이러한 다양한 통일적 세계를 발견하고, 모든 것을 발견하는 주체로서 바로 모든 대상들에 대한, 세계 전체에 대한 주체이다. 나는 또한 나 자신을, 즉 대상으로서의 나를 이 세계 전체에 귀속된 것으로서 발견한다. 이 대상으로서의 나는 모든 자신의 '영혼 삶'과 더불어 심리 물리적으로 내가 나의 것이라고 부르는 이러한 물리적 신체에 속해 있으며, 신체에 객관적으로 육화되어 있는 이 인간적 자아다. 심리 물리적 실재 전체는 세계 전체 속에서 자신으로 있다. 그것은, 모든 세계적 실재성을 직접적으로든 간접적으로든 서로 연결시키고, 공간 속에서 서로에게 의존하게 하며, 인과적으로 서로에게 묶여 있게 하는 인과성의 다양한 연쇄 속에 얽혀 있다.

물론 여기서 문제시되고 있는 것은 우연적 애매성이 아니다. 고찰하는 시선을 자아-주체에서 자아-객체로, 그리고 반대 방향으로 이행해 가면서 나는 내가, 경험의 주체가 인간으로 객체화된 나와 동일함을 필증적 명증 속에서 인정해야만 한다. 더 자세히 말하자면, 나는 다음을 절대적 명증으로 인정해야만 한다. 내가 나의 객관적 자기 경험으로부터 — 이는 나의 신체에서 육화된 이러한 인간-자아로서의 나에 관한, 그리고 나의 영혼 삶에 관한 것이다 — 주체로서의 나에 대한 반성으로 — 이 주체는 저 객관적 자기 경험을 수행하고, 동시에 그러한 반성을 통해 그 밖의 주관적 삶을 함께 드러내 밝히는 주체다 — 이행한다면, 그리고 내가 주체-자아의 이러한 반성적 경험으로부터 인간-자아의 객관적-세속적 경험으로 다시 되돌아간다면, 나는 주체-반성 속에서 경험된 모든 것을 즉시 나에게, 객관적으로 경험된 인간 내지는 나의 신체에 육화시켜야 하고, 자아 자체를, 주체-자아와 인간-자아를 동일화해야 한다. 나, 주체-자아는 심리 물리적으로 이 신체에, 그리고 세계에 속하는 자아이며, 그 자아와 동일한 것이다. 그런데 다른 한편에서 인간 자아, 혹은 이러한 심리 물리적인 실재적 '인간'의 자아는, 이러한 반성을 수행하고 반성을 통해 자신의 숨겨진 내면성을 드러내는 자아다. 내가 인간으로서 경험 대상이 되는 세속적 경험은, 내가 그러한 태도를 취한 동안에는, 객관적 경험 내용 속에서 보이지 않는다. 그것은 반성을 통해서야 비로소 나의 파악 속으로 들어온다. 그러나 그럼에도, 그리고 명증적인 방식으로, 그것은 나의 경험, 이러한 인간의 경험이다. 반성은, 내가 보다 높은 단계의 반성을 강행한다면, 재차 나의, 인간의 반성이다.

그러나 이 모든 것에도 불구하고 내가 여기서 더 자세한 고찰로 어떠한 어려움들을 발견하더라도, 나는 그 구분을 놓칠 수 없다. 실제로 내가, 나의 보편적 세계 경험을 단적으로 보면서, 그리고 자유롭게 상상하는 변형 속에서 나에게 산출되는 그것의 변경 가능성의 형태들을 단적으로 보면서, 나의 보편적 세계 경험의 비판을 수행한다면, 그럼에도 나에게 그때그때의 사실적으로 경험된 세계는 전적으로 존재할 필요가 없다는 필증적 통찰이 정말로 나에게서 생겨난다. 만약 또한 내가 나의 세속적 지각을 바라보면서 이것을 소박하게 실제로 흘러가는 것으로서 취했을 경우에도, 어쨌든 세속적 지각 일반이 그러한 정상적인 방식으로 흘러간다고 해도, 거기서 세계로 지각된 것은 존재할 필요가 없다는 사실이 그럼에도 필증적으로 확실하고, 어쨌든 가정적인 그리고 일반적인 어법에서도 확실하다. 이 세계가 존재하지 않고, 나의 신체도 존재하지 않으며, 인간으로서의 자아 또한 존재하지 않는다고 정립되면 아무것도 남아 있지 않게 될 것이다. 그럼에도 전제되었던 모든 세계 지각은 존재한다. 그리고 나 자체, 이러한 지각의 주체로서, 그리고 세속적 삶이 그 속에서 흘러가는 구체적인 전체 심리적 삶의 주체로서의 나 자체는 존재할 것이며 이러한 모든 삶과 더불어 나인 것으로 남아 있을 것이다. 나는 존재할 것이며, 나는 나의 존재에 있어서 모든 세계 무효에 영향받지 않고, 세계 전체 및 나의 신체에 대한 이른바 인식 비판적 무화를 통해서도 결코 무화되지 않은 채 남아 있으리라. 물론 나는 다음과 같이 표현해서는 안 될 것이다. 나는 세계에서 사라지더라도, 나의 신체로부터 분리되더라도, 존재하는 나로 머물러 있을 것이라고 말이다. 왜냐하면 여기서는 마치 죽음의 천사가 존재하는 영속적인 이 세계에서 나를 순수한 영혼으로 끄집어낼 가능성을 말하는 것처럼 보이기 때문이다. 종교적 표상은 보편적 인식 전복에 함께 포괄되기 때문에, 시작하는 철학자가 종교적 표상을 이처럼 끌어들이는 것이 허용되지 않기는 하지만, 다음과 같이 말하는 것이 오히려 말이 된다. 창조된 세계, 나의 경험의 객관적 세계가 무화된다고 해도, 자아, 이러한 경험의 순수한 자아, 그리고 이러한 경험 자체는 그 때문에 무화되지는 않는다. 그러나 물론 아직 더 있다. 현실 세계 대신—나에게, 경험하는 자아에게, 의심할 여지 없는 실제성으로 주어지지만, 그럼에도 무인—초월론적 가상 세계만을 창조하는 것이 생각 가능한 경우, 그렇게 하는 것이 신의 마음에 들었다고 하더라도, 나 자신인, 나의 순수한 자체성 속에서 나인 나는 정확히 남아 있다. 나는, 초월론적 가상에 따르면, 이러한 인간은, 실제로 육체가 없을 것이다. 그리고 내가 초월론적인 가상 신체를 잃어버린다고 해도, 나는 계속해서 주체일 것이며, 이제 의미 없는 혼잡으로 변경되는 경험의 주체일 것이다.

그러므로 우리가 이제 다시 우리의 순수한 철학적 성찰로 돌아간다면, 세속적 자기 경험에서 근원적으로 지각에 적합하게 나에게 주어지는 나의 인간적 자아와, 초월론적 자기 경험, 순수한 반성의 저 자기 지각 속에서 근원적으로 나에게 주어지는 나의 초월론적 자아가 구별되며, 시작하는 철학자로서의 나는 이 둘을 구별해야 한다는 사실이 의심할 여지 없이 주어지게 된다. 세속적 자기 경험 속에서 나는, 감각적으로 경험되는 신체에 실제로 속하며, 그러한 신체에 심리 물리적으로 묶여 있는 것으로서의 영혼적 자아를 가진 영혼이다. 신체가 없다면, 신체가 초월론적 가상이라면,

자아와 자아 삶의 내용을 물리적-신체적 사건들과 함께 실재적으로 엮고, 그것들에 객관적-실재적 고유성을 영혼, 영혼 삶으로서 할당할 수 있는 심리 물리적 인과성도 없을 것이다. 영혼적 자아로서의 자아, 혹은 (만약 자아와 영혼을 구별하지 않고자 한다면) 영혼으로서의 자아는 세계와 더불어 사라질 것이고, 당연히 나의 영혼적 자아처럼 다른 인간들의 영혼적 자아, 그리고 다른 인간들 자체도 더불어 사라질 것이다. 영혼이라는 말이 아직 자신의 자연적 의미, 즉 영혼의 상관자로서, 단지 물리적으로 존재할 뿐 아니라 심리적으로 기능하는, 주관적으로 움직여지고 주관성을 육화하는 신체로서 영혼을 통해 혼이 불어넣어진 신체를 지시하는 자신의 자연적 의미를 붙들고 있는 한, 그것은 의심의 여지 없이 타당하다.

다른 한편 나는 그러나 이렇게 말해야 한다. 나의 세속적 경험의 존재를 통해 세계가 갖게 되는 인식 우연성, 그리고 이러한 우연성으로부터 생겨나는 모든 것은 순수하게 고찰한 나의 자아와 관계하는 것이 아니며 순수하게 고찰한 나의 자아 삶과 관계하는 것이 아니다. 세계 전체를 무로 정립하고, 무화시키는 것은 나의 경험적 영혼, 영혼 자체를 사라지게 할 것이다. 그러나 더 이상 혼을 불어넣는 것으로서 자신의 실재적 공동 실존을 갖지 않는, 오히려 나에 대한 자신의 실존을 순수한 자기 경험으로부터 갖는 저 순수히 영혼적인 것, 저 순수히 자아적인 것은 그렇지 않다. 세속적 경험이 타당성을 갖는지 그렇지 않은지, 혹은 어떤 종류의 타당성을 갖는지 하는 문제는 저 순수한 자기 경험에 여기저기 영향을 끼치지 못한다. 실제로 내가 한 것처럼, 세속적 경험 전체를 그 객관적 타당성과 관련하여 작동시키지 않는다고 하여도, 내가 세계가 실존하지 않는다는 언명의 토대 위에 서서 그 가능성을 필증적으로 통찰한다고 하여도, 나에게 이 세속적 경험 자체가 현존하게 하고, 나의 경험하는 체험으로 머물러 있게 하는, 저 자기 경험은 타당성을 잃지 않는다. 그리고 지금, 완전히 보편적으로 고찰된 세속적 경험에서 타당성을 보류하는 동안, 나는 반성에서 세계에 대한 곧바른 시선 향함으로 이행해 가면서 나의 주관성을 하나의 신체에 집어넣고, 세계에 정돈할 어떠한 가능성도 더는 갖지 않게 된다. 그것은 더는 세속적인 어떤 것이 아니다. 다른 한편 나의 자아와 그것의 경험하는 삶은, 말했던 듯이, 전혀 타당성이 보류되지 않는다. 반대로 그것은 나에게 지속적으로 작용하는 타당성 속에 아주 굳건히 있기 때문에, 자기 경험은 나의 고찰이 그 위에서 움직이는 전체 토대, 그것을 포기하면 나의 고찰은 절대적으로 의미 없고 근거 없는 것이 될 전체 토대를 산출한다.

38강 초월론적 비판의 주제로서 초월론적 경험의 장

그러나 이제 나의 인식 수확물을 올바른 방식으로 파악하고 사용하고 확장하는 것이 중요하다.

내가 지금까지 거쳐온 길을 조망해본다면, 필증적으로 근거 지어진 철학의 시작을 숙고함에 가장 가까이 놓인 것으로서, 학문들의 데카르트적 전복 후에도 여전히 효력이 있는 가장 근원적인 자명성들에 대한 필증적 비판을 착수하는 일이 나에게 요구되었다. 그리고 또한 경험 세계의 실존 내지는 세속적 경험의 타당성에 대한 비판, 혹은 나의 고유한 자아의 실존 내지는 "나는 존재한다"의 명증의 비판을 시작하는 일이 요구되었다. 나는 〔세계에 대한〕 첫 번째 비판을 우선시했다. 이 비판을 보편적으로 고찰하면, 이는 〔자아에 대한〕 두 번째 비판을 포함한다. 왜냐하면 자아로서 나는 당연히 나를 인간으로 이해했기 때문이다. 이러한 시작 단계에서 어떻게 다르게 생각할 수 있었겠는가? 비판의 결과는 세속적 경험과 경험 인식으로서의 세계 인식의 배제였다. 그러한 것은 원리적으로 필증적인 것일 수 없다. 그러나 내가 이후에 "나는 생각한다"로 돌아갔다면, 그리고 이러한 비판 후에 그것을 남겨두었다면, 이로써 생각되는 나는 자연적 '나-화법'의 자아가 아니다. 마치 인간인 내가 인식 비판적인 세계 무화로부터 나를 구해내기라도 했듯이 그렇게 사념되어서는 안 된다. 오히려 남아 있는 것은 나, 초월론적 자아였다. 그리고 그것은 바로 전체 세계 인식의 주체로서의 나는 인식된 세계에 속하지 않았고, 인식된 세계를 배제할 때, 순수하게 고찰된 나를 깨달았기 때문이다. 이를 통해 수행된 진전은 가장 의미 있었고, 이를 통해 열린 비판은 전도유망했다. 물론 초월론적 자기 경험이 자신의 초월론적 자기 자체와 더불어 남아 있다는 사실은 아직은 세계의 필증적 비판의 필증적 잔여물로서 남아 있음을 결코 뜻하지 않는다. 이러한 것은 전혀 남아 있지 않고, 세계를 제시하는 경험의 타당성도 전혀 남아 있지 않다. 그러나 이러한 경험의 존재, 그리고 이와 더불어 이러한 경험의 경험함의 주체로서의 나는 이론적 관심의 전환 속에서 이제 눈에 띄게 되었다. 즉 자기 경험이 세속적 비판을 통해 영향받지 않은 채 남아 있다는 사실, 내가 세계 전체를 타당성 밖에 두더라도 나 자체는 경험들과 그 밖의 인식들의 주제로서 계속해서 나에게 사용될 수 있게 놓여 있다는 사실이 명백해졌다. 초월론적 경험과 초월론적 주관적 존재의 영역이 그렇게 열림으로써, 그것은 또한 초월론적 비판을 위한 주제로서 열린다. 시작으로서 단지 필증적 명증만을 타당하게 둔다는 나의 철학적 시작 원리에 일관적으로 머물러 있으려면, 나는 물론 맨 먼저 이것을 산출해야 한다. 그것은 나에게 닥친 하나의 커다란 과제이다.

　여기서 이제 나의 고유한 방법에 대한 자기 이해를 위해 다음을 반성적으로 나의 것으로 만드는 일이 매우 중요하다. 명백히 세속적 경험에 대한 필증적 비판은 세계 실존의 자명성이 필증적 자명성의 의미를 갖는지, 그래서 필증적 인식 토대를 제공할 수 있는지 결정한다는 근원적인 기능을 가진다. 그런데 그 이외에서, 이때 아주 중요한 두 번째 기능, 즉 자신의 수확물을 통해 이전에 나에게 숨겨진 초월론적 주관성과 그것의 초월론적 삶을 알아차릴 수 있게 하는 기능을 나중에 받아들인다. 왜냐하면 이러한 수단을 통해서만 순수하게 그 자체로 존재하는 주관성으로서의 초월론적 자아는 나의 경험 범위 내에서 자기 자신에게 정립 가능한 존재 영역으로, 즉 세계 전체가 존재하지 않거나 그 실존에 대한 모든 입장 취함이 금지되었더라도 자기 자신에게 정립될 수 있는 존재 영역으로 나타나기 때문이다. 그렇게 해서만이 초월론적 자아는, 말하자면 세계와 순수하게 분리 가능한 존재 영역으로서 나에게 주어질 수 있다. 그러나 이때 마치 존재 영역들이 분리되어 실존하고 — 또는 단지 가능적으로만 분리되어 실존하고 — 어떤 의미로든 간에 서로의 외부에 서 있는 양, 자연적 의미에서 분리되는 것은 아니다. 초월론적 존재는 그 자체로 완전히 격리되었다. 그럼에도 세속적 경험의 고유한 의미에 따라서, 그래서 초월론적 자아에서 수행되는 작업수행의 고유한 의미에 따라서 신체에 혼을 불어넣기로서 경험될 수 있다. 여기에는 다음과 같은 사실이 놓여 있다. 초월론적 자아는 그 자체로 순수하다. 그러나 그것은 그 자체로 자기 대상화를 수행하고, 자기 자신에게 '인간적 영혼' 그리고 '객관적 실재성'이라는 의미 형태를 부여한다.

그러나 나의 초월론적 자아는 이제 이러한 자기 은폐로부터 어떻게 구제되는가? 나는, 습성적으로 언제나 다시 효력이 생기게 되는, 나를 언제나 다만 자아로서 나 자신에게 인간으로 보이게 하는 (나 자신에게서 산출된) 통각에서 어떻게 자유로워지는가? 달리 말하면, 나는 세속적 경험 속으로 끊임없이 믿도록 끌어들이고, 세계화하는 인간-통각의 수행으로 나 자신을 계속해서 끌어들이는, 습성적으로 계속 활동하는 동기의 힘을 어떻게 극복하게 되는가? 내가 자신의 통각하는 체험을 통해(자기 안에서 세속적 경험을 형성시키고 능동적으로 활동시키는 한) 주관적 작업수행으로서의 이러한 "세계가 현존한다"와 이러한 "나는 이러한 세계 속의 인간이다"를 만드는 주체라면, 그런 나는 어떻게 세계 속에서 나를 상실하고 나에게 세계적 의복을 입히는 것을 넘어서서 초월론적 순수성과 고유성 속에 있는 나를 깨닫게 되는가? 혹은 나는, 그 속에서, 그리고 그것을 통해 모든 객관적인 경험에 적합한 존재자들이 자아에 대해서 존재하게 되는, 그리고 계속해서 모든 종류와 형태의 의식적 존재자가 되는, 주체와 주체의 삶을 어떻게 그 자체로 순수하게 바라보게 되는가?

대답은 분명하다. 세계 전체의 실존을 방법적으로 타당성 밖에 두는 방법을 통해서이다. 왜냐하면 이제 나는 모든 세계 믿음을 저지한 후에, 그리고 전체 세계의 명증적으로 가능한 가정적 무효 선언의 아주 유효한 형식 속에서 모든 세계 믿음을 무효화한 후에, 이제 세계 실재로서, 인간으로서의 나의 정립이 불가능해짐을 알게 되기 때문이다. 그러나 다른 한편으로 나는 또한 그럼에도 나의 자기 경험이 수행될 수 있을 뿐 아니라 깨지지 않는 수행, 지속적 타당성 속에서 남아 있게 됨을 보게 된다. 인간으로서의 나는 더는 존재하지 않을 것이다. 즉 나는 나의 '인간임'을 언제나 무효화할 수 있다. 그러나 나는, 그리고 나의 흐르는 삶은 그럼에도 계속해서 존재한다. 이러한 연관 속에서 최초의 시선이 머무르는 곳, 즉 나의 세속적으로 경험하는 삶과 내가 나를 '세계 속의 인간'으로 파악하고 경험함은 그럼에도 계속해서 존재한다. 세계를 타당성 밖에 놓는 것은 동시에 나 자신을 세계화하는 통각을 타당성 밖에 두는 것을 포함한다. 그러므로 그것은 경험적-객관적 의복, 즉 내가 내적으로 나 자신에게 부여했고, 내가 언제나 다시 (소박한 경험 삶에 주목하지 않고 머무르는 동안) 습성적 통각 속에서 나에게 행사할 수 있는 경험적-객관적 의복을 나에게 벗기는 방법이다. 그러므로 그것은 내가 이러한 점 자체를 인식하게 하는 방법이다. 그리고 일반적으로, 나의 최종적이고 참된 실제성에서 보자면, 내가 절대적으로 폐쇄된 독자적 삶 — 이 삶은 세속적 경험을 형성하면서 자신 안에 객관적 세계를 자신의 현상으로서 형성하는, 그러므로 이 최종적인 주관성의 현상으로서 형성하는 삶이다 — 을 살고 있다는 사실을 인식하게 하는 방법이다. 객관적 세계는 나의 초월론적 형태 지음으로부터 비롯되어 자기 자신이며, 나에게 현상하고, 나에게 타당하고, 나의 고유한 증시 속에서 존재하고, 실제로 확증되는 세계이다.

나에게 현상하는 모든 객관성을 — 심지어 내가 실재적 세계를 넘어선 무엇을 대상적인 것으로 의식하고 있거나, 심지어 의식할 수 있더라도 — 모든 그러한 대상적인 것을 다만 현상함 속의 현상하는 것으로만, 나의 입증함 속에서 입증되는 것으로서, 절대적으로 의식적인 작업수행 속에서, 나의 초월론적 삶에 속하며, 현상으로서 지향적으로 형태 지어지는 것으로서만 취해야 함을 나는 이미 깨닫는다.

그러나 이러한 앞서 내다봄은 나에게 아직 더 생각할 거리를 준다. 나는 이를 나의 방법에 대한 자기 해명을 통해 예비적으로 말한다. 이 방법을 통해 경험적 자아의 맞은편에 초월론적 자아가, 경험적 영혼 삶과 경험적 자기 지각 맞은편에 초월론적 삶과 초월론적 자기 파악이 나에게 보이게 된다.

이러한 마지막 고찰 속에서 또한 분명해지는 것은, 우리가 초월론적 주관성에 접근하기 위해 저 기술된 방법에 사실적으로 의지했다는 점만이 아니라, 저것을 발견하기 위해서는 이 방법, 혹은 어쨌든 유사한 방법이 필수적이라는 점이다. 나는 **'발견한다'**고 강조한다. 누구도 자신의 경험적 자연적 자아를, 인간으로서의 자신을 발견할 필요가 없다. 성숙한, 깨어 있는 인간은 모두 인간-자아, 그리고 인간적 영혼 삶과 더불어 있는 자아로서 현존한다. 그가 "나는 지각한다, 나는 기억한다, 나는 저러저러한 것을 마음에 들어한다, 나는 원한다, 나는 의지한다" 등등의 말을 할 때, 그는 자연적 반성 속에서 자연적인 자기 경험을 수행하는 것이다. 이러한 반성을 그는 아주 자주 행한다. 다른 한편 초월론적 주관성은 우선 발견되어야 했다. 모두는 각자에 대해 초월론적 주관성을, 그리고 우선은 자신의 초월론적 주관성을 한 번은 발견해야 한다. 그리고 그는 초월론적 주관성을 자연적 삶의 동기 속박으로부터 그를 자유롭게 하는 방법을 통해서만 발견한다. 그러한 방법이 없다면 한갓 반성은, 아무리 주의 깊게 관찰하고 분석하더라도, 아무리 나의 순수한 심리적인 것을, 나의 순수한 영혼적인 내적 존재를 향하더라도, 자연적인 심리학적 반성에 머물러 있을 뿐이고, 여전히 불완전한 형태 속에서 자신의 과거 모습 그대로, 즉 세속적인 경험으로 그렇게 머물러 있을 뿐이다. 이러한 순수한 영혼적인 것은 바로 계속해서 타당한 외면성의 영혼적인 것, 내면성이고 그렇게 머물러 있다. 세계가 존재하는 실제성으로서 소박하게 타당하며 계속해서 타당한 채로 세계가 나에게 현존하는 한에서, 이러한 순수한 영혼적인 것이 세계 속의 존재자들과 더불어 경험적이고 자명한 신체에 속하면서, 그러니까 나에게 타당하게 이처럼 속하면서 나의 신체에 혼을 불어넣는 것인 한에서 그렇다. 그리고 그 세계가 나에게 현존하고, 그래서 나는 세계 속의 이러한 인간, 이러한 인간적인 영혼 삶인 한에서 그렇다. 나는 나의 자연적인 살아감 속에서 이러한 자연적 태도 밖으로 나올 어떠한 동기를 가질 수 있을 것인가? 그러한 일이 일어나야 한다면, 명백하게 필요한 일은, 내가 세속적 경험을 소박하게 수행하면서, 소박하게 활동하는 경험 믿음 속에서 수행하면서 세속적 경험에 할당하는 타당성을 작동하지 않게 하는 일이다. 그런데 그러한 일은 아주 효과적인 형태로 일어나서, 소박한 경험 수행으로 다시 떨어지는 모든 시도가 저지될 수 있어야 한다. 가장 엄밀한 의미에서 나에게 아무것도 더 이상 '현존하지' 않고, 아무것도 존재하는 실제성이 아닐 경우에야 비로소 나는 나 자신을 초월론적 주관으로 파악할 수 있으며, 모든 실재성이 전제하는 비실재성으로 파악할 수 있다.

초월론적 주관성이 역사적으로도 발견되어야 했다는 점은 납득할 만하다. 최초의 무르익지 않은, 그래서 때로는 효력 없고 때로는 길 잃은 채 작동되는 형태로, 이 발견은 데카르트의 "에고 코기토(*ego cogito*)"에서 등장했다. 그리고 여기에서도 동일하게 필증적 확실성에 대한 요구와 함께 제시되었다. 초월론적 주관성에 대한 순수하게 실제적인 제시는 **현상학적 환원**이라는, 모든 현상학자가 알고 있는 방법 속에서야 비로소 수행된다. 현상학적 환원은 다름 아니라 마지막 강의에서 상세히 기술한 방법이다. 그것은 다름 아니라, 겉보기에 아주 사소한 **데카르트**의 첫 번째 성찰 (*Meditationen*)에 숨겨진 — 그리고 데카르트 자신에게도 숨겨져 있던 — 깊은 내용을 해명하는 작업인 한에서, 초월론적 환원의 **데카르트적 방법**이라고 불릴 만하다. 우리의 방법이 왜 **현상학적** 환원의 방법인지, 그리고 마찬가지로 초월론적 주관성이 왜 또한 현상학적 주관성이라고 불리는지는 나중에야 비로소 이해할 수 있을 것이다.

나는 **데카르트**에게서 초월론적 주관성, 즉 에고 코기토는 즉각 절대적으로 의심할 수 없는 존재로 생겨난 것이라고 이야기했다. 경험된 세계의 비존재의 가능성과 대조적으로, 혹은 데카르트가 선호한 것처럼, 경험된 세계의 의심 가능성과 대조적으로, 에고 코기토는 절대적으로 나에게 의심할 여지 없는 것으로서 부각된다. 그와 달리 나는 고의적으로 초월론적 환원의 방법을 초월론적 자기 인식의 필증적 타당성의 물음에 관한 지금의 설명에서 **떼어내었다**. 나는 지금 이러한 **초월론적 환원** 혹은 현상학적 환원을 거기에 연결되어 있는 **필증적 환원**으로부터 **구분한다**. 후자는 현상학적 환원을 통해 비로소 가능하게 되는 과제를 특징짓는다. 나는 필증적 비판을 수행하기 전에, 비판의 장, 여기서는 경험의 영역을 가져야만 하고, 이러한 것, 초월론적 자기 경험의 영역을 나는 현상학적 환원의 방법 덕분에 비로소 갖게 된다.

다른 한편 이러한 필증적 환원을 약간은, 즉각 닥쳐오는 시작점에서 당장 함께 수행하고, 새롭게 나타나는 초월론적 영역에 대한 최초의 더 자세한 고찰과 연결하여 그렇게 하는 것은 거의 불가피하며 어쨌든 유익한 일이다. 또한 **현상학적 환원의 방법의 가능한 변경에 대한 물음**이, 초월론적 주관성의 의미를 해명함에 함께 기여하는 것으로서 즉각 머릿속에 떠오른다.

초월론적 주관성을 더 자세히 숙고하는 것으로 시작해보자. 그것은 우리의 방법적 접근에서 단지 **제한된** 요소들과 더불어, 최초의 응시의 방식으로만 우리에게 보이게 되었다. 그것은 내가, 자연적으로 소박한 자아로서 세계를 경험하던 자아가, 말하자면 이러한 세계를 완전히 삭제하는 것으로 넘어가고, 그래서 나의 신체와 나의 인간임은 물론 함께 삭제됨에도, 나의 **세계 경험 자체**와 경험하는 자아로서의 나 자체는 나에게 남는다는 방식으로 일어났다. 여기에는 또한 나는 존재하고, 이 세계 경험들을 체험하면서 존재한다는 사실이 놓여 있다.

이러한 경험하는 삶은, 실재적인 어떤 것도 존재하지 않더라도, 혹은 세계와 인간 등이 존재하든 존재하지 않든 존재하며, 그것은 나의 삶이다. 그것은 내가 조금도 의심하지 않으며, 그것을 의심 속에 혹은 그 어떤 비판적 물음 속에 끌어들일 어떠한 동기도 우선은 갖지 않는, 그러한 자아 삶으로서의 지속적으로 흐르는 존재다. 나는 그것을 연속적으로, 완전히 직접적으로 지각에 적합하게 경험한다. 다만, 이 지각은 보편적 세계 배제의 태도 속에서 수행되는 초월론적 지각이다. 이러한 태도에도 또한 자아-인간으로서의 나의 경험적 자기 경험이 속해 있다. 다만 이러한 경험은 그것의 객관적 타당성에 관해 소박하게 수행되지 않고, 배제를 통해, 또는 현상학적으로 이렇게도 말할 수 있을 텐데, 그 타당성을 괄호 안에 넣음을 통해, 한갓 주관적인 사실로서, 나의 자아 삶의 맥박으로 취해진다.

현상학적 환원의 현상학에 대하여.
초월론적 환원을 위한 두 번째 길의 개시

1장

주관성의 초월론적 삶의 흐름이 지닌 초월론적 시간 형식

39강 보편적인 초월론적 자기 경험의 완전한 내용: 초월론적 현재, 과거, 미래

세속적 객관성을 경험하는 자로서의 자아는 그러나 아직은 결코 완전한 초월론적 자아가 아니며, 보편적으로 펼쳐지는 초월론적 자기 경험의 완전한 내용이 아니다. 우리가 더 자세히 주시해본다면, 세속적인 것에 대한 저 자연적−소박한 세계 믿음을 철저히 억제한다고 해서, 어떤 객관적인 것에 대한 모든 **지각**과 관련하여 그 지각의 순수한 초월론적 포착에 이르게 되는 것이 아니고, 초월론적으로 순수한 "나는 지각한다"로서의 저 지각의 포착에 이르게 되는 것이 아니다. 우선은 다음의 사실들이 눈에 띄게 된다. 자연적 태도에서 나를 인간적 자아로 발견하면서, 그리고 언제나 내가 속해 있는 나의 환경세계와 관계하면서 나는 나 자신을 지각하는 자로서 발견하기만 하지 않으며, 그러므로 반성하면서 "나는 지각한다"고 말하기만 하지 않는다. 나는 또한 "나는 기억한다, 나는 예상한다, 나는 생각한다, 나는 의심한다, 나는 비교한다, 나는 구별한다, 나는 마음에 들어 한다, 나는 마음에 들어 하지 않는다, 나는 판단한다, 나는 추론한다, 나는 소망한다, 나는 욕구한다, 나는 원한다, 나는 행위한다"고도 말한다. 그러나 경험적 자아 작용으로서의 자연적 반성 속에서 세속적으로 경험되는 이러한 모든 작용에는 **초월론적 자아 작용**이 상응한다. 그리고 이것들은 다름 아닌, 그 순수한 고유성, 그리고 모든 세계 실존으로부터의 독립성 속에서 초월론적 환원을 통해 보이게 되는 자아로서의 나 자신에 의해 구체적으로 수행되는 작용들이다. 그것은 바로 저 객관적 작용들이지만, 소박성의 태도 속의 모든 객관화하는 통각들로부터 자유롭다. 객관화함은 오히려 모든 세속적 공동 믿음의 단념을 통해 그때그때 주체에게서 초월론적으로 수행되는 활동으로 인식되고, 초월론적 내용 속으로 함께 받아들여진다. 내가 가령 "나는 아름다운 겨울 날씨가 계속되길 원한다"를 반성적으로 포착한다면 모든 세계 믿음을 단념하는 것은 내가 이제 나의 초월론적으로 순수한 "나는 그러그러한 것을 원한다"를 직관할 수 있도록 이끈다. 그것은 나의 "원하면서 행동함"으로서 정말로 일어나는 것이며, 그것은 세계가 존재하든 존재하지 않든 그것인 바대로 존재하는 것이다. 그것은 두 번째 원함, [즉] 객관적 원함과 따로 있는 초월론적 원함이 아니다. 거기서 객관적 원함은 그 자체로 나에 의해 수행된 경험 믿음을 지닌, 그 자체로 나에게서 수행되는 통각이다. 이 점을 내가 곧바로 보게 되는 것은, 내가 경험 믿음을, 즉 세속적인 경험 믿음을 '활동 밖에' 둘 경우, 그리고 그것을 억제할 경우다. 혹은 나는 내가 현상학적 자아로서 반성하면서 자연적인 객관화함 속에, 그리고 거기 얽혀 있는 자연적인 "나는 원한다"

속에 본래 그리고 실제로 순수한 주관적으로 원하는 삶과 행위로서 놓여 있는 것을 깨닫고자 할 경우, 억제해야만 한다. 이때 나는 자연적 반성의 내용에 포함된 세속적인 어떠한 것도, 자아의 측면에서나 원해진 것으로서 나에게 의식되는 것의 측면에서나, 현상학적 환원에 걸려들지 않게 해서는 안 된다. 그러므로 아름다운 날씨에 관한 실제성 정립도 물론 함께 억제되어야 한다. 자연적인 객관적 통각은 언제나 선행하기 때문에, 나는 객관적으로 주어지는 모든 "나는 그러그러한 것을 행한다 또는 겪는다"에서 더듬어 찾으면서 모든 지점에서 환원을 수행해야만 한다. 혹은 이렇게도 말할 수 있는데, 객관적 믿음을 활동 밖에 두는 정신적인 '괄호 치기'를 방법적 수단으로 수행해야만 한다. 모든 자아 작용들, 그리고 자연적으로 반성적으로 포착되는 모든 자아 체험에서도 그러하다. 이러한 방법을 통해 우리는 모든 것을 초월론적 주관성 속에 있는 것으로서, 초월론적 주관성의 참된 순수한 삶 속에서 뛰고 있는 맥박으로서 획득한다.

우리가 환원을 통해 획득되는 모든 초월론적 삶의 요소에 대한 보편적 명칭으로 에고 코기토라는 손쉬운 데카르트적 표현을 사용한다면, 저 코기토라는 말이 뜻하는 것은 특수한 말의 의미에서의 사유가 아니다. 오히려 그것은 사랑함, 미워함, 각각의 모든 원함, 의지함 등도 마찬가지로 포괄한다. 그리고 명시적으로 우리가 경험적-자연적인 "나는 생각한다"에 관해 말하는 것이 아닌 경우에는 언제나, 해당하는 초월론적 자아 삶을 뜻하는 것이다. 그러므로 **그것 안에서** 모든 객관적인 것이 거기서 현상되고 정립되지만, 그것의 고유한 초월론적 존재는 객관적 존재를 전혀 포함하지 않는 초월론적 자아 삶을 뜻하는 것이다.

그러나 우리가 그 방법을 아직 깊이 철저히 규명하기 전에, 다른 맥락에서 초월론적 경험 영역의 보편성을 확인하는 것, 말하자면 우리의 방법이

현재의 초월론적 삶으로만 이끄는 것이 아님을 분명하게 하는 것이 좋겠다. 그러니까 우리의 방법은 내가 지금 수행하는 그때그때의 에고 코기토, 내가 반성하는 동안 지금 나에게 나의 현전적인 "나는 지각한다, 나는 생각한다, 나는 원한다, 나는 행위한다"로서 흐르면서 전개되는 그러한 에고 코기토로만 이끄는 것이 아니다. 되돌아 바라보면서 그리고 미리 바라보면서, 자연적 태도 속에서 자아–인간으로서 나의 과거의 삶과 미래의 삶에 대해 알고 있듯이, 초월론적 환원을 수행하면서 나는 또한 **과거**와 **미래** 속의 나의 초월론적 존재 혹은 삶에 대해 알고 있다. 그리고 그것은 초월론적 경험에서 온 것이다. 경험은 우선 지각이다. 그러나 **기억**, 그리고 어떤 방식에서는 **예상** 또한 경험이다. 우리가 과거를 과거로 알고, 미래를 미래로 아는 것은 모두 근원적으로 기억과 예상 덕택이다.

하나의 예로부터 나아가보자. 나는 어제의 슐로스베르크 산책을 기억한다. 내가 여기서 괄호 치기의 방법을 수행한다면, 나의 현재의 지각적 신체, 그리고 나의 세속적인 지각적 현재 전체가 활동 밖에 놓이고, 현전적 현존으로서의 슐로스베르크가 있는 도시가 활동 밖에 놓일 뿐만 아니라 과거의 슐로스베르크 산책 전체가, 거기에 객관적으로 정립된 모든 것에 따라서, 현상학적 환원을 당하게 된다. 현상학적 환원은 과거 속으로 다다르고, 나의 과거의 경험적 자아, 과거의 신체, 과거의 외부 지각의 존재 내용과 관계한다. 과거의 외부 지각을 통해서 그 도시, 내가 거닐었던 것으로서의 해당되는 거리, 어제 올랐던 것으로서의 슐로스베르크는 객관적 현존의 사실로서 주어진다. 여기서 나는 **기억**이 나에게 **이중적인 방식으로 초월론적인 것**을 넘겨줌에 즉시 주목하게 된다. 한편으로 내가 기억할 때, 그리고 내가 세계 전체를 작용 밖에 놓거나 그것이 관계하는 경험 믿음 전체를 억제한다면, 이러한 반성적으로 지각되는 "나는 기억한다"는 나의 지금의 체험으로 남는다. 다른 한편 이러한 지금의 체험 속에서 나의 지나간 슐로스베르크 산책이 현전화된다. 물론 나의 인격의 행위로서 심리 물리적—실재적으로 이 세계에 일어난, 과거에 발생한 것을 나는 전혀 판단에 이용해서는 안 된다. 나의 기억이 이 실재적인 과거에 대한 믿음인 한에서, 나의 기억은 존재하고, 이러한 믿음은 나의 현상학적 배제를 통해 작용 밖에 놓인다. 그러나 더 자세히 고찰해보면 나의 "나는 기억한다"에는 "나는 지각**했다**"가 함께 포함되어 있다. 그리고 과거의 행위에는 "나는 의욕**했고** 행했다"가 함께 포함되어 있다. 슐로스베르크, 나의 신체, 나의 걷는 다리 등은 **과거의 존재**로서 일어나지 않았거나 초월론적 가상일지 몰라도, 그것의 존재에 대해서는 언제나 사정이 그렇더라도, 길과 목표를 나에게 지각에 적합하게 현실성으로서 **타당하게 했던** 지각함의 전체 연속성, 그리고 추구, 의욕함, 지각함과 더불어, 함께 나의 행위하는 체험**이었던** 행위는 세속적 존재에 대한 판단 억제를 통해 폐기되지 않는다. 그래서 나는 현재적인 초월론적 체험으로서 "나는 기억한다"를 지금 부여했을 뿐 아니라 거기에 포함되어 있는, 나의 과거의 초월론적 삶에 대한 기억도 부여했다. 이 점은 명백히 모든 기억에 적용된다. 모든 기억은 분명히 **이중의 초월론적 환원**을 허용한다. 하나는 나의 초월론적인 현재적 체험으로서의 기억을 생겨나게 하고, 두 번째는 주목할 만한 방식에서 기억의 재생산적 형태를 붙잡으면서, 나의 과거의 초월론적 삶의 부분을 드러낸다. 내가 그렇게 행위하면서 나의 회상의 연쇄를 따라간다면, 그리고 떠오르는 기억에 의해 말하자면 연속적으로 현실적 현재로 이끌리고, 연속적으로 일깨움으로 오는 기억 계열에 초월론적 환원을 수행한다면, 이를 통해 나는 지금까지에 이르는, **연속적인 초월론적 과거**를 바라보게 된다. 그러나 다만 부분적으로만 볼 수 있을 뿐이다. 왜냐하면 내가 언제나 새로운 기억의 아득한 과거를 재생산적으로 일깨우며, 거꾸로 과거 이전에 대해 묻는다면, 현상학적 환원을 수행하는 나는 나의 초월론적 삶이 연속적으로 무한한 과거로 소급됨을 보게 되기 때문이다.

미래의 경우는 사정이 다르다. **예상**의 '미리 봄'이 실제로 봄이 아닐 뿐 아니라, 말하자면 현전화하는 기억의 방식으로 '다시 자기 앞에서 보는 것(Wieder-vor-sich-sehen)'의 정확한 유사물도 아닌 한에서 그러하다. 그러나 어쨌든, 미리 예상된 것에도 현상학적 환원을 수행할 수 있고, 우리는 초월론적 환원을 통해 다시 **이중의** 초월론적인 것을 발견할 수 있다. 한편에서 예상은 현전적인 초월론적 체험이고, 그러니까 한편에서는 현실적인 초월론적 체험으로서의 예상은, 다른 한편에서는 현전적인 초월론적 체험에 예상의 방식으로 포함되어 있는 예상된 내용을 발견할 수 있다. 그리고 계속해서 **모든** 현재가 예상의 미래 지평을 연속적으로 지니고 있는 한, 우리는 초월론적 과거의 무한한 지평과 유사하게, **초월론적 미래의 열린 무한한 지평**을 갖게 된다. 세계와 더불어 **객관적 시간**, 존재하는 것으로서의 세속적 대상성들의 형식인 저 시간도 작용 밖에 놓이게 됨을 우리는 본다. 그러나 다른 한편 나, 초월론적 자아는 초월론적 삶을 사는데, 이러한 초월론적 삶은 연속적인 초월론적 경험 속에서 **고유한 초월론적 시간 형식** 속에서 나타난다. 더 자세히 기술해보면, 초월론적 시간 형식은 기억과 예상의 무한한 지평을 품고 있는 현재 삶이라는 형식을 가지는데, 이 지평을 들추어보면 양쪽으로 무한한 초월론적 삶의 흐름이 나타난다.

40강 자아 분열로서의 반성,
그리고 흐르는 생동하는 현재 속에서의 자아의 동일성

그러나 나의 초월론적 삶에서 내가 무엇을 갖는지, 그리고 여기서 판단에 있어서 배제된 세속적 대상성들이 — 이러한 대상성들은 이러한 배제에도 불구하고 나에게 현상하기를 중단하지 않는데 — 어떤 역할을 수행하는지에 관해 아주 깊이 파고드는 숙고가 요구된다. 내가 지각하는 집은, 만약 내가 초월론적 태도로 이행하고 나의 '내가 지각한다'를 초월론적 체험으로 포착한다 해도, 이러한 지각함 속에서 지각된 것으로, 믿어진 것으로 존재하기를 그치지 않으며, '이러한 붉은 지붕을 갖고 있는' 등으로 그러그러하게 존재하면서 지각함 속에서 확실성 속에서 거기에 서 있기를 그치지 않는다. 그러나 어떻게 그러한가? 나는 집 실존을 괄호 치지 않았는가? 배제하지 않았는가? 그러므로 이러한 소박한 지각 믿음을 '활동 밖에 놓지' 않았는가? 내가 지각에서 그것의 믿음을 빼앗는다면, 그것은 더 이상 지각이 아니다. 지각 믿음이 마치 분리 가능한 부분인 양, 그것을 지각으로부터 간단히 제거할 수는 없다고 말하는 것은 도움이 되지 않는다. 관건은 이 점이 아니다. 관건은 아마도, '작용 밖에, 활동 밖에 놓기'일 것이다. 옳다. 그러나 그렇게 한다는 것은, 지각에 무언가를 해(害)한다는 것을 의미하지 않는가? 어쨌든 현상학적 '괄호 치기'를 통해 나의 원래의 체험은 변화한다. 그러나 이러한 괄호 침을 통해 나는 나의 "나는 지각한다"를 마치 그것이 실제로 그리고 순수하게 그 자체로 존재하고 존재했던 바대로 체험으로서 받아들인다고 했다. 나는 그것을 나의 초월론적 주관성의 요소 부분으로서 보존한다. 이 초월론적 주관성은 자신의 편에서는, 세계가 존재하든 존재하지 않든지 간에 자체적으로 그리고 독자적으로 존재하는 대로의 자아와 자아 삶이어야 하며, 자체적으로 자기 삶 속에서 세계 경험을 — 단절 없는 믿음의 특수한 삶으로서 — 수행하며 이를 통해서 무엇보다도 우선 세계를 존재하는 현실성으로 의식해 갖는 자아와 자아 삶이어야 한다.

내가 방법의 지시를 따른다면, 나는 이러한 초월론적 주관성과 초월론적 주관성에 대해 이야기된 것을 인정하게 된다. 실제로 나는 초월론적 주관성을 직관한다. 그러나 내가 그 방법에 대해서 방금처럼 반성한다면, 나는 그 방법이 초월론적 주관성과 그 삶을 드러내 밝히는데 적합한지, 그리고 언젠가 적합할 수 있을지 의심하게 된다.

그러나 나는 여기서 어떠한 불명료성도 허용해서는 안 된다. 나는 무엇보다 내가 초월론적-환원적 방법을 실행하고, 실행해야 하는 방식에 대해, 그리고 내가 그것을 이해해야 하는 방식에 대해, 혼란으로 빠져들지 않기 위해 정확한 설명을 해야 한다. 나는 나의 숙고를 자연적 방식으로 **자연적 자기 숙고** 혹은 반성으로서 시작한다. 내가 우선 그것을 수행하는 예로서 다시 집 지각이 도움이 된다. 주어진 시작은, 내가 소박한 몰두와 모종의 망아 속에서 지각한다는 것이다. 나는 집을 관찰함에 완전히 빠져 있다. 그것은 몽롱한 잠 속의 망아가 아니다. 자아는 깨어 있다. 자아는 현행적인 자아, 어떤 작용을 수행하는 자아이다. 그리고 그 작용의 유일하게 구체적인 표현은 "나는 생각한다", 즉 에고 코기토의 형식을 갖는다. 그리고 그 작용의 완전한 표현은 내가 생각하는 것인, 그때그때의 생각된 것(*cogitatum*)의 표시를 요구한다. 작용 주체와 작용 대상을 갖는 작용(*actus*) 구조의 독특성이 문법적인 '주어-목적어-술어' 속에서 표현된다. 작용에서 수행하는 자아는 작용 속에서 그 자체로 의식되는 대상을 향하고, 대상에 몰두한다. 우리의 경우에 그것은 지각을 수행하는 자아다. 인지하고-관찰하면서 나는 집을 향하고 있다. 그러나 그렇게 향해 있다는 **사실**, ─ 여기에 문제의 망아가 있는데 ─ 거기에 대해 나는 아무것도 모른다. 즉 나는 그 사실을 향하고 있지 않다. 그것은 보다 높은 단계의 지각인, 반성의 형태 속에서야 일어난다. 반성에서 지각된 것은 더 이상 집이 아니고 "내가 집을 지각한다"는 사실이다. 그리고 반성의 내용은 단적인 지각 판단 속에서 실제로 충실하게 표현된다. 이러한 반성에서 무엇이 일어나고 혹은 일어났는가? 이러한 자기 지각 속에서 일어나는 일은 명백하게도 다음과 같다. 나는 나를 **반성의 자아로서, "나는 지각한다"는 작용보다 상위로** 고양시킨다. 즉, 작용을 수행하는 데에 빠져서 그 수행과 수행하는 주체로서의 나를 인지하지 못하는 그러한 작용보다 상위로 고양시킨다. 그리고 이러한 **새롭게 등장하는** 반성의 자아로서 나는 나의 등장을 재차 "나는 지각한다"는 작용에서 갖는다. 이러한 작용 속에서 나는 저 자기 망각된 자아와 이전에 지각되지 않은 "나는 집을 지각한다"를 지각된 내용으로 만들고, 포착하면서 그리로 향한다.

물론 내가 반성을 시작할 때, 자기 망각된 자아의 **소박한 지각**은 벌써 **지나갔다.** 지금 반성하면서 나는 이것을 다만 이른바 '파지'[18] — 파지는 원래의 체험에 직접 연결된 '뒤따르는 떠올림(Nacherinnerung)'이다 — 라는 '여전히 의식해 가짐' 속으로 잡아채면서 되돌아 붙잡음을 통해서만 파악한다. 이러한 방식으로 반성하고 되돌아 붙잡음을 통해서만 나는 소박한 지각과 자기 망각된 자아를 인지할 수 있다. 이러한 인지는 본래적으로 '나중의 인지'이며 그러므로 아주 본래적으로 보자면 지각하는 포착함은 아니지만, 그럼에도 포착함이기는 하다. 내가 나를 이미 반성하는 자아로 확립한 후에, 지각, 우리의 예에서는 집에 대한 지각이 계속되면, 나는 이러한

---

18 파지(Retention), 근원인상(Urimpression), 예지(Protention)는 의식의 가장 깊은 층인 시간 의식의 활동이다. 근원인상은 현재 시점에서 모든 존재가 솟아 나오는 근원 원천이 되는 의식이다. 파지는 근원인상에서 산출된 것을 '지금 막 지나가버린' 순간에도 의식에 보존하여 붙잡고 있는 의식의 활동이고, 예지는 '지금 바로 다가오는 것'을 미리 앞당겨 의식에 가지는 의식의 활동이다. 파지는 근원인상의 과거 시점에, 예지는 근원인상의 미래 시점에 붙어서 각각의 연속체를 형성하며 (점적인 '지금'이 아닌) 폭을 가진 현재를 이룬다.

계속되는 지각의 경우에는, 집을 향하는 자아와 다른 한편에서 반성의 자아, 그러니까 저 자아 및, 저 자아의 지각하면서 집을 향함을 향하는 반성의 자아의 시간적 분리(Auseinander)를 갖지 않는다. 자기 망각된 지각함을 되돌아 붙잡으며 나중 인지하는 시기에 그랬던 것과 같은 분리를 갖지 않는다. 오히려 생동하는 현재에서 나는 **공존 속에서 이중화된 자아와 이중화된 자아 작용**을 갖는다. 그래서 지금 연속적으로 그 집을 관찰하는 자아와 "나는 연속적으로 그 집을 관찰한다는 사실을 알아차린다"는 행위를 수행하는 자아, 그리고 경우에 따라서 "나는 집을 관찰한다"는 형식으로 표현되는 행위를 수행하는 자아를 갖는다. 왜냐하면 물론 이러한 단적인 명제는 반성하는 자아의 언명이고, 이 언명 안에서 언명된 자아는 반성적으로 포착된 자아이기 때문이다.

더 나아가 반성을 수행하는 자아는 명백히 '자기 망각된 자아'의 양상 속에 있다. 그리고 그 자신의 인지 작용은 자기 망각된 작용이다. 그러나 우리가 **높은 단계의 이러한 자기 망각에 대해 어떤 근거에서 우리가 아는가** 하고 묻는다면, 대답은 분명하며, 이 대답은 낮은 단계의 자기 망각의 경우와 동일하다. 우리는 반성을 통해서 안다. 더욱이 지금은 **두 번째 단계의 반성**을 통해서 안다. 그리고 이 두 번째 단계의 반성은 거기에 속하는 반성하는, 그리고 자신의 편에서 다시 자기 망각된 자아를 갖는다. 이 자아는 자신의 지각을 언표하면서 "나는 내가 이 집을 지각한다는 사실을 알아차린다"고 말할 것이다. 여기서 파지적인 되돌아 붙잡음의 국면과 경우에 따라 그에 뒤따르는 국면, 즉 자아 분열 속에서 서로 관계하는 자아 주체들이 동일한 흐르는 현재에 속하게 되는 국면이 구별될 수 있다는 사실이 재차 드러날 수 있을 것이다. 저 새로운, 더 높이 오르는 반성이 수행의 주체로서 새로운 자아를 등장하게 하며, 가령 세 번째 자아와 그 자아의 작용은 두 번째 것에 관계하고 두 번째 것은 첫 번째 것에 관계함은 말할 필요도 없을 것이다.

아직 용어와 관련하여 말할 것이 더 있다. **자기 망각**이란 말은 적합하지가 않다. 왜냐하면 망각이라는 일상적 말에 따르면, 의식적 알아차림이 선행해야만 하고, 이미 알아차린 것의 망각이 이를 뒤따라야 하기 때문이다. 그러나 여기서 명백히 자기 망각의 양상은 그 자체로 고찰해볼 때, 선행하는 것이다. 다른 한편 "자기 자신을 의식하지 못하는 자아"라는 표현 또한, 의식이라는 말의 다의성 때문에 적합하지가 않다. 오히려 우리는 **잠재적 자아**, 그리고 그와 대비하여 **명시적** 자아라고 말할 수 있을 것이다. 그에 따라 우리는 다음과 같이 말해야만 할 것이다. 자아, 깨어 있는 자아, 작용을 수행함이 명시적이 되는 것, 그리고 작용 자체가 명시적이 되는 것은, 거기에 대해 반성하는 자아의 등장을 통해서만인데, 이때 반성하는 자아는 자신의 편에서는 잠재되어 있는 것이다. 더 나아가, 모든 잠재적 자아에 대해, 그러니까 모든 반성의 자아에 대해 그러한 방식의 명시화가 가능하다. 이것은 반성하는 자아가, 이전에 잠재적이었던 자아를 작용의 대상으로, 지향적 대상으로 만드는 작용을 수행하는 자아라는 사실에 놓여 있다.

왜 우리는 **동일한 자아**가 자기 자신과 되돌아 관계하며, 자기 지각 속에서 자기 자신과 자신의 행위를 알아차린다고 이야기하는가? 상이한 작용들이 서로에 대해 층을 이룬다는 것, **모든 작용 각각**은 **자신의** 분리된 자아를, 말하자면 자신의 **분리된 작용의 극**으로서 갖는다는 사실이 분명한데도 말이다. 게다가 우리는 곧 이러한 분리된 자아들이 자신의 입장 취함 속에서 언제나 서로 일치하지는 않는다는 사실을 인식한다. 더 나아가 어째서 우리는 **분열이라는 비유**를 사용할 수 있었던가? 나무줄기가 분열되어 있음이, 완전히 분리된 채 서로 별개로 있는 조각들의 쪼개져 있음을 의미하지 않듯이, 분열이라는 비유는 통일적인 것이 (경우에 따라 어떤 통일성을 보존한 채로) 분리됨을 가리키는 것이 아닌가?

대답은 자아 반성 속에서의 실제적이고 언제나 가능적인 삶을 바라볼 때 생겨난다. 나는 언제나 여기서 보다 높은 단계의 반성을 수행할 수 있다. 즉 되돌아 붙잡으며 잡아챔을 통해 파악되는 자아를 조망하면서, 생동하는 행위 속에서 포착되고 동시에 반성적으로 관찰된 자아, 그리고 그 자체로 이미 명시적이 된 반성하는 자아 등을 봄으로 가져올 수 있다. 그러나 나는 또한 '많은' 작용-극이 그 자체로 명증적으로 동일한 자아라는 사실, 혹은 하나의 동일한 자아가 이러한 모든 작용들 속에서 등장하며, 모든 그러한 등장에서 다양한 방식을 갖는다는 사실을 볼 수 있고 또 봐야만 한다. 나는 그것이 다수의 작용들과 작용 주체들로 분열되면서도 하나의 동일한 것임을 보게 된다. 그것은 자신을 분열시키는 동일한 자아다. 나는 능동성 속의 자아 삶이 전적으로 다름 아닌 "활동하는 행동 속에서 언제나 분열됨"임을 보고, 또 모든 저 작용들과 작용 주체들을 동일화하는, 모든 것을 조망하는 자아가 확립될 수 있다는 사실을 보게 된다. 또는 더욱이, 더 근본적으로 표현하자면, 나는 더 높은 반성 속에서 조망하는 자아로서 나를 확립할 수 있고, 나는 명증적인 종합적 동일화 속에서 이러한 모든 작용 극의 동일성과 그것의 양상적 존재 방식의 상이성을 의식할 수 있음을 보게 된다. 그리하여 나는 또한 이렇게 말한다. 나는 여기서 어디서나 동일한 자아이고, 나는 반성하는 자아로서 동일한 자아이다. 이 반성하는 자아는, 반성되지 않은 것으로서의 자신을 추후의 붙잡음 속에서 포착하며, 이 반성하는 자아는 자신을 지각하는 자로서, 집을 지각하는 자로서의 나를 바라본다, 등등.

이러한 주목할 만한 상황을 분명하게 했고, 또 특히 모든 반성 속에서 수행-자아가 다수화됨을 확인했다면, 우리는 이제 다음의 중요한 깨달음을 얻게 되는데, 이는 다시 집 지각의 예와 연결되어 있다. 나의 소박하게 수행된 집 지각을 반성하는 보통의 경우에서 나는 나의 반성적 지각 속에서 "나는 이 집을 지각한다"는 것만 주시하게 되는 것이 아니며, 나는 가령 집을 지각하는 나의 자아와 자아의 이러한 지각함의 단순한 관찰자인 것이 아니다. **나는 또한** 이러한 자아의 **지각 믿음을 공유하고,** 반성하는 자아로서의 나는 집-지각에 대한 믿음을 함께 수행한다. 그것은 다음을 의미한다. 내가 이 집을 보고 관찰하는 한, 나에게 이 집과 내가 이 집에서 지금 확인한 것이 실제로 현존하는 것이듯이, 그러한 것으로서 나의 지각 믿음 속에서 나에게 **타당하듯이,** 반성하는 자로서의 나에게도 그 모든 것이 현실적으로 현존하는 것이다. 자기 지각과 집 지각에 대한 지각과 함께 나는 이것을 또한 타당하게 여긴다. 나는 이러한 타당함에 대한 수행 주체이기도 하다.

그래서 정상적인 경우, "나는 이 대상을 본다"는 형식의 모든 언명은 나에게 동시에 "나는 이 대상이 실제로 존재한다고 믿는다"를 의미한다. 정상적인 말에서 모든 사람들에게 그러하다. 그러나 이러한 정상적인 것의 맞은편에 비정상적인 것이 있다. 여러분들은 이제 왜 내가 이러한 전체 자기 이해를 수행해야만 했는지를 즉시 이해하게 될 것이다. 즉 **언제나** 정상적인 방식으로 **존재할 필요는 없다**는 사실을 대조적으로 부각시키는 것이 필요하다. 즉 반성하는 자아로서의 나는 결코 언제나 함께 믿는 자아여야 하는 것은 아니다. 그리고 현상학적 환원의 방법을 이해하기 위해 우리에게 특히 중요한 것은 나는 반성의 이러한 자연스럽게 함께 믿음을 **나의 자유 속에서 따르지 않을 수 있다**는 것이다. 나는 지각된 집의 현존과 존재 방식에 대해, 그리고 세계 일반의 현존에 대해 절대적으로 **무관심한 방관자**로서 순수하게 행동을 취하는 방식으로 그렇게 할 수 있다.

2장

현상학자의 이론적 태도에 대한 이론: 판단중지의 의미와 수행

41강 반성과 이론적 관심, 입장 취함의 자아 분열

내가 이러한 무관심성을 더 자세하게 설명할 수 있기 전에, 자아 분열과 경우에 따라서 손을 맞잡고 가는 **믿음**에서의 **분열**, 그리고 더 일반적으로는 **입장 취하는 태도** 속에서의 **분열**이라는 일반적 현상이 먼저 설명되어야 한다. 이에 따르면 일상적인 경우와 달리, 반성하는 자아는 그것이 반성하면서 향했던 하부의 자아의 입장 취함을 함께하지 않는다(경우에 따라 그것을 거부하기도 한다). **회의주의자**가 그러한 예를 제공한다. 회의주의자는 자신의 외부 지각 세계를 곧바로 바라보면서 자신의 지각의 일치 속에서 지각 믿음을 수행하며 살아가고, 일치하면서 지각하는 자아로서 이러한 사물, 이러한 세계를 현실성으로 부여했던 외에 달리할 수 없다. 그러나 그가 철학적 회의주의자로서 이러저러한 논변에 동기부여되어 세계 부정이

나 세계 의심에 이르고, 이제 현실적 세계를 지각하는 자로서의 자신에 대해 반성할 때, 분열된 작용의 통일성 속에서 입장 취함의 분열이 보인다. 세계를 지각하는 자로서 그는 믿는다. 그러나 반성하는 회의주의자로서 그는 이러한 믿음을 신뢰하지 않는다. 그는 그러한 믿음에 참여하지 않고, 그는 의심하거나 그러한 믿음을 물리친다.[19]

우리는 반성에 대한 우리의 고찰에 있어서 지금까지 단지 지각 영역의 하나의 예만을 근거로 삼았고, 지각함과 지각된 것 그 자체에 대한 단순한 반성을 해명했다. 그러나 모든 반성이, 그리고 그와 더불어 모든 유형의 자아 복수화가 동일한 구조를 갖는 것은 아니다. 그래서 기억 반성의 영역에서 하나의 예를 더 끌어오는 것이 좋을 것이다. 나는 **회상**을 생각하고 있다. 우리의 언어가 회상을 "나는 나를 기억한다(Ich erinnere mich)"고 재귀적으로 표현한 것은 이유 없는 일이 아니다.[20] 모든 기억에는 어떤 방식

••

19 일치하면서 경험되는 세계에 대해 다양한 태도가 가능하다.
  1) 나는 세계를 확고한 확실성 속에서 믿으면서 경험하는 동안 세계가 존재하지 않는 것이 가능하다고 여길 수 있다.
  2) 나는 회의주의적 논변에 자극받아서 회의주의인인 혹은 부정론적인 이론을 받아들일 수 있다. 경험의 진행 속에서 믿으면서도 이러한 경험 믿음에 사상적인 의심이나 부정의 층을 덧씌울 수 있다.
  나는 불가지론적으로 이렇게 말할 수 있다. 이러한 경험 확실성은 다만 주관적인 것, 주관적인 상들에만 관계한다. '그' 세계 '자체'는 내가 결코 알지 못한다. 혹은 나는 세계 그 자체로 존재하는지 전혀 알 수 없다.
  혹은 나는 경험된 세계를 세계 자체로 인정하면서도, 세계가 그 자체로 진리를 가졌는지 의심할 수 있다. 이때 나는 일치하는 통일성 구성의 이러한 방식을 내가 이성적으로 당분간 실천적으로 신뢰할 수 있고 신뢰해야만 하는 잠정적인 것으로 여기는 방식으로 의심한다. 나는 세계가 정말로 (최종적으로) 존재하는 것처럼 행동한다. 즉 어떠한 더 강한 개연성 동기도 그것에 반대하여 말하지 않는 한, 실용적으로 행동한다. 그러나 나는 그러한 최종적인 진리는 존재하지 않거나 의심스럽다고 받아들일 만한 근거를 가졌다고 믿는다.
  흄(Hume)의 주사위 놀이도 참고하라. ─ 원주.

에서 자아—중복(Ichverdoppelung)이 포함되어 있다. 내가 직접 회상한 것이, 일반적으로, 있었던 것으로 의식될 뿐 아니라 나에게 **지각되어 있었던 것**으로 의식되는 한에서 말이다. 나는 내가 어떤 화재에 있었음을 기억한다. 나는 화재를 보았다. 나는 내가 어떤 음악회에 있었음을 기억한다. 나는 음악회를 들었다. 간접적인 경우를 들자면, 나는 화재 자체를 기억하는 것은 아니지만 화재에 대해 듣고 읽었던 것을 기억한다. 자아 중복은 물론 나의 과거의 자아, 즉 거기 있었던 자아, 사건에 대해 들었던 자아 등의 자아가 나의 현재의 깨어 있는 자아의 체험인 회상의 내용에 속한다는 사실에 놓여 있다. 내가 나의 포착하는 시선을 되돌아보면서 과거의 자아, 그리고 그러한 자아의 과거의 자아 작용을 향한다면, 체험은 명시적인 자아 반성의 방식으로 변경된다. 나는 지금 반성하는 자아로서 이렇게 말한다. "나는 화재를 보았다." 명백히 과거의 지각 믿음은 화재에 대한 과거의 지각에 속한다. 정상적인 회상의 경우에 나는, 즉 현재적인 자아는, 경우에 따라서는 과거에 다다르는 반성의 자아로서, 이러한 재생산적인 지각 믿음에 참여한다. 즉 내가 그때 믿었듯이, 나는 여전히 그렇게 믿는다. "나는 그것이 그랬다고 기억한다"는 형식의 모든 언명의 정상적 의미에는 자명하게도 "그것이 그랬다"는 것이 포함되어 있다.

그럼에도 불구하고 나는 나중에 의심하게 될 수 있고, 심지어 그것이 그렇지 않았다는 확신에 이를 수 있다. 회상은 언제나 동일한 것에 대한 회상이고, 과거의 지각함은 나에게 여전히 과거의 지각 믿음과 함께 현전화

20 독일어 표현에서 '기억하다'는 'sich erinnern'라는 표현으로 재귀적으로 표현된다. 이 재귀적 표현을 직역해본다면 '나는 나를 기억한다'라는 표현으로 번역할 수 있는데, 이때 현재의 기억하는 나는 무엇을 지각했던 과거의 '나'를 기억하는 셈이다. 여기서 현재에 기억을 떠올리는 '나'와 과거에 무언가를 지각했던 '나'의 이중성(자아중복)이 드러난다.

하지만, 나의 현재적 자아는 함께 믿음으로부터 자유로워져서 다른 입장을 세우게 된다. 그러므로 여기서 이는 다시 회의주의자의 경우와 비슷하며, 반성의 실제적 수행의 경우와 완전히 유사하다. 다만 회의주의자는 단순히 개별적 경험을 착각으로 설명하는 것이 아니라 자신의 회의를 보편적 지각 믿음으로 향한다.

우리가 지각과 회상에 대해 상술했던 것은 우리가 그 어떤 '믿는' 입장을 취하는 각종 작용들로 — 그것이 이제 직관하는 작용이든 아니든 — 쉽게 옮겨진다는 사실이 지시될 필요가 있다. 갖가지 작용들에 대해 우리는 반성할 수 있고, 그래서 공허한 선-예상이나 직관적으로 '그려 넣어진' 기대 혹은 모사하는 작용, 경험적 지시의 작용, 술어적 사유의 작용 등에 대해 우리는 반성할 수 있다. 이러한 모든 작용들은 확실성이라는 근원 양상에서 나타날 수 있고, 혹은 의심하는 것으로, 추정하는 것으로, 부정하는 것으로 변양된 것일 수 있다. 이 모든 경우에 그것은 우리가 지각과 재기억만을 가지고 기술했던 것과 마찬가지 방식으로, 일반적으로 그렇게 흘러가게 된다. 즉 일반적으로 볼 때 반성하는 자아의 입장은 — 믿음의 입장 취함 속에서 반성하는 자아가 반성적으로 파악된 자아로부터 분리되든 분리되지 않든 간에 — **대상의 존재에** — 화재의 존재, 세계의 존재 등에 — **관심을 갖는** 입장이다. 그의 태도가 함께 믿는 것이 아니라고 해도(일반적으로, 반성 속에서 고찰되고, 주제적으로 고찰된 자아의 입장 취함이 단순히 함께 수행된다면), 그것은 어쨌든 존재에 대한 입장 취함, 즉 가장 넓은 의미에서의 판단 작용이다. 그것이 모든 판단함의 근원 형식과 정상적 형식 및 판단 확실성의 근원 형식과 정상적 형식의 변경이든 간에, 그것이 한갓 추정이든, 가능하게 여김이든, 믿음으로 기울어짐으로서 있든, 혹은 개연적으로 여김이든, 의심함이든, 부정적 거부함이든, 말하자면 존재·추정적 존재·

개연적 존재의 삭제이든 간에 그렇다.

이제 우리가 계속해서 우리에게 분명하게 하듯, 판단하는 자아의 모든 작용에는, 작용이란 말이 암시하듯이, (아마도 단지 일시적으로 지나가버리는 것일지라도) 하나의 **행위**가 놓여 있다. 나는 판단하는 행위 속에서 **존재**(Sein)**와 존재 내용**(Sosein)**을** 내가 추구하는 **목표로서 향하고 있다.** 모든 추정, 개연적으로 여김, 혹은 의심을 관통하여, 지향은 확실성을 통해 산출되어야 할 존재를 향한다. 궁극적으로는, 명증이라 불리는 확실성의 형식에서만 내가 '가질' 수 있는 존재하는 것 자체를 향한다. 부정적인 확실성도 지향을 계속 이끌어 나간다. 혹은 그것을 반대 지향으로 전도시킨다. 지향된 것이 존재하지 않는다면, 추구하는 지향은 **대신해서** 존재하는 것, 긍정적인 확실성을 향한다. 내가 이미 확실성을 갖고 있고, 지각 확실성에 서처럼 심지어 존재하는 것 자체의 곁에 있다면, 지향함은 다시 계속해서 대상에 대한 더 풍부하고 완전한 앎을 향해, 지각의 미리 붙잡는 사념 요소들의 충족을 향해 나아간다. 이 충족은 이러한 점에서 자체 부여하는 새로운 지각을 통해서, 그러니까 언제나 새로운 측면에 대한 혹은 언제나 새로운 개별 요소들에 대한 연속적으로 진행하는 관찰을 통해 이루어진다. 작용에서 작용으로 전진하는 그러한 행위는 자유롭게 흘러가면서 하나의 행위의 통일성으로 종합적으로 결합되는데, 이러한 결합은 모든 이러한 작용들을 관통하는, 보통 동일한 의식된 목표를 향하는 추구 성향의 연속성을 통해 이루어진다. 다른 관심사가 내 관심을 다른 데로 돌리고 내가 다른 추구 목표들을 지닌 다른 작용으로 이행해 가는 한에서, 그러한 추구의 자유로운 효력 발휘는 충분히 자주 정지될 수 있고, 경우에 따라서 최초의 시도 후에 벌써 정지될 수 있을지라도 말이다. 여기서 중요한 것은 단지, 내가 바로 모든 작용들에서 **겨냥하는 자**라는 사실, 내가 다소간 멀리 다다르며 의식된 목표 통일체를 통해 중심이 잡힌 작용 연속체 속에서 살아간다는 사실이다. 특히 판단하는 자로서, 나는 존재 확실성과 존재 가짐, 그리고 이러한 가짐의 완전성을 향해 있고, 이러한 의미에서 작용 주체로서 나는 **존재에 관심을 갖는다.** 그리고 일반적으로 반성의 태도 속에서도, 정확히 말해서 반성의 자아로서도, 나는 존재에 관심을 가진다.

이와 반대로 내가 그때그때의 자아 작용들을 관찰하는 동안, 이러한 작용 속에서 믿은 것, 그리고 존재 목표로서 의식한 것에 반성하는 자아로서의 나는 **완전히 무관심할 수도 있다.** 자아 분열 속에서 우리는 첫 번째로 지각의 작용을 수행하는 자아, 혹은 기억의 작용을 수행했던 자아를 갖는다. 이러한 자아는 존재에 관심을 두는 자아이다. 다음으로 우리는 그와 더불어 두 번째로 (위에 서 있는) 반성의 자아를 갖는다. 즉 예를 들어 "나는 집을 지각한다"를 관찰하고, 이때 아래에 놓인 자아의 관심에 보통은 동시에 참여하며, 경우에 따라서 아래에 놓인 자아와 관심을 둔 입장 취함의 **방식**이 같아서, 함께 믿고, 함께 추정하고, 함께 의심하는 등등의 자아를 갖는다. 반복해서 말하자면, 지금 우리에게 중요한 것은, 우리가 그와 반대로 다음과 같은 가능성을 가진다는 것이다. 그것은 이러한 참여와 통일성이 존립하지 않을 가능성, 반성하는 자아가 자기 아래에 있는 자아의 작용을, 그리고 이 자아가 자기 목표를 관심을 가지고 향해 있음을 포착하고 **관찰하지만,** 그러나 이러한 관찰된 자아가 관심을 두고 있는 것에는 **무관심할** 가능성을 갖는다. 이러한 경우에 가령 "나는 이러한 집을 지각한다"를 반성하는 자로서의 나는, 집을 현존하는 실제성으로 받아들이는 자아가 더 이상은 아니며, 아래에 놓인 자아의 확실성은 나에게 함께 수행되지 않는다. 물론 나는 또한 이러한 믿음의 어떠한 양상적 변화도, 추측도, 의심도, 부정도 수행하지 않는다. 내가 밝은 햇빛 속에서 내 앞의 집을 바라보고, 어떠한 종류의 회의적 동기도 나를 혼란스럽게 하지 않을 때, 나는 지금 실제로 믿음의 양상적 변화를 수행할 어떠한 근거도 갖지 않는다. 예시의 상황이 상응하여 다른 것이 되고, 그러한 동기가 나를 규정한다고 해도, 나는 여전히 집의 존재에 관심을 갖는 자일 것이다. 혹은 같은 말이지만, 나는 집 인식을 향하는, 판단하는 이론적 태도 속에 있을 것이다. 그러나 지금 나는 그렇지 않다. 거기서 **무관심한 자기 관찰자**이자 **자기 인식자**인 나는, 나의 반성의 시선 속에 서 있는 나로부터 이탈한다. 그러한 것으로서 나는 집의 존재와 존재 내용 대신에, 전적으로 오로지 지각 체험, 그리고 지각 작용 자체의 존재와 존재 내용에만 관심을 갖는다. 지금 존재하는 것이든 흘러간 것이든 미래의 것이든, 그래서 그것이 존재하든 존재했든 존재할 것이든지 간에 말이다.

반성하는 자아로서의 나는 모든 점에서 무관심하지는 않다. 나는 물론 하나의 작용을 수행하고, 하나의 인식 관심을 활동하게 한다. 그러나 반성하는 앎과 판단의 이러한 활동은 자신의 순수한 고유함 속에 있는 나와 나의 지각을 향해 있다. 바로 내가 지각된 존재, 집의 지각된 존재에 관여하는 관심의 모든 수행을 중단함을 통해서, 그래서 이러한 방향 속에 함께 믿음을 전혀 활동하게 하지 않음을 통해서 순수 주관적인 것 이외에는 나에게 어떤 것도 현존하지 않게 된다. 그리고 나의 이론적 관심은 바로 이 주관적인 것과 그 순수한 내재적 내용에 대한 고찰과 규정 속에서 활동한다. 지금 나의 순수한 주제인 이러한 지각의 작용이 내 앞에 집이 있다는 믿음의 활동이라는 점은 물론 나의 주제의 순수한 내용에 함께 속한다. 그것은 나의 반성하는 관심의 범위 속에 있다. 그럼에도 나는 이러한 믿음을 사실적인 체험의 요소로서 확인하면서, 집의 존재에 관해 어떠한 것도 믿지 않으며, 거기에 대해서 최소한의 것도 판단해서는 안 된다.[21]

42강 관심, '태도', '주제'의 가장 보편적인 개념

여기서 이야기되는 무관심성을 통해서 나는 '무관심한 구경꾼'이자 이론적 관찰자 내지는 경우에 따라서 나 자신에 대한 연구자가 된다(나는 나 자신에 있어서, 그리고 나 자신으로서 순수하게 그러한 연구자다. 그리고 나의 순수 작용들에서 그러한 연구자다). 이러한 무관심성은 **한갓 결여**를 의미할 수 **없으며**, 한갓 무행위를 의미할 수 없고, 깨어 있을 때 내가 하곤 하는 것을 잠잘 때는 확실하게 하지 못하듯이, 내가 평소에는 행위하는 것을 중단하는 것을 의미할 수 없다. 내가 "나는 그 집을 지각한다"의 소박한 잠재적 수행으로부터 반성으로 이행해 간다면, 내가 소박하게 활동시키는 존재 관심을 곧장 놓아줄 수 없음은 분명하다. 그것을 놓아주도록 나를 규정하는 동기가 등장하지 않는 한, 새로운 작용 속으로 내가 들어가더라도 저 존재 관심은 지금의 나에게 속하고, 나에게 남아 있다. 달리 표현하자면, **단적으로** 반성하는 경우, 나는 나 자신과 공감하지 않을 수 없으며, 나에 대해 반성하면서 나의 관심을 넘겨받지 않을 수 없다. **특별한 동기**가 비로소 이러한 공감에서 나를 **벗어나게** 해주어야 하며, 이를 통해서 내가 나 자신에 대한 순수한 관찰자가 되거나 혹은 순수한 나 자신에 대한 관찰자,

21 다른 한편 반성하는 자아가 어떤 더 높은 반성 작용을 수행하면서 이제 주관적 삶을, 특히 그에게 이전에 곧바로 주어진 해당 사태들에 속하는 모든 주관적 삶을 ─ 그와 관계된 모든 종류의 입장 취함, 주어짐의 양상을 ─ 손에 쥐고 있기는 하지만 그렇다고 해서 실질적인 것을 포기하지는 않는 한에서, 모든 실질적인 것은 반성하는 자아에게 보존된다. 이 실질적인 것은 주관적인 것을 전혀 포함하지 않는 자신의 원래의 주제적 의미에 더하여, 이제 주제적이 된 주관적 양상을 ─ 저 실질적인 것은 이러한 양상 속에서 주어졌었다 ─ 획득한다. 이러한 주관적 양상의 획득은 경우에 따라, 저 실질적인 것이 어떠한 주관적 주어짐 방식 속에서만 생각 가능하다는 인식을 동반한다. ─ 원주.

그리고 그때그때 순수하게 그 자체로 취해진 작용들에 대한 관찰자가 되는 것을 가능하게 해주어야 한다. **자유로운 판단 단념 행위**를 통해서만, 근원적인 공동 관심에서 의도적으로 벗어나는 행위를 통해서만 여기서 저 무관심한 관찰 태도가 실현될 수 있다. 이를 통해 고유한 지각 작용에 대한 관찰 속에서 지각된 것은 나에게 자신의 존재 영역에서 타당한 것 혹은 경험될 수 있는 것으로서 존재하기를 그친다. 여기서 그 **동기**는 무엇일 수 있을까?

그러나 여기서 이미 끈질기게 떠오른 이 물음을 우리가 추적하기 전에, 그 물음에 완전하고 필연적인 폭을 부여하는 일이 필요하다. 관심적인 자기반성과 무관심적인 자기반성이라는 우리의 개념은 말하자면 아직 비본질적인 방식으로 제한되어 있다. 왜냐하면 우리는 단지 독사(δόξα)의 작용에, 지성적 영역의 그러한 작용에 관계했기 때문이다. 그러나 중요한 것은 또한 감정과 의지 작용, 사랑과 미움, 희망과 두려움의 작용, 의지 숙고와 의지 결단의 작용과 같은 것들도 고찰의 범위에 넣는 일, 그리고 거기에 고유한, 사실상 새로운 종류의 반성을 해명하는 일이다. 그러면 여기서 또한 반성하는 자아와 반성적으로 포착된 (하부의) 자아의 입장 취함이 일치하거나 일치하지 않을 수 있다는 사실이 즉시 드러난다. 자기 자신에 말하자면 공감하는 자아, 또는 공감하지 않는, 오히려 자기 자신과의 모든 '공감'에서 벗어나 있는 반성의 자아라는 가장 넓은 개념을 구상할 가능성이 생겨난다. 그리고 이와 더불어 더욱 특수하지만 우리에게는 중요한 이념인, 완전히 일반적으로 무관심한 이론적 자기 관찰자 혹은 자기 인식자라는 이념이 생겨난다.

감정의 반성과 의지의 반성에 대한 더 상세한 고찰로 들어가기 전에, 자아의 전체 능동성과 관련된 일반적인 숙고를 먼저 말하고, 이로써 근본적인 개념인 **관심**의 개념과 관심의 작용의 개념을 근거 짓는 것이 좋을 것이다. 그리고 또 몇몇 다른 근본적인 개념들도 함께 이야기할 것인데, 그러한 개념을 해명하는 것은 우리에게 언제나 중요한 일이다.

우리는 위에서 지성적인 작용을 독자적으로 다루었다. 그러면서 지성적인 작용이 다른 경우의 감정 작용이나 일상적 의미의 실천적 영역의 작용들과 똑같이, 독자적으로 기능할 수 있다는 자명성을 전제했다. 그러나 자아 삶의 모든 맥박에는, 자아가 그것을 향해 '깨어 있으면서' 특수하게 자아—활동적인 것이 되는 그러한 모든 영역의 작용들이 부단히 서로 얽혀 있지 않은가? 우리가 한 번은 이론적 **태도** 속에 있고, 다른 때엔 느끼며 가치평가하는 태도 속에 있고, 또 다른 때엔 실천적 태도 속에서, 객관적으로 실현을 향해 있다고, 이해할 수 있는 방식으로 우리가 말할 수 있다는 사실을 의미 있게 해주는 것은 무엇인가? 하나의 자아적 작용 성향의 작용들의 다양성 속에서 지성적인 (그것이 한갓 경험하는 작용이든, 이론적인 작용이든) 작용의 통일성이 어떻게 두드러지고, 우리가 (비록 종합적인 것이긴 하나) **하나의 작용**, 가령 하나의 경험함 혹은 하나의 입증함, 하나의 순수한 지성적 작용이라고 말하는 방식의 그러한 통일성이 어떻게 획득되는가? **하나의 전체 작용**으로서 그것은 경우에 따라 갖가지 지성적 부분 작용들을 포괄하지만, 가치평가하는 작용들은 포괄하지 않는다. 가치평가하는 작용들이 경험하는 자 혹은 이론화하는 자를 함께 움직이게 한다고 해도 그렇다. 우리가 일반적으로 작용이라 부르는 것조차도 의문시된다는 것, 그것은 작용이라는 말의 사용의 소박한 자명성을 내적으로 (현상학적으로) 이해할 수 있게 해주는 자기 이해를 요구한다는 것을 우리는 보게 된다. 물론 **주제**라는 말도 여기에 속한다. 이 말은 확장되기 쉬우며, 이론적 영역에서는 흔히 확장된다. 우리가 특별한 방식에서 그리로 '향하고', '그것에 알맞은 태도를 취하는 것'이 우리의 주제이다. 이것은 경우에 따라서 무한히 폭넓은 영역에 속하는데, 이 영역도 우리의 주제적인 총체로서 우리의 눈앞에 함께 있으며, 우리는 습관적으로 그에 알맞은 태도를 함께 취한다. **관심 방향**, 그리고 **관심−자체**라는 말은 본질적으로 동일한 것과 관계한다. 그러한 개념의 근원 원천을 분명히 이해하는 일이 꼭 필요하다. 그리고 우리는 우선 그러한 일을 시도하고자 한다.

우선 다음을 먼저 이야기해보자. 반성하는 자아가 자신의, 혹은 더 정확히 말하면, 지나간 소박성 속에서 살아가는 자신의 비반성적인 자아의 작용으로서 발견하는 작용들은, 잠깐만 일별해보아도 벌써 알 수 있듯이, 대체로는, 사실 정확하게 보자면 언제나, 다소간에 다양하게 서로에게 얽혀 있고 결합되어 있고 정초되어 있다. 이러한 작용들의 많은 경우에서 그 작용들은 다만 다른 작용들을 통한 정초 속에서만 존재할 수 있다는 점이 어려움 없이 생각된다. 가령 점토로 소조를 만드는 사람은 점토를 자신 앞에 지각에 적합하게 가져야 한다. 더 나아가 그는 얻어져야 할 형태를 (비록 어렴풋할지라도) 목표 이념의 방식으로, 말하자면 한갓 가능태($\delta\dot\upsilon\nu\alpha\mu\iota\varsigma$)로 의식하고, 모든 중간 형성물들을 거기에 접근한, 어느 정도 성공하거나 실패한 현실화로 의식한다. 여기에는 명백히 지속적인 가치평가함이 포함되어 있다. 현실화하는 활동의 모든 중간 단계는 자신의 방식에서 평가된다. 내가 목표로 추구하는 것은 나에게 가치로서 타당해야 한다. 그래서 그러한 하나의 행위하는 작용의 소박한 주체로서의 나는 또한 부분 작용으로서 전체 작용의 통일성에 연결되는 갖가지 작용 지향들의 주체이기도 하다. 이러한 부분 작용 중에서 **섬기는 기능**[22]에 있는 것이, **지배하는 활동**

<hr />

22 여기서 '섬기다'는 'dienen'을 번역한 것이다. 여기서 '섬기는 기능'에 대비되는 말은 '지배하

을 행사하는 작용들과 구별된다. 작용 주체와 통일적 작용이 말하자면 목표로 하는 것은 후자 속에 있다. 또한 다른 방식에서, 작용들은 **부대 활동** 속에 있거나 **주요 활동** 속에 있을 수 있다. 이 점은 묶여 있긴 하나 유일한 전체 작용의 통일성으로 통합되지 않은 작용들에 적용된다. 식물학자로서의 나는 꽃의 아름다움에 매혹될지 모르지만, 이러한 매혹됨은, 꽃을 관찰하면서 알아가고, 꽃을 분류하면서 규정하는 태도 속에 내가 있다면, 주요 활동 속에 있지 않다. 내가 저 태도를 끝낸다면, 거꾸로 이러한 이론적 작용 대신 이전에 부차적으로 흘러가던 미학적 기쁨이 주요 활동이 될 수도 있다. 그러면 나는 이제 이론적 태도, 이해의 태도 대신에 미학적 태도, 감정의 태도 속에 있다. 그러한 변화의 다른 예는 예술작품에 대한 미적 관찰과 예술사학자의 이론적 고찰 사이에 있다. 여기서 우리는 이 두 가지 작용이 전체 작용의 부분으로서 기능한다고 말하지 않는다.

이와 대비하여 지배하는 기능과 섬기는 기능 사이의 관계를 더 자세히 고찰해보자. 이를 통해 모든 작용 얽힘에 있어서 하나의 통일적인 전체 작용의 개념이 비로소 정의될 수 있을 것이다. 가령 소조를 만드는 예술가가 생성 중인 창작물을 보고, 가치평가한다면, 그가 거기서 평평한 모양을, 선을, 솟아 나옴과 꺼짐을 때로는 마음에 들어 하면서 긍정하고, 때로는 마음에 들어 하지 않으면서 배척한다면, 그가 현실화하면서 미적으로 만족스러운 것 또는 가능한 한 만족스러운 것을 끊임없이 추구한다면, 마음에 듦과 들지 않음, 그렇게 원함 혹은 달리 원함, 충족된 미를 발견함 등의 감정

..

는 기능', '통치하는 기능'이다. 하나의 통일적 작용 속에는 다양한 작용이 특정한 정초 관계 속에서 얽혀 있을 수 있는데, 이러한 작용들 중에서 지배적 기능을 하는 작용과 그러한 작용이 가능할 수 있도록 봉사하고 섬기는 작용이 있다고 후설은 이야기한다.

작용들은 한갓 **섬기는** 기능 속에 있을 뿐이다. 그러나 그렇다고 해서 부차적으로 수행되는 것은 결코 아니다. 왜냐하면 예술가적으로 행위하는 나는 주요 수행에서 저 감정 작용들 속에 거주하기 때문이다. 그러나 섬기는 지향을 관통하여 지배하는 기능, 과정을 **통치하는** 기능이 지나간다. 그것은 말하자면, 현실화하는 행위 속에 있으며 또한 이 행위를 관통하여 최종 형태를 향하는 의욕으로서의 행위하는 의지다. 여기서 볼 수 있듯이, 여기에서 섬김은 상이한 의미를 지닌다. 그것의 의미는 우리가 정초하는 가치평가함과 감각적 지각함을 눈앞에 두고 있는지, 아니면 완성되지 않은 중간 형태들을 지닌 행위의 중간 국면들을 눈앞에 두고 있는지에 따라 상이하다. 비록 여기 어느 경우에서나 필연적인 정초함의 방식들이 문제시되겠지만 말이다. 그러한 다양한 얽힘, 작용의 '서로 함께임'과 '서로 뒤섞임'의 그러한 다양한 형태들은 다양한 복합 단계 속에서, 소박한, 지향적 대상에 몰두해 있는, 그러므로 자체로 잠재적인 자아의 작용 삶에 속해 있다.

이 경우 여전히 작용의 다종성에 상응하여, 이 작용들에 속하는 지향된 대상들의 특징의 다종성에 주목해야 한다. 인식하는, 그리고 인식 속에서 자기 망각한 자아는, 그가 확실성 속에서 믿는지 추정하는지 의심하는지 부정하는지에 따라서, 말하자면 자신의 앞에, 자신의 시선 속에 홀로 있는 자신의 주제적으로 지향된 것으로서 다양한 것들을 갖는다. 즉 한 번은 단적으로 존재하는 것으로서의 무언가, 어떤 때는 가능적 방식으로 존재하는 것으로서의 무언가 혹은 의심스러운 것으로서 혹은 존재하지 않는 것으로서의 무언가 등을 갖는다. 이 경우 '무언가'라는 짧은 말은 그때그때의 사태 내용을 대신한다. 그와 같은 작용들에 상이하게 결합된 감정 작용들 속에서 소박하게 몰두하는 자아는 자신 앞에 그의 지향적인 것을 갖는데, 이때 이 지향적인 것은 마음에 듦 혹은 들지 않음, 사랑받음 혹은 미움받음, 소중히 여겨짐 혹은 꺼려짐, 아름다움, 유용함 등의 특성들을 동반한다.

엄밀한 의미에서 관심의 작용이란 다음과 같은 대상을 갖는 작용으로 불릴 수 있다. 그 대상은 자아가 어떤 식으로 뭔가 부차적으로 알아차리고 있는 의식 시선 속에서 가지고 있는 것일 뿐 아니라, 엄밀한 의미에서 자아가 향하고 있는, 자아가 시선을 겨냥한, 자아가 의도하는 것이다. 그럼에도 여기서 아직 구분이 더 제시된다. 나를 '방해하는' 거리의 소음은 나의 주제에, 나의 '의도'가 형태 지으려 하는 이론적 사유에 속하지 않는다. 그러나 그것도 다른 정신적 의도를 위한 매개가 될 수 있다. 그리고 마침내 나는 이제 가령 수학자로서 특수 문제 속에 살지만, 그것은 바로 특수한 수학적 문제이고, 수학적 영역의 통일성은 주제적 얽힘의 통일성을 가리킨다. 우리는 또한 일시적인 **현행적** 주제를 구분하되, 최종 의도를 위한 '수단'(전제)인 것에 대비되어 최종 의도가 향하는 것이라는 다른 주제와 현행적 주제를 구분하면서, 또한 **습성적** 주제의 영역과 구분해야 한다. 습성적 주제는 '정신적 소유' 속에서 지속하는 관심으로서 남아 있는 것이며, 다시 활성화되어, 해결된 주제로서 이미 달성된 것이라는 성격을 갖는 것이나, 그럼에도 불구하고 계속해서 관심을 받는 것이다. 이 관심은 이전에 현행적으로 획득되었던 소유물의 방식으로 일어난다.

주제적인 얽힘은 물론 목적과 수단의 연관에만 놓여 있는 것이 아니다. 우리가 실질적 공속성이라 부르는 모든 것이 이미, 관심에서 새로운 관심으로의 내적 이행의 방식의 표지이다. 이러한 내적 이행은 즉시 내적인 얽힘이 되고, 의도에서 의도로의 전진 속에서 언제나 다시 포괄적 의도의 종합적 통일체를 산출한다. 그리고 포괄적 의도의 충족적 현실화는, 논리적 영역에서는 밝혀진 논리적 연관이며, 실천적 영역에서는 목표 연관이다.

우리의 앞선 예에서처럼 지배적인 관심이 존재와 존재 내용에 대한 관심, 가장 넓은 의미에서의 인식하는 관심(아니면 사람들이 즐겨 말하듯이 이론적인 관심이라고 할 수도 있다. 한갓된 경험도 벌써 이러한 관심에 속하기는 하지만 말이다)이라면, 주제는 인식 주제이고 경우에 따라서는 본래적인 의미에서 이론적인 주제이다. 비록 작용들이 다양한 하위 목표들을 가질지라도, 여기서 하나의 목표 통일체가 이 모든 작용을 관통하여 간다. 겨냥하는 인식함은 하나의 동일한 대상과, 대상 연관의 통일체와 연관되어 있다. 저 대상 연관은 해당하는 개별 주제적 작용들의 종합적 일치 속에서 경우에 따라 비로소 분명해지는 것이며, 처음에는 저 대상 연관 자신이 우선 달성되어야 할 것이다. 이어서 주제 설정은 저 영역을 포괄하도록 더욱 나아간다. 결국 이 경우, 향해진 관심은 언제나 해당되는 '존재자'(존재하는 것으로 정립된 것)를 그 속성들, 특성들과 관계들에 따라 입증하면서 획득하는 데로, 한마디로 말해서 그 존재자를 그 진리 속에서 획득하는 데로 나아간다. 그렇게 얽혀 있는— 각자가 **자신의** 관심을(여기에서 관심은 존재적으로 이해되어, 인식 목표를 뜻한다) '갖고 있는'— 작용들의 다양체를 '하나의' 관심의 통일체가 관통한다. 이 통일체는 모든 개별 관심들을 포괄하면서 통일시킨다. 학자의 습성에서 우리는 지속적인 주제적 습관(Habitus)의 통일체를 갖고 있다. 이 습관은 한편에서는 자신의 획득된 습성적 소유물의 영역, 획득된 인식의 영역을 갖고 있다. 다른 한편에서는 습성적으로 언제나 되풀이되고 언제나 다시 오랫동안 친숙한 (계속적 작업을 위한, 그리고 보편적 학문 영역과 관계하는) 하나의 '직업적 태도'로서, 자신의 열린 무한한 미래의 주제 설정의 지평을 갖고 있다. 이 점은 개별 학자들로부터, 각 학자들에게 구성되어 있는 전문가 동료 공동체(사람들은 이들과 '함께 작업하고', 이들에게 조언을 구하는 등을 한다)에게로 상응하는 방식으로 전이된다.

그러나 그 관심은 또한 **감정적 관심**, 가장 넓은 의미에서는 가치평가하는 관심일 수 있다. 지향은 가치 주제적인 지향이고, 주제는 가치 주제, 감정 주제일 수 있다. 자아는 이제 가치평가하면서 살고자 한다. 자아는 가령 우선은 잠깐 본 예술작품에 대해 잠정적으로 느끼는 가치들, 잠정적으로 느끼는 호감을 넘어 충족되거나 더 풍부하게 충족하는 가치로 전진하고자 하며 마침내 정초하는 가치평가의 완성된 충족 속에서 가치 자체를 얻고자 한다. 즉 자아는 스스로, 완전하고 순수한 (연속적으로 서로에게서 충족되는 가치 지향들의 종합적 일치라는) 예술 향유의 방식으로, 미학적 대상을 이러한 구체적인 가치 그 자체로서 획득하고자 한다. 즉, 이전에 단지 가능태(δύναμις)였던 것의 현실태(ἐνέργεια)로서, 궁극적이고 현실적인 자체 주어진 것이자 가치의 자체 가짐으로서 — 이는 다름 아닌 순수하고 완전히 충족된 예술 향유다 — 획득하고자 한다. 그것은 판단 속에서 수행되는 것이 아니라 가치평가함 속에서 수행되고, 이때 지각이 자신의 필수적 역할을 한다고 해도, 지각은 단지 섬기는 작용으로서, 지각에 기초한 가치평가하는 감정들과 감정적 파악들을 위한 전제로서, 밑받침으로서, 토대 놓기로서 기능할 뿐이다. 가치 진리 속의 가치 자체는 지각되지 않고 말하자면 가치파악된다. 한갓 사물에 대해 **지각**(Wahrnehmung)이 수행하는 것을 가치에 대해서는 **가치파악**(Wertnehmung)이 수행한다. 가치파악은 가치평가하는 감정 작용의 충족 방식이다. 미적 관찰자는 가치평가하는 관심 속에 거주한다. 그리고 관심의 전환, 관심 변경으로서의 태도의 변화를 통해서야 비로소, 우리가 앞서 이야기했듯이, 존재를 정립하는 경험으로, 가령 예술학자로서의 이론적 관찰로 넘어간다. 이것은 그러나 미적 관심이 활동할 경우에야 비로소 시작될 수 있다. 또한 가치 그리고 가치 속에 있는 감정의 목적(τέλος)으로 향해진 이론적 관심에게, 그리고 우선은 미적 형상을 향하는 지각, 가치 대상의 지각에게, 저 가치와 목적이 가치평가된 것으로서, 가치파악하면서 자체 가치평가된 것으로서 말하자면 벌써 놓여 있는 경우에야 비로소 시작될 수 있다.

다음이 일반적으로 타당하다. 어떤 종류든 간에 작용들 및 복합적 활동들을 소박한 몰두 속에서 어느 정도 수행한 후에, 그것이 여전히 흘러가고 있든 완전히 종결되었든, 나는 내가 행하는 것이나 방금 행했던 것을 알아차릴 수 있고, 또 반성할 수 있다. 가령 내가 학문적인 이론화에, 혹은 미적 고찰이나 외적 계획, 혹은 작품 형상화의 실행에 몰두해 있는 동안 말이다. 이런 일이 일어난다면, 그러므로 반성하는 자아로서의 나를 해당되는 작용들 속에서 행위하는 자아로서의 내 위로 고양시킨다면, 반성의 작용은, 우리가 우리의 앞선, 지성적 작용 영역의 예의 분석에서 곧장 전제한 것처럼, 그 자체로 지성적인 작용일 필요는 없다. 그래서 가령 '하부' 작용들과 그 지향적 내용들에 대한 한갓 반성적 지각함일 필요가 없고, 파지나 재기억의 방식에서 반성적으로 뒤로 향함일 필요도 없다. 이것은 하부의 자아가 방금 했던 것 등으로 반성적으로 향함인데, 그리고 나면 이 위에 반성적 사유, 이론화가 기반할 수 있다. 오히려 특수한 **감정 반성**이 또한 존재하는데, 이것은 물론 그 밖의 감정 작용들처럼 독사적인 반성으로의 주제적 전환을, 그러나 변경된 의미에서 경험할 수 있다. 반성하는 자아로서의 나는 물론 호감과 비호감 속에서, 사랑과 미움 속에서, 추구 속에서, 실천적 숙고와 결단함 속에서, 현실화하는 행위 속에서, 나 자신 안에 나의 지향적 대상을 가질 수 있고, 과거의 소박성 속에 수행된 그러한 감정 작용의 주체로서의 내 안에서 나의 지향적 대상을 가질 수 있다. 나는 사랑하고, 반성하면서, 내가 사랑한다는 사실에, 내가 사랑하는 방식에 기뻐한다. 혹은 나는 나 자신을 마음에 들어 하지 않으면서 거기에 대해 나를 비난하기도 한다. 나는 의욕했고 행위했으며, 추후에 반성하면서 내가 그렇게 했던 것에 대해 후회한다. 자기 자신과 관련한 자아의 감정적 입장 취함이면서, 이어서 종종 자신에 대한 판단으로, 자기 자신의 가치에 대한 판단으로 이행하는 반성적 되돌아 관계함의 한 부류의 이름이 **양심**이다.

이 경우 또한 분명한 것은 이러한 반성적 감정 작용 속에 있는 반성하는 자아도, 이러한 작용이 가지는 입장 취함과 관련하여, 반성되는 자아와 때로는 일치할 수 있고 때로는 일치하지 않을 수 있다는 것이다. 후자의 경우는 가령 내가 이전에 행했던 미움의 감정에 대해 지금은 비난한다거나 이전에 미적으로 존중했거나 후회했던 것 등을 지금 반대의 감정 태도 속에서 포기한다든지 하는 경우, 그러니까 감정에 대해 비판이 있는 모든 경우다. 또한 작용, 그것도 반성하는 자아의 지배적 작용이, 반성된 자아의 지배적 작용과 다른 종류의 것일 수 있다. 이렇게 말하는 대신에 우리는 또한 이전에 설명했던 것의 확장으로서 이제, 반성하는 자아와 반성된 자아의 관심이 상이할 수 있다고 말할 수도 있다.

43강 현상학적 판단중지와 반성에서 주관적 존재에 대한 순수한 관심의 가능성

지난 강의에서 관심의 가장 보편적인 개념을 획득한 후에 일반적으로 반성하는 자아의 관심과 반성된 자아의 관심이 때로는 일치하고 때로는 다를 수 있으며, 후자가 가능하다면 관심은 또한 그 근본 종류에 관해서도 상이할 수 있다는 것, 가령 하나는 감정적 관심이고 다른 하나는 이해의 관심일 수 있다는 것을 우리는 알 수 있다. 특히 우리와 관계있는 것으로, 이론적 관심의 관찰자로서의 반성하는 자아는 자신의 편에서는 미적으로, 혹은 외적으로 작품 활동을 하면서 언제나처럼 몰두해 있고 관심을 두고 있을 수 있는 반성된 자아를 향할 수 있다. 혹은 이러한 작용들을 향할 수 있다. 이러한 작용들은 이론적 관심의 관찰자에게는 존재하는 것으로, 그리고 그렇게 존재하는 것으로서 주제이며, 또한 이론적 주제이다.

동시에 또한 다음과 같은 일도 가능하다. 즉 반성하는 자아는 자신의 이론적 관심을 순수하게, 반성된 자아와 반성된 자아의 작용으로 제한하고, 지배하는 작용이든 섬기는 작용이든 이러한 작용들 속에서 수행된 입장 취함의 갖가지 협력을 함께하는 것을 거부할 수 있다. 가령 내가 예술 작품에 대한 소박한 몰두로부터, 미적 향유의 소박한 수행의 태도로부터 이론적 반성의 태도로 이행한다면, 그것도 나의 미적 감정 작용에 대해 직접적으로 경험하는 고찰의 태도로 이행한다면, **정상적인 경우**는 내가 지향적 대상 내지는 반성된 자아의 이러한 작용이라는 주제를 함께 가지고, 객관적 존재뿐만 아니라 가치 존재에도, 그리고 작품으로서의 작품에도 함께 관심을 갖는다. 아래에 놓인 자아의 작용을 통해 예술작품이 나에게 존재하는 사물일 뿐 아니라 하나의 예술작품으로서, 그 안에 가치 내용이 예술가의 작업을 통해 병합된 것으로서 주어지는 하나의 사물로서 현존하는데, 나는 저 아래에 놓인 자아의 작용을 함께 수행하는 자이다. 그러나 어떤 동기에서든 간에, 내가 반성적으로 향하고 있는 감정 작용이나 의지 작용을 이처럼 함께 수행하는 것을 거부한다면, 그래서 내가 그것에 대한 **순수한 무관심적 구경꾼, 그리고 이론적 관찰자**가 된다면, 정초된 작용과 정초하는 작용, 지배하는 작용과 섬기는 작용, 이 모든 것이 나에게 활동하지 않게 되고, 그래서 저들의 종합에 속하는 모든 통일적인 주제 역시 활동하지 않게 된다. 반성하는 자아**로서** 나는 (사물로서의 예술작품이 현존하는 것으로서의 주관적 타당성을 획득하게 되는) 지각 믿음을 수행하는 그러한 자아가 아니다. 나는 또한 자신의 가치파악하는 행위를 통해, 자신의 가치평가하는 지향들의 다양한 성취를 통해 예술 형성물의 가치 형태에 (예술 형성물의 가치 형태를 감정에 귀속시키는) 감정 타당성을 주는 그러한 자아도 아니다. 마찬가지로 나는 경우에 따라 여전히, 태도의 변경 속에서 이론적으로 경험하면서, 예술작품을 인지하며 관찰하고, 기술하고, 예술사적으로 정돈하는 그러한 자아가 아니다.

(여러분은 이전에 제한적 작용 영역 속에서 무관심한 관찰자에 관해 이야기된 것이 어떻게 반복되는지 보게 될 것인데) 반성하는 이론적 자아로서의 나는 아래에 놓인 이론적 작용을 함께 수행함을 **억제함으로써**, 이러한 체험으로서의 기저의 이론적 작용들 자체에 순수하게 관심을 가질 **수 있다**. 이러한 작용들 자체가 지각하면서 자신의 지각된 것에 실재적으로 현존하는 것의 타당성을 부여할 뿐만 아니라, 가치파악하면서 자신의 가치파악된 것, 자신의 느끼면서 평가된 것에 미의 타당성을, 감각적 현상의 방식에 작품의 타당성 등을 부여한다는 **사실**, 이 사실은 명백히 이러한 작용들 자체를 작용 체험으로서 본질적으로 특징짓는 사실이다. 나는 이 사실을 저 체험들로부터 분리할 수 없다. 그러나 그러한 작용들이 이러저러한 타당성을 부여한다는 **사실만이**, 그러한 작용들이 현존하는 것을 현존하는 것으로 생각하고, 가치적으로 존재하는 것을 가치적으로 존재하는 것으로 생각한다는 사실만이 나의 관심, 반성하는 자의 관심에 속한다. **그것은 주관적 존재에 대한 순수한 관심이다.** 지각된 존재와 존재 내용이, 내가 지각적으로 믿은 것이 옳은지 아닌지, 그리고 마찬가지로 가치가 진정한 것인지 아니면 가상의 가치인지, 그러한 것에 대해 반성의 무관심적 자아로서의 나는 어떠한 결정도 내리지 말아야 한다. 왜냐하면 나는 곧바로 수행된 작용들에 대한 관심 방향에 '참여'하지 않고 있기 때문이다.

다시, 이제 **가장 완전한 일반성**에서 말하자면, 나는 바로 이를 통해, 나의 순수 주관적인 것을 이론적 주제로서 획득한다. 이러한 주관적인 것 속에서, 그때그때의 자아 작용 속에서 사념된 작용 대상, 타당한 것으로서 정립된 작용 대상 모두가 참으로는 존재하지 **않는다** 하더라도 저 주관적인 것은 그것 그대로라는 의미에서 그렇다. 또는, 이 작용이 그 자체로, 그러므로 그것의 권리에 대한 모든 비판적 물음에 앞서 수행하는 대상 사념의 진리 타당성이 어떠한지와 무관하게, 저 주관적인 것은 그것 그대로라는 의미에서 그렇다. 이러한 방식으로 나는 내가 곧바로 수행한 모든 작용들과 관련하여 **'현상학적' 판단중지**를 수행할 수 있다. 우리가 여기서 미리 잠정적인 의미로 말할 수 있듯이, 이 판단중지는 ―〔이후〕 드러날 것인데 ― 제한된, **결코 초월론적이지 않은 의미**의 판단중지다.

나는 현상학적으로 순수한 작용 체험에만 이론적으로 관심을 갖는 관찰자의 태도를 취할 수 있다. 나는 그때그때의 작용들의 모든 주제적 대상들에 대해 타당성의 관심을 거부하는 판단중지를 통해 그렇게 된다. 그리고 자명하게도 그것은 현상학적 배제(Ausschaltung)를 의미한다.

그것은 모든 가능한 작용들에, 그러므로 또한 모든 가능한 대상들에 적용된다. 만약 내가 가령 수, 수학적 다양체, 기하학적 이념과 같은 이념적 대상을, 그러나 또한 그 밖의 (모든 의미에서) 이념적인 것을 존재 대상으로 갖는 작용들에 대해 무관심적 반성의 방법을 따른다면, 내가 가령 "2 < 3"이라는 명증의 작용에 대해 그것을 수행한다면, 이러한 작용들에서 이러한 이념적 사태 내용은 필증적 확실성 속에서 주어진다. 나는 그것을 획득하고 거기서 실제로 절대적으로 의심할 여지 없이 그것을 포착한다. 그러나 내가 여기서 나를 반성하는 자아로서 설립하고, 순수하게 현상학적으로 관심을 갖는 자로서 설립한다면, 그것은 다음을 의미한다. 나는 **존재자로서의** 지향적 대상에 대해 완전한 무관심성 속에서 활동한다. 이러

한 "2 < 3" 같은, 절대적으로 명증적으로 주어진 존재조차 현상학적 자아로서의 나에게는 유효해서는 안 된다. 이러한 '유효하지 않음'은 내가 이러한 산술적 사태들의 존재나 비존재에 대한 모든 입장 취함을 저지함을 의미한다. 만약 내가 수학자이고, 수학적 존재에 대한 관심이 나를 움직인다면, 소여성의 명증은 나에게 필연적인 실행 속에 존재할 것이다. 그러나 수학하는 자아로서의 나는 현상학적 자아가 아니다. 나는 우선은 수학하면서, 나의 수학함을 반성적으로 분리된 자아로서 바라보고, (그에게 객관적으로 타당한 것에 대해 어떠한 판단적 입장 취함도 하지 않은 채) 이러한 수학함 자체가 무엇인지에, 그것이 어떻게 보이는지에 순수하게 관심을 가진다면, 그때 현상학적 자아가 된다. 그러므로 이것은 회의주의적 태도, 회의주의적 판단중지를 말하는 것이 아니다. 나는 의심하는 자로서의 회의주의자가 수행하는 판단중지가 수학적 존재에 대한 관심이지, 그것이 그 자체로 존재하는 대로의 순수한 주관적 체험에 대한 관심이 아님을 반복할 필요가 없을 것이다.[23]

논리적인 인식 규범화에서 명증을 증거로 끌어들인다는 것은 논리적인

23 또한 존재론적 술어들(모든 영역적 본질 규정들)이 현상학적 환원 속에서 단지 현상학적 술어들로서, 영역적 노에마의 본질 규정들로서 나타난다. 가령 내가 어떤 사물의 일치하는 경험의 한 구간을 생각한다면, 경험된 것으로서의 그것은 모든 '초월론적−감성론적' 규정들을 가져야만 하고, '사물 현출'이라는 영역적 노에마의 형상을 가져야 한다. 거기에는 다음과 같은 사실이 놓여 있다. 내가 공허한 지평이 드러나고 더 상세하게 규정되는, 가능한 일치하는 계속적 경험의 구간을 생각한다면, 그리고 거기에 근거하여, 비교 등등, 술어적 규정, 측정 등등을 생각한다면, 나는 '기하학적인', 연대기적인 등등의 '진리들'을 진술해야 할 것이다.

이 경우 그러나 그것의 존재를 실제로 무한히 입증할 수 있는, 실제로 존재하는 사물들에 대해서 이야기하는 것은 아니다. 존재론적 진리는 종합적으로 일치하는 경험에 대해, 그리고 이것이 얼마나 멀리 다다르더라도, 그것의 가능한 진행의 모든 폭에 대해, 노에마적인 규칙을 지시한다. − 원주.

반성이지, 현상학적인 반성이 아니다. 이러한 현상학적 반성에서 명증은 체험 형식이고, 그 구조는 주관적 사실로서 나에게 관심을 일으킨다. 그러나 저 논리적 반성에서 나는 반성하면서 "나는 대상적인 것 자체를 직관한다, 나는 그렇게 직관된 것을 의심할 수 없다, 나는 내가 명증적으로 보는 곳에서 함께 믿어야만 한다"고 나에게 말한다. 여기서 나는 인식을 향한 의지 속에 있고, 존재 목표를 향한 지향적 향함 속에 있으며, 내가 존재자 자체의 곁에서 정말로 목표에 도달해 있다고 확신한다. 그러나 내가 작용 체험을 그 고유성 속에서 획득하고자 한다면, 존재 타당성에 대한 모든 관심과 그때그때의 지향적 대상의 모든 타당성에 대한 관심은 중지시키고, 중지시켜야 한다. **순수한** 작용 체험이란, 반성하는 자로서의 내가 모든 타당한 것을 중지시켰을 때 경험 속에서 정립될 수 있고, 언제나 정립될 수 있고 인식될 수 있는 것으로 정의된다고 우리는 곧바로 말할 수 있다. 다른 한편으로 순수한 현상학적 관심은 만약 내가 모든 그 밖의 관심들, 즉 내가 곧바로 작용을 수행하는 자아로서 가졌던 모든 관심을 배제했을 때에도 어디에서나 여전히 가능한 존재 관심이다. 바로 이를 통해 반성하는 자아로서의 나는, 내가 이전에 단적으로 부여했던, 실재적이거나 이념적인 대상성들을, 존재 대상성들 혹은 가치 대상성들을, 그리고 실천적 대상성들을 전혀 부여하지 않았다. 여기에는 또한 모든 인간적인 개인들(대상적 주관성들)과 그러한 개인들의 모든 심리적인 것, 그들의 '영혼 삶'도 함께 속한다. 그럼에도 불구하고 나는 무언가를 갖는다. 즉 그 속에서 작용 밖에 놓인 이러한 모든 대상성들이 정립되고 경험되고 생각되고 가치평가되고 창조하면서 현실화되는 등등의 그러한 주관적인, 순수한 작용 체험을 갖는다. 그리고 나는 이때 어떤 방식에서는 여전히 이러한 대상들 자체를, 말하자면 이러한 작용들에서 '그러한 것으로서 정립된 것'을 가진다. 그러나 그것을 현상학적 자아에 의해 정립된 것으로서 가지는 것은 아니다.

이러한 중요한 점에 잘 주목해야 한다. 우리는 그때그때의 대상들에 대한 **현상학적 배제라는 말**, 그것을 중지한다는 말(여기에 대한 정당한 상관적 표현은 작용과 관심들을 중지한다는 것이다)의 의미를 오해하지 않도록 조심해야 한다. 현상학적 관찰자로서의 내가 정상적인 의미에서는 더 이상 '갖지' 않는 존재, 가치, 목표를 그럼에도 나는 다른 변양된 의미에서는 변함없이 갖는다. 나의 타당성에서, 그리고 나의 타당성 관심에서 배제된 것이 그렇다고 해서 나의 의식 영역에서 사라진 것은 아니다. 그것은 (자연적 태도의 관찰자, 인식자, 평가자, 활동하는 작업자로서의 나에 대립하는) 현상학자인 나에게 근본적으로 변양된 방식으로 주어진다. 그리고 그것은 나를 현상학자로 만든 방법 덕택이다. **대상**과 관련하여 우리는 이러한 방법을 **괄호 치기의 방법**이라고 부른다. 우리는 대상에 말하자면 배제하는 괄호를 치고, 지표를 설정한다. 이 지표가 의미하는 것은 다음과 같다. 여기서 나는 모든 함께 타당하게 함, 모든 존재 관심, 가치 관심 등을 억제하고자 하며, 나는 대상이 단지 자신의 작용, 즉 그에게 타당성을 나눠주는 작용의 지향적 대상으로서만 여겨지게 하고자 한다. 그리고 나는 작용에만, 그리고 작용 자체가 대상으로서, 그리고 주제적으로 그렇게 특징지어지는 대상으로서 정립하는 것에만 관심을 갖는다. 내가 그것을 실행한다면, 나는 현상학적으로 순수한 주관적인 것을 갖게 되고, **그 속에 있는** 그것의 대상을 갖게 되는데, 그것의 작용의 한갓 지향적 대상이라는 변양된 타당성 형태 속에서 그러한 대상을 갖는다. 나는 자기 최면을 통해 대상을 보지 못하게 되는 것(심지어 내가 세계 전체에 대한 배제로 이행한다면 이러한 세계 전체를 보지 못하게 되는 것)이 아니라 여전히 모든 것을 보면서 존재한다. 그러나 자아 분열 속에서 나는 동시에 단순하게 보는 자로서, 그리고 순수한 자기 인식을 수행하는 자로서 설립되고, 단적으로 보이는 모든 것은 거기서 괄호의 변양 속에서 존재하며, 괄호 쳐진 것으로서 보이게 된다.

이제 한 걸음 더 나아가보자. 우리는 현상학적 괄호 치기의 방법과 수행을 우리에게 명료하게 해줄 수 있는 모든 종류의 작용들을 이미 획득했는가?

가령 어떤 **그림**을 무언가의 **모사로서** 보는 작용들이 있다. 그러한 작용들은, 당연히 모든 미적 관찰들 혹은 '모양을 형성하는' 예술 활동들의 활동적 형태에서 — 그것이 그림에서 다른 것을 제시하면서 어떻게든 모사하는 것인 한 — 정초하는 것으로서 자신의 역할을 담당한다. 그러나 미적인 것, 그러한 경우 그림 의식 속에서 정초된 가치들에 나는 지금 관심을 갖지 않는다. 대신 단순히, 때로는 실제로 타당한 것으로서 때로는 단순한 상상으로서의 다른 것이 그림 속에서 제시됨에 관심을 갖는다. 사진이나 그 밖의 초상화에서는 어떤 사람이 현실성으로서 나의 앞에 제시된다. 어떤 다른 그림에서는 키클롭스 전투가 상상으로서 제시된다. 그러나 어쨌든 내가 그림을 보는 작용 속에서 제시하는 것과 제시된 것을 갖는 한, 현상하는 그림과 (그 옆이 아닌 그 속에서) 제시되는 주제를 갖는 한, 그리고 오직 이를 통해서만 그것은 제시되고, 나에게 제시된다. 이러한 얽힘이 자신의 고유성 속에서 나에게 현존하는 것은, 오직 그 얽힘이 자신의 고유성에 의해 그림 의식의 소박한 작용 속에서 나에게 그렇게 타당함을 통해서만이다. 그러나 이때 우리는 '그림'이라는 명칭하에 다양한 것을 더 함께 갖는다. 사진 같은 '그림', 여기 책상 위에 놓인 종이로 만들어진 사물, 그리고 다른 의미에서, 본래적인 그림으로서의 감각 직관적으로 눈앞에 아른거리는 보라색 모양, 그것은 결코 실재적으로 현존하는 사물이 아니고, 그 속에 '사람'이라는 주제가 제시된다. 나는 소박하게, 태도에 따라서 때로는 이것을 때로는 저것을 바라보는데, 여기에는 상응하는 작용 수행의 전환이 수반된다. 현상학자로서 나는 또한 이러한 작용들, 그리고 이러한 작용들의 수행 속에 놓여 있는, 이러저러한 의미에서의 그림으로서의 타당성을 중지할 수 있고, 그러한 작용들에 분리 불가능하게 속한 모든 것들, 순수한 주관적인 것을 포착하고 분석하고 기술할 수 있다.

3장

자연적 자아 삶의 의식 활동성과 순수한 주관성으로의 환원

44강 정립적 작용과 유사 정립적 작용,[24]
그리고 그 환원. 판단중지와 유사-판단중지

　모사하는 작용의 환원에 속하는 고유한 특수성에 대해 이야기하기 전에, 다른 작용 집단들을 끌어와서 재생산적 **상상**의 작용을 한번 고찰해보자. 그러한 작용들 속에서 소박한 상상함에서 어른거리는 상상 형태들은 때로는 비자발적으로 나타나고, 때로는 자유로운 자의 속에서 형성된다. 여기서 우리가 아무리 상상의 '이미지들(그림들)'에 대해서 이야기하더라도,

··

24　대상을 정립한다는 것은 대상이 존재한다고 믿는 것이다. '정립'으로 번역되는 용어에는 'Setzung'과 'Thesis'가 있는데, 여기서 '정립'으로 번역되고 있는 'Position'은 보다 넓은 개념으로서 대상이 확실히 존재한다고 믿는 존재 믿음에다가 '가능적', '개연적', '의심스러운' 등과 같은 여러 가지 양상화된 존재 믿음까지 포괄하는 총칭으로서의 '정립'이다.

이때 모사하는 것과 모사된 것이 구별되고 혹은 그림과 주제가 구별되는 그러한 그림 제시 같은 어떤 것을 말하는 것은 정당하게도 전혀 없다. 물론 그림 제시의 경우에서도 상상의 경우에서도, 현전하는 체험 속에서 현전적이지 않은 것이 의식된다. 그러나 그림 제시의 경우 우리가 그림으로서 가지는 것은 공간 사물적 모상(Schein)[25]이고, 상상의 경우 우리가 이미지(그림)로서 가지는 것은 전혀 모상이 아니다. 왜냐하면 모상은 생생하게 현전적인 것으로서 표상하는 것인데, 그럼에도 현존하는 것으로서 믿어지는 것이 아니라 마치 현존하는 것처럼 현상하는 것일 뿐이기 때문이다. 그것은 허구이지만 재생산적 상상의 허구는 아니다. 상상은 그 자체로 현전적이지 않고, 현전**화**하는 표상이다. 이 점에서 그것은 기억과 같다. 그러나 기억에는 기억된 것에 대한 존재 믿음이 속한다. 반면 허구의 것은 단지 '마치' 존재하는 듯, 그리고 그렇게 존재하는 듯하다는 그러한 특성 속에서만 의식된다. 동시에 분명한 것은, 내가 상상하는 경우 나에게 '마치'의 특성 속에서 어른거리는 것은 나에게 다른 것에 대한 제시로서 의식되거나 여겨지지 않는다는 점이다. 그 점에서 다시 기억과 같다. 여기에서 지금 나에게 과거로서 표상하는 그것은 다른 것을 모사하는 그림으로는 전혀 주어지지 않는다. 기억된 바로 그것, 다른 한편으로는 꾸며내진 바로 그것이 다른 어떤 것의 이미지일 가능성이 있지만—내가 성상이 있는 성스러운 숲을 꾸며낼 때처럼—물론 그것은 우리의 논의에 대한 반박이 아니다.

이제 아직 다음을 지적해야겠다. 상상과 현실성은 분리될 수 있지만, 또한 섞일 수도 있다. 혹은 더 정확히 말하면, 두 가지 작용 의식—현실성을 나에게 지각된 것으로, 기억된 것으로, 판단된 것으로, 가치평가된 것

---

25 자체로 시공간적 사물이면서도 다른 것을 표상하는 모상적 그림을 뜻한다.

으로, 행위하면서 형성된 것으로 여겨지게 하는 작용 의식과 다른 한편에서는 꾸며진 현실성이 나에게 현존하게 하고, 꾸며진 생생한 현재가, 꾸며진 과거가, 꾸며진 판단, 꾸며진 가치 정립들, 꾸며진 행위들이 의식되게 하고, 그것도 '마치'의 변양된 방식으로 의식되게 하는 작용 의식 ─ 이 분리되어 등장하거나 얽혀서 등장할 수 있다. 나에게 지각적인 현전적 믿음 혹은 그 밖의 믿음 속에서 의식된 환경세계로 들어가 꾸미는 모든 경우들이 그러한 섞임의 예를 제공한다. 물의 요정들이 여기 우리 앞에서 춤을 춘다고 꾸며대거나 혹은 열대 원시림을 걸으며 마주치게 되는 갖가지 모험들을 꾸며낼 때처럼 말이다. 이와 반대로 상상 없는 순수한 현실성 의식이나, 함께 활동하는 현실성 의식이 없는 순수한 상상도 있을 수 있음이 분명하다. 마지막 경우는 모든 현실성 의식이 말하자면 활동하지 않는다. 나의 신체와 나에게 가장 가까운 지각적 환경세계가 주의의 은총을, 그러니까 활동적으로 포착하고 현존 정립하는 경험의 은총을 획득하지 못하는 자기 망각에서, 나는 완전히 '마치'의 세계에서 살아가고, 나의 모든 지각함, 표상함, 생각함, 느낌, 행위함은 그 자체로 '마치' 속에서의 활동함이 된다. 가령 내가 완전히 몽상에 잠겨 원시림의 모험 속에서 살고, 내가 거기서 놀라운 것으로 보고 들은 모든 것, 공포스럽게 나에게 닥쳐온 모든 것 속에서 살 때처럼 말이다. 그러면 상상은 순수한 상상이 되고, 나 자신은 단지 나의 대상 영역 속에서 상상 속의 나로서 존재한다. 그에 반해 다른 경우들에서, 그러니까 내가 현실을 단지 변형하여 꾸며대거나 경우에 따라서는 또한 나 자신을 꾸며낸 환경세계에서 함께 활동하는 것으로서 꾸며댄다면, 나는 혼합된 것을 갖게 되고, 내가 상상 속으로 들어가 속하는 한, 나 자신도 혼합된 것, 즉 변형되어 꾸며진 자아가 된다. 이때 이러한 자아로부터 현실성의 요소들은 변함없이 남아 있다.

이제 현상학적 환원으로 넘어가보자. 모든 그 밖의 다른 작용들처럼, 상상 형성물, 사물들, 인간들, 그리고 어떻든 활동하는 자아로서의 나 자신 등이 '마치'에서 현상하는 그러한 작용들도 근원적으로 소박하게 수행된다. 그러나 경우에 따라서는 또한 수행 후에, 혹은 부분적으로는 수행되는 동안, 반성하는 자아의 자아 분열을 통해 포착되고, 다양한 방식으로 반성적 주제가 된다. 물론 나는 여기서 또한 나를 현상학적 관찰자로서, 순수하게 체험과 그 지향적 요소들에 관심을 갖는 자로서 확립할 수 있다. 여기에서, 기억의 경우와 비슷하게, 그리고 즉각 덧붙일 수 있듯이, 모든 현전화 작용의 경우와 비슷하게, 수행되어야 할 현상학적 환원에는 주목할 만한 얽힌 내속이 생겨난다. 가령 내가 켄타우로스[26] 풍경을 꾸며댄다면, 현상학적 환원은 나에게 나의 순수한 작용 체험 — 이 작용 체험 속에서 지향적 대상은 그 자체로 순수하게, 그리고 거기서 특징지어진 그대로 정확히 포착되고 인식되어야 한다 — 을 산출해야만 한다. 그것은 다음을 의미한다. 본래적으로 보자면 현상학자로서의 나는 꾸며내고 있지 않다. 그것은 현상학적으로 관찰된 반성된 자아가 하는 것이다. 나는 그러한 대상들을 나에게 '마치' 속에서 여겨지게 하는 의식을 수행하지 않는다. 달리 표현하자면, 나는 꿈꾸는 자아가 아니고 꿈을 꾸며 꿈꾼 것에 빠져 있는 자아가 아니다. 나는 꿈과 꿈꾼 것의 관찰자이고, 상상함과 상상된 것 자체에 대한 관찰자이다. 내가 실제로 수행된 작용의 관찰자로서 거기서 실제로 나에게 타당한 존재 대상들, 가치 대상들, 작업 형태들 등에서 현존, 가치 존재, 행위 존재와 작업 존재를 괄호 치듯이, 지금 나는 '마치' 대상들에

26 켄타우로스는 그리스 신화에 나오는 반인반마의 종족이다. '켄타우로스 풍경을 꾸며댄다'는 것은 상상 속의 종족인 켄타우로스가 활동하는 장면을 머릿속에 상상한다는 뜻이다.

서 '마치'와 이러한 '마치' 아래에서 변양되어 정립된 것을 괄호 친다. 이러한 '마치'는 지금 말하자면 변양된 부호이고, 이 아래에 다시 존재와 존재 변양, 마찬가지로 가치들, 작업들, 그리고 모든 종류의 활동하는 자아 작용들이 서 있다.

현상학적 판단중지에 예속되는 작용들은, 우리가 또한 말할 수 있듯이, 모든 작용들 일반을 포괄하는 **보편적** 구분의 의미에서 **크게 두 부류로** 나뉜다. 그것들은 각 부류의 범위 내의 항목들까지 상응한다. 정확히 상응하기 때문에, 우리는 하나의 부류의 모든 가능한 작용들에 다른 부류의 그러한 작용들을 거의 마치 반복하는 복사물처럼 병렬시킬 수 있다. 그럼에도 물론 그것은 단순한 반복은 아니다. 하나는 단적인 작용, 변양되지 않은 의미에서의 작용이다. 그것은 자신의 주제에 실제적인 것으로서, 실제적 대상으로서, 실제적 가치 등으로서의 타당성을 할당한다. 반대편에는 그것에 (이념적 가능성에 따라 말하자면) 평행한 작용이 상응하는데, 이것은 동일한 내용에 "마치"의 타당성을, 그러니까, "상상 속에서" 존재하는 대상, 상상된 가치, 작업 등의 타당성을 할당한다. 상관적으로 대상들이 구분되는데, 현실성으로 생각된 단적인 대상과 한갓 허구로 생각된 유사—대상으로 구분된다. 단적인 세계라고 말할 때 우리가 생각하는 것은 현실적인 세계다. 우리는 그러나 또한 상상의 세계에 대해 이야기할 수 있고, 상상 작용 속에서 '마치'의 변양 속에서 주어지는 그러한 세계를 생각할 수 있다. 용어상으로, 발달된 현상학은 전자를 정립적 작용(postionaler Akt)이라고, 후자를 유사—정립적 작용(quasi-positionaler Akt)이라고 부른다. 이러한 상상하는 작용은 단적인 타당성을 변양시키는 작업수행으로서 그 자신도 타당성의 양상이다. 우선은 소박하게 상상하는 자아의 이러한 작업수행은 상상의 (현상학적으로 순수한) 체험 요소를 얻기 위해 괄호 쳐져야 한다.

이때 이러한 괄호 치기가 상상된 내용에, 상상의 지향적 내용에 어떤 **영향을 끼치는지**가 이제 더 상세히 고찰되어야 한다. 하나의 예를 들어서, 거기에 순수한 현상학적 내용을 부여하도록 시도해본다면, 즉시 '마치'의 지향성에 본질적으로 속하는 어떤 함축이 드러난다. 나는 가령 나무들, 인간, 켄타우로스, 상상의 동물들이 있는 격렬한 전투의 풍경을 상상해본다. 경우에 따라서 나 자신은 이러한 상상 세계에 속하는데, 가령 함께 싸우는 자로 참여하고 있다. 그러나 나는 활동하지 않고, 함께 고려되지 않을 수도 있다. 그러나 더 자세히 고찰해보면, 나는 **그럴 때조차** 어떤 방식으로 필연적으로 함께 상상된다. 왜냐하면 만약 상상 세계가 **특정한 방향 설정**을 가지고서 표상되지 않는다면 내가 어떻게 상상 세계의 그러한 부분을 규정적으로 표상할 수 있겠는가? 상상의 나무들 중에서 어떤 것은 전면에 있고, 어떤 것은 후면에 있다. 또 어떤 것은 오른쪽에 있고, 어떤 것은 왼쪽에 있다. 켄타우로스 중 하나가 달려들고, 용 한 마리가 위에서 켄타우로스를 넘어뜨린다, 등등. 이러한 모든 말들, 왼쪽, 오른쪽, 앞, 뒤, 위에서부터 등은 명백히 '상황적인 표현(okkasioneller Ausdruck)'[27]이고, 관찰하고 지각하는 자아와 본질적인 관계를 맺는다. 이때 자아는 방향 지어진 공간과 그 모든 방향 설정의 차원의 영점을 자기 안에 지니게 된다. 그리고 방향 지어진 공간 안에서 오직 방향 지어진 방식으로만 그때그때의 부분 세계들이 현상할 수 있다.

방금 설명한 것을 발견하는 자아는 물론, 상상하며 몽상에 잠긴 자아, 그래서 나 자신을 의식하지 못하고 켄타우로스와 용의 싸움을 따라가는

---

27 '나', '여기', '지금' 등 상황에 따라 가리키는 내용이 달라질 수 있는 지시사를 뜻한다. 후설은 이것이 관찰하고 지각하는 주관과 본질적으로 관계한다고 이야기하고 있다.

자아가 아니다. 나는 그것을, 상상하는 **자로서의** 나 자신과 상상 내용**으로서의** 상상 내용에 관여하지 않는, 이론적 관찰자의 반성적인 그리고 현상학적인 태도에서 발견한다. 그러고 나서 내가 바로 발견하는 것은 마치 내가 상상함의 작용과 ('마치'의 양상에서의 작용의 단순한 지향적 대상인) 이 작용 속의 켄타우로스 장면 이외에 아무것도 갖지 않는 듯 지향성이 그렇게 단순하지 않다는 것이다. 오히려 나는 독특한 간접성 속에서 이러한 지향적 대상을 의식적으로 발견한다. 즉 우선은 그것을 나의 지각의 지향적 대상으로, 나의 현실적인 지각이 아니라 나의 필연적으로 함께 상상된 지각─상상된 지각의 주체로서의 나는 필연적으로 상상 세계에 함께 속한다─의 지향적 대상으로 의식함을 발견한다. 바꾸어 말하면, "나는 켄타우로스 장면을 상상한다"는 작용은 내가 '마치'의 양상에서 "나는 켄타우로스 장면을 지각한다"는 작용을 수행하는 형태로만 가능하다. 물론 상상하는 바로 그때는 나의 시선은 오직 전투 장면에 머물러 있다. 엄밀한 말의 의미에서 오직 그것만이, 그리고 특히 자의적으로 꾸며대는 경우에서의 그것만이 허구라고 불린다. 그것은 본래적인 의미에서 나의 주제로, 내가 생각하는 유일한 것으로서 나의 눈앞에 서 있는데, 이는 오직 지금 상상하는 자아로서의 내가 자기 망각의 상태에 있을 뿐 아니라 '마치' 속의 전투에 대한, 필연적으로 함께 상상된 지각의 주체로서의 나도 자기 망각의 상태로 있음을 통해서만 가능하다. 소박한 지각함으로 상상해 들어감은 자기 망각의 상상 양식이다. 상상─자아의 시선에 오직 그의 대상, 그에 의해 지각된 것만 서 있듯이, 실제로 상상을 수행하는 주체의 시선에는 상상 속에서 상상─자아에 의해 지각된 것이 직접적으로 서 있다. 그리고 그것은 그의 상상된 대상이다. 상상의 내부에서 자아의 시선은 '마치'의 시선이고, 그의 지각과 지각된 것은 '마치'의 변양을 갖는다. 그러나 이러한 변양하는

3부 현상학적 환원의 현상학에 대하여. 초월론적 환원을 위한 두 번째 길의 개시

타당성 속에서 이 모든 것은 지금 상상을 행하는 현실적인 자아에 대해 현존한다. 현실적인 자아가 소박하게 상상하는 한, 그 자아는 상상된 작용의 대상만을 그의 허구로서 주제적으로 발견한다. 그러나 상상하는 자아는 언제나 태도 변경을 수행할 수 있다. 그러한 태도 변경을 통해 켄타우로스 전투의 상상 속에서 자아는 그것이 방향 설정을 가지고 주어지는 방식으로, 그것의 현상 방식 일반으로, 지각하는 자아와 자아의 전체 작용으로 되돌아간다. 그리고 상응하는 '마치' 속의 지각 대상으로의 반성적 시선 전환을 통해 '마치' 속의 지각 작용을 얻는다. 이러한 지각 작용은 이제 비로소 주제적 고찰을 받을 준비가 된다. 그 절차는 또한 이렇게 기술될 수 있다. 소박하게 상상하면서, 나는 전투 광경을 허구로서 가졌다. 그리고 나는 그때 지각 주체로서 함께 상상되었다. 그러나 나는 자아 망각의 상태로 꾸며진 전투를 바라보았고, 그래서 나 자신에 대한 어떠한 반성도 수행하지 않았다. 이제 나는 나의 함께 꾸며진 자아를 자신을 반성하는 자아로 바꿔 꾸며보는 식으로 행해본다. 그러나 나는 그것을 현행적으로 상상하면서 수행하는데, 이때 나는 상상 현실성을 그 의미에서 변양시키지 않고, 즉 근원적인 상상 현실성에서 다른 상상 현실성을 만들어내지 않고 수행한다. 오히려 나는 상상-자아로서의 내가 수행할 수 있었을 반성들, 나의 이전의 잠재적 작용을 열어주었을 반성들을 상상적으로 산출하면서 수행한다.

여기서 상술된 모든 것은 명백히, 우선 단순하게 가동된 상상함 속에서 실제로 체험된 것과 그 순수한 내용에 속하는 것들에 대한 현상학적 고찰의 한 부분이다. 또한 그것은 다음을 의미한다. 예시된 경우에서 유사-지각하는 상상-자아는 거기에 필연적으로 함께 있기는 하지만, 상상 현실성에 편입되지는 않는다. 이는 상상 자아가 상상 현실성에 편입되어야 하는—상상하는 작용 실행의 의미에 속하도록 가공되어야 할—경우와 반대된다. 말하자면 내가 함께 활동하고 싸우는 자로서 참여하는 경우, 나는 그때 그림 의미에 속하는 것으로서 명시적으로 함께 있다.

특별히 주목해야 하는 것은, 소박하게 활동하는 자아의 모든 관심 작용들의 억제로서의 현상학적 판단중지가 지금의 **현실적인** 자아와 (상상하는 의식으로서의) 자아의식에서 수행될 뿐 아니라 상상 세계의 **내부에서**, 상상 세계에 속하는 함께 상상된 주관성과 그 소박성에서도 수행되는 방식이다. 혹은 더 정확히 말하면, 상상하는 자아의 작용에 판단중지는 오직 '**마치**'의 부호 아래에서의 **판단중지**를 통해서만 수행된다. 함께 상상된 자아의 작용들이 '수행했고', '수행하는' '타당성들'로부터, 이러한 '현실성'은 그 자아에게 바로 현실성이다. 이러한 자아로서, 주체로서 나 자신이 이러한 유사–현실성의 통일체에 속하지 않는다면, 어떤 것도 나에게 상상으로, 유사–현실성으로 어른거릴 수 없다. 예에서 분명하게 된 것은 명백히 일반적으로, 그리고 필연적으로 타당하다. 상상함이란, 마치 우리가 현실성을 갖는 것처럼, 그그러한 것을 지각하고, 생각하고, 그그러하게 행위하는 것처럼 자신을 수립함이다. 실재에 대한 상상함이든 이념에 대한 상상함이든—이 이념이 실재에 대한 함께 생각된 여타 상상 없이도 생각될 수 있다면—이 점은 타당하다. '마치'로 자신을 수립함이란 애초부터, 꾸며내면서 자기 자신을 바꾸어 꾸미는 것, 즉 자신을 허구로서 가지는 것이다. 다만 엄밀한 의미에서의 허구인, 꾸며내어진 자아가 〔꾸며낸〕 허구가 저 함께 꾸며내진 자아—저 허구는 이 함께 꾸며내진 자아의 지향적 내용으로 꾸며내질 수 있다—보다 더 먼저 파악 가능하다는 것은 꾸며내는 소박함에 바로 본질적으로 속할 따름이다. 현상학적 순수로 되돌아온다는 것은 처음부터, 다름 아닌 우선은 여기에 실제로 놓여 있는 지향적 대상성의 순수한 구조를 산출함을 의미한다. 즉 지향적으로 내포된 주관성과 그러한 주관성의 작용으로 되돌아가고, 그러한 주관성의 대상들과 현상학적 순수성 속에서의 이러한 대상들을 '마치'의 부호 속에서 파악함을 의미한다. 현상학적으로 순수한 모든 정립적 작용과 그 순수한 현상학적 내용들에는 현상학적으로 순수한 유사–정립적 작용이 평행하게 상응한다. 이 상응 방식은, 후자의 순수성이 **동일한** 현상학적으로 순수한 **정립적** 작용의 정확한 거울상을 그 모든 내용들과 더불어, 그러나 '마치'의 부호 아래에서 자신 안에 포함하고 있는 방식, 그것도 지향적으로 포함하고 있는 방식이다. 환원은 상상 '속'에서 기술된 반성의 실행을 통해 수행되고, 또한 '마치'의 부호 아래에서, 상상 세계에 놓인 작용들에서 수행되는 현상학적 판단중지를 통해 수행된다. 그리고 이러한 작업수행은 그 자체로 상상 세계 속으로 반영된 유사–작업수행, 상상 속에서의 유사–판단중지를 함축한다. 그것은 다음을 의미한다. 내가 실제로 어른거리는 나의 상상으로서의 나의 상상에 관하여, 그리고 상상하는 작용으로서의 나의 상상함에 관하여 수행하는 모든 실제적인 판단중지는 지향적으로 — 마치 자아, 상상된 자아가 반성된 현상학적 배제를 수행하는 양 — 유사–판단중지를 포함한다. 나는 또한 이렇게 말할 수 있다. 나의 현실적인 환원을 행하면서, 현실적 현재의 순간을 잊고, 상상 세계의 토대 위에 서서, 마치 그러한 세계가 실제로 존재하는 양 상상 세계를 받아들인다. 그러면 나는 마치 그것들이 실제적 정립인 양, 그래서 마치 그것이 실제적인 지향적 대상들을 갖는 양 거기 속하는 자아 작용들을 받아들여야 한다. 그리고 나서 나는 만약 대상이 실제로 존재했을 것이라면 대상 자체의 존재에 속하게 **되었을** 것을 배제해야 하고, 이러한 토대 위에서 정립적 대상들에 관해 가졌을 모든 관심, 존재 대상들에 대한 관심, 가치 대상들에 대한 관심 등을 배제해야 한다. 내가 이렇게 해야 하는 것은, 마치 그것들이 존재하는 양, 이러한 작용들에 속했을 것, 그리고 이러한 토대 위에서 내가 제기할 수 있을 모든 권리 물음과 진리 물음의 배제 후에도 그것들에 남아 있는 것을 획득하기 위해서다. 내가 그렇게 하고, 현상학적으로 순수한 작용들과 작용 대상들을 그렇게 획득했고, 내가 상상 세계에서 어떤 다른 대상들도 갖지 않으며, 나의 함께 상상된 자아의 작용의 대상 이외에 어떤 다른 대상도 가질 수 없음을 유념했다면, 이를 통해 그리고 오직 이를 통해서만 나는 나의 상상 작용의 완전하고 순수한 지향적 대상들을 획득할 수 있음이 분명해진다.

45강 작용 주체로서의 자아의 자연적 세계 삶과 현상학적으로 순수한 자기 숙고의 비자연적인 세계 삶. 사유 과정에 대하여

지난 강의가 아주 어렵게 느껴졌다고 들었다. 그럴 만하다. 여기서 원리적으로 일반적인 근거들이 작동하는데, 나는 체계적인 진행을 약간 끊으면서 우선 거기에 대해 말하고자 한다.

(말하자면 현상학적으로 순수한 주관성의 친밀성으로) 최초로 이론적으로 파고 들어가는 것은 몹시 어려운 일이 아닐 수 없다. 왜냐하면 독자적 존재와 자체적 존재 속에서 본 현행적으로 살아지는 삶이 문제이기 때문이다. 자아 삶이란 의식적으로 그 어떤 대상성들과 관계함이다. 그리고 그중에서 특정한 작용들에 대해서는 탁월한 방식으로 관계함이다. 깨어 있는 자아로서 그것은 작용들 속에서 대상들을 향하고, 인식하고, 가치평가하고, 행위하면서 대상들에 몰두한다. 자연적 삶 속에서 — 현상학적 태도로의 이행을 강요하는 동기가 효력을 발휘하기 전을 뜻하는 것이다 — 누구나 자신의 자아 삶을 알고, 각자는 자신의 실재적이고 이념적인 다양

한 대상성들과의 자아 관련성에 대해 알고 있다. 그는 자연적 반성으로부터 그것을 안다. 그러나 **자연적 반성**은 순수한 주관성에 관한 앎을 결코 산출할 수 없고, 그러한 것을 심지어 예감하게 할 수도 없다. 왜냐하면 자연적 반성의 방식은 (선행하는 **확고한** 객관적 앎을 통해) 계속해서 대상성들을 갖는 것이고, 이제 작용 주체로서의 반성적으로 파악된 자아를 이러한 대상성들과 관계시키는 것이기 때문이다. 이때 또한 자아 자체는 객관적인 인간적인 것으로서 파악되고 정립된다. 이러한 자연적 반성에서는 (그것만이 지배적인 반성인 한) 대상들의 모든 소유와 모든 경험 규정과 사유 규정 ─ 대상들은 이런 규정을 가지고서 자아에게 현존한다 ─ 이 이미 자아와 자아의 의식 삶의 작업수행이며, 계속해서 자아는 자신의 고유한 본질적 삶과 행위 속에서 ─ 그의 감각적으로 경험하는 작용들, 그의 사유하고, 가치평가하고, 작업하면서 창조하는 작용들, 그리고 그 밖의 작용들 속에서 ─ 그 자체에 있어서 그리고 독자적으로 대상들의 현상과 타당성을 성취해낸다는 사실을 볼 수 없다. 그래서 자체에 있어서 살아가는 대로의, 그리고 그 속에서 순수하게 고유 본질적인 동기로부터 이러저러한 주관적 통각들이 그에 속하는 주관적 타당성의 성질들을 가지고 생겨나는 대로의 의식 자체, 지향적 삶은 필연적으로 숨겨져 있다. 나의 그때그때의 세계 ─ 사물, 인간, 가치, 작업, 인간적 행위, 공동체 등 ─ 는 이러한 전체 삶을 통해서 나에게 단번에 존재하는 것 같다. 그러나 더 자세히 고찰해보자면, 이것은 타인과의 의사소통 속에서만 나에게 현존한다. 그래서 우리는 여기서 자아, 그리고 모든 자아의 공동체, 내지는 그것들의 (이러한 상호주관적으로 구성하는 것으로서 기능하는) 상호주관적이고 통일적인 삶을 참조하도록 지시된다.

고찰하는 시선, 그리고 이론적으로 경험하고 규정하는 작업에 이러한 순수한 삶이 개시되는 것은 오직 새로운 보편적 고찰 방식, 자기 자신과 자신의 활동하는 의식의 세계인 자신의 모든 세계에 대한 자아의 새로운 방식의 반성을 요구하는 현상학적 판단중지의 방법을 통해서다. 그러한 판단중지를 통해서야 비로소 순수한 자아와 그 순수한 삶, 순수한 주관성의 전체 영역을 볼 수 있고 기술할 수 있다. 그래서 문제는 실제로 완전한 '비자연적' 태도, 완전한 비자연적 자기 고찰과 세계 고찰이다. 자연적 삶은 근원적인 세계 몰두로서, 처음에는 전적으로 필연적인 세계 몰두, 세계 망아로서 수행된다. 비자연적인 삶은 철저하고 순수한 자기 숙고의 삶이다. 그것은 순수한 "나는 존재한다"에 대한 자기 숙고의 삶, 순수한 자아 삶에 대한 자기 숙고의 삶, 그리고 그 어떤 의미에서든 간에 객관적인 것으로서 주어진 것이 이러한 삶 속에서 어떻게 바로 이러한 객관적인 것으로서의 의미와 타당성 방식을 ― 순수하게 이러한 삶의 내적이고 고유한 수행으로부터 ― 획득하는지에 관한 자기 숙고의 삶이다.

그러므로 순수한 주관성의 영역으로 최초로 파고 들어가는 것의 어려움, 그리고 저 순수한 "너 자신을 알라"는 언명의 체계적 수행(점점 더 분명해질 것이지만, 철학 전체는 이 언명으로부터 솟아 나온다)의 어려움이 이해된다. 자연적 인식의 토대 위에서, 그리고 자연적 삶의 태도의 틀 속에서 아무리 복잡한 활동을 지시하더라도, (그것이 자기 나름의 어려움을 가지긴 하겠지만) 그러한 지시를 우리는 상대적으로 쉽게 충족시킬 수 있다. 왜냐하면 모든 단계마다 오직 전형적으로 알고 있고 신뢰하는 일만이 우리에게 요구되기 때문이다. 어린 시절부터 ― 아동기 발달이 성취하는 바는 바로 이것으로 이루어진다 ― 우리는 모든 방향에서 자연적 세계의 유형을 습득해왔다. 그러나 그것은 다음을 의미한다. 우리는 끊임없이 동기부여의 연관 속에 서 있었는데, 그러한 동기부여를 통해 모든 의식 유형과 자아 작용의 모든 유형들이 작동할 수 있었고, 모든 일반적인 형식 구조에 관해 전형적으로 알려진, 참으로 친숙한 세계가 우리에게 형성될 수 있었다. 즉 사물들의 세계, 가치들의 세계, 우리가 그 속에서 우리 자신을 인간 아이들로, 그러니까 세계 속에 들어가 행위하고 세계에 의존하여 쾌락과 고통 속에서 움직이는 인간으로 발견하는 그러한 세계가 형성될 수 있다. 점차 우리는 경험하고, 인식하고, 또한 학문적으로 인식하고 실천적으로 형성하는 등 그러한 객관적 활동들의 모든 주요한 유형을 수행하는 상황에 이른다. 적어도 유형에 따라서는 모든 것이 우리에게 친숙하다. 그리고 우리가 곧바로 할 수 없는 것도, 이해할 수 있는 방식으로 각각의 지침을 따르면서 시도하고 배울 수 있다.

이와 반대로 현상학의 지침은 개별적인 인간들의 전체 삶의 경험에서, 그리고 역사에서 어떠한 본보기도 갖지 않으며, 기초적이고 유형적인 어떠한 친숙함도 끌어들이지 않는다. 순수한 주관성의 세계와 관련하여, 즉 우리들의 순수한 근원적 삶 — 이 삶을 통해 모든 자연적 존재와 타당함이 자신의 자명성을 갖게 된다 — 과 관련하여 우리는 처음에는, 눈 수술을 받고 이제 본격적으로 보는 것을 배우기 시작하는 선천적 맹인과 유사한 상황에 놓여 있다. 성공한 수술도 아직 보게 하지는 못한다. 즉 공간 세계를, 볼 수 있는 자들에게 오래전부터 친숙한 그 공간적 형태와 시각적 특징들 속에서 파악하게 하지는 못한다. 시각적 통각은 통각의 내적 동기들과 관련하여 우선 형성되고 구축되어야 한다. 방법적인 현상학적 태도의 이념이 이미 파악되었을 때조차, 방법은 우선 다면적으로 작동되고 수행되어야 한다. 방법은 자연적인 객관적 방식으로 실재적이고 이념적인 세계들과 관계하는 주관성들에, 그리고 그러한 주관성들의 객관적인 소여들과 객관적–주관적 인간 삶의 보편적 유형들에 체계적으로 수행되어야 한다. 우리는 순수 주관성의 우주를 무엇보다도 먼저 보고 구체적으로 알아가서, 우선 최소한 그것이 순수 주관성들의 가장 일반적인 유형에서 우리에게 친숙한 고유한 세계로서 우리에게 현존할 수 있도록 만들어야 한다. 가령 물리학의 초심자에게 어린시절부터 알아온 공간 사물적 경험의 영역으로서의 물리적 세계가 그러해야 하듯이 말이다.

그래서 현상학적 주관성에 관한 어쩌면 가능한 학문의 모든 초심자들 앞에는 소박한 자연적 학문이 가질 수 없었던 하나의 커다란 과제가 놓여 있다. 소박한 자연적 학문들은 그러한 학문에 앞서 완성된, 잘 알려진 경험 세계를 다루는 반면, 현상학은 자신의 현상학적 경험 세계를, 즉 현상학적 태도에서 자유롭게 조망할 수 있고, 또 그것의 유형에서 참으로 친숙한 현상학적 주관성의 세계를 우선 힘들여 얻어내야 한다. 현상학자는 무엇보다 처음에 현상학적으로 보는 법을 배워야 하고, 현상학적 주관성 일반에 속하는, 직관할 수 있는 형태들의 유형을 체계적으로, 자발적으로 얻어야 한다. 우리는 여기서 자연적인 세계 아이 상태가 필연적으로 앞서기 때문에 생기는 방법적 상황을 다음과 같이 기술할 수 있다. 현상학자가 되고자 하는 자는 자연적인 세계 아이 상태로부터 체계적으로 자유로워져야 한다. 그리고 세계 아이 같은 경험함, 표상함, 사유함, 그리고 삶 일반의 모든 유형들과 세계적–자연적 현존의 모든 상관적 유형들에 현상학적 환원을 수행해야 한다. 그래서 저 체계적인 판단중지를 수행해야 하는데, 이러한 판단중지를 통해 모든 세계적인 것이 순수한 주관성으로 고양되고, 초월론적으로 정신화된다. 자연적 아이, 세계 아이는 동시에 그것과 더불어 현상학적 아이, 순수한 정신의 영역 속의 아이로 변하게 된다.

그럼에도 불구하고 이러한 보편적 어려움은 시작하는 철학자에게 더욱 커지는데, 이는 순수한 자아가 이미, 현상과 타당성에 따라 모든 자신의 대상성들을 형성하는 지향적 삶의 주체로 보인다고 해도, **지향적 함축**의 여전히 예감되지 않은 깊이 숨겨진 간접성들을 지니고 있으며, 그것의 해결 없이는 순수한 삶이 완전히 이해 불가능하게 남아 있게 된다는 점 때문이다. 현상학적 판단중지와 환원의 필연성과 의미를 최초로 파악한 후에도 사람들은 여전히 부지불식간에 자연적 사유 습관의 속박 아래 서 있고, 그래서 현상학적 자료의 새롭게 열린 영역을 객관적 자료의 유비로 바라본다. 현상학적으로 주관적인 것이 우선은 개별적으로 시간적으로 존재하는 것으로서 주어지기 때문에, 우리는 그것을 객관적–시간적 현존의 방식에 따른 존재자들처럼, 그리고 가장 손쉬운 방식으로 물리적–공간적인 현존의 유비로서 파악한다. 그러나 이를 통해 사람들은 오류에 빠진다. 우리가 하려고 하는 **현상학적 분석**은 결코 **객관적인 사물적 분석의 유비가 아니다.**[28] 현상학적 관찰자는 순수한 삶을 전체 형성물들의 '요소들'의 짜맞춤과 같은 무언가로서 발견하지 않는다. 혹은 반대로는 그는 형성물들을, 추상적으로 내다볼 수 있는 그러그러한 통일체 형식들 속에서 다른 것들과 통합되어 있는 것, 단순히 함께 공존하면서 잇따르는 요소들로 분해될 수 있는 것으로 발견하지 않는다. 오히려 우리가 어떤 지향성들을 주시하더라도, 구체적인 지향은 지향적 대상성들의 숨겨진 얽힘과 더불어, 단지 지향적인, 그리고 그 외에 **비자립적인** 작업수행들의 **얽힘**(Ineinander)을 통해서만 가능하다는 사실이, 지향성의 구조들 속으로 깊이 파고 들어갈 때에 드러난다. 그러한 지향적 분석을 통해서 비로소 우리는 **주관성이** (자아 아닌 대상성들의 세계에서는 그와 같은 것을 결코 가질 수 없는) **절대적으로 독**

..
28 과거의 자연 분석이 아니라 새로운 인과적 분석과 기능적 분석을 고려하더라도 마찬가지
다.– 원주.

특한 무언가임을 알게 된다. 그리고 실제로 현상학적 분석은 방법적으로도 사태적으로도 자연적—객관적 **자연 분석**과는 **완전히 다른 의미**를 지니게 된다는 사실에 대한 앎에 이르게 된다.

지난번의 **상상 분석**에서 우리는, 유형과 형식에 있어서 전혀 예상치 못했던, 지향적 함축에 관한 분석을 약간 행했다. 이것은 맨 처음 직관할 때에만 어렵게 느껴지는 것이다. 반복하는 대신에 나는 더 짧은 평행한 분석을 제시할 것이다. 이미 예습을 했기 때문에 이 분석은 더 쉽게 이해될 것이다. 이를 통해 나는 본질적인 것을 여러분에게 보여줄 기회를 가질 것이다.

그러나 그리로 이행하기 전에, 나는 심화와 숙고의 올바른 변화와 올바른 속도에 관한 **헤르바르트**의 지혜로운 교육학적 가르침이 떠오른다. 올바른 변화와 올바른 속도 없이는 배우는 사람들에게 개별적인 계기들로부터 내적으로 건립되는 정신적인 형태의 통일체가 생겨날 수 없고 자유로운 정신적 소유물로 될 수 없다. 개별적인 사유 계열, 특히 새로운 종류의 어려운 사유 계열들로의 심화가 모든 힘을 탈진시킬 때에, 숙고는 이중적으로 필요하다. 이는 보편적인 사유 계획과 연관을 의식으로부터 잃지 않기 위해서다. 저 사유는 이 의식 속에서 단지 기능하는 요소 부분들이어야 한다. 그런 이유로, 어쨌든 오늘 나는 엄격한 체계적 진행으로부터 빠져나왔지만, 그러고도 계속해서, 우리가 지금 붙잡혀 있는 **사유 진행에 관한** 회고적이고 예견적인 **숙고**를 이어가고자 한다. 이는 동시에 우리의 이후의 진행에 대한 관심을 증대시키는 데 기여할 수 있을 것이다.

우리가 처음에 시도한 것은, 보편적이고 절대적으로 정당화된 학문이라는 데카르트적 시작의 심오한 의미를 현실화하는 것, 그래서 초월론적 주관성으로의 순수하고 참되게 정초된 길을 구성하는 것이었다. 그 길은 데카르트의 첫 번째 성찰에서는 단지 암시되기만 한 것이다. 이 길은 우선

제시되는 절대적 정당화의 주도 원리로서 다음의 것을 가졌다. 즉 내가 전적으로 부정할 수 없고 의심할 수 없는 것이 나에게 타당해야 한다. 그것은 필증적 의심 불가능성의 원리로서 즉시 가장 예리하게 파악되었다. 사후적으로 내가 보기에, **처음의 자연적 의심 불가능성을 필증적 의심 불가능성으로 이렇게 강화하는 것은** 또한 **이후에야 비로소 도입될 수 있을 것 같다.** 즉 우리가 자연적으로 모호한 원리에 의해 인도되어, 언제나 주어지는, 의심할 여지 없이 주어지는 세계의 존재를 자신의 것으로 하고자 시도한다면 — 이것이 경험으로부터 세계 학문을 정초하는 길로 인도하는 것으로 보인다 — 우리는 **경험적 의심 불가능성,** 즉 일치하면서 경험되는 세계에 대한 믿음을 버릴 수 없다는 경험적 불가능성과, 새로운 의미에서 모든 **가능한** 의심을 배제하는 **다른 의심 불가능성,** 즉 **필증적 의심 불가능성**이 구별됨을 알게 될 것이다. 모든 감각적 경험은 계속적인 경험이 이전에 경험되었고 완전히 확실한 존재에 대한 의심을 동기 짓도록 열어놓는다. 비록 경험적 근거가 없이도 의심은 생각 가능하다. 경험적으로 의심할 여지 없이 경험된 것의 비존재는 결코 배제되지 않는다. **이제야 비로소 철학적 주도 원리로서의 필증적 명증의 원리가 생겨난다.** 그러나 인식 비판적으로 관심을 기울일 필요가 없는 다른 고찰의 방식에서도, 전체 세계는 비록 그것이 존재하고 일치하는 경험 확실성 속에서 경험되는 동안에도 존재할 필요가 없다는 사실이 드러난다. 비록 철저한 순수성 속에서는 아닐지라도, 그럼에도 요지에 있어서는 **데카르트도** 이 길을 따라간다. 전체 경험 세계에 관한 가능한 판단중지는, 인식하는 주체를 향한 반성 속에서 세계가 존재하지 않더라도 남아 있는 순수한 주관성을 볼 수 있게 한다. 이러한 주관성은 현재를 넘어 과거와 미래로 확장되었고, 양쪽의 무한한 초월론적 삶 속의 순수한 주관으로 확장되었다.

46강 현상학적 방법의 재편과 심화:
초월론적 환원으로의 데카르트적인 길과 심리학적인 길

그러나 순수 주관성으로서 산출된 것은 아직 필증적으로 의심할 여지 없는 것으로 수립되지는 못했다. 세계가 필증적으로 주어지지 않는다는 사실에 근거하여 세계를 배제한 것은 단지 새로운 경험 방식, 초월론적 관조 속에서 주어지는 순수한 주관성의 우주로 시선을 돌리게 했을 뿐이다. 그것의 필증성에 대한 비판이 수행되어야 했지만, 우리는 그것을 보류했다. 그것은 **초월론적 자아로의**, 그리고 여전히 수행되어야 할 그것의 필증성 비판으로 이르는 우리의 최초의 길인 **데카르트적 길**이었다.

초월론적 주관성의 초월론적 삶의 개별적인 형태들이나 형태 유형에 따라서 초월론적 주관성을 알아가는 — 이를 통해 에고 코기토는 우리에게 빈말이 아닌 것으로 남게 된다 — 가장 가까운 요구를 우리는 어떤 방식으로 만족시켰다. 이는, 이 방식을 통해 동시에 **에고 코기토로의 새로운 길**을 단계적으로 구축하기도 하는 방식이었다. 이때 **주도적 사유**는 다음과 같은 것이었다. 경험의 세계가 존재하지 않을 수 있다는 가능한 **가정**을 하더라도 우리에게 남아 있는 주관적 삶으로서, 그럴 때조차 아직 존재하는 것으로서 우리가 붙잡고 있는 것이 있는데, 우리는 그것을, 우리가 반성하는 주체로서 경험 세계를 함께 정립하기를 전부 **중단**하고, 그것의 존재나 비존재 혹은 그 밖의 존재 변양들에 대해 모든 입장 취함을 **억제**할 때에도 지니고 있다는 것이다. 요약하자면, 우리가 세계 존재에 대한 모든 관심을 억제하면, 우리의 시야에 초월론적 주관성이 들어선다.

그러나 여기서 초월론적 주관성으로의 새로운, 그리고 외견상 더 간단해 보이는 길을 위한 다음의 사유가 즉시 떠오른다. 세계 경험에 대한 저

지루한 비판을 시작하지 않고서, 그리고 세계의 비존재의 가능성을 명증적으로 만들지 않고서, 직접 개별적인 작용들에 무관심적 자기 관찰자의 판단중지를 작동하게 하는 것으로 충분하지 않은가? 내가 나의 순수 주관성을 획득하게끔 해줄 것인 괄호 치기를 모든 나의 작용들에 한꺼번에 수행한다는 보충으로 충분하지 않은가?

어쨌든 우리는 이러한 새로운 길의 사유를 수행하려고 시도했다. 그리고 그에 따라 우리의 진행은 다음과 같았다. 우리는 이렇게 말했다. 이전의 사유 진행 전부를 제쳐두자. 오히려 그 어떤 작용들을 수행하고, 그것으로 자연적 방식에서 그 어떤 지향적 대상들과 관계하는 자연적인 소박한 자아로부터 출발하자. 그러면 우리는 우선 초월론적 주관성을 생각하지 않고, 초월론적 주관성에 대한 그 어떠한 표상도 벌써 갖지 않은 채로 모든 개별적인 작용들에 유사한 판단중지를 수행할 수 있다. 이는 우리가 세계와 세계 경험에 관계하면서 데카르트적 길에서 수행했던 것보다 이해하기 쉬운 방식으로 수행된다.

우리는 하나의 작용을 소박하게 수행하는 자아와 그 위에 서 있는 반성적 자아를 간단하게 구분하면서 반성하는 자아가, 자연적으로 반성하면서, 동시에 무관심적인 자아가 될 가능성을 보여주었다. 우리는 이때 관심의 이념을 해명했는데, 관심은 우선은 경험적 관심으로 그리고 일반적으로는 인식 관심으로, 다음으로 또한 감정 관심과 의지 관심으로 규정되었다. 반성된 자아의 그때그때의 관심에 참여함을 전부 배제하는 것은 이러한 자아의 정립의 인수 전부를 배제함을 의미하며, 이러한 자아에 의해 수행된 타당성의 인수 전부를 배제함을 의미하지만, 또한 이러한 관점에서 비판을 수행하고, 인식하면서 참된 존재를 향해 나아가는 반성하는 자아의 모든 실천적 지향의 억제를 의미하기도 한다. 이제 반성하는 자아가 그러한 판단중지 속에서 이론적으로 태도 취해진 것으로서 발견하는 것은 현상학적으로 순수한 작용이다. 이러한 순수성은 현상학적인 것이지만 물론 다만 최초의, 아직 불완전하고 아직 초월론적이지는 않은 의미에서 그러하다. 이것으로 획득된 것은, 우리가 미리 말했듯이, 그리고 뒤따를 숙고에서 비로소 실제로 해명될 것이듯이, 다만 경험적 심리학의 의미에서의 현상학적 순수성이다.

작용들의 주요 유형들을 개별적으로 고찰하고 그러한 현상학적으로 순수한 구성요소들로 환원하면서 우리는 이러한 노선에서 계속 나아갔다. 그리고 이를 통해 작용들에 신비롭게 서로 얽혀 있는 **지향성**을 보여주고, 동시에 그러한 작용들의 모든 유형에서 드러나는 대로의, 주관적 존재와 주관적 작업수행의 특성을 처음으로 이해할 수 있게 하는 데에 몰두하는 작업을 했다. 현상학적 방법을 통해 평범한 경험의 맞은편에 새로운 경험 영역이 열린다는 사실을 보여주어야 한다면 어쨌든 그러한 분석이 요구될 것이다.

우리는 이러한 연구에 서 있었다. 세계 전체가 존재하지 않더라도, 나의 신체가 존재하지 않더라도, 그래서 인간이라는 일상적 의미에서의 자아를 더 이상 말할 수 없더라도 남아 있게 될 그와 같은 자아를 경험할 수 있게 하는 초월론적 주관성을 획득하기 위해서는, 경험적-인간적 자아의 작용들에 대한 그러한 개별적 환원을 통하여 결국 하나의 길이 열려야 한다. 이 점을 여러분들이 이해할 수 있도록 나는 이제 즉시 계속해서 하나의 미리 보기를 제공하고자 한다.

이러한 물음에 대한 답은 다음과 같다. 반성하는 자아로서 개별적인 작용들과 작용 연관들에 (위에서) 기술된 환원을 수행하는 대신, 그리고 개별적인 것으로서의 이러한 작용들 각각이 타당한 것으로 정립하는 것을 향하면서, 나는 나 자신을 초월론적-현상학적 자아로서 구성한다. 자세히 말하자면, 초월론적-현상학적 환원을 수행하며, 우선은 그것의 고유한 초월론적 주관성을, 자신의 현상학적 경험과 연구 일반의 열려 있는 무한한 영역으로 만드는 주체의 형식으로 구성한다. 그것이 무엇을 의미하는가 하는 질문이 제기된다. 대답은 다음과 같다. 판단중지가 이전의 심리학적 환원이 아직 알지 못했던 의미에서 보편적으로 포괄적이 되고 철저한 것이 됨으로써, 나는 이러한 초월론적 관찰자가 되고 나의 판단중지 자체도 **초월론적** 판단중지가 된다. 내가 말하자면 **개별적인** "나는 지각한다", "나는 기억한다, 상상한다, 나는 생각한다, 나는 욕망한다" 등을 그 순수하게 주관적인 (심리학적) 요소로 환원한다면, 나는 그럼에도 동시에 여전히 **다양한 것**들을 갖는다. 우리가 아직 하지 않은 것은 다음에 대한 입증이었다. 한편으로는 이미 개별적인 작용에 수행되어야 할 이러한 환원과 이러한 현상학적 순수성은 아직 더 높은 새로운 순수성의 성취 가능성을 열어둔다는 것의 입증이다. 그리고 판단중지를, 모든 것을 포괄할 뿐 아니라 또한 모든 심리학적인 것을 (말하자면) 수용하는 판단중지로 확장하는 작업은 초월론적 환원으로 이끌 수밖에 없다는 것의 입증이다. 우리가 알게 될 것이지만, 그것은 심지어, 우리가 데카르트적 길 위에서 우선 획득했던 것보다 훨씬 멀리까지 이르는 환원으로 이끌 수밖에 없다. 왜냐하면 현상학적 환원의 주체인 내가 이러한 길 위에서 나 자신을 초월론적 자아로 획득할 뿐 아니라 또한 그 방법에서 다른 주관성들을 포함하여, 초월론적 **상호주관성**을, 혹은 이렇게도 말할 수 있는데, 초월론적으로 파악된 개별적 자아들의 초월론적 공동체로서 초월론적 자아 총체를 획득하기 때문이다.

때때로 몹시 어려운 우리의 분석에서 관건은, 마치 우리가 생성 중인 철학의 통일적 사유 진행의 거대한 움직임을 놓쳐버리기라도 한 듯이, 불필요한 현상학적인 개별 분석들을 그저 실행하는 것이 아니다. 우리는 이 점을 지금 기억 속에 되살린 것이다. 우리는 오히려 엄격한 체계적 진행 속에, 그리고 더 정확히 말하자면 현상학적 방법의 재편과 심화 속에 서 있었다. 이러한 분석들은 이를 위해 필요했다. 이러한 분석은 자신의 현상학적 개별 환원들에 초석을 제공했는데, 이러한 초석 위로, 쉽게 이해할 수 있고 무관하지도 않은 근본 사상으로부터 비롯되어, 더 높은, 초월론적 보편적 환원이 지붕을 이루어야 할 것이다.

그래서 우선은 우리의 이전 연구의 실을 다시 붙잡아서 그것을 간결하고 어렵지 않게 이해할 수 있는 특징들로 매듭지어보자.

중단되었던 이 연구의 더 상세한 목적은 현상학적 분석을 통해 (회상하는 작용, 예상하는 작용, 모사하는 작용, 재생산적 상상의 작용들처럼) 현전화하는 것으로 제시된 작용들의 주요 유형들과 관련하여, 그것들의 지향적 관계가 첫눈에 보이는 것처럼, 그리고 흔히 표현되곤 하는 것처럼 단적인 관계가 아님을 제시하는 것이었다. 외견상으로는, 지각 속에 지각된 것이 있듯이, **기억**에는 기억된 과거가, **예상**에는 예상된 미래가, **모사**에는 모사된 대상이, **상상**에는 허구가 단적으로 현전화되는 듯 보인다. 그러나 진실은 그렇지 않다. 기억과 예상의 경우에 우리는 이미 처음의 데카르트적 환원에서 지나가면서 짧게 이 점을 입증했고, 상상의 경우에는 꼼꼼하지만 어려운 분석 속에서 상세히 해명했다. 그러한 모든 현전화에서 곧바른 시선 방향(혹은 일차적인 의미에서 '현전화된 것'이라고 불리는 것, 그리고 처음에 보이는 유일한 것을 향하는 시선 방향)과 두 번째의 숨겨져 있으면서 함께 현전화된 작용과 작용 시선(현전화된 대상의 필연적 상관자로서의 이러한 작용의 자아는 현전화된 자아이다)이 구분되어야 함이 드러난다. 하나의 풍경을 상상적으로 의식해 가짐, 곧바로 상상하면서 풍경에 몰두함, 이것은 풍경을 지각함처럼 단순한 사건이 아니다. 왜냐하면 상상된 풍경에는 필연적으로 함께 상상된 자아가 속하기 때문이다. 그러니까 지금 여기에 있는 자아가 아니라 나의 자아의 상상 변양, 즉 마치 이 풍경 속에 있는 양, 지각하며 이 풍경을 향하고 있는 양, 그러그러한 현출 방식에서 풍경을 의식하고 있는 양하는 자아가 속하는 것이다. 이러한 상상된 자아와 이러한 상상된 봄 작용은 풍경 — 이러한 풍경은 그러므로 실제로 지각된 풍경처럼 단순한 지향성 속에서 의식된 것이 아니다 — 을 상상함의 필수적 요소에 속한다. 마찬가지로 어제의 산책에 대한 기억은 외견상 단적인 것으로 보인다. 마치 내가 여기서 현재의 자아와 산책에 대한 기억상 이외에 아무것도 갖지 않으며, 지각적으로 주어지고 흘러가는 산책과 대비하여 이러한 기억상을 단지 주관적으로 변양된 방식으로 의식하지만, 그 밖의 점에서는 마찬가지로 단순하게 의식하는 것처럼 그렇게 단순한 무언가로 보인다. 그러나 더 자세히 고찰해보면 다시금 과거는 오직 다음을 통해서만 기억된 것으로서 의식될 수 있음이 새차 드러난다. 즉 그것은 나에게 지각되어 존재했던 것으로서 의식됨을 통해서만, 그리고 재생산된 과거에서 나는 그 경우 재생산적 자아로서, 그러니까 지금 존재하는 자아가 아니라 존재했고, 그때 그러그러하게 체험하면서 존재했던 자아로서 함께 존재함을 통해서만 과거는 기억된 것으로 의식될 수 있다. 예상의 경우도 사정은 마찬가지인데, 예상된 사건, 필연적으로 함께 정립된 자아, 그리고 (일어날 일이 지각적 현재가 될 것이거나 될 수도 있는) 자아 작용과 관련하여 그러하다.

4부

현상학적 심리학, 초월론적 현상학과 현상학적 철학

1장
현상학적–심리학적 환원의 작업수행과 문제

47강 지향적 함축과 반복들

기억된 (혹은 예상된) 사건은 오직 그것이 기억된 과거 속에서 지각된 것으로 (혹은 예상된 미래 속에서 지각될 것으로) 의식됨을 통해서만 그러한 것으로서 나에게 의식된다는 사실, 그리고 모든 그러한 지향적 내용에는 순수한 주관적 내용, 즉 이러한 함축된 과거의 지각 내지 미래의 지각의 순수한 주관적인 것이 포함되어 있다는 사실이 일반적으로 동일한 방식으로 해명될 수 있다. 기억이나 예상에 대한 현상학적 환원은 그래서 내가 이러한 환원을 기억된 과거 또는 예상된 미래 속으로 집어넣을 것을 요구한다. 바꾸어 말하면, 현상학적 환원은 다음을 요구한다. 즉 내가 과거 속으로 소박하게 옮겨져서 과거의 나와 과거의 나의 과거의 작용들, 그리고 기억적 과거의 자아로서 했다고 의식되는 모든 작용들에 반성적 파악을 수행하고, 저 이론적 고찰의 무관심성 — 이러한 무관심성 속에서, 과거 자아의 작용으로서 해당 작용의 순수한 주관적 내용이 생겨난다 — 을 작동시킬 것을 요구한다. 미래의 자아와 미래의 자아의 작용들에 대해서도 마찬가지인데, 그러한 작용들이 그때그때의 예상 속에 지향적으로 포함되는 한에서 그러하다. 또한 이러한 **현전화**와 같은 방식으로 여전히 자신의 지향성 속에, 함축된 작용들 및 함께 함축된 자아를 (현재적 자아로서 이러한 작용들을 실제로 수행하는 자아의 맞은편에) 지니고 있는 모든 작용들의 경우에도 마찬가지임이 자명하다. 상상하는 작용들의 경우, 그러한 자아는 '마치'의 양식 속에서, 그때그때의 상상 세계에서 작용들을 수행하는 함께 상상된 자아로서 지향적으로 함축되어 있다. 물론 함축된 작용들에서 상상된 것으로서 얻어진 순수하게 현상학적인 것 자체도 한갓 상상된 것이다. 그러나 그럼에도 불구하고 현상학적 환원은 여기서 필연적 방식으로 실행되어야 할 것을 실행한다. 상상하는 현실적 자아의 현재적인 내실적[29] 작용으로서의 모든 상상이 그 상상 대상들을 어떻게 의식했는지, 그리고 그때 꾸며진 모든 대상적인 것에 꾸며진 순수한 주관적인 것이 — 대상적인 것이 상상 속에서도 주관에게 현출할 수 있고 타당할 수 있는 것은 오직 이 꾸며진 순수한 주관적인 것 때문이다 — 어떻게 상응하는지를 현상학적 환원은 보여준다.

단적인 현전화와 상상이 — 다소 복잡한 모사와 (가령 징표를 통한) 표지와 벌써 마찬가지로 — 서로의 위에 층 지어진 되풀이, **반복**의 가능성들

---

29 '내실적'은 'reell'의 번역어다. 후설에서 내실적인 것이란 우리의 지향적 의식 체험에 '실제로' 속하는 것을 뜻한다. 지향적 체험의 이러한 내실적 구성요소에는 '감각소여', '파악' 등이 있다. 내실적 구성요소는 의식의 내재적 영역에서 실제로 발견되는 요소로서 초월적 대상과 구별되며, 지향적 대상과도 구별된다.

을 지니고 있음을 통해, 고찰될 수 있는 지향적 함축들은 배가된다. 단적인 회상 대신, 우리는 또한 회상의 회상을 가질 수 있다. 그리고 이것을 넘어서 우리는 우리가 회상에 대한 회상을 가졌음을 기억할 수도 있다. 복제품, 가령 조각상에 대한 소묘가 있고, 또 그 후에 이 소묘 자체에 대한 복제품이 있는 경우가 그렇듯이, 어떤 모사는 모사의 모사일 수 있고, 그것 자체도 다시 모사일 수 있다. 또한, 내가 상상 세계 속에 들어가서 꿈을 꿀 때, 그래서 내가 상상 속에서도 상상함으로 빠져들 수 있는 경우처럼, 상상은 단적인 상상이 아니라 상상의 상상일 수 있다. 이것 또한 이념적으로 반복될 수 있다. 그래서 내가 상상 세계 속에서 상상함에 빠져들 수 있다는 것 또한 이념적으로 반복될 수 있다.

다른 한편 우리는 지향적 착종과 관련하여 하나의 동일한 작용 유형에서만 반복을 가지는 것이 아니다. 지향적으로 변화하는 다양한 작용 방식이, 가령 예상에 대한 기억, 기억에 대한 예상, 기억에 대한 상상처럼 지향적으로 서로 중첩될 수 있듯이, 하나의 변화의 모든 반복은 모든 다른 변화의 지향성 속으로 옮겨 갈 수 있다. 상상에 대한 몇 마디 말을 통해 이 점을 상세히 설명해보자. 상상은 이전에 이미 언급했듯이, 정립적 작용으로서의 모든 비상상적 작용의 맞은편에 대립하는 보편적 변양의 명칭이다. 이념적으로 우리는 모든 실제적인 작용들, 모든 정립적인 작용들에 대해 그에 상응하는 상상 작용을 마주 세울 수 있다. 그것은 그러나 다음을 의미한다. 우리가 환원을 통해 정립적 작용들에서 획득한 모든 종류의 현상학적 결과들 — 단적인 기억, 예상이든 반복된 기억, 예상이든 — 은 어려움 없이 상상으로 옮겨진다. 다만 그것들은 '마치'의 변양을 띠게 될 뿐이다. 상상을 상상으로 이루어내는 독특한 특징들에 대한 보편적인 현상학적 해명, 그리고 정립적 작용들의 근본 유형들과 그 반복의 유형에 대한 체계적인 환원이 필요할 뿐이다.

지금까지 보고 작업한 작용들은 지향적 함축의 형태로 자기 안에 다시 작용들을 지니고 있다. 그러나 동일한 자아의 작용들을 지니고 있다. 내가 기억할 때, 기억하는 자아인 나는 작용의 주체로서 물론 작용의 지향적 내용 속에 들어 있지 않다. 그러나 그럼에도 불구하고 하나의 변양 속에서, 나의 주관적 기억 과거 속에서 나는 그럼에도 거기에 속해 있다. 적절한 모든 반성이 나에게 이렇게 말한다. 내가 지금 기억하는 바로 그 내가 기억된 것과 함께 있다. 그리고 지금까지 고찰한 작용들에서도 이 점은 언제나 유사하다.

이제 새로운 아주 주목할 만한 작용들의 형태를 고찰해보자. 이 형태의 지향적 작업수행에는 현전화가 기여한다. 이것은 이른바 **타인경험** (Einfühlung)이라는 작용이다. 타인경험을 통해 자아(*ego*)로서의 나는 일종의 지각적 방식으로 다른 주체, 그 어떤 타아(*alter ego*)의 '생생한' 현존에 관해 의식한다. 그러나 그것은 내가 그 어떤 사물들, 이른바 '다른 신체들'에서 거기에 속하는 함께 현존하는 영혼 삶을 이해이입함을 통해서 가능하다. 신체는 영혼적 존재, 영혼적 삶이 '표현되는' 사물이다. 내가 신체를 지각한다면, 나는 또한 이러한 표현을 경험한다. 그리고 그러한 표현을 통해서 다른 영혼 삶을 표현된 것으로서, 공현전[30]의 방식 속에서 알려지는 것으로서 경험한다. 나는 거기에서 즉각적으로 표현되는 영혼적인 것을 본다. 비록 내가 영혼적인 것 자체를 볼 수는 없고, 또 결코 그 자체를 본래적으로 지각할 수는 없지만 말이다. 우리가 알고 있듯이 여기에는 일종의 **근원적 표지**가 있다. 그것은 자신의 힘을 나의 영혼 삶과의 얽힘 속에 있는

:
30 '공현전'은 'Mitgegenwart'의 번역어로서 '함께 현전한다'는 뜻이다.

나의 신체의 지각적 현재로부터, 그리고 우선은 물체적 존재인 다른 신체와 나의 신체와의 유형적 유사성으로부터 얻는다. 근원적으로 볼 때, 그러한 연관 속의 이러한 유사성은 현전화 기능을 동기 짓는다. 즉, 유사한 영혼적인 것의 표지가 되는 기능이다. 그러나 그것은 일종의 기억이나 예상 속에서 표지가 되지는 않는다. 그런 종류는 함께 현전화된 자아 주체를 나 자신과 동일시하는 것을 허락했을 것이다. 그것은 자아이지만 다른 자아이다. 이러한 지각 방식의 고유한 지향적 구조 — 그것의 작업수행에 대해 주요 부분은 현전화에 힘입고 있다 — 는 함축된 주체로서 자아를 요구하지만, 나 자신을 요구하는 것은 아니다. 그것은 나에게 다른 자아가 나의 맞은편에 있다는 의식을 창조한다. 이 의식 없이는 '다른 자아' 혹은 '이웃'이라는 말이 나에게 의미 없는 말이 될 것이다.

우리가 여기서 타인경험에서 지향적 함축들을 풀어내고 그 현상학적 요소들을 환원적으로 *끄집어낸다면*, 우리는 원리적으로 새롭고 주목할 만한 것과 마주치게 된다. 우리가 자신의 작용(현전적 작용들과 지향적으로 함축된 작용들, 실제적인 작용들과 꾸며낸 작용들)에 현상학적 환원을 수행할 수 있는 것처럼, 우리는 그러한 환원을 또한 타인경험을 통해 우리에게 의식되는 타자의 작용들에도 수행할 수 있다. 우리는 우리를 그리로 옮겨서, 말하자면 그들의 작용 삶에 들어가 살면서, 마치 우리가 그들 자신인 것처럼, **그들 안에서** 반성과 현상학적 판단중지를 수행할 수 있다. 마찬가지로 모든 그들의 작용, 그들의 지각, 그들의 기억, 그들의 예상, 그들의 상상 등에 대해서 순수한 주관적인 것, 타인의 순수한 주관적인 것을 끄집어낼 수 있다. 이는 우리가 우리의 과거의 혹은 우리의 꾸며진 자아에서, 우리의 기억된 그리고 꾸며진 작용들에서 할 수 있는 것과 완전히 마찬가지다.

물론 타인경험에 따라 주어지는 타인의 작용들에서 상황은 더 복잡하다. 여기서는 내 안에서 더 근원적인 형태로 주어진 것의 (경험된 신체성을 매개로 하는 독특하고 관련짓는 표지를 통한) 지향적 변양이 문제시된다. '다른(alter)'이라는 변양은, 자신의 작용들의 모든 생각 가능한 방식들을 그 고유한 지향적 함축들과 더불어 상응하여 변화시키는 지향적 특성으로 밝혀진다. 내가 나에게서 경우에 따라 끄집어낼 수 있었을 모든 지향적 요소들을 **나는** '다른'이라는 이러한 변양 속에서 마주칠 수 있다. 그러니까, 타자의 작용의 지향적 요소로 특징지어지면서 마주칠 수 있다. 더욱이 내가 **자신의** 것으로서 실제로 경험했고, 상상할 수 있었을 **모든** 종류와 방식의 체험을 내가 타-자아(alter ego)에게 이해이입(einverstehen)[31]할 수 있음이 본질적 보편성에서 타당하다. 그것은 또한 타인경험 자체에 대해 타당하고, 타인경험은 타자의 신체성 속에서 혹은 타자의 신체성을 매개로 표현될 수 있다. 이에 따라 나는 다른 사람을, '다른'의 이러한 방식 속에서 다시 다른 사람을 경험하는 누군가로서 경험할 수 있으며, 이때 다른 사람은 자신의 편에서는 다시 네 번째 다른 사람을 경험할 수 있을 것이다. 그것은 사실 지향적 함축의 완전히 일상적인 사건이다. 우리는 여기서 다시금 **반복 가능한** 변양이 문제시되고 있음을 본다. 그 속에서 한 주관과 주관적 삶이 타인경험하는 작용의 지향적 대상으로 변양되어 주어지는 '다른'이라는 변양 — 주관적인 것이 자기 지각에서 **원본적으로** 변양되지 않고 주어지는 방식과 대조적으로 — 은 반복적으로 쌓일 수 있다. 타인경험된 것의 타인경험된 것으로서 경험되는 영혼적인 것은 이제 그 자체로 지향적 간접성을 갖게 된다.

∵

31 타-자아의 의식 체험에 대한 해석 작용에서 나 자신의 체험의 종류와 방식을 타-자아에게 옮겨 넣음(이입)으로써 타자를 이해하는 것을 뜻한다.

유사하게 우선은 지각된 것의 맞은편에 회상된 것은 '지각된 것으로 있었음' 혹은 '기억에 적합하게 지나간'이라는 변양된 특성을 갖는다. 그리고 더 나아가 회상의 회상의 지향적 대상은 상응하여 반복된 지향적 특성을 갖는데, 그것은 현실적 현재와 과거의 현재라는 두 가지 현재를 지시한다. 이때 동시에 직접적 지향성과 간접적 지향성 속에서 동일한 것이 주어지고, 동일한 것으로서 식별될 수 있다. 나는 무언가를 기억하고, 동시에 내가 어제 기억했던 무언가로서 거기에 대해 기억한다. 마찬가지로 나는 무언가를 경험하고, 동시에 나의 이웃이 경험하면서 동일한 것을 향하는 것을 경험하며, 제3자가 이러한 이웃이 그것을 향하고 있음을 관찰하고 있음을 경험한다, 등등.

자신의 편에서 두 번째 타인을 경험하면서 파악하는 타인이 나에게 주어지는 타인경험하는 경험의 특수하고도 매우 중요한 경우는 다음과 같은 것이다. 나 자신이 이러한 두 번째 타인으로서 함께 경험되고, 이러한 간접적으로 타인경험하는 경험이 나의 자기 경험과 합치하는 경우다. 즉 나는 나의 상대를 나 자신을 경험하며 향하는 자로서 경험한다. 그래서 '서로에 대한-상호적-현존'이라는 이러한 가장 근원적인 형식에 근거하여 다양한 '나-너-작용'과 '우리-작용'이 가능하게 된다. 그리고 이러한 작용들 자체는 다시 타인들에게서, 그리고 통일체로서의 의사소통적 다수에게서 타인경험될 수 있다. 그래서 극히 다형적인 공동체의 삶이 가능해진다. 그것의 주목할 만한 특성은, 많은 주관들이 그저 살아갈 뿐 아니라, 주관들 각각이 타인경험하는 경험의 지향성을 통해 모든 타인들을 자신의 타인들로서 부여하는 방식으로 산다는 것이다. 그러니까 함께 현존하는 것으로서, 부분적으로는 근원적인 경험의 형식으로, 그리고 부분적으로는 규정된 혹은 열린 미규정적 앎의 형식으로 그들은 그들의 실존적 영역 속에 존재한다. 그러나 그것으로는 아직 충분하지 않다. 직접적이든 간접적이든, 부분적으로 현실성에 관한 것이든 부분적으로 산출 가능한 실천적 가능성에 대한 것이든 그는 이러한 모든 타자들과 함께 **사회적 연관** 속에 존재한다. 그리고 그것은 의사소통적인 작용들, 특수한 사회적 작용들, 나-너-작용, 우리-작용 등의 덕분으로 그들과 '교류하거나' 혹은 가능한 방식으로 교류하면서, 그들로부터 인격적인 영향을 경험하면서, 또 그러한 영향을 그들에게 행사하면서 일어난다. 이 모든 것은 그러나 자신의 고유한 (그리고 각자의) 지향성의 틀 속에서 이루어지며, 그래서 '모든 사람'은 자기 자신을 누군가로서, 미규정적인 열린 폭으로 계속 뻗어 나가는 **인격적 영향의 공동체**의 일원으로서, 그리고 궁극적으로는 인류의 일원으로서 자신을 인식한다.

이러한 고찰 속으로 들어와야 할 작용 부류가 아직 하나 더 있다. 물론 우리는 또한 임의적인 반성 작용에 현상학적 환원을 수행할 수 있고, 그래서 마찬가지로 **현상학적으로 환원하는 반성의 작용들**에도 이러한 현상학적 환원을 수행할 수 있다. 다른 말로 하면, 내가 단순한 지각에서 지각 대상을 괄호 칠 수 있듯이, 그리고 지각 자체에 대해 반성하면서 지각 대상을 단지 현상학적으로 순수한 지각의 지각된 것으로 취할 수 있듯이, 나는 또한 현상학적으로 반성하는 작용의 대상을 괄호 칠 수 있고, 이러한 작용의 현상학적으로 순수한 것을 획득하고자 할 수 있다. 내가 지각을 나의 순수한 체험으로 획득할 수 있게 해주는 현상학적 반성의 작용은 대상으로서 바로 이러한 순수한 체험을, 그러므로 이러한 현상학적 자료를 갖는다. 평소처럼 진행하면서 이러한 현상학적 자료에 대한 나의 존재 관심을 억제하는 것을 방해하는 것은 아무것도 없다. 그러므로 지각과 관련하여, 방금 수행된 현상학적 판단중지가 현상학적으로 순수한 체험을 고정하려는 것만을 배타적으로 향하는 관심을 확정하는 것을 방해하는 것도 없다. 그것은 명백히 **두 번째 단계의 판단중지**를 통해, 두 번째 단계의 반성에서 일어난다. 여기 지각의 예에서 일어났던 것은 모든 그 밖의 작용에서도 일어날 수 있다. 그래서 우리는 임의적 반복 속에서, 쌓아 올려진 현상학적 환원의 — 적어도 이념적으로는 — 무한함에 이른다.

현상학적 환원의 임의의 단적인 작용(그것 자체는 현상학적 작용을 환원하지 않은 작용)으로부터 시작하는 그러한 반복 계열에 관해서 명백히 이렇게 말할 수 있다. 그것은 서로에게 근거 지어진 현상학적으로 순수한 자료들의 단계 계열을 제시한다. 그러나 마치 더 높은 단계의 환원의 결과가 낮은 단계의 환원의 결과를 개선하거나 보충하기라도 하는 듯이 그렇게 하는 것은 아니다. 현상학적 해명 자체가 다시 하나의 작용이고, 나는 순수한 경험에서 순수한 작용으로서의 그것을 해명하는 데 관심이 있어서, 그 작용, 이 더 높은 단계의 작용에 환원을 관계시켜야 함을 이제 내가 다시 반성하면서 알게 된다고 해도, 내가 순수한 주관적인 것으로서 현상학적 경험에서 해명한 것이 잃거나 얻는 것은 전혀 없다. **방법의 작용들**로서의 이러한 작용들은 처음부터 있었던 것이 아니라 나에 의해 방법적으로 작동하게 된 것이다. 그리고 다만 주목할 만한 것은 그러한 작용들은 언제나 새로이 **반복적으로** 작동될 수 있다는 것이다. 이 점은 모든 반복에 대해 타당하다. 분명한 것은 다음과 같은 사실이다. 만약 내가 현상학적 의미에서 순수한 주관적인 것만이 존재해야 하는 고찰 범위를 경계 짓는 데 관심을 가져야 한다면, 모든 그러한 반성 단계의 현상학적 순수성은 동일한 방식으로 나의 범위에 속한다. 내가 특수한 현상학적 자료를 고정하고자 하는 모든 개별적인 경우들에서 나에게 환원의 소급이 무한히 요구되기라도 하는 식이 아니다. 마치 문제의 자료가 더 높은 반성에서 처음으로 완성되어야 하기라도 하는 듯이, 그 자료가 이미 현상학적으로 순수한 것이 아니고 그 자체로 완성된 것이 아니기라도 한 듯이 말이다.

48강 그때그때의 작용들의 심리학적 환원으로부터
보편적인 현상학적 판단중지와 환원으로의 이행의 문제

이제 개별적 분석들을 사용할 필요가 있고, 이들로부터 현상학적 잉여(*plus ultra*)를 알아챌 수 있느냐는 질문을 제기해볼 필요가 있다. 우리는 데카르트적 환원의 길에서 나온 '초월론적 주관성'이라는 명칭으로 현상학적 잉여 중 하나를 안다. 이러한 앎은 이제 자연적 태도의 토대에서 수행되는 (우리의 지금까지의 진행을 이룬) 개별 환원들의 작업수행에 대한 **비판**의 수단으로서만, 그러니까 이러한 진행의 **불충분성**을 극복할 수 있는 결정적 사유를 일깨우는 수단으로서만 기여해야 한다. 이를 통해 우리가 획득하는 것은 물론, **새로운 방법**의 건설적 보충 부분을 만들어내기 위한 주도적 동기부여일 뿐이다. 이러한 동기부여 자체는 자명하게 자기 자신에 근거해야 하는 환원의 새로운 방법 자체에 속하지 않는다. 초월론적 주관성에 대한 앎과 함께 우리는 다음과 같은 오래전부터 친숙한 주요 사상을 이용한다. 즉 나에게 현존하고 현존했던 모든 객관적인 것은 나에게 현존할 것이고, 나에게 그 어떤 의미에서든 간에 존재하는 것으로 타당할 것이며, 다만 나의 고유한 의식적 작업수행으로부터만 의미, 현출 방식, 타당성을 길어 왔을 수 있다는 것이다. 그것으로부터 따라 나오는 것은 다음과 같다. 내가 이미 환원된 객관적인 것과의 객관적 얽힘 속에서 환원이 수행되지 않은 나머지를 가지고 있다면 언제나 — 즉, 작용의 한갓 지향적 대상성으로서의 대상에 대한 의식으로 되돌아감 속에서 정립되지 않고 단적으로 정립된 객관적인 것의 존립 요소를 가지고 있다면 언제나 ─ 나는 아직 실제로 완전하게 순수한 주관적인 것을 갖지 않는다.

이러한 보편적 관점에서 우리가 수행했던 다양한 작용들의 현상학적 환원을 고찰해보자. 그리고 도대체 어떤 방식으로 진행되었든 간에 모든 종류의 작용들 일반에 대해 생각해보자. 이때 나는 시작점에서 자연적 태도 속에 있었다. **심리학자**로서의 나는, 나, 잘 알려진 세계 속의 이러한 인간으로 시작한다. 그리고 내가 이제까지의 삶에서 정상적인 정도로 그것에 대한 앎을 획득해온 실재적인 환경세계뿐만 아니라 또한 이념적 세계가 나에게 현존한다. 가령 나는 수학을 배웠고, 수의 세계를 알고 있으며, 리만[32]의 다양체, 로바쳅스키[33]의 다양체 등 다양한 유형의 이념적인 수학적 다양체들을 알고 있다. 심리학자로서의 나에게 이러한 세계를, 나에게 앎과 인식으로 오는 이러한 모든 객관성들을 포기할 것을 아무도 요구하지 않았다. 나의 방법론적 환원함이 그때그때 관찰된 개별 작용들로부터 언제나 새로운 개별 작용으로 전진하는 것은, 언제나 단지 **그것들에 대한, 그리고 그것의** 지향적 대상성들에 대한 환원만을 요구한다. 그리고 내가 거기서 주관적인 것을 얼마나 순수하게 파악했던 간에, 나의 것이었고 단적인 모든 종류의 대상성들을 단번에 영원히 남김없이 타당성 밖에 놓으라는 요구는 결코 나에게 주어지지 않았다. 그때그때의 작용들 **속에서** 혹은 그때그때의 작용들에 **대해서** 타당한 것으로 정립되었던 것들만이 순수한 작용내용을 획득하기 위해 ─ 단지 일시적으로만 ─ 괄호 쳐지게 된다. 세계가

..

32 리만(Bernhard Riemann, 1826~1866)은 독일의 수학자로서 기하학 등의 분야에서 수많은 업적을 남겼다.
33 로바쳅스키(Nikolai Lobachevsky, 1792~1856)는 러시아의 수학자로서 유클리드 기하학의 기초 공리를 검토하여 유클리드 기하학과는 전혀 다른 비유클리드 기하학을 창시했다.

인간들과 더불어 배경에서, 획득된 습성적 소유물로서 타당성 속에 머물러 있다면, 내가 나의 주목하는 시선을 다시 나의 신체에 향하자마자, 내가 그때그때 자신의 순수한 주관적인 것으로 환원하는 모든 작용, 가령 나의 지각 작용, 기억 작용, 타인경험의 작용은 즉시 **나의** 작용으로서, **이 인간**의 영혼적 작용으로 존립하게 된다. 나의 신체는, 비록 내가 그것에 주목하지 않더라도, 그것에 **파악하는** 지각의 어떠한 작용도 관계시키지 않더라도, 나의 지각장 속에 계속해서 현존한다. 나의 신체는 지금 주목하면서 파악되든 그렇지 않든 이렇게 지속적으로 현존하는 것으로서 나에게 **타당성 속에 머물러 있기** 때문에, 그리고 나의 그 밖의 신체 외적인 경험 세계도 그러하기 때문에 나의 신체와 나의 그 밖의 신체 외적인 경험 세계는 말하자면 계속해서 말참견을 해야 한다. 내가 통일적인 내면성, 순수한 영혼의 통일성을 지향한다고 해도 다르지 않다. 심리학자는 객관적인 통각 '인간'의 토대 위에 서 있다. 그는 추상적 태도를 수행하여, 그 속에서 한갓 물리적 육체성의 구성요소를 순수하게 획득하고, 이어서 반대의 태도에서는 '순수한 영혼'이라는 구성요소를 획득한다. 그러나 바로 구성요소로서 획득한다. 다른 말로 하면, 내가 새로운 작용들을 수행하면서 작동시키는 모든 새로운 타당성은 거기에 속하는 의미에 따라서 오래된, 단지 새롭게 활성화된 타당성과 얽힌다. 내가 환원하면서 획득한 모든 순수한 주관적인 것은 지속적으로, 그리고 이러한 환원에 영향받지 않고서, **객관적 타당성의 구성요소들**을 지닌다. 이 구성요소들은 결코 억제되지 않은 객관적 타당성들의 저 **얽힘**에서 유래한다. 나의 타당성의 영역에 끊임없이 인간들이 존재한다면, 그들의 육체와 이러한 육체에 혼을 불어넣는 작용들이 함께 타당성의 통일체에 속한다. 내가 자신의 것이든 타자의 것이든 이러한 작용의 순수한 주관적인 것을 현상학적으로 나에게 만들어낸다면, 그것은 나에게 곧장, **이러한 혹은 저러한 신체와 함께 현존하는** 순수한 주관적인 것이다. 그래서 이러한 혹은 저러한 **인간의** 순수한 주관적인 것, 다른 말로 하면 그러한 인간의 **순수한 영혼적인 것**이고, 내가 나 자신의 것을 환원한다면 나 자신의 순수한 영혼적인 것이다.

그래서 우리가 이미 미리 고지했던 것은 유지된다. 우리가 지금까지 개별 작용들의 다양한 유형들에 수행했던 현상학적 진행은, **순수성 속의 영혼적 내면성**을 끄집어내고 거기에 숨겨진 **지향적 함축**을 파헤치는 것을 수행하는 것에 다름 아니며, 그것밖에 수행할 수 없다.

이러한 작업수행은 결코 사소하지 않다. 참으로 우리는 이제 이러한 현상학적 환원은 우선은 **로크** 이래, 어떠한 방법적 기교도 없이 단적인 경험의 방식에서, **한갓 수용성의** 방식에서 수행할 수 있다고 생각된 것, 즉 **순수한 심리적인 것**, 소위 **내적 경험**을 성취한다고 말할 수 있다. 우리의 분석과 그 파급 효력 범위의 해명을 통해서 곧바로 분명해지는 것은 **순수한 심리적인 것의 경험**, 그리고 이미 순수한 심리적인 자기 지각은 결코 **한갓 수용성**이 아니며, 그것은 특수한 **방법**, 즉 판단중지의 방법의 힘든 활동을 요구한다는 것이다.

그저 심리학적으로 순수한 경험의 이러한 방법이 **초월론적** 주관성으로의 길을 어떻게 열 것인가? 이러한 방법이 **인간적** 영혼 삶을 내다봄을 넘어서, 그리고 **순수히 심리학적인** 분석을 넘어서 어떻게 초월론적인 순수한 삶을 직관하는 것으로, 그리고 초월론적 분석의 작업수행으로 이끌려야 할까? 방법의 어떠한 변경과 강화가 요구되는지, 판단중지가 **절대적 보편성**까지 얼마나 펼쳐져야 하는지 요구되는지는 이미 벌써 상술한 것을 통해 암시되었다.

이러한 지금까지의 현상학적 환원의 현재의 전체적 상황을 숙고해보자.

지금까지의 현상학적 환원은 지향적 체험의 한갓 심리학적으로 순수한 내용으로 이끌고, 자연적 보편성 속에서 수행되면서, 전체 세계의 순수 영혼적 요소로, 그래서 모든 인간적, 동물적 존재의 순수 영혼의 총체로 이끌 것이었다.

자연적 태도에서 출발하여 그것을 계속 유지하는 것에는 현상학적으로 활동하는 나에게, 이전에 나에게 타당했던 모든 것이 타당했다는 사실이 놓여 있다. 내가 판단중지를 **보편적 판단중지**로서 수행하고 싶어 했음에도, 즉 나의 작용과 다른 사람들의 작용 **전부**를 판단중지 아래 두고자 하는 일반적 의지에 따라서 수행하고 싶어 했음에도, 내가 수행했던 판단중지는 이러한 모든 작용들의 자연적 존재 타당성을 그대로 두었다. 그것이 가령 지각, 나 자신의 작용이거나 혹은 자연적 경험 속에서 나에게 주어지는 타인의 작용이었다면, 그 지각은 필연적으로 나의 인간-자아의 지각이었고, 또 다른 인간 혹은 동물의 지각이었다. 내가 그때마다 지각된 대상들의 현실적 존재에 대해 수행했던, 그리고 마찬가지로 해당되는 그 밖의 작용들 속에서 정립된 대상성들에 대해서 수행했던 판단중지의 무관심성은 결코 **절대적**이고 철저하게 **순수한 무관심성**이 아니었다. 그것은 다만 **상대적인** 무관심성이었을 뿐이다. 말하자면, 만약 그때그때 지각하는 자아 또는 여타의 방식으로 활동하는 자아가 착각하더라도, 그 작용들에 존재하는 것으로서 나에게 머물러 있는 것을 끄집어내려는 의도에서만, 그리고 그 작용들 속에서 정립된 대상들의 존재나 비존재의 사정이 어떻든 간에, 어쨌든 이러한 작용의 실제적 존재에 분리 불가능하게 속하는 것을 끄집어내려는 의도에 따라서 그와 같은 것을 산출하려는 의도에서만 수행된 무관심성이었다. 나는 그때그때의 작용 주체의 작용 체험을 순수한 체험으로서, 그것의 순수한 체험 요소들에 따라 획득하려는 목적을 가졌다. 그러나 이는 심리학자인 내가 이러한 지각된 것들에 대한, 이러한 정립된 대상들, 가치들 등에 대한 나 자신의 믿음의 입장 취함을 **단적으로** 작용 밖에 놓고자 했음을 의미하지 않는다. 나는 나의 목적과 관련해서 단지 상대적으로만 그러기를 원했고 그렇게 했다. 그래서 나는 다른 사람이 본 집을 적절하게 그리고 **동시에** 현실성으로 확인할 수 있었고, 다른 사람의 순수한 지각 체험을, 그가 본 집의 존재 현실성을 괄호 침으로써 획득할 수 있었다. 왜냐하면 그것을 통해 나는 그의 지각에 한갓 지향적 대상성들이 속함을 확인할 수 있었기 때문이다. 저 지향적 대상성은 이러한 개별적 내용을 가진 집, 이러한 현출 방식의 집 등이다. 그것은, 비록 그 집이 실제로 존재하지 않는 것으로 밝혀지더라도 어쨌든 지각 작용의 계기로 자기 자신으로 머물러 있는, 지각하면서 사념되고 정립된 집 그 자체다. 나는 그때그때의 작용들의 지향적 대상들의 현실적 존재에 대한 나의 입장 취함을 단순히 절대적으로 억제하지 않았다. 더군다나 실재적 세계가 그것의 모든 경험적 현실성들과 또한 여러 가지 이념적 실재성들—이것들은 나의 이전의 삶에서 존재하는 것으로 인식되었고, 나의 인식 소유물(습성적 확신들)의 영역에서 그대로 유지된 채 남아 있다—과 더불어 지속적으로 나에게 현존하고 타당성을 갖게 하는 나의 그 밖의 존재 정립들, 나의 전체 타당성 습성들을 단순히 절대적으로 억제하지 않았다.

그러나 이제 또한 **이러한 자연적 태도로부터 전체 토대를 빼앗고,** 이러한 토대를 만들어주는 것인 **모든** 타당성들을 효력 밖에 놓는 다른 새로운 것이 어떻게 가능한지를 살펴보자.

나의 모든 관심을 통해, 나에게 타당한 것이 지금 나에게 타당할 뿐 아니라, **이전에 나에게 타당했던 것이 여전히 나에게 습성적으로 계속 타당하게 되고,** 나에게 미래에 타당할 것이, 그러한 타당성 토대 위에서 자연적 방식으로 나에게 앞으로도 계속하여 **타당하게 된다**. 또는 오히려 내가 판단중지를 통해 관여하지 않는다면 타당하게 될 것이다. 이러한 모든 관점 **일체**를 억제한다는 의미의 **보편적 의지 결단**으로서 **보편적** 판단중지를 근거 짓는 것을 방해하는 것은 없다. 이 보편적 의지 결단이 지속적으로 타당한 것으로 생각되는 한, 이러한 보편적 의지 결단을 통해 나는 나의 앞으로의 삶을 다스린다. 즉 보편적 의지 결단의 지속적 실행 속에서 나는 수행된 모든 타당성 혹은 어떻게든지 실행으로 나타나는 타당성을 작용 밖에 두어야 하고, 괄호 치기의 방식으로 그러한 타당성에서 '나에게 타당함'이라는 힘을 거부해야 한다. 나는 '나타남'에 대해 이야기한다. 왜냐하면 우선, 나의 삶의 흐름 속에 들어서는 보편적 판단중지는 이 삶의 본질적 구조를 전혀 변경하지 않기 때문이다. 보편적 판단중지는 다음과 같은 사실을 전혀 변경하지 않는다. 즉 나는 지속적으로, 내가 바로 현실적인, 실제적 작용들에서 관계하는 이러저러한 개별적 사물, 인간, 수, 정치적 혹은 윤리적 이상, 그리고 실재성들과 얽힌 인격성들과 관계하는 것으로 나 자신을 **발견할** 뿐 아니라 전체 세계, 즉 이러한 사물, 이러한 인간들이 속하는 실재적 세계 전체에 함께 관계하는 것으로, 그리고 동시에 경우에 따라 나의 현실적 작업의 그때그때의 이념적 대상들이 속하는 어떤 이념적 영역에 함께 관계하는 것으로 나 자신을 알고 있다는 사실 말이다. 이를 통해 다음과 같은 사실이 이야기되어야 한다. 즉 내가 나의 보편적 의지의 실행 속에서 가동시켜야 하는 이와 같은 현상학적 판단중지와 환원은 **그때그때의 작용을 넘어서야** 한다. 다시 말하자면, 모든 대상이 자신의 객관적 지평을 가지는 한, 모든 타당성이 자신의 **타당성 지평**을 가지는 한, 그러한 모든 작용이 속하는 함축들의 해명은 스스로 그 해명을 넘어서야 한다. 그러나 그것은 다양한 선들로 진행되는 지향적 얽힘을 암시하는데, 그러한 지향적 얽힘에 대해 지속적이고 언제나 새롭게 생각될 수 있는 현상학적 환원의 요청이 필요하다.

그러므로 이러한 사유 과정에 주요한 역할을 담당하는 것은 작용들의 활동적 실행 속에 놓여 있는 **현행적 타당성**, 그리고 상응하는 현실성으로 옮겨지면서 자신의 의미와 수행을 드러내는 특별한 타당성 방식인 **잠재적** 혹은 경우에 따라서는 **습성적 타당성**의 구분이다. 이것은 **자연적 반성** 속에서, 순수하게 자연적 토대로부터, 모든 학문, 모든 이론에 앞서 제시될 수 있는 구분이다. 이와 **상관적으로 대상들**의 구분이 있다. 작용들의 그때 그때의 **주제적인** 대상들과, **비주제적인 대상적 배경**에 속하는 모든 그 밖의 대상들 간의 구분이다.

여기서 더 자세하게 설명하자면 다음과 같이 이야기할 수 있다. 특수하게 대상을 향하는 지각 작용의 모든 대상은 (비록 주목되지 않더라도) 자신의 공간적 **배경**을 지닌다. 주의 전향을 하면, 배경은 그러저러하게 배경에 속하는 대상들에 따라서 파악된다. 주의의 '전향'이라는 말은 특징적이다. 그 말은 그것이 향하고 있는 것이 이미 배경 대상성의 의식 영역 속에 현존하지만 다만 인지되지 못했음을, 즉 작용의 주제적 대상이 되지 못했음을 표현한다. 그래서 여기에서(그리고 자세히 고찰해보면 이것은 어떤 방식에서는 모든 작용들에 대해 타당하다) **구체적인 지각하는 작용들**에는 독특한 구조가 속하는데, 이러한 구조에 따라 말하자면 **전경 의식**, 즉 자아의 특수한 향함의 의식, 그리고 주제 자체와 관계하는 모든 것들과 더불어 **주제를** 향한 자아의 작용의 의식과 다른 한편에서 **배경 의식**, 즉 공간 대상적 배경을 의식하게 하는 **의식 지평**이 구분될 수 있다. 이러한 지평 의식은 특수한 '무엇무엇으로' 향함, 주시함, 파악함, 능동적으로 무언가에 몰두함의 맞은편에 실제로 본질적으로 다른 종류의 의식 방식을 특징짓는다. **주의의 전**

향은 다름 아닌 후자의 방식에서 전자의 방식으로의 이행이다. 이때 동일화하는 합치, 통일성과 동일성의 의식이 들어서는데, 이러한 의식은 자신의 편에서는 명증 속에서 판단에 적합하게 술어적으로 표현된다. 내가 지금 특수하게 향하고 있는 그것은 이전에 이미 나의 지각장 속에 있었던 것이고, 거기에 이미 서 있었지만 다만 내가 주목하지 않았던 것일 뿐이다.

2장

두 번째 길에서 초월론적 경험 영역의 개시

49강 생동하면서 흐르는 현재의 지평

지각에 좀 더 머물러보자. 자세히 보자면, 우리가 아무리 지각된 것을 붙잡고 제한한다 해도, 우리는 지평 의식 없는 지각된 것은 가지고 있지 않다. 전체로서 떠오르는 대로의 전체 사물, 그리고 자명하게도 모든 절단될 수 있는 부분만이 자기 지평을 가지는 것이 아니다. 오히려 그렇게 지각된 모든 것은 말하자면 그 자체로 자신의 배경을 갖는다. 모든 지각된 것은 보이지 않는 내부와 후면을 지닌 보이는 전면을 통해 제시되는 것으로서만 주어진다. 우리가 사물의 '본래적으로' 지각된 것으로서의 전면에만 주의를 기울이더라도, 그 본래적으로 지각된 것은 의식된 방식에서 보자면 사물 자체가 아니다. 그것은 지각된 사물의 막 자기 파악에 들어온 부분에 불과하다. 여기서 보이지 않는 것은 본래적인 지각 현출의 장에서 함께 현존하지 않는다. 그것은 주의의 전향만을 통해서는 자체 파악된 것, 능동적으로 고찰된 것으로 되지 않는다. 그것은 '비직관적으로' 의식되고, 아직 알려지지 않은 대상의 경우에 명백하듯이, 경우에 따라서는 극도로 비규정적이다. 그러나 이러한 직관 없는 의식도 의식이나, 능동적 향함의 어떠한 광선도 향하지 않는 의식 지평이다. 다른 한편 능동적 향함의 광선은 언제나 겨냥할 **수 있다.** 그러면 우리는 사물의 보이지 않는 면을 **주목**하고, 경우에 따라서 그것은 다른 측면에서는 사물이 얼마나 더 상세히 보일까 하는 질문으로, 내지는 다른 측면에서 그 사물을 보려는 바람으로 이끈다. 그 때문에 우리는 주위를 돌며 새로운 시야를 산출한다. 이와 관련하여 미규정적 의식조차도 그러나 완전히 의미 없지는 않다. 적어도 공간 사물, 색깔이 있는 것 등이 사념된다. 따라서 가장 일반적인 밑그림도 필연적으로 의미 경계를 지으며 현존하고, 그것은 현행적 지각을 통해, 다시금 동일화의 종합하에서 자신의 이후 소묘와 완전한 그려냄을 획득한다.[34]

우리는 방금 모든 지각 사물에 대해 필연적인 비직관적 **내부 지평**[35]을 지시했다. 그러나 또한 꼭 같이 마찬가지로 필연적인 비직관적 **외부 지평**[36]도 존재한다. 즉 다음과 같은 사실이 지시되어야 한다. 즉 지각 대상의 외적 지평, 즉 그것의 공간적이고 공간 사물적인 환경은 주목되는 대상이 솟아 나오는 주목되지 않은 지각장으로서 파악되기만 하는 것이 아니다. 우리는 전체 외부 지평에서 지각적 직관성의 영역, 그리고 연속적으로 이어지는

---

34 미규정적 지평을 '가장 일반적인 밑그림', 이후의 상세화를 '이후 소묘', 상세화를 마친 것을 '완전한 그려냄(Ausmalung)'이라고 비유적으로 표현하고 있다.

35 주 11 참조.

36 주 11 참조.

비직관적 빈-지평(Leerhorizont)[37]을 구분한다. 의식적으로, 지각된 것은 지각함이 끝나는 곳에서 끝나지 않는다. 현실적이고 가능적으로 알려지고 알려지지 않은 대상들의 영역으로서의 공간은 끝없이 계속된다. 이러한 넓은 공간에 주의가 향할 수 있으며, 또 자아는 그것으로부터 '촉발'될 수도 있다. 이것은 그것을 향하고, 보이지는 않는다 해도 의식적으로는 거기에 있는 것들에 대한 개별 파악을 수행하도록 하는 촉발이다. 우리가 지금 대학 현관으로 주의를 돌리는 경우가 그렇다. 이 경우, 우리의 지각 작용이 끊임없이 속했던 지평 의식의 계기는 말하자면 일깨워지고, 그것은 현전화하는 직관을 통해 완전히 그려진다. 이 방의 공간이 지각 속에서 지각될 때 가지고 있는 의미 내용에는 공간적인 잉여가 속한다. 알고 있는 기둥, 계단 등을 가진 앞방이 속한다. 그것은 명시적인 개별 작용들에서 명시적으로 의식되지 않고, 우리의 정신적 시선에 처음부터 색채가 풍부한 그림의 통일체로 존재하지 않는다. 빈 의식과 그것에서 나오는 촉발들은 완전한, 그리고 직관적인 대상 의식의 가능성을 위한 전제들이므로 더욱 그렇다. 그럼에도 그것은 타당성 통일체를 특징짓는다. 이 통일체는 다양하게 제시될 수 있는 개별 타당성들을 지니고 있지만, 이 모든 것은 특수한 지각 대상으로 부여했던 것, 이 대형 강의실 주위를 둘러싸고 있다. 우리가 '풀어내면서' 그때그때의 현전화하는 직관의 빈 지평을 파고들면, 이와 같은 일이 언제나 다시 일어난다.

이러한 방식이나 유사한 방식으로 모든 현행적으로 지각된 것은 빈 외

----

37 우리가 주목하는 대상의 가까운 주변은 지각적 직관성이 다다르는 영역이다. 그러나 그것을 넘어 지각적 직관성이 다다르지 않는 외부 지평은 비직관적 영역, 즉 어떠한 직관적 내용으로도 채워지지 않고 비어 있는 지평이라고 할 수 있다.

부 지평을 갖는다. 그러한 외부 지평은 우선, 이러한 예가 설명하듯이, 규정적 암시의 영역이다. 이러한 영역으로부터 현실적으로 지각된 것은 (이 경우 다만 어두운 직관 없는 방식으로 함께 의식되는) 직접적으로 또는 바로 가까이에서 함께 현존하는 것 혹은 예상될 수 있는 것을 지시한다. 언제나, 그러한 앞선 암시는 그저 직관화될 수 있기만 한 것이 아니다. 오히려 그것은 **경험의 가능성**으로서, 이 경우에는 **직후에** 현실화될 수 있는 경험의 가능성으로서 명시적으로 이해 가능하게 될 수 있다. 직관적으로 현전화된 것은 경험 가능한 것으로 **여겨진다.** 즉 나의 활동적 경험의 연속적 진행을 통해 나에게 친숙한 방향을 따라 — 가령 그쪽으로 가기, 빙 둘러 가기, 만져봄 속에서 — 지각될 무언가로 **여겨진다.** 혹은 경우에 따라서는, 만약 내가 경험 진행을 자의적으로 방해하지 않는다면, 그 자체로 예상에 적합하게 드러나야 할 것으로 여겨진다. 우리의 예에서 미리 암시된 것은 가능한 경험의 상대적으로 직접적인 수행 속에서 도달될 수 있는 것이었다. 공간적인 가까움은 또한 경험적인 가까움이다. 그러나 명백하게도 또한, 먼 곳에서 함께 현전하는 대상들도 회상을 통해 일깨워질 수 있고, 앎의 지평은 가장 가까운 거리를 넘어서 우리 도시의 거리 체계까지 이르고, 직접적인 연상이 이러한 앎들을 불러일으킬 수 있다. 이러한 것들도 가능한, 실현될 수 있는 경험의 소여성들로서 드러난다.

이 점에 관한 더 자세한 기술이 어떤 것을 드러내든 간에, 분명한 것은 이러한 가능성들은 한갓 상상 가능성들이 아니라 정립적인 타당성 의식에 의해 산출된 것이라는 사실이다. 주의는 그러한 지평을 활성화하면서 그 안으로 향해질 수 있다. 그러면 미리 암시된 것, 그리고 경우에 따라서 직관적으로 된 것은 함께 현존하는 현실성으로서 의식되거나, 경우에 따라서는 변양된 타당성 방식(추정, 의심스러움 혹은 개연성) 속에서 의식되나, 어쨌든 타당성 방식 속에서 의식된다. 그러나 빈 지평은 원래 전체 세계를 포괄하고, 그것도 하나의 지평, 가능한 경험의 무한한 지평으로서의 전체 세계를 포괄한다. 활성화하는 드러냄을 통해, 경험하는 의식은 가능한 지각함의 체계적으로 관계하는 경과 계열로 넘어간다. 이 계열 속에서는 점점 더 새로운 세계의 영역, 그리고 가능한 지각함의 이념적 총체 속에서 모든 세속적 실재성들이 지각될 것이거나, 지각되어야 할 것이다. 그러나 이제 물론, 모든 지각이 **실제로** 그러한 무한성을, 빈 선−암시(Vordeutung)의 내실적 무한성으로서, 그리고 그것과 더불어 가능한 지각의 체계의 무한성으로서 자기 안에 포함하고 있다는 뜻은 아니다. 그럼에도 아직 알려지지 않은 것, 그리고 아직 규정되지 않은 것의 무한한 영역이, 어쨌든 모든 지각에서 미리 암시되고, 내지는 그러한 지각의 빈 의식 지평에 어떤 방식으로 들어서며, 어떤 **비본래적인** 방식으로 **타당성에 따라서** 밑그림 그려진다. 왜냐하면 현행적 지각의 직관적 내용으로부터 규정된 의미를 지닌 모든 계기에서 함께 현존하거나 추정적으로 함께 현존하는 것으로서 미리 암시된 것을 제외하더라도, 최소한, 계속 흐르는 가능한 경험의 통일성 양식이 밑그림 그려지기 때문이다. 그래서 모든 새로운 경험은 새로운 밑그림을 가져와야 한다는 것, 계속되는 실제적 경험이 이것을 충족하고, 더 상세히 규정하며, 그러나 또한 경우에 따라서 다르게 규정해야만 한다는 것. 예상은 실망하게 될 수 있다는 것, 그러나 그 대신에 아직 전혀 알려지지 않은 다른 것이 들어설 수 있으며, 그렇게 언제나 다시 계속될 수 있다는 것. 이런 것들이 밑그림 그려진다. 모든 경험을 둘러싸고 있는 무한한 공간은 경험하는 자가 실제적 경험과 타당성을 넘어서 임의적인 상상을 통해 살게 할 수 있는 형식이 아니다. 그것은 **가능적인 타당한 현존의 형식**이다. 그것은 실제 사물의 수와 유형, 배치에 따라서, 그리고 거기서 **사물** 실재성이 얼마나 멀리 계속되는가에 따라서 미규정적이나, 그럼에도 언제나 여전히 **타당성**의 형식이고, 한갓 상상 가능성이 아닌 무한한 가능성들의 형식이다.

의식 지평이 자신의 지향적 함축들, 그것의 규정성과 비규정성들, 그것의 알려진 것들과 열린 활동 공간들, 그것의 가까움과 멂을 통해 포괄하는 것은 **현재**의 환경세계, 지금 존재하는 환경세계만이 아니다. (기억과 예상에 관한 이제까지의 고려로부터 이미 유추할 수 있듯이) 또한 **과거**와 **미래**의 열린 무한성이기도 하다. **생동하면서 흐르는 현재 자체에는 직접적으로 의식된 과거의 영역이 끊임없이 속하는데**, 그것은 방금 가라앉은 지각의 직접적 잔향 속에서 의식된다. 마찬가지로 **직접적인 미래**의 영역도 속하는데, 그것은 막 다가오는 것으로 의식된 영역이고, 흐르는 지각함이 말하자면 서둘러 다가가는 영역이다. 이러한 직접적인 파지적 과거의 배후에는 그러나 말하자면 가라앉은, **끝나버린 과거**의 영역이 놓여 있다. 이러한 영역은 열린 지평으로서 마찬가지로 지금 모종의 방식으로 의식되는 영역이고, 추구하고 일깨우는 시선이 그리로 향할 수 있으며, 기억을 통해 다시 일깨워질 수 있는 영역이다. 다른 측면에서 우리는 마찬가지로 **열린 무한한 먼 미래**의 지평을 갖는데, 우리의 미래 작용들, 그러니까 예감, 희망, 앞선 고려, 결단, 목표 정립과 같은 것이 그리로 향해진다.

나의 환경세계의 현존에 대한 나의 확신은 아주 근원적으로 이미 나의 흐르는 경험의 모든 국면의 구조 속에서, 즉 경험에 속하고, 흐름 속에서 그것의 그려 넣기나 선-암시에 따라 변화하는 지평의 형식으로 나타난다. 그러한 지평은 함축된 타당성의 무한성을 (앞에서) 기술한 독특한 방식으로 끊임없이 포함한다.

우리가 더 깊이 파고 들어가려 한다면, 여기서 이제 새로운 연구의 커다란 영역이 열릴 것이다. 체계적이고, 가변적이지만 일반적인 양식에 있어서는 지속적인 이러한 함축의 구조와 관련하여 그러하고, 그러한 함축들에 속하는 (직관을 통한) 풀어냄의 방식과 관련하여, 그리고 타당한 것으로서 의식되고 제시된 세계 자체의 구조와 관련하여 그러하다. 거기서 가령 다음과 같은 것들이 연구되어야 할 것이다. **근원적으로 설립하는 작용들로부터** 지속적인 **타당성들이** 어떻게 발원하는지, 그 후 지속적인 계속적 타당성이 어떻게 나타나는지, 더 나아가 타당성이 타당성과 더불어 **일치하는 타당성**으로 어떻게 통합되는지, 그러나 또한 타당성이 타당성과, 확신이 확신과 어떻게 충돌에 빠지는지, 그리고 이 경우, 타당성들이 가치 저하를 어떻게 경험할 수 있는지, 또 폐기(폐기 이후에 타당성은 **폐기, 비존재함**의 이러한 특징 속에서만 아직 살아남을 수 있다)를 어떻게 경험할 수 있는지가 연구되어야 한다. 그다음으로는, 더 자세히 보자면, 경험하는 주어진 계기 속에서 경험하는 자에게 존재하는 것으로서 타당한 세계가 어떻게, 일치를 통해 통합된 긍정적 타당성들의 전체 요소에 대한 명칭인지가 연구되어야 한다. 다른 한편 **존재하는 것으로 타당한 세계의 구조** 자체가 연구되어야 할 것이다. 존재 확신이 개별적으로는 얼마나 변할 수 있든 간에(전적으로 타당한 현실성에서 **존재하지 않는 가상**이 되기도 한다) 세계 자체는 언제나 그 보편적 구조 형태 속에서 존재하는 세계로서 머물러 있다. 끊임없이 그것은 공간─시간적─인과적 물리적 자연이고, 끊임없이 그러한 자연에는 동물, 짐승, 인간(인간은 사회적 관계 속에 서 있으며 사회, 공동체와 같은 것들을 형성한다)과 같은 다양한 신체적─영혼적 존재들이 뿌리박고 있다. 자연에는 자연에 대해 활동하는 주체들의 다양한 정신 형태가 침전되어 있다. 그래서 결코 본래적으로 단순한 자연, 단순한 동물성이 경험되는 것이 아니라 (집, 교량, 도구, 예술작품 등을 지닌) 문화로 정신화된 환경세계가 경험된다. 언제나 타당한 세계의 이러한 가장 일반적인 구조들은 경험하는 모든 자에게 지속적으로 현존하고, 지속적으로 경험의 세계이며, 지속적으로 실천적 활동을 위해 준비되어 있다. 그러한 구조들이 이러한 때, 그것은 그때그때의 삶의 지평 속에서, 일깨우며 드러내는 활동성들 속에서, 그리고 거기에 정초된, 전진하는 앎과 인식, 전진하는 새로운 평가, 새로운 목표 설정, 활동적 변형의 계속적인 삶의 작용들 속에서, 지향적으로 함축된 내용으로서 이러하다.

우리는 지난번에 주로 세계 지평을 실재적 환경세계의 지평으로 주시했었다. 그러나 우리는 또한 **이념적 대상성들**과 이념성의 열린 무한성들이 자신의 근원설립을 경험하는 작용들로부터 비롯된 지속적인 타당성 침전으로서 우리의 (우리가 그렇게 부르고자 한다면) **이념적 '세계들'**을 갖는다. 그래서 우리는 가령 순수한 셈의 작용들로부터, 그리고 2, 3, 4 등등을 계속 형성해가는 작용들로부터, 그리고 또한 '기타 등등'이라는 주관적으로 끝내는—'우리가 계속해서' 단위에 단위를 첨가할 수 '있으리라는'—의식을 통해, 수의 무한한 계열의 존재에 대한 타당성 의식을 갖는다. 이러한 타당성 의식은 한번 형성되면, 우리의 습성적 인식 소유물에 속하게 된다. 그러한 인식 소유물에 대해 우리는 다시금, 그것이 비록 삶의 구간에서 일깨워져 있지 않더라도 먼 지평 속에—다만 공간적인 지평은 아니지만—들어서 있다고 말해야 한다. 다시 일깨움 속에서 이러한 지평 공간은 개별적으로 부각된다. 새롭게 셈함 속에서 그때그때의 수나 수 계열은 알려진, 그리고 다만 새로워진 것의 성격을 갖는다. 즉 언제나 우리의 소유물이었지만, 다만 비어 있음의 방식 속에 가라앉아 있었던 것의 재활성화의 성격을 갖는다.

수 계열과 관계하는 이론적 작용들의 모든 산술적 형성물에 대해 같은 점이 타당하다. 이때 일치하는 타당성의 관계 혹은 모순을 통해 귀결되는,

일치의 통일성으로부터의 배제의 관계가 기억되어야 한다.

50강 삶의 무한한 시간 흐름과 보편적 반성의 가능성, 그리고 판단중지

우리가 지금 실재적 세계의 통일체를 고찰하든지 아니면 이념성의 다양한 통일체 영역을 고찰하든지, 우리의 삶은 주관적으로 일치하는 타당성의 총체들과의 지속적인 지향적 관계 속에서 수행되고, 맨 위에는 그것들 모두를 포괄하는 (근원설립하는 작용들에서 그리고 매우 다양한 의미에서 발원한) 모든 존재 타당성의 전체적 총체와의 지속적인 지향적 관계 속에서 수행된다. 명백하게도, 이 경우 **실재적** 세계는 탁월한 것을 갖고, 더욱이 어떤 근본적인 위치를 갖는다. 이는 결국, 나 자신이 이러한 동일한 세계의 인간 구성원으로서 의식 주체라는 점 자체가 나의 고유한 지향성으로부터 나에게 타당한 실재적 세계의 구조에 함께 속함을 통해서 그러하다. 왜냐하면 그에 따라 실재적인 형성물뿐 아니라 나의 활동적 삶에서 생겨난 것으로서의 모든 이념적 형성물들도 (그것의 이념성에도 불구하고) 세계에 함께 뿌리박고 있어야 하기 때문이다. 세계 속에서 이러한 공간, 시간 위치에서 전개되는 인간적인 삶의 경험 타당성을 나의 삶이 나에게 갖는다면, 이와 더불어 근원적으로 산출하는 이론적 작용에서 비롯된 모든 나의 이론적 형성물도 공간–시간적 위치와 되돌아 관계하고, 이 위치에 있는 나의 실재적인 인간적 현존, 나의 심리 물리적 존재와 되돌아 관계한다. 인간 공동체의 상호주관적 연관 속에서 물론 모든 이론적 형성물은 상호주관적 학문의 형성물로서, 또한 다양한 세계 관련성을 얻는다. 즉 최초의 학문적 발견자와의 관련성, 객관적 전통을 위한 실재적 문서화와의 관련성, 다양한 배우는 사람들과 그들의 근원적 습득과의 관련성 등이다. 이 점은 예술의 이념적 대상성, 그리고 그 밖에 객관적 표현을 통해 상호주관적 타당성과 효력을 획득하는 모든 이념적 대상성들과 같은 모든 이념적 대상성들에서도 물론 마찬가지이다.

이 모든 것과 함께 동시에, 우리가 **지향적 함축**이라는 표제하에 행했던 개별 작용 유형에 대한 이전의 지향적 분석에서 보여주었던 것이 보충된다. 우리는 이제 이러한 표제가 얼마나 멀리까지 다다르는지, 또 그것이 무한한 열린 지평을 어떻게 포함하는지 보게 된다. 개별적으로 수행되면서, 이러한 무한성을 알지 못하고, 단지 개별적으로 두드러지는 존재 타당성, 가치 타당성, 실천적 타당성에만 방법적 괄호 치기를 수행하며, 단지 그러한 것들에만 타당성의 관심을 빼앗고, 이러한 타당성의 권리에 대한 모든 물음들을 건드리지 않는 순수한 주관적인 것으로 시선을 향하는 환원—이러한 현상학적 환원이 얼마나 불충분한지를 우리는 또한 보게 된다. 그러나 숨겨진 타당성들과 타당성들의 무한한 활동 공간들은 계속해서 남아 있다. 진실로 우리는 **무한한 삶의 연관의 전체 통일체** 속에 서 있으며, 자신의 역사적 삶과 상호주관적인 역사적 삶—이러한 역사적 삶은, 그것이 그러하듯이, 무한히 계속 산출되지만 현재 지평, 과거 지평, 미래 지평 속으로 파고들면서 무한히 밝혀지는 타당성들의 전체 총체이다—의 무한성에 서 있다. 분명한 것은 이러한 다양체들에 관한, 자유로운 자의를 통해서 수행되는 완전한 풀어냄과 끄집어냄이란 말도 안 된다는 것이다. 나는 다만, 일깨우는 연상적 동기의 은총이 삶의 긴 구간 동안 혹은 지속적으로 결여되어 있는, 그때그때의 망각의 먼 영역만을 언급해두겠다.

그러나 다른 한편 구성하는 삶으로서의 흐르는 삶이 간직하고 있는 **모든 타당성들을 한꺼번에 무력화하기** 위한 철저한 수단이 있다. 지난번에 우리는 모든 현실적인 삶의 현재에 동반되고, 주목하고 파악하는 시선이 언제나 그리로 집중할 수 있는 지속적인 지평 의식에 대한 지시를 수행했다. 바로 이 지시가 우리의 손에 저 수단을 준다.

우선 다음을 숙고해보자. 능동적인 자아 삶에는 다양한 가능한 반성들이 속한다. 우선, 나는 다양한 개별 작용을 수행하거나 그 어떤 개별 촉발들을 경험한 후에, 이러한 작용들 혹은 촉발들을 반성할 수 있다. 나는 가령 "나는 그러그러한 것을 지각한다", "나는 거기에 대해 판단한다", "나는 그것이 마음에 든다, 혹은 들지 않는다", "나는 그러저러한 것을 욕망하거나 행위한다"와 같은 형식의 문장들에서 표현되는 반성들을 갖는다. 혹은 또한 "무언가가 나의 관심을 일깨우고, 나에게 거부감을 준다"와 같은 형식으로도 갖는다. 나는 이때 반성적 경험들과 이론적 작용들이 이전의 작용을 향하게 할 수 있을 뿐 아니라, 반성적 가치평가와 의도함들도 이전의 작용을 향하게 할 수 있다. 그래서 가령 내가 미래에 이러저러한 작용을 수행할 것이라고 결심할 수 있다. 그러나 또한 반성들은 삶의 구간 전체와 관계할 수도 있다. 가령 나는 어제 하루 혹은 나의 아름다운 학창 시절에 대해 조망하거나 나의 시선을 다가오는 부활절과 그것의 예상되는 진행으로 향할 수 있다. 물론 나는 또한, **삶의 구간 전체와 관계하는** 상응하는 **결단을** 내릴 수도 있다. 가령 나는 다가오는 휴가를 나의 목적에 따라 형성하려는 의지 법칙 아래 종속시킬 수 있다. 그리고 나는 과거의 삶의 구간을 어떤 방식으로 의지의 주제로 만들 수도 있다. 가령 내가 학창 시절의 나의 삶에 대해 비판을 수행할 때 그렇다.

마지막으로 나는 나의 전체 삶을 보편적으로 조망할 수 있고, 나의 전체 삶에 대해 결단할 수 있으며, 제한된 삶의 구간에 대해서 했던 것과 비슷한 방식으로 그렇게 할 수 있다. 그래서 나는 **이제까지의 나의 전체 삶에 대한 보편적 비판**을 수행할 수 있고, 그와 함께 나의 미래의 전체 삶을 형성하고자 할 수도 있다. 그것은 권력, 성공 등과 같은, 나에게 검토되지 않은 타당한 보편적 가치의 관점에서일 수도 있고, 윤리적 자기 숙고, 자기 비판, 자기통제라는 고귀한 의미에서일 수도 있다. 우리가 이러한 고귀한 의미를 따라가고 말하자면 그것의 한계─형태를 찾아낸다면, 우리는 삶의 보편적 조망과 관계하는, 주목할 만한 반성적 자기통제에 이르게 된다. 그러한 자기통제에는 명백히, 나에게 이전에 타당했던 모든 타당성들, 그리고 (동일한 소박성 속에서 활동하는) 나에게 미래에 타당할 모든 타당성들의 억제가 함께 포함될 것이다. 모든 타당성들에 대한 이러한 보편적 판단중지는 여기서 토대로서 수행되고, 보편적 비판, 그리고 진리와 진정성의 원천에서 수행될 수 있는 보편적 자기 형성 내지는 새롭고 참된 삶의 보편적 형성을 목표로 수행된다.

여기서 우리의 눈에 띄는 것, 그리고 우리가 윤리적 인간인 우리에게 아주 친숙한 이러한 윤리적 보편성의 가능성을 끌어들이는 이유는 바로, 여기서 **보편적 반성이 보편적 판단중지에 묶여 있기** 때문이다. 이 보편적 판단중지는 여기에서 포괄적인 보편적 의지 통제에 수행되지만, 또한 이미 자기 자신에게도 하나의 보편적 의지 통제다. 결코 암시된 한계─형태에 관한 것이 아니고, 그에 따라서 거기에 포함된 모든 타당성의 억제는, 비록 보편적 삶의 지평과 관계하더라도, 엄밀한 보편성에서의 모든 타당성의 억제로 생각되지는 않는다. 그러나 어쨌든 윤리적 삶, 그리고 이러한 삶의 윤리적인 반성적 방식은, 우리가 그것을 그것의 엄밀한 형태로도 가능한 것으로 여기는 한, 엄밀한 보편적 판단중지의 가능성을 ─ 여기에서는 다른 목적에서지만 ─ 시선에 두도록 준비시킨다.

이제 우선, 어쨌든 우리에게 친숙한, 우리의 삶에 대한 보편적 조망이 어떤 종류의 작업수행인지 숙고해본다면, 분명한 것은 다음과 같다. 즉 이것은 진지한 의미에서의 봄[직관]이 아니라는 것, 내가 나의 과거를 차례차례 말하자면 한 번 더 겪어야만 하기라도 하듯이 명시적인 직관적 회상의 연속성 속에 있는 과거의 삶의 실제적 재생산이 아니라는 것, 더욱이 나의 미래의 삶의 추정성이나 가능성의 명시적 묘사가 아니라는 것이 분명하다. 조망하는 표상함과 존재하는 것으로 파악함은 명백히 멀리 있는 것에 대한 모호한 예측적 파악의 성격을 지니며, 또한 그러한 성격을 필연적으로 지닌다. 왜냐하면 나의 삶의 총체적 시간 구간에서 본 나의 삶은 나에게 지속적으로, 그리고 모든 능동적인 파악과 고찰에 앞서, 모호한 먼 표상의 방식으로, 지평으로서 구성되기 때문이다. 나는 이러한 모호한 것, 그리고 먼 것들로 향할 수 있고, 그것들에 점점 더 가까이 다가갈 수 있으며, 동일한 것의 지속적 의식 속에서 점점 더 거기에 속하는 윤곽들을 알아차릴 수 있고, 나에게 그것을 분명하게, 그리고 점점 더 분명하게 만들 수 있는데, 즉 재생산적 개별 직관들의 점점 커지는 풍부함을 통해서 그렇게 할 수 있다. 그러나 명료화하는 그려감과 우선은 (의미가 비어 있는 것은 아니지만) 아주 모호하기는 한 것을 완전히 그려냄은 다음 사실을 전혀 변경하지 못한다. 즉, 모든 결과들이 언제나 다시 모호성의, 접근에도 불구하고 상대적으로 멂의 유형을 지니며, 그래서 나는 무한히 언제나 다시 추가적 그려감의 가능성과 추가적 완전히 그려냄의 가능성을 내 앞에 갖게 된다는 사실을 전혀 변경하지 못한다. 끊임없이 나는 예기하면서 삶의 통일적이고 무한한 시간 흐름을 파악한다. 그러한 시간 흐름을 파악하되, 그러나 다만 멀리서 파악한다. 끊임없이, 그의 시간 자체는 빈 모호한 시간이다. 이 시간은, 자신의 단지 상대적 가까움과 규정성 속에서 모호한 개별성 속의 개별적 시간 구간을 규정하고, 영원히 무한한 멂 속에서, 절대적인 개별적 시간점들을 지닌 순수한 이념으로서의 시간 자체를 자기 앞에 가지는 기억 내용들로 채워지는 시간이다.

내가 이제 이러한 방식으로 나의 삶을 그 보편성에서 조망한다면, 그리고 그것을 완전히 지속적으로 확신한다면, 내가 나의 삶에 더 가까이 다가가면서 거기에 대해 점점 더 규정된 것들을 파악하게 된다면, 나는 이때 또한 삶의 보편적 특성을 지향적 삶으로서 인식한다. 나는 이 특성을, 그러한 성질의 삶으로서의 지향적 삶에, 그리고 그것의 모든 구간과 국면에 필연적으로 들어오는 본질 특성으로서 인식한다. 이것이 의미하는 것은 다음과 같다. 삶의 개별적인 구간이든 나의 삶의 전체 구간이든 나에 대해 반성하는 것은, 이러한 삶 속에서 정립적으로 혹은 유사 정립적으로, 그리고 어떤 개별적 방식으로든 간에, 의식되는 대상성들과의 관계 속에서 나를 발견하는 것이다. **그러나 무엇보다 필연적으로 삶에 속하고, 그것도 모든 구간 속에서 속하는 것은, 정립성이다.** 끊임없이 거기서 자아에 대해 존재하는 것은 존재하면서 타당한 것으로서 현존한다. 이때 우리는 존재 타당성이라는 개념 아래 또한 감정과 의지에서 발원한 것들과 같은 다른 타당성들을 포괄할 수 있다. 가령 어떤 가치를 느껴서 알아냄 자체는, 가치로서의 가치의 현존을 정립시키는 활동적 믿음, 활동하는 파악의 작용은 아니기는 하지만, 그래도 가치 지각적 느껴 알아냄은 가치를 의식적으로 자기 안에 지니므로, 가치는 언제나 경험될 준비가 되어 있고, 현존하는 것으로서 단순히 포착하는 파악을 위해 준비가 되게 된다는 한에서 그렇다. 그래서 가치들과 실천적 형태들조차 보편적 존재 영역 속에, 그리고 자아의 자아 자신을 위한 고유한 의식 수행과 정립 수행에 의해 환경세계로서 설립되는 그때그때의 세계 속에 함께 포함되어 있다.

51강 보편적 판단중지와 환원으로의 이행.
순수한 보편적 삶과 그 체험 세계

나의 삶을 조망한다는 것은, 그와 함께, 상관적인 방향 전환에서는 세계를 조망한다는 것을 의미한다. 그런데 그 세계는 물론 내용의 다양한 변경 속에서, 나의 지향성 속에서, 그리고 나의 판단 확실성과 판단 개연성 속에서, 또 나의 가치 정립들과 행위들 속에서 형성된 세계이고, 언제나 새롭게 변형되는 세계이다.

우리가 개별적 작용들과 그 작용 대상들에 대한 반성에 관해 이야기했던 것과 정확히 같은 것이 지향적 삶으로서의 전체 자신의 삶에 대한 보편적 반성에 대해서도 타당하다. 지각에 대한 반성, 가령 집에 대한 반성은 주관적인 것으로서 한갓 "나는 지각한다"와 같은 무언가를 산출하는 것이 아니라 "나는 이러한 집을 지각한다"를 산출한다. 그리고 나의 전체 삶에 대한 반성은 삶 속에서 체험적으로 의식된 대상 없는, 삶의 실재적이고 이념적인 세계들이 없는 한갓된 삶을 산출하는 것이 아니라 상관자로서 이러한 것들을 함께 산출한다. 그런데 그것들은 반성적 표상의 직관적 뱆의 정도에 상응하여, 아직 모호하고 멀리 표상되는 것일지 모른다. 더 나아가, 그리고 다시, 개별 반성과 보편적 반성 간의 유사성의 의미에서, 지향적 대상성들에 대한 시선 향함이 작용과 삶에 대한 시선 향함에 앞선다. 내가 소박하게 집을 본 후에야 나는 "나는 그 집을 본다"에 대해 반성할 수 있다. 그리고 마찬가지로 나의 환경세계에 대해 단적으로 조망하는 시선이 먼저이고, 그다음에 세계를 정립하는 것이었던 나의 삶에 대한 반성이 거기에 뒤따른다.

우리가 보듯이, 상황은 전체적으로 다음과 같이 기술될 수 있다. 만약 내가 지금 보편적 반성을 나의 삶에 향한다면, 나의 주목하는 시선은, 잠깐 동안 몰두한 개별 주제로부터 방향을 틀어서, 나의 지금의 지평인 완전히 모호한 지평으로 파고들게 된다. 그와 더불어 나의 주목하는 시선은 거기서 개별성 속에서 의식되지는 않지만, 모호한 일반성 속에서는 의식되는 나의 타당한 대상성들의 영역을 향한다. 특별히 나는 나의 시선을, 소여 방식에서 모호한 방식으로 주어지는 시간 형식의 실마리를 따라서, 우선은 가령 나의 기억 세계로 향하는데, 그것은 처음 얼핏 볼 때는 완전히 모호한 먼 형성물로서 주어진다. 기억 세계에는, 내가 경험했던 대로의 실재적 세계가 속한다. 그리고 실재 세계에 뿌리내리고 있는, 내가 이러저러한 연관 속에서 형성했던 이념적 대상성들의 다양체들도 마찬가지다. 이 모든 것은 나뉘지 않은 채 거기에 포함되어 있다. 이러한 먼 형성물은 가까이 가져오는, 그리고 언제나 새로운 상대적으로 가까운 형성물을 산출하는 자유로운 작용들의 가능성을 의미한다. 저 산출은 이러한 동일한 대상적 과거 — 이 과거는 나의 과거였고, 언제나 새로운, 그리고 점점 더 확장되는 '종합' 속에서 자라난다 — 의 더 완전한 명료화와 해명의 의식 속에서 이루어진다. 여기에는 이제 삶 자체에 대한 자아의 반성이 뒤따를 수 있다. 이미 시작에서부터. 이미 시작에서, 나는 하나의 유일한 작용 속에서, 나의 것이었던 모호한 과거로부터 그러한 과거를 경험했던, 그것의 지향적 주체였던 나로 반성하면서 — 물론 완전히 모호한 표상과 존재 정립 속에서 — 나의 과거의 삶을 나의 체험된 대상성들과의 관계 속에 있는 삶으로서 획득한다. 물론 또한 삶의 반성의 다른 움직임, 열린 미래로 향해진 움직임에 대해서도 유사하다.

이제 우리는 보편적 판단중지와 환원으로 넘어간다. 그것은 이전에 우리가 수행했던 저 심리학적 개별 환원, 제한된 대상(개별 대상들 혹은 대상 영역)에 향해졌던, 그러나 어쨌든 보편적 환경세계와 그것의 상관적인 전체 삶은 향해지지 않았던 반성적 작용들에 대한 환원의 유비물이다. 이러한 보편적 환원이 어떻게 이루어지는지, 그리고 그것이 실제로 어느 정도까지 모든 저 심리학적 환원들을 원리적으로 넘어서는 독특한 작업수행으로 이끄는지 고찰해보자.

1) 여기서 처음으로 숙고해야 할 것은 나의 삶과 내가 가령 지금 수행하는 나의 체험 세계에 대한 조망 역시 하나의 작용이라는 것이다. 그러한 작용의 대상은 바로 이러한 나의 전체 삶의, 그 속에서 정립되었거나 정립되는 대상적 총체와의 지향적 관계이다. 나는 물론 모든 작용들처럼 이러한 작용을 환원할 수 있고, 그래서 방금 특징지어진 대상을 괄호 칠 수 있으며, 자기 조망이라는 이러한 작용의 순수한 주관적인 것을 획득하게 된다. 여기서 나는 이미, 나의 작용의 **지평 속**에 암묵적으로 포함된 전체 타당성을 중지시키고, 다만 정립적 의식으로서 지평 의식 자체만을 타당성 속에 유지하는, 순수한 주관적인 것을 갖는다. 그러나 이러한 환원은 다만 **현재**의 순수한 주관적인 것만을 산출한다.

2) 나의 환원적 관심은 그러나 현재의 순수한 주관성에 대한 관심일 뿐만 아니라 나의 **과거와 미래**의 순수한 주관성에 대한 관심이기도 해야 한다. 그리고 실제로 나는 이러한 관심에 대해 절대적 순수성의 의미에서 순수한 주관성을 획득한다. 물론 나의 과거와 미래는 내가 환원해야 하는 지금 여기에서만, 나의 현재적 지평 덕분에 나에게 타당성에 적합하게 존재한다. 그래서 내가 나의 과거와 현재에서 초월론적인 순수한 것을 획득해야만 한다면, 나는 나의 현재적 지평을 단적으로 타당하지 않게 해서는 안 된다. 나는 나의 현재적 지평이 주어지는 대로, 그것을 일반적으로 타당하게 하는 것에서 시작한다. 나는 이제 가령 나의 시선을 나의 삶의 과거

로 향한다. 나의 삶의 과거는 그러한 것으로서 대상-세계와의 관계를 포함하고 있다. 이 대상-세계는, 나의 삶의 과거 속에 나의 환경세계로서 정립되었던 것이자, 내가 예전에 발견했던 대로, 즉 예전에 타당성 속에 정립했던 대로 함께 정립하는 대상-세계이다. 나는 이제, 내가 다른 기억 작용들에 대한 환원들에서 배웠던 대로 확인하면서 진행한다. 그래서 나는 나의 되돌아보며 파악된 전체 삶의 전체 상관자로서의 이러한 우선 함께 정립된 과거의 환경세계에 대한 믿음을 억제하고, 그것과 관계하는 모든 존재 관심을 억제한다. 이전에 나에게 지각적으로 혹은 그 밖의 방식으로 타당했던 세계의 실제적으로 있었음이 어찌 되었든 간에, 그리고 마찬가지로 나의 과거의 삶 전체에서 사념되었던 혹은 아마도 인식되었던 수 형성물, 학문적 이론들 등도 어찌 되었든 간에, 어쨌든 확실한 것은 ― 타당하게 머무르는 것은 ― 내가 살았다는 사실, 내가 나의 삶에서 그것들을 경험하고, 그것들을 현실적인 것으로 여기며, 타당한 것으로 정립했다는 사실이다. 내가 무엇을 끄집어내든, 그것이 존재하지 않을지라도, 그럼에도 그것은 나에게 사념적으로 존재했던 것이다. 그리고 마찬가지로, 이러한 환경세계의 무엇도 존재하지 않더라도, 그것은 나의 삶의 환경세계일 것이다. 이를 통해 내가 말하는 것은, 이러한 과거의 세계가 도대체 존재하지 않는 것이 가능하다는 것이 아니다. 왜냐하면 그것의 현실적인 존재나 비존재와 마찬가지로 그것의 가능적인 존재에도 나는 관심을 갖지 않기 때문이다. 모든 존재 관심을 배제한 태도에서, 혹은 대등한 것인데, 존재나 비존재, 가능존재, 개연적 존재에 대한 모든 물음에 앞서, 나에게 확실한 것은 이러한 물음 자체의 전제다. 그것은 즉 내가 나의 과거의 삶에서 나의 의식 영역 속의 대상들의 이러한 영역을 가졌고, 그것들에 존재 타당성을 할당했다는 사실이다. 모든 존재 관심의 억제는 나에게 다음의 사실을 인식되게 한다(이것이 존재 관심에 대한 억제의 기능이다). 즉 나의 과거의 삶에 대한 존재 믿음은 (이러한 삶이 당시 경험하는 사념함, 생각함, 가치평가함, 행위함의 방식으로 입장을 정립했던) 대상 세계에 대한 모든 실존적 입장 취함과 완전히 무관하게 남아 있다.

그리하여 과거의 삶은 자신의 지향적 환경세계에 대한 최소한의 전제 없이 정립될 수 있다는 사실이 두드러지게 된다. 혹은 과거의 삶은 순수한 삶으로서, 그것이 존재하는 대로 그 자체로 존재하고, 그것이 정립하는 것을 정립한다는 사실이 두드러진다. 상관적인 표현은 또한 다음과 같다. 과거의 삶은, 그것 속에서 실존하는 것으로서 정립된 것의 실존을 전혀 미리 요구하지 않는 방식으로 실존한다. 내가 나의 현재 속에서 예기하면서 정립된 나의 삶의 미래 구간에 대해서도 이제 동일한 것을 행한다면 나는 나의 전체 순수한 삶을, 자신 안에 절대적으로 완결된 삶의 흐름으로서 획득한다. 나에게 현존했던, 현존하는, 현존하게 될 보편적 환경세계의 존재나 비존재가 어찌 되었든 간에 말이다. 이를 통해 입증되는 것은 다음과 같다. 즉 나는 전제로서의 그 어떤 대상성에 대해 수행된 일말의 입장 취함을 요구하지 않고서도, 나의 순수한 보편적 세계를 그 자체로 순수하게 고찰할 수 있고, 전진하면서 그것을 순수한 소여로 가져올 수 있으며, 아마도 학문적으로도 연구할 수 있다. 혹은 같은 이야기인데, 나는 나의 순수한 보편적 삶을 모든 대상성에 관한 판단중지 — 이는 모든 판단 사용에 대해서도 모든 대상성을 무로 만드는 것과 동등하다 — 속에서 고찰할 수 있다. 이렇게 판단중지를 하는 동안 객관적 실존에서는 나에게 아무것도 남아 있지 않게 된다. 소박하게 주어진 대상들의 현실적 혹은 가능적 성질들은 물론이고, 실존의 일말의 가능성도 남아 있지 않게 된다.

이러한 보편적 판단중지는 다음과 같은 나의 삶의 본질적 특성을 통해 가능하게 되는데, 즉 나의 삶은 모든 현재 국면에서 — 비록 비어 있더라도 — 먼 의식, 지평 의식을 가지며, 계속해서 흐르면서 언제나 새롭게 산출한다는 사실, 나의 삶 속에는 보편적인 방식으로 나에게 대상적으로 존재했고, 존재하며, 존재하게 될 모든 것이 함축되어 있으며, 그것도 함께 함축된 나의 전체 삶의 지향적 상관자로서 함축되어 있다는 사실을 통해 가능하게 된다. 삶의 모든 현재는 그 구체적 지향성 속에서 전체 삶을 '자신 안에' 가진다. 그리고 삶의 모든 현재는 이러한 현재 속에 지각적으로 의식된 대상성과 더불어, 나에게 타당했고, 어떤 방식으로는 심지어 미래에 나에게 타당하게 될 모든 대상성들의 총체를 지평적으로 자신 안에 지닌다.[38]

더 나아가 판단중지는 다음을 통해 가능하게 된다. 즉 내가 지평 속에서 두드러지는 것으로 등장하는 모든 빈 특수 지평을 나로부터 파악하는 의식으로, 하나의 특수한 **작용**으로 변경시킬 수 있고 이어서 단계적 방식으로 **실현**시킬 수 있듯이, 나는 또한 통일적 지평의 빈 의식을, 파악하는 전체 의식으로 변경시킬 수 있으며, 그래서 단계적 방식으로 이러한 의식을 현실화하는 직관의 **능동적** 과정으로 바꿀 수 있다는 것을 통해 그러한 판단중지가 가능하게 된다. 더 상세하게 이야기하자면, 내가 능동적으로는 완전히 다른 것을 하는 동안 배경 속에서 떠오르는, 공허하게 떠오르는 기억이나 비직관적인 선-사고가 작용의 실행 형태를 띨 수 있다. 즉 나는 과거의 것, 혹은 예상된 것, 생각된 것으로 향한다. 계속해서 나는 해당되는 대상성들에 접근할 수 있고, 그것을 직관화할 수 있으며, 해당하는 사유를

:•

38 그래서 전체 모나드의 시간화와 모든 체험 속에서, 삶의 모든 태도에서의 전체 모나드 총체의 시간화. - 원주.

명시적으로 그리고 직관적으로 수행할 수 있다. 그러나 또한 보편적 지평에 대해서도 마찬가지이다. 가령 우선, 주목하는 작용 시선을, 나의 것이었던 보편적인 대상적 과거로 향하고, 다음으로 나의 과거의 '그것과의 관계 속에서 살았음'으로 향할 수 있다. 나는 그 후에 명료화하고 직관화하면서 이전에 기술된 방식으로 나아갈 수 있다.

그리고 다시, 판단중지의 가능성에는 다음과 같은 사실이 속한다. 즉 보편적 지평의 먼 의식은 전체 삶과, 이 삶으로부터 존재 타당성을 지니는 세계로서의 삶의 체험된 세계를 자기 안에 지닌다는 사실, 그리고 그뿐 아니라 이때 예기하는 타당성과 지금의 타당성 — 가령 과거의 삶 속에서 기억적으로 수행된 타당성과, (변양된 채로 타당한 것이라 해도) 여전히 함께 타당한 그것의 계속적 타당성 — 이 분리 불가능하게 얽혀 있다는 사실이 판단중지의 가능성에 속한다. 그래서 결국 판단중지의 가능성, 그리고 판단중지를 통해 수행될 수 있는 초월론적인 환원으로서의 환원의 가능성에는 다음과 같은 사실이 속한다. 즉 나는 모든 현재 속에서 심리학과 심리학자의 특수한 반성의 경우에서처럼 나를 나 자신의 무관심한 관찰자로서 설립할 수 있다는 사실이다. 그뿐 아니라, (나의 전체 삶 속에서 나에게 타당했던 세계로서의 나의 전체 세계와 관계하는 나의 삶으로서의) 나의 전체 삶에 대해 나의 되돌아 직관하는 먼 시선을 던진 후에, (이러한 보편 의식의 작용 통일체를 통해서 가능하게 되는 상황 속에서) 먼 지평 속에서 의식된 전체 세계에 관해, 모든 실재성과 이념성들의 총체에 관해, 나에게 그리고 나를 통해 가졌고 여전히 가지고 있거나 혹은 가지게 될 모든 타당성을 억제한다는 사실, 모든 대상적 존재 관심처럼 모든 가치 관심, 실천적 관심도 일반적으로 억제한다는 사실이다. 그것인 바대로 계속 존재하고, 그것이 나누어주는 타당성을 자체로 나누어주는 나의 삶에 대한 시선 방향과 관심 방향에서, 나는 **순수한 보편적 삶**을 획득하고, 세계적 총체는 삶 자체에 분리 불가능한 **상관자**로서 속해 있는 대로의 **보편적인 지향적 대상성 그 자체**로 변화한다. 이러한 보편적 환원은 내가 수행하는 모든 해명과 직관화 내내 효력을 유지한다. 나의 삶에 대한 파악은 자신의 고유한 자체 존재에서 자신의 명시적인 자체 파악은 아직 아니다. 나의 삶 **자체**가, 직접적인 지금의 현재적 삶을 넘어가면, 더 좁게 보자면, 내가 지금 근원적으로 수행된 현재 작용의 특수한 현상학적 파악 속에서 원본적 형태로 갖고 있는 것을 넘어가면, 영원히 먼 곳에 놓여 있는 **한계-이념**이다. 그리고 이러한 한계 이념은 다시 한계-형태의 무한성과 무한한 먼 지점의 무한성을 포함한다. 그러나 상대적인 규정성과 접근에서 — 일차적인 탁월한 의미에서 그것은 과거의 무한한 영역에 타당한데 — 나는 임의적인 개별성, 삶의 구간을 직관을 통해 나에게 현전화할 수 있고, 다소간 분명한 기억을 통해 먼 과거를 가까운 과거로, 결국 '완전히 명료한' 과거로 변경시킬 수 있다. 그러나 이때 명료한 것은 계속해서 불명료함과 불분명함이라는 자신의 빈 지평을 포함한다. 우리가 그 자체로 아주 완전한 **명료함**을 더 가까이 들여다본다면, 우리는 본질적으로 그것이 **상대적 불명료함**이라는 자신의 내적 **지평**을 가지고 있음을 발견하게 된다. 그것은 여전히 상대적으로 멀리 있는 것이고 **더욱** 명료하게 될 자신의 가능성들이며, 여전히 비어 있음의 사이 구간이다. 그러나 어쨌든 그것은 순수한 삶의 **가까운 형태**이고, 보편적 해명의, 그리고 거기서 이후에 언제나 다시 수행될 수 있는 현상학적 환원의 명증적인 이념적 가능성을 자신 안에 지닌다.

한갓 상대적인 가까움의 이러한 달성 가능성에 관해서는 자연적이고 환원되지 않은 회상에 대해서도 또한 동일한 것이 적용된다. 우리가 이것을 자연적인 경험으로서 타당하게 하는 만큼, 우리는 자연적 경험을 통해 자연적 과거를 넘어서 경험 판단을 획득할 수 있고, 또 경우에 따라서는 자연적-이성적인 경험 판단을 획득할 수 있다. 그래서 우리는 이제 다음과 같이 말할 수 있다. **현상학적 판단중지**와 환원의 **방법**은, 먼 지평에서 가까운 지평으로의 이러한 전진 속에서, **경험의 새로운 영역을 개시한다**. 현상학적 판단중지와 환원의 방법은 자체로 **새로운 종류의 경험을 창조한다**. 즉 새로운 종류의 지각, 회상, 전진하는 예상을, 자연적 인간 삶과 현상학 이전의 인류에게는 **알려지지 않았음**에 틀림없는 경험의 유형을 창조한다.

3장

초월론적 현상학적 환원의 철학적 의미

52강 초월론적 자기 경험의 토대 위에서 이루어지는 체계적인 초월론적
자기 이론화의 형태 속의 초월론적 주관성의 체계적 자기 전개로서의 철학

이제 우리가 초월론적 환원의 새로운 방법을 완전히 수행한 후에, 그리
고 그러한 방법 자체를 한갓 현상학적─**심리학적** 환원의 하부 단계로부터
의 방법적 상승을 통해 구축한 후에, 우리는 아마도, 그러한 방법이 이러
한 방법적 정초를 통해 우리를 본질적으로 풍부하게 했다고 말할 수 있다.
경험된 세계의 가능한 비존재의 증명에 입각한 **데카르트적** 환원은 직접적
으로 다만 제한된 결과만을 가졌던 것이 아니었다. 그것은 경험된 세계의
비존재라는 단서를 통해 주관성으로 시선을 돌리게 했는데, 이러한 주관
성은 단지 **경험하는** 주관성이자 이때 이러한 비존재에 영향을 받지 않는
주관성이었다. 그래서 그 방법을 추가적으로 완전히 형태 지을 필요가 있

었고, 세계의 어떠한 사유 정립도 타당성 속에 머물러 있어서는 안 된다는 것이 드러나야 했고, 또한 이념적 대상성의 어떠한 타당성도 효력 안에 머물러 있어서는 안 된다는 것이 드러나야 했다. 짧게 말해서, 초월론적 주관성으로서의 순수한 주관성의 전체 범위가 경계 지어져야 했다면, 보충적 탐구가 필요했다. 이 보충적 탐구의 끝에서야 비로소, 완성된 방법으로서의 저 방법 자체는 지금 우리가 획득한 방법과 등가적이 되었을 것이다. 그러나 그것이 수행될 수 있다 해도, 우리의 새로운 전진은 **그것이 우리에게 주관성 자체의 구조들 ― 판단중지의 가능성이 여기에 근거한다 ― 의 가장 넓고 깊은 이해를**, 그리고 이와 더불어 그것의 순수한 의미에 대한 가장 깊은 이해를 **개시해준다는** 강력한 **이점을** 갖는다. 우리가 이미 완전한 현상학자라면 우리는 다음과 같이 말할 수 있다. 즉 새로운 진행은 현상학적 환원의 방법뿐만 아니라 동시에 **현상학적 환원의 현상학을** 제공해준다.

우리의 고찰은 어떤 식으로 종결되었다. 되돌아보면서 숙고할 필요가 있다. 본래의 목표는 하나의 철학, 절대적 정당화로부터의 보편적 학문이었다. 절대적 정당화라는 선택된 주도 원리는 필증성의 주도 원리였다. 이것은 시작하는 철학자에게 모든 미리 주어진 학문들, 아주 일반적인 신념과 선입견 전부를 '전복'하도록 하는 요구로 이끌었다. 긍정적인 시작을, 최초의 절대적으로 정당화되는 인식 영역을 획득하려는 시도는 모든 이론적 능동성 앞에 놓여 있는 지속적으로 흐르는 세계 경험의 영역으로 시선을 돌리게 했다. 그러나 그것은 또한 개별적으로는 충분히 자주 기만하는 것으로 드러나는 믿음을 포함하고 있다. 그래서 그것은 연속적으로 흐르는 세계 경험에서 연속적 현존으로 오는 세계 실존에 대한 보편적 비판을 요구했다. 그래서 우리는, 그래서 나는 시작하는 철학자로서 우선 데카르트적 길로 이끌렸고, 그다음에는 보편적 판단중지와 환원의 더 깊고 풍부한 방법의 구축에 이끌렸다.

그러나 이제 여기서 획득된 통찰을 통해 풍부해져서 시작을 되돌아 바라볼 때, 시작 자체가 새로운 빛 속에 서 있게 된다. 모든 선입견의 전복은 시작점에서 의미심장한 필연적 요구였지만, 시작의 요구로서 그것은 필연적으로 완전히 모호한 것이기도 했다고 우리는 이제 말할 수 있다. 그러한 요구가 실제로 실천적으로 작용해야만 했다면, 그러한 요구는 그 모호성 속에 함축된 것의 체계적 명료화와 해명이 필요했다. 이러한 해명의 시작은 다음과 같은 것이다. 즉 자연적 경험의 전체 영역, 그리고 결국 모든 우리의 자연적 타당성의 총체는 우리의 이전 삶으로부터의 계속적 타당성과 그것을 통해 자연적으로 함께 근거 지어지는 예기들을 포함하여 소위 전복 속에 함께 포함되어야만 한다는 것이다. 바꾸어 말하면, 이러한 전복 요구가 시작하는 자인 나에게 필연적으로 포함하는 바에 관해 철저하게 명료화하고 해명하는 숙고는, 다름 아닌 현상학적 판단중지의 체계적 방법의 전개를 의미함을 우리는 보게 된다. 동시에 나에게 내적으로 움직이는 물음, 즉 내가 최초의 것으로서 요구할 수 있고, 요구해도 되는 것이 무엇인가 하는 물음은 이때 필연적으로 초월론적 주관성으로 시선을 향하게 하기에 그러한 방법 자체(*eo ipso*)가 초월론적 환원의 방법이 된다. 왜냐하면 모든 것을 물음에 부침은, 여기에서 그러므로 끊임없이 경험될 채비가 되어 있고 **의심할 여지가 없는** 나의 전체 인식 소유, 보편적 존재 토대를 전제하면서 동시에 명증적으로 가시화한다는 사실이 드러나기 때문이다. 그러나 이러한 방법에서 그것은 단순히 공허하게 요청된 것이거나 공허하고 사태적으로 먼 데에서 "에고 코기토"라는 문장으로 이야기된 것이 아니다. 그것은 즉시, 구체적으로 그리고 그것의 본질 고유성 속에서 무한한 초월론적 **삶**으로 생겨난다. 그것은, 만약 우리가 직접적인 초월론적 자기 경험 속에서 파악 가능한 고유한 삶에 우리를 제한한다면, 한편에서는 자아(*ego*), 초월론적 '자아' 속에서 중심을 지니고, 다른 한편에서는 다양한 지향적 객관성들과의 관계, 다양한 의식 방식의 모든 지향적 통일체를 지니는 그러한 삶이다. 여기서 두드러지는 아주 커다란 놀라운 것은, 내가 실제로 할 수 있었듯이, 내가 나에게 모든 자연적 세계 믿음을, 시작하는 자로서의 내가 지니고, 또 지닐 수 있었던 모든 가능한 믿음을 거부한다면, 그래서 내가 나를 세계 아이로, 자연적 인간으로 여기기를 중단한다면, 그러면 나는 **새로운 종류의 경험**의 무한히 열린 영역을 벌써 마련하게 되며, 그것을 통해 **나의 초월론적 주관성의 경험 영역**을 나에게 마련하게 된다는 점이다. 시작하는 철학자인 나에게, 이러한 영역을 즉시 최고로 의미심장하게 만드는 것은 최초의 파악에서 이미 등장하는 "나는 존재한다"의 필증적 명증이다. 실제로 **모든 것** ― 나에게 타당했고, 타당할 수 있었던 모든 것 ― 을 전복으로 가져올 수 있는 대담한 철저주의는 나에게 필증적으로 명증적인 타당한 것, 존재하는 것을 개시해주는데, 이것은 전복되는 모든 것 속에 포함되지 않고, 포함될 수 없었던 것이다. **세계 아이의 존재 전체는 단적인 존재 전체가 아니다.**

그러나 아마도 이제 그렇다면 모든 것을 포기한다는 것은 곧 모든 것을 얻는다는 것을 의미하며, 필연적인 방법의 철저한 세계 단념은 **궁극적으로 참된 현실성**을 직관하는 것이자, 그와 더불어, **궁극적으로 참된 삶**을 사는 것이다. 아마도, 에고 코기토의 이러한 눈에 띄지 않는 명증 속에, 그리고 간접적으로 근거 지어질 수 있는 초월론적 상호주관성의 명증 속에, 모든 가능한 진리가 놓여 있으며, 절대적 정당화 속의, 그리고 궁극적으로 도달할 수 있는 추구된 철학적 의미 속의 학문이 놓여 있다. **자기 인식**, 그러나 오직 철저하게 순수한, 혹은 **초월론적인** 자기 인식만이, 궁극적이고 최고의 의미에서의 모든 진정한, 만족시키는 학문적 인식, 철학적 인식의 유일한 원천이며, '철학적' 삶을 가능하게 하는 유일한 원천이라는 점은 아마도 가장 엄밀한 이해 속에서 참일 것이다. 그러면 **철학 자체**는 다만 초월론적 자기 경험과 초월론적 자기 경험의 파생물에 토대한 체계적인 초월론적 자기 이론화의 형식 속에서의 초월론적 주관성의 체계적인 자기 전개일 것이다.

초월론적 주관성의 새롭게 직관된 그러한 의미를 아주 멀리 미리 예감하는 것은 (**플라톤적으로** 말하자면) '날개 달린' 영혼에게, 그러니까 갈망으로 가득 찬 초월론적 직관의 날개를 가진 영혼에게, 철학적인 경이를 불러일으키는 인식을 부여할 수 있다. 그것은 모든 **괄호 쳐진 타당성들**, 내지는 모든 타당성 밖에 놓인 세계들이, 그럼에도 불구하고 **괄호 속에 유지된 채 남아 있다**는 인식이다. 바꾸어 말하자면, 현상학적 자아인 나에게, 나 자신과 나의 세계에 대한 무관심적인 이론적 관찰자로서의 나에게, 이러한 세계는 과연 소박한 방식으로 존재하는 것이 아니다. 그러나 이러한 세계가 나의 세계로서 나의 의식 작용 속에서, 그것들이 나에 대해서 갖고 있는 모든 타당성을 유지했다면, 나는 그럼에도 타당성의 이러한 할당함을 바라볼 수 있다. 더 자세히 보자면, 존재와 존재 내용에 대해 확신한다는 것, 그것을 마침내 자체 파악한다는 것, 경험적 명증과 그 밖의 명증으로 가져온다는 것이 여기에서 뜻하는 바가, 내 안에서 무엇으로 이루어지는지를 나는 볼 수 있다. 모든 명증, 그러니까 **자연적으로** 경험하는 자이자 인식하는 자로서의 내가 그 속에서 그 어떤 현실적인 것을 그것 자체로 파악하고 그 어떤 진리를 진리 자체로서 파악하는 그러한 모든 명증을 초월론적 관찰자로서의 나는 직접적이고 근원적으로 나의 직관 속에서 갖는다. 거기서 아무것도 없어지지 않는다. 반대로, 소박한 자아로서의 내가 단적으로 존재하는 것으로서 가졌던 것, 그것을 나는 지금 나의 소유 속에서 소유된 것으로 갖는다. 그것을 나는 나에게 이전에 숨겨져 있던—그것을 의식하는—의식과 함께 더불어, 경험과 사유 속에서, 그것이 의미, 현출 방식, 타당성 양상을 따라서 발원하는 주관적인 지향적 수행함의 거대한 연관 속에서 갖는다. 이러한 작업수행이, 초월론적 주관성의 처음에는 숨겨져 있는 깊이에까지 되돌아 이른다면, 나는 이제 이미, 모든 현재 의식과 과거 의식의 지평이 그 잠재적 함축에 따라 드러날 수 있음을 알게 된다.

여기에 다음과 같은 사유, 즉 초월론적 주관성에 대한 그것의 본질 가능성과 사실적 현실성에 따른 보편적 연구 속에 결국 모든 오류와 모든 진리, 모든 한갓 사념된 존재, 그러나 또한 모든 참된 존재가 (초월론적 작업수행의 의미임에 틀림없는) 자신의 궁극적 의미에 따라 포함되어 있다는 그러한 사유가 가까이 놓여 있지 않은가? 드높은, 모든 조망하는 초월론적 입장에서 보았을 때, 이성과 비이성은 초월론적 작업수행에 대한, 그것의 숨겨진 전체 구조 연관 속에서 밝혀질 수 있는 겨냥함과 달성함 혹은 실패함에 대한 명칭이 아닌가? 자연적으로 소박하게 인식하는 자에게 참된 존재와 그 밖의 이론적 진리를 이루어내는 작업수행 연관의 완전한 해명은, 그것이 바로 초월론적 영역에서 수행되기 때문에, 이러한 참된 존재 자체와 이러한 진리의 참된 존재를 볼 수 있게 만들어야 하지 않는가? 즉 이러한 참된 것 자체를 작업수행의 통일성의 점으로서, 그리고 그것의 연관 속에 분리 불가능하게 포함된 것으로서 볼 수 있게 만들어야 하지 않는가? 그러나 초월론적 관찰자가 행하는 것은 바로 선입견 없이 관찰하는 것, 그리고 다음 사실을 전개하면서 깨닫는 것뿐이다. 그러니까 존재와 존재하는 것, 진리와 참된 사태는 주관적 인식 삶 속에서, 어떤 동기부여자의 인식 동기들로서, 지향적 행위 속의 지향적 통일체들로서 발원한다는 사실 말이다. 지향적 통일체들은 지향적 행위 속에서는 존재하는 바대로 존재하고, 의미하는 바대로 의미한다.

초월론적 방법 속에서, 선험적인 학문, 그리고 자연적인 인식 단계의 경험적 학문의 모든 자연적—독단적 존재 정립을 지닌 자연적 세계 총체가 판단중지 속에 남게 되더라도, 어떠한 진리도 잃지 않을 뿐 아니라 이 모든 것을 더 높은 의미에서 획득하게 된다는 사실은 거부될 수 없는 주도 사상이다. 초월론적 방법은 모든 자연적 진리의 배제를 통해, 보편적 전복을 통해, 자신으로부터 모든 진리를, 그러나 절대적이고, 절대적으로 정당화된 것으로 현실화하고, 모든 진리를 그 타당성의 숨겨진 상대성으로부터 끄집어내어 절대적 토대 위에 세우는 방법이다. 이러한 절대적 토대 위에서 모든 실재성들이 밝은 주제적 시선 속에 서고, 보편적으로 포괄되면서 절대적 인식 주제가 된다. 그러나 목표는 멀고 길은 힘들며, 먼저 길을 내야 한다. 주도 사상 없이 우리는 추구할 수 없다. 그러나 길들, 주도 사상을 준비하는 이론들은 한 걸음 한 걸음 힘들여 얻어내져야 한다. 그리고 우리는 모호한 그럴듯한 가능성들이 벌써 이론이기라도 한 듯이 보는 전통 철학의 근본 오류들로부터 멀리 떨어져야 한다.

53강 상호주관성의 문제

a) 순수 현상학의 초월론적 소박성의 가능성과 초월론적 경험에 대한 필증적 비판이라는 철학적 과제

시작점에서 나에게 초월론적 주관성이 자라난 것은 에고 코기토의 필증적 명증에서였다. 여기서 이제 우선 주시해야 할 것은, 에고 코기토의 필증적 명증 자신도 시작일 뿐 끝이 아니라는 것, 그러니까 그것은 과연 필증적인 명증이기는 하지만, 즉시 그것의 의미, 유효 범위, 경계와 관계하는, 난제들의 꾸러미를 나에게 일깨운다는 것이다. 한 가지만 지적해보자. "나는 경험한다", "나는 생각한다" 등등은 순간적인 현재에는 정말로 필증적으로 확실해 보이고, 나의 초월론적 과거 또한 나에게 확실해 보이지만, 나에게 과거를 갖게 해주는 기억은 종종 충분히 속이지 않는가? 그래서 우리들의 앞에는 여전히 **초월론적 경험에 대한 필증적 비판**이라는 커다란 과제가 서 있다.

그런데 이게 다가 아니다. 우리는 세계 아이이기를 중단했고, 그것들의 모든 독단적-자연적 형태 속의 보편적인 자연적 경험, 보편적인 자연적 인식을 단념했으며, 그와 더불어 함축적으로는, 심지어 모든 자연적 세계 타당성과 실천적 행위들까지도 — 그것들이 자신으로부터 그 어떤 인식 대상성을 내어주는 한 — 단념했다. 새로운, 그 자체로 무한하지만, 그럼에도 완전히 그 자체로 완결된 초월론적 경험이 열렸다. 바로 이와 더불어 우리는 자명하게, 새로운 종류의 이론적 인식의 (그리고 또한 그 밖의 순수하게 초월론적으로 향해진 작용과 작용 수행들의) 영역을 갖게 된다. 자연적 학문들의 총체는 포기되었지만, 그 대신 여기서 초월론적 학문들이, 하나의 새로운, 완전히 그 자체로 완결된 '보편적 학문(scientia universalis)' — 이 보편적 학문에서는 그 어떤 독단적 학문들로부터 나온 어떠한 전제도 사용하지 않았고, 결코 사용할 수 없으리라는 것이 선험적으로 확실하다 — 의 분과학문으로 자라나야 한다. 그것은 어떤 고찰에서는 실제로 모두 참되고 자명하지만, 자세히 고찰해보면, 다만 그 어떤 더 높은 소박성의 관점에서만 자명한 것이다. 그래서 또한 자연적 소박성에 평행하여, 초월론적 소박성이 존재할 수 있는데, 그러나 그것은 이제 특별한 의미를 획득한다.

여기서 다음 내용을 고찰해보자. 다음 내용이 중요한 것은, 그것이 시작하는 철학의 이론적 구조를 유클리드 기하학 원론의 구조가 밝혀지는 방식과 유사한 방식으로 밝혀주기 때문이다. 유클리드 기하학 원론의 구조가 밝혀지는 것은, 수학자가 어떤 공리를 완전히 중지시키고 나서, 어떤 기하학적 명제와 이론이 거기에 영향받지 않은 채로 남아 있는지 보여주고, 이를 통해 저 공리들에 대한 저 명제와 이론의 독립성이 증명되고 이와 더불어 전체 학문의 연역적 구조 연관이 드러남을 통해서다. 유사한 의도에서 우리는 시작하는 철학자의 동기에서 초월론적 환원의 전체 이론이 **분리**될 수 있음을 지시한다. 우리가 우리의 의미에서의 철학의 목표에 완전히 무관심하고, 그래서 철학의 목표를 완전히 내버려둔다고 해도, 그럼에도 우리는 심리학적이고 초월론적 단계의 현상학적 판단중지를 수행할 수 있을 것이고, 거기 속하는 모든 의식 분석을 수행할 수 있을 것이다. 그러면 마찬가지로 소박한 경험과 초월론적 경험, 그리고 소박한 학문과 초월론적 학문이, 단지 '초월론적'이라는 말의 반대말로 특징지어지는 '소박한'의 의미에서 대립하게 될 것이다. 그러나 우리는 다른 한편 소박한 인식의 **두 번째** 개념을 규정할 수 있는데, 우리는 **절대적 인식의 이념**, 절대적인, 모든 방면에서의 정당화로부터 나온 인식의 이념에 인도되지 않는 모든 인식을 두 번째 의미의 소박한 인식으로 이해한다. 마찬가지로 우리는 일반적으로 **모든 종류의 입장 취함**과 관련하여, 모든 이성 삶과 관련하여 이러한 대립을 상응하여 이해할 수 있다. 이러한 두 번째 의미에서 **소박한** 것은 단지 초월론적 판단중지에 근거하지 않는 자연적 인식만이 아니다. **필증적 비판**에 내맡겨지지 않고, 초월론적 인식의 절대적 정당화에 대한 갖가지 물음에 태만한 한에서, **초월론적 주관성의 토대 위의 인식**도 그렇다.

역사적으로 전승된 자연과학은 외적 경험의 명증에 의해 인도되고, 가능한 이 명증을 확장하며, 이 명증이 아직 말하지 않았던 모든 방향에서 말하도록 하는 것을 목표로 하고, 또한 이를 통해 일면적이고 불완전한 경험에서 나온 모든 불일치를 해소하고 미래의 일치를 보증하는 것을 목표로 한다. 그리고 총체로서 본 외적 경험의 명증을 술어적 영역에서의 논리적 명증과 유사한 방식으로 신뢰하고, 다만 그것을 가능한 한 완전하게 하고자 추구한다. 우리는 초월론적 경험의 새롭게 개시된 영역에서 유사한 자세로 임할 수 있다. 우리는 초월론적 현실성과 가능성들을 자신에게 가능한 한 명료하게 할 수 있고, 거기에 근거하여 초월론적 사건들의 주요 유형을 체계적으로 구분하고, 체계적으로 기술하는 데로 나아갈 수 있다. 그래서 유기체의 종과 발달 형태의 직관적 모습에 관한 기술적-분류학적 유형학이 오래전에 자연사에 놓여 있듯이, 유사한 의미에서 **초월론적 기술적 현상학**을 기획하고자 할 수 있다.

더 나아가 외적 경험의 소여들과 관계하는 사실적인 현실성들을 우리가 도외시하고, 그것 대신에 자유로운 상상 속에서 변형될 수 있는 가능성들을 고찰하고 학문들을 정초할 수 있으며, 부분적으로는 이미 정초된 것으로 발견하듯이(가령 이념적으로 가능한 공간 형태들에 관한 순수 기하학), 여기서 초월론적 사건의 일반적으로 가능한 형태들에 관한 (선험적) 학문이 생각될 수 있고, 그것도 초월론적 영역 속에서 생각될 수 있다. 우리는 가능한 작용들의 순수한 본질 유형들을 구분할 수 있고, 그래서 지각, 기억, 예상, 상상, 마음에 듦, 마음에 들지 않음 등과 같은 본질 유형을 구분할 수 있으며, 그 아래에 속하는 특수한 본질 유형, 가령 사물 지각, 동물적 존재에 대한 지각, 자기 지각, 타인 지각 등을 구분할 수 있다. 그리고 나서 우리는 그것들에 관하여, 가능성과 필연성에 따라 어떠한 본질 구조가 그러한 각 유형에 포함되어 있는지 등을 물을 수 있다. 이 모든 것은 객관적 학문과 같은 **소박성** 속에서 일어날 수 있고, 경험의 명증과 가능성—직관의 명증, 논리적 일관성의 명증 등에 대한 객관적 학문과 같은 신뢰 속에서 일어날 수 있다. 그러니까, **본래적인 철학적 야심 없이** 일어날 수 있다. 그러면 우리는 **모든 철학적 관심에 앞서**, 그리고 모든 철학 자체에 앞서 **이성적 현상학과 경험적 현상학**을 갖게 될지 모른다. 그것이 실제로 수행되면 어떤 모습일지는 여기서 우리와 관계가 없다. 그러나 그것의 가능성을 미리 명료하게 하는 것은 가치가 있다.

그러나 그중 한 가지, 가장 하부의 것이며 가장 알기 쉬운 것을 우리는 명료하고, 전적으로 의심의 여지가 없는 것으로서 강조한다. 내가 현상학적 환원의 수행 아래에서 — 혹은 이러한 환원의 **습성**을 특기하려면 이렇게 말해야겠다 — **현상학적 태도 속에서** 초월론적 삶을 거쳐 간다면, 나는 초월론적 자기 경험의 동질적 연속체를 갖게 된다. 직관적 실현이 성공하는 한, **일치하는** 자기 직관을 전개가 공급하는 한에서 그렇다. 초월론적 자기 경험의 해명의 진행 속에서 불일치가 등장할 때처럼, 때때로의 불연속성은 균형이 맞춰진다. 이는 자연적-객관적 회상의 경우와 유사한 방식이다. 가령 상이한 기억들이 뒤섞여 밀치거나 겹쳐지다가, 추후의 해명하는 상세 규정 속에서 중첩과 혼동이 **하나의** 회산의 일치하는 직관적 연속체 속에서 서로 갈라진다. 그것이 필증적 명증성 속에서 그래야 하는가 하는 문제는 중요하지 않다. 그것은 어쨌든 아주 친숙한 경험의 방식에 속한다. 그래서 내가 자연적, 객관적(외적이고 내적인) 경험으로부터 경험적 총체를 갖듯이, 나는 실제로(*de facto*) 초월론적 경험의 확고한 초월론적 총체를 갖는다. 나는 초월론적 경험의 언제나 다시 산출되는 일치성에 힘입어, 그리고 언제나 산출되는 일치성의 이러한 영속적 방식에 대한, 심지어 모든 현재 지평 속에서 — 비유하자면 — 문서로 기록되는 경험적 믿음에 힘입어 그것을 나에게 현존하는 것으로 갖게 된다. 실재적인 세계 총체가 일치하는 외적 경험의 무한한 연관으로서 주어져 있듯이, 비실재적 주관성, 나의 초월론적 삶의 무한한 총체는 가능한 초월론적 경험의 연속적 통일 연관으로서 주어져 있다.

b) 초월론적 자아론('유아론적 현상학')과 상호주관적 환원으로의 이행

여기에서 철학 특유의 관심은 잠시 더 제쳐두고 이어가 보자. 우리가 이러한 고찰을 통해 저 관심에 많은 기여를 하게 될 것이라 해도 말이다.

초월론적 환원은, 우리가 그것을 체계적으로 구축했듯이, 초월론적 주관성으로의 환원이었다. 우리는 종종 그러한 환원을 "에고 코기토"로의 환원으로서 데카르트적으로 특징짓는다. 그리고 아주 자명하게도, **나의, 환원하는 자의, 고유한 초월론적 자아와 나의 고유한 삶으로의 환원**이 문제인 듯 보인다. 그런데 다른 초월론적 주관성에 대한 이야기는 얼마나 의미 있게 말할 수 있어야 할까? 나의 세계 전체에 관한 초월론적 판단중지는 그 자체로 공간 사물로서의 모든 신체에 대한 배제를 포함한다. 나의 고유한 물체적 신체의 배제는 나의 자체 고유한 삶을 건드리지 않는다. 이러한 삶에서 이 신체는 이제 공간 사물적 경험 현상이다. 그러나 다른 인간과 동물에 관해 고찰하자면, 그것들이 나의 타인경험하는 정립 속에서 정립된 현상 이상의 것으로 드러나야 한다는 것을 도외시할 수가 없게 된다. 현상학자로서의 내가 더 이상 자연적 방식에서 사물들, 그러므로 또한 다른 신체들을 존재하는 실재성으로 간주해서는 안 된다면, (나에게 경험되는 신체를 통해 파생현전된 것으로서만 나에게 현존하는) 다른 영혼 삶의 표지를 위한 발판은 떨어져 나간다. 그래서 초월론적 현상학은 단지 **초월론적 자아론**으로만 가능한 것처럼 **보인다**. 현상학자로서의 나는 필연적으로 유아론자인 데, 자연적 태도 속에 뿌리박힌 일상적인 우스운 의미에서의 유아론자는 아닐지라도, 그럼에도 초월론적 의미에서는 유아론자이다.

초심자는 만약 그로 하여금 내면성 속에서 모든 참된 외면성을 찾게 하는 저 날개 달린 앞선 예감을 그가 이미 가지고 있지 않다면 여기서 아마도 이렇게 생각하게 될 것이다. 우리는 언젠가 현상학적 판단중지를 중단해야 하고, 언젠가는 자연적 방식으로 경험하고, 생각하고, 자연적 학문을 만족시키는 시간이 다시 와야 한다고 말이다. 그러면 남의 주관성 또한 자신의 권리로 올 것이다. 다만 현상학은 어떤 방식으로, 자연적 경험과 경험 학문, 그리고 모든 독단적 학문에 도움이 될, 이전에 알려지지 않은 방법적 도움을 기부하는 것뿐이다.

그럼에도 불구하고 이것은 철저히 현상학적 환원의 진정한 의미에 대한 오해, 그리고 현상학적 환원이 이러한 진정한 의미에 적합하게 수행하는 바에 대한 오해다. 이 점은, 타자─경험(Fremderfahrung), 소위 타인경험(Einfühlung)의 초월론적 의미에 대해 우리가 보여준 바의 완전한 내용을 자신의 것으로 한 사람, 또 우리가 남의 주관성의 타인경험하는 현전화 속에서의 초월론적 환원에 대해 말했던 모든 것, 더 나아가 자신의 신체적 소여와 다른 한편에서는 남의 신체적 소여의 현상학적 내용에 대해 말했던 모든 것, 그리고 이때 남의 심리가 드러나는 방식에 대해 말했던 모든 것을 총괄하여 보는 사람에게는 분명함에 틀림없다. 물론 그것으로부터 다음과 같은 사실이 따라 나온다. 내가 자기 지각, 자기 기억, 자기 예상을 통해 자기 경험의 직접적 접근을 갖는 것이 나 자신뿐인 한, 나에게는 나의 고유한 초월론적 자아와 나의 고유한 삶이 **최초의, 근원적인 소여성**의 우선권을 갖는다. 반면에 나는 **남**의 주관성 ─ 그들의 편에서는 다만 직접적으로 자기 자신을 경험하는 주관성이다 — 은 단지 그들이 그들의 자기 지각, 그들의 자기 기억 등의 현전화를 통해 나에게 의식하게 하는 **표지의 간접적 방식**으로만 경험할 수 있다. 거기에는 그래서 **두 번째 단계의 지향성**, 간접적 지향성이 놓여 있다.

그럼에도 **초월론적 주관성** 일반이 **상대적인 간접성과 직접성의 단계**에서 어떻게 **주어지는지**, 그리고 어떻게 그것들이 그러한 단계들, **지향적 함축의 단계들**에서 주어짐으로써만 존재하는지 살펴보도록 하자. 내가 나 자신에게 초월론적 자아로서 주어지는 직접성도 자신의 단계를 갖는다. **나는 나의 삶의 현재**에서만 **나에게 완전히 직접적으로** 주어진다. 나는 나의 삶의 현재에 대해서만 가장 직접적인 경험의 형식, 즉 지각의 형식을 갖는다. 나의 **과거**와 **미래**에 대해서 나는 단지 회상과 앞선 예상을 가질 뿐이며, 거기에는 우리가 자세히 이야기했던 지향적 **간접성**이 이미 놓여 있다. 그러나 더 자세히 살펴본다면, **현재 영역 또한** 지향적으로 직접적인 것과 간접적인 것으로 나뉘는 **유사한 구조**를 갖는다. 우리는 **순수한 현재의 흐르는 경계점**으로 온다. 혹은 상관적으로 이러한 순간적인 근원 생동적 현재의 순수한 자기 지각의 흐르는 경계점으로 온다. 그리고 **근원적인 파지와 근원적인 예지**의 구간으로 오는데, 그것들의 지향성은 간접적이다. 그것은 우리가 구체적인 자기 지각, 구체적인 현재에 대해 말하는 것을 방해하지 않는다.

아주 유사하게 나는 충분한 근거를 가지고 이렇게 말한다. **나의 초월론적 자아는 나에게만 근원적으로**, 즉 근원적인 자기 경험에서 주어진다. **다른 주관성**은 나에게 나의 고유한 자기 경험하는 삶의 영역에서, 말하자면 자기 경험하는 타인경험 속에서 간접적으로 주어지며 근원적으로 주어지지 않는다. 그러나 그럼에도 그것은 주어지며, 더욱이 **경험된다**. 과거가 과거로서 근원적으로 다만 기억을 통해 주어질 수 있으며, 미래에 다가오는 것이 그러한 것으로서 다만 예상을 통해 주어질 수 있듯이, **타인은 타인으로서** 근원적으로 다만 타인경험을 통해서만 주어질 수 있다. 이러한 의미에서의 근원적인 소여와 **경험**은 동일한 것이다.

물론 주의해야 할 것은 자신의 현재, 자신의 과거는 그 자체로 비독립적인 것이며, 완전히 구체적인 것은 근원적인 경험 속에서 주어지는 나의 삶의 전체 통일체일 뿐이라는 것이다. 그리고 여기에는 나의 전체 과거와 미리 예상된 미래가 속한다. 다른 한편 방금 말했듯이, 근원적인 형식에서 경험된 나의 현재가 단지 나의 전체 삶의 통일체 속에서만 존재할 수 있는 반면, 상호주관적인 삶과 이러한 전체 삶의 관계에서는, 혹은 내가 공동체 속에서 더불어 존재하는 다른 '자아들'의 전체성에 대한 나의 자아의 관계에서는 곧장 동일한 것이 이야기될 수는 없다. 적어도 그것은 곧장 주장될 수는 없다. 반대로 내가 홀로 존재한다거나, 나의 전체 경험 영역에서 어떠한 다른 신체들도, 그러니까 내가 타인경험의 방식으로 다른 주체들을 경험할 수 있게 하는 어떠한 다른 신체들도 등장하지 않는다는 것이 생각 가능해 **보인다**. 어쨌든 현상학적 **추상**을 수행하거나 현상학적 경험과 경험에 근거하는 연구를 제한해서 우리는 단지 자신의 초월론적 주관성의 구체적인 통일체 연관에서만 움직이고, 모든 타인경험을 도외시하며 어떠한 다른 주관성도 고려하지 않을 수 있다. 물론 그것은 사물 경험에 대한 초월론적 배제에서와 유사하게, 자신의 고유한 삶을 변경시켜 생각하는 것을 의미한다. 그러나 그것은 현상학적 환원이 단지 자신의 자아만 산출한다는 것을 의미하지 않으며, 오히려 현상학적 환원이 제한되어 있음을 의미한다. 넓은 연구 구간에서는 의도적으로 그렇게 자신을 제한해서 우선은 **체계적인 자아론**, 말하자면 **유아론적 현상학**으로서의 체계적인 자아론을 기획하는 것이 아주 중요한 방법적 근거들에 의해 심지어 필수적이다.

그 밖에 초월론적 환원이 최초의 경험된 자신의 자아를 매개로 하여 초월론적 **상호주관성**을 어떻게 경험되게 하는지, 그리고 공간 세계에 대한 괄호 치기, 그리고 그것과 더불어 다른 신체물체와 인간에 대한 괄호 치기가 어떻게 다른 순수한 자아들을 그들의 사유 작용들과 더불어 결코 중지시키지 않는지를 완전한 명증으로 가져오기 위해 다음이 숙고되어야 한다. 이제 앞서 언급한 허구를 만들어보자. 혹은 더 분명하게는, 내가 나의 환경세계에서 어떠한 다른 신체들도 마주치지 않는다고 상상하면, 나에게는 단지 사물들만이 존재할 것이다. 그리고 그 사물들이 정신적인 의미, 그 어떤 문화적 술어들을 갖는 한, 그것들은 단지 나의 고유한 활동적인 작업수행을 소급 지시한다. 단순함을 위해 나는 내가 지속적인 깨지지 않는 확실성 속에서 나의 환경세계를 갖고, 어떠한 종류의 가상도 만나지 않는다고 가정한다. 내가 이제 현상학적 환원을 수행한다면, 즉 내가 초월론적 관찰자로서 내가 이러한 단적으로 존재하는 세계를 갖게 되는 모든 소박성을 저지한다면, 나는 그랬기 때문에 그러한 세계를 나의 초월론적 순수한 삶의 지향적 대상으로서 지니게 되고, 어쨌든 사물 공간적 경험의 형식 속에서 나의 삶의 지향적 대상성으로서 지니게 된다. 나는 그것을 통해서, 소박하게 경험하는 나의 자아의 세계, 전제에 따라 나에 의해 지속적으로 현존하는 것으로서 경험되어야 할 이러한 세계를 소박하게 가진다는 것이 원래 어떤 모습인지 본다. 여기서 현상학적으로 반성적으로 밝히는 해명과 (우선은 그 어떤 개별적인 사물이 소박한 현존 확실성 속에서 경험되는) 경험의 통일체에 대한 체계적 기술은 현실적인 경험뿐만 아니라 가능적인 경험도 고려되어야 하는 아주 포괄적인 분석으로 이끌었다.

하나의 사물은 종합적으로 일치하는 지각 연속체 속에서 지속적으로 현존하는 것으로서 지각적으로 주어진다. 그러한 지각 연속체의 흘러감 속에서 사물은 하나의 동일한 것으로서 연속적으로 의식된다. 그러나 모든 지각 국면에서 나는 사물을 그 주관적 소여 방식의 특수한 어떠함(Wie) 속에서 갖게 된다. 즉 가까움과 멂, 오른쪽과 왼쪽의 변화하는 방향 설정 속에서 갖게 된다. 관점적 현출 방식의 변화는 방향 설정의 변화와 완전히 손을 맞잡고 함께 간다. 사물은 언제나 새로운 관점에서 현출한다. 이때 끊임없이, 본래적으로 보인 것과 단지 함께 보인 것, 상대적으로 자체 파악된 것과 단지 예기하면서 함께 파악된 것이 구분된다. 이때 나는 변화하면서 **함께 활동하고**, 자유로운 "나는 할 수 있다" 속에서 나의 눈, 나의 만지는 손 등을 움직이며, 경과하는 시각적 관점이 그때그때 자유롭게 변할 수 있는 눈의 위치에 귀속된다는 의식을, 또 현재의 관점이 만지는 손이나 손가락 등의 그때그때의 위치에 귀속된다는 의식을 갖는다.

우리가 단적으로 현존하는 사물의 연속적으로 지각하는 의식이라 부르는 주관적인 체험에 지향적으로 포함된 이러한 다양한 것들은 확고한 연관 양식을 갖는다. 그것들이 단지 이러한 연관 양식에 적합하게 실제로 흘러갈 때만, 지각은 연속적 일치의 성격을, 그때그때의 대상적 의미의 정립인 지향적 현존 정립의 연속적 자기 확증의 성격을 갖는다. 그럴 때만 원래의 지각을 넘어 연속적으로 뻗어가는 예견이 활동하고, 그럴 때만 사물 자체가 언제나 단지 부분적으로 현실화된 의미에 적합하게, 언제나 새로운 고유성들과 측면들을 연속적으로 따라서, 그와 함께 동시에 확증되고 더 상세히 규정되면서, 현출 속에 등장한다. 경험의 방식과 의미에는 또한 흘러가는 주관적 현출 계열들의 '자유활동적으로 작동됨'이, 그리고 다양한 방식으로 **다른** 지각 방법을 택하고, 사물의 다른 보이지 않는 측면들을 보이게 할 수 있는 **자유로운 능력**의 의식이 속한다. 그러나 그것은 물론 자유롭게 활동하는 향해 감, 둘러봄, 만져봄 등을 통해서 가능하다. 자유롭게 가능한 것으로 시작된 지각함의 모든 양상에는 귀속되는 현출 계열들이, 그것의 체계적인 경과 방식에 따라서 미리 알려지고 가정적으로 구성될 수 있다. 단지 이러한 양식이 확증되는 한에서만, 단지 현출들이 실제로 이러한 양식에 적합하게 흘러가는 한에서만, 단지 연속적으로 서로에게로 이행하는 지향성들이 **충족**의 성격을 갖는 한에서만, 혹은 동일한 것이지만, 지향적 **대상**이 연속적인 하나의 대상이고, 이러한 자기 확증 속에서 **현실적인 것으로서** 의식되는 한에서만 말이다. 소박하게 태도를 취하는 자아는 의심에 빠지거나 아니면 이전에 현존하는 것으로서 경험된 것을 한갓 가상의 의식 속에서 포기하기도 한다. 그것은 우리가 초월론적 환원과 경험하는 의식의 고찰을 통해 확신하듯이, 현출들이 더 이상 익숙한, 예상에 적합한 현출 계열들 속에서 흘러가지 않고 현출들이 현출들과 지향적으로 **충돌**함을 의미한다.

이제 **이산적 종합**[39]을 특징짓는 것은 어렵지 않다. **깨진** 지각 연속체가 이산적 종합에 따라서 회상에 의해 일치적으로 통일된다. 앞서 본 것과 당분간 보이지 않은 것과 지금 본 것이 동일하다는 사실을 내가 의식하게 되는 것처럼, 그리고 내가 그것을 보지 못하는 동안, 무언가가 존재한다는 것을 확신하게 되는 것처럼 말이다. 우리는 여기서 또한 현실적이고 가능적인 지각의 체계가 문제시되며, 이 경우 **가능한 지각**은 하나의 **입증되는** ― 그것도 고유한 방식으로 입증되는 ― **정립성**의 명칭임을 확신한다.

..

39 종합은 흘러가는 다양한 현상을 하나의 동일한 것으로 통일하는 의식의 근원 형식이다. 이산적 종합은 시간적으로 떨어져 있는 두 현상을 종합하여 하나의 동일한 것으로 통일해내는 작용이다. 이산적 종합과 대비되는 것으로, 시간적으로 연속해 있는 현상을 종합 통일하는 연속적 종합도 있다.

그러나 우리는 마지막에 다음과 같은 피할 수 없는 통찰에 이른다. 즉 전체적으로 영속적이며 끊임없이 확증된 **하나의 세계**(내가 때때로 경험하고 때때로 경험하지 않고, 부분적으로 알고 부분적으로 알지 못하는 그러한 사물들의 세계)**에 대한 확신**에 속하는 것은 초월론적으로 보자면, 하나의 확고한 본질구조, 경험들, 경험 가능성들 — 이것들은 내가 초월론적 경험과 구성하는 직관 속에서 거쳐 갈 수 있는, 관통하는 초월론적 연관을 갖는다 — 의 현실적이고 가능적인 경험들의 규정적으로 기술할 수 있는 체계에 다름 아니라는 통찰에 이른다. 자연적 경험의 모든 부분은 상응하는 초월론적 경험으로 바뀌고, 이러한 초월론적 경험 속에서 자신의 참된 의미를 입증한다.

이 경우, 나는 **사물 자체**, 경험 대상의 **현존**은 **초월론적 연관의 이러한 체계 속에** 분리 불가능하게 **포함되어 있으며**, 경험 대상들은 그러한 연관이 없으면 생각 불가능하고, 단적으로 무(Nichts)일 것이라는 사실을 볼 수 있다.

물론 지금 추상되어 있는 **다른 주체들의 가능성과 현실성**을 고려하면, 다른 주체들도 바로 그러한 경험 체계를 스스로 지닐 수 있고, 또 이 경우 **하나의** 주체의 체계의 지향적 **대상**이 **다른** 주체의 체계의 지향적 대상과 **동일한 것**이라는 방식으로 서로에 대한 관계 속에 다른 주체들이 서 있다는 사실이 드러난다. 거기서부터 분명해지는 것은, 내가 다른 자아에 대해 아무것도 알 수 없는 한, 나에게 가능적 경험과 가능적 사상의 주제인 실재적 세계의 현존은 '외부 경험함' 유형에 대한 초월론적 체험의 다양하고 무한하지만 자기 안에서 완결된 체계로 **환원된다**는 사실이다. 그리고 예외없는 일치의 이러한 체계 속에서 지향적 경험 계열들은 일관적으로 입증되는 계열로서 놓이고, 이러한 체계에 **내재적인 극**으로 놓이며, 정립될 수 있고, 계속해서 일치하면서 확인될 수 있는 것으로서 놓인다는 점으로 환원된다는 사실이다. 이때 **세계의 초재**는 어떠한 종류의 형이상학적 비밀도 갖지 않는다. 그것은 가장 일반적으로는 **수들**이나 그 밖의 비실재적 대상들의 **초재**와 다른 종에 속하기는 하지만, 가장 일반적으로 보자면 동일한 유에 속하는 것이다.

이러한 방식으로 실재적 세계는 나의 초월론적 자아의 현실적이고 가능적인 지향적 체험의 지향적 상관자들의 총체로 환원되고, 상관자로서 이러한 지향적 체험들과 분리될 수 없다. 그래서 지금까지 주체는, 세계를 경험하고 세계 아이로서 세계에 몰두할 때, 언제나 그 자신 홀로, 즉 자신의 고유한 초월론적 주관성의 완결된 범위 속에 있으면서, 그렇다는 것을 알지도 못한다.

이제 만약 사물들 중 소위 다른 신체들이 등장한다면, 그래서 나의 환경세계가 다른 인간들과 동물들을 드러낸다면, 그들의 신체물체는 **나에 의해** 경험된 것, 그리고 경험될 수 있는 것으로서 물론 다시 **나의** 고유한 초월론적 주관성 내부의 주관적 사건의 체계로 환원된다. 그렇다고 해서 나에 대한 그들의 경험 현실성은 조금도 줄지 않는다. 그들의 경험 현실성은 그것들의 구체적인 완전하고 참된 의미에 따라서 해명될 뿐이다.

이제 다른 영혼 삶, 그리고 다른 신체 속에서의 다른 영혼 삶의 표현은 사정이 어떠한가? 물음을 제기하는 것은 이미 물음에 답하는 것을 의미한다. 다른 신체는 사물로서 나에게 현실성이다. 그것이 나에게 의심할 여지없는, 결코 포기될 수 없는 확실성인 한에서, 그리고 경험 방식으로서 일치성 경과이자 이러한 방식의 진행을 규정하면서 밑그림 그려지는 한에서 그러하다. 그런 경우라면, 나의 신체와의 유비는 아직 추가적인 것을 더, 즉 다른 영혼 삶을 지시하는데, 거기서 지시된 것은 이제 더 이상 나의 고유한 삶의 영역에서 나온 초월론적–주관적인 것이 아니다. 남의 영혼은 그 초월론적 내용에 따라서 볼 때, 내가 지금 홀로 요구할 수 없는 것이다. 남의 영혼의 초월론적 내용은 초월론적으로 순수하게 간접 지시된 것이다. 그리고 나는, "에고 코기토"라는 명칭이 포함하는 삶의 사건들의 나의 총체와 더불어, 간접적으로 타인경험의 지시 속에서 간접적으로 **두 번째 초월론적 삶**을 함께 경험했고, 그것도 아예 다수의 그러한 삶을 경험했다.

그러므로 초월론적 환원은 직접적으로 나의 '자아'를 산출하고, 간접적으로 이러저러한 다른 자아를, 그리고 일반적으로는 경험할 수 있는 신체를 통해 지시되거나 지시될 수 있는 다른 주체들의 열린 다수(Vielheit)를 산출한다. 이러한 지시는 그러나 그 자체로 경험 확실성이고, 일치성 속에서 입증되는 자신의 특수한 방식을 갖는다.

54강 초월론적 관념론으로의 현상학적 환원의 길, 그리고 초월론적 모나드론으로서의 그것[초월론적 관념론]의 현상학적 의미

내가 이야기했듯이, 현상학적 환원의 의미와 작업수행에 대한 오해로부터, 순수 현상학이 단지 초월론적 유아론으로만 가능하다는 생각이 자라난다. 우리가 이 강의에서 시도했듯이, 현상학적 환원의 의미를 가장 깊이 길어내는 것만이 그러한 오해로부터 지켜줄 수 있다. 여기에서 관건이 되는 해명은, 유효 범위에 있어서 전체 철학에서 동등한 것을 찾아볼 수가 없는 해명이다. 왜냐하면 전체 철학, 그리고 또한 우리가 이야기할 수 있듯이, 미리 허용된 **세계 직관**의 보편적 구조가 이 해명에 의존하기 때문이다. 근본적으로, (올바르게 이해된) **현상학적 환원에 이미 초월론적 관념론으로의 구상**이 암시되어 있다. 왜냐하면 **전체 현상학은 이러한 관념론의 최초의 엄밀한 학문적 형태**에 다름 아니기 때문이다. 현상학은 관념론의 진정한 의미의 최초의 정확성이자, 생각 가능한 가장 확신할 만한 형태에서, 가장 엄밀한 학문으로서의 수행 형식에서 관념론에 대한 최초의 현실적 증거다. 그럼에도 우리는 여기서 단지 시작점에서 실제로 볼 수 있는 것만을 수행할 수 있다. 그래서 여기서 우리가 몰두하고 있는 물음인 초월론적 유아론에 대한 물음과 관련하여 다음의 것이 부각되어야 하겠다.

자연적 태도의 토대 위에서 이미 내가 반성을 통해 배우는 것은, 세계는, 다시 말해 내가 거기에 대해 무언가 알고 있고, 또 거기에 대해 의미 있게 말할 수 있는 모든 존재자들은 나의 앎의 알려진 것이고, 나의 경험함의 경험된 것이며, 나의 생각함의 생각된 것, 짧게 말해 나의 의식의 의식된 것이라는 점이다. 심지어 초자연적 계시를 통해 그것이 나에게 다가온다고 해도, 계시는 다시 하나의 의식으로서 나에게 배분될 것이다.

이러한 방향으로 더 나아간다면, 나는 이렇게 말하게 된다. 즉 내가 수행할 수 있는 모든 인식 구분은 인식하는 주관성 자체의 틀로 빠지게 된다. 그래서 한갓 사념과 올바른 사념 혹은 사념 일반과 직관적으로 근거지어진 인식(이러한 인식 속에서 사념이 **참된 것**으로서 나에게 생겨나고, 거기서 사념된 존재자가 참된 것으로서 주어진다) 사이에서 내가 하는 모든 구분도 그러하다. **이와 함께 진리와 참된 존재 또한, 인식하는 의식 속에서 등장하고 그 의식 자체 속에서 현실화되는 사건으로서 제공된다.**

내가 현상학적 환원으로 이행한다면, 그것은 내가 모든 인식 사건의 주관성에 대한 이러한 인식에 관해, 자연적으로 반성하는 자보다 더 진지하게 대하는 것을 의미한다. 그리고 다음을 나에게 명료하게 하는 것을 의미한다. 내가 여전히 하나의 ─ 나의 인식에 앞서서 자체로 있는 ─ 존재하는 세계를 갖는 한, 그리고 내가 개별적으로만 인식 대상에서 주관적 인식함으로 되돌아오는 한, 나는 여전히 인식을 도외시했다는 것, 즉 저 그 자체로 존재하는 세계가 타당성을 가지게 하는 모든 것을 도외시했다는 것을 말이다. 그 자체로 존재하는 세계는 물론 **내가** 그것의 타당성을 부과한 한에서만 나에게 타당성을 갖는다. 나는 습성적 타당성을 간과해서는 안 되고, 내가 명시적인 인식 작용을 수행하지 않아도, 암묵적 타당성을 지니는 암묵적 지평 지향성을 간과해서는 안 된다. 나는 타당성의 모든 소박성과 타당한 객관적 존재를 억제하고, 그것이 실제로 어떻게 전개되는지를 경험적으로 파악하는 관찰자로서 나를 설립한다. 그것은 다음을 의미한다. 그 어떤 무언가가 사물로서, 인간으로서, 예술 그리고 종교로서, 국가와 민족 등으로서 나에게 **현존**한다. 그것은 나에게 현실성으로서 타당하다. 나는 그것을 존재하는 것으로서 알고 있고, 나는 그것을 믿고, 나는 그것을 경험하고, 나는 그것을 안다, 등등. 초월론적 관찰자로서 나는 보편적인 포괄성 속에서 구체적으로 인식하면서 살아가는 주관성을 갖는다. 그러한 주관성 속에서 모든 추정적이거나 올바른, 모든 모호하거나 분명한, 모든 틀리거나 직관적인 타당하게 여김 혹은 사념함이 전개되고, 모든 존재자가 사념함 속에서 사념된 것으로서 그리고 어쨌든 경험함의 경험된 것으로서, 파악함의 파악된 것으로서, 통찰함의 통찰된 것으로서, 추론함의 추론된 것으로서 파악된다.

나의 인식하는 삶의 모든 사건, 나의 사실적으로 흘러갔고 흘러가는 모든 사건, 그러나 순수한 가능성 속에서 고안될 수 있는—그것들의 보편적인 본질 필연적인 그리고 본질 가능적인 형태들에 따라서 선험적으로(*a priori*) 구성될 수 있는—사건들을 나는 나의 연구 범위에 갖는다. 여기에 명백히, 어떤 종류의 인식 사건이 생각 가능한지, 그리고 어떤 본질 법칙들 아래에 그것들이 서 있는지를 해명하는 **형상적 현상학**의 커다란 과제가 놓여 있다. 이때 처음부터 명증적인 것은, 내가 자연적 태도에서 단적으로 대상으로, 대상적 연관으로, 사태 등으로 부르는 것, 내가 어떻게든 아는 것, 어쨌든 나에게 현실성인 것, 모든 그러한 대상성이, 말하자면, 다양한 현실적 혹은 가능적 의식 체험에서 지향적으로 의식되는 동일성 통일체라는 것이다. 모든 이러한 체험 속에서 이러한 대상성은 사념된 대상성이다. 모든 이러한 체험에서 이러한 대상성은 (매우 다양한 주관적 현출 방식에도 불구하고) 현출 방식의 동일한 대상적 의미로서, 믿음 확실성의 양상에서 사념된다. 이러한 사념된 것이 모든 체험에서 동일한 것이라는 말은 다음을 의미한다. 즉 종합적 연결에서 다양하게 변경된 현출 방식을 갖는 그러한 다양한 의식 체험은 하나의 동일한 존재하는 대상에 대한 포괄하는 의식을 산출하는 것이며, 이 대상이 단지 다양한 주관적 방식에서 의식되었을 뿐이라는 것이다. 물론 이 경우 다음과 같은 일이 일어나며, 그것들은 알려진 가능한 사건 유형이다. 즉 그러한 종합적 의식이 그 동일성 통일체를 확정하지 않을 수 있다는 것, 하나의 의식과 다른 의식이 우선은 사념하면서 통일체를 겨냥하지만, 상충에 의해 갈라진다는 것, 그래서 계속해서 그러한 더 자세히 규정될 수 있는 사건에서는 믿음 확실성이 한갓 추정이나 의심으로 변양될 뿐 아니라 비존재의 의식, 말하자면 존재의 삭제의 의식이 자라날 수 있다는 것이다.

그러나 이와 반대로, 소박하게 인식하는 자는 언제나 다시 다음과 같은 실천적 확신을 갖는다. 즉 존재와 비존재는 한갓 우연적이고 상대적인 것이 아니라는 것, 모든 인식의 경우에 참된 존재가 인식 활동을 통해 인식될 수 있으며, 그것도 완전한 — 혹은 최소한 전진하면서 완전하게 될 수 있는 — 통찰의 상관자로서 인식될 수 있다는 것을 말이다. 혹은 우리가 또한 말하듯이, 인식하는 자는 자신이 **이성**의 능력을 소유함을 알고, 이성적으로 인도된 인식, 그러니까 통찰적인 인식의 과정 속에서 (모든 한갓 주관적이고 추정적으로 타당한 것의 맞은편에 있는) 궁극적으로 타당한 것을 만들어낼 수 있거나 혹은 최소한 궁극성에 접근은 할 수 있다. 물론, 초월론적 주관성의 보편적 연관 속에서, 철저히 지향적인 것으로서 초월론적 삶에 필연적으로 속하는 보편적 구조들에 대한 연구에 따라서, 이성과 이성 작용이라는 명칭이 포괄하는 특수한 본질 가능성을 연구하는 것은 초월론적 현상학의 과제이다. 이 경우, 초월론적 근원으로부터, 저 이성 인식에서 자라난 '참된' 혹은 '궁극적으로 입증된 존재'와 같은 개념들에 궁극적 명료성과 의미 규정성을 마련해주는 일이 필요하다.

이제 초월론적 현상학적 태도로의 이행을 통해 내가 처하게 된 나의 인식 상황을 생각해보자. 그리고 이제 절대적 보편성에서 나에게 사념된 것으로, 참되게 존재하는 것으로 여겨져야 하고 마주칠 수 있는 그러한 모든 현실적이고 가능적인 인식 대상성들을 내가 포괄한다고 나에게 말해보자. 그리고 내가 그것들을 여기서 인식함의 인식된 것으로서, 그것들이 타당성 통일체로서 발원하는 구체적인 의식 수행의 지향적 계기로서 만난다고 그리고 만나야 한다고 나에게 말해보자. 그러면 처음에 나는 다음과 같이 말해야 하는 것으로 보인다. 내가 참되게 존재하는 것으로서 통찰할 수 있는 모든 것은 나의 고유한 (인식하는 자의) 삶의 지향적 사건에 다름 아니라고 말이다. 물론 이는 지나간 개별 체험에 대해서가 아니라 나의 삶의 지향성을 관통하는 전체 동기 연관에 대한 것이며, 그리고 특별히, 그 속에서 나의 근원설립에 의해 자라나서 습성적으로 된 의미 내용들과 현출 내용들에 대한 것, 그리고 거기에서부터 열린 인식 가능성들에 대한 것이다. 그러나 이 모든 것은 초월론적 삶의 확고한 본질 법칙에 따라서 그러하다. 그러한 본질 법칙들에는 다음과 같은 사실이 놓여 있다. 즉 자체 직관된 참된 존재의 명증 양상에서 등장하는 사념된 것은, 우연적 작용이 지나간 후에조차, 새로운 인식 활동 속에서 이러한 동일한 참된 존재로서, 새로워진 명증 속에서 다시 확증될 수 있다는 사실, 그리고 거기에 대립하고 자체 주어진 참된 존재를 삭제할 것을 요구할 수 있는 어떠한 명증도 등장할 수 없다는 사실이 그러한 본질 법칙들에 놓여 있다.

어떠한 어려운 초월론적 연구가 명증 및 명증의 동기 연관과의 상관관계 속에서 진리에 대한 완전한 해명과 학문적 확정으로 이끌릴 수 있든지 간에, 이미 미리 초월론적 연구의 방식과 산출물은 밑그림 그려져 있는 듯보인다. 인식함이 성취하는 것, 그리고 인식함이 궁극적 진리를 겨냥한다는 것이 이해되어야 한다면, 이러한 이해는 다만 이러한 방식에서, 그러한 산출물을 가지고서만 일어날 수 있는 듯이 보인다. 그러나 우리는 불쾌한 상황에, 바로 초월론적 유아론의 상황에 놓여 있다. 왜냐하면 이 모든 것과 더불어, 모든 참된 존재는 다만, 나의 고유한 초월론적 삶의 동기부여에서 생성되고, 거기에 홀로 포함되어 있는 이념적 극성(Polarität)을 의미하는 것이라고 이야기되지 않는가? 가령 나의 이웃과 그들의 심리적 내면성은 단지, 나의 삶에서 근원을 갖고, 단지 나의 지향적 삶과 관계하는 상관적 의미를 지니는 그러한 동일성 통일체로서 존재하는가? 타인은 그럼에도 자신의 삶을 살고, 내가 하는 것처럼, 스스로 초월론적 환원을 수행할 수 있으며, 자기 자신을 절대적 주관성으로 발견하고, 내가 나의 삶에서 그들을 파악하듯이, 나를 '다른 자아(alter ego)'로서 파악할 수 있다. 내가 그 자체로 존재하며, 다른 자아의 인식 삶의 한갓 지향적 사건이 아니듯이, 물론 거꾸로도 그러하다.

거기에 진리가 놓여 있어야 한다. 그러므로 우리가 이 진리에 관해 초월론적 명료성을 어떻게 형성할 수 있으며, 이전에 이야기한 것이 지금 타당하게 된 것과 어떻게 화해할 수 있는지가 문제가 된다.

여기서 이제 다음의 사고가 결정적 중요성을 갖게 됨에 틀림없다. 그 속에서 대상이 나에게 주어지고, 그 속에서 대상이 존재하는 현실성으로서 증명되는, 그러한 입증하는 명증은 직접적인 것일 수도 있고 간접적인 것일 수도 있다. 직접적인 것은 지각의 명증이다. 모든 외적 경험에서 그렇듯이 이러한 명증이 선취하는 지향과 끊임없이 섞여 있다고 해도, 지각에는 바로 직접적 자기 파악의 이러한 명증적 의식이 속한다. 지각 대상은 거기서 생생한 것으로서 '명증적으로' 의식된다. 계속 진행되면서 일치하는 외적 지각에서 나는 근원적 증명의 형태를 갖는다. 그것은 선취하는 지향을 끊임없이 충족시키면서 지각된 것을 언제나 새로운 측면으로부터 생생한 동일한 것으로서 보여주고 이를 통해 인식에서 전진하면서 지각된 것을 현실화하며, 인식에서 그것을 더 완전히 자기 현실화시킨다. 여기서는 사물 자체가 그것의 참된 존재에서, (나의 경험이 계속됨에 따라 동일한 것으로서, 그리고 그것의 생생한 자체성Selbstheit에서 제시되고 확증되는) 자기 동일적인 것의, 그리고 동일화 가능한 것의 이념이다. 나의 의식 흐름에서 그 어떤 새로운 경험이 활동하게 되는 만큼, 그리고 이전의 삶의 연관과 종합적으로 통일되는 새로운 삶의 연관 속에서 그 어떤 새로운 경험이 활동하게 되는 만큼, 이러한 동일한 사물의 상관적 실존도 존립한다. 그것은, 나의 가능한, 일치성으로 통일될 수 있는 경험하는 실재화의 자기 동일적인 것으로서 존재하고, 그러한 연관에서 등장하게 될 모든 속성들을 가진다.

이제 우리가 나의 환경세계에 어떠한 신체도 등장하지 않는다고 생각해 본다면, 나는 다른 주관성에 대한 어떠한 예감도 갖지 못할 것이다. 그러면 나에게는 실제로 모든 객관성과 지금 생명이 없을 것인 전체 세계는 지향적 극들의 연관해 있는 다수성이자 나의 가능적이고 현실적인 경험 체계의 상관적 통일체에 다름 아닐 것이고, 그것은 (상응하는 경험 체계의 다양하게 선택될 수 있는) 무한히 일치하는 과정 속에서 실재화되거나 혹은 생생한 소여성들로서 실재화될 수 있는 통일체들일 것이다. 여기서 '참된 존재'는 철저히 일치하면서 증명하는 나의 가능적 경험의 상응하는 경과의 (자신의 제시하는 현출의 다양체 속에서 자기 동일적 속성들의, 자신과 동일한 기체의) 그때그때의 동일성 상관자의 가능적인 구성 가능성의 이념일 것이다. 그리고 나의 가능적 경험의 이념적 체계 밖에서 그것은, 사물은 (그것이 나에게 '현실적으로' 혹은 '정말로' **현존한다**는 의미에 따라서는) 아무것도 아닐 것이다.

그러나 이제 다른 신체를 허락한다면, 우리에게 다른 인간이 현존하게 된다. 우리는 타인경험의 방식으로 다른 인간들에 대한 경험을 갖는다. 이러한 경험은 또한 연속적으로 일치하는 확증 속에서 그것의 진행 방식을 갖는다. 우리는 계속적으로 일치하는 타인경험 속에 있고, 우리는 우리 앞의 이러한 인간의 직접적 현존의 그 자체로 입증되는 확실성 속에 머물러 있다. 그들의 표정과 말이 가리키는 모든 것, 그들이 행위에서 예상하게 하는 모든 것, 그리고 행위가 흘러가는 방식, 이 모든 것은 서로 아주 잘 일치하고, 자기 확증의 체계를 형성한다. 그러나 더 자세히 살펴보면 이러한 직접성은 단지 상대적인 것이고, 증명은, 타인의 주관성과 관련하여, 한갓 일치하는, 그리고 그들의 동기부여 속에서 상호 간에 확증되는 가리킴을 통한 증명이다. 비록 실제로 자체 부여하는 경험에 근원적으로 동기부여의 뿌리를 내리고 있음을 통해 특징지어지는, 그래서 '파생현전적인' 가리킴이기는 하지만 말이다. 내가 원본적 경험, 실제적 지각을 가지는 것은 나 자신에 대해서만, 그리고 경우에 따라서 지각하고, 경우에 따라서 직접적으로 그것들 자체를 경험하는 그러한 대상성들에 대해서만이다. 나의 이념적으로 가능한 **지각**의 범위는 **나의** 삶의 흐름만을, 그리고 내가 나의 고유한 활동성에서 나의 삶의 흐름에 들여놓을 수 있는 모든 가능한 변경들만을 포괄한다. 그러면 나의 이념적으로 가능한 지각의 범위는 계속해서 내가 나의 삶에서 구성하면서 설립하고 설립할 수 있는 모든 지향적 통일체들을 포괄한다. 이것들은 내가 생생함 속에서 전진하면서 그것들을 실현하는 현실적이고 가능적인 객관적 지각의 연관 속에 있다.

그러나 만약 내가 이제 초월론적 태도에서 나의 전체 인식 삶을 조망하고, 내가 다른 주관들에 대해서 갖는 인식함을 그것의 작업수행에서 숙고한다면, 그것은 **증명되는 인식함**이고, 증명되는 인식함으로 머무른다. 함께 지시되고 인식된 다른 주관성이 나 자신에게 원본적으로 경험될 수 있고, 그 자체로 지각될 수 있음(물론 이는 원리적으로 불가능하다)을 통해 나에게 그것이 증명되는 것은 아니더라도 말이다. 일반적으로 말해서 사물이 나에게 현존함과 동일한 권리로, 말하자면 계속되는 경험적 증명으로부터, 다른 신체들은 사물로서, 그러나 다른 영혼으로서 나에게 현존한다. 초월론적 해명에서 모든 사물들은 나의 삶에 속하고, 나의 삶에서 구성된, 원본적 현실화로서의 가능적인 일치적 지각의 통일체에 속한다. 다른 한편, 다른 인간 주체는 초월론적 해명에서 바로 두 번째 초월론적 주체이고, 그것은 나의 삶에서 원본적으로 현실화되고 현실화될 수 있는 대상인 사물처럼 존재하지 않는다. 그래서 나의 가능적 지각의 한갓 통일체는 아니지만, 나의 경험의 확실한 통일체를 통해 정당하게 지시되는 것이기는 하며, 다른 자아로서 지시되는 것이다. 이러한 지시는 그 자연적 권리를, 그러니까 경험적 증명의 권리를 갖는다고 나는 강조한다. 다른 사물들 가운데에서 나에게 다른 신체물체로서, 하나의 사물로서 생생하게 마주 서 있는 것이 진실로 나의 지각 체계의 지향적 상관자라는 인식은 (그것이 모든 사물에 대해 타당하듯이) 이러한 신체로부터 허구를 만들어내는 것이 아니며, 그러한 신체로부터, 그러한 신체가 갖고 있는 현존 현실성을 조금도 빼앗지 않는다. 그러한 인식은 나의 삶에서 그러한 신체가 가지게 된 지향적 기능, 즉 다른 초월론적 주관성을 경험적으로 증명하면서 지시하는 그러한 기능을 신체로부터 조금도 빼앗지 않는다.

그래서 현상학적 환원은 두 가지의 서로에게 정초된, 삶의 보편적 구조들로 이끈다. 1) 나의 삶, 그리고 어떤 자아의 모든 초월론적 삶은 자기 자신에 대해서 근원적으로 경험적으로 구성된다. 그것은 근원적인 자기의식의 형식 속에서의 삶의 보편적 흐름이며, 그것은 '가장 내적인' 지각함이고, 재차 동일한 것이지만, 자기 자신에게 의식에 적합하게 현실화된 것의 지각함이다. 이러한 지각함은 예외적이고 개별적인 경우에만 주목적, 능동적 자기 파악함이 된다. 그래도 그것은 자기 자신에 대해 원본적으로 현출함이라는 의미에서 지속적인 지각함이다. 이 경우, 모든 지각적인 자기 현재는, 자기 기억과 자기 예상을 통해 자유롭게 활동하면서 열릴 수 있는, 지속적으로 새로운 지평들을 장착하고 있다.

'자기 자신에게 현출함'으로서의 이러한 삶의 흐름 속에서, 자기 자신에게 현출함의 사실적 진행에 따라서, 그리고 동시에 보편적인 본질 법칙들에 근거하여, 특수한 삶의 형태들의 체계가 생겨나고, 특별히 공간–시간적 대상들에 대한 현실적이고 가능적인 지각의 체계적 연관이 생겨난다. 그리고 상관적으로 지각 통일체들, 이러한 대상성 자체, 보편적 사물 세계가 구성되는데, 전진하는 '외적' 지각을 통해 부분적으로는 실현되었고, 부분적으로는 실현 가능한 것으로서 구성된다. 이 경우 특수성으로서 또 부각되어야 할 것은, 나의 고유 신체적 현존의 근원적–지각적 구성이다. 그것은 '자신의 신체'라는 근원적–지각적 이중 통일체로서, 나의 감각장의 담지자로서, 나의 지각과 의지 기관의 체계로서 구성된다.

2) 나의 고유 신체적 경험에 뿌리박은, 다른 신체들에 대한 경험(그러나

이는 심리적 측면과 관련하여 단지 이차적 성격을 지닌다)을 통해, 나는 나의 주관성의 틀 속에서 다른 주관성을 함께 경험했다. 여기서 보편적인 현상학적 환원은, 내 근원적인 지각적 자기 현실화 속에서 흘러가는 나의 고유한 삶과의 기술적 공동체를 이루는 두 번째 초월론적 삶을, 그래도 일반적으로 (열린 무한성 속에서) 아주 다양한 초월론적 삶을 제공해준다. 이는 내 안에서 구성된 사물을 내가 신체로서 경험할 수 있을 때 제공된다. 다른 주관성은 나의 원본적 지각 가능성의 범위에 속하지 않기 때문에, 그것들은 나의 고유한 삶과 그 법칙 구조의 지향적 상관자로 용해되지 않는다. 그렇다고 해도, 그것은 경험적 권리로써 그 고유한 의미에 따라서, 그 자체로, 그리고 자신에 대해 존재하는 존재자로서, 단지 나에게만 '타자'의 소여 방식을 갖는 존재자로서 제시된다. 주관성만이 진정하고 절대적인 의미에서 자신에 대해 존재할 수 있다. 자신에 대해 존재함은 자신에 대해 현출함이고, 객관화의 초월론적 삶의 과정으로서의 존재이며, 그러므로 "에고 코기토"라는 고전적 명칭 아래의 존재이다.

　나 자신의 초월론적 삶과 공동체를 이루는 다른 초월론적 삶을 고찰해본다면, 다음과 같은 추가적 인식이 생겨난다. 즉 그러한 공동체에 의해서 나의 사물 세계의 지향적 구성이, 타자가 수행하는 지향적 구성과, 그것도 동일한 사물 세계의 구성으로서의 타자의 지향적 구성과 또한 공동체를 이룬다. 내가 (현재 존재하는 사물과 이전에 존재했던 사물이 동일한 것이라는 의식 속에서) **나의** 삶의 틀 속에서 내가 지금 수행하는 사물 지각을 기억적으로 재생산된 고유한 지각과 함께 종합적 통일로 가져올 수 있듯이, 나는 타인에 대한 **타인경험**을 통해 타인에게 타인경험된 것과 타인에 의해 수행된 지각을, 그것이 우리 둘에 의해 지각된 동일한 사물이라는 의식 속에서, 나의 고유한 지각과 함께 종합적으로 통일할 수 있다. 그리고 역으로도 마찬가지이다(*vice versa*). **이념적** 대상성들, 가령 수 계열이나, 내가 나에게 구성하면서 현실화한 학문적 이론들, 타자가 자신의 사유에서 만들고 통찰한 것들에 대해서도 사정은 마찬가지이다. 나에게 참된 모든 대상성은 모두에게 참되며, 그것은 인식하는 삶에서 모두가 지향적 상관자로 구성하거나 구성할 수 있는, 구성적 인식 통일체로서의 자신의 초월론적 존재를 갖는다. 그러나 유일하게 절대적인 존재는, 자기 자신에게 근원적으로 구성된 존재로서의 주체 존재이며, 절대적 존재 전체는 현실적이고 가능적인 공동체 속에서 서로와 함께 서 있는 초월론적 주체의 총체의 존재다. 그래서 현상학은 **라이프니츠**의 천재적 발상 속에서 예견된 **모나드론**으로 이끌린다.

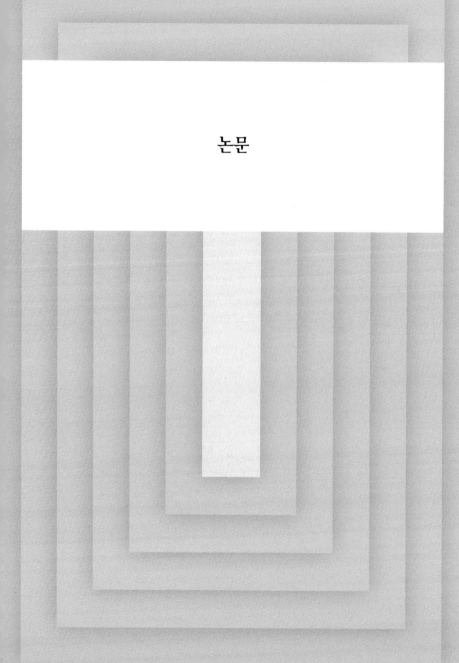

논문

절대적 자기 책임에서
개인적 삶과 공동체적 삶의 이념에 관한 성찰

만약 우리가 이성과 비이성, 비직관적인 것과 직관적인 것 등을 포함하는 그 완전한 폭에서 인식함을 이해한다면, 인식함은 전체 판단 영역, 그러니까 술어적이고 선술어적인 판단 영역, "그것은 무엇이고 어떠하다"는 믿음의 갖가지 자아 작용들, 믿음의 모든 양상을 포괄한다. 가장 넓은 의미에서의 인식함이나 판단함의 특수 부류들의 이 다양성에도 불구하고 자아 작용의 다른 유들이 여전히 충분히 풍부하게 남아 있다. 그러니까 갖가지 사랑과 증오, 좋아함과 싫어함, 원함, 욕망함, 의지함도 있다. 다른 한편 그러한 모든 자아 기능들은 나란히 있는 것이 아니라 서로 스며들어 있다. 실천적으로 진리를 향하는 자가 진리를 긍정적인 가치가 있는 것으로, 그래서 의지의 목표로 취하는 한, 추구하는 경향과 의지하는 경향, 그리고 가치평가하는 작용이 인식하는 판단함을 관통한다. 다른 한편 나는 예를 들어 가치평가하는 순수한 좋아함의 작용으로부터 대상에 '마음에 드는'이라는 술어 — 선술어적으로, 경험하는 파악 이전에 정서에서 자신의 근원을 갖는 술어 — 를 붙이는 판단하는 태도로 이행할 수 있다. 마찬가지로 좋음과 나쁨, 유용함과, 목적에 맞음이나 해로움과 같은 다른 술어들도 자신의 원천을 가치평가하는 정서와 결합된 의지에서 갖는다. 우리가 다양한 문화 영역 속에서 둘러볼 때에도 사정은 마찬가지이다. 문화는, 해당되는 정서 작용이나 의지 작용을 따라 이해함으로써 그러한 것으로서 이해적으로 파악되는 실천의 형성물을 포함한다. 그리고 이렇게 따라 이해된 것은 경험하는 파악의 대상이 될 수 있고, 술어적 규정의 대상이 될 수 있으며, 심지어 학문적 문제틀의 대상이 될 수도 있다.

이로써 인식의 영역이 정서와 의지의 주관성으로부터 유래한 모든 종류의 작업수행을 포괄하게 하는 저 보편성이 명백히 드러난다. 물론 이와 상관적으로 유사한 포괄도 드러난다. 이러한 포괄을 통해, 추구함과 행위함에서 가치평가하는 정서와 의지가 전체 주관성과 그 주관성의 모든 지향적 기능들 너머에까지 다다르게 된다. 그러나 학문에게 이것이 뜻하는 바는, 인식하는 이성의 객관화로서의 학문에, 모든 가치평가하는 이성과 실천적 이성도 반영되고 함께 객관화된다는 것이다. 혹은 이론적 진리의 인식 형식들에 모든 다른 진리들, 그러니까 모든 가치 진리와 실천적 진리들이 술어적 형식으로 진술되고, 규정되며, 인식적인 근거 지음의 형식들을 갖게 됨을 뜻한다. 정서는 순수하게 자기 자신 안에서 가치평가하고, 행위하는 의지는 순수하게 자기 자신 안에서 혹은 그 자체로 아름다운 작품을 형성한다. 가치의, 다음으로는 작품의 진리, 진정함은 근원적으로 소박하게 다시 정서에서, 순수한 만족에서 다시금 알려진다. 그러나 결국 가치의 진리의 진정함은 인식함 속에서 **책임져진다**. 인식함은 판단 태도와 그 논리적 형식 속에서 가치와 비가치에 대해 진술하고, 우연적으로 존재하는 가치 직관을 일반적으로 통찰적인 가치 규범들에 통찰적으로 되돌아 관련지으며, 그럼으로써 보다 높은 책임을 인식 책임으로서 획득한다. 그러나 최고의 궁극적인 책임은 궁극적으로 구성적인 정서와 의지의 작업수행에 대한 초월론적 태도로부터의 인식에서 발원한다.

그래서 우리는 우리가 얻고자 애쓰는 저 초월론적 철학을 어쨌든 **인식론**으로 부를 수도 있을 것이다. 그러나 그러한 철학이 의도하는 것은 모든 인식 자체(그리고 특히 모든 학문적 인식)의 가능성과 완전하고 정당한 의미에 대한 '형식적'-일반적 해명을 보여주는 제한된 교설이 결코 아니다. 확실히 그러한 **형식적 인식론**은 초월론적 철학이 우리의 역사적 상황과 '절대적 상황'으로부터 내적 필연성이 되는 대로의, 초월론적 철학의 의도에 함께 속한다. 그러나 그것을 넘어서 초월론적 철학은 하나의 보편적 이론이고자 한다. 이 보편적 이론은 보편적 학문으로서 모든 인식 일반을 포함한다. 그것도, 모든 것을 '어떤 것'의 방식으로, 즉 모든 순수한 일반적 개념들에 포함되어 있는 공허한 형식의 방식으로 포괄할 뿐 아니라, 논리적-수학적 일반성 속에서는 규정되지 않은 채 남아 있는 특수한 것들의 무한성을 포괄한다. 그래서 보편 철학은 형식상(*in forma*) 이론으로서의 모든 이론들의 이론, 학문으로서의 모든 학문들의 이론, 인식으로서의 모든 인식들의 이론이(진리로서의 모든 진리들의 이론이), 요컨대 **절대적인 형식적 인식 이론이자 학문 이론**이 될 **뿐 아니라, 또한** 모든 특수한 이론들 자체를 내용적으로 그리고 체계적으로 발전시키는 보편적 이론, 바로 **보편적이고 (총체적이며) 절대적인 학문 자체**가 된다. 그러나 후자는 그 자체로 전자를 전제하고 포함한다. 이것은 전자가 그 자체로 앞서는 것인 한에서 전자를 전제한다. 가능한 이론의 형식적 이론도 그 자체로 하나의 이론이기 때문에, 이것은 앞의 것을 포함한다.

그러나 이와 더불어 이러한 보편적 학문을 위한 **책임**에 관한 사상이 한 층 높아진 의미를 획득한다. 왜냐하면 어떤 개별 분과학문이든 간에 다른 모든 학문이 보편적 학문 속에서 궁극적이고 완성된 정당화를 획득하는 반면, 이 보편적 학문은 다른 학문처럼 자신의 편에서 이러한 목적을 위해 적용할 수 있는 또 다른 심급을 자신 위에 갖는 유리한 상황에 놓여 있지 않기 때문이다. 이 보편적 학문은 모든 이론들의 이론으로서 자기 자신으로 되돌아 지시되고, 되돌아 관계한다. 이 보편적 학문이 수립하는 모든 것은 보편적 학문 자신으로부터 나중에 자신의 정당화를 발견해야 한다. 그래서 물론 그것은 하나의 **순환** 속에서 자신을 발견한다. 그러나 이는 불가피한 것이고 사태의 본성에 놓여 있는 것이다. 이 순환에 따라서 보편적 학문은 모든 다른 분과학문들에 대해 책임을 지닐 뿐 아니라 무엇보다 가장 철저하고 절대적인 의미에서 **자기 책임**을 지닌다.

그러나 그러한 보편적 철학은 개별 철학자의, 유한 속에 있는 작업 산물이 아니다. 우리가 전지(Allwissenheit)를 — 이것의 상관자는 물론 완성된 철학일 것이다 — 가능한 주관적인 발전의 목표로서 개별 철학자에게 귀속시키지 않는다면 말이다. 같은 방식으로 철학은 철학하는 자들의 공동체의, 유한 속에 있는 산물도 아니다. 철학하는 자들은 공동체로서도 결코 전지에 이를 수 없다. 왜냐하면 공동 생산물이자 공동 소유물로서의 학문은 동시에, 모든 개별 학자가 학문의 전체 습득물을 통찰할 수 있는 전체 진리로서 자신 안에서 실현할 수 있어야 한다는 **그러한** 의미에서 공동 소유물임이 분명하기 때문이다. 그리고 이것은 모든 생각할 수 있는 시간적 발전 형태에 대해서 그러하다.

그래서 **전지**는 **무한** 속에 있는 목표이고, 그에 따라 우리는 두 가지를 구분해야 한다. 한편에는 전지자로서의 철학자 내지는 철학자 공동체의 절대적 이념이 있다. 그리고 상관적으로 모든 철학자와 모든 철학 공동체를 이끄는 텔로스(τέλος)로서, 절대적 목적 이념으로서, 모든 현실화가 추구하면서 향하고 있는 절대적이고 보편적인 이념으로서의 **철학의 절대적 이념**, 모든 앎의 보편적 통일체의 절대적 이념이 있다. 그리고 다른 한편에는 그에 상응하여, **진보의 이념**이 있다. 그것도 자신의 방식으로 **절대적인 진보**, 절대적이고 순수한 진보의 이념이 있다. 혹은 오히려 다시 진보의 상관관계가 있다. 한편에는 절대적이고 보편적인 학문을 더 완전하고 더 멀리까지 다다르도록 실현함 속에서 상승하는 발전의 진보가 있고, 다른 한편에는 일관적 상승 속에서 절대적으로 아는 주관성으로, 점점 더 넓은 범위에서 점점 더 큰 완전성에서 참된 철학적 주관성으로 발전해가는 철학적 주관성의 평행하는 발전의 진보가 있다.

그러므로 이론적 과정과 내용의 이면에서 우리는 철학적 문화나 철학적 학문의 진보를 갖는다. 그러나 후자는 역사적 사실로서가 아니라 전체적인 앎과 전체적인 진리의 절대적인 목적 이념을 향해 무한히 발전하고, 이러한 절대적인 텔로스를 향하는 이념적인 '진정한 철학'으로서 그러하다. 그렇다면 이러한 철학은 절대적 정당화와 그러한 정당화에 근거한 보편적 진리의 이념 아래에 부단히 서 있고, 의식적으로 이러한 이념에 의해 인도되고, 동시에 모든 단계와 각 국면에서 진보의 생성 형태에 절대적 완전성을 할당하려는 의지에 의해 인도되는, 생성 중의 보편적 학문이다. 이러한 절대적 완전성에서 이 학문은 바로 그 단계, 그 국면, 그 생성의 절대적 완전성을 실현하거나 실현하고자 노력한다.

철학으로 하여금 모든 종류의 주관적 작업수행을 포괄하게 하는 저 보편성에 대해 처음에 이야기했던 것을 이제 우리가 떠올려본다면, 분명한 것은, 철학하는 주체를 지배하는 이러한 절대적 자기 책임 ─ 완전하고 절대적인 진리에 대한 책임 — 의 이념은 더 깊은 의미를 지녀야 한다는 사실이다. 모든 종류의 인간의 모든 종류의 행함, 욕구함, 느낌이 그것을 이론적 주제로 삼는 학문의 대상이 될 수 있다는 사실을 숙고해본다면, 그리고 더 나아가, 모든 이론적 인식은 즉시 규범적 전환을 겪어, 그것에 따라 가능한 실천 등을 위한 규칙이 될 수 있다는 사실을 숙고해본다면, 우리는, 철학이 보편적 학문으로서, 모든 학문이 자신의 궁극적 정당성을 길어 오는 근원 원천을 제공할 소임을 받았으며, 그러한 철학은 인류의 이론적 취미일 수 없고, 철학적 삶은 오히려 절대적 자기 책임으로부터의 삶으로 이해되어야 한다는 사실을 통찰하게 된다. 즉 인격적 삶의 주체로서의 인격적인 개별 주체는 자신의 모든 삶에서, 자신의 모든 실천에서 언제나 자신의 결단의 정당성을 자신 앞에서 책임질 수 있도록 진정으로 자유롭게 결단하고자 한다.

그러나 우리는 더욱더 멀리 이끌린다. 개별 주체는 공동체의 일원이다. 그래서 우리는 개별 주체의 자기 책임과 공동체의 자기 책임을 구별해야 한다. 그러나 공동체는 오직 개별적인 인격적 주체 속에서만 책임을 질 수 있다. 그래서 자기 자신을 공동체의 일원이자 책임자로 아는 개별 주체의 자기 책임은 또한 이러한 종류의 실천적 삶에 대한 책임도 포함하며, 그래서 공동체 자체에 대한 책임도 포함한다. 나는 사회적 사명(규정)을 인수할 수도 있고, 거부할 수도 있으며, 다양한 방식으로 그것을 충족할 수도 있다. 나는 이에 대해 책임을 진다. 다른 한편 공동체가 서로의 외부에 서로 나란히 존재하는 개별적 인간들의 단순한 집합이 아니라 상호 인격적 지향성을 통한 개별적 인간들의 종합이자, 사회적으로 서로에 대해 그리고 서로의 속에서 살아가고 영향을 미침으로써 설립된 통일체이듯이, 자기 책임성, 자기 책임에의 의지, 공동체에 대한 그러한 자기 책임의 의미와 가능한 방법에 대한 이성적 숙고는 개별적 인간들 속에서 전개되는 자기 책임의 단순한 총합이 아니라 다시금 개별적 자기 책임들이 지향적으로 서로 얽혀 그것들 사이에 내적인 통일체를 산출하는 하나의 종합이다. 가능한 인격적 영향과 상호 영향을 위한 지평, 실제적이거나 가능적인 사회적 연합체, 그러니까 그것을 통해 보다 높은 등급의 인격성들이 생겨날 수 있는 영향 연합체들의 설립과 유지를 위한 지평이 여기서 생겨난다. 나의 자기 책임은, 그와 함께 영향력을 발휘하고자 하는, 혹은 그에게 내가 영향을 주거나 주고자 하는, 그리고 영향을 받기도 하는 모든 타인들에게로(그리고 경우에 따라서는 타인들의 자기 책임들로) 뻗친다. 모두는 모두에 대해, 모든 타인들의 결정과 행위에 대해, 비록 다른 정도에서일지라도, 함께 책임을 진다. 내가 그에게 그 어떤 방식으로 영향을 미칠 수 있을 것이며, 지금 영향을 미치고 있고 영향을 줄 수 있었던 만큼, 그에게나 혹은, 사회적 복수형으로, 다수나 전체에게 그런 만큼, 나는 그것에 책임을 질 수 있고 책임을 져야만 한다. 다른 한편 이러한 현실적이거나 가능한 연합 속에서, 내가 타인에게 책임을 묻는 것, 경우에 따라서 그에게 대항하는 것, 그리고 그가 자신의 자기 책임이나 가능한 자기 책임의 요구에 대하여 범하는 위반에 대항하는 것도 나의 자기 책임에 함께 속한다. 그리고, 자기 책임을 수행할, 보편적이고 절대적인 자기 책임으로부터의 삶을 나의 삶으로 선택할, 그에 대한 규범적 이념을 구상할 필연성을 내가 이미 나에게서 인식했다면, 나는 나와 모두에게 무엇이 최선일지를, 그리고 그러한 철학적 삶의 요구가 나로부터 모두에게, 그리고 모두로부터 자기 자신에게 제기된다는 사실을 인식할 수 있고 인식할 것이다. 그리고 나는 모두를 그리로 이끌도록 시도해야 한다는 사실, 그리고 그가 그러한 삶을 결심하고, 그에 상응하는 삶을 살아가는 것에 대해 그가 책임지게 해야 한다는 사실을 인식할 수 있고 인식할 것이다.

이상적으로 말해서 가능한 연합의 관계에 서 있거나, 이미 인격적 관계를 통해 공동체에 결합되어 있는 인간들의 다수, 그리고 경우에 따라서는 인간들의 전체가 어떻게 그들이 절대적으로 책임질 수 있는 삶을 수행할 수 있을까 하는 물음이 있다. 이 물음은, 절대적 책임성에서 비롯되어 그러한 삶을 향하는 의지의 공동체가 없다면, 그러한 공동체화된 삶을 생각할 수 있는지, 더 나아가 학문적으로, 인식적으로 그러한 이념이 구상되지 않는다면, 그리고 그와 더불어 그에 대한 규범적 학문(윤리학)이 구상되지 않는다면 그러한 삶이 가능한지 하는 물음으로 이어진다. 또 더 나아가서는, 이러한 이념과 그러한 학문의 근원의 가능성과 필연성에 관한 물음, 그러니까 개별적 인간들에서의 근원의 가능성과 필요성에 관한, 그리고 공동체로서의 공동체 자체의 목적 이념으로의 생성의 가능성과 필연성에 관한 물음으로 이어진다. 이러한 이념을 향한 필연적인 발전 단계들이 연구되어야 할 것이다. 우선 개별적인 인간의 이성 이전의 삶과 선-이성적으로 형성된 공동체의 이성 이전의 삶의 단계가 연구되어야 한다. 그리고 이 이념으로 눈을 돌리게 하는 최초의 선-학문적 동기가 되어야 한다. 그러니까 본보기, 본보기가 되는 개별 행위들과 인격성들의 생겨남, 그리고 그것이 다음으로는 우선 모방되고 그 후에 진정으로 계승됨이 연구되어야 한다. 그들의 행함이 인식적으로 파악됨으로써 그들의 행함에서 보편적인 것이 뚜렷이 보이게 된다. 처음에는 당위의 보편성으로서 개별적인 규범들이 생겨나고, 규범적 규칙들이 생겨나며 결국 법칙들이 생겨난다. 그것들은 보편적인 인식으로서, 그리고 동시에 의지의 법칙(의지 자체 속으로 보편적인 것으로서 받아들여진, 의지의 보편들)으로서 설립된다. 그러면 나중에 인식은 역사적으로 주어진 사실로부터 분리되고, 더는 사실을 보편적인 것으로 고양시키는 데에 제한되지 않으며, 자신의 과제를 자유로운 활동성 속에서 수행하기를 추구한다. 인식 의지는 순수한 가능성들을 파악하고, 순수한 가능성들 속에서 주재하는 순수한 법칙을 인식하고자 애쓴다. 그리고 이것을 체계적으로, 보편적으로 수행하는 것이 형식적이고 보편적인 규범론, 즉 형식적 '윤리학'의 과제다. 이 윤리학은 인격적 다수성 일반의 이념과 관계한다. 이들은 가능한 상호 이해 속에 서 있고, 모든 개별 인격이 인격으로서 자신의 환경세계와 관계하며, 인격성의 근본 기능들, 인격적 능동성과 작업수행의 근본 형식들을 지닌 이 동일한 세계에 모두가 함께 관계한다. 이것은 형식적으로 가장 일반적인 것에서 출발하여, 거기에 포함되어 있는, 그것도 형식적-구성적으로 포함되어 있는 특수한 것들에 이른다. 이 윤리학은 가능한 세계 일반으로부터 공동체, 공동체 형성물, 문화 체계, 더 나아가 가능한 학문, 예술, 정치적 형태들 등의 가능한 본질 형식들로 나아간다. 그리고 '진정한' 학문, 예술 등의 이성적 형식들을 구분한다.

공동체의 최고의 가치론적 형태는, 혹은 절대적 이성 인식에서 가장 가치 있는 것으로 인식될 수 있는 공동체는, 이러한 이성 인식 자체를 자기 안에 지니는 공동체, 이러한 절대적 가치를 자기 자신 안에서 수행하고, 그것의 절대적 가치를 의식하는 공동체, 절대적으로 가치 있는 의지에서 나온 절대적으로 가치 있는 공동체일 것이다. 이것은 하나의 이념이다. 그러나 절대적으로 가치 있는 공동체의 이념에, 이러한 공동체는 선험적으로(*a priori*) **정적으로**(statisch) 실현될 수는 없고, 오직 무한히 더 가치 있게 **생성될** 수만 있다는 사실이 속한다고 해보자. 혹은 무한 속에 있는 **절대적으로 실현된 가치** ─ 빠진 데 없이, 그리고 절대적으로 이성적으로 부단히 활동하는 공동체의 가치 ─ **의 극 이념**(Polidee)과 이러한 이념을 향한 **완**

성의 무한한 전진의 이념이라는 서로 관련된 두 이념이 여기서 선험적으로 함께 속한다고 해보자. 그러면, 이러한 상관적 이념들은 둘 다 가장 높은 **생성 형식**의 이성적 공동체 속에서 실천되어야 하리라는 사실, 말하자면 절대적으로 이성적으로 살아가지는 않지만, 절대적이고 정적인 이념을 향한 절대적이고 최선의 가능한 발전 형식을 갖는 공동체 속에서 실현되어야 하리라는 사실을 통찰할 수 있다.

그래서 본질적으로 불완전한 공동체 삶의 가장 완전한 형태는 절대적인 완전성의 극 이념을 향해 시종일관 발전해가는 형태라고 우리는 또한 말할 수 있다. 그러면 이것은 발전의 완전성 자체에 속하는 사실인데, 절대적 이념, 그리고 여기 속하는, 공동체의 일관적 진보의 이념은 **의식적으로 주도하는 목적 이념**이 되어야 한다. 그러면 더 나아가 그러한 진보의 가능 조건은 우선 이러한 이념 자체에 속하는 보편적 학문을 향해 진보하는 발전이라는 사실을 알 수 있다. 완전하게 취해보면, 그러나 이러한 학문은, 우리가 공동체를 구체적으로 그 지향적 환경세계와 더불어 취해야 하기 때문에, **철학**, 즉 보편적이고 절대적인 학문이 될 것이다. 그리고 전지(全知)와 절대적인 정당화의 절대적 목적 이념을 향해 이러한 학문이 놓여 있는 무한한 진보는 절대적 완전성의 삶 — 오류나 죄악의 여지가 없는 삶, 의지가 절대적 명증에서 좋은 것으로 인식된 것 이외의 다른 어떠한 목적도 따르지 않는 삶, 가능한 모든 목적을 위해 이러한 통찰이 수행되는 삶 — 의 목적 이념을 향한 인류의 무한한 진보와 상관적일 것이고 평행하게 진행될 것이다. 왜냐하면 모든 진정한 학문적 인식은 동시에 실천적으로 규범화하는 것이기 때문이다. 이는 벌써, 모든 학문적 인식이 영원히 밝혀진 진리로서, 장차, 상관적으로 이러한 진리에 (이러한 진리를 현실화하거나 추구하면서) 귀속되는 모든 가능한 인식 활동들을 규제한다는 이유에서 그러하다. 그러나 이때 특수하게 규범적인 학문은, 그리고 이때 형식적-형상적 학문은 특수한 기능을 지닌다. 어쨌든 **인식 이성은 실천적 이성의 기능이고, 지성은 의지에 봉사하는 것이다.** 그러나 봉사자는, 어디에서나 의지를 인도하고 의지에 올바른 목표와 방법을 보여주는 필수적인 수단인 인식 형성물들 자체를 향하면서 자기 자신 안에서 의지의 기능을 수행한다. **인식하려는 의지는 모든 다른 의지에 전제되는 것이다. 만약 이러한 의지들이 가장 높은 가치 형식을 소유해야 한다면 말이다.**

이때 인식, 보편적인 철학적 학문은, 이성적인 것으로서의 의지가 고려해야 하고 그러한 의지를 위해 이성적 자유의 다양한 가능성을 제한하는 절대적인 형상적 경계와 경험적 경계를 그린다. 학문은, 마치 분명하고 확고하게 산출된 인식 결과에 의지가 그저 자신의 실현하는 "예"를 말해야 하는 것처럼, 의지의 주체가 모든 경우에 해야 하는 것을 그저 계산해내는 것이 아니며, 가령 영원히 계산해내는 것이 아니다. 인식되지 않은 것, 규정되지 않은 것, 위험, 오류, 죄악 등이 활동할 여지가 본질적으로 언제나 남아 있다. 인식의 무한한 진보는 제한과 위험을 좁힘의 진보이지만, 이것은 무한한 진보이며, 위험과 죄악 등은 무한히 남아 있다.

활동으로서의 성찰
─ 보편학의 목표에 대한 성찰의 현상학

I

철학자로서 나는 성찰하는 이성 인간 일반과 마찬가지로 행동하기 전에 성찰한다. 내가 나의 전체 삶을 나의 가능한 전체 미래의 활동성의 열린 지평으로 조망하고, 나의 과거의 삶을 나의 가능한 미래의 동기부여의 토대로 남김없이 고찰하며 이 둘을 실천적─이성적으로 평가할 때에야 비로소 나는 진정한 이성적 인간으로서 깨어 있다. 그렇듯이 나는 순수 이론적 관심 속의 삶으로서의 나의 인식 삶에 대해 이러한 조망과 실천적 평가를 수행할 때에야 비로소 진정한 철학자로서 깨어 있게 된다. 그러나 이러한 삶은 처음부터 함께 살아가는 타인들과 관계한다. 실천적 삶 일반은 타인들 옆에서, 타인들과 함께, 타인들을 고려하면서 영향을 미치는 것이다. 그리고 이를 통해, 실천적으로 형성된 세계에 고립된 것이 아니라 타인들이 수행한 것과 결합되고 얽히면서 계속 형성되는 공통의 환경세계를 창조하는 무언가를 수행해내는 것이다. 그 취득물은 부분적으로는 사적인 소유물이고, 부분적으로는 공동의 취득물이다. 그래서 **이론적 삶은 보편적인 실천적 삶의 한 가지**이다. 그리고 이 가지의 실천적 장은 인식인데, 보다 높은 단계에서는 이론의 통일체이고, 가장 높은 단계에서는 보편적 이론의 통일체이다. 이성적 삶 일반의 가능성을 위해 반성적 성찰이 요구되는 것과 유사하게, 철학적 인식 삶을 위해서는, 이론적 삶이 곧바로 그때그때의 인식 관심에 몰두하는 연구의 최초의 소박성으로부터, 자유로운 성찰 속에서 자기 자신으로 되돌아 향하는 것이 요구된다. 그리고 이러한 소박한 인식 과정이 저지될 것이 요구되고, 자유로운 성찰의 결과가, 새롭고 이제 참으로 이성적이며, 자신의 원리적 정당성을 의식하게 되는 인식 실천을 위한 형식적 규범으로 기능하게 되는, 새로운 삶이 실현될 것이 요구된다.

일상적인 실천적 삶, 그러니까 학문과 그것의 이성(ratio) 바깥의 삶은 '세속적' 목적, 유한하고 시간적으로 제한된 목적들을 추구한다. 이 목적들은 삶의 과정에서 설정되고 경험적으로 달성된다. 이 점이 경험적인 계속적 타당성에는 충분하다. 이 목적들이 (지속적인 경험과 경험의 전체 조화와의 충돌로 인한) 가상으로의 어떠한 변경을 통해서도 사실적으로 영향을 받지 않는다는 사실로 충분하다. 의식적으로 도달되면, 목적은 충분히 자주 없어지고, 관심을 잃는다. 그리고 이 목적들이 획득된 소유물로서 실천적으로 계속 타당한 곳에서조차도, 소유자에게는 이 소유물에 대한 깨지지 않은 확신과 자연적 시험으로 충분하다.

그러나 학자는 자신을 무한하게 계속 살아가는 공동체의 일원으로 인식한다. 그래서 그가 생산한 것은 그저 그의 소유물이거나 우연히 함께 관심을 쏟은 소수의 소유물이 아니다. 그것은 미래의 모든 학자의 인정과 통찰 속에서 계속 타당해야 하는 진리다. 영원토록 말이다. 학자라는 필생의 직업은 미래 세대의 모든 가능한 비판을 견뎌야 할 '영원한' 가치의 산출과 관계한다. 미래의 모든 학자는 언제나 같은 근원적이고 필연적인 그 달성 가능성에 놓인 진리의 진정성에 똑같이 관심을 기울인다. 그 진리는 그에게 단지 획득된 소유물일 뿐 아니라 새로운 진리의 달성을 위한 단계이기도 하다. 그리고 진리가 진정한 것이 아니라면 모든 자신의 후손을 기형아로 만들 것이다.

여기서 단적인 명증에 만족하고, 미래의 명증이 이제까지의 명증을 언제나 다시 확증할 것이라고 믿는 것은 어리석은 일일 것이다. 왜냐하면 진리 영역의 무한성과 나중의 인식이 이전의 인식에 의존하게 하는 다양한 근거 지음의 관계들은, 개별적인 진리가 잘못될 뿐만 아니라 그 세대가 구축한 전체 진리 체계 그 자체로 무너질 위험을 초래하기 때문이다.

그래서 이러한 근거 지음에서 본질적인 것은, 우리가 학문에서 초시간적이고 초-개인적인 자산을 다루고 있다는 데 있다. 그리고 이때 금전적 보물의 방식으로 개별적으로, 그리고 서로 독립적으로 수집되어서 그렇게 수집된 것으로서 상속되는 것 — 이 경우에는 개별적인 것이 거짓이라고 해서 나머지 것의 진정성이 폐기되지 않는다 — 이 아니라, 무한히 생성되는 전체, 진리의 '체계'를 다루고 있다는 데 있다. 이 진리의 체계에서는 낮은 단계와 높은 단계의 질서가 지배하고, 모든 진리가 새로운 진리를 위한 토대가 된다. 그러나 단지 그 진리가 진정한 진리일 경우에만 그러하다.

그러므로 그러한 동기는 가장 큰 자기 책임, 가장 진지한 비판으로 이끌어야 했다. 그러나 논리학으로 이끌어야 했는가? 소피스트 시대의 그리스인들에게 그러한 동기는 전혀 결정적일 수 없었다. 토지 측량술, 일반적인 측량술, 그리고 산술의 시작이 선행한다. 또 이와 함께 철학적 우주론의 시작이 선행한다. 그럼에도 이때, 영원을 위한, 인류를, 모든 미래의 연구 세대를 위한 학문은 생각되지 못했다.

만약 우리가 **오늘날** 작동 중이며 생생하게 발전 중인 학문을 고려한다면, 우리는 논리학과 방법론이 엄밀한 학문을 가능하게 하기 위해 필수적인지, 또 엄밀한 학문이 발전된 논리학을 통해 학문성의 보다 높은 단계로 고양되어야 하는지에 대해 아주 잘 의심할 수 있을 것이다. 그러면 어떤 동기가 우리를 규정할 수 있으며, 어떤 동기가 역사적 시작을 규정해야 했는가? 그리고 어떤 동기가 우선은 형식적으로 경계 지어진 학문의 본질을 통해서 '그 자체로' 밑그림 그려져 있는가?

II

일반적으로 말해서 인간이 실천적 목적을 이성적으로 추구하는 곳에서, 실천적 **성찰**과 그 결과물은 **실행하는 활동성**과 그 결과물, 즉 작업물과 구별된다. 우리가 또한 말할 수 있는 것은, 실천적 성찰은 내적인 행위함이며, 성공할 경우, 정신적 계획으로서, 즉 외적인 행위함에서 실현되어야 하는 것에 대한 내적인 구상으로서 내적인 작업 형성물을 산출한다는 것이다. 이때 '사려 깊은' 실천적 예기, 외적인 행위의 진행과 그 목적 — 의도된 것, 가령 작업물 — 을 앞서-가짐이 형성된다. 그리고 이야기했듯이, 그것은 그 자체가 하나의 행위이고 작업물이다. 그것은 그것의 이념적 존재의 '내면성' 속에서, 필연적이지 않고, 언제나 뒤따르지는 않는 '실행하는' 행위함과 그 작업물로부터 분리된 것이다.

그러나 행위함이 처음부터 **'정신적인'** 목표를 향하는 경우는 어떠한가? 그러한 목표는 객관적 문화의 작업물의 종류에 따라 자신의 객관적인 (이로써 상호주관적으로 파악될 수 있는) 형태를 가질 것이다. 그러나 이 목표는 그 이념적 의미와 존재에 관해서, 순수하게 외적인 형태로부터 고찰되어야 하고, 이 목표가 감각적으로 객관화된 외면성을 받아들였든 아니면 그러한 외면성을 받아들이지 않았든 이 이념성에 있어서 '동일한 것'이다. 예술 작품은 동시에 외적인 형태에서 '실제성'을 받아들이지 않고서, 외적인 형태에서 외적으로 '실제로' 수행되지 않고서, 예술가에 의해 순수하게 내적으로 완전히 형성될 **수 있을 것이다.** 물론 이것은 단지 하나의, 그러나 어쨌든 하나의 실천적 가능성이다. 그러나 이러한 어법이 이미 그러한 정신적 작업물의 정상적 의미에 감각적-객관적인 형태가 처음부터 함께 속한다는 사실을 지시하고, 그래서, 작용하는 행위 속에서 처음부터 목표에 함께 속한다는 사실을 지시한다. 그것은 예술 작업물로서 세계 속의 대상이어야 한다. 그리고 그저 주관적으로 생각된 작업물이거나 작업물에 대한 한갓 생각이어서는 안 된다. 그래서 기껏 작품의 앞선 상(Vorbild), 계획상이어서는 안 된다. 반면에, 의미 형성물 자체를 순수하게 내적으로 형태 잡는 것만을, 바로, 감각적으로 구현된 작업물의 정신적 의미를 이루는 것을 형태 잡는 것만을 의도하는 목표도 가능하기는 하겠지만 말이다.

이제 한편으로 성찰적 행위, 내적인 계획함 및 구상함과 다른 한편으로 정신적 작업물의 영역에서 외적인 현실화 사이의 구별은 사정이 어떠한가?

여기서 우선 다음을 이야기해야 한다. 어떤 방식으로 **모든** 작업물과 거기 속하는 행위는 정신적인 것이다. 오직 그것들의 정신적 의미와 의의를 통해서만 행위이고 작업물이다. 그러므로 내적 성찰에서 구상된 것이 외적인 수행을 통해 이 외적 수행과 그 행위함으로 들어간다(더 정확히 말하면, 실천적 선사념, 구상이 종합 속에서, 외적인 행위 및 작업물과의 충족하고, 현실화하는 동일화로 온다). 그러나 종별적 의미에서의 정신적 작업물의 경우, 감각적인 외면성은 그 **개별성** 속에서 정신적인 작업물에, 이러한 유일한 예술 작업물로서의 작품에 속하지 않는다. 그 유일성은 망치의 경우에서처럼 동시에 물리적-사물적 존재의 유일성이 아니다. 문학 작품, 교향악, 그리고 정확히 보자면 회화도 그것의 동일성은 울리는 말소리, 음악적 음향과 그 물리적 유일성 등이라는 물리적 동일성에 뿌리내리고 있지 않다.

그 밖에 정신적인 것들, '문화 형성물'들의 경우, 구상과 실현에서의 성찰적 수행의 관계와 관련해서 여타의 감각적인 실천의 작업물들과 유사한 관계에 있을 수 있다. 사실적인 개별적 산출물을 동일한 작업물의 다른 견본들과 나란히 있는 단순한 **견본**으로 만드는 복제를 생각하지 않는 한, 정신적 작업물은 여타의 감각적 실천의 작품들과 분리되지도 않고, 물리적 개별성으로부터 실천적으로 벗어나 있지도 않다.

그러나 한편으로 행위와 행해진 것 또는 작업물의 영역 내의 **주요한 차이**, 특히 '정신적' 작업물, **관념 작업물**의 고유한 지위와 관련하여 고려되는 주요한 차이가 이제까지 아직 순수하게 도출되지 못했다.

이 밭이 여기서 어떻게 경작되어야 할지 '관념', 즉 완전한 계획을 내가 구상한다고 해도 그것은 나에게 아무 '도움이' 되지 않는다. 나는 그것으로 어떠한 농작물도 거두어들이지 못한다. 만약 모든 농부들에게 여기서 성찰하는 수고를 덜어줌으로써 도움이 될 수 있고 도움이 되고자 하는 목적으로, (우리의 기후에서, 이 지역의 경작지의 일반적인 본성을 고려하여) 가능한 최선의 밭 경작의 관념을 내가 **일반적으로** 구상한다면, 사정은 이미 다를 것이다. 개별적인 목적 이념이 관건일 수도 있고, 일반적이지만 경험적 범위와 관계하는 목적 이념이 관건일 수도 있다. 공동체 속의 많은 사람들이 여기에 관심을 가질 수 있고, 그래서 언어적 육화(Verleiblichung)는 (그에 속한 실행 방법들과 함께 작업된) 내적으로 작업된 목적 이념을 '객관적으로',

환경세계 속에서 모두가 접근할 수 있는 무엇으로 만든다.

그러나 하나의 관념은 또한 **자체 목적**, 자체 가치일 수 있다. 나는 그것의 '아름다움' 때문에 그것을 구축하고, 그것을 외적 육화 속에서 실현한다. 이러한 실현을 통해 그 관념에 대한 일종의 소유를 나에게 마련해주기 위해서 말이다. 이러한 소유는, 내가 그 관념으로 다시 돌아가 그 관념을 그 원본적인 자체 존재 속에서 다시 향유하기 쉽게 해준다. 이 관념 자체가 여기서 가치다(상상은 만약 그것이 굳건하고 충분히 생생하다면, 그리고 오직 개별자로서의 나 자신만 문제시된다면, '실제성'과 동일할 것이다). 그 때문에 실제로 구별할 수 없는 '재생산들'은 그것들이 관념을 동일하게 다시 불러일으키는 한 서로에 대해 어떤 우위도 지니지 않으며, 심지어 원본도 그것들에 대해 우위를 지니지 않는다. 만약 다른 이유들이 함께 작동하지 않는다면 말이다. 만약 내가 내적인 행함 속에서 어떤 구상을 만들어내고, 그것도 어떠한 현실적인 외적 육화 없이 그렇게 한다면, 만약 그것이 내적으로 완전한 구상이고, 완전하게 동일화할 수 있고 습성적으로 반복할 수 있다고 한다면 그것은 이미 작업물 자체일 것이다.[1] 다만 이러한 완전성은 일반적으로 성취될 수 없기 때문에, 그리고 다른 한편 문화 작품은 공동의 소유가 되어야 하기 때문에,[2] 그 때문에 외면성이 필요하고, 외면성이 지향 속에, 그리고 작업물 자체 속에 받아들여져야만 한다. 개별적인 실재적 육화는 정신적인 작품, 본래적인 문화 작업물에 모든 인간 동료들이 접근할 수 있게 하기 위한 수단이다. 오직 이를 통해서만 그것은 바로 모든 사람과 나 자신에게 객관적이 되고, 고정되고, 언제나 접근 가능해지며, 하나의

..

1   보통의 경우처럼, 내가 객관적인 작업물을 만들고자 하는 경우에는 그렇지 않다. – 원주.
2   실제로 이것은 언제나 그렇게 되고자 하고, 그렇게 규정된다. – 원주.

소유물이 된다.

그러나 다른 목적들도 작품에 결합되자마자, 자신의 가치를 주체들 속에서 '원본적으로(originaliter)' 현실화하기 위한다는 목적이 아닌 다른 목적을 위해 현존재하게 되자마자, 그것은 더 이상 순수한 정신적 작품이 아니고 유용성 대상이 된다. 그러나 우리에게는 두 가지 경우가 있다. 그러니까 정신적 작품으로서의 그 독특한 의미가 유용성 효과를 위해 본질적으로 문제시되는 경우와 그렇지 않은 경우가 있다(실제로 예술작품으로서 전혀 기능하지 않고, 단지 속물 사회의 이해와 엄청나게 떨어져 있는 "유명한 R의 유명한 작품"으로서만 속물의 집에 있는 예술작품).

그래서 진정한 예술가의, 즉자대자적인(an und für sich)[3] 정신적 가치 형성물의 창조자의 창조적인 작업수행은 내적으로 숙고하고 내적으로 완성되는 작업수행에 있다. 모든 실재적인 외면성은 중요하지 않고, 단지 가치 자체의 외부에 놓여 있을 뿐인 객관적 제시의 수단, 그러니까 유용성 형태일 뿐이다.

그러나 이제 우리는 **학문**의 정신적 영역에서, 학문적 진리의 가치 종류의 영역에서, 어떤 특수성을, 그것도 유일한 특수성을 알아낸다. 이러한 유형의 모든 가치는 무한히 계속 창조될 수 있고 계속 산출될 수 있는 보편적 가치의 통일체로 결합되고, 단지 이러한 무한한 연관 속에서만 도대체 가치들일 뿐이다. 모든 학문의 작업은 무한한 것이며, 이러한 모든 무한성은 모든 것을 포괄하는 학문에, 보편학에 속한다.

⁘

3 원래 헤겔의 용어다. 즉자(an-sich)가 사물이나 현상의 그 자체로서의 존재를 의미하고, 대자(für sich)가 다른 주체와의 관계 속에서 상호작용하고 영향을 받는 존재를 의미한다면, 즉자대자(an und für sich)는 자체적인 존재를 가지면서도 동시에 다른 주체들과의 관계에서 인식되고 해석되는 존재를 의미한다.

이념적인 즉자적 가치를 향하는 모든 정신적 작업수행의 경우와 마찬가지로 학문에서도 상대적으로 불명료하고 공허한 먼 표상으로 시작하는, 목표와 방법에 대한 성찰이 '그것 자체'라는 양상 속에서 지향된 것으로 이끈다. 해명, 즉 목표하는 지향의 충족이라는 의미에서 순수하게 정신적인 상상 형성은 시간적 계속 속에서 가치 산출물을 만들어내고, 그것도 궁극적으로 지향된 가치에 속하는 중간적 산출물로서 만들어낸다. 이미 목적의 가치 유형에 속하는 것인 전단계(스케치)로서든, 목적 작업물의 부분으로서, 목적 작업물 자체를 구축하는 것으로서든 말이다. 학문에서 명료하게 하고 해명하는 행위는 언제나 새로운 정신적 목표 형성물로 이끈다. 가령 연역적 학문에서는 공리, 추론(분석적 근거와 결론의 연관), 증명으로 이끈다. 그러나 그러한 모든 목표는 단지 **상대적인** 목표이다. 마찬가지로 그것의 가치는, 계속 진행되면서 더 높은 가치 속으로 들어가고, 더 높은 가치에 포함되며, 더 높은 가치 속에서 지양되지만 상실되지는 않는 단지 상대적인 가치다. 창조적 행함은 완성된다. 그리고 완성 속에서 자신의 목표를 관통하여 필연적으로 더 멀리, 무한히 추구해 나아간다. 개별 연구자의 창조적 행함은 결코 개인에게서 완성되지 않으며, 개인이 자신을 **작업의 책임자**(Funktionär)로 인식하고, 무한히 대를 잇는 연구 공동체 — 이것의 상관자는 무한한 이론으로서의 학문이다 — 의 구성원으로 인식함을 통해서만 의미를 갖는다.

학문 일반을 가능하게 하기 위해 분명해지듯 형식적-일반적 이념으로서 학문 '일반'이 본래적으로 무엇을 요구하는지에 대한 일반적 성찰이 필요하다면, 이러한 성찰의 내적 작업은, 명료화와 충족시키는 해명 속에서 '학문' 일반이라는 형식적-일반적 이념을 구축하는 것이자 이로부터 필연적으로 보편학 일반의 이념을 구축하는 것이다. 그리고 또한 이러한 결과는 그 자체가 근본 부분으로서, 수행되어야 할 학문 자체에 속한다. 우리는 여기서, 수행되어야 할 철학의 **예비 구상**(Vorentwurf)으로서, 그러니까 그러한 보편학이 수행되어야 할 보편적 형식에 관한 그 예비 구상으로서, 가능한 보편학의 이러한 이념, 즉 철학 일반의 이러한 이념이 어떤 의미에서, 그 자체로 부각되어 형성된다는 독특한 점을 갖게 된다. 그러나 또한 다른 한편으로는 이러한 정신적인 구상 자체가 철학 **자체**의 **체계**와 보편적 이론에 속한다는 독특한 점도 갖게 된다. 이러한 상황은 특히 지리학에서의 다음 사례와 유사하다. 지리학에서 최초의 지리학적 작업수행이 목표로 하는 것으로서의 지도의 스케치(Kartenskizze)는 수행되어야 할 특수 작업의 형식적 부분인데, 그것은 미래에 채워질 수 있는 형식이지만, 동시에 이 학문 자체의 부분인 것이다.

보편학의 비어 있는 이념이 시야에 들어오거나 그 가능성과 그 실현 방법에 관한 물음이 제기되었다면, 목표와 이끌어 가야 할 길들에 대한 보편적 성찰이 필요하다. 이러한 성찰은 수행하는 행위 자체이고자 하지는 않으며, 어떤 방식에서 행위 자체가 아니기도 하다. 왜냐하면, 완성된 것에 대한 곧바른 비판이 아닌 이성적 성찰, 단지 여기서 어떻게 행해져야 했는지, 목표와 길이 어떻게 형성되어야 했는지에 대한 숙고인 이성적 성찰은 '이성'의 **규범들**이 밝혀지게 하기 때문이다. 이러한 규범들은 문제 되는 목표에 따라 때로는 더 보편적인 것이 되고 때로는 더 구체적인 것이 된다. 여기서 규범들은 실천적 진리들, 참된 목표들, 참된 방법들이다. 그래서 보편학의 '가능성'에 대한 일반적 성찰은, 그러니까 보편학의 진리의 일반적 형식, 보편학의 진정함의 일반적인 본질적 조건에 대한 일반적 성찰은 이러한 규범에 따르는 학문 자체와 **구별**되어야 한다.

그러나 여기서 이야기되어야 할 것은 이러한 구별은 단지 그 속에서 명석판명하게 된 이념이 본질 부분들에 따라 서로-나뉘어-놓이는(aus-einander-legt) **규범들**을 성찰적으로 밝혀주는 **제일 학문**과, 이러한 규범 **아래에** 놓여 있고, **이 규범에** 따라 생성된 **일련의 학문들** 사이의 구별의 의미만을 지닌다는 점이다. 이 양자가 **분리될 수 없는** 한, **성찰**의 작업은 보편학에 **앞서는** 무언가로서, 보편학 자체의 외부의 것으로서 간주되어서는 안 되고, 보편학의 **시작 부분**이자 **근본 부분**으로 간주되어야 한다.

그래서 보편적 학문은 필수적인 시작으로서, 그러한 학문의 규범론 ─ 이것은 그 자체가, 원리적 본질 조건에 따른 그것의 가능한 진리, 진정함에 대한 학문이다 ─ 을 목표로 하는 성찰을 가져야 한다는 사실이 처음부터 분명해진다.

완전한 존재론의 이념

학문은 어떻게 가능한가? 인식 목적으로서의 학문의 이념. 선험적 규범학으로서의 논리학, 우선은 학문 일반의 형식적 규범학으로서의 논리학.

1) 이론으로서의 학문의 형식적 논리학.

2) 주관적 인식함과 주관적 형태들의 노에시스적 논리학. 인식함이 일관되게 진리와 참된 존재를 향해 노력해야 하고, 경우에 따라 그것에 도달할 수 있어야 한다면, 주관적 인식함과 주관적 형태들의 연관 속에서 진리와 참된 존재가 인식 작용에서 완전성의 단계로 제시되고, 이러한 형태들의 형식화, 질서, 종합적 연결에 대한 규범들이 제시된다. 노에시스적 형식 논리학, 분석론 일반.

3) '종합적' 논리학. 세계 인식의, 세계에 대한 이론의 가능성의 논리학. 실증성의 논리학, 노에마적으로, 그리고 노에시스적으로.

4) 존재자에 관한, 절대적 의미에서 존재하는 것들의 총체에 관한 보편적인 절대적 학문의 논리학. 초월론적, 절대적 논리학. 사실적인 초월론적 상호주관성

에 관한, 그리고 모든 존재자, 즉 초월론적으로 구성된 것으로서 초월론적 상호 주관성에 대해 존재하는 세계의 총체에 관한 학문. 초월론적 **존재론**으로서의, 그리고 가능한 인식 활동과 가능한 세계에 규범적으로 속하는 인식 형태에 관한 초월론적 노에시스적 논리학으로서의 이러한 학문의 논리학. 마침내, 세계적–사실적 존재자일 뿐 아니라 어떤 의미에서든 초월론적 주관성에 대한 존재자인 모든 존재자에 관한 초월론적 학문, 그리고 이에 상응하는 논리학(존재론과 노에시스학). 이것은 사실적 초월론적인 것에 관한 보편적인 초월론적 학문 자체에, 그리고 확장된 존재론과 노에시스학을 포함하는 보편적인 초월론적 형상적 현상학에 이른다.

여기서 어려움은 소박성의 단계를 추적하는 것, 그리고 마침내, 소박성을 소박성으로 특징짓는 것, 그래서 그것과 더불어 초월론적 학문의 이념이 자라나는, 초월론적인 것의 우선은 완전히 숨겨진 의미를 최초로 드러내 밝히는 것이다.

1) 존재론은 가능한 세계 일반의 로고스를 구성한다. 혹은 존재론은 가능한 형식들, 궁극적일 수 있어야 하는 가능한 세계들의 이접적으로 필연적인 형식들에 관한 학문이다.

2) 사실적으로 주어진 세계는 **이** 세계의 존재론으로서 하나의 존재론을, 그러니까 **이 세계**에 속한 로고스의 규정 내지는 **이 세계**의 궁극적 존재의 가능성의 조건으로서 이 세계에 속하는 사실적인 존재론적 형식에 대한 규정을 요구한다. 형상적 존재론에서, 가능한 (감성적) 경험 세계의 가능한 이념화의 이접적 근본 유형들은 보편성 속에서 구별된다. 그렇게 보편적으로 획득된, 세계 일반의 모든 이론적–존재론적 형식에는 일반적이지만 그럼에도 불구하고 조금 더 특수한 존재론, 그러니까 바로 그러한 성질의 세계 일반에 대한 존재론이 상응한다. 이러한 보편성은 다시 특수화될 수 있

고, 그것도 아직 여전히 수학적으로 특수화될 수 있다. 예를 들어서 유클리드적 공간 형식으로서 공간 형식의 특수화, 이에 더하여 이러한 '공간'과 관련된 보편적인 자연 합법칙성의 형식, 가령 수학적으로 보편적으로 특징지어진, 유클리드적 세계의 에너지 원리들이 있다. 그러나 이것은 특수한 수학적 자연 법칙성을 열린 채로 놓아둔다. 만약 우리가 자연을 넘어선다면 이에 더하여 추가적 규정들이 있게 된다. 혹은, 자연은 정신적 세계에 대한 자연이어야 한다는 점, 자연 사물은 비유기체적인 것과 유기체적인 것으로 나뉘어야 한다는 점, 그리고 유기체적인 것만 신체적 존재를 가질 수 있지만 감각 신체성으로서 특수한 구조 형식의 지배를 받아야 한다는 점 등에 주목한다면, 이에 더하여 추가적인 규정들이 있게 된다.

어쨌든 사실적인 경험적 인식으로부터만, (언제나 형상적 존재론과 그것이 지닌 순수한 가능성들의 인도 아래에서) 현실성의 로고스가 발견될 수 있다. 그리고 이러한 전체 로고스는 세계에 대한 완전한 법칙론적 형식이며, 엄밀한 법칙성의 형태이다. 이 경우 한편으로 정초하는 자연은 자신의 확고한 로고스(정밀한 자연과학)를 가지고, 다른 한편으로 정신도, 특히 순수 정신성으로서의 정신도 자신의 확고한 로고스를 가진다. 그러나 세계에 대한 이념적인 '논리적' 학문은 결코 한갓된 형상적 존재론으로 생각되어서는 안 된다. 그리고 주어진 세계를 존재론적 세계 형식 아래로 흡수시킬 가능성을 도모하고, 다음으로 이러한 존재론적 형식에 따라 경험적으로 주어진 것으로부터 모든 세계를 수학적으로 연역하는 경험 활동적 작업으로 생각되어서도 안 된다. 라플라스[4]적 정신의 합리주의적 이상은 잘못된 것이다.

..

4   라플라스(Pierre Simon de Laplace, 1749~1827)는 프랑스의 천문학자이자 수학자다.

논리학은 모든 존재자 자체에 속하는 필증적 로고스에 관한 학문이다. 존재자 자체에는 존재자의 실질적(sachlich) 연관 속의 **실질적** 특성들이 속할 뿐 아니라, 인식하는 **주관성** 및 그 밖의 방식으로 지향적으로 존재자를 향하는 **주관성**과의 **지향적** 관계로부터 존재자에 귀속되는 특성들, 존재자와 관련된 다양한 영역의 정신적 형성물의 다양한 양상과 그에 상관적인 작용들, 그리고 작용들의 전체 내재적 구축 속에서 수동적 구성으로부터 그 작용들에 속하는 현출 방식들이 속한다. 그래서, **노에시스학**(Noetik)과 **노에마학**(Noematik)이 되어야 한다는 것, 그리고 존재자를 단지 물적(sachlich) 태도에서, 순수한 물성(Sachlichkeit) 속에서 존재하는 것으로서, 혹은 가치를 지니는 좋은 사물로서 (가령 이성적이거나 이성적 원리의 지배를 받는 문화의 대상으로서) 고찰하지 않아야 한다는 것은 보편적이고 실제로 구체적인 **존재론**의 용무가 될 것이다. 그러니까 존재자 자체에 속하는, 아프리오리의 모든 상관관계를 체계적으로 포함하는 존재론의 용무가 될 것이다. 생각할 수 있는 최고의 합리성, 즉 모든 아프리오리의 상관관계를 포괄하는 이 합리성으로 이와 같이 고양시키는 것은 엄밀한 학문의 고유한 의미에 놓여 있다. 왜냐하면 이렇게 고양시키는 것은 사실적인 존재의 우주를, 합리성 속에서 형태 잡기 위해 필수적이기 때문이다. 이러한 합리성은 실제로 모든 각각의 방법을 원리들로부터 정당화하는 것을, 그리고, 그에 따라 방법을 궁극적으로 그 정당성 속에서 이해하는 것을, 혹은 방법을 처음부터 필연적이고 원리적으로 요구된 것으로서 원리들에 의거하여 형성하는 것을 가능하게 한다. 그러한 보편적 존재론은 완전히 충분한 학문의 가능 조건이다. 오직 보편적 세계 학문의 연관 속에서만 충분한 특수 학문들이 가능하다는 것(이것 자체가 존재론적 통찰이다), 그리고 그 자체로 선행하고 그래서 이러한 의미에서도 선험적인 존재론의 토대 위에서만 그러한 특수 학문들이 가능하다는 바로 그 이유에서 말이다.

완전한 구체적 존재론은 그 자체로(*eo ipso*) 다름 아닌 **진정한 초월론적 철학**이다. 그리고 모든 초월론적 철학은 그 궁극적 의도에서, 그리고 해명되지 않은 그 역사적 발전의 충동 속에서 다름 아닌 이 존재론을 가졌다. 다른 한편 존재론에 **맞선** 모든 역사적 싸움은 부분적으로는 방법적으로 불명료하고 잘못되었던 존재론에, 부분적으로는 그리고 무엇보다도 순수한 가능성 속의 존재자와 관련된 모든 아프리오리를 결코 완전히 파악하면서 실현되지 못했던 존재론에 맞선 싸움일 뿐이다. 모든 완전한 존재론은 모든 상관관계들을 추적함으로써, 저절로 그리고 원리적 필연성에서 다음을 통찰하게 된다. 즉, 사실적 세계(Sachenwelt)와 주관성은 우연히 함께 온 것이 아니라는 사실, 그리고 주관성은 어쩐지 우연히 신 — 배후에서, 그리고 아무리 부인하더라도, 위대한 시계 제작자인 신 — 에 의해 창조된 세계의 내부에 있는 우연한 사실성(Sachlichkeit)이 아니라는 사실, 오히려 세계는 선험적으로, 단지 그것에 상관적인 주관성으로의 규정으로서만, 더욱이 고유한 구성적 작업수행으로부터의 규정으로서만 생각될 수 있다는 사실을 통찰하게 된다. 그 원래 형태에서(**버클리**와 **흄**에게서조차), 비록 불완전하게나마 **초월론적** 관념론이었던 **'관념론'**의 지배적 사상은, **존재위엄에서 주관성이 객관성에 앞선다는 것**, 모든 객관성(모든 세계적 존재)은 단지 주관성의 수동적이고 능동적인 고유한 원천으로부터 나온 존재일 뿐이라는 것이었다. 끝까지, 그것도 그 본질 상관관계에 따라 생각해보았을 때, (형이상학적으로 구축된 것이 아니라) 필증적이고 통찰적인 사상으로서 이러한 사상으로 이끌지 않는 존재론은 없다. 그래서 이러한 사상은 '이' 세계에 대한 형이상학적 '해석'을 의미하는 것이 아니라, 가능한 경험과 인식의 세계로서, 그리고 가능한 가치와 실천의 세계로서 모든 세계에 속하는 구조 형식을 의미한다. 그래서 이러한 사상은 동시에 존재론이라는 학문 자체를 위한 보편적 구조 형식이다. 진정한 존재론, 즉 분석적 논리학과 영역적 논리학을 포괄하는 보편적이고 전면적인 논리학은 다름 아닌 선험적 학문으로서의 초월론적 관념론의 실제적 수행이다. 공허하고, 그래서 또한 궁극적으로 가르침을 주지 못하는 사변 속에서가 아닌, 실제적 작업 속에서의 수행이다(수학적인 것은 이 실제적 작업의 개별 가지 중 하나다). 그러나 세계 해석으로서의 초월론적 관념론은 사변적 구축물이 아니라 단순한 인식이다. 사실적 삼각형이 기하학적 삼각형의 의미에서 벗어날 수 없듯이, 세계로서의 세계가 세계 자체의 의미에서 벗어날 수 없다는 인식이다.

그러나 그러면 다시 이야기해야 할 것은, 사실적으로 주어진 세계에 대한 초월론적 관념론은 구체적으로 파악해보면, 다름 아닌 실제로 수행된 초월론적 인식이고, 달리 말하면 무한한 과제로서 미래에 대해 세워진, 원리들에 근거해 철저한 정당화 속에서 수행된 학문의 완전한 체계라는 점이다. 이때 완전한 체계가 의미하는 바는, 존재론의 원리들로부터 모든 **사실적** 존재자에 대한 보편학의 이념이 구상되었고, 미리 분절되었으며, 이제 모든 상대적으로 자립적인 존재 영역에 대해 상응하는 학문이 작업되지만, 더 이상 소박하게 수행되는 것이 아니라 순수하게, 그리고 어디서나 방법의 원리들에 따라서 수행된다는 것이다. 주어진 학문의 완전한 체계에는 모든 가능한 세계를 그 선험적 연관과 정초, 상관관계에 따라 체계적으로 분절시키고 계층화하는 것이 상응한다. 그리고 이것은 바로 이로써 가능한 세계 일반에 대해 가능한 학문의 체계를 형식에 따라 선험적으로 밑그림 그린다. 이 세계의 학문은 이러한 형식을 충족시켜야 한다. 체계는 그 자체로(eo ipso) 문제 설정의 가능한 방향과 형식의 체계적 총체를 의미한다. 세계로서의 세계의 모든 구조 형식에는 가능한 물음의 열린 지평이 상응하고, 보편학 속에서는 물음의 모든 영역이 탐구의 영역이 되어야 하며, 학문이 되어야 한다. 여기서 관건은 과도한 열정이 아니다. 관건이 무한함이기는 하지만 말이다. 그러나 보다 높고 진정한 인류 일반의 생명력의 요소가 그러한 것처럼, 학문의 생명력의 요소도 무한성과 무한성의 체계이다. 그러나 **진정한 인류는 최고의 의식성을 요구하고**, 진정한 학문은 가능한 세계로서 세계의 구조, 가능한 학문의 구조에 관한 최고의 의식을 요구한다. 그러나 이것이 의미하는 바는, **논리학**으로서 의식된 형태에, 고정된 가능성에 이른 학문의 가능성으로부터만 학문이 실제적이라는 것이다.

순수하고, 진정하며, 완전히 충분한 학문으로서의 학문은, **소박성**으로부터는 가능하지 않다. 학문 일반의 역사적 생성에 소박성의 단계, 그러므로 불명료함의 단계 속에서의 생성이 아무리 본질 필연적이라 해도 말이다. **최초의**, 소박하게 불명료한 목표 의미의 사실적 학문으로부터 학문의 의미가 생성된 후, 진정한 학문은 우선은 그 자체도 소박한, **이러한 목표 의미에 대한 학문**을 통해서만 가능하고, 다음으로 **존재론**으로서 가능하다. 모든 '철학'에는 **제일철학으로서의 논리학**이 선행한다. 이것은 상대적으로 빈약한 **형식** 논리학이 아니고, 어떤 체계적인 관점 아래에서 상대적으로 완결된 보편 수학(*Mathesis universalis*)도 아니다. 이것은 오히려 **초월론적 존재론**이다. 이 존재론은 그 자체로(*eo ipso*) 자기 자신에 되돌아 관계하고, 다음으로 그 자체로 다시, 자신의 체계적 완전함을 보증하고, 이와 함께 자신의 고유한 최초의 소박성(보다 높은 단계의 소박성)을 극복하는 데로 향하는 단계적 처리를 요구한다.

그러나 우리는 여기서 그 이상을 이야기해서는 안 된다. 그 이상은 수행의 용무다. 그런데 존재론적인 전체 학문 자체를 수행하는 일이 아니라,

그러한 학문의 이념, 학문적 주도 형태를 특징짓는 일의 수행이다. 이러한 일은 모든 학문과 모든 다양한 형태의 감행에서처럼, 수행하는 작업 자체의 최초의 단계로서, 모든 나머지 작업을 가능하게 하는 것이다. 그래서 관건은 최초의 지도(地圖) 계획이다. 그것은 자신의 편에서는, 지리학에서, 단지 최초의, '선학문적' 연구를 통해서만 획득될 수 있다.

　오해가 생기지 않게 하기 위해 더 말해야 할 것은, 여기서 존재(ὄν)의 이념을 완전히 특별하게 확장하는 일이 시도되었다는 점이다. 모든 존재자, 이것은 또한 이념적 존재자를 포괄한다. 그것이 우리의 세계에서 수학적 이념들처럼, 그것을 생각하는 사람들을 통해서, 그리고 글과 인쇄물로 구체화됨을 통해서 세계화되는 한에서 말이다. 모든 존재자, 이것은 또한 모든 규범을 포함하며, 이념적 규범들도 포함한다. 현행적으로 요구되고 명령될 수 있으며, 사실적으로 규범화에 기여할 수 있음이 그러한 규범들에 속한다는 점에 의해 그렇다. 인간적 능력으로서 모든 할 수 있음(Können)은, 활동하고 있는 것이든 아니든, 인간의 존재 방식에 속하며, 존재자이다. 순수한 가능성들을 지배하는 필증적 필연성들의 학문으로서의 존재론에서, 모든 생각할 수 있는 할 수 있음은 할 수 있는 자들과 그들의 가능성들과 관련하여 자신의 위치를 지닌다. 일반적으로 그러하다. 모든 것 각각이 그렇다.

　더 나아가 다음의 사실들을 말해야 한다. 존재론은 정확히 보면, 다름 아닌, 자신의 모든 분야에 관해 전면적으로 전개된, 세계 학문 일반의 **이념**을 체계적으로 구축한 것이다. 존재론은 가능한 세계 일반의 이념을 자신 안에 구상한다. 그리고 더욱이 그 이념은 세계로서의 세계 모두에 속하는 모든 분류와 형식에 따라 전면적으로 형성된 것이다. 그리고 내가 또한 덧붙여야 할 것은, 그것은 세계로서의 세계에 속하는 모든 발전 단계들에 따라 전면적으로 형성된 것이라는 것이다. 세계 학문의 이념은 개별적인 경우로서 각각의 규정된 학문에 거주하는 필증적으로 보편적인 본질이다. 그것은 서로의 위에 방법적으로 구축된 작업수행과 그 산물의 체계적 무한성의 본질이다. 여기서 보편적인 것은 각 학문의 **목표**를 표본적 형태에서, 말하자면 표본적 전체성의 형식의 형태에서 표시한다. 이 형식은 사실적 학문(사실성 학문)에서 '개별적' 규정성을 갖게 되는데, 이것은 그것이 사실적 세계의 '인식상(Erkenntnisbild)'인 한에서 개별적일 뿐 아니라, 동시에 이념이고, 이 세계 자체의 역사적으로 실현된 단편이다.

실증적 존재론들과 실증적 제일철학을 통해 절대적이고 보편적인 존재론으로서의 초월론적 현상학에 이르는 길[5]

학문들의 근본 개념, 그리고 학문들과 존재론들의 상대성과 일면성. 초월론적-현상학적 보편학을 통한 상대주의의 극복.

[5] 1923년.
실증적 존재론들과 보편적인 실증적 존재론으로부터 출발하여, 모든 상대주의를 극복하는 절대적 존재론으로서의 초월론적 현상학에 이르는 길(1919~1920년 강의의 길).
첫 번째 질문: 실증성 속에서 어떻게 존재론이 근거 지어질 수 있는가? 모든 존재자(ὄντα) ─ 실재적 세계의 모든 실재적인 것 ─ 는 서로에 대해 상대적이다. 이 세계, 세계 자체에 대한 보편적이고 선험적인 학문으로서 보편적인 존재론의 연관 아래 존재론들이 있다.
두 번째: 존재자는 인식의 존재자이고, 우리에 대해 있는 모든 존재자는 주관적 양상 속에서 현출하는 것, 추측된 것, 증명되는 것 등이다. 인식하는 주관성에 대한 상대성.
오직 초월론적 전체 학문 속에서만 모든 상대성들이 드러나고 주제화된다. 그리고 존재론이, 세계의 상대적 존재론들을 포괄하는 절대적 존재론으로서 가능해진다.
근본적인 성찰적 사유: 나의 프라이부르크 연구와 강의의 실마리. ─ 원주.

학문적 진술.

우리는 수학자로서 기하학적 언명의 방법을 이해한다. 명증을 가진다. 우리가 만약 기하학에 관련된 것을 듣는다면, 요구되는 기하학적 태도로 들어가서, 명증을 위해 전제되는, 그에 속한 정상적인 동기부여들을 수행한다. 기하학을 **물리학**에 적용하는 것이 그 어려움을 갖는 것은 어째서인가? 물리학적 공간이 (유클리드적) 기하학적 공간과 동일한지, 기하학적 공간이 한갓 한곗값의 경우─이 한곗값의 경우와 관련하여 물리학적 공간이 근사치를 제시한다는 것이지, 기하학적 순수성을 경험적 형태와 위치의 한곗값의 경우로 생각한다는 그런 의미에서가 아니다─가 아닌지에 대해서 우리가 논쟁할 수 있다는 것은 어째서인가? 여기서 문제는 무엇이겠는가? 기하학적인 '이념화 직관'에 대한 연구, 여기에 존재하는 가능성들에 대한 연구. 만약 그것이 다른 것들이라면 그것들은 다른 공리들 속에서 표현되어야 할 것이다. 유클리드적 공리의 명증(혹은 유클리드적-기하학적 공리의 완전하고 구체적인 체계)은 그러면 가능성들 중 **하나**에 대한 명증일 것이다. 함께 타당한 것으로서만 양립 불가능한 것이고, 다른 한편 (무조건적으로 필연적인 공리 집합을 통해 표현된) 유의 내부에서는 유형적 가능성들의 의미에서 양립 가능한 다른 가능성들을, 저 하나의 가능성이 배제해서는 안 될 것이다. 이때 "그 자체로 존재해야 하고, 자신의 동일성을 보증할 수 있어야 하는 **모든 가능한 직관적 자연의 형식**으로서 (초월론적-감성적으로) 공간 **일반**은 어떤 본질 특성들을 지녀야 하는가?" 하는 물음이 생겨난다. 동일성의 순수한 유지의 가능성을 규정하는 공간의 '정밀한' 속성이 **일반적인 것**을 경계 짓는지 우리는 묻게 된다. 이 일반적인 것은 더욱 **세분화**되어, 다양한 공간 유형이 '공간 일반'과 '기하학 일반'이라는 순수하고 정밀한 이념의 내부에서 생겨나게 할 수 있다. 그러나 **자연 일반**은 자신의 상관자인 지각과 지각 신체성 일반으로 우리를 이끈다. 자연과 주관성은 '직관적으로' 분리 불가능하다. 우리는 여기서 초월론적-감성적으로 멈출 수 있는가? 기하학적 명증은 자연 존재론적 명증의 한 부분이고, 우리는 가능한 자연 일반과 관계한다.

외적 경험 속에 있는 모든 것은 **상대주의** 속에서 주어지며, 본질적으로 그 속에서만 주어질 수 있다. 현출들, 감각 사물들이 (시각 사물, 촉각 사물 같은) 층들에 따라 명증적으로 주어진다(즉 지각된다). 이것들은 경험하는 자의 신체성과의 관계하에 주어지고, 이러한 관계는 현출하는 대상성의 구성적 의미에 함께 속한다. 그런데 자연의 의미에는 속하지 않지만, 완전히 구성된 세계-의미에는(완전한 구성 속에 포함된 구성적인 완전한 의미에는) 속하는 것이다. 그것은 함께 기능하는 것으로서 신체의 직관 영역에 함께 현존하는 한에서만 경험될 수 있는 대상성들이다. 그리고 경험 가능성의 모든 변경은 기능하는 것으로서의 기능하는 신체성을 함께 변경시킨다.

우리는 외부 지각에서 어떤 필연적 의미 구조를 갖는다. 이 의미 구조에 의해 음영 진 현출의 대상으로서 **동일하게 현출하는 대상**에 대한 하나의 시선 방향이나 파악 방향이 선호된다. 그러나 동기부여 — 대상적으로는, 대상적 조건 지어짐 — 는 다른 방향으로도 나아간다. 그러니까 함께 현존하고 기능하는 신체성을 향해서도, 더욱이 기능하는 주관성 자체를 향해서도 나아간다. 그래서 우리는 더 이상 순수하게 감각 직관적이지는 않더라도, 여전히 직관적인 상관관계를 가진다. 이 상관관계에는 그 변경의 체계와 더불어 언제나 하나의 항이 전제되어 있다. 반면에 다른 항은 알아차리는 경험의 선호하는 시선 속에 있으며, 이러한 시선 방향은 정상적인 기술적 진술에서 전제된다. 이 경우, 반대 방향에 놓여 있는 것은 어떤 정상성 속에서 전제되어 있으며, '지각 상황'과 그에 속한 경과 유형의 이러한 정상성이 깨질 때에야, 비로소 주목하는 시선에 들어온다. 여기서 우리는 모든 가능한 상관관계에 관해 명료성을 형성해야 한다. 여기서 모든 진리는 상대적이고, 매우 다양하게 상대적이다. 신체는 기능하는 것으로서의 신체성을 자기 자신에 되돌아 관련시킴으로써 그 자체로 자연적으로 경험된다. 그러면 조현병 등 모든 종류의 **심리적** 비정상성의 경우 사정은 어떠한가?

외부 경험의 명증은 경험된 것을 그 자체 주는 것이지만, 이때 경험함은 그저 본래적으로 경험된 것을 넘어 선취하는 함께 파악함이기만 한 것이 아니다. 그것은 자체 부여(Selbstgebung)와 선취가 필연적으로 뒤섞인 것이다. 이러한 관점에서 우리는 연속적 지각의 가능성들을 갖는데, 이러한 가능성들은 선취하면서 함께 파악된 것을, 제시하는 자체 파악으로 가져온다. 적어도 우리가 연속적으로 일치하는 확증의 경우를 설정한다면 말이다. 그러나 그러한 자체 부여는 그것이 비록 무한히 연속적으로 확증되는 것으로 생각될지라도, 결코 알아차리는 직관의 범위에 들어오지 못할 동기부여자들의 필연적 환경을 지닐 것이다. 그러니까 제시하는 현출들의 연속적 다양체들에 속하지 않고, 대상의 현출하는 측면의 범위에 들어오지 않는 그러한 환경 말이다. 우리는 상관적인 신체 현상과 신체 기능들, 주관적 키네스테제,[6] 위치 설정된 감각의 장과 감각 자료 등을 갖는다. 이것

---

6 키네스테제(Kinästhese)는 자기 신체의 운동과 감각의 불가분의 통일태를 의미하는 것으로서 '운동감각'으로 번역되기도 한다. 사물은 언제나 일거에 전면적으로 보이는 것이 아니라 어떤 시점에서 어떤 측면으로 주어져 있다. 이때 사물의 다양한 측면이 종합되기 위해서는 신체의 위치 변화가 필요하고, 이는 신체를 자유롭게 움직임으로써 가능하다. 이때 신체의 자유로운 움직임과 더불어 주어지는 신체적 감각이 운동감각이다. 결국 감각과 운동의 불가분의 통일태로서의 이러한 키네스테제 덕분에 신체는 사물을 종합적으로 구성해내는 기능을 수행할 수 있다.

들은 연속적으로 변화되는 대상적 의미(제시된 것 자체)를 규정하고 조건 짓지만, 파악되지 않고, 규정되지 않은 채로 남아 있다.

일반적인 외부 경험의 명증은 **일면적** 명증이다. 현출하는 사물을 그 사물의 모든 사물–실재적 특성들에 따라 — 물론 외부 경험의 무한성에서 — 내가 '전면적으로' 알게 될지라도 말이다. 그러나 만약 내가 외부 경험의 연속체 내지는 연속적으로 구성된 감각 직관적 속성들의 통일체를 **기능하는 주관성과의 동기부여 관계 속에서** 인식하지 않는다면, 이러한 무한성은 통달될 수 없고, 무한성으로 인식될 수도 없다.

직관적 사물의 상대성은 규정된 의미를 갖는다. 그것은 결코 한갓 직관적인 것이 **다른 존재자와의** 이러저러한 관계 속에서, 마치 그러한 관계 속에 있는 것이 그 사물에 우연적인 것처럼, 그리고 그 사물을 이러저러한 관계로 설정하는 것이 나의 한갓 관계 지음의 단순한 용무인 것처럼 생각될 수 있음을 뜻하지 않는다. 실제로 많은 사람에게(소박한 인간이나 자연 연구자들이 때때로 이렇게 이야기하는데), 세계는 마치 경험하는 인간 없이, 경험하면서 기능하는 신체 없이, 보는 눈이나 듣는 귀 없이 존재할 수 있는 것처럼 보일지 모른다. 그러나 **직관적** 자연에 관해 말하자면, 지각 판단의 기체, 즉 '감각 직관적' 사물은 상응하는 기능하는 신체성과 기능하는 주관성 일반과의 필연적 관계 속에 존재하고, 직관적 사물 자체는, 직관적 사물들 간에 경험 가능한 (귀납적) 인과성이라는 명칭의 필연적 연관관계는 논외로 하더라도, 단순히 사물적이지만은 않은 다른 직관적인 것들과의 상관관계 속에서만 존재할 수 있다는 사실을 명증적으로 만들어야 한다.

(가능한 방식으로 존재하는 것으로서) 대상의 본질에 분리 불가능하게 속하는 것을 우리는 그 대상의 **의미를** 규정하는 것이라고 부르는데, 이것과 상반되는 것은 모순적이다. 그러나 그 유형은 미리 주어진 것이 아니라 우선

직관적으로 획득되어야 한다. 그리고 자체를 주는 직관, 가능한 지각을 통해 암묵적으로(implicite) 밑그림 그려지지만, 명시적으로 제시되지는 않는다. 그러나 이러한 직관은 '**완전히 명증적인**' 직관으로 변화되어야 한다. 이러한 직관 속에 '**완전한 의미부여**'의 체계가 놓여 있으며, 오직 이러한 의미부여로부터만 '**완전한 본질**'이, 어떤 유형의 것의 전체 의미가, 일반적으로는 대상적 영역의 의미가 길어질 수 있다. 자연 사물에 대해서 이것은 다음을 의미한다. 즉 우리는 지각으로부터 구체적으로 완전한 지각 체계를 만들어내야 한다. 이 체계 안에는 '**완전하게**' 지각된 것이, 그것도 지각된 것 자체에 분리 불가능하게 속하는 모든 본질 방향에 따라, 놓여 있을 것이다.

사물이 고유한 영역일지라도 완전하고 독립적인 영역은 아니다. 물리적 사물은 '**실체**'가 아니다. 마찬가지로 물리적 자연은 궁극적 의미에서의 구체적 통일체가 아니다. 나는 더 나아가야 한다. 나는 상관관계 속에서 자연과 기능하는 주관성을 붙잡아야 하고, 자연과 신체성, 신체성과 영혼적 정신성, 이 모든 것을 서로에 대한 관계 속에서 고찰해야 한다. 이러한 관계는 본질 상관적인 관계로서, 바로 의미를 함께 규정하는 것이다. 만약 내가 모든 세계 진리의 근원을, 그리고 우선은 자연 진리의 근원을, 혹은 더 잘 이야기하자면, 공허하고 아직 미규정적이며, 심지어 전혀 주목조차 되지 않은 어떠한 지평도 허용하지 않는 완전하고 진정한 **의미**를 완전히 이해하고자 한다면, 가능한 지각으로서의 직관의 우주가 조망되어야 하고, 그 본질 유형에 따라 고정되어야 한다.

이러한 근원 원천[7]으로부터만 나는 충전적 개념을 길어 올릴 수 있고,

7 근원 원천: 순수하고 엄밀한 학문적 인식은 **완전한**—그것이 모든 지평을 **언어로 가져온다**는 의미에서 완전한—**가능적 경험**의 생산을 전제한다.—원주.

선험적 **존재론**의 기초 개념을 형성하도록 정해진, 그에 속하는 공리 체계들을 만들어낼 수 있다. 여기서 물론 **선험적 존재론들 자체**는 **본질적으로 서로에 관련되고**, 서로에 대해 독립적이거나, 서로 분리할 수 있는 것이 아니라는 사실이 부각된다. 그것들 모두는 아프리오리의 **일면성들**이다. 우리가 완전한 명증을 추구하자마자, 그리고 처음에는 주시된 그 어떤 경험된 것이나 본질과 함께 관련되고, 그래서 가능한 대상성의 **의미**를 필연적으로 함께 규정하는 **모든** 본질 필연성들을 고려하는 가능한 경험과 가능한 본질 직관의 그와 같은 완전성을 추구하자마자, 우리는 모든 직관성 일반의 우주에 이르며, 그럼으로써 **구성하는 것으로서의 주관성의 우주**에 이르게 된다는 사실이 부각된다. 맨 먼저 우리는 현출하는 사물들 자체를 기술하고, 그것들의 본질 특성들을 밝히는 것에서 시작할지 모른다. 그리고 우리는 현상학에 대해서, 초월론적 주관성과 그 주관성의 구성적 기능들에 대해서 아무것도 모를지 모른다. 그러나 우리는 본질 의존성들을 추적하면서, 점점 더 넓은 직관적 연관 속으로 들어가게 된다. 그리고 결국 불가피하게도 초월론적인 것으로서의 주관성의 **전체 연관** 속으로 들어가게 된다. **어떠한 자립적인 학문도 존재할 수 없다.** 모든 진리는 상대적이고, 모든 존재자는 상대적이다. 모든 지각과 경험은 이미 이러한 상대성을 품고 있는 것이다. 이미 **직관**에 종합적으로 결합되어 있지 않은 것, 이미 직관에 지향적으로 놓여 있지 않고, 충족 종합 속에서 펼쳐지지 않은 것을 **로고스**는 개념으로 가져올 수 없다. 어떠한 학문도 완전히 명증적인 토대를 지닐 수 없다. 오직 현상학만이 그러한 토대를 자신에게 부여할 수 있고, 엄밀한 학문, 그러니까 실제로 완전히 충분한 학문을 만들어낼 수 있다. 그리고 이것은 바로 현상학이 엄밀한 학문을 전체 학문의 보편적 연관 속에 근거 지음을 통해서 가능하다. 전체 학문은 궁극적으로 존재하는 것의 전체와 관계하고, 근원 통일체로서의 절대적 주관성과 관계하는데, 이 근원 통일체 속에서 모든 실제적이고 가능적인 경험, 모든 가능한 종류의 자체 부여가 주관적 본질 법칙에 따라 형성되고, 이로써 모든 가능한 객관적 의미가 본질적으로 구성된다.[8]

완전한 명증으로 파고드는 모든 시도는 초월론적 현상학으로 이끈다. 따라서 현상학에 이르는 두 가지 상관적인 길이 있어야 하지 않는가?

1) 즉 첫 번째 길은 **주어진 세계**, 직관적으로 주어진 세계다. 모든 특수 존재론들을 지닌 세계에 대한 보편적 존재론은 형상적 세계 고찰로서 보편적인 세계 직관으로 이끈다. 그리고 보편적 존재론의 공리들은 가능한 세계 일반의 본질 기술들이어야 한다. 이때 자연은 신체성으로, 심리적인

··

8 여기서 다만 빠져 있는 것은, 언제나 '상대적'인, 상대적 자연적 아프리오리와 형식적 '절대적' 아프리오리의 구별에 대한 논의다. 바꾸어 말하면 이 성공적인 설명이 완전하게 되기에는 다음과 같은 근본적인 논의가 빠져 있다.

출발점은 정상적 신체성과 정상적 주관성 일반과의 관계 속에서 경험 대상(지각 사물)의 본질적 상대성과 연결된 자연의 존재론, 자연적 수학이었다. 이러한 상대주의는 모든 측면에서 완전하게 통찰되어야 하고, 개념적으로 숙달되어야 한다. 다음으로 존재론적 아프리오리는 학문적으로 전면적으로 확정되어야 하는 자신의 단계와 상관관계들을 갖고 있다.

그러나 다른 한편 우리는 공허하게 **형식적인 아프리오리**, 형식적 대상성들과 보다 높은 단계의 이론적 형성물들을 갖고 있다. 이것들도 **또한** 상관자, 즉 초월론적으로 구성하는 주관성의 상관자들이다. 그러나 여기서 사정은 기하학적, 자연 존재론적 등의 아프리오리의 경우와 다르다. 존재론적 측면에서 여기서는 의미를 함께 규정하는 특수성들과 상관관계들이 결여되어 있으며, **일반적인** 구성적 상관관계만이 남아 있다. 그래서 어떤 의미에서 산술적 명제는 필증적으로 타당하고, 상대적이지 않은 진리−자체이다.

그래서 그것은 전면적으로 분명해져야 하고, 그렇게 되어야 비로소 위에서 주어진 가장 일반적인 모든 설명들이 순수하게 근거 지어진다.

(그러나 이것은, 당시에는 무르익지 않은 것이었지만, 나의 학문 이론에 관한 강의와 1919~1920년의 『철학 입문』에서 고려되었다. 분석론을 제시하고, 그것의 빈 형식적 의미를 나중에 한갓 판단 귀결에 관한 형식적 학문의 이념과 함께 해명함을 통해 고려하였다.)
−원주.

것으로, 정신적으로 수행하는 주관성으로 이끈다. 그리고, 주관성이 초월론적으로, 절대적으로 세계를 구성한다는 통찰, 모든 존재는 모든 객관적인 것을 주관적 구성들의 상관자로서 포괄하는 초월론적 주관성의 상관자이며, 초월론적으로 고찰했을 때 모든 존재는 보편적인 주관적 발생 속에 존재한다는 등의 통찰로 이끈다. (이것은 정확히 1919~1920년 겨울학기의『철학 입문』에서의 길이다. 이 길은 이미 1910/11년 괴팅겐에서의 학문 이론에 관한 강의인『논리학』에서의 길이기도 하다.)

2) 다른 길은 순수한 주관성의 정적인 본질 유형인 공허한 에고 코기토(*ego cogito*)에서 시작하는 '**데카르트적**' 길이다. 그러나 그러한 모든 형상(εἶδος)은 그 지평 속에서 미규정적이다. 자아(*ego*)와 자아 전체를 구체적으로 우주로서 고찰하고 보편 학문의 방식으로 다루는 **자아론**(Egologie)이 요구된다. (이것은 나의 현상학 강의와『런던 강연*Londoner Vorträge*』, 그리고 1922년과 1923년에 수행된, 그에 대한 보다 광범위한 논의에서의 길이다.)

두 길의 길잡이는 핵심 단어들로 다음과 같이 특징지어질 수 있다.

1) '객관적' 경험, 객관적 인식, 객관적 판단, 좁은 의미에서 자연적인 것. 인식된 것에서, 인식의 **의미**에서 '주관적인' 어떠한 것도 정립되지 않는다. 인식하는 주관과 그의 인식하는 삶, 그리고 그의 가치평가하고 행위하는 삶도 빠져 있다. 이것은 의미 속에 정립된 것과 정립하고 인식하는 주관 사이에 본질 상관관계가 존립한다는 사실을 배제하지 않는다. 이 관계는, 이제 객관적인 것과 주관적인 것을 본질 관계 속에 정립하는 새로운 인식으로 끌어들여진다.

2) '주관적' 인식. 다음과 같은 **어려움**들. 주관적인 것에 대한 객관적 인식으로서의 심리학적-주관적 인식. 인간학적 인식과 그 아래의 생체학적 인식. 그리고 다른 한편에서의 순수한 초월론적 인식.

나는 한번은 객관적 인식의 영역에서, 보편적으로는 세계 인식 내에서 움직이고 형상적 본질 연관들을 발견한다. 여기서 나는 세계의 내부에서 어떻게 최상위 영역에 도달하고, 특수화된 선험적 존재론들에 도달하는가? 여기서 특수화를 생각할 수 있는가? 그러나 다른 한편으로 나는 자연의 존재론을 구상할 수 있고, 기능하는 신체성은 미규정적인 것으로 놓아둘 수 있다. 이 신체성은 본질적 요구를 지니고, 필연적으로 함께 기능하는 것으로서 자신의 역할을 수행해야 할지 모르지만, 나는 이 신체성을 연구하지 않는다. 모든 관점에서 마찬가지다. 내가 자연 존재론적 명증을 수행할 때, 나는 어떤 구성적 기능들을 겪는다. 그 가운데에는 적합한 가능성의 형식 속에 있는 지각 신체성의 기능함이 있다. 그러면 존재론적 가능성과 본질의 자체 주어짐이 발원하는 동기부여가 산출된다. 여기에 '소박성'의 본질이 있다. 그러나 내가 다음으로 시선을 신체성과 전체 주관성으로 향한다면, 나는 다시 존재론적 연구를 수행할 수 있다. 왜냐하면 신체는 사물로서도 제시되고, 자연의 존재론적 규정의 지배 아래 놓여 있지만, 다른 한편으로 신체는 자신의 **고유한** 존재론적 아프리오리를 갖기 때문이다. 마찬가지로 '영혼'도 자신의 고유한 존재론적 아프리오리를 갖지만, 신체성 및 자연과 관계를 맺고 있다.

실제로 여기서 나는 이미 구성적인 것 속에 서 있지만, 많은 소박함을 지니고 있다. **자연의,** 순수한 물리적 자연의 **존재론** 속에서만 나는 완전히 주관성 없이 지낼 수 있고, 주관성을 말하자면 망각할 수 있으며,[9] 이론적

••
9 그래서 우리는 다음과 같이 말해서는 안 된다. 즉 어떤 자연−존재론도 곧바로, 그리고 자기 망각적으로는 실제로 구축될 수 없으며, 단지 기하학의 경우에만 사정이 다르게 보인다고 말이다. 이것은 바로 오래된 전통이다. 원리적 정초를 향한 자연 연구자(**갈릴레오**)도 주관인 것을 주제화해야 했고, 그것을 **방법적으로** 배제해야 했다. 현출 방식, 환경세계 등

으로 작동 밖에 놓거나 의도적으로 배제할 수 있다. 그러면 나는 그러한 자기 망각을 통해서만 절대적인 것인 체할 수 있는 존재-인식을 갖고, 자립적인 것(실체)처럼 보이지만, 사실은 본질 상관자에 결합되어 있는 자연을 갖는다.

독단적 학문은 왜 자신을 절대적으로 정당화할 수 없으며, 자신의 토대를 절대적으로 밝힐 수 없는가? 그리고 왜 어떠한 완전한 명증에도 이를 수 없는가?

내가 만약 본질 가능성과 본질 필연성의 **전체**를 통달한다면, 그리고 변경을 허용하는 모든 측면에 따라서 가능성들을 변경하고, 그래서 모든 본질을 그 본질 상관자의 전체 속에서 획득하고 인식할 수 있다면, 나는 완전한 본질 명증을 갖는다.

그리고 이것으로부터 드러나야 하는 것은 오직, 모든 가능한 대상성들을 모든 가능성의 우주 속에서, 그러니까 바로 초월론적 주관성 속에서 포괄하고, 이로써 '실질적(substanziell)' 인식을 제공하는 초월론적 학문만이 완전하고 궁극적인 진리를 획득할 수 있으며, 혹은 **궁극성의 이념** 아래에서 연구하면서 전진해 나갈 수 있고, 체계적인 철학이 될 수 있다는 사실이다.

모든 진리는 상대적이다. 궁극적인 학문은 모든 상대성들, 모든 본질 상관관계에 대한 지배를 보증하는 길을 제시하고 그 길을 걸어나감으로써 상대주의를 극복한다. 이것이 실현될 수 있어야 한다면, 초월론적 주관성의 본질을 하나의 체계 속에서 체계적으로 선험적으로(*a priori*) 구성하는 일이 가능해야 한다.

∴

의 주관적인 것도, '비-주관적인 것'을 파악할 수 있기 위해, **방법**에 속한다. – 원주.

실증 학문의 불충분한 점과 제일철학

자연과학 ― 자연과학 자체가 방법으로서 수행하는 모든 개인적 작업수행을 포함하여 주관적인 것을 배제함.

자연적 심리학 ― 귀납적 외면화 속에서 심리적인 것을 일면적으로 고찰함.

정신과학 ― 자신의 인격적 환경세계와 관계하는 인격성에 관한 학문. 목적 활동적 삶과 작업수행에 관한 학문. 목적 활동적으로, 서로에 대해 그리고 자신의 환경세계에 영향을 미치며, 환경세계로부터 촉발되고, 겪으며, 인격적으로 동기부여되는 인격들에 관한 학문.

지향적 심리학 ― 완전한 구체성 속의 심리적 주체에 관한 학문, 그리고 그 주체의 수동적이고 능동적인 삶 속에서 구성된 대상성, 실재성, 가치, 목적에 관한 학문. 이러한 심리학을 통해서 세계 인식의 모든 문제가 그것의 완전한 구체적 연관 속에서 해결될 수 있는 것처럼 보인다.

그러나 모든 실증 학문은 세계에 관한 학문이다. 절대적 주관성에 관한 보편적 학문에 토대하는, 무전제적 보편학의 필요성. 그러나 보편적 학문과 모든 특수 학문의 초월론적 정초는 실증성의 방식 속에 있지 않다.

I

개별 학문들의 분열. — 존립해 있는 실증 학문에서 지배적인 상황, 그러니까 필연적이고 완전히 만족스러운 상황이라고 실증주의가 주장하는 그러한 상황은 어떠한 완전한 인식도 만족시킬 수 없었다. 객관적인 개별 분과학문들에서 펼쳐지는 이러한 세계 학문은 개별적 앎의 다양성 속에서 이해할 수 있게 분석되는 일치하는 세계 인식을 결코 산출하지 못했다. 무엇보다, 이 학문은 세계를, 규칙적일지라도, 무의미한 사실로 변경시키는 것처럼 보였다. 실천적 이성을, 그러니까 의미 있고 합목적적인 인간의 삶을 가능하게 하기 위해 세계가 지녀야 할 의미를 이 학문은 세계로부터 제거하는 것처럼 보였다. 학문을 통해 그 의미를 전면적으로 해명하고, 학문적으로 규정된 내용으로 그 의미를 충족시키며, 진정한 인간성을 위해 자유로운 이성에 근거해 그 의미를 생산력 있게 하는 대신에 말이다. 인식의 형식으로 세계를 정복하는 것은 인식에 열정적 탄력을 불어넣었던 커다란 희망을 완전히 실망시키는 것처럼 보였다. 보편적인 이론적 관심은 본래 다만 보편적인 **실천적** 관심의 가지(Zweig)이자 기관(Organ)일 뿐이었다. 학문은 힘이고, 학문은 자유롭게 하며, 학문적 이성을 통한 자유는 '지복'의 길이다. 다시 말해 참으로 만족스러운 인간 삶으로의 길, 진정한 학문의 힘으로 자신의 세계를 지배하고, 이러한 힘을 통해 스스로를 이성의 세계로 변형시키는 새로운 인간성으로의 길이다. 이것이 '계몽'의 근본 사상이다. 그리고 전체 근대 학문은 이 근본 사상에 의해 지탱되고, 그 실천적 추동력을 이 근본 사상에 힘입고 있다. 그러나 생겨나는 거대한 학문은 그 추동하는 사상을 실천적 이성으로부터 폐기하는 것처럼 보이는 세계를 지성에 창조한다. 이 학문은 인간에게 진정한 자유의 문을 활짝 열어젖히고, 그러한 자유에 권력의 수단을 제공하는 대신, 그러한 사상 자체를 부자유한 사실 복합체로 변경시키고, 부분 기계로서 의미 없는 세계—기계장치에 편입시키는 것처럼 보인다. 그 사상에 '지복의 삶을 위한 학문적인 지침'을 마련해주는 대신, 그리고 그 사상에서, 가장 깊은 감정의 명증에 숨겨진, 신의 아들과 신의 왕국이라는 종교적 진리를 학문적 진리로 변경시키고, 이론적 이성의 '자연의 빛(lumen naturale)'으로 진정한 인간적 삶의 길을 비추는 대신에, 이 학문은 자연과 자유로부터 이해할 수 없는 이율배반(Antinomie)을 만든다. 자연과학이 자연의 전체 영역에 요구하는 엄밀한 인과론은 행위하는 자가 부단히 전제하고 활동시키는 자유를 폐기하는 것처럼 보인다. 자연을 연구함 자체가, 본래의 자연이 인식에 들어오는 자유로운 이성 활동성들의 연쇄가 이 연구의 결과인 자연 자체에 대한 엄밀한 규정을 통해 회의주의적 모순에 빠지게 되는 것처럼 보인다. 왜냐하면 이러한 자연에는 또한 물리적 신체성의 위에 층을 이루고 있는 영혼 삶도 속하기 때문이다. 여기서 이 영혼 삶의 사건은, 자연과학적 세계 고찰이 부단히 가정하듯이, 한갓 물리적 자연의 사건처럼, 자신의 연관 속에, 자신의 시—공간적 위치 속에, 확고한 인과적 규정의 해당하는 신체성에 귀속되는 방식 속에 놓여 있어야 한다. 이것은 또한 모든 자유로운 인간적 행함에도 적용되고, 모든 다른 노력함 및 행위함과 마찬가지로 인식하는 노력함과 행위함에도 적용된다.

자연과학의 인식론적 문제: 자연과학의 의미 작업수행의 불명료함. — 게다

가 철학적으로 관심이 있는 사람에게는, 그리고 그의 학문적 양심이 이성 비판의 위대한 역사적 시도를 통해 활기 있게 남아 있던 사람에게는 벌써 자연의 순수한 사실적 의미를 본질적으로 흐리는 어려움이 정밀과학의 방법에 부착되어 있다. 결국 자연과학은 **인식하는 주관성**의 작업수행이었고, 부단히 인식 원천으로 기능하는 가장 낮은 인식의 방식, 즉 경험에 토대하는 방법적인 '사유'-작업의 수행이었다. 물리학적 정식들 속에서 자연의 참된 존재로 규정된 객관성은, 경험에 토대하여, 연구하고 정초하는 주관성 속에서 만들어진 **의식의 형태**, 이성의 작업수행이 아니었는가? 그래서 우리는 이성적으로 정립된 사실인 자연으로부터 인식하는 주관성의 이성적 작업수행에 이르게 되며, 그래서 '사실'과 '규범'('가치')은 분리 불가능하게 관련된다. 의식 속에서 **주관적인 것** 이외에 다른 무언가가 가공되고 생산될 수 있는가? 한갓 주관적인 것(이차적 성질)을 모두 배제하더라도 밝혀진 '객관적인 것'은 그저 특수한 주관적인 것, 그러니까 각각의 주체에 의해 그 자체로 언제나 다시 엄밀하게 동일화될 수 있고, 엄밀하게 동일한 규정 속에서 규정될 수 있는 것일 뿐이지 않은가? 그리고 다시, 그것은 다른 주체와 함께 공동의 이해 속에 서 있고, 다른 주체와 함께 인식하며, 인식 동기를 서로 물려받고, 이러한 동기에 대한 상호 간의 비판 속에서 함께 작업하는 **모든** 주체의 주관적인 것이 아닌가? 그것은 **공동체 의식**의 매개 속에서 동일화된 것 내지는 동일화되어야 하는 것이 아닌가? 다시 말해 나에게서 너에게로 도달하는 공동체인 **상호주관적** 동일화 — 나에게서 산출된 것과 너에게서 산출된 것을, 산출의 동일한 것을 포괄하는 의식 속에서 파악하는 동일화 — 의 어떤 조건을 충족시키는 주관적인 것이 아닌가? 그러나 이제 자연의 **객관성**, 즉 주체에 대립하는 즉자 존재의 객관성은, 그럼에도 주체들이 신체를 가진 주체로서, 인간으로서, 하나의 동일한 자연의 내부에서 자신들을 발견한다는 점을 고려할 때, 벌써 의심스럽게 된다. 어떻게 주체들은 자연 객체들에서의 사실일 수 있으며, 또 동시에 자연 객체들은 주관성 속의 사실일 수 있는가?

모든 자연과학과 자연과학에 의지하는 모든 현대 심리학은, 그러니까 자연 속의 '영혼', 물리적 신체의 영혼에 관한 학문으로서의 현대 심리학은 심리 물리적 자연으로서의 자연의 미리 주어진 사실에 근거했고, 절대적 사실로 받아들여지는 '객관적 세계'의 미리 주어진 사실에 근거했다. 그러나 다른 한편 이 사실, 즉 보편적 포괄 속에서 취해진 이 사실, 그리고 규범에 따라서 우선 정초되어야 할, 인식하는 자아의 **정립**은 그러므로 이성 앞에서 인식적으로 증명되어야 하는 정립이 아닌가? 그러나 자아의 정립된 사실은 자아를 포함하지 않는다. 그리고 자아의 인식 증명은 자아 속의, 자아의 삶 속의 인식 운동이다.

II

심리학, 그리고 심리학적 인식 정초. ─ 자연주의적 심리학, 영혼을 사실상 부속물로 포함하고 있는 물리적 자연의 테두리 내의 영혼과 영혼 삶에 관한 사실학은 기껏해야 많은 규칙, 가령 객관적 사실에 관한 법칙들을 밝힌다. 그러나 '주관성에 대해 사실임'이 주관성의 삶의 연관 속에서 형성되는, 구성하는 ('가치', '규범' 아래에서 작업수행하는) 주관성이 연구되지 않는 한, 모든 객관적인 사실적 사건은 이해될 수 없다. 그리고 이러한 객관적 사실임을 형성함, 의식적으로 만듦, 정초함, 증명함은 객관적 사실 자체로부터는 '해명'될 수 없다. 이성 ─ 이성의 작업수행의 결과가 바로 사실이다 ─ 을 '규범'에 따라 수행하는 것으로 이해하지 않는다면, 학문이 생산하는 '사실임'과 '참으로 존재함'은 이해될 수 없다. 그래서 규범 아래에 서 있는 것으로서의 주관성에 대한 연구, 규범 자체에 대한 연구, 그리고 인식하는 작업수행함의 목표인 규범에 따른 작업수행에 대한 연구가 필수적이다. 존재 인식은 결코 최종적인 것이 아니다. 그것은 '가치' 인식을 요구한다. 그러나 규범적 연구의 기체(Substrat)는 '무엇에 관한 의식'의 주체로서의 주체이다.

인식 대상성을 '구성하는' 이러한 삶과 이 삶의 구성적 법칙성이 **이중적으로** 기능하는 것으로 보이기 때문에 어려움은 더욱더 크다. 즉 한 번은 그것 자체로서, 구성하는 주관성의 절대적 내면성으로서 기능하고, 다른 때는 객관화된 것으로서 기능한다. 왜냐하면 모든 자아 삶을 객관적으로 파악한다는 것은 객관적 세계 속의 사실로서 파악한다는 것이기 때문이다. 현대 심리학, 그러니까 그것이 존재하는 대로 철저하게 자연주의적인 현대 심리학은 가치 있는 그렇게 많은 객관적 사실을 수집했음에도, 자신의 과제를 충족시키지 못했다. 물리학에 자연의 구성적 문제틀에 대한 이해가 결여되어 있고, 구성적 주관성 속에서의 자신의 근원에 따른 객관적 자연의 상대성에 관한 이해가 결여되어 있듯이, 심리학에는 상응하는 문제틀에 대한 의식이 결여되어 있다. 그리고 심리학은 이러한 사실에 의해 훨씬 더 강하게 영향을 받는다. 심리학이 〔적어도〕객관적 태도에서라도, 그 자체로 객관화된 구성적 삶을 기술하고, 학문 속에 포함시킬 기색을 하지 않는다면, 심리학은 자신의 고유한 과제 일반을 놓쳐버릴 것이기 때문이다. 그러나 이러한 심리학은 오늘날 여전히 감각주의적 심리학이다. 그것은 오늘날에도 여전히 '~에 관한 의식'을, 그리고 그것에 속하는 엄청나게 풍부한 형태들을 지나치고 만다. 그런데 **브렌타노** 이래 '지향적인 것'과 관련하여 효력 있게 된 것조차 빈약한 상태이며, 그것의 풍부한 문제 속에서 인식되지 못하고 있다.

자연과학의 맞은편에 있는 정신과학. — **정신과학**은 다른 편에 서 있다. 다른 편에? 왜냐하면 그것은 쉽게 인정되지 않기 때문이다. 그리고 자연과학자들 자신에게서 우세할 뿐 아니라 정밀한 수학적 자연과학을 진정하고 방법적으로 완전한 모든 학문의 원형으로 간주하는 오래된 과대평가의 결과인 자연주의적 선입견이, 정신과학은 자연과학의 불완전한 전단계이고, 단지 물리적 자연에 관한 학문에 대해서가 아니라 심리 물리적 자연에 관한 학문에 대해서 그것의 불완전한 전단계에 불과하다고 믿게 만들고 싶어 하기 때문이다. 현대 심리 물리학과 실험 심리학이 아직도 모든 구체적인 정신과학에 대해 해명하는 근본 학문으로 행세한다는 사실이 이에 상응한다. 이것은 우스꽝스러운 권리주장이다. 그것은 언제나 영향력 없이 남아 있었고, 영향력 없이 남아 있어야 한다.[10]

그러나 언제나처럼 위대한 정신과학자들은 자연과학의 맞은편에서 자신들의 학문적 행위와 학문적 영역의 고유한 방식을 확신했고, 자연주의적 심리학의 권리주장을 거의 승인하지 않았기에, 그들은 자연주의적 심리학에 거의 신경을 쓰지 않았다. 그러나 '정신'이라는 이러한 인식 영역의 고유한 점과 정신과학의 의미에서 '정신적' 사실에 대한 방법적 태도의 고유

∵

10 자연주의적 인식의 의미와 영향력에 대한 불명료함은, 사람들이 그 귀결을 한 번에 이해할 수 없을 정도까지 간다. 즉, 정신과학이 '정밀함'의 이상을 가질 것이라면, 특히 추정된 정신과학으로서 자연주의적인 심리학의 이상을 가지게 된다면, 이상적으로 말해서, 세계 수학을 완전하게 할 것으로서, 미래의 학문 발전에서 실현되어야 할 **수학적 심리학**이 있어야 할 것이다. 그리고 만약 심지어 심리−물리적 평행론이라는 인기 있는 이념이 덧붙여진다면, 진정한 스피노자적 방식으로, 정밀한 물리학의 옆에, 완전히 같은 소리가 나는 수학적 법칙에서 거기에 평행하게 가는 '정밀한 **심리학**'이 들어서게 될 것이다. 이때 단지 물어야 할 것은, "수학적으로 참된 심리적인 것들을 만들어내는 환경을 형성해야 할 '한갓 주관적인' 모든 것을 위한 장소는 어디에 남아 있는가"가 될 것이다. − 원주.

한 점은 무엇인가?

자연과학에 있어서 인식의 목표는 '객관적인 것'으로서의 자연, 즉 인식하는 자의 맞은편에, '즉자적으로' 존재하는 것, 생겨나는 것, 즉자적으로 타당한 법칙에 따라 흘러가는 것이다. 그것이 그 어떤 누군가에 의해 실제로 경험되고 인식되든 그러지 않든 말이다. 자연적으로 객관화된 **'정신'**, 즉 현대 심리학의 **'영혼'**도 존재하는 영혼이고, 그것이 인식되든 그러지 않든 즉자적으로 존재하는 영혼이며, 영혼적 주체나 그 밖의 누군가가 그것에 대해 무언가를 알든 모르든, 신체성과의 규칙화된 결합 속에서 흘러가는 사건들의 다양체이다. 그리고 (규범에서 벗어나 고찰될 수 있는) 사실 법칙에 따라 규칙화된 의존성들인 인과성을 따르는 것이다. 이러한 의존성이 의식되든 그러지 않든 말이다.

정신과학적 태도와 주제 설정. ─ 정신과학들, 엄밀하고 확장된 의미에서의 역사적 학문들에서 주제는 **인간**이다. 자기 자신을 의식하고, 자기 자신을 경험하며, 자신에 의해, 자신의 사유, 느낌, 의지에 의해 의식적으로 동기 지어진 주체로서의 인간이다. 자신의 실천적 삶 속에서 한갓 객관적─사실적으로, 그리고 인과적으로 물리적 신체와 하나가 될 뿐 아니라, 주체가 그 안에서 주재할 수 있고 주재하는, 그리고 주체가 지각하고 환경세계적으로 행위하게 해주는 자신의 신체에 대한 주관적 의식, 경험, 앎을 갖는 주체로서의 인간이다. 그리고 주체 주위에 방향 설정된 사물 세계는 직관적으로 주어지는 세계, 그것의 지식, 그것의 앎에 의해 이러저러하게 둘러싸인 환경세계이며, 그러그러하게 의식되고, 현출하는 세계, 다른 인간을 지닌 세계, 다른 인간과 공동체화된 세계, 제도, 공동체 형식, 도시, 국가, 가족, 계층, 민족 등에 의해 채워진 세계, 단순한 물체가 아니라 문화 사물인 사물로 가득 찬 세계, 사람들에 의해 ─ 그러니까 개별 사람들과 공동체화된 타자들에 의해, '우리' 인간에 의해, '우리' 민족 등에 의해 — 사람들의 실천적 태도와 상관적으로 그것들에 할당된 정신적 의미에 의해 문화 사물인 사물로 가득 찬 세계이다. 자기 자신에 대해 아는, 그러니까 수많은 형태로 형태 지어지고, 타인경험과 사회적 작용에 근거하는 공동체인 '인간 세계'의 구성원으로서의 자기 자신에 대해 아는 인간. 환경세계, 그러니까 직관적이며, 의식되고, 가치평가되고, 다루어지고, 이를 통해 주관적으로 형성되는 환경세계, 인간이 그 속에서 실천적으로 활동하는 환경세계 — 철저하게 '한낱 주관적인' 환경세계 — 의 일원으로서 자기 자신을 아는 인간.

이러한 세계는 현재이지만, 또한 모든 현재에 침전되어 있고, (명료하게 주어지든 불명료하게 주어지든) 의식적으로 주어지는 과거이기도 하다. 주체는, 독자적인 주체로서 고찰해보면, 자신을 자신의 과거의 주체로 안다. 모든 그의 주관적 현재는 미래의 열린 지평처럼, 주관적 과거의 지평을 갖는다. 주체는 이 지평 속으로 언제나 파고 들어갈 수 있다. (명료하거나 명료하지 않은) 기억들은 이 지평으로부터 뚫고 나올 수 있고, 기억은 자의에 따라 형성되고, 공허한 기억 착상으로부터 '회상'으로, '회상된'이라는 양상 속의 이전의 현재에 대한 새로이 함으로 바뀐다. 공동체적 의식에서도 마찬가지이다. 공동의 현재는 그 공동체적 기억 지평을 갖고, 현재적 공동체적 환경세계에서 이러한 과거의 침전을 갖는다. 그리고 이러한 침전은 대상성(문서, 건축물, 기념물 등)의 형식을 갖는다. 이러한 대상성은 가능한 회상과 회상의 유사물을 지시한다. 자신의 과거의 환경세계, 과거의 표상들, 신앙 고백, 행위, 창조적 작업수행, 공동체적 교육 등을 지닌 이러한 공동체적 주관성의 과거가 이를 통해 다시 생생하게 된다. 개인들의 경우에서 그렇듯이, 능력이 미치는 만큼만 말이다. 그래서 정신과학의 주제는 또한 인간과 인간의 '참된' 기억 자체가 접근할 수 있는 과거로서의 인간의 참된 기억 과거이다. 그러니까 인류와 인류의 역사적 의식 자체(인류의 전통) 속에 포함되고, 역사적 비판과 재건에 접근할 수 있는 인류의 역사적으로 참된 과거이다.

보다 일반적으로 말해서 정신과학은 자기 자신 및 자신의 환경세계와 관계하면서, 공동체적 의식("타인과 더불어 '함께' 존재함"이라는 의식 속에 이미 놓여 있듯이, 내가 타인에 대해, 그리고 타인이 나에 대해 현존하고, 내가 타인을, 그리고 타인이 나를 사회적 작용 속에서 동기부여할 수 있다는 등의 가장 넓은 의미에서의 공동체적 의식) 속에서 살아가고, 행위하고, 행하고−겪는 주관성을 주제로 삼는다. 혹은 단순히, 자신의 환경세계와 관계하면서 ─ 그러나 저 환경세계는 주관성 자신과 각각의 독자적인 개별적 주체들을 포함한다 ─ 그렇게 하는 주관성을 주제로 삼는다. 이러한 환경세계는 무한한 과거에까지 다다르고, 주관적으로 이해된 미래 지평을 갖는다. 이러한 환경세계는 학문적으로 열릴 수 있다. 이것은 특히 역사와 관계한다. 역사의 모호하고, 덧칠되고, 변화되고, 왜곡된 수많은 형태들은 무한히 충만한 참된 과거로 변화되어야 하고, 현재의 인류는 방법적으로 연구되고 객관적으로 밝혀진 자신의 과거의 무한한 지평 속으로 들여놓아져야 한다. 이것이 **역사**의 작업수행이다. 그러나 과거의 인류의 삶의 통일성을 실제로 수립하는 일, (회상의 변양과 참으로 증명된 회상의 변양이) 정당한 과거 직관의 형식으로 수립하는 일은 **현재를 과거로부터 구체적으로 이해하는 것**이다. 왜냐하면 개인의 삶과 마찬가지로 공동체의 삶도 동기부여의 통일체이기 때문이다. 이러한 통일체를 복원하고, 역사적 개념 속에서 학문적으로 기술하는 일은 아주 구체적으로 동기부여 연관들을 해명하는 일이고, 빈틈없이 해명하여 바로 이러한 전체 자아 활동적인, 자아적 삶이 그 실제적인 통일성 속에서 명료하고 전면적으로 규명되도록 하는 일이다. 그런데 만약 그러하다면, 자아는 단지 자신의 발생 속에 존재하며, (모든 변양 속의 회상의 영역에 본질적으로 속하는, 유보적인 것과 학문적으로 개연적인 것만을 제공하는 모든 내삽Interpolation[11] 속에서) 발생의 완전한 해명을 통해서만 완전하게 기술될 수 있다는 사실이 그야말로 이해될 수 있다.

자아의 동기부여, '환경세계' 속에서의 자아의 행함. — 이러한 동기부여 연관에는 그 자체로(eo ipso) 오직 주관적인 것만 속한다. 인식 관심 속에서, 혹은 가치평가함과 행위함 속에서 나를 둘러싸는 사물들은 즉자적 사물이 아니라 주관적인 나에-대한-사물들, 즉 나에게 그러그러하게 현상하고, 나에게 현실적인 것으로 간주되며 나의 마음에 들거나 들지 않는 사물들이다. 그리고 나를 동기부여하는 주체들은 즉자적 주체가 아니라, 내가 지금 신체적-타인경험적으로 경험하는 주체이다. 경험이 착각이더라도, 경험된 것이 우상(Fetisch)이더라도 말이다. 우상은 나를 놀라게 하고, 나에게 영향을 미치며, 경우에 따라서 나에게 명령하고, 나에게 하나의 정신적 사실이다. 역사가는 우상을 이렇게 받아들여야 한다. 만약 역사가가 현재와 현재의 공동체적 확신의 인간으로서, 바로 우상으로서의 우상을 허구로 설명한다면, 그것은 이미 태도를 변경한 것이다. 그가 역사가로서 정당하게 그것을 행하고 진리를 사용할 때조차 그는 결코 자연적 즉자적-진리, 자연적 즉자적-사물에 초점을 맞추지 않고, 자연의 의미에서 객관적인 것에 초점을 맞추지 않는다. 그의 역사적 객관성은 자기 자신에 대해 아는

⁘

11 이 표현은 후설이 수학에서 차용한 것으로 보인다. 내삽(Interpolation)은 주어진 점적인 데이터들 사이의 값을 추정하는 수학적 방법인데, 보간법이라고도 한다. 주어진 데이터들 사이에서 새로운 값을 '추정하는' 기법을 의미하기 때문에 유보적이고 개연적인 것만을 제공하는 것을 지칭하는 의미로 쓰였다.

인격적 주관성 속에서, 그리고 인격적으로 환경세계로부터 동기부여되어, 환경세계와 관계하는 삶의 주체로서 자기 자신을 아는 주관성 속에서, 작용 속에서, 행위 속에서, 주관적인 것에 관한 기술적 진리의 객관성이다.

개인의 역사 기록의 역사적이고 개인적-역사적으로 확장되는 이러한 지평을 넘어서 (그리고 개인을 그 발생 속에서 이해하면서) 모든 **경험적 정신과학**은 확장된다. 역사적 장은, 그 자신도 유형적 통일체로서 유형적 개념들을 통해서 진술되는 커다란 구조 연관들을 추적하면서, 형태학적 생성의 일반적으로 유형화하는 형태학적, 일반적 규칙들을 기술하는 정신과학의 장이다. 모든 역사적인 것이, 그 안에서 '자연사적인 것'에 유사하게, '경험적'이고, 구체적인 직관에서 길어내어진, 그러므로 언제나 유형적인 개념들 속에서 제시되듯이 말이다.

경험적 정신과학은 ('정밀하게' 자연과학적으로 설명하는 학문이 아니라) 인간적 직관의 테두리 내에서 움직이는 자연사적 학문과 같이 **기술적** 학문이다. 그러나 경험적 정신과학은 자연사적 학문과 같이, 상대적인 것으로 남아 있는 형태들의 경험적 유형론과 외적-인과적 발생 속에서의 그것들의 변경의 유형론에 대한 친숙함만을 주지 않는다. 그래서 경험적 정신과학은 예상의 단순한 규칙들을 포함하지 않는다. 즉, 경험적 규칙성 속에서 규칙적 유형론에 따라 공존과 계기 속에서 함께 나타나는 것에 대한 규칙들 말이다.

동시성 속에서, 혹은 잇달아서 정돈되는 정신세계의 사건들을 조망하는 것은 **또한** 외적인 고찰을 허용한다. 그리고 자명하게 또한 외적인 결합, 공존과 계기의 연상도 형성된다. 각각의 경험적 유형은 그 자체로 연상의 규칙을 표현하는 경험적 일반성이다. 그러나 모든 정신적 형태는 **내적인 정신적 통일체**, 바로 자아적-인격적인 통일체, 모든 국면에서 내적으로 동기부여된 정신적 발생의 관통하는 통일체 연관 속에서의 동기부여의 통일체를 갖는다. 그래서 결국 모든 정신적인 것은 서로 함께 의사소통하는 개인들의 총체를 둘러싸고 개별 인격들의 모든 인격적 삶을 서로 함께 묶는 정신적 삶의 보편적 통일체에 의해 지탱된다. 이러한 정신적 삶이 수동적이거나 능동적인 삶의 통일체를 개인적으로, 자아적으로, 상호 개인적으로 자신을 공동체화하면서 인격적 삶의 동기부여 통일체에 결합시키듯이, 그것은 또한 상관적으로 모든 지향적 의미 형태와 존재 형태, 직관 형태, 사유 형태와 작업 형태들을 결합시키는데, 이러한 형태들은 인격의 정신적 삶의 통일체 속에서 부분적으로는 수동성의 동기부여에서, 부분적으로는 인격적 주체의 자유로운 작용에서 구성되고, 그래서 이러한 주체들에게 그들의 '살고 움직이고 존재함'[12] 속에서 끊임없이 언제나 새롭게 형성되는 **현상적 환경세계**를 형성하는 것들이다.

　모든 정신과학이 이러한 통일성에 되돌아 관계한다. 그러나 정신과학이 주제로 삼는 것은 자기 자신에 대해, 그리고 상호적으로 서로에 대해 상호주관적 발생 속에서 생성되는 구체적인 인격적 주관성들이다. 이 주관성들은 구체적인 개별 주관적이며 상호주관적인 환경세계와의 관계 속에 있다. 이러한 환경세계는 그때그때의 발생의 단계에서 해당되는 인격성들에 대해 바로 그렇게 현출하면서, 바로 그렇게 판단되고, 평가되고, 활동적으로 실천적으로 형성되면서 지향적으로 구성된 환경세계이다. 이와 같은 인격적 주관성들을 그 내적 발생 속에서 해명하는 것, 그리고 인격적 주관성들

12　이 표현은 「사도행전」 17장 28절에서 인용된 것으로 보인다. 마르틴 하이데거가 자신의 철학적 사유에서 주목한 구절이기도 하다. 이 구절은 인간 존재의 본질적인 특성과 의미에 대한 생각을 불러일으킨다.

을 규정하는 동기부여를 제시함으로써, 그것의 시간적 발생의 연관 속의 역사적인 시간 위치에 있는 구체적인 존재의 필연성을 인식으로 가져오는 것, 그리고 인격적 형태들의 거대한 구조 형식 각각에 대해, 그리고 인격성들 자체에 대해 이렇게 하는 것 — 그것이 역사적 학문 또는 정신과학의 과제다. 역사가의 **이해함**은 단순히 개별적인 경험함이 아니고, 죽은 사실과 예상되어야 할 생성(*fieri*)으로서의 인과적−귀납적 규칙성에 따라서 와야 하는 것에 대한 귀납적 예견이 아니다. 그것은 고유한 의미를 통해 인격들로부터 규정되고, 인격들에게서 의도되며, 그래서 바로 요구된 생성, 그 내적 필연성에서 명증적으로 직관될 수 있는 생성을 파악하는 것이다.

자연과학적 태도에서 탐구되는 모든 **자연적인 것**은 이러한 관점에서는 **원리적으로 이해될 수 없다.** 자연과학적 연구는 '객관적' 사실과 그 사실의 객관적 법칙을 찾음으로써, 경험하고 사유하는 주관성을 함께 고찰하는 모든 것을 차단한다. 주관성의 동기부여 속에서 동일한 사실의 통일체가 구성되는데 말이다. 자연의 의미에서 '사실'의 객관성, 자연과학적 주제로서의 '사실'은 귀납적 사실이고, 모든 삶을 관통하고 사람들이 셈하고 계산할 수 있는 상호주관적인 사실 세계를 구성하는 보편적 연상의 작업수행이며, 연상적으로 규칙화된 예상들의 통일체이다. 연구하고, 구축하고, 계산하고, 귀납하는 인식 관심은 '주관적인 것'의 배제 아래, **구성된** 통일체를 향해 간다. '한갓 주관적인 것'을 배제하는 것은 '객관적 자연'의 인식을 위한 공간을 만들어낸다. 이러한 인식은, 공간 사물적 경험의 모든 가능한 소여들을 동일성의 가능한 종합 속에서 지배하고, 만약 사람들이 자연과학적 이성의 동기부여 속에서 그것을 인식했다면, 예상의 이성 규범과 가능한 이성적인 귀납적 **기술**(技術)의 규범을 형성해야 하는 순수 귀납의 규칙의 인식이다.

주체에 의식된 직관적 환경세계와 감정(Affektion)과 행위 속에서 관계하고, 이 환경세계와 이해할 수 있게 관계된 다른 주체들, 주체 공동체와 작업 문화의 주체 형성물들과 감정과 행위 속에서 관계하는 인격적 주체성의 연구자인 **역사가**는 주관적인 것을 연구하기 때문에 주관적인 어떤 것도 배제하지 않는다. 연구자가 연구자로서 **주관적인 것으로서의 주관적인 것에 관한 진리**를 추구하는 한에서만, 그는 자신의 선입견, 자신의 불명료함과 자신의 환영을 배제한다. 역사적 사실의 객관성은 역사적 사실의 참된 존재와 존재 내용(Sosein)이다. 이것은 역사적 사실 너머에 놓여 있는 보다 높은 '주관성', 그 속에서 주관적인 것이 파악으로 오는 통각의 주관성의 맞은편에 있다. 연구함 자체도 이러한 보다 높은 '주관성' 안에 존립하는데, 여기에서 이것은 연구함이지, 연구된 것이 아니다.

자연과 관련하여 '자연사'의 경험적 기술이 그 자체로 닫힌 인식 가치이고, 학문적 목적이기는 하지만, 다른 한편으로는 보다 높은 것, 즉 정밀한, 수학적-자연과학적 해명의 작업수행을 위한 하부 단계로 자연 연구자에 의해 생각된다면, 정신과학에서의 경험적 기술도 — 그것이 그러그러하게 경험적으로 기술될 수 있는 역사적인 공존과 계기의 경험적 진술이든, 그 유형에서 자신의 사실적 규칙성을 지닌, 한 시대의 민족의 언어에 대한 문법적 기술이든 — **정신과학적 설명**(Erklärung)이나 **발생적 이해 가능하게 함**이라는 보다 높은 인식 목적의 하부 단계이다. 이것은 그저 (오히려 이전 단계에 속하는 것으로서의) 그때그때의 사실의 외적인 생성을 지시하는 것이 아니라, 이 생성을 내적으로 규정하는 동기부여, 그 생성을 이러한 의미의 생성으로, 그 필연성 속에서 내적 지향에 의해 지배되는 생성으로서 규정하는 동기부여를 파악할 수 있게 만드는 것이다.

그러나 이러한 **이해하는 설명**도 그저, 훨씬 높은 의미에서의 설명, 즉 **초월**

론적 설명의 **하부 단계**일 뿐이다. 그러나 아직 여러 가지 것들이 빠져 있다.

빠져 있는 것은 우선은 **진리-이성(가치)**의 범주를 도입하는 일이다. 정신적 삶(문화적 삶)은 자유로운 인간의 삶이다. 자유로운 인간이라는 말은, 인간이 자신의 자유를 입증하는 한, **이성의 자율성** 속에 살아가는 한, 진실로 자유로운 인간임을 뜻할 수 있다. 그것은 또한 인간이 다소간 비이성 속에서 살아갈지라도 자유의 **'능력'**을 가졌음을 뜻할 수 있다. 자유를 향한 **'노력'**은 모든 문화 삶을 관통하여 가지 않는가? 인간은 **문화의 '발전'** 속에서 실제적 자유를 향해 자신을 **발전시키지** 않는가? 인류의 발전 과정은 **이성의 발전 과정**으로 파악될 수 있지 않은가? 인간은 적어도 아주 작은 집단에서는 이성적인 것으로서 활동하고, 이성적인 것을 자기 자신에게 **목표**로 정립하며, 이성적이 되고자 하고, 양심을 갖고, 타인의 이성을 평가하고, 타인을 이성적이 되도록 교육하고자 한다는 등의 사실, 이것이 인간으로서의 인간의 **본질**에 포함되어 있지 않은가? 여기에는 공동체적인 이성적 삶의 이념을 향하는 경향을 공동체적 삶 속에서 수행해야 한다는 멈출 수 없는 동기부여가 포함되어 있지 않은가? 그 때문에 모든 문화는 자기 안에 '가치 있는' 문화로서의 '참된 문화'로의 방향을 포함하고 있지 않은가? 모든 '건강하고' 살아 있는 문화의 본질에는 이러한 방향성이 속해 있을 뿐 아니라 희망에 찬 노력, 접근, 상승이 속해 있지 않은가?[13]

III

나의 현실적이거나 가능적인 의식을 지닌 나의 초월론적 주관성은 자신

---

13 그러면 정신과학적 보편성에서 초월론적 철학으로 이행하게 된다. – 원주.

의 지향성 속에, 내가 언제나 의미를 가지고 말할 수 있어야 하는 모든 것을 포함한다. 나에게 의식되지 않고, 언젠가 의식될 수 없는 것은 나에게 의미 없는 무이다.

1) 각각의 모든 것은 의식을 통해 나에게 그 의미를 지닌다. 내가 가장 공허한 방식으로 '무언가'라고 말한다면, 벌써 그것은 의식이다. 이 의식은 이러한 의미부여를 형성하고, '무언가라는 말소리'라는 의미를 지닌 의식 속에서 생겨나는 것 기저에, '무언가'라는 '말의 의미'를 놓는다. 나에게 참으로 존재하는 것으로, 혹은 '정말로' 가능한 방식으로-존재하는, 개연적으로-존재하는, 존재하지 않는 것 등으로 불리어야 하며 그런 것으로 '정당하게' 여겨져야 하는 모든 것은 나의 주관성으로부터, 여기서는 이성의 특수한 방식으로, 이러한 특수한 의미를 획득했어야 한다. 즉 정당성 부여 자체, 정당함과 부당함을 구별하는 것은 나의 고유한 의식적 작업수행이다. 내가 "단순히 표상된 것은 아직 참된 존재자가 아니다"라고 말한다면, 내가 지시하는 것은 다음과 같은 사실들이다. 즉, 표상함 속에 임의적으로 현실적이거나 상상적인 사념함 속에 사념된 것 자체가 놓여 있다는 사실, 그러나 다만 근거 지음, 추정된 것의 참된 존재에 대한 증명으로 불리는 어떤 '이성'의 과정 속에서만, 추정된 것은 하나의 탁월한 양상 속에서, 그러니까 '참되게' 혹은 '실제로'라는 양상 속에서 나에게 주어질 수 있다는 사실, 그리고 일단 그렇게 증명되면, '동일한' 추정된 것(나는 회상된 과거의 생각으로 돌아감으로써 추정된 것의 동일성을 확신할 수 있다)은 다시 근거 지어질 수 있고, 근거 지음 속에서 재차 필연적으로, (기각하는 근거 지음 속에서, 존재하지 않는 것으로서가 아니라) 참으로 존재하는 것으로서 밝혀져야 한다는 사실이다. 그러나 가능성, 개연성, 비존재 등도 자신의 근원적 의미를 의식에서 갖고, 그것도 '자체 부여'로부터, 근거 짓고, 근거 지음으로

최종적으로 소환되는 의식의 방식으로부터 갖는다.

어디서나 나는 의식에서 자체 부여하지 않는 사념함과 자체 부여하는, 참된 것 자체를 파악하는 사념함 사이의 이러한 독특한 대립을 발견하고, 여기에 함께 속하는 대립들, 즉 상대적으로 불명료하고, 자체 부여에 상대적으로 멀리 떨어져 있는 사념함과 상대적으로 명료한 사념함 사이의 대립, 규정되지 않은 (변화하는 단계, 정도 속에서 규정되지 않은) 사념함과 규정된 (그러나 여전히 명료하지 않은) 사념함 사이의 대립, 더 나아가 표현되지 않은 사념함과 개념적 사념함 사이의 대립, 개념 속에서 판단하는 사념함과 단적으로 직관적인 사념함 사이의 대립, 직접적인 사념함과 추론하는 사념함 사이의 대립 등을 발견한다. 나는 모든 인식 활동이 **인식 노력**의 매개 속에서 진행됨을 발견하고, (특히 순수하게 이론적인 사유 작업으로서의) 일관된 인식 활동이 추정된 대상을 향하는 계속 지배적인 노력의 매개 속에서 진행됨을 발견한다. 혹은 오히려 불명료함, 미규정성, 비소여의 양상 속에서 의식된 대상을 **통과하여** 완전한 명료성의 양상 속에서, 명료성과 계속되는 규정 속에서의 '**동일한**' 대상을 향해, 진행됨을 발견한다. 즉, 그 자체성 속에서 파악되어, 그리고 모든 측면에 따라 그것을 부여하는 전면적인 증명 속에서, 지향된 것으로서, (이러한 구체적인 내용의 존재자로서) 자신의 존재 진리를 증명하는 대상 자체를 향해 진행됨을 발견한다. 그리고 어떤 존재자 자체도 그 존재자를 부여하는 (명증의) 의식의 테두리 속에서 설명되어야 하고, 규정되어야 하며, 다시 추정성의 단계를 갖는 다른 대상과의 관계에 대해 출발점이 된다.

그래서 대상 자체는 인식 지향의 목표로 기능하고, 궁극적으로는 전면적으로 충족되고 '그 대상을' 최종적으로 부여하는 경험 지향의 목표로 기능한다.

경험하는 지향(존재하는 대로 대상을 겨냥하는 앎 획득)의 목표로서의 사물 대상 자체는 언제나 **상대적인 것**이다. 즉 그때그때의 경험하는 지향은 대상을 어떤 의미 속에서, 그에 속하는 상관적인 **동기부여 상황** 속에서 사념한다. 그것은 가능한 경험의 범위를 규정하고, **이러한 의미**의 사물의 완전한 자체 부여의 가능성을 규정한다. 그러나 의미를 규정하는 상황의 변화 아래에서, 새로운 경험이 가능해진다. 그리고 이 새로운 경험은 동일한 것에 대한 경험으로서의 이전의 상황의 경험과 종합적으로 통일되고, 우리는 새로운 대상 '자체'를 가지며, 이러한 방식으로 무한히 계속된다(*in infinitum*).

일상적 삶의 사물 — 상황 진리: '절대적인' 사물 자체라는 이념, 모든 가능한 '관계들'을 충족시키는 완전한 진리 속에서의 사물이라는 이념은 **실천적 삶**을 주도하는 이념이 아니다. '자연적' 인간에게는 어떠한 어려움도 없다. 왜냐하면 그는 언제나 '사물'을 어떤 '관계' 속의 사물로 이해하며, 그가 사물을 알고자 한다면, 바로 이러한 의미 제한 속에서, 그에 속하는 **상황**의 경험 범위 속에서 알려고 하기 때문이다. 그리고 그는 그가 결코 답파할 수 없을 무한성에는 결코 이르지 않기 때문이다. 사물들도, 세계도 실존한다. 그는 그가 증명 속에서 추적할 수 있는 그때그때의 경험 의미 속에서 모든 것을 경험할 수 있다. 그리고 만약 경험 의미가 변한다면, 새로운 것이 현존하게 되고, 그것을 수행할 수 있고, 새로운 경험 범위를 답파할 수 있는 의식도 현존하게 된다. 그에게는 사물 자체를 그것이 그 자체로 존재하는 대로, 모든 가능한 '관계들'에 따라서 인식하고, 경험하면서 알고자 하는 과제를 설정할 생각이 떠오르지 않는다. 우선은 어느 정도까지 이러한 '즉자적 사물'이 의미를 가질 수 있는지, 인식의 목표일 수 있는지가 전혀 자명하지 않다.

2) 현상학이 처음부터 그렇게 하듯이, 사람들이 그리로 관심을 향한다면 모든 것에 선행하는 커다란 **철학적 과제**가 생겨난다. 생성 중의 철학자로서의 나는 보편적 인식을 추구하고, '최고의' 형식에서의, 즉 **학문**의 형식에서의 보편적 인식을 추구한다. 그러니까, 나를 사실적으로 만족시키고, 나의 우연적인 사실적 필요에 따를 뿐 아니라, 내가 생각할 수 있는 가장 완전한 방식으로 **책임질** 수 있는 인식을 추구한다. 이때 나는, 내가 사념하는 대로 사념하고, 목적 달성, 인식, 통찰, 자체 부여의 의식을 내가 가지는 대로 가진다는 사실뿐 아니라, 내가 이로써 궁극적으로 생각해낼 수 있는 데까지 이르렀다는 사실을 필증적으로 확신하고자 한다. 즉 나의 길이 필연적인 길이며, 나의 인식하는 행함이 필연적 행함이라는, 즉 필연적으로 목표를 향해 있다는 사실을, 그리고 내가 그 길의 끝에 바로 실제로, 그리로 가는 진정한 길로서 가능한 최선의 길의 유일하게 진정한 목표이자 가능한 최선의 목표인 그 목표에 도달해 있다는 사실을 확신하고자 한다.

그러나 만약 내가 인식을 단순히 **소박하게** 수행하고, 인식의 '느껴진' 명증 속에서, 길을 통과했고, 목표를 소유했다고 느껴진 만족 속에서 살아간다면, 이러한 관점에서 나는 어떻게 나에게 성공을 약속할 수 있겠는가? 행함 속에 **살고**, 행하면서 무언가를 실현한다는 것은 주관적인 행함 자체와 그것의 작업수행을 주시함을 뜻하지 않는다. 그리고 인식함이 그것의 모든 기능하는 내용에 따라 어떻게 실현되는지, 기능함 자체와 작업수행을 수행함이 어떻게 이루어지는지, 그리고 필연적이며 규범에 따른 방식으로 어떻게 이루어지는지를 **이해함**을 뜻하지 않는다. 소박한 인식은 충분하지 않다. 소박하게 활동하는 학문은 아주 정밀할 수 있을지라도, 충분하지 않다.

소박한 인식 활동과 그 속에서 주재하는 규범 정당성을 향한 의지(빠짐없는 명증을 획득하고, 방법적 통찰을 구축하기 위한 원리들을 마련해주는 데로만 향해 있는 의지)가 얼마나 불충분한지는 한편에서 **회의**에 직면한, 그리고 초월론적 인식 일반의 가능성에 관한 회의적 논쟁에 직면한 끊임없는 무력감이 보여준다. 다른 한편에서는 근본 개념과 근본 원칙들에 따른 **가장 정밀한 과학**의 원리적 **토대**에 관한 끝없는 논쟁이 보여준다. 그러한 근본 개념과 근본 원칙들의 명증은 추정적으로 확보된 그러한 토대를 사용하는 데에서 풀 수 없는 모순을 피하기에 결코 충분하지 않았다. 부분적으로는 논리적 모순이 생겨난다. 부분적으로는 이제까지의 학문의 자명성들을 논박하는 새로운 테제, 그런데 동시에 이제까지의 학문의 근원적 권리를 깊은 해명을 통해 새로운 테제와 화해시킬 수 없는 새로운 종류의 테제의 필요성이 생겨난다. 인식하면서 작업수행하는 의식, 그러니까 단적인 자체 부여의 명증으로서의, 근거 지음, 필연적이거나 개연적인 결과의 자체 부여, 논리적으로 파악된 사태의 자체 부여의 명증으로서의 **명증** 자체를 연구하는 길 이외에, 인식의 궁극적 정당화를 위한, 혹은 궁극적으로 정당화된 학문을 구축하기 위한 다른 길이 있을 수 있는가?

그러나 이러한 연구가 '의식' 일반의 두드러진 유형론에 관한 연구로서, 모든 각각의 의식과 의식의 **모든** 법칙성에 대한, 그리고 이성의 법칙성이 근거하는 토대인 구체적으로 완전한 주관성에 대한 확장된 연구가 됨은 필연적이다. 모든 상관관계(의식, 추정된 것 혹은 의미, 경험된 것 자체, 일치하는 경험의 양상 속에서의 추정된 대상 등)에 따라, 인식 자체의 본질에 속하는 근본 개념들을 의식 자체에 대한 연구로부터 새롭게 길어내고, 그럼으로써, 미리 주어진 모든 언어 개념들에, 그리고 인식 및 인식적 작업수행에 대한 미리 주어진 모든 학문적 반성들에 그것의 정당하게 타당한 의미의 궁극적 해명과 철저한 증명이 부여되게 하는 것 이외에 우리가 할 수 있는 것이 있겠는가? 그러나 우리는 명증을 **바라보고**, 체험 유형으로서의 명증을 본질 고찰, 그러니까 가장 순수한 자체 부여로부터 획득된 직관적 분석에 내맡기지 않고서는, (불합리한 명증의 '감정' 이론[14]처럼) 명증에 대해 논하거나 어떤 주장을 할 수가 없다. 내재와 대립된 초재와 '자체' 존재 및 그와 같은 모든 개념들은 의식으로부터 자신의 의미를 길어내고, 이러한 의미는 의식 속에서 근원적으로, 그리고 무조건적으로 규범을 부여하면서, 획득되어야 한다. 우리가 이러한 의식을 연구하지 않은 곳에서 우리는 초재에 대해, 초재의 자체–존재의 가능성이나 초재에 관한 인식의 가능성에 대해 그 어떤 이성적인 말도 할 수 없다. **인식의 보편적 형식**과 그 상관관계를 넘어서는 개념들은 (가령 물리적 자연과학, 심리학, 기하학 등과 같은) 자기 안에 철저하게 닫혀 있고 원리적 근거에 의해 완결된 모든 **학문들**에 대해 원리적인 개념들인데, 이러한 개념들의 경우에도 사정은 마찬가지이다.

　여기서 가장 중요한 점은 학문적 '근본 토대'는 시작 형태가 아니라 벌써 최종 형태이며, **이론으로서의** 학문의 근본 토대 형태는 이론에서는 최초의

14　명증의 '감정' 이론이란 19세기에 지배적이던 심리학주의적 명증 이론을 지칭하는 것으로 보인다. 심리학주의적 명증 이론은 명증을 판단에 부착된 특수한 감정으로 이해한다. 가령 우리는 A = A라는 동일률을 접할 때 판단이 확실하다는 느낌을 갖게 되는데, 심리학주의적 명증 이론에 따르면 의식에 신선하게 전해지는 이러한 확실성의 감정이 명증이다. 그러나 후설에 따르면 명증을 일종의 감정으로 보는 이러한 명증 이론은 불합리할 뿐이다. 이러한 명증 이론은 상대주의와 회의주의로 이끌게 되는데, 왜냐하면 동일한 판단에 대해 서로 다른 두 사람은 서로 다른 감정을 느낄 수 있을 뿐 아니라 특정 판단에 대해 모든 사람들이 동일하게 확실성의 감정을 느낀다고 하더라도 우리는 왜 그러한 판단들에 대해 그러한 감정을 느끼게 되는지 설명할 수 없기 때문이다. 후설에서 '진리의 체험'으로서의 명증은 사태 자체와의 만남, 즉 사태 자체를 직관하는 것이다. 이것은 그저 사태가 그렇게 존재한다고 느끼는 확실성의 감정이라는 강렬한 느낌과는 구별된다.

것이지만 인식에서는 최초의 것이 아니라는 점이다. 근본 토대는 자신의 정당성을 처음으로 스스로 증명해야 한다. 근본 토대는 그 형성에 있어서 완전성 혹은 불완전성을 갖는다. 경우에 따라 근본 토대는 자신의 의미 형성에 따라 해명되지 않았고 그 의미 자체가 모호함을 포함하기 때문에, 그것을 경계 짓는 전제들을 품고 있다, 등등.

영혼, 시간, 공간, 인과성 등의 의미에 관한 철저한 해명처럼 '사물'의 의미에 대한 철저한 해명은 '사물', '영혼', '공간', '시간', '인과성'과 같은 것이 '구성되는' 의식의 특정한 형태들로 되돌아 이끈다. 그 의미는 극도로 복잡한 의미부여의 통일체이다. 사물로 사념되고 자체 주어진 것은 자신의 의미를 갖는다. 극도로 복잡한 주관적 소여 방식과 인식하는 주관의 주관적 활동 방식 덕분에, 자체 부여의 양상 속에서 자신의 의미를 갖는다. 인식하는 자로서의 의식은 의식 속에 꽂혀 있는 것을 밝혀주는 '자연의 빛 (lumen naturale)'이 아니라, 극도로 복잡한 기능들(의식 기능들)의 체계이다. '자체'의 양상 속의 지향적 대상은 이러한 기능들의 작업수행의 형성물로서 끝나는데, 완결된 형성물로서 곧바로 끝나는 것이 아니라, 의식 속에서 계속 동기부여된 작업수행의 무한한 체계를 경우에 따라 지시하는 형성물로서 끝난다. 이것은 존재의 모든 영역에 대하여 우연성이 아니라 본질 필연성이다. 그리고 우리가 이러한 본질 필연성을 반성적 연구 속에서 알아냈고, 그것의 변경할 수 없는 연관들을 분석했을 때에만, 우리는 현실적이거나 가능적인 인식의 대상성으로서의 세계를, 그것의 객관적 존재의 **의미**를, 현행적 인식의 '우연성'에 대립된 저 '즉자(An-sich)'의 의미를 **이해하게 되고**, 그래서 무엇이 절대적 의미에서의 세계라고 불릴 수 있는지 이해하게 된다.

'세계 계산하기'와 **'세계 이해하기'** 사이의 대립은 학문적으로 인식된 세계와 정서적 요구를 충족시키는 상상력 풍부한 '형이상학적' 해석 사이의 대립이 아니라, 소박하게 형성되었고 그래서 한갓 독단적인 학문과 통찰의 궁극적 원천으로부터 길어 올리는 학문, 그래서 자기 자신을 이해하고 자신의 객관적 진술의 의미를 이해하는 진정한 학문 사이의 대립이다. 그러나 통찰의 궁극적 원천은 통찰 자체이고, 궁극적 원천으로부터 인식하고 통찰한다는 것은 인식함 자체를 인식하는 것, 인식함 속에서 인식된 것과 인식된 통찰 속에 인식된 것이 놓여 있음을 인식하는 것을 의미한다.

단지 그러한 학문만이 궁극적이고 완전한 의미, 참으로 정밀한 의미에서의 학문이다. 그러한 학문을 만들어낸다는 것은 철학적 과제다. 이 과제의 궁극적 목표는 하나의 절대적 철학의 가지로서의 가능한 모든 학문의 총체를 궤도에 올리는 것, 이미 진행 중에 있는 학문이 완성된 명료성, 확실성의 형태, 완성된 (그 자체로 절대적으로 정당화되는) 작업수행의 형태를 자신에게 부여할 수 있도록 철학의 원리론을 통해 돕는 것이다. 다른 말로 하면, 그 학문들이 **제2철학들**(Zweite Philosophien)로 변화되고, 모든 철학들을 하나의 철학으로 결합시키는 통일체에 이해력 있게 편입될 수 있도록 돕는 것이다.

인식자가 자신의 모든 인식 진전들을 소박한 인식 속에서만 **실행**할 수 있다고, 그러나 의미부여가 자신의 주관성 속에서 실행되는 방식을 **이해**하지는 못한다고 해보자. 교체되는 주관적 소여 방식들의 다양성 속에서, 그리고 생겨난 통각의 수동성 속에서, 그리고 인식자의 활동의 파악하는, 규정하는, 개념화하는, 일반적으로 말해서 이론적인 작업 속에서, 참된 존재와 이론적 진리가 어떻게 명증적으로 생겨나는지를 이해하지는 못한다고 해보자. 그런다면, 인식자가 자신의 권리에 대한 가장 완전한 ― 생각할 수 있는 가장 완벽한 ― 이해를 가지고 지지할 수 있을 진정한 학문, 완전하고 전면적인 합리성의 이론적 권역, 인식의 단계 구조는 결코 가능하지 않다.

반복해서 말하면 모든 단계 속의 인식은 극도로 복잡한 작업수행이며, 대상성의 모든 영역이나 '범주'에 따라 상이한, 수동적이고 능동적인 주관성의 작업수행이다. 그리고 우연적인 작업수행이 아니라 절대적인 필연적 법칙성에 따라, 모든 의미에서의 참된 존재와 이러한 존재의 이론을, 주관에 낯선 것으로서가 아니라 주관 자체에 고유한 것으로서, 그러니까 주관 자체에 속하는 것에 대한 주관의 내재적 작업수행으로서 나타나게 하는 작업수행이다. 이러한 법칙성을 이해하고, 이러한 이해로부터 저 객관성 ― **하나의** 자아의 가능한 산출물이 그 자아와 의사소통하는 다른 **모든** 자아에 대해서, 동일한, 다른 자아에게도 가능한 산출물인 것으로서 (같은 것으로서만이 아니라 동일한 것으로서) 인식할 수 있게 만드는 객관성 ― 을 이해할 수 있게 만드는 것, 그것이 초월론적 철학의 커다란 과제이다.

객관적 인식이, 그리고 다음으로는 인식 일반이, 구체적으로 파악될 수 있는 순수 주관성의 인식적 작업수행의 극도로 다양한 유형과 관련된 엄청나고 구체적인 인식의 장으로서, 커다란 분과학문들의 영역으로서 간주되지 않는 한, 그리고 그에 따라 학문적으로 연구되지 않는 한, 인식은 하나의 말에 불과하고, 언어 개념적 사변들에 대한, 그리고 사태와 다르거나 사태와 동떨어진 언설에 대한 언어 개념적 영역에 불과할 뿐이다. 그러한 한에서 우리는 단지 **기술(技術)적 합리성**을 가진 학문만을 지닌다. 이는 선학문적 문화 민족의 정교한 기술(技術)과 유사하다. 그것은 비록 훨씬 낮은 단계이긴 하지만, 그것을 지닌 자에게는 자명하게 만족스러운 합리성을 지녔으며, 그러나 플라톤적 정신에서의 학문이 높이 고양되도록 소임을 받은 그러한 합리성은 지니지 못했다.

학문이 학문인 것은 합리적 방법을 통해서다. 그리고 선험적인 것이든 경험적인 것이든 모든 법칙적 학문은 그 자체로 **방법**의 논고(Traktat)이고, 모든 경험적인 개별적 인식에 대한 방법의 학문이다.

모든 학문들, 그리고 모든 특수한 선험적인 합리적 학문들 위에 **제일철학**이 서 있다. 제일철학은 **방법 일반에 관한 학문**, 인식 일반과 가능한 인식 목표 일반, 즉 모든 종류의 우연적인 것들(물질적이거나 우연적인 아프리오리)을 배제한 모든 선험적 학문들을 자신의 펼쳐진 가지(Verzweigung)로서 생겨나게 하는 가능한 인식 일반에 관한 학문이다. 모든 학문들 위에 가장 보편적인 수학(*Mathesis universalissima*)이 서 있다. **라이프니츠**의 보편 수학(*Mathesis universalis*)을 훨씬 넘어서 형식 존재론적 아프리오리를 체계적으로 정돈되게 구축하고 이론 속에서 펼치기는 하지만 소박한 수학으로서가 아니라, **인식적 작업수행의 수학**으로서 말이다. 이러한 수학이 행하는, 순수 주관성 속에서 수행되는 노에시스적 연구는, 수학적인 것을 이성의 노에마적 형성물로서, 그래서 의식의 상관관계로서 파악한다. 그리고 이를 통해, 형식적 보편성 속에 포함된 가능한 질료적이고 개별적인 모든 특수성들이, 자신의 편에서 그것들에 상관적으로 상응하는, 본질에 따라 제시될 수 있는 유형적인 주관적 작업수행으로부터 어떻게 생겨나는지를 파악한다. 그러나 절대적인 이해 가능성으로부터 규명된 이러한 최고의 가장 순수한 **논리학**(학문적 이성의 이론과 상관관계 속에 있는 학문 이론)은 순수 주관성의 **특출 난** 형태들 속에서 움직이고, 그래서 **완전한** 순수 주관성에 대한 연구를 요구한다. 거꾸로, 만약 구체적인 본질 직관의 순수성 속에서 의식의 모든 주관적 가능성들을 추적하면, 이 완전한 순수 주관성에 대한 연구는 이성의 작업수행이라 불리는 특출 난 가능성에 필연적으로 이르게 되고, 그래서 주관성에 대한 보편적 학문의 테두리 내에서 저절로, 저 보편적 학문 이론이, 보편적인 선험적 대상 이론 혹은 특색 있게 표현하자면 보편 수학(*Mathesis*)과 함께 생겨나게 된다.

제한된 역사적 영역의 수학이 자연과학을 위해 수행하는 것, 즉 실제적인 것을 수학적 다양체의 체계(즉 자연 일반의 가능한 형식들의 체계)에 편입시킴으로써 자연과학이 실제 자연을 인식할 수 있게끔 하는 것, 이것이 모든 학문에 대해서 수행되어야 한다. 그러나 그것이 실제로 궁극적으로 수행될 수 있는 것은 철학적 형식 속에서만이다. 즉, 완전한, 곧바로 수학적이며, 반성적으로 인식 이론적인 학문 이론의 형식에서만, 또는 제일철학의 보편적 형식에서만 말이다.

그러나 바로 이것이 현상학의 새로운 점이다. 즉 전통적 논리학을 해명하고 심화하는 노력으로부터 생겨나서, 학문과 인식 일반에 대한 이러한 가장 보편적이고 궁극적인 문제들을 자신의 참된 직관적 토대 위에 세우고, 이를 통해 그 문제들을 처음으로 구체적인 충만 속에서 파악했다는 것이 현상학의 새로운 점이다. 현상학은 처음으로, 그러한 문제들을 구체적인 작업 문제들로 변경하는 유일하게 가능한 방식을 실현했다. 그러한 제일철학을 위한 보편적 토대이자, 모든 근원들에 대한 원천의 영역으로서의 순수 자아(*ego*)를 제시함으로써 실현했다. 순수한 자아에 대한 연구 없이는 모든 학문은 소박하게 남아 있을 수밖에 없다.

초월론적 주관성의 학문에 이르는 길에서 단계 구분의 시도[15]

상이한 길들이 초월론적 주관성의 학문이라는 동일한 숙원으로 이끈다.

1) **첫 번째 길**은 강의[16]에서 시도되었다. 이 길은 **학문들에 대한 비판**을 통해 동기부여될 수 있는 인식 윤리적 양심의 깨어남에서 시작한다. 이러한 학문들은 학문의 이념에 대해 구성적인 그와 같은 완전한 합리성이 사실은 결여되어 있다. 그러한 학문의 이론들은 명증에서 산출된 형성물들이기는 하지만, 소박하게 작동된 명증은 일관된 이용에서는 모순으로 이끄는(연속체, 역설 등) 근본 개념과 근본 명제들로 이끈다.

우리는 이제 **데카르트적 길**을 걸을 수 있다. 이 길은 에고 코기토(*ego cogito*)로 이끄는, 올바른 자기 이해 속에서는 초월론적 주관성으로 이끄는

15 1925년 12월.
16 『철학 입문』(1922~1923) 및 『제일철학』(1923~1924)에 대한 강의를 가리킨다.

철저한 새로운 시작이다. 초월론적 주관성은 절대적으로 정당화된 인식을 약속하는 최초의 경험 토대, 근원적으로 나에게는, 현상학적으로 반성하는 자에게는, 지각적 근원성에서 주어지는 토대다. 더 나아가 우리가 통찰할 수 있는 것은 다음과 같다. 즉, 자연적으로 생겨난 그 어떤 학문들을 통해서, 그리고 결국 생각할 수 있는 모든 학문 일반을 통해서 제기될 수 있는, 그리고 다시 한번, 절대적인 정당화 자체의 이념을 통해 제기될 수 있는 모든 원리적 물음들은 의미와 가능성에 따라서 볼 때, 이러한 토대와 관계해야 하며, 그럼으로써 철저하고 절대적으로 정당화된 학문이 가능해질 수 있다는 사실이다.

실제로 더 깊게 숙고해보면 절대적 인식과 학문의 길은 필연적으로, **절대적 인식의 가능성에 대한 절대적 인식**을 거쳐 간다는 사실, 그리고 그럴 때에야 비로소 '객관적이고', '독단적인' 학문의 절대적 정당화로, 내지는 절대적으로 정당화됨 속에서의 그러한 학문들의 새로운 형성으로 계속 나아갈 수 있다는 사실이 금방 드러난다. 특히 이것은 모든 **세계 학문들**에 대해서 유효하고, 그러한 학문들에 되돌아 관계하는 **형이상학**에도, 그리고 다른 한편에서는 **규범적 학문들**에도 유효하다.

나는 그것을 나중에 다음과 같이 파악했다.

① 실제적이거나 가능적인 초월론적 주관성으로의 환원 내지는 그러한 주관성의 실제적이거나 가능적인 초월론적 경험으로의 환원으로서의 **현상학적 환원**이 요구된다.

② **초월론적 경험에 대한 필증적 비판**이 필요하다. 그러나 또한 이러한 초월론적 경험의 토대 위에서 '현상학'으로서 수립될 수 있는 '**논리적**' 인식에 대한 비판도 필요하다. 그래서 현상학이 필요하고, 현상학적 인식에 대한 비판이 필요하다. 이때 드러나는 사실은 현상학적 인식에 대한 이러한

필증적 비판은 반복적으로(iterativ) 자기 자신과 되돌아 관계한다는 점이다. 그래서 이것이 진정한 **제일철학**(즉 우선은 '소박한' 현상학, 그리고 가장 철저한 인식 비판인, 소박한 현상학과 관계하는 필증적 비판)을 이룬다.

2) 나는 **두 번째 길**을, **신화적-실천적 세계관과 이론적 관심의 세계관의 대조**에서 출발하는 것으로 생각한다. 후자의 관점에 본래적인 시작이 놓여 있다. 이것은 순수한 이론적 경험과 인식을, '온전한' 세계 고찰을 수립하는 일이다. 이러한 고찰로부터, 온전한 '이성' 속에서, (독사적doxisch 이성의 인도 아래) 자율적 문화, 공동체적 삶과 공동체적 작업수행이 자라난다. 나는 다음으로 **'순수 이론적' 경험의 세계**를 고찰하려 했다. 이 세계는 존재하는 것으로서, 그리고 경험의 흐름 속에서 동일하게 일치하며 유지되는 것으로서 자신을 제시한다. 경험을 진지하게, 경험된 것의 순수 동일성 속에서, 그래서 순수한 일치 속에서 계속해서 생각한다면, 경험 세계에 무엇이 속하는지를 나는 명료히 하고자 한다. 그래서 나는 경험과 경험 세계에 대해서 숙고하고, 경험 세계가 드러내며, 다음으로는 (자유 변양 속의 형상적 변경 속에서) 필연적인 불변의 체계로서 드러내야 하는 보편적 구조들을 추적한다.

이것은 가능한 세계 학문의 체계적 분류를 산출하는 것이어야 한다. 이러한 연구에서 나의 사유 절차의 논리학은 사정이 어떠한가?

자연의 구조를 밝히면서 나는 자연이 우선 주관적으로 주어지는 것들 속에서 주어진다는 사실에 이른다. 나는 경험된 것의 동일성을 추적하고자 하고, 주관적인 것을 배제해야 하지만, 어떤 방식에서는 기술해야만 한다. 그러면 주관적인 것은, 한갓 주관적인 모든 것과 마찬가지로, 심리학 속으로 함께 들어오게 된다.

나는 존재론적으로 직관적 (감성적) 자연에 도달했고, 직관적 자연이 경험된 것으로서 (지각된 것으로서) 필연적으로 갖는 보편적 구조에 도달했다. 그리고 상관적으로 나는 즉시 한갓 주관적인 것, '심리학적인 것'과의 얽힘을 본다. 이처럼 나는 한편에서는 존재론적 구조들을 획득하고, 다른 한편에서는 현출하는 자연, 경험적 삶의 자연, 그리고 주관적 삶 자체 사이의 본질 연관들을 획득한다. 그러나 나는 또한 신체성과 영혼적인 것에 관한 연구를 수행해야만 하고, 다시 존재론적으로, 그리고 주관적인 관점에서 수행해야 한다. 즉 주관적인 것이 '현출하는' 한에서 말이다. 마찬가지로 타인경험을 통해 타인의 주관적인 것도 현출하는 한에서 말이다. 나는 보편적 기술을 수행하고, '기술적' 학문을 가능하게 하는 본질 구조들을 획득한다.

나는 더 나아가 상대주의의 문제, 정상적이거나 비정상적인 기술 내지 세계의 문제 앞에 서게 되고, 시공간적 연장의 수학화하는 이념화의 문제 앞에, 그리고 정밀한 규정의 문제, 진리—자체의 문제 앞에 서게 된다.

나는 어떤 위치에서 자연적으로 **논리학**에 이르게 되는가?

자신을 표현하는 철학적 주체의 기능하는 사유함으로서의, 사유함 속에서, 그리고 나의 사유 내지는 나의 사유 행위를 진술하는 기술함 속에서, 문제의 목표와 수단을 진술하는 기술함 속에서 나의 성찰이 수행된다. 이제 **시작하기에 앞서**, 그러니까 경험 세계의 구조에 대한 반성으로 시작하기에 앞서 **또 다른 시작**을 필연적으로 수행해야만 한다. 그것은 인식과 학문의 목표에 대한, 자연적 통찰에서 내가 설정하는 규범들에 대한 보편적 성찰들이다. 이때 나는 나 자신을 성찰하고, 무엇보다도, 또한 통찰에 대해, 명증에 대해, 명증의 비판에 대해 성찰한다. 그리고 판단하는 삶이 어떻게 인식하는 삶이 되고, 자기 자신을 정당화할 수 있는지를 나에게 명료히 한다. 이것이 학문성을 위한 주도하는 규범이 되어야 하고, 우선은 나에 대해 주도하는 규범인 한에서, 나는 또한 다음과 같이 말해야 한다. 나 자신이 이러한 성찰에서 진술한 것은 나의 규범들에 상응하고, 학문성의 성격을 갖는다고 말이다. 그러나 바로 지금까지 해온 한에서만 갖는다. 왜냐하면 일반성 속의 미규정성들로 인해서든 함께 문제시되는 가능성들을 도외시해서든 간에, 그것으로 충분하지가 않다는 이유로, 내가 계속 전진함에 있어서 많은 것들을 보충하거나 변경해야 하는 상황이 배제되지 않기 때문이다.

따라서 이 시작 부분과 함께 이미 순수하고 형식적인 **논리학**의 일부가 구축된다. 그리하여 처음으로 논리학의 이념이 구성하는 생성 속에 있게 된다. 이제 나는 실제로 '철학'을 그 가능성과 현실화에 따라 숙고하기 위해 '성찰'을 수행한다. 그렇다고 해서 내가 이러한 시작 부분을 정말로 논리학의 시작으로서 확장해야 하고, 이 위치에서 학문으로서의 그 이념을 구상해야 한다고 말하는 것은 아니다.

그러나 이 두 번째 길에서 아마도 가장 올바른 일일 것은, 이러한 첫 번째 성찰과 연결하여 즉시, 혹은 그것의 중단 없는 계속적 수행 속에서, 논리학의 이념을 명확하게 도입하고, 그것을 학문으로서 (수행되어야 하는 **최초의** 학문으로서) 궤도에 올릴 권리를 우리에게 귀속시키는 일이다. 이것을 허용하기 위해 나는 (나에게 타당한 것으로서의 그 어떤 대상들에 대한 주장함인) 술어적 진술함들에 대한 이러한 성찰들 속에서, 그리고 명증, 필증성 등에 대한 이러한 성찰들 속에서, 나의 방법적 행함에 대해 반성해야 하고, 이러한 반성하는 진술들이 방법적으로, 내가 그것들 속에서 구상했던 규범들 자체에 상응하는지에 대해 확신해야 한다. 이것이 순수한 명증에 대한 추구 속에서, 양심적 숙고에 토대한 학문성을 위한 최초의 시도에 불과할지라도, 그럼에도 그것은 나에게 이제부터 학문적인 것으로 여겨진다. 마찬가지로 확인하는 반성 **이후**에도, 나의 절차 자체는 학문적인 것으로 증명되며, 나에게 그러한 것으로서 여겨진다.

더 나아가 나는 판단 개념을 분화시키는 새로운 개념들을 도입해야 하게 될 것이다. 나는 규정하는 판단과 실존적 판단 내지는 진리 판단을 구분하게 될 것이며, 확실성과 관련하여, 양상적 변경의 근원 양상을 구별하게 될 것이다. 나는 판단과 판단의 양상들의 형식론을 구상하는 데로 넘어가게 될 것이다.

노에시스적 관점에서 나는 판단하는 사유함에서의 혼잡함과 명료함을 구별해야 하게 될 것이고, 판명함의 본질을 이루는 특수한 명증을 드러내 밝혀야 하게 될 것이다. 그 속에 판명함이 놓여 있으며, 그것을 통해 판단하는 언명에서 의미 통일체로서의 판단이, 그러니까 판명함 속에서 동일화될 수 있고, 자체 주어짐으로 오는 판단으로서의 판단이 파악되는 특수한 명증을 드러내 밝혀야 하게 될 것이다. 그다음으로 학문적 형식론은 바로 이것을 향해 가는데, 그래서 이러한 형식론의 영역은 필증적 명증을 통해서 주어진다.

더 나아가 무모순성 내지는 정합성의 논리학의 근본 개념들로 이행해야 하고, 그 길은 그 논리학 자체에 밑그림 그려져야 한다.

형식적 수학(Mathesis)이라는 이념의 발전은 의미에 관한 순수 형식론을 넘어서 무모순성의 논리학으로서의 특수한 분석론에 이른다. 그리고 여기서부터 길은 형식적 진리 논리학에 이른다. 이제 여기서 즉시 가능한 대상과의 관계가 문제시되어야 한다. 이를 통해서야 비로소, 형식적 존재론의 참된 이념이 자라난다. 이것은, 개별성의 상응하는 형식적 법칙(예를 들어 모든 것은 시간 대상이다, 모든 것은 실질적 본질의 '바로 이것τόδε τι'이다, 등등)을 지닌 개별적인 대상들 일반으로 최종적으로 되돌아 이끈다.

상응하는 노에시스학도 당연히 마찬가지이다.

그러나 우리는 여기서 아직 끝나지 않는다. 우리가 '형식상(in forma)' 개별적이고 궁극적으로 가능한 대상들로 이행하기 전에 이미, 나는 사물, 가치, 재화의 차이에 이른다. 형식적 논리학은 판단 명제(기체 명제, 술어 명제)의 논리학이었다. 만약 판단 명제 대신, 가치 명제와 소망 명제 내지는 의지 명제를 취하면, 평행하게 (확장된 의미에서) 진리의 개념들이 생겨난다. 즉 (진리 논리학으로서 판단 논리학이 목표로 하는) 판단 진리, 가치 진리, 실천적 진리가 생겨난다. 새로운 부류의 명제들에 관한 형식론이 필요해지고, 유사하게 상응하여, 가치평가함, 소망함, 의지함에서의 귀결의 형식론이 필요해진다. 상응하는 '진리'의 가능성의 조건들과 더불어서 말이다. 인식에서 모든 다른 진리들은 판단 진리들로서 술어적으로 표현된다. 그에 따라 형식 논리학은 가치 명제 내지 가치 진리 등에 관한 논리학(그것도 형식적인 논리학)으로 확장된다. 어떤 방식에서 그것은 좁아진다. 왜냐하면 판단 논리학의 관점에서, 가치 영역과 의지 영역으로 들어가는 명제들은 '질료적' 특수화들이기 때문이다. 다른 한편 판단함이 벌써 판단하는 주관성을 소급 지시하고, 이 판단하는 주관성이 동일한 보편성 속에서 동시에 또한 가치평가하고, 욕망하고, 의욕하는 주관성일 수 있다는 사실을 고려해볼 때, 새로운 영역의 형식적인 것은 마찬가지로 커다란 보편성을 지니고, 형식적인 것이라는 개념은 형식적 논리학의 개념처럼 필연적으로 확장된다.

이제 우리가 형식적 논리학의 가장 일반적인 것으로부터 형식적으로 밑그림 그려진 특수화들로 넘어가면, 판단 기체로서의 '무엇'(존재의-무엇)이라는 형식적 이념은 가치의-무엇 혹은 가치 일반, 좋음 일반, 목적 일반 등의 형식적 이념과 마찬가지로 세분화된다. 선험적으로 밑그림 그려진 형식적 정초에 상응하여 우리는 가치 이전의, 그래서 실천 이전의 개별적인

'무엇'에 이르고, 그래서 **'사물(Sache)'**이라 불릴 수 있는 궁극적으로 형식적인 것(자연, 가치에서 벗어난 존재, 그러나 여전히 형식적 일반성 속에 있는 존재)에 이른다. 우리가 이것을 그저 명제로 받아들이는 것이 아니라, 진리 존재자(Wahrheit-seiend)로, 그리고 우선은 형상적 존재 가능성(형상적 단일성)으로 받아들인다면, 우리는 한갓 자연으로서의 개별성에 관한 형식적 논리학에 이르게 된다.

실증성에 서 있다면, 보편 수학(*Mathesis universalis*)(가치론적이고 실천적인 형식적-수학적인 것으로 확장된, 따라서 헐벗은 의미에서 '무엇' 일반에 관한 학문)을 떠난 후, 우리는 **미리 주어진 세계**를 가진다. 우리는 그 세계 속에서 헐어내기를 통해 세속적인, 선-가치적인 것을 발견할 수 있다. '단순한' 자연, 그러니까 물리적 자연으로서, 그리고 형상적 태도에서는, 가능한 자연 일반으로서 말이다.

(존재 논리적 진리 자체도 그렇듯이) 모든 다른 진리가 동시에 인식의 주제가 될 수 있기 때문에, 사실에 관한 학문적 논리학이 존재할 뿐만 아니라 또한 (새로운 의미에서 형식적인) 실재적 가치와 목적의 논리학도 존재한다. 혹은 실재적 존재 일반과 술어적 존재 진리(판단의 올바름) 일반의 형식적인 것에 관한 형식적인 선험적 학문이 존재할 뿐 아니라 실재적 가치 일반 내지 가치 존재 일반과 가치 진리 일반 등의 형식적인 것에 관한 형식적인 선험적 학문도 존재한다. 다시 노에시스적-노에마적으로.

그러나 다음으로는 더 무엇이 있는가? **인격적 공동체**에 속하는 아프리오리는 부분적으로는 한갓 사실의 아프리오리[17]이지만, 부분적으로는 목

---

17 객관적 사실로서의 인간과 동물은 우선은 아마도 인격적 고찰에 이르지만, 그러나 지향적 삶에 되돌아 이르고, 그리하여 지향적 심리학에 되돌아 이른다. 이에 대한 논의는 생략했

표 설정의 아프리오리이고, 가치 있는 형성물의 (혹은 보다 높은 의미에서는, 절대적으로 당위인 형성물의) 형태들, 가령 개별적인 인간이나 공동체 자체의 어떤 삶의 형태들의 아프리오리이다.[18]

그래서 궁극적으로 **윤리적 인류의 논리학, 문화 형태의 논리학** 내지는 **문화학의** 논리학, 자신의 단계와 자신의 산출물의 단계와 자신의 산출하는 삶의 단계 속에서, **진정한 인간성으로의 발전의 윤리학.**

일치하는 경험과 (로고스 속에서) 경험된 존재의 아프리오리에는 보다 높은 단계에서 일치하는 가치평가와 행위의 아프리오리가 상응한다. 그리고 사실적으로 여기저기에서 가치 규범들과 윤리적 규범들에도 상응하는, 사실로서 주어진 세계가 아니라, 진정한 인간의 삶에서, 진정함으로 고양되는 공동체 속에서 의지되고 일깨워져야 할 이념적 세계의 아프리오리가 상응한다.

그러면 **기술(技術)학**은 인간의 가치, 재화, 절대적 목적, 의무, 권리에 대한 '이론적' 학문과 어떤 관계에 있는가?

인류와 인간 '문화'의 '논리학' 내지는 정신과학에 속하는 논리학을 획득한 후에, 여전히 선험적 학문이 남아 있는지 묻게 된다. 여기서 **'형이상학'**만이 문제시될 것이다. 사실로서 존재하는 대로의 세계는, 그 세계 속의 인간이 상대적으로 가치 있는 삶을 살고, 말하자면 문화를 창조할 수 있다는 성질만 지니는 것이 아니다. 그뿐 아니라 또한, 언제나 의미의 열린 지평 속으로 들어가서 살며, 개별적으로나 공동체 속에서 점점 더 큰 정도로

<hr />

다.- 원주.

18 그러나 여기서 이제 헐어내기가 시작되어야 한다. 자연과 자연화된 정신, 다른 한편에서는 '사실(Sache)'로서의 인격적 정신 등. 그리고 규범화할 수 있는 것으로서의 '정신적'이거나 인격적인 영역에서의 정신, 규범 형성과 특수한 규범적 학문.- 원주.

가치 목표를 설정하고, 이성적 인간이 될 수 있으며, 상관적으로 훨씬 더 아름답고 좋은 세계를 자신에게 형성할 수 있으리라는 성질을 지닌다. 그러나 사실로서의 세계의 존재는 이미 목적론을 포함한다. 세계는 '즉자적으로' 존재하고, 참으로 존재하고, 자연과학의 주제 등이다. 그런데 이것은 필연적이지 않으며, 세계는 존재할 필요가 없을지 모른다. 그리고 '자체-진리' 없이 대략적 세계가 존재할 수도 있을 것이다.

그러나 또 완전히 다르게. 모든 인간은 개별적으로 그에게 향하는 절대적 당위 아래에 서 있고, 공동체 속의 인간도 마찬가지이다. 이러한 절대적 당위는 가치평가함과의 관계 속에 있고, 인간은 이것을 따를 때 만족한다. 그러나 세계는 절대적 당위의 충족에 마음을 쓰지 않는 무의미한 세계가 아니도록 존재한다. 절대적으로 요구되는 많은 목적이 개별적으로는 달성되지 않더라도, 전체로서의 삶은, 삶이 절대적 좋음 속에서 자신을 완성할 수 있도록 그렇게 설계되어 있다. 어떠한 눈먼 운명도 세계를 '다스리지' 않으며, 신이 세계를 다스린다. 세계는 절대적 목표, 가치를 향해 '노력하고', 세계는 인간의 마음속에서 이것들에 길을 마련해준다. 인간은 자신의 자유 속에서 신의 세계를 실현할 수 있을 것이다. 물론 신의 은총을 통해서 말이다. 이에 의해 그들은 동기부여되어야 하고, 최고의 의식과 의지력 속에서 그러한 것을 얻으려 노력하는 소질을 받아야 한다.

실증 학문에 대한 비판을 통해 초월론적 현상학에 이르는 길, 『이념들』1권의 데카르트적 길, 그리고 미리 주어진 생활세계의 문제

I

궁극적인 존재.[19]

1) 학문에, '객관적으로 타당한' 판단에 이르는 길. 실증 학문에 대한 비판을 통해 초월론적 현상학에 이르는 길.

2) 초월론적 태도로의 직접적인 전환, 데카르트적 길, 『이념들』1권의 길.

① 자연적 태도에서, 나의 의식 삶 속에서 세계가 어떻게 나에 대해 존

---

19 가능한 보편학의 문제, 즉 궁극적인 보편적 진리를 근거 짓고 책임지는 진정한 의미에서의 철학의 문제에서 시작한다면, 이러한 주도적 이념에는 이러한 이념에 대한 믿음 내지는 궁극적 존재 내지는 궁극적 진리 — 우선은 실증적 진리 — 에 대한 믿음이 놓여 있다. 혹은 이와 상관적으로 세계의 절대적 존재에 대한 믿음이 놓여 있다. – 원주.

재하는 실재성의 총체로서 나에게 타당하게 되는지 반성하기. 경험을 통해 미리 주어진 것으로서의 세계는 나의 인간적 세계 삶을 이루는 모든 세계 활동에서 이미 전제되어 있다. 깨어 있는 자아로서의 나를 관통해 흐르는 모든 세계 경험에서 그 세계는 완전히 의문의 여지 없이, 의심할 여지 없이 존재하는 것으로서 의식된다. 개별적인 의문스러움, 의심, 취소 속에서, 전체적으로는 언제나 다시 ― 그리고 반성 없이 ― 복원되는 일치성 속에서 말이다. 나에게 부단히, 연속적 의식 속에서, 하나의 존재하는 세계가 의문의 여지 없이 현존하도록, 전체적 경험은 자기 자신을 수정한다.

② 나에 대해 존재하는, 혹은 경험으로부터 나에게 타당한 세계는 객관적으로, (실제로 경험된 혹은 예견적으로 실제로서 경험될 수 있는) 타인을 포함하는 하나의 세계이다. 이 타인은 나와 같은 사람들로서, 경험하면서 인식하고, 자신의 경험함과 인식함 속에서 내가 인식하는 것과 동일한 세계를 인식한다. 세계를 인식하는 자로서의 나는 그 모든 것을 인식하고, 세계의 객관성을 인식한다. 내가 타인을 인식하면서, 타인들의 열린 전체성과 그들의 인식함, 그리고 그들이 그 인식함 속에서 세계로서 인식하는 것(무엇보다 경험하는 것)을 인식한다는 바로 그 사실을 통해서 말이다.

③ 세계 경험은 근본 층에서 나에게 감성적 경험이다. (직접적이거나 각각의 방식에서 간접적인) 나의 경험에서 비롯된 세계로서의 세계 자체, 시공간적 세계와 모든 시공간적인 것들은 적어도 그 근본 층에 따라서 볼 때 자연이고 연장 실체(res extensae)의 우주이다. 모든 실재적인 것은 적어도 **또한** 자연이고, 그것이 무엇이든 연장 실체 속에서 기초 지어진다. 그것이 그 밖에 인간적 개인으로 불리든, 인간적 개인의 공동체로 불리든, 예술작품, 도구, 윤리, 국가, 교회 등으로 불리든 말이다. 물체성을 통해서만, 세계 속에 존재하는 것은 실재적인 것이다. 그것은 시공간적 위치를 통해 개별

화된다. 물체 외적인 모든 규정들은, 본래적으로 자신의 위치성을 갖는 것을 통해서 그렇게 위치 지어진다.

④ **데카르트** 철학의 한 구절을 따르면서 감성적 경험, 물체성의 경험에 대한 비판. 세계적으로 존재하는 것으로서의 실재적인 것 자체에 대한 경험은 근본 층에 의해 이미 감성적 경험이다. 그것은 이후의 경험을 통해 우선 충족되어야 하지만 충족되지 않음의 가능성도 열어놓는 선취, 예견을 통해서만 존재자를 자체 부여한다. 일치하면서 흘러가는 경험은 사실적 의문스럽지 않음 속에서 존재자를 제시한다. 그러한 사실적 의문스럽지 않음은 경험된 것의 비존재를 배제하지 않는다. (유한한 구간에서) 일치성을 자체 증명하는 것은 궁극적 실제성에 대한 증명이 아니다. 그러나 이를 통해 말하자면 무효 통지(Kündigung)의 가능성이 있는 존재가 되는 것은, 모든 **개별적인** 물체적인 존재, 그래서 일반적으로 그 실제 존재 속에 있는 실재적인 존재만이 아니다. 부단히 의문의 여지 없이 미리 타당한, 존재의 **총체성**이라는 세계 자체의 실제성도 무효 통지의 가능성을 지닌 실제성이 되는 것으로 보인다. 세계는 의심'할 만한 것'이 된다. 세계의 궁극적 존재를 의문시할 필연성이 생겨난다.

이것은 이러한 과정에서 우선은 자연과 자연을 자체 부여하는 감성적 경험의 측면에서 그렇다. 그러나 세계는 한갓 자연으로만 경험되는 것이 아니며, 경험의 세계를 객관적으로 타당한 인식으로 가져오고자 하는 학문은 한갓 자연과학인 것이 아니다. 경험은 우리에게 연구하는 자인 우리 자신을 인간으로서 보여주고, 비록 수많은 유형적 차이에도 불구하고 우리와 같은 것으로서의 일반적 인간을 보여준다. 거기에 더하여 경험은 우리에게서 더 멀리 떨어져 있으며 점점 더 멀리 떨어져 있는, 우리 세계의 유사물인 동물의 세계를, 보다 높고 낮은 동물 종의 등급 속에서 보여준다. 이때 또한 다양한 유형과 형식의 인간적 공동체의 실제성들이 세계적으로 경험되며, 우리 모두에게 공통적으로 존재한다. 동물적 공동체도, 그 속에서 주재하는, 구성원(단일한 인간이나 집단 등)의 결합 방식이나 관계 방식도 마찬가지다. 다른 한편 일반적인 경험이 우리에게 보여주는 것은, 우리가 '문화'라는 명칭으로 파악하는, 공통적으로 타당한 우리의 세계의 존립 요소들이다. 또한, 인간과 동물로부터 '정신적' 성향들을 특징으로서 지니고 있는 그 밖의 실재성들이다. 이것들은 이러한 특징 속에서 우리 모두에게 공통적으로 현존한다. 후자의 관점에서, 야만인의 발자국이나 야영지처럼, 경험 속에서 곧바로 정신성을 표현하지만, 문화 형성물의 방식으로 표현하지는 않는 그 밖의 물리적 사물들의 모든 특징들도 그렇다.

인간학과 동물학, 그리고 다양한 단계 질서의 사회성과 인격성, 그리고 그것들의 객관적−세계적 작업수행의 형성물에 관한 학문으로서의 이른바 정신과학은 이와 같이 경험 세계의 단순히 자연적이지 않은 모든 객체들을 다룬다. 개별 주관적이거나 상호주관적인 경험의 대상들로서, 그 객체들은, 그것들의 그때그때의 경험 의미를 지니고 우리에게 단순히 현존한다. 그러나 또한 그 객체들에 관해서, 내지는 우리에게 공통적으로 타당한 세계에 객체들이 들어맞게 되는 초자연적인 특징들에 관해서, 경험은 언제나 추정적이고, 모든 존재자는, 착각으로 밝혀질 열린 가능성, 존재 타당성을 상실할 열린 가능성 속에서 충족을 겨냥한다.

그래서 단순히 감성의 측면에서뿐 아니라 ─ 이것만 고려해도 이미 [이를 밝히는 데에] 충분하겠지만 ─ 객관성을 이용하는 완전한 그 경험 의미에서, 세계는 존재와 존재 내용(Sosein)에 관해 의심할 만하다. 세계 학문이 토대가 있어야 하고, 한갓 소박하게 확실한 경험 토대를 가져서는 안 된다면, 세계는 의문시되어야 한다.

이것이 **경험에 대한** 보편적 **비판**의 과제다. 혹은 보편적 경험을 통해 나에게 하나의 세계, 실제로 존재하는 세계가 미리 주어져야 한다고 말해질 때의 저 보편적 경험에 대한 비판의 과제다. 이때 '나에게'라는 말은, 내가 진리를 추구한다면, 그리고 내가 학자로서 나에게 '이' 세계, 이 실제성을 ― 그것의 총체성 속에서든, 그것의 (앞서 존재하는 구체적이거나 추상적인) 구역의 어떤 것에 따라서든 ― 인식할 과제를 나에게 세운다면 '나에게' 미리 주어진다는 것이다. 저 구역은, 예를 들어 (모든 정신성을 추상한 상대적 구체성 속의) 물리적 자연이나, 또는 더 추상적으로, 이 세계의 형식으로서의 세계 공간이나 세계 시간이다.

세계와 관련된 학문이라는 일상적 의미에서의 학문, 혹은 오히려 학자는 단순히 논리적으로 수행하는 자신의 이성을 '스스로 신뢰'하는 가운데 살아가는 것이 아니라, 이전에 이미, 경험하는 인식 능력을 스스로 신뢰하는 가운데 살아간다. 그것은 경험의, 그의 경험의 선논리적 이성이다. 개별적 경험 속에서 비판하면서, 그리고 가상의 경험을 배제하는 데에 유념하면서, 학자는 부단히 다음 사실을 신뢰한다. 즉, 보편적인 상호주관적 경험의 작업수행으로부터 의문의 여지 없이 실제적인 세계가 그들에게 발원하는데(그들에게 타당한 것으로서, 그들에게), 이러한 보편적인 상호주관적 경험이, 자신의 흘러감 속에 모종의 구조 양식을 지녀야 하고, 모종의 유형의 일치성을 지녀야 한다는 사실을 신뢰한다. 이러한 일치성 덕분에, 개별적으로 일어나는 가상에도 불구하고 하나의 현실적인 세계가, 우리에게 존재하고, 일치하면서 생각되고 증명된 의미로서 우리에게 타당하게 된다. 그것은 하나의 현실적인 경험 세계다. 그러나 이것은 그 유한성 속에 있는 그때그때의 사실적 경험이 자체 제시로 가져오고 증명하는 것 속에서 (단순히 '그렇게 존재함의 타당성'뿐만 아니라) 그것의 존재 타당성을 증명하는 것이 아니다. 이것은 실제로 이미 주어지고, 보증된 일치성이 아니라, 이념적인 일치성의 세계이며, 방법을 통해 접근될 수 있는, 올바르게 추정된 일치성의 세계다.

그에 따라 분명한 것은 우리는 보편학이든 개별학이든 실증적인 학문을 철저하게 정초할 과제로부터 시작하여, 철저한 경험 비판의 과제에 이르게 된다는 사실이다. 존재하는 세계를 전제하는 대신, 그것에 의문을 품고, 주장된 이러한 존재를 맨 밑에서 구성하는 보편적 경험을 주제로 삼는 일이 저 과제의 의미에 속한다. 그러나 바로 이로써, **경험하는 것으로서의**, 경험을 통해 영속적인 세계적 존재를 자기 안에서 타당성으로 가져오는 것으로서의 **주관성**이 주제가 된다. 그러나 그 주관성이 세계 속에 있는 것으로서, 그러니까 인간적으로 존재하는 것으로서 받아들여질 수 없는 방식으로 주제가 된다.

계속적인 귀결에서 자명해지는 것은, 인간적이고 세계적인 주관성과 구별되는 '초월론적' 주관성으로서의 이러한 주관성은 가령 단순히 경험하는 주관성으로서가 아니라 그것이 그 자체로 그것인 바대로 구체적으로 연구되어야 한다는 사실이다. 실증적 학문 및 실증성 속에서 유지되는 모든 철학에 대한 비판은 초월론적 학문의 필연적 정초에 이른다. 그러면 초월론적 학문을 완전하게 실행함으로써, 초월론적 학문이, 그리고 초월론적 학문만이 진정한 학문이라는 사실, 초월론적 학문이 유일하게 가능한 보편학(혹은 총체적 학문)이고, 존재자 전체에 대한 학문이라는 사실이 드러난다. 그리고 이것이 의미하는 바는 세계의 현존(Vorhandenheit)이라는 자연적으로 최초의 존재 개념은 한갓 상대적인 존재 개념이 된다는 사실이다. 실증적 학문의 토대가 초월론적인 것으로서 놓여야 하고, 그 결과로, 실증 학문을 완전히 침투하는 초월론적 의미 규정과 방법 속에서만 실증적 학문 자체가 진정한 학문이 될 수 있다는 사실을 통해, 실증적 학문이 그 학문성 속에서 상대화되듯이, 실증성의 영역인 세계는 절대적 존재 영역, 독자적으로 존재하는 것으로서의 절대적 존재자의 영역으로서의 초월론적 주관성의 의미 형성이 된다.

『이념들』 1권이 걸어간 길. — 그러나 우리는 '감성'이 의심스럽게 되는 것과, 자연, 그리고 그와 함께 세계가 자신의 본질적 근본 층에서 우리에게 존재하는 것으로서 타당하게 되는 세계 경험이 일반적으로 의심스럽게 되는 것, 그리고 세계 타당성을 (우선은 인간적 삶과 실증 학문에 속하는 감성에 토대하여) 그렇게 의문의 여지 없이 받아들이는 것이 의심스럽게 되는 것을 방금 밑그림 그려진 것과 다른 방식으로 사용할 수 있다. 그러니까 경험적 감성에 대해 수행될 수 있는 비판을 목적으로 하지 않고, 이러한 비판을 통해 실증 학문을 실제로 철저하게 정초된 학문으로 경험 비판적으로(이후의 귀결에 따라, 일반적으로 이성 비판적으로) 변형하는 것을 목적으로 하지 않고 사용할 수 있다. 존재자에 대한 자연적으로 소박한 개념처럼, 여전히 자연적으로 소박한 학문의 개념을 철저하게 변형하는 길을 걷는 대신, 우리는 이러한 과제를 완전히 중단할 수 있다. 따라서 그 관심은 실증 학문과 경험 세계의 존재를 궁극적인 정당화 물음에 부닥치게 하거나 보편적인 세계 학문 일반을 정초하는 일이 아닐 것이다.

오히려 우리는 **곧장 초월론적 주관성으로의 이행을 수행**할 수 있다. 말하자면 다음과 같은 방식으로 말이다.

우리는 미리 주어진 세계의 분명해진 의문스러움을, **우리가 존재나 비존재에 대한 모든 태도 취함을 억제한다**는 의미에서 미리 주어진 세계를 이제부터, 그리고 깰 수 없이, 의문에 두기 위해 사용한다. 즉 우리는 실증 학문의 태도, 그리고 말하자면 학문 외적 영역의 실증적 삶의 태도에 맞서 명증적으로 가능한 **반대되는 태도**를 받아들인다. 우리는 세계적 존재나 비존재에 관한 모든 정립을, 혹은 우리가 세계를 언제나 존재 타당성 속에 유지했다고 할 때, 그러한 존재 타당성의 우주로서의 세계에 관한 모든 정립을 억제한다. 이러한 보편적 억제를 수행하는 것, 그것을 우리는 물론 처음부터 할 수 있었다. 그러나 그랬더라면, **초월론적** 주관성의 부각에 난점이 있었을 것이다. 존재하는 세계, 결국 그 학문적 규정 속에서의 세계는 초월론적 주관성의 경험적 작업수행과 인식적 작업수행으로부터 우리에게 존재하게 되고, 또 세계 속에서 시공간적으로 존재하는 우리의 **인간적인** 자기 자신이 우리에게 존재하게 된다. 초월론적 주관성은 이런 것으로서 부각되어야 하는데, 저렇게 했더라면〔곧장 보편적 억제를 했더라면〕 이러한 부각이, 지금 우리에게 주어진 식으로 벌써 주어지지 않았을 것이다. 그리고, 그 부각은 지금 더 쉽게 완전한 명증으로 가져와질 수 있다.

의심스러움, 혹은 **데카르트**를 따라 이야기하자면, 세계 존재의 의심 가능성을 드러내 밝히는 우리의 방식은, 경험하는 삶이, 그것도 인식하는 자, 철학적으로 성찰하는 자인 나의 경험하는 삶이 자신의 내재 속에서 타당성의 통일체로서의 세계를 어떻게 바로 타당성으로 가져오는지를, 조야하지만 우선은 충분한 근본 특성들 속에서 벌써 보여준다. 그리고 나는 거기에서부터만 존재함과 그렇게 존재함에 따라 세계를 가지며, 그것도 언제나 열린 유보성과 충족되어야 하는 예기 속에서 가진다는 사실을 보여준다.[20]

그래서 나는 처음부터 실제로 존재함과 실제로 존재하지 않음 사이의

20 실증 학문과 연결시키지 않고, 우리가 즉시 세계에 대한 판단중지($\dot{\epsilon}\pi o\chi\acute{\eta}$)와 더불어 시작한다면, 이제 (우선은 세계를 경험하는 주관성으로서) 남아 있는 주관성에 대한 구조 고찰이 뒤따라야만 할 것이다. – 원주.

칼날 위에서만 세계를 가질 뿐이다. 다만 나는 예기 속에서 살면서, 그리고 예기를 수행하면서, 의문의 여지 없이 믿을 뿐이다. 존재가 언제나 계속 존재로 남아 있어야 한다는 사실, 모든 가상은 적절하고 결국 최종적인 수정을 통해 극복될 것이며 극복되어야 한다는 사실, 사실적인 보편적 경험의 모든 일면성, 임시성, 일반적인 불완전성의 배후에, 나와 타인의 경험에서 일어나는 모든 불일치의 배후에, 이상적으로 실제로 견뎌내는 경험 속에서 실현될 수 있는 것으로서의 **참된 존재**가 서 있다는 사실, 이 위에서 실제적인 경험이 잠정적인 어림셈(Anschlag)으로 기능하고, 점근의 방법을 가능하게 할 수 있다는 사실을 믿을 뿐이다.

세계 존재의 진지한 의문스러움과 의심 가능성은 나에게 의심할 자유를 주지는 않지만, 그러나 경험의 세계로서의 세계의 비존재의 가능성을 **열어두고**, 아주 진지한 이유에서 존재와 비존재 사이의 완전한 **미결정**이 마음대로 주재하게 할 권리를 준다. 그러나 내가 그것을 행한다면, 세계를 경험하는 주관성이 나에게 남게 되며, 그것도 세계의 존재를 나에게, 그것도 나에게 그러한 대로, 타당성으로 가져오는 주관성으로서 남게 된다.

여기서 이러한 남아 있음은 내가 나와 나의 주관적인 것을 **경험하며**, 우선은 이전에 나의 세계 가짐이 존립했던 곳인 주관적인 것을 경험함을 의미한다는 사실을 알아야 한다. 그러나 주관적인 것에 대한 지금의 경험함은 판단중지(ἐποχή)를 통해 새롭게 경험된 것을 지니는 새로운 경험이다. 즉 더 이상 인간으로서의 나와 모든 심리적인(심리학적인) 내용을 지니는 나의 인간적–주관적 현존이 아니라, 이제 초월론적 자기 경험으로부터 초월론적 주관성이라고 불리는 것을 지니는 새로운 경험함이다.

인간으로서 나는 나를 공간 속에서 경험하며, 물체적 신체를 갖는 인간으로서 경험한다. 물체적 신체는 내가 나로부터 움직이는 기관들의 체계이다. 그리고 그것의 운동감각을 통해 나는 다른 사물을 지각하고, 공간 세계 속에 밀어 넣으며, 그 밖의 영향을 끼친다. 인간, 공간 속에 존재하는 심리 물리적인 실재적인 것으로서의 나는 '나에게' 인간이다. 그것은 맨 밑의 감성적 경험 덕분이다. 그리고 신체가 일면적으로 현출하면서 모든 다른 사물과 마찬가지로 나에게 존재하면서 동일한 것으로서 나타나고 끊임없이 자신의 예기의 영역을 갖는 흐르는 관점들 덕분이다. 그런데 이러한 물체 사물은 이제 그것을 통해, 그러니까 신체를 통해 자신을 공간적으로 현실화하는 심리적인 것의 담지자이다. 이 모든 것은 나의 경험하는 삶으로부터 나에게 존재하는 것이고, 판단중지에 빠지게 된다. 이 모든 것은 세계의 보편적 의문스러움 속에 포함되게 된다. 그래서 판단중지 후에 나는 세계 속의 인간이 아니라, 자아(das Ich)다. 그것은 자신의 '초월론적' 삶(세계의 존재와 비존재에 관한 결정 이전에, 그것인 바대로 존재하는 삶)을 통해 비로소 바로 인간—자아가 되는 자아이다. 세계 실존 이전에, 세계의 실존이 어떠한지 결정하기 이전에, 주관성의 존재가, 그리고 우선은 나의 고유한 존재가 놓여 있다. 그것은, 자아에 대해 존재하는 모든 것 각각이 자아 자체로부터 타당한 자아로서의 나다.

II

나는 처음부터 **세계의 미리 주어짐** 속에서 깨어 있는 자아로서 존재한다. 그러나 그럼에도 불구하고 나는 세계의 존재를 의문시한다. 다음과 같은 **반론: 내가 무엇을 수행하든, 나는 존재 속에 있다.** 나는 일반적으로 존재자가 존재하는지는 물을 수 없다. 나는 이러저러한 사물이 실제로 존재하는지, 태양, 숲 등이 실제로 존재하는지 존재하지 않는지는 물을 수 있다. 둘 다 미리 자신의 가능성을 갖는다. 그러나 **나는** 동일한 의미에서, **일반적으로 무언가가 존재하는지, 오히려 아무것도 없지 않은지는 물을 수 없다.**

물론 이것은 상관적으로 진리와 관계한다. 일반적으로 진리가 있는지 없는지 나는 물을 수 없다. 그러므로 존재하면서 끊임없이 세계를 미리 부여한 나에게, 이 세계에 대한 나의(우리의) 믿음의 '근거들'에 관한 물음은 무엇을 의미할 수 있을까? 왜 나는 세계의 실존을 나의 소박한 선입견이라고 부르는가?

만약 실제로 세계가 일반적으로 존재자의 총체이고, 세계 진리가 진리 일반이라면, 그리고 실제로 물음이, 존재자와 존재자의 전체가 존재하는지 존재하지 않는지로 향한다면, (그러므로, 처음부터 비존재의 가능성이 여전히 열려 있는 지금의 주도적 의미에서 이해된 채로는) 물음은 불합리한 것임에 틀림없고, 그렇게 묻는 것은 이제 우선은 실제로 모순처럼 **보인다.** 나는 물론 존재하고, 그러므로 어쨌든 실재적인 것이며, 나는 이 인간이다. 내가 존재한다는 사실, 그것은 절대적으로 확실하다. 나 이외에 어떤 것도 존재하지 않을 때조차도, 나머지 세계가 비어 있는 공간이더라도, 그럼에도 불구하고, 세계는 존재할 것이며, 단지 아주 제한된 세계일 것이다.

그러나 나는 물음, 그러니까 세계에 대한 인식 물음을 그렇게 이해할 필요가 없다. 그리고 나중에 말할 것도 없이 분명해지게 될 것인바, 실제로 세계적 진리는 진리 일반이 아니고, 세계의 비존재의 가능성은 이러한 성급한 형식적 근거에서도, 마찬가지로 성급한 그 어떤 다른 근거에서도 결코 모순적이지 않다는 사실을 보여주는 데로 들어갈 필요가 없다.

그러나 이야기했듯이 우리는 여기로 더 들어갈 필요가 없다. 왜냐하면 우리는 존재와 진리를, 특히 세계의 존재와 진리를 다른 방식에서 의문시할 수 있기 때문이다. 세계 진리, 혹은 같은 것이지만, 나에 대한 세계의 존재를 **정초함**에 관한 물음 속에서 말이다. 그에 따라 나는 나에게 세계를 타당하게 만드는 경험이 어떻게 보이는지 묻고, 가상들이 개별적으로는 충분히 있다는 것을 아는 곳에서 어떻게 그 경험이 나에게 세계 존재를 증명하는지 묻는다. 나는 세계의 나에-대한-존재에 속하는 주관적 현출 방식들, 소여 방식들, 믿음의 양상 등으로 되돌아가 묻고, 그것의 '효력 범위'에 관해 묻는다.

많은 진리 유형들이 있어야 나는 모든 진리 유형에 대해 그것을 행할 수 있다. 각각의 모든 것은 인식 속에서 나에 대해, 우리에 대해 진리다. 그리고 인식은 방법이고, 단적인 경험조차 이미 나에게 가장 근원적인 존재를 정초하게 하는 방법이다. 이러한 물음 설정은 명백히 나에게 절대적으로 필증적으로 타당한 세계에 대해서조차 의미를 지닌다.

나는 자아로서 언제나 필연적으로 존재 가짐 속에 있다. 존재하는 것은 나에게 언제나 미리 주어진다. 내가 특수성 속에서 주제적으로 부여한 모든 존재자는 나에게 지평적으로 미리 주어진 하나의 존재 토대 위에서의 특수성이다. 내가 학자이고, 학자로서 나의 학문 '내부에', 그리고 나의 시대의 학문 전체 속에 서 있다면 나의 학문은, 그리고 나에게 함께 타당한 그 밖의 학문들은 그것들이 지금 발전되어 있는 한에서(나의 시대에, 나의 타당성에 있는 한에서) 미리 주어진 것들의 영역에 속할 것이다. 그리고 내가 드러내 밝히는 모든 특수한 진리, 내가 일반적으로 주제적으로 갖는 모든 특수한 사태는 자신의 미리 주어진 것들의 지평을 갖는다. 그리고 여기서, 내가 반복하고 재활성화하는 판단 속에서 되돌아가 파악할 수 있는 문서화된 지평을 갖는다. **학문**의 이러한 존재 토대는, 내가 언제나 또한 이 세계를 지평 타당성 속에서 순수하게 경험의 세계로서 (명시적으로든 소박하게 비명시적으로든 정초 기능 속에 있는 학자로서의 나에게 언제나) 미리 부여한 한에서, 보편적인 존재 토대가 아니다.

만약 내가 학자가 아니고, 아예 교육받은 사람으로서 학문적인 것을 타당성 속에 지닌 적이 없다면, 혹은 내가 일상 속에서 존재한다면 나는 경험 세계를 타당성 속에서 지니고, 나의 실천적 환경세계와 세계를 타당성 속에 지닌다. 지평 속에서 경우에 따라서는 "내가 이해하지 못하고, 나에게 아무것도 말하지 않지만, 다른 사람들에게는 그들에게 타당한 무언가를 말해주는 학문적인 책들"도 지닌다.

만약 내가 학문적인 타당성 영역을 괄호 친다면, 나는 주체로서의 내 안에서 '학자'에 특유한 층을 구분하고, 나를, 그러므로 구체적 자아를 헐어낸다. 나는 '나에 대한 존재'(내지는 마찬가지로 '우리에 대한 존재')의 미리 주어진 영역인 타당성 영역과 더불어 나의 자아의 자연적-추상적 층을 유지한다. 이때 '나에 대한 존재'는, 내가 보듯이, 학자의 헐어내진 타당성 영역 옆에 놓여 있는 것이 아니라, 그러한 타당성 영역을 그것의 미리 주어짐의 타당성 속에서 기초 짓는다. 나의 자아의 해체에는 또한 나의 '우리'의 해체가 상응한다.

그러나 만약 내가 '우리 학자'가 아니라 가령 '우리 유럽인'을 해체해야 한다면 상황은 더 복잡해진다. 이러한 '우리'의 자아로서의 나는 학자이고, 나에게 더 넓은 '우리'는 처음부터 '우리 유럽 학자들', 학문을 이해하면서 타당성 속에서 갖는 '우리 교양인들', 그리고 비교양인들로 나뉜다. 처음 두 집단의 '우리'는 미리 주어진 '세계'에서, 학문적 타당성을 그 세계 의미를 본질적으로 함께 규정하는 것으로서 효력 있게 갖는다. 미래의 지평, 즉 "미래의 학문이 밝히게 될 것"과 함께 규정하면서 말이다. 내가 '이 세계'라고 말한다면, 나는 그것을 이미 이러한 선소여(Vorgegebenheit)와 공동체 속에서 말하는 것이다. 비교양인들은 여기에 **간접적으로** 관여한다. 그들이 그들의 미리 주어진 환경세계 속에서 학자와 학문을 이해되지 않은 사실로서 가지면서, 동시에 아주 불완전할지라도 학문을 이해하는 법을 배우고, 그런 다음 필연적 타당성을 넘겨받을 가능성을 지니며, 개별적인 방식으로, 그리고 경우에 따라 그러한 가능성을 실현하는 한에서 말이다.

보다 넓은 '우리'를 해체하는 것은 나에게 학문적 타당성을 제거하는 것을 의미하는 것이 아니라, 학문적 타당성이 전제했던 것의 계속적 타당성과 결합된 판단중지를 의미하는 것이다. 판단중지는 이제 교양인과 비교양인의 전체 삶에 적중한다. 삶의 방식과 결정 방식으로서의 저 교양 형성의 가능성이 남아 있지만, 그것의 타당성의 결과에 관해서는 판단중지에 내맡겨져야 하는 한에서 말이다. 이것은 움직이는 이러한 보편적 자아 삶과 우리 삶의 선소여의 지평과 관련하여 미리 일어난다.

내가 **선소여의 단계**를 추적한다면 나는 여러 방향 속에서 전진해야 한다. 동시에 정초 단계들(유럽, 아시아 등)인 광범위한 연관들을 추적해야 하고, 그러한 모든 단계 각각이 자신 안에 포함하는 정초들을 추적해야 한다. 특히 뒤섞임, 그리고 뒤섞임과 함께 분리됨을 추적해야 한다. 이 모든 것과 더불어 우리는 세계 고찰 속에서 움직이고, 말하자면 존재 고찰 속에서 움직인다. 이러한 존재 고찰은 다양한 단계에서 주관적이다. 그리고 존재 타당성에 대한 존재 고찰의 체계론은 '초월론적 주관성'으로 이끌고, 우선은 나의 고유한 초월론적 주관성으로 이끈다. 그리고 더 나아가 나로부터 근원적으로 함께 존재하는, 초월론적 주체로서의 대립된 주체에게로 이끈다. 그러나 나는 이러한 상승 속에서 구성적–주관적인 것(나는 이것을 주관적 종합이라고도 부를 수 있다)을 체계적으로 추적하고, 모든 주관적인 것을 바로 (자신의 '무엇에 관한'을 지니고, 자아적 가능성에 대한 자신의 지평을 지닌) 지향성의 단계로 바라봄으로써, 전체 과정은 **진정한 구체화의 방법**이된다.

이것은 무엇을 이야기하는가? 선소여의 구조는 나에게 상대적으로 존재하는 것으로부터 나에게 상대적으로 존재하는 것으로 이끈다. 그리고 결국 (초월론적 주관성의 발견과 함께) **구체적 우주**로 이끈다. 구체적 우주는 모든 상대성의 모든 존재자를 한꺼번에 포괄하고, 모든 존재자에게 자신의 상대적 권리를 부여하며, 자신의 지향적 구성으로부터 그 상대적 존재 의미를 해명한다. 그런데 이 구성 자체도 단계적인 방식으로 다시 자신의 구성으로 되돌아 이끈다. 결국 **절대적 존재자**가 도달되고, 자신의 구체성 속에서 모든 구성의 우주로서, 그리고 자신의 자체 구성적 잠재성 속에서 독자적으로 존재하는 것으로서 발견될 때까지 말이다. 초월론적 주관성은 구체적 무한성이고, 초월론적 지평을 무한히(*in infinitum*) 현실화하는 잠재성으로부터의 무한성으로서 존재한다.

방법적 상승은 보편적인 본질 구조를 따라간다. 이러한 본질 구조는 자기 자신을 상대적 존재의 본질 구조로서 상대화하며, 초월론적 주관성의 절대적이고 전체적인 본질 형식 속으로 들어간다. 자신의 추상 지평을 가진 추상들을 계속해서 제거하는 것은, 이미 도달되었지만, 아직 완전한 구체성까지는 도달되지 못한 초월론적 주관성 속에서, 최고의 활동성과 잠재성으로 이끈다. 이 활동성과 잠재성은 '**진정함**'의 성취라는 활동성으로서, 초월론적인 개별 주관성과 공동체 속의 초월론적 상호주관성 속에서 한갓 작용들로서 다른 작용들의 옆에 등장하는 것이 아니라, 초월론적 주관성의 구성적인 작용 삶 전체를 포괄한다. 진정함 속의 존재, 그것은 최고 단계의 참된 존재다. 그리고 초월론적 주체나 초월론적 상호주관성의 진정한 존재로서, 그것은 모든 상대적 존재에 처음으로 완전한 존재 성격,

최상의 진리의 존재 성격을 부여한다. 그러나 그것은 다음을 의미하지는 않는다.

우주는 진리 속에서 **존재**하는 것이 아니라 다만 그럴 **수 있을** 뿐이다. 혹은 **진리를 향한 무한한 노력 속에서만 그럴 수 있을** 뿐이다. 혹은 **진정함 자체도 필연적 상대성** 속에서 존재하는 것이 아닌가? 개별적 자아는 상대성 속에서 진정함에 도달할 수 있지만… 등등.

III

이로써 궁극적 존재의 이념 — 우리의 철학적 물음 설정의 '자명성' — **이 흔들리게 된다.** 이념적 학문은 이제 아무 도움이 되지 않는다. 이념적 학문도 영향을 받는다. 그럼에도 논리학, 즉 형식적 진리론과 존재론으로서의 형식적 수학(*Mathesis*)은 존재자를 궁극적으로 실재적인 것으로 이해한다. 결국 실재적 진리와 실재적인 즉자적-존재, 그리고 궁극적으로 인식될 수 있는 것이라는 자명한 전제가 폐기된다면, 논리학이 무엇이 되겠는가? 그러나 우리는 기묘한 상황에 있지 않은가? 참된 존재와 진리의 가능성을 의문시하면서, 그럼에도 우리는 어떤 대답을 향하고, 물음 자체 속에 존재자를 전제하며, 가능한 진리를 전제한다. 벌써 회의론에 대해, 회의론의 테제, 그러니까 진리에 대한 회의론의 부정 자체가 진리로서 등장한다는 반박이 있었다. 그러나 인식하는 주관성으로 되던져짐은 존재자에게로 되던져짐이고, 심지어, 우리 인간에게로 되던져짐을 의미하는 것처럼 보인다. 그래서 세계를 부정하는 것, 우주 속의(*in universo*) 존재자를 부정하는 것은 자기 자신을 폐기하는 모순인가?

만약 우리가 인간에게 초월론적 주관성을 가정하도록 시도한다고 해도 우리는 새롭게 다음과 같은 물음 앞에 서게 된다. 우리는 참된 존재와 진리를 이념으로서 전제해도 되는가? 우리는 단지 초월론적 학문이 **어떻게** 수행되어야만 하는지만 물을 수 있는가? 만약 세계와 세계 존재의 토대가 우리의 발아래에서 떨어져 나간다면 존재와 진리는 어떤 의미를 갖는가?

세계에 대한 궁극적 진리의 가능성을 묻고, 그 세계의 참된 존재 자체가 문제시된다면, 환경세계 속의 자신의 현존과 타인의 현존의 가능성과 현실성은, 그때그때의 삶의 상황인 대로, 우선은 의문의 여지 없이 남아 있게 된다. 그리고 물론 마찬가지로 거기에 대해 진술할 가능성도 상황 진리 ─ 어떤 방식에서, '모두'에게 타당한 것으로서, 선학문적 삶의 의미에서 보편적인 '진리들' ─ 로서 의문의 여지 없이 남아 있다. (누가, 더욱이 학문적으로 교육받지 않은 누가 삶에서 이성*ratio*의 이념에 대해, 그리고 합리주의적 목적 설정과 방법의 산물인 합리적 학문의 참된 '즉자적'─존재에 대해 생각하겠는가?) 우리가 삶 속에 있을 때, 우리는 언제나 이미 우리가 일반적으로 할 수 있는 것과 할 수 없는 것을 '안다'. 특히 우리가 경험하는 것을 우리가 진술할 수 있고, 기술할 수 있다는 사실, 기술의 형성물, 언명 문장이, 우리에게 환경세계적으로 문제 될 수 있는 모두에게 이해될 수 있고, 확인될 수 있으며, 올바르게 발견될 수 있고, 모두에게 타당한 진리라는 사실이 중요할 때 그렇다.

그런데 만약 우리가 이제 우리의 앞선 숙고에서 모든 학문 밖에, 그리고 모든 학문 너머에 우리를 세울 수 있다면, 그리고 우리가 일반적으로 환경세계적 행함의 방식과, 그중에서 판단하고, 진리를 밝히고, 우리와 타인들에게 확정하는 행함의 방식을 **기술**한다면, 우리는 여기서 다른 권리주장을 하는 것이 아닌가? 우리는 인간적인 환경세계적 행함의 토대 위에 머물러 있지 않은가? 우리는 존재와 가상에 대해서 판단한다. 지속적인 존재와 증명할 수 있음을 확신한다, 등등. 합리적인 학문은 그와 같은 것을 '한갓 주관적으로' 타당한 진술과 진리라고 부를지 모른다. 그럼에도 그것은 타당하다. 그것들은 상호주관성의 집단에, '우리'에게 타당하다. 이때 '우리'라는 것은 분석되지 않고, 명시적으로, 근본적으로 경계 설정되지는 않지만, 그럼에도, 우리 자신이 주제화할 수 있는 '충분한 의미'를 지닌다.

전진하는 자기 숙고는 우리를 더 멀리까지 이끌고, 인간적인 생활세계 너머에까지 이끈다. 우리는 정말로 생활세계 자체를 의문시하는 데로 넘어가야 한다. 이때 생활세계로서 언제나 타당성 속에 현존하고 상호주관적 의미와 확증을 지니는 이 세계의 '즉자-존재'는 물음 속에 남아 있다. 그러나 우리는 주관성 속에 남아 있다.

그러면 여전히 남아 있는 '나는 존재한다(Ich-bin)'의 필증성은, 그러니까 임의의 사물이 환경세계적으로 흘러가면서 연속적으로 경험되는 동안에, **자아의 존재**를 부정하는 것의 불가능성은 사정이 어떠한가? 보편성으로 이행하면서, 본질 보편성은, 나의 본질 가능성과 본질 필연성의 필증성은, 그리고 아마도 가능한 (순수한 가능성으로서 구성되어야 할 것으로서의) 환경세계의 진행과 관계하는 것들의 필증성은 사정이 어떠한가? 결국 나는 여기서 아무리 제한되어 있더라도 이러한 존재 영역과 진리 영역에서 형식 논리학을 사용할 수 있는가? 나는 "**여기서** 존재가 어떻게 증명되는지", "**여기서** 술어적이고 계속적으로 타당한 진리로서의 진리가 어떻게 의미를 갖는지", 그리고 "세계 타당성이 의문시되지 않더라도, 그러한 진리가 어떤 종류의 타당성을 지니는지" 물을 수 없는가? 그렇게 반성하면서 나는 (저 앞서 의문시된 진리의 가능성과 의미에 대해) 다시 진리를 가지고서 대답하고, 그것은 다시 자신의 방식에서 본질의 진리이며, 자신의 방식에서 이성적인 진리가 아닌가? 그리로 가면서 묻는 것에는 물론 동기가 있다. 나는 우선은 나 및 나의 '우리'와 관계하고, 우리의 환경세계와 관계한다. 그리고 그것의 의심할 여지 없는 존재와 관계한다. 그러나 그것은 또한 자신의 불가해성과 의문스러움을 지닌다. 그러나 여기서도 나는 여전히 상대적인 진리와 비상대적인 진리를 구별하고, 주관적으로 나에게 감성적으로 현출하는 것과 다른 사람에게 다르게 현출하는 동일한 것 등을 구별한다. 또한 여기서도 나는 모두에 대해 언제나 타당한 존재의 가능성에 대해 묻는다. '학문적인' 세계 해석의 전제 없이 말이다.

우리가 초월론적 토대에 도달할 때까지는 본래적으로 형상적인 고찰을 아마도 아껴둘 수 있을 것이다. 그러나 여기서 중요한 것은 내가 그렇게 전진하여서, 여기서 가질 수 있고, 여기서 그것의 명료한 의미를 갖는 타당성 이외에 다른 타당성을 요구하지 않고서, '우리와 우리의 환경세계'라는 주제를 한갓 주관적인 것의 영역으로의 최초의 돌진으로서 수행할 수 있다는 사실이다. 그러면 나는 내가 초월론적 주관성으로 상승해야 한다는 사실을 알 때까지, 언제나 새로운 이해의 문제들을 발견하게 된다.

그것은 전진하는 숙고의 단계에서의 소박함이다. 나는 되돌아 묻고, 은폐된 전제들, 상이한 단계의 자명성들을 순차적으로 배제하며, 판단하면서 그것들을 진술하고, 나에게 미리 타당한 그것의 진리에 대해 언명한다. 그리고 내가 수행하는 (그리고 그것에 대해 내가 진술하면서 판단하는) 모든 배제는 나에게 하나의 새로운 존재 토대와 진리 토대를 부여한다. 그리고 이러한 토대 위에서 나는 단칭 판단들과 전칭 판단들을 근거 지으면서, 그것들을 진리로서 언명한다.

처음부터 나는 주관적인 것, 그러니까 나와 우리의 주관적인 것에 관해 판단한다. 이미 첫 번째 단계에서 나는 이렇게 전환한다. 나는 실증 학문을 우리의, 학자들의 수행으로 받아들이고, 이론을 결과로 받아들이며, 객관적인 것, 자연, 정신 등을 의미를 통해 진술된 것으로 받아들인다. 나는 다양한 단계의 주관적인 것을 갖고, 결국 모든 주관적인 것의 우주가 주제가 된다. 그 우주 안에서 어떤 의미에서든 존재하는 모든 것은 타당한 것이고, 가능한 증명의 이념 아래에서 타당한 것이다. 그것도 진리의 기체로서 말이다. 이때 나는 본질 진리를 필증적인 보편성으로서, 또한 필증적인 개별적 진리로서 단계적으로 근거 짓는다. 예를 들어 나는 사물에 대한 중단 없는 지각이 일어나는 동안에, 그 사물의 존재를 부정할 수 없다는 개별적 진리, 이때 확실히 일관되게 충족하는 것이 존재한다는 개별적 진리를 근거 짓는다. 나는 나에 대해 (그리고 우리에 대해) 존재하는 모든 것이 자신의 지평을 가지고, 이 존재자는 자신의 지평에 대해 상대적이라는 사실을 안다. 나는 결국 모든 지평의 모든 상대적 존재자는 절대적으로 본질적으로 주관적인 것으로 되돌아 이끈다는 사실을 인식한다. 그것은 보다 높은 단계의 모든 주관적인 것을 자신 안에 구성된 것으로서 포함하고, 자기 자신에 대해 자기 자신을 구성함으로써 그것 자체로 **존재한다**. 그것은 자신의 고유한 가능성의 우주 속에서 실제적인 것으로서 존재한다. 그것의 불변의 본질 구조는 모든 본질적인 것을 포괄하고, 모든 단계의 모든 아프리오리를 포괄한다. 이러한 아프리오리는 이러한 단계들에서 일면적인 지평에 대해 상대적이고, 이러한 지평을 관통하여 전체적인 지평에, 전체적인 본질 필연성과 본질 가능성에 대해 상대적이다. 그리고 그것의 전체성 속에서 그 아프리오리는 구성요소로서 비자립적으로 삽입된다. 단지 그렇게만 자신의 완전한 의미를 드러내면서 말이다.

초월론적 현상학에 이르는 데카르트적 길과
보편적인 현상학적 심리학의 길

필증적 정당화의 문제를 배제하면서, 보편적이고, 전면적이며, 모든 상대성을 지배하는 학문으로서의 철학에 이르는 두 가지 길.

데카르트적 길과 보편적인 현상학적 심리학의 길.

1) 보편적 학문은 어떻게 실현될 수 있는가? (데카르트 이래 초월론적 철학의 길.)

① 실증적 학문에는 단지 지평들을 지닌 상대적인 인식, 상대적인 통찰들만이 존재한다.

② 우리는 초월론적 환원(자기 안에 보편적 세계 인식을 포함하는 보편적인 자기 인식으로서의 보편적인 초월론적 인식)의 길을 간다. 이로써 나는 나 자신을 철학자로 구축하고, 인식-자아로서의 나의 보편적 존재를 나의 경험적 인식 실천에 대한 나의 참된 인식-자아의 규범으로서 획득한다. 인식 공동체의 책임자로서의 자아. 우리는 우리를 진정한 인식-인류로서 구축한다. 가치-진리와 실천적 진리

의 가능성들도 함께 포함된 채로, '우리'로부터 초월론적 근거에서 '참된 세계'가 진정한 인식의 기체로서 건립된다. (그 진리 속에서) 자기 창조와 세계 창조로서의 자기 인식. 이것은 필증적 정당화 문제의 배제 아래에서, "나는 존재한다", "우리는 존재한다"의 길이다.

2) 두 번째 길: 출발점, 그러니까 독단적 출발점으로서의 **"이 세계가 존재한다."** 경험으로부터의 인식 원리의 철저한 수행. 모든 연관을, 주관적인 소여 방식들을 추적하기. 완전한 구체적 연관. 인식에서 인식된 것. 인식하는 주관성으로 되돌아감은 아직 초월론적 주관성으로 되돌아감이 아니다. 주관성에 대한 학문적 고찰을 위해 우리는 이미 심리학과 정신과학을 가지고 있다. 보편적으로 수행된 것으로 생각하면, 모든 실증적 학문은 정신과학들로, 보편적 정신과학으로 해소된다.[21] 어떤 종류의 학문인가? 통상적 의미에서의 심리학과 정신과학들. 또한 실증적 학문으로서의 '노에시스적인' 분과학문들. 모든 실증성의 추상. 심지어 노에시스적 실증성, 논리적, 윤리적 실증성의 추상성. 통상적 의미에서의 에고 코기토의 추상. 모든 추상을 폐기하는 새로운 (현상학적) 의미의 노에시스학이 필요하다. 진정한 인격적 심리학조차 일면적이다. 행위의 공통 개념. 보다 높은 단계의 실증성. 이에 대한 주석: 향해짐의 양상과 현출의 양상. 완전한 보편성만이 완전한 구체성으로 이끈다. 모든 대상은 주관성의 상관자–사건이다. 완전하고 순수한 전체 주관성은 세계가 존재하지 않더라도 머물러 남아 있으

••
21 보편적 학문을 향한 태도를 전제해보자. 그러면 자연적으로 제시되는 길은 실증적 세계 학문의 목표를 지닌 실증성의 길이다. 자연과학에서 정신과학으로 일관적으로 계속 진행하는 것은 정신 속의 자연과 정신을 정신 자체를 통해 지향적으로 포괄하는 것에 이른다. 자연과학과 자연 자체는, 그리고 세계 학문과 학문적으로 인식된 세계 자체는 보편적 정신 속의 형성물이 된다. 이것은 절대적 보편학에 이르는 길로서의 절대적 정신과학이라는 생각에 동기를 준다. – 원주.

리라는 인식.

과정: 주어진 세계, 주어진 세계의 보편적 구조 유형을 기술함. 형상적 변경, 상관관계의 인식. 우선은 심리학적 형식에서. **심리학적 환원.**[22]

지향적으로 되돌아 관계됨. — 1) 학문적 주체는 경험하고 사유한다. 그리고 언제나 다양한 경험 객체들을 — 전체 세계를 — 가지고 있다. 경험객체들은 그들에게 존재하는 것으로 여겨지고, 그것들을 부분적으로는 실제로 경험하고, 부분적으로는 경험 없이 판단을 통해 정립한다. 모든 인간처럼 말이다. 학자로서 그들은 즉자적 '참된' 존재와 참되고 올바른 판단을 향해 나아간다. 그들은 경험을 따라서, 그리고 경험의 토대 위에 근거 지어진 판단 명증을 따라서 가고, 즉자적 '참된' 존재의 보편적 연관을 그들에게 타당한 최종적인 참된 판단의 기체 체계로서 끌어내어 규정하고자 한다. 학문적 이론은 이러한 것을 수행한다.

2) 진리를 추구하는 모든 노력과 이러한 전체 주관적 인식 삶 속에서, 경험함, 명확하고 개념적으로 판단하는 사유함, 상대적이지 않은 것에 대해 이념화하는 사유함, 목표하면서 통찰하는 판단함, 사실, 공리, 증명, 객

22 더 진행하지 않음. — 에고 코기토와 자연적 세계 개념이라는 두 길 위에서의 이러한 전체 고찰 방식은 어떤 소박성 속에서 수행되었다. 학문은 통찰적인 근거 제시로부터의 인식이다. 학문은 근거 지어지지 않은 어떤 것도 허용하고자 하지 않으며, 이때 특히 '객관적으로' 근거 지어진 것만을 허용하고자 한다. 그래서 학문은 끊임없는 비판을 수행한다. 그러나 철학적 고찰은 단순히 소박한 명증 속에서 수행되었다. 철학적 고찰로부터 자라나야 하는 철학적인 보편학도 마찬가지로 소박한 명증 속에서 수행된 것으로서 생각된다.
그래서 결여되어 있는 것은 초월론적-현상학적 명증의 이론이다. 그리고, 필증적인 인식과 학문의 가능성의 조건에 관한 숙고이다. 그리고 초월론적이고 절대적인 이성으로서의 학문적 이성의 이론이다. 그리고 그 필증성(그리고 그것의 '유효 범위')에 따라 철저하게 검토된 필증적 원리들에 입각한 보편학의 정초다(현상학하는 주관성의 현상학).─ 원주.

관적 가능성과 개연성의 진술함 등이 수행된다. 이러한 노력과 인식 삶은 그 고유성, 그 연관들을 지니고, 연구의 가능한 주제가 된다. 그러한 연구에서 선학문적이거나 학문적인 인식하는 주관성은 주제적이 되고, 그래서 그 자체로 경험되고 숙고된 주관성이 된다. 그리고 그 주관성은 참된 존재, 참된 판단, 그리고 **그것들에 대한** 이론을 목표로 하는 (인식 학문적으로 활동하는 학문적 인간의) 인식 활동의 장(Feld)이 된다.

3) (전공 학자로 제한된 것이 아니라 보편적으로 관심을 갖는) 학자가 **보편적** 인식을 향해 간다면, 모든 참된 존재자의 총체를 향해 간다면, 그는 우선은, 그가 보편적 조망을 시도한 자신의 경험에서, '세계'— 그에게 현존하는 실재성들의 통일화된 전체로서, 그에게 이미 선학문적으로 경험된 시공간적 세계— 의 맞은편에 자기 자신을 발견하게 될 것이다. 그 통일화된 전체에는 인간들도 포함되며, 인간으로서, 인식하는 자로서, 학자로서, 그 자신도 신체와 영혼에 따라서 속한다. 여기에는 또한 그의 전체 경험함과 사유함, 그의 수동적이고 활동적인 전체 삶, 판단하고, 가치평가하고, 행위하는 그의 삶이 속한다. 그래서 그의 학문적 행함의 전체 과정과 거기서 그에게 주관적으로 제시되는 모든 것의 전체 과정도 속한다. 현존하는 이러저러한 사물들이 이러저러한 소여 방식 속에서 주관적으로 그에게 주어진다. 그것은 존재하는 것으로서, 그리고 그렇게 존재하는 것으로서 그에게 주어진다. 계속적인 진행 속에서 이후, 아마도 달리 존재하는 것으로서, 우선 그에게 현존하는 특징과 관련하여 의심스러운 것으로, 그리고 다시 실제적인 것으로서, 입증된 '참된' 것으로서, 혹은 경험하는 파악의 진행 속에서, 그다음에는 입증되어 경험된 것과의 충돌 속에서 존재하지 않는 것으로, 달리 존재하는 것으로, 환영적인 가상으로 밝혀진 것 등으로 주어진다. 학문적으로 작업된 참된 존재와 참된 판단 또한 여기서 주관적

연관 속에서, 그러니까 전체 인식 활동성과 일반적으로 심리적으로 살아가고 수행해나가는 주관성의 구체적 연관 속에서, 주관적인 것**으로서** 등장한다. 물론 참된 존재 자체는 한갓 주관적인 무엇이어서는 안 된다. 그것은 많은 주관적 명증과 명증적 근거 제시 속에서 동일한 것으로서 인식될 수 있으며, 한번 밝혀지면 이에 대해 논쟁하는 판단은 명증적으로 불가능하도록 언제나 다시 동일한 것으로서 밝혀져야 할 무언가로서 인식될 수 있다. 그러나 이러한 사실은 참된 존재, 더욱이 명증적으로 그 자체로 그러그러하게 존재하는 것으로서의 대상적 존재가 주관적 연관 속에서 등장하고, 주관적 연관들 속에서 함께 연구되어야 한다는 사실을 변경시키지 않는다. 완전한 주관성이 모든 그의 삶 속에서, 그의 수동적이고 능동적인 작업수행함 속에서 주제가 되어야 한다면 말이다.

역설적인 되돌아 관계됨. ― 보편적 학자로서의 나는, 세계를 체계적으로 연구하면서, 나의 진리 목표를 자연으로, 동물성으로, 신체적–영혼적 경험의 통일체로 향한다. 내가 모든 연관들과 의존성들을 추적하면, 나는 직관적 경험 통일체 ― 물리적 사물성, 그리고 우선은 그것의 감각적인 형태 음영, 색 음영 등 ― 가 그때그때의 경험하는 자의 **신체**와 (어느 정도 신체적으로 제약된 것으로서 제공되는) 그의 **영혼적 통각함**과 그 밖의 활동들에 의존함에 이르게 된다. 마찬가지로 거꾸로, 나는 신체적 사건들이 이러한 신체의 영혼적인 것에 의존함에 이르게 된다. 보편적 학자로서의 나는 그러면 나에게서 수행되는 모든 작업수행과 형성물로서의 형성물들을 연구해야 하고, 나의 주관성을 넘어서, 다른 주체와 주체의 작업수행, 주체의 형성물, 그리고 결국 주체들의 결합, 공동체, 공동체적 작업수행, 공동체 형성물들을 연구해야 한다.

그러면 주관적이거나 상호주관적인 **문화** 형성물들 가운데, 모든 가치 형성물, 모든 외적 작업물이 등장하고, 모든 이론들이, 학문이라고 자칭하는 모든 학문이나 진정한 모든 학문이 진리라고 자칭하는 모든 것이나 발견된 진정한 모든 진리가 등장한다. 그래서 다음으로 경우에 따라, 결국 실현되었다면, **또한** 여기서 추구된 **보편적 학문 자체**도 등장한다. 보편적 학문이 현존한다면, 그것은 **두 번** 현존해야 하는 것처럼 보인다. 그러니까 한 번은 세계에 대한 보편적 학문으로서, 그리고 두 번째로는 인간적 문화에 대한 특수 학문 속에서, 문화 생산물 중의 하나로서, 역사의 생성 속에 있는 학문적으로 창조하는 주관성의 특수한 산출물로서 등장한다. 실증적인 개별적 학문들에서도 마찬가지이다. 수에 관한 이론 등으로서의 수학이 있고, 문화 역사의 연관 속에서는, 수학하는 인류의 생성하는 — 그리고 생성된 — 산출물로서의 수학이 있다. 우리가 **보편적** 학문에서만 갖고 있는 기이한 상황이 있는데, 그것은 보편 학문은 보편적 이론으로서 다른 모든 주제들 가운데에서 **자기 자신**을 주제로 발견한다는 점이다. 철학의 주체로서의 철학자도 마찬가지로 자기 자신을 주제로서 발견한다, 등등.

더 나아가 보편적 '철학'의 보편적 주제인 **세계**는 동시에, (심리학과 정신 과학에서) 주제적으로 세계에 속하는 주체와 주체-공동체들을 함께 주제적으로 학문적으로 다루는 가운데, 사념되고, 판단되고, 이론화된 세계로서 존재한다. 보편적 심리학은 세계 학자를 포괄하고, 그들의 심리적 형성물로서의 세계 학문 자체를 포괄한다. 그리고 자기 자신을 포괄한다. 이 세계는 한 번은 단적으로, 그리고 일반적으로 주제이다. 그리고 이 세계는 주제 자체 속에서, 더욱이 '인식하는 주체'라는 특수한 주제 속에서, 사념된 지향적 세계로서, 그리고 경우에 따라서는 통찰적으로 인식된 세계로서 등장한다. 이것은 세계를 인식하는 주체에게, 그들이 단적으로 주제이면서, 또한 그들 자신에게도 주제에 속한다는 방식으로 여전히 타당하다. 더 나아가 그들은 자기 자신에게 주제적이 됨으로써, 또한 다시, 그들이 그들에게 주제적으로 사념된 주체로 존재한다는 **사실**이 주제 속에 포함되게 된다, 등등.

역사. ― 역사는 인식된 것으로서의 인식된 세계, 인식하는 주체 자체, 역사적 형성물로서의 역사 자체를 주제적으로 포괄한다. 학문으로서, 인식으로서의 역사는 또한 인식하는 역사가와 역사가의 인식함을 포괄한다. 역사가의 인식함 속에는 재차 인식된 것으로서 이러한 역사가와 역사, 그리고 역사라는 학문이 서 있다, 등등.

인식하는 주관성의 보편적 인식 안에서, 실제성과 가능성에 따라서, 우리는 상관자의 측면에서 전체 세계를 가져야 하지 않는가? 그 속에서 다시 모든 자신의 실제적이고, 가능적인 인식을 지닌, 그리고 다시금 자신의 참된 객체들을, 그리고 다시금 세계 자체를 그리고 다시금 자기 자신을 지닌 이러한 주관성들을 가져야 하지 않는가? 자아가 자기 자신에 되돌아 관계함은 실제적이고 가능적으로 명증적으로 인식하는 주관성 일반이 자기 자신으로 되돌아 관계함으로 계속된다. 이후의 특수한 모든 되돌아 관계함도 그렇다.

앞의 고찰의 시작은 다음과 같은 것이었다. 우리 학자는 모든 인간들처럼 세계를 갖는다. 모든 우리의 삶은 학문과 나란히, 그리고 학문에 앞서, 세계를 향한다. 우리는 다양하게 활동하고 겪으며 세계 속에 들어가 살고, 세계 속에 들어가 연구한다. 우리는 자연을 연구하고 자연과학을 창조한다. 보편적으로 연구하면서, 그러나 우리는 또한 세계 속에서 경험된 주관성에, 세계의 구성원으로서의 우리 자신에, 그리고 활동하고 겪는 우리의 전체 삶에 이른다. 그리고 또한 물론 그 모든 성과를 지닌 학문적 삶에 이르고, (점점 더 '완전한' 인식으로 전진해가면서) 그래서 결국, 진실로 존재하는 대로의, 그리고 그때그때 우리에게 타당한 대로의 세계 자체에 이른다. 세계를 이론 속에서 규정하는 보편학의 기체로서의 세계에, 혹은 세계를 인식하면서, 세계에 대한 참된 이론을 창조하는 학문적 주관성의 기체로서의 세계에 말이다. 이 모든 것은 사실 속에서 그러하지만, 또한 가능성과 관련해서도 그렇다.

우리가 세계를 경험함을 통해서만 주관성이, 그리고 우리 모두가 세계를 가진다는 사실을, 그리고 우리가 경험된 것을 숙고함을 통해서만 세계에 대해서 안다는 사실을 숙고해보자. 그리고 우리의 주관성은 '경험함과 사유함'이라는 명칭 아래에서, 자신의 경험된 것과 사유된 것에 자기 자신 안에서 관계한다는 점, 내지는 이 경험된 것과 사유된 것이 자신의 의식 자체 속에, 포착되고 파악된 그것으로서 그리고 포착되고 파악된 대로 놓여 있다는 점을 간과하지 말아보자. 그러면 우리가 이야기한 것은 특별히 중대한 의미를 갖는 것처럼 보인다. 그것은, **주관성 자체에 대한 연구** — 주관성 속에서 수행되는 존재와 삶에 대한 내적 연구 — **는 모든 인식, 모든 진리와 참된 세계로 이어진다**는 것이다.

그래서 그것은, 주관성의 연구가, 순수하게 내면성을 추적하면서, 보편적인 세계 인식으로의 길, 그것도 보편적인 세계 인식으로의 독립적인 길이거나 길로 형성될 수 있는지 묻게 만든다.

세계 학문의 최초의 자연적 길은 '실증성'의 길이고, 자연적 태도의 길이다. 자연스럽게 살아가면서, 우리는 세계를 갖고, 세계를 보편적 '조망' 속에서도 포괄할 수 있다. 그리고 우리가 그 속에 들어가 살고, 들어가 연구하듯이, 우리는 부단히 우리에게 현존하고, 우리에게 미리 주어진 이 세계에 관한 보편적 학문의 목표를 설정할 수 있다. 또 세계 영역들을 구획함으로써, 그리고 체계적으로 정돈되고 결합된 특수 학문들을 통해서 그 목표에 도달하고자 시도할 수 있다. 그러면 우리는 근대처럼, 자연에서 정신으로 넘어가게 된다. 우리가 정신과학에서, 자연적으로가 아니라 심리 물리적으로 정신을 연구하는 곳에서조차, 우리는 정신을 순수 자연에 친밀한, 세계 속의 정신, 자연 속의 정신으로 취하게 된다. 그리고 이렇게 나아가면, 완전한 보편적 정신과학이 형성될 경우, 우리가 보였듯이 이 정신과학에 다시 포함된 자연과학 등을 발견하게 된다.

그러나 그에 따라 위에서 이미 이야기했듯이, 처음부터 순수하게 주관성을 추적하는 다른 길이 가능하지 않은가? 그러니까 모든 것이 그 속에서 의식된 것으로, 경우에 따라서는 참되게 인식된 것으로서 존재하는 그러한 길로서 말이다. 두 가지 길, 그러니까 자연적 실증성의 길과 (아직 어떤 방식인지 알려지지 않은) 형성되어야 할, '순수' 주관적인 길이 보편학을 위해서, 그리고 완전히 충분한 보편학을 위해서 동등한 권리를 갖는가?

주관성 일반에 관한 고찰은 어떻게 가능한가? 어떠한 가능한 태도 속에서 가능한가? 주관성 일반에 대한 고찰은, 자연적 삶 속의 인간의 경우에 그러한 것처럼, 정신이 세계 속의 객체이고, 세계 속에 편입되어 있다는 식으로만 가능한가? 아니면 정신이 말하자면 세계에 **앞서**, 그리고 세계를 자신 안에서 구성하는 것으로서 연구되는 방식으로도 가능하지 않은가?

보편적 학문의 과제는 어떻게 완전한 만족 속에서의 충족에 이를 수 있는가? 그것은 우선 어떻게 최초로 착수될 수 있는가, 계속적 수행으로 가져와질 수 있는가? 나는 임의적으로 시작하고 임의적으로 계속 갈 수 있는가? 여기서 어떤 길이 필연적인 길인가? 자연적인 외적 세계 고찰 속에서 절대적인 학문이 근거 지어질 수 있는가? 이것을 위해 '**내적인 고찰**'을 시작해야 하는 것이 아닌가?

다음과 같은 사실을 보여줘야 한다. 실증적 학문에서 나는 단지 상대적인 인식만을 획득한다. 나는 보고, 통찰하고, 동일화하면서 지속적인 확증과 증명 속에서, 봄(Sehen)에서 봄으로, 통찰에서 통찰로 계속해나간다. 그러나 나는 언제나 지평을 지닌 단지 상대적인 통찰만을 획득한다. 만약 내가 세계, 그리고 더 나아가, 실제적 세계와 가능적 세계라고 말할 때, 나는 모든 것을 포괄하는 것이 아닌가?

자기 안에 보편적 세계 인식을 포함하는 보편적 자기 인식으로서의 보편적인 초월론적 인식.

1) 나는 초월론적 환원의 길을 간다. 나는 우선 나의 보편적인 초월론적 주관성, 나의 절대적 자아(ego)를 직관한다. 나는 그 자아를 그것의 본질 구조 속에서, 그것의 본질 형태와 그 속에 포함된 구성적 형성물들(이 중에는 다른 자아를 지시하는 것도 있다) 속에서 연구한다. 이를 통해서 나는 나 자신을 동시에 '철학자'로서 구축하고, 본질 진리들 속에서 그 보편적 본질에 따라 자신을 인식하는 자아로서 구축한다. 그럼으로써 나에게 사실적인 초월론적 세계 인식의 경험적 실천을 위한 참된 인식—자아(초월론적 자아)의 규범을 구축한다. 그러나 나는 나에게만 그것을 수행하는 것이 아니라 참된 인식 공동체로서의 인간 공동체, 인식 공동체의 책임자로서 수행한다. 그리고 나는 **우리가** 그러한 진정한 인식적 인류로서 우리를 구축하도록 돕는다.

공동체적-자기 인식. — 여기서 보다 구체적으로, 그리고 점점 더 구체적으로 수행되는 것은 초월론적 자기 인식(인격적—복수의 자기!) **속에서의** 객관적 세계 인식, 실제적이고 가능적인 세계 인식이다. 가치를 형성하는 가능한 실천이 이 가능성 속에 들어온다. 나는 나 자신을, 그리고 우리는 우리 자신을 가치 진리와 실천적 진리의 가능성의 담지자로 만든다. 그리고 그럼으로써 우리는 보다 높은 의미에서의 완전한 인식과 인식 세계를 실현한다. 여기서 초월론적 자아와 '우리'로부터, 초월론적 토대에 근거하여, 진정한 인식의 기체로서의 참된 세계, 가능한 참된 세계가 건립되고, 구성된다.

이때 '자기 인식'은 자기 자신 안에 자기의 '참된' 존재를 구성하기 위한 토대이다. 자기 인식은 자기를 즉자로부터 즉자−대자로 바꾸는 재창조다. 그것은 자기를 자기 자신에게 해명하고, '드러내며', 발전(독사적doxisch 펼침, 풀어냄, 구체적인 실천적 풀어냄, 자유로운 자기 발전)으로서의 드러냄 속에서 참된 자기로 변형한다. 우리의 이러한 자기 창조에서 그러나 우리는 또한 참된 세계를 창조하고, 참된 세계는 편향적으로 눈먼 '즉자'로부터 학문적인 '자신에 대한 즉자−대자'로, 즉 우리에 대한 존재로 이행한다. 말하자면 구성적 주관성 속의 그 세계의 진정으로 참된 존재의 현실화로 이행하는 것이다. 그러나 '참된' 자기와 '참된' 세계(진정한 인간성 등)라는 의미를 구축하기 위해서는 고유한 상론이 필요하다.

이것이 『이념들』[23]에서의 나의 초월론적 길이다(데카르트 이래의 근대 초월철학의 길, 결코 철저한 자기 이해와 일관된 수행에 이르지 못한, 그리고 인식 이론적−이성 비판적으로 향해 있던 그 길도 어떤 방식으로 이쪽으로 향한다).

2) 그러나 다음으로는 올바른 형식과 길 안내를 찾는 그토록 오랜 고생을 이미 나에게 안겨준 **또 다른 길**은 가능하지 않은가? 두 가지 자연스러운 출발점, 즉 "나는 존재한다"는 출발점과 "이 세계가 존재한다"는 출발점은 **둘 다** 출발점이며, 올바르게 형성되면 둘 다 보편적 학문, 참된 철학

••

23 『순수 현상학과 현상학적 철학의 이념들』 1권(후설 전집 III권)을 가리킨다.

으로의 입구가 아닌가? 그래서 둘 다 우선은 인식 비판적 소박성 속에서, 그다음에는 절대적 정당화 속에서, 결국 동일한 것으로 이끌지 않는가? 여기서 내가 실증 과학의 분열을 변호하고 싶었던 것은 아니다! 실증 과학의 이제까지의 방법을 완전히 승인한 것도 아니다!

'독단적으로', 그러나 세계 인식의 현실적인 보편성을 향하여 시작해보자. 실증성의 진정한 원리 혹은 경험(완전히 일반적으로 이해된 자체 부여로서의 경험)으로부터의 모든 인식의 근거 제시의 진정한 원리를 실행해보자. 나는 어떻게 앞으로 나아갈 수 있는가? 어떻게 실증 학문을 넘어설 수 있는가?

우선은 나는 보편성을 주시하고, 그 보편성을 철저하게 실현할 의지 속에 시종일관 머문다. 그래서 나는 또한 실제로 **모든** 연관들을 추적한다. 주어진 모든 것을 나는 그것이 경험 속에서, 그리고 보다 높은 단계의 통찰적 인식 속에서 주어진 대로 받아들인다. 그러나 그러면 나는 단순히 이러한 주어진 것을 향하는 주제적 시선 방향 속에 있을 뿐 아니라, 그것이 주어지는 대로의 주관적인 방식들을 향하는 시선 방향 속에 있게 되고, 현출 방식들을 향하는 시선 방향, 또한 실제로 모든 측면에서의 완전한 주관적 행함과 체험함 일반을 향하는 시선 방향 속에 있게 된다.[24]

예시: 나는 수학을 하면서 수학적인 것을, 수학함 속에서 나에게 나타나고 시선 속에 있는 대로 받아들일 뿐 아니라, 그러니까 사유 '형성물'로서, '수학적 이론'으로서 받아들일 뿐 아니라, 이러한 이론을 바로 지금 그 자

..

24 가장 먼저 동시에 분명해져야 할 것은, 자연적–실천적 삶 속에서 자체 존재하는 것으로서 주어지며, 실재적인 것으로서 타당한 모든 것은 나중에 한갓 ~의 가상이 된다는 사실이다. – 원주.

체로 주제적인 수학함의 형성물로서 받아들이고, 그것을 통해 나의 인격적 역사의 구체적 연관 속에서 받아들인다. 이론의 역사, 내지는 (같은 말이지만) 상호주관적 이론화와 그 역사성 속의 이론의 역사로서 역사 일반의 연관에서도 상호주관적으로, 마찬가지이다.

수학자로서 나는 '추상적으로' 수학을 하고, 나는 수학적인 것의 명증 속에 살아간다. 그러면 나는 단지 수학적인 것 자체(이론)만을 갖는다. 그러나 바로 추상적으로 말이다. 우선은 그것은 나의 수학함 속에서, 우선은 심지어 이 순간의 수학함 속에서 생성하는 것으로서, 산출된 것으로서의 수학적인 것이다. 이어지는 귀결에서, 그것은 습성적이 되고, 그것은 동일한 입증, 이론화의 '반복'의 동일한 것으로서 제시되며, 그래서 반복적인 주관적 행위함과 그에 속하는 구체적 의식 과정의 맞은편에, '즉자적으로' 존재하는 하나의 증명, 하나의 이론으로서 주어진다. 그러고 나서 상호주관성으로의 이행 속에서, 수학자 공동체의 맞은편에서, 마찬가지로 '즉자'로서, 동일한 것으로서 주어진다. 그것은 모든 이해력 있는 수학자, 모든 현실적이거나 가능적인 수학자가, 현실적이거나 가능적인 방식으로 수행될 수 있는 수학함의 주관적 작용에서 **동일한** '진리'로서 발견할 수도 있었을 것이다. 나는 처음부터 그때그때의 활동적 수학자로서, 내가 거기서 만들어내고, 밝혀내고, 획득한 것은 한갓 주관적인 것이 아니라 '즉자'라고 사념한다. 그러나 나는 이러한 즉자를 어떻게 인식하며, 그것이 나에게 본래 의미하는 바는 무엇인가? 이제 바로, 그것이 반복되고 반복될 수 있으며, 반복적으로 현실화될 수 있는 습성적 통찰의 동일한 것으로서 (나나 다른 사람에 의해, 현실적이거나 가능적인 통찰하는 사람에 의해) 발견될 수 있다는 사실, 명증적 종합 속에서(때로는 자신의 통찰적 체험에서, 때로는 자신과 다른 사람을 포괄하는 타인경험의 방식 속에서) 자체 주어진 동일성으로서 직관될 수 있다는 사실을 나는 인식한다. 이때 나는 가능적인 인식자들과 그들의 지속적인 인식을, 자체 주어진 가능성의 명증적인 열린 무한성으로서 소유하고, 여기에 더하여 언제, 누가 그러그러한 동일한 통찰 형태를 수행하더라도 그는 바로 '동일한 것'을 얻게 되리라는 통찰을 소유한다. 다른 한편 **내가** 이 동일한 것을 통찰적으로 실현하면, 모두가 그렇게 할 수 있으리라는 사실 또한 나는 인식하고, 이러한 동일성의 '본유성(Eingeborenheit)' 등도 인식한다. 이 모든 것은 종합과 상관자로 이끈다. 이러한 점을 숙고해본다면, 이것은 이미 다음을 의미한다. 즉, 내가 여기서 통찰된 것을, 통찰함 자체와 반복될 수 있는 이후–사념 및 비어 있는 사념 등의 통찰된 것으로서 다시 주제로 삼으면, 그리고 그럼으로써 통찰된 것과 함께 바로 통찰함도, 그것도 상응하는 습성적 습득물과 함께 주제로 삼으면, 나는 실증성의 '무의식적' '추상'에서 벗어나고, 실증적인 것 자체를 한갓 추상적인 것, 본질적으로 의식에 비자립적인 것으로서, 현실적이고 가능적인, 그리고 의식 주체와 의식 주체의 지속적인 타당성 습득과 분리할 수 없는 것으로 인식하게 된다.

어디서나 마찬가지이다. 어디서나 나는 인식된 것에 더불어 인식을, 인식된 것에 본질적으로 속하는 것으로서 고려한다. 그리고 나는 인식된 것을, 그것의 현실적이고 가능적인 모든 주관적 양상을 함께 고찰함 속에서, 그것이 현실성과 가능성 속에서 속하는 모든 인식 주관들을 함께 고찰함 속에서 고려한다.

나는 초월론적 주관성에 대해 무언가를 알거나 그것에 대해 말하지 않고서도, 이 모든 것을 숙고하고, 만들어낸다. 내가 걷는 발걸음 ─ 소박한 실증성(실증적 학문)으로부터 출발하여, 그때그때의 인식하는 주관성 내지는 실증적으로 인식된 것에 대한, 내지는 인식하는 주관성의 상응하는 모든 주관적 양상을 일관적으로 함께 고찰함으로 걸어가는 발걸음 — 은 아직 **초월론적** 주관성으로 되돌아감이라는 인장을 지니지 않는다.

이제 나는 다음과 같이 숙고한다. (객관적 세계 일반과 관련된) 실증 학문 가운데, **심리학**과 다양한 **정신과학**도 있다. 심리학과 정신과학은 처음부터 주관성을 다룬다. 자명하듯 **이 학문들**이 인식한 것은 주관적 인식 양상과의 상관관계 속에서 주제화되고 연구되어야 한다는 사실이 이 학문들에 요구된다고 해도 이러한 유형의 학문에서는 이러한 요구가 불필요해 보인다. 적어도 우리가 정신에 관한 특수 학문들을 개별적으로가 아니라, 보편적인 정신과학, 그러니까 (개별 주관성과 상호주관성의) 보편적 심리학을 통해 한꺼번에 결합하여 받아들인다면 말이다. **자연과학**이 자신의 고유한 의미에 따라, 모든 주관적인 것, 모든 정신을 가리는 추상화하는 눈가리개를 가지는 반면, 주관적인 것의 전체는 그 보편성에 따라서, 그리고 정신에 관한 특수 학문의 전체성의 특수성 속에서, 보편적 정신과학의 **주제**일 것이다.

정신과학으로서의, 형상적이거나 경험적으로 고찰된 이성 주관성에 관한, 그 이성 작용들과 그 속의 이성 형성물들에 관한 학문으로서의 노에시스적 분과학문들.

만약 그래서 내가 자연과학을 넘어서 그에 속한 노에시스와 함께 그 소여성들을 다룬다면, 그리고 내가 자연과학을 자연과학적 **노에시스학**(Noetik)으로 이행시킨 채로 수행한다면, 이것은 처음부터 정신과학이다. 그래서 여기서 나의 요구는 자연과학을 정신과학으로, 보편적 심리학으로 용해시키는 것을 의미한다. 나는 노에마적 논리학과 형식적인 보편 수학(*Mathesis universalis*)을 논리적인 **노에시스학**으로 되돌린다. 그리고 어디서나 그렇다. 만약 내가 처음부터 정신과학을 갖는다면, 문화 형성물은 그 것을 주관적으로 구성하는 작용들 ― 정신적 술어를 지닌 문화 객체를 구 성하는 작용들 ― 로 소급되고, 이때 함께 주제화되는 해당되는 인간들로 소급된다. 인격성이 자신의 편에서, 특히 인격성의 보편적 심리학에서 가 장 보편적인 방식으로 체계적으로 주제화된다면, 당연히 모든 주제적인 형 성물과 주관성 속에서 산출될 수 있는 모든 객관적 형성물도 그것의 주관 적 노에시스와 함께 한꺼번에 연구되어야 한다.[25] 이것도 만약 정신과학의 이념을 충분히 넓힌다면 어떤 방식에서 옳다. 그러나 그럼으로써 결국 이 론이 그에 속하는 노에시스와 함께 학문적으로 다루어져야 한다는 요구에 들어맞는 모든 학문은 일반적 학문, **보편적 '정신과학'**으로 지양되고 말 것 이다.

그러나 이러한 방식에서 우리는 정신과학이라는 명칭 아래에서, 사실적 으로, 자연적 세계 학문의 영역에서는 주관적인 것에 관한 어떠한 전면적 이고 보편적인 학문도 발견하지 못할 것이고, 주관적인 것에 관한 보편적 학문의 암시된 목표의 거대함과 방식에 관해 그저 표상만을 가질 학문조 차도 전혀 발견하지 못할 것이다. 실증 학문 일반(**세계**에 대한 학문) **가운데 서** 자연과학과 정신에 관한 학문이 구별되는 것은 이유가 없지 않다. 후자 는 (불명료한 역사적 의식─심리학은 제외하고) 인간적 인격성과 그 인격적 산 출물들에 관한 학문이다. 물론 여기에는 인식 형성물도 속한다. 우리는 실 제로 정신과학적 논리학으로서('노에시스적' 논리학으로서) 논리적 행위(개념

∴
25 주관적 양상과 참된 존재 사이의 본질 연관이 두루 직시된다면, 객관적 세계에는 '주관적─ 지향적 세계 자체'라는 인식 상관자가 상응한다. 이렇게 주관적으로 인식되고 인식될 수 있 는 세계 자체는 다양한 단계의 명증의 현실성과 잠재성이다, 등등.─ 원주.

을 형성함, 통찰을 형성함, 정당한 추론을 산출함 등)에 관한 학설과 규범론을 갖고 있다. 노에마적 논리학, 논리적 분석론은 그 형식에 따라 명증적 인식함 속에서 획득될 수 있는 산출물, 노에마적-논리적 법칙과 그 이론들을 명확하게 경계 규정한다. 이러한 명증적인 형성물(내지는 그 형식과 법칙)은 인식하는 세계적-인격적 주체와의 관계로 가져와지고, 근원적 산출 속에서 자체 부여하는 인식하는 행위함의 형성물로서 고찰된다. 그래서 주제는 그 행위 단계들에 따른 논리적 행위다. 즉 그 실천적 중간 단계들에 따른 실천적 형성물의 구조다. 그러나 이는, 가령 예술학에서 미학적 작품이 창조한 사람의 예술적 산출물로 고찰되는 것과 같은 그러한 다른 정신과학에서와 다르지 않다. 단지 여기서는 미학적으로 규정하는 동기들(미학적 전제들)이 추적되고, 저기서는 인식의 전제들이 추적되며, 여기서는 논리적인 단계들이 추적되고, 저기서는 최종 산출물이 얻어지는 산출물의 미학적 단계들이 추적될 뿐이다. 역사적-정신과학적으로 똑같이 고찰될 수 있고, 고찰되는, 미학적 영역과 논리적 영역 이외의 영역에 대한 그 이상의 동기부여들을 도외시한다면 말이다.

모든 '행위'의 추상성. 구성된 '계열들'로서의 정신과학에서의 자아-작용들. 정신과학의 실증성('추상성').

그러나 이제 이러한 전체 고찰, 주관적 작업수행에 대한 이러한 최초의 주제 설정은 여전히 '추상적'이라는 데 유의해야 한다. 실증 학문으로서의 노에시스학(규범적 이성론)은 모든 실증적 학문, 정신과학과 더불어 추상성이라는 근본 결함을 공유한다. 추상성의 지양은 현상학적 주관성으로 이행시키는데, 이러한 '추상성'을 해명하기 위해 다음이 논의되어야 한다.

판단하고 가치평가하는 것으로서의 자아를 반성한다는 것은 자아의 판단 동기를 반성함을 의미한다. 다시 말해 자아의 판단하는 입장 — '이 판단하는 입장을 향해' 다른 판단들이 결과로서 혹은 사태에 대한 통찰로서 필연적이 된다 — 을 반성함을 의미한다. 이것은 이제 입장들을, 그리고 행위에 적합한 형성으로의 입장들의 얽힘을 형성물과 더불어 추적하는 것을 의미한다. 그러나 이것은 아직 이러한 입장이 본질적으로 지니고 있는 구체적인 의식 삶을 시선에 두고 주제적으로 연구함을 의미하지는 않는다. 행위하는 자아로서의 자아, 의지하고, 현실화하면서, 내 행위가 향하는 궁극 목표를 향하는 자아. 이와 상관적인 것은 나의 시작인, 나의 첫 번째 '전제'인 시작의 근원(Von-wo-aus), 그리고 다음으로, 내가 그럼으로써 우선 시작하는 것, 우선 형성하는 것, 내가 실천적 가능성에 있어서 갖고 있는 것, 실현되었을 때 목표로 이끄는 것, 저기에서부터 계속해서 이끄는 것 등이다.

"나는 그것을 사념한다", "나는 그것을 기체(주어)로서 정립하고, 그것에 근거하여, 저것을 술어로서 정립한다" 혹은 "나는 가설적 가정을 만들고, 그것에 근거해서 결론이 생겨난다" 등과 같은 **자아-작용**은 (행위함의) 능동성의 구조 계열들이다. 이러한 구조 계열들은 자아로부터 시작하여 노에마적으로 나타난 것으로 향한다. 그리고 그것은 실천적 지향이 원본적으로 충족된 경우에는, 그러니까 직접적으로 현실화하는 행위함의 모든 각 단계에서, 바로 자체 파악함의 **주관적 성격**을 갖는다. 그러니까 대상의 자체 파악함(경험) 혹은 본질 보편성이나 결론 등의 자체 파악함, 자체-달성했음, 자체 현실화의 주관적 성격을 갖는다.

일상적인 의미와 정신과학적인 의미에서의 에고 코기토. '지향'의 이중적 의미. — 무언가를 보고, 보면서 "나는 이러저러한 것을 본다"고 파악하는 자는 그렇다고 해서 이러한 "나는 본다"를 구체적으로 만드는 모든 주관적인

것에 관한 어떠한 지식도, 그리고 아마도 어떠한 예감도 아직 갖지 못한
다. "나는 본다"는 "자아가 대상을 곧바로 지향함, 대상을 향함"을 표현한
다. 그것은 '봄'으로, '겨냥하면서 대상 자체의 곁에 있음'으로서 표현하고,
그리고 더 나아가 자체 현실화 속에서 그린다. 그러나 이미 노에마적 측
면에서, 그렇다고 해서 변화하는 현출 방식, 양상들, 방향 설정 등은 일상
적 의미의 '자아-작용'에 대한 반성을 위해 아직 시선에 들어오지 않는다.
이러한 반성은 아직 그러한 자아-의식의 구체성으로의 시선 방향이 아니
다. 일상적 의미의 에고 코기토(*ego cogito*)는 말하자면 그러한 구체성 속에
서 단지 형식과 구조만을 형성할 뿐이다. 그래서 그것은 여전히 **추상적인
것**[26]이고, 모든 정신과학적 진술들은 ─ 기술(技術)학으로서, 실천적 분과
학문들로서, 노에시스적으로, 그리고 노에마적으로 동시에 향해 있는 논
리학, 윤리학, 미학의 모든 진술들도 ─ 아직 소박한 실증성의 성격을 지닌
다. 그리고 이러한 소박한 실증성을 극복하기 위해서는 **새로운** (구체적인,
현상학적인) **의미의 노에시스학**이 필요하다. 이러한 노에시스학은 **모든** 추
상화를 지양하고, 여전히 모든 일면적인 진술을 바로 그러한 것으로서 인
식하며, 그럼으로써 생각할 수 있는 모든 방향에서, 어디에서나 처음으로
완전한 구체화, 완전히 충분한 인식을 가능하게 하는 보편성으로 전진하
는 데로 향한다. 모든 인격적 심리학, 그러니까 감각주의적으로 왜곡되지
않은 진정한 인격적 심리학은 실증적 학문의 테두리 내에서 아무리 가치
있는 것일지라도, 실증성 자체의 **일면성**에 멈춰 서 있다. 전통적 논리학과

26 정신적 작용에서 이러한 추상은 **양쪽 모두**와 관계한다는 것을 상세하게 논해야 할 것이다.
즉, 현상학적으로 그 자체로 많은 새로운 반성을 불러일으키는 주제화하는 작용들(행위:
판단함, 가치평가함)의 주관적 양상의 쪽, 그리고 그와 함께, 자신의 현출 방식을 (숨겨져
있더라도) 지니는 주제들 자체(실천적 형성물)의 쪽, 둘 모두와 관계한다. ─ 원주.

윤리학은 노에마적–노에시스적 고찰의 이중성 속에서 정당하게 인격적 심리학의 (경험적이거나 형상적인) 연관에 속한다. 다만 의식 주관성을 그것의 완전한 구체적 삶 — 이러한 구체적 삶에, 주관적 형성물로서 모든 노에마적인 것 내지는 존재적인 것, 그리고 마찬가지로 주체의 모든 작용들, 모든 행위들이 삽입된다 — 속에서 파악하기 위해, 의식 주관성에 대한 보다 높은 단계의 노에시스적–학문적 고찰이 필요하다. 작용들, 행위들은, 우리 모두가 갖고 있는 개념으로서, 단지 자연적인 자아–반성 속에서만 추상적으로 시선 속에 등장하는 것을 표현하는 개념에 따라서 볼 때, '한갓 자연'의 일차적 실증성의 맞은편에 있는 보다 높은 (반성적) 단계의 실증성들이다.

그러므로 **보편성** — 여기서 보편성은 말하자면 인식 세계로서의 세계의 총체성에 대해, 그리고 생각할 수 있는 모든 인식 대상에 대해, 실증적 주제로서, 경험적 주제로서, 그리고 학문의 이론적 주제로서 경험 대상에 속하는 **모든** 본질 상관관계를 묻는 연구의 보편성을 의미한다 — 만이 완전한 구체화로 이끈다. 이러한 요구는 **대상**을 고찰 밖에 두는 것이 아니라, 대상을 그 **대상적 구체화** 속에서 인식하는 데로 향해 간다. 이러한 대상적 구체화는, 대상을 지향적으로 구성하고, 의미로서의 대상과 분리 불가능한 주관성의 이러저러한 현실적이고 가능적인 사건의 본질 상관자로서의 구체화이다. 그래서 이러한 요구는 대상을 주관성 속에 받아들여, **그 대상의** 주관적인 것과 함께 연구하는 데로 향해 간다.

애매한 어법을 피하기는 어렵다. 그러나 다음과 같은 견해는 분명 이해하기 쉬울 것이다. 즉 실제성과 가능성에 따른 주관성의 연구에서 '**형성물**'로서의 모든 대상성들을 지닌 주관성의 세계가 등장하지만, '**형성함**'과 분리할 수가 없이 등장한다. 이때 이러한 형성함 자체는 실증적 반성의 소박한 방식 속에, 추상적으로 머물러 있어서는 안 된다. 보편적 학문이 추구하고 요구하는 보편성은, 세계에 대해, 그러니까 우리에게 존재하는 대상들의 총체적 우주에 대해, 모든 통일체를 인식 통일체로서 상관자-고찰하는 것을 철저히 행하여 생각하는 데로 향한다. 그리고 이때, 개별 주관성과, 공동체 속에서 구성하는 것으로서의 상호주관성의 분리할 수 없는 통일체의 인식 속에서 바로 이러한 통일체를 주제화하는 데로 향한다. 다음으로는 세계 전체를 자신의 상관자 형성물로 함께 포괄하는 구체적인 방식으로 그렇게 한다. 체계적인 방법을 더 자세하게 형성하는 것은 특수한 숙고들의 소관이다. 모든 연구는 일면적이지만, 이러한 일면성은 인식되어야 하고, 모든 통일성 관점들을 지배함으로써 방법적으로 극복되어야 한다.[27]

이것을 서술하는 동안 나는 지난 페이지에서 암시한 것에 상응하여, 정신의 심리학자에 의해 파악된 모든 것은 작용 및 작용 형성물과 관련하여, 다양하게 수행될 수 있는 추상화를 갖는다는 사실을 본다. 작용들에서 우리는 목표를 향하는 자아의 행위(넓은 의미에서의 행동)를 갖는다. 그리고 이때 우리는 (노력하면서 ~를 향한 지향 속에서) 향해 있음의 보다 깊은 초월론적 양상을 지니고, 그 지향이 향하는 것의 현출 양상을 지닌다. 현출하는 것, 노력하는 지향의 충족 속에서 현실화된 것의 현출 양상을 지닌다. 이제 우리는 '현출'-양상이라는 명칭 아래에서 모든 것을 가져올 수 있다. 자아-행위 자체도 ─ 그것이 향하는, 그리고 '지향적으로' 그것으로 들어오

27 여기서 이후로 다음을 보여야 한다. 내가 보편적이고 순수한 전체 주관성을 심리학적 통각 속에서 추적한다면, 나는 다음과 같은 사실을 발견하게 된다. 즉 내가 전체 주관성을 완전한 보편성으로 두루 생각한다면, 그러한 전체 주관성은 결국 이미 자연, 심리 물리적 세계, 그리고 그 속의 자기 자신을 포괄한다. 그래서 세계의 존재가 의문시되더라도, 절대적인 것은 그 의미에 있어 영향을 받지 않는다. 그러면 세계는 인덱스(Index)이다, 등등 ─ 평행론.─원주.

는, 그리고 지향의 충족에서는 '자체'라는 양상에서 현실화된 것으로서 그것으로 들어오는 — 대상적인 것과 같이 자신의 '현출 방식'을 지닌다. '현출' 양상이라는 명칭하의 모든 것이 거기 있지 않겠는가! 그러면 거기서 규정이 나타나는 대상의 현상학적 변양도, 그리고 자신의 습성 속의 자아의 나타남 등도 그렇다. 그러나 바로 세계, **미리 주어진 것들**의 우주와 **현행적인** 세계적인 것을 구별해야 한다. 후자는 주제적으로 경험된 것, 주제화하는 사유 작용 속에서 생각된 것으로서, (판단하고, 규정하면서) 사유 형성물의 주제적인 기체로서 현행적인 것, 그리고 가치평가하는 주제화 속에서, 경험된 것의 상상 변형 속에서, 숙고와 (나에 의해 '현실화될 수 있는 것'으로서) 실천적 가능성의 경험 속에서, 실행하고 행위하는 현실화 속에서 현행적인 것이다. **여기에 더하여** 비현행적인 것, 그리고 다시 현행화될 수 있는 것도 있다. 두 가지 종류의 현행성이 있다! 후자는 미리 주어진 존재자를 그것의 존재에서 **다시** 현실화하고, 해석하고, 그것의 존재를 확증하고, 그것의 존재 내용(Sosein)을 더 자세하게 규정하고, 존재 진리를 얻고자 노력하는 현행성이다. 그래서 '행위함'의 현행성으로부터, 비현행성이 현행성의 양상으로서 생겨난다. 그러나 **세계**는 구성하는 활동성으로부터 존재한다. 초월론적으로 구성하는 자는 구성된 것이 아니고, 미리 주어진 것이 아니다. 그것은 현상학을 통해서 비로소 현상학자에게 그것이 된다.

나는 다음과 같이 나아가기를 시도할 수 있다.

자연적 세계 개념. 나에게 사실적으로 미리 주어진 선학문적 세계와 관련하여, 나는 그것의 사실적인 보편적 구조 유형을 기술하고자 시도한다. 이때 나는 곧 세계에 편입된 인간에 이른다. 이 인간은 정신적 관점에서 인격적 주관성이다. 나 자신이 하나의 인격적 주관성이고, 내가 세계 속에 존재하는 것으로서, 세계 속에 들어가 행위하고, 경험하고, 생각하며, 실재적인 것을 변형하는 것으로서 나를 세계에 귀속시키듯이 말이다. 나는 이제 경험에, 그리고 순수 가능성의 직관에 주어진 주관성을 형상적으로 변경한다. 나는 이 주관성을 부단히 세계를 경험하는 것으로서 인식하고, 가능한 경험과 가능한 인식 세계에 대한 그것의 상관관계를 인식한다. 나는 가능한 세계가 나를 가능한 주관성으로 되돌리는 것을 본다. 이러한 가능한 주관성 안에서, 가능한 모든 객관적인 것(이념적인 것) 일반이 그렇듯이, 경험적인 것이 나타난다. 나는 주관성 자체가 자기 자신에 대해 '현출하는 것'이고, 자기 자신에게 인식 가능한 것임으로써 존재한다는 사실을 본다.

나는 예들에서 출발한다. 심리학적 분석이기는 하지만 지향적 분석인 것의 실마리로서, 자연 인식, 인격적 인식, 문화 인식으로부터 예를 취한다. 그리고 내가 데카르트적 길에서처럼, 처음부터 즉시 전체 자연적 세계를 '배제하지' **않는** 한, 나를 보편적인 자아론적 태도로 고양시킨다.

(만약 내가 그렇게 한다고 해도 나는 **그럼에도** 그러한 개별적인 실마리를 잡고, 현상학적 방법의 원리들을 찾아야 하며, 모든 — 우선은 내재적이고, 다음으로 내재에 등장하는 (정립적으로) 객관적인 — 인식의 비판의 원리를 찾아야 한다. 그래서 나는 데카르트적 방법의 의미를 추적하면서, 『방법서설 *Discours de la méthode*』과 『제일철학에 관한 성찰 *Meditationes de prima philosophia*』로 시작하여, 진정한 철학적 학문의 구조와 학문적 체계에 대한 밑그림에 이른다. 여기서 나는 그 후에 (우선은 경험 세계로서, 다음으로는 다양한 학문의 주제인 이론의 세계로서) 자연적으로 정립된, 자연적으로 미리 주어진-구성된 세계의 형식적 구조를 고찰해야 하고, 구체적인 현상학적 작업을 위한 실마리로 삼아야 한다. 그러나 데카르트적 방법은 학문의 **이성 비판적 정초**이고자 한다.)

이에 반하여 나는 또한 **자연적 세계 고찰**로, 자연적 '세계 표상'의 구조를 드러내 밝힘으로 **시작**할 수 있고, 그것과 관련된 세계 학문을 추구할 수 있다고 말했다.[28] 이러한 학문에 있어서 어떤 완전함이 결여되어 있는 지, 그리고 이 학문들의 결합이 정말로 충분한 보편학을 어디까지 궤도에 올릴 수 있는지 하는 물음 속에서 말이다. 나는 물론 여기서도 구성함에 맞닥뜨린다. 그러나 우선은 심리학적 형식 속에서의 인식적 상관관계에 맞 닥뜨린다. 그래서 여기서는 보편성의 완전성에 대립하여 단지 특수성의 불 완전성만이 이끈다. 모든 실증적 주제와 모든 그 대상들은 추상화를 품고 있고, 연구되지 않은 '측면'들을 지니는데, 그것들 각각은 주관성을 지시한 다, 등등. 나는 **심리학적 환원**으로 이끌리고, 경험(모든 대상적 영역의 경험) 속에서 증명될 수 있는 현출 방식들에 이끌린다. 다른 한편으로는 경험적 주관성(혹은 인격과 영혼의 자아)의 자아적인 주제적 관계들에 이끌리고, 지 향적 대상들에 이끌리며, 다양한 형태의 정립과 정립으로서의 '명제들', 그 리고 '정립적 의미들'(테제와 주제)에 이끌린다.[29]

완전한 보편성으로 이행하고, 모든 익명적 상관관계와 모든 본질 개방 성들, 그리고 필연적으로 함께 속해 있음을 열어 밝힘으로써, 다음으로 나 는 완전한 현상학적 환원을 통해 초월론적 관념론에 이른다. 우선은 나는 보편적인 순수한 상호주관성에 이르고, '세계 속에 존재하며', 서로 순수 하게 내적으로 결합되어 있는 영혼들의 총체에 이른다. 그러면, 완전한 보 편성(그리고 심리학적 판단중지의 보편성)에서는 비일관성, 모순일 것인 자연

••
28 학문(특히 자연과학)의 기술(記述)적 단계를 이념화를 통해 넘어설 필요성이 여기서 명시적
으로 고려되어야 한다.－ 원주.
29 아마도 '정립적 의미'는, 정신과학과 규범적 학문 자체를 위해 무엇이 주제적인 역할을 하
는지, 그리고 무엇이 아직 완전히 현상학적인 것이 아닌지를 기술하기 위해 좋은 용어이
다. 나는 여기서 아직 충분히 분명한 구별을 갖고 있지 않다. 주제적인 지향성과 현상론적
(phansiologisch) 지향성('현출함'의 양상).－ 원주.

적—실증적 관점을 포기하기 위해 하나의 발걸음이 요구된다. 가령 자연과 정신에 대한 순수 주관성의 독립이라는 데카르트적 인식의 비판의 길 위에서 말이다.

(영역으로서의) 모든 경험 대상성은 가능한 현상론적(phansiologisch) 연관의, 현출 종합의 구성적 체계를 위한 실마리이다. 그리고 다른 한편에서는 가능한 주제적 연관의, 참된 명제들의 종합의 구성적 체계를 위한 실마리이다. 가장 완전한 궁극적 의미에서의 학문, 즉 **보편적 학문**은 (무한한 *in infinitum*) **객관적 이론**의 보편적 체계이고, 상관적으로 모든 단계의 경험의 이론(나타남φάνσις의 이론, **구성적 이론**)의 보편적 체계이다. 그리고 이것에 의해 주제적 연관들, 이론적 연관들이 다시 자신의 '나타남(φάνσις)'을 갖고, 그것들은 자신의 경험을 가지며, 경험의 현출 방식들을 갖는다. 그리고 무한히(*in infinitum*) 그렇다.

물론 세계 구조의 단계와 학문의 단계, 그리고 궁극적 의미에서의 '참된 인식'의 철학적 방법을 이러한 진행에서 날카롭게 나타내기란 매우 어렵다. 그러나 첫 번째 길에서도 그렇다. 어쨌든 이것은 하나의 시작이다. 그밖에 엄청나게 어려운 일은 함축된 잠재성을 '열어 밝히는 것', 지평을 열어 밝히는 것, 끊임없는 앞선 타당성으로서의 세계의 선소여를 명료화하는 것이다.

계속 고찰해나가면 논리적으로 '참된 것', 미학적으로, 그리고 윤리적으로 '참된 것', 진정한 것을 향해 나아가는 '규범적 분과학문들'로 즉시 이행하게 된다. 학문, 예술, 기술, 윤리적 실존(윤리적 인격성, 윤리적 태도)은 이때 '규범적 목표'로의 방향에서, '진리'의 규범 아래에서 생각된다. 모든 실천은 행위하는 자가 의식적으로 다소간 완전하게 도달된 것으로서 체험하는 자신의 목표를 갖는다. 그러나 이것 역시 인격적 삶, 그것도 행위하는 삶에서 끌어낸 것이다. 완전한 성취로서, 행위하는 노력의 충족으로서 의식된 것, 그리고 체험에 완성의 영속적 의미를 처음 부여한 것은 나중에 이러한 의미를 상실한다. 또한 모든 그러한 체험은 양상화의 이러한 체험을 통해 동기부여된 나중의 비판에, 그러니까 이 성취가 실제로 완전한 것이었는지를 확인하고자 하는 비판에 예속된다. 그러나 그러한 비판을 견딘 것도 상대적인 것이 된다. 말하자면 **목표 자체**가 상대적인 것이 되는 한에서 말이다. 그러나 이 모든 것은 또한 수단, 중간 목표, 길에 대해서도 타당하다.

1) 목표로서의 목표는 (참되게 존재하는 것으로서) 완성 속에서 원본적으로 주어진다. 완성이 순수하게 충족하는 것으로서 모든 비판을 견디는 경우, 완성은 참된 완성이다. 그것은 나에게 실천적으로 가능한 것으로서 명증적인, 그리로 이끄는 길의 끝인 목표를 명증적으로 '미리 그려봄' 속에서 '미리' 명증적으로 주어진다. '목표로 함'은 앞선 의지함 속에서 미래의 현실성을 정립하는 것이고, 의지를 정립하는 것이다. 현실화하는 행위는, 현실화된 것이라는 의지 양상 속에서 주어진 것으로서, 이제 현재적으로 된 실제성으로 끝난다. 그러나 이것은 아직 객관적 현재에 놓인 자신의 의지 지평을 갖는다. '본래적으로' 지각된 것이 통각적으로 함께 현전함으로서 말이다. 비판이 향하는 것은 이것이다.

2) 그러나 내가 나의 것으로서 내지는 내가 의도한 것과 꼭 같이 참으로 정확히 달성한 것으로서 이미 명증을 갖고 있는 목표에 대하여, 다른 종류의 비판의 가능성도 종종 존재한다. 새로운 종류의 비판은 **내가 더 나은 것을 의지할 수도 있었다**는 사실이 나에게 의식되거나, 이 목표가 내가 단적으로 의지해서는 안 되었던 것이라는 통찰, 혹은 그것이 절대적인 당위에 위배된다는 통찰의 가능성과 관계한다.

이것으로 이미 암시되었듯이, 경우들은 다양하고, 우리는 다양한 의미로 당위에 대해 이야기한다. 오직 어떤 경우에만 엄밀한, 절대적인 의미에 서의 당위에 대해 이야기한다. 나는 더 즐겁고, 더 유용한 것을 선택할 수 있었을 경우에도, '어리석게도' 덜 즐겁고 덜 유용한 것을 선택했다. 나는 '실용적이지 못했고', 내가 더 낫게 더 짧은 길을 선택할 수 있었을 경우에 더 먼 길을 선택했다, 등등. **다른 한편** 나는 아름다운 것(καλόν)을 선택할 수 있고, '선택해야 했던' 상황에서, 단순히 즐겁거나 유용한 것을 선택했 다. 그래서 길뿐만 아니라 목표도, 그리고 당위의 다양한 개념 아래에 있 는 이것들 자체도, 목표의 단순한 물질적 내용과 관계하는 것이 아니라 자 신의 실천적 삶과 상호주관적인 실천적 삶 및 그것의 가능한 목표의 더 넓 고 가장 넓은 열린 지평과 관계하는 상이한 종류의 선호도에 따라 구별되 고 비판된다. 이러한 원리적으로 다양한 모든 선호의 형식에서 **그것의** 최 선의 것이 있을 수 있다. 그러나 아마도 모든 것은 이미 이러한 형식인 '**절 대적 당위**' 자체라는 형식의 **하나의** 최선의 것과 궁극적 관계를 갖는다. 후 자는, 절대적 당위도, 최상의 절대적 당위가 그 위에서 지배하는 선호의 원 리들 아래에 놓여 있는 한 그렇다.

여기서 우리가 이러한 상대주의를 추적할 필요는 없다. 어쨌든 목표도, 자신의 사실적 존재(가능한 현실화 속에서의 그 가능성 및 완성된 현실화 자체 속 에서의 그 현실성) 옆에 또한 완전성과 불완전성의 가능한 차원을 갖는다. 그 에 속하는 비판과 명증의 차원과 더불어서 말이다. 비판은 현실적 행위함 과, 그때그때의 현행적 목표와 관계할 뿐 아니라 습성적 목표, 지속적인 실 천적 관심과도 관계한다. 현행적 삶으로부터, 그리고 현행적으로 의식적으 로 추진하는 목표에 대한 비판으로부터 하나의 지속적인 경향이 생겨난다. 그것은 목표하는 삶의 계속적인 연관 속에서 삭제되지 않을 실천적인 최선 의 것을 향한 경향이다. 우리는 목표에 머물러 있을 수 있고, 우리가 그것

대신에 더 나은 것을 선택할 수도 있었음을 인식할 필요가 없다. 그것은 그래서 후회 없이 영원히 남아 있을 수 있을 목표의 보편적인 실천적 (그리고 또한 무엇보다 상호주관적인) 일치의 삶의 양식으로의 경향이다.

게다가 현실적이거나 추정적인 명증이 (비판에 내맡겨지면서) 우리에게 생겨난다. 이러한 명증 속에서 절대적인 당위와 절대적인 선호가 생겨난다. 비록 다시 상대성 속에서일지라도 말이다. 그러나 상대성은 이러한 성격〔절대성〕을 폐기하는 것이 아니라, 목표의 비교 속에서 절대적인 선호를 어떤 전제들로, 어떤 이해할 수 있게 만들어져야 할 실천적 영역으로, 정상적인 상황 일반성으로 상대화한다. 이처럼 우리는 절대적 규범의 장, 절대적 규범의 영역에 이른다. 이것은 여기서 자신의 상황에서 절대적으로 행해져야 하는 것으로, 절대적으로 우선적인 목표로 이해된다. 이 목표들이 유적 보편성에서, 심지어 (본질적으로 파악될 수 있는 상황의 상대성 속에서이지만) 본질 보편성에서 파악될 수 있는 한, 우리는 일상적 의미의 절대적 규범을 지니고, 본질 보편적으로 타당한(즉 그 자체로 절대적으로 타당한) 규범적 명제들을 지닌 본질 보편적 규범들을 지닌다. 상관적으로 본질 보편적으로 파악된 상황과의 이러한 관계가 본질 보편성으로 **들어간다**. 그러한 규범은 존재 진리의 규범인데, 형식적–논리적 진리의 규범일 뿐 아니라 논리적 진리 일반의 규범이고, 결국 논리 이전의 상황 진리의 규범이기도 하다. 그리고 다시, 미학적 진리의 규범이고, 윤리적 진리의 규범이며, 절대적으로 올바른 인격적 행위함의 진리의 규범이다. 그러나 또한 인격 자체, 그러니까 참되고 진정한 인격(참되고 진정한 인간)으로서의 그 존재의 윤리적 진리의 규범이기도 하다. 행위함 속에서의 진정한 것 또는 참된 것을 향한 빠짐없는 노력 속에서 살아가고, 거기서 자신의 전체 삶에 대한 절대적으로 규범적인 주제화 속에서 (경우에 따라 개심을 통해) 스스로를 새롭게 하는 인격 ─ 절대적 당위의 인격이라는 절대적으로 규범적인 이념 아래 자신을 형성하는 인격 ─ 의 이념으로서 말이다. 이것은 공동체에서도 마찬가지이다. 인격 자체의 이러한 윤리적 진리는 절대적인 '형식적' 진리이다. 그러니까 자신의 현행적(역사적, 인간적인, 그래서 환경세계적인) 상황 속의 절대적으로 진정한 윤리적 행위함 내지는 윤리적 인격 존재를 위한 형식이다.

이제 규범적 학문, 논리학, 미학, 윤리학에 대해 이야기한다면, 이것들은 절대적 규범의 구분되는 근본 유형들에 관한 학문이고, 궁극적으로는 또한 그 규범들의 상호적으로 서로 관계함(서로 포개짐)과 궁극적 절대성으로의 규범들의 종합에 관한 학문이다.

여기서 다시 **정신과학**의 작업 영역을 숙고해본다면, 정신과학은 인류에 관한 학문으로서 특수 인류에 따라 나뉘고, 상관적으로는 이러한 인류들을 의식하고 자신의 개별 인격적인, 그리고 공동체적인 삶으로부터 언제나 새롭게 형성되는 **환경세계**에 관한 학문이다. 인간이 의식적으로 가지는 모든 것,[30] 그러니까 그것에 대해 (확실성 속에서, 의심스러움 속에서, 개연성 속에서, 가상으로서 등으로) 존재하는 것으로서 의식적으로 발견하는 모든 것, 그리고 그것의 삶으로부터('존재자'에 의한 그들의 겪음으로부터, 그들의 이러저러한 가치평가함으로부터, 가치평가에 의해 실천적으로 동기부여됨으로부터), 그것의 행위하는 행함으로부터 정신적 형태를 갖는 모든 것 ─ 인간적 문화 세계로서의, 작품 형태, 목표 형태, 이용할 수 있는 재화의 세계로서의, 유용성과 무용성(= 상관없음과 유해성) 등의 세계로서의 사물 세계 ─ 이 여

<hr />

30 '의식적으로': 무엇이든 인간으로서의 인간 일반에 대해, 그리고 특수성 속의 이러저러한 인간에 대해, 존재하는 것으로서, 가치 있는 것으로서, 좋은 것으로서, 현실적이거나 '가능적인' 삶의 목표로서, 이미 현행적이거나 잠재적으로 **타당한 것**. ─ 원주.

기서 주제화된다. 다른 한편 인간 자체가 주제화된다. 그러니까 상관적으로 인격으로서의 부단한 생성 속에, 자신의 성격을 개조하고 발전시키며 존재하는 것으로서 있는 인간, 그리고 자기 자신과 경우에 따라서는 이웃 사람, 동료를 실천적으로 일하게 하고, 그래서 도야시키면서 존재하는 것으로서의 인간이 주제화된다.

여기서 특수한 정신과학적 영역은 정신적 형성물과 인간 자체에 대한 규범적 가치평가에 토대하는 규범적 실천이다. 한편으로 그리고 우선 물음은 다음과 같다.

1) 인간 일반이 사실적으로 무엇을 의지했고, 추구했는지, 인간 일반이 참으로 무엇을 완성된 혹은 불완전한 현실화로 가져**왔는지**, 이때 형성물에서 무엇이 생겨났으며 그것은 어떤 유형에서인지 등의 물음. 다른 한편으로는 인간 일반이 절대적 규범들(단일한 규범 혹은 규범 법칙)에서 사실적으로 염두에 둔 것이 무엇인지, 인간 일반은 그러한 절대적 규범들을 얼마나 명료하게 파악했고, 어디까지 현실화했는지 하는 물음.

2) 결국 인류와 인류의 정신적 환경세계를 (정신과학자들로부터) 절대적 규범 아래에 있는 것으로 평가하기(평가된 인간이 이 절대적 규범에 의해 인도되었는지 그렇지 않은지 하는 문제와는 상관없이). 그리고 이때, 또한 어느 정도까지 인간이 절대적 규범의 이념 아래의 하나의 발전으로서 이해될 수 있는지 하는 등의 문제와도 상관없이.[31]

그래서 우리는 다음의 것들을 가지고 있다.

....

31 일상적 삶의 상대성에서도 우리는 우리와 타인을 판단한다. 그것도 1) 우선 그들의 사실적 생각과 행동, 또한 그들의 사실적 규범을 전제하여, 그리고 다음으로는 2) 절대적으로 판단한다. 일반적으로 그렇다.─원주.

1) 인간 정신에 관한 사실 과학, 그러니까 지상의 유한성에서의 인간 정신에 관한 사실 과학.

2) 인간 정신에 관한 선험적 학문:

① 그 상대적인 구체화 속에서, 인격적 개인으로서, 자신의 정서와 행위에서 지속적인 것으로서, 영혼적 수동성에 근거하는 것으로서, 그 고유한 본질적 구조에 따른 인간적 인격의 아프리오리.

② 인간적 공동체, 그러니까 인격적 이웃으로서 세계에 인간적으로 서로 함께 있음의 아프리오리.

③ 인간적 환경세계, 그러니까 인간과 인간적 공동체의 경험 환경세계로서의 세계의 상관적 아프리오리. 여기에는 심리 물리적 아프리오리가 포함된다. 그러니까 함축들 속에서의 인간 정신의 보편적 아프리오리. 이것은 자연, 경험 세계 일반의 보편적 아프리오리를 함축한다. 그리고 논리적으로 참된 것으로서의, 존재 가능성 속에 존재하는 것으로서의, 인간적 실천적 가능성 속의 세계로서의, 인간에 대해 실천적인 모든 존재 가능성 속에 존재하는 개별적이거나 공동체적인 인간의 이념적으로 가능한 최선의 환경세계로서의 자연과 세계 일반의 보편적 아프리오리도 함축한다. 인격으로서의 인간 = 작용 주체, 그래서 자신의 가능성 속에서 언제나 '능력이 있다'.

자신의 내재적으로 논리화된 무한성 속에서의 순수하게 인격적인 상호주관성의 보편적 아프리오리. 절대적이고 보편적인 순수한 인간적-주관적 아프리오리는 그 부분으로서, 판단 진리(존재 진리, 가장 넓은 의미에서의 사실 진리)의 아프리오리, 순수한 절대적 윤리학의 아프리오리 등을 갖는다. 이것은 부분들이지만, 서로를 포괄한다.

일상적 의미에서의 윤리, 일상적 의미에서의 미에 관한 이론은 지상의 상황, 사실적–역사적 인류들과 관계한다. 그러나 우리가 합리적인 '규범적' 분과학문을 **논리화**하자마자, 그러니까 가정된 무한성과 관련시키자마자, 우리는 지상적인 것을 넘어선다.

우리에 대해 존재하는 **이** 세계의 보편적 아프리오리는 지평적으로 경험되고 생각된 우리의 세계의 존재 가능성의 본질 일반성을 부여한다. 이러한 세계는 모든 일치하는 존재 가능성에 따라 발전된 것으로 생각된다. 이 존재 가능성은 사실적으로 생각된 이 세계에, 시공간적 무한성 속에서의 참된 존재를 할당할 것이며, 그래서 (무한하게 많은 존재 가능성을 지닌) '존재하는 세계'라는 무한하게 다양한 이러한 사실의 변경을 형상적 단일성으로 복구할 것이다. 이러한 **보편적 세계 아프리오리**, 그러니까 참으로 무한히(*in infinitum*) 존재하는 가능한 세계 일반의 아프리오리는 자기 안에 모든 가능한 자연(세계의 핵)의 아프리오리를 포함하고, 개별적인 것으로서, 그리고 상호주관적으로 결합된 것, 공동체화된 것, 지향적으로 서로 함축하는 것으로서의, 세계에서 (심리 물리적으로 가능한 방식으로) 일어나는 가능한 정신성의 아프리오리도 포함한다. 그러나 이러한 정신적 아프리오리는 자연의 아프리오리를 함축한다. 그래서 우리는 선험적인 정신론과 **나란히** 선험적인 자연론을 갖는 것이 아니다. 그래도 우리는 심리 물리학의 아프리오리를 갖는다. 그렇지만 세계에 존재하는 정신성 자체는 세계 일반과 같이 그 자체로 통각적 형성물이다. 그런데 우리가 세계의 상관적 아프리오리, **구성하는 궁극적 주관성**의 아프리오리를 함께 포함해서 생각하자마자 모든 것이 달라진다.

인간으로서의 우리가 우리 자신을 자연적 타당성 속의 인간으로서 의식하면서 연구하고 행동하자마자, 우리는 우리 존재의 상관자로서 세계를 갖는다. 외부 세계를, 또한 그것과 함께 우리를 갖는다. 즉 총체적인 세계로서 갖는다. 만약 우리가 우리의 인간 존재를 넘어서고, 현상학적 환원을 통해 보편적 통각으로, 그 작업수행의 장소인 초월론적 주관성으로 상승한다면, 우리는 존재하는 총체성으로서 초월론적 자아-전체를 갖고, **구성된 것**으로서 자연적 인간의 세계를 갖게 된다. 인간으로서 우리는 구성적인 심리학적인 것을 획득한다. 반복적으로 동일한 것을 심리학적인 것으로서 통각하면서 그렇게 한다. 그리고 초월론적 주체로서 우리는 초월론적인 것을 획득하고, 다시 반복적으로 그렇게 한다. 세계성 내지 인간성에는 주관적인 것의 심리학화하는 반복이 속하며, 모든 반성은 반성된 것의 심리학적 통각이다. 그리고 이러한 반복의 잠재성은 이미 선소여와 그 지평에 속한다. 현상학적 방법은 처음으로 초월론적 경험 등을 가능하게 해준다. 그것도 초월론적 현상으로서 환원된 '세계'의 토대 위에서 말이다. 이것으로부터, '선입견에서 해방된' 자아는 초월론적으로 미리 주어진 것들을 **창조한다.** 그러면 이제부터 초월론적으로 미리 주어진 모든 것은 심리학적인 것으로 옮겨진다.

부록

루트비히 란트그레베가 작성한 개요

II. 체계적 부분

1) 도입: 시작하는 철학자의 동기: 절대적 상황.

역사적 도입의 과제는 초월론적 주관성에 관한 학문의 필요성을 지적하는 것이었다. 데카르트에서 그 최초의 단초는 그가 모든 학문에 대해 정당화의 최종성을 부정하고 그것들의 절대적 정당화를 요구한 데에 있다. 이를 위한 필연적 시작은 데카르트가 에고 코기토(*ego cogito*)를 발견한 것에 있다. 다른 학문과 달리 그 어떤 미리 주어진 것들도 받아들여서는 안 되는 철학에서 그 필연적 시작은 오직 반성적 자기 숙고에서만 발견될 수 있다. 이것은 완전한 자기 책임 속에서 인식적 삶을 향하는 의지의 근원적 결단을 전제한다(19쪽). — 철학하는 주체는 달성된 진리의 비판적 정당화를 향한 노력을 학자와 공유한다(23쪽). — 철학하는 주체는 정당화의 절대적 철저주의를 통해 학자와 구별된다. ─ 이를 위한 결정은 철저한 삶의 결단을 의미한다(26쪽). ─ 그 결과 정당화는 자기 정당화의 성격을 띤다. ─ 그런 까닭에 삶의 목적으로서의 철학은 다른 삶의 목적이나 직업과 구별된다(28쪽). 철학은 소명으로부터의 직업이고, 진리의 전체라는 이념이 최고의 이념이라는 인식 속에서, 순수한 사랑 속에서 그 이념에 헌신하는 것, 자아의 철저한 결단으로부터 형성하는 행위의 무한한 전진 속에서 그 이념을 추구하는 것이다(37쪽). ─ 철학적 신념은 모든 다른 문화적 신념과 달리, 원리적으로 소박할 수 없으며, 철저한 시작으로의 의식적 결단을 필요로 한다. 그러한 결단은 모든 소박한 인식 노력의 불충분함을 인식하는 데서 발원하는데, 그것의 역사적 지표는 회의주의다(39쪽). 회의주의는 초월론적 주관성으로 추동하며, 시작의 상황 앞에 철학자를 세운다. 절대적이고 전제 없는 것으로서의 이 시작을 위해서는 삶의 결단이 요구된다. ─ 그렇다면 필요한 최초의 것은 가능한 방법에 대한 성찰이다(41쪽).

도입에 대한 보충적 고찰: 철학이 관계하는 인식은 **인식 가치뿐 아니라 모든 문화를 포괄한다**(42쪽). 모든 자아 작용이 이론적 작용으로 전환될 수 있고, 그래서 **그것의 명제**가 객관화될 수 있음으로 인해서 철학은 보편적이다. 그래서 보편적 철학은 그저 인식론에 불과한 것이 아니라 주관성의 수행 전체를 포괄한다(42~46쪽).

2) 시작의 동기를 되돌아봄 **그리고 진행함**(47쪽): 회의주의는 참된 존재의 완전한 총체에 대한 궁극적 인식을 형성하는 모든 인식의 근본적인 것에 관한 학문의 필요성으로 이끌었다. 이러한 이념은 두 가지 구성요소를 갖는다. 모든 인식 일반의 통일적 원천에서의 정당화 **그리고 완전한 명증**. 절대적 주관성과 되돌아 관계하지 않는 어떠한 명증도 절대적일 수 없

기 때문에 두 가지 종류의 결함의 가능성이 생겨난다(53쪽). — 참된 시작은 두 가지 구성요소를 충족해야 한다. 인식은 절대적이어야 하고, 확실성은 절대적으로 명증해야 한다. 절대적으로 확실한 명증은 충전적 명증이다. 충전적 명증은 반성적 명증 속에서 정당화되고, 반성적 명증은 다시 충전적이어야 한다. 충전적 명증의 특징은 비존재의 불가능성이고, 그래서 필증적 명증이기도 하다(58쪽). — 정당화의 이러한 절대적 이상이 **시작의 주도적 원리**다.

바로 다음의 성찰은 처음으로 획득할 수 있는 충전적 명증에 관해 물어야 한다. — 그것은 이미 존재하는 학문의 한갓 개선된 통찰일 수는 없다. 왜냐하면 새롭게 기초를 세워야 할 학문은 그러한 종류의 것이 아니라, 초월론적 규명을 통해 이미 존재하는 학문의 원리적 소박성을 극복하고자 하기 때문이다. 그리고 그 과제는 모든 인식을 궁극적 충족으로 가져와야 한다는 요구를 통해서 이미 그 학문에 세워져 있다.

여기서 요구되는 인식은 인간의 자연적으로 소박한 자기 인식이 아니다. 바로 다음의 과제는 이 차이를 부각시키는 것이다(62쪽).

시작을 위한 진행의 **두 가지 가능한 길**: "나는 존재한다"에서 출발하거나 세계의 소여에서 출발하는 것. 둘 다 초월론적 주관성에 이른다. — 두 번째 길로 들어간다(65쪽). —

우선 세계는 의심할 여지 없는 것으로서 주어져 있는 것처럼 보인다. 왜냐하면 우리는 세계 속에 존재하고, 우리의 고유한 현존은 세계와 함께 끝날 것이기 때문이다. 다른 한편 원리적으로 결코 충전적이지 않고, 언제나 선취하면서, 교정과 확증의 형식으로 수행되는 공간 사물적 경험의 방식은 언제나 비-확증, 즉 세계의 비존재의 가능성을 열어둔다. 부단한 교정 속의 세계 경험의 진행은 참된 세계라는 이념으로의 접근이다. 그리고 이 이념은 세계 경험의 진행 형태 속에서 동기부여된 이념이다(77쪽). 이러한 진행 형태는 단지 사실적으로만 그러하지, 필연적으로 그러한 것은 아니다. **세계의 존재는 필증적으로 확실한 것이 아니며**, 세계의 비존재가 가능하다.

　모든 사실은 우연적이며 세계 사실도 우연적이다. **두 가지 의심 불가능성**의 구별: 경험적 의심 불가능성과 필증적 의심 불가능성. — 후자는 세계의 현존에 귀속되지 않는다(79쪽). — 현상의 세계로서의 경험된 세계는 경험의 진행이 향하는 근사치적 이상으로서의 세계 자체와 구별된다. — 경험하는 자가 세계를 들여다보려면, 연속적으로 확증되는 것으로서의 세계 지각의 구조가 필수적이다. 그러나 그것은 절대적으로 필연적인 것은 아니다. 예상은 확증되지 않을 수도 있다. 세계는 **초월론적 가상**일 수 있다. 이것은 **경험적 가상**과 구분되는데, 경험적 가상의 기저에는 언제나 참된 존재가 있다(83쪽). 이것은 세계의 실존이 의심스러움을 의미하지 않는다. **세계의 비존재**의 가정을 지지하는 것은 아무것도 없다. 그저 "세계는 초월론적 가상이다"라는 명제가 경험적인 현존의 확실성과 모순되지 않을 뿐이다. 그러나 그것은 또한 그저 **명증적으로 불가능한 것에 대해서도 수행될 수 있는 임의의** 가정적 명제도 아니다.

　가능한 이의제기로, 세계의 비존재의 가정은 다른 사람들은 정상적인 정신으로 남아 있을 수 있으면서 **경험하는 한 주체가 미쳤다는 것** 이상을 의미할 필요가 없음이 주장될 수 있다. 이의에 대한 반박은 의사소통적 복수형에서 **유아론적 태도**로 이행하도록 동기부여해야 한다. 왜냐하면 다른 주체들도 나의 세속적 지각의 경험 내용에 속하기 때문이다. 나는 단지 그들의 신체가 영혼적인 것이 표현되고 육화되는 사물로서 나에게 주어져 있다는 사실을 통해서만 그들에 대해서 경험한다. 이 육화는 근원적으로 단지 자신의 신체에만 주어진다. 그것은 근원 신체다. 그리고 다른 사물들은 그것들이 근원 신체와 유사한 한에서만 신체들로서 파악될 수 있다(93쪽). 이것은 간접적인 사유를 통해서 일어나는 것이 아니지만, 또한 완전히 직접적으로 일어나지도 않는다. **남의 영혼은 단지 함께 사념될 뿐, 결코 그 자체가 주어지지는 않는다.** 남의 신체의 지각은 **근원적인 해석**을 통한 지각이다. 그러한 지각은 특수한 종류의 지각이며, 확증되는 특수한 방법이 있다.

인간에 대한 모든 가능한 경험은 공간 사물적 경험을 전제하기 때문에, 세계 경험에 대한 보편적 비판은 정신착란의 논증이 그렇게 하듯, 다른 인간을 주어진 것으로서 받아들일 수 없다. 이렇게 함으로써 정신착란의 논증은 **인식론적 순환**을 범하는 것이다(99쪽). (세계의 현존이 필증적으로 확실한 것이 아님이 입증된 후에는 세계의 비존재가 절대적으로 공허한 가능성을 나타내더라도, 세계 역시 철학의 시작에서 일어나야 하는 보편적 전복에 포함되어야 한다(103쪽).)

나는 비판 속에서 세계를 배제하면서 나 자신과 나의 체험을 전제하는데, 그것도 세계 속에 존재하므로, 이로써 나는 이제 순환을 범한 것처럼 보인다. 그러나 그것이 세속적 비판에 토대를 제공하는 '나에-대한-현존함'에 관한 비판을 필요로 하지만, 그럼에도 **자아의 두 가지 의미**가 중요하다(107쪽). **자아-객체**, 인간-자아는 **자아-주체**에 의해 세계 속에서 발견된다. 그러나 그러한 자아-주체는 세계의 무화에 의해 손상되지 않은 채 남게 된다. 나의 인간적 현존(영혼으로서의 자아)과 나의 초월론적 존재는 구별되어야 한다(110쪽). 전자는 세계와 더불어 사라졌지만, **초월론적 존재는 그 순수성 속에서 영향을 받지 않은 채 남아 있다.** 그것은 이제 자신의 편에서, **필증적인 초월론적 비판**의 영역으로 개시된다(113쪽). 그래서 세속적 경험에 대한 (필증적) 비판은 **초월론적 주관성을 볼 수 있게 만드는** (두 번째) 기능을 획득한다. 초월론적 주관성은 그 자체로 완전히 완결되어 있지만, 세속적 경험의 고유한 의미에 따라서, 신체에 혼을 불어넣는 것으로서 경험될 수 있다. 이러한 자기 은폐로부터의 해방은 세계를 타당성-밖에-둠을 통해서 일어난다. 그리고 이러한 방법은 초월론적 주관성의 발견을 위한 필수적인 길이다. 왜냐하면 인간-자아와 달리 초월론적 주관성은 우선 발견되어야 하기 때문이다(117쪽). 역사적으로 이것은 데카르트에게서 처음으로 일어난다. 그래서 이것은 환원의 **데카르트적 방법**이다. 데카르트가 한 것과 달리, 여기서는 초월론적 환원과 필증적 환원이 분리된다.

초월론적 주관성의 개요: 순수한 자아는 단지 세속적 대상성만을 경험하는 것이 아니다. 자연적 반성에서는 경험적 자아 작용으로 발견되는 대로의 모든 자아-(코기토-)작용은 초월론적으로 순수하게 파악될 수 있다 (123쪽). 에고 코기토(*ego cogito*)는 환원을 통해 획득될 수 있는 모든 초월론적 존립 요소들(Bestände)의 보편적 명칭이다.

현상학적 환원은 현재로 뻗칠 뿐 아니라 과거와 미래에까지 다다른다. **(기억**(126쪽)은 선-예상와 유사하게 이중적인 초월론적 환원을 허용한다. 두 측면으로의 환원은 끝없는 초월론적 삶의 흐름을 산출한다(128쪽).)

두 번째 길(128쪽부터): **괄호 치기(환원)의 이론 ― 반성의 이론. 문제: 배제의 의미와 수행을 명료하게 하는 것**(129쪽). **자연적 반성으로서, 우선은 반성 일반**(129쪽). 환원된 작용이 초월론적 태도로의 이행을 통해서 변경되는 것은, 수행하는 자아가 자아의 본래의 수행 속에서는 자기 자신을 **망각하고 있던** 한에서만이다. **반면 반성하는 태도의 수행 속에서 자아는** 파지 속에서 그 작용을 붙잡으면서, 반성의 **이러한 자기-망각된 자아 위로** 자신을 들어 올린다. 그리고 이러한 자아는 다시 자기 자신을 망각하며, 우리는 더 높은 단계의 반성을 통해서 이에 대해 알게 된다. 자기 망각된 자아는 **용어상** 잠재적 자아로서 명시적 자아와 대조된다(133쪽). 위의 자아와 아래의 자아의 동일시는 더 높은 단계의 반성의 조망하는 작용에서 일어난다. **많은 작용들 일반의 작용-극(Aktpol)의 동일시**(133쪽). **반성 작용 일반의 일반적 구조. 자아 분열, 반성하는 자아의 잠재(Latenz). 더 높은 단계의 각각의 반성과 더불어 새로운 자아 분열의 반복. 모든 개별 작용의 자아-극의 동일성 합치.**

보통의 경우 반성하는 자아는 아래의 자아의 믿음에 참여하지만, 반드시 그럴 필요는 없다(135쪽). 믿음의 분열 상태의 예: 회의주의자, 기억 믿음을 **의심함**과 삭제함. 이러한 경우들에서 반성하는 자아는 믿은 것의 존재에 '관심을 갖는다'. **존재에 대한 관심의 개념, 다수의 작용들을 관통하는, 존재 관심의 통일성**(139쪽 이하).

반성하는 자아는 또한 그것의 믿음이 속하는 아래의 자아의 작용의 순수하게 주관적인 것에만 관심을 기울이면서 **무관심한 구경꾼**으로 행동할 수 있다. 이러한 무관심성은 **그러므로** 한갓 결핍이 아니라 판단 보류의 자유로운 행위이다(143쪽).

관심 있음과 관심 없음의 개념을 전체 작용 영역으로 확장함. **반성하는** 잠재된 자아의 부분 작용과 전체 작용, 섬기는 작용과 지배하는 작용, 주행위와 부행위에서의 작용들의 구별. ─ 반성적 자아의 되돌아 관계함은 **이론적인 것뿐만 아니라** 갖가지 종류의 것일 수 있다. 아래의 자아와 위의 자아의 입장 취함과 관심은 상이할 수 있다. ─ **완전히 일반적으로: 엄밀한 의미에서** 관심의 작용들이란, 자아가 **특수한** 주제적 지향 속에서 향하는 그 작용들이다(149쪽). '**특수한 주제**'.

무관심한 이론적 관찰자로서의 반성하는 자아의 태도는 방금 수행된 작용들의 **어떠한 성질의** 관심 방향에도 참여하기를 **모두** 거부하는 것으로 특징지어진다. 이를 통해 그것의 대상 사념의 진리 타당성과 독립적인 것으로서, 작용들의 **순수하게 주관적인 것이 이론적 주제로** 획득된다. 개별적 작용들과 관계하는 이러한 판단중지(ἐποχή)는 아직 초월론적 판단중지가 아니다. — 배제는 이념적 대상들과도 관계한다. — 대상과 관련된 배제는 하나의 괄호 치기이다(159쪽).

지향적 함축. 예시(160쪽): **그림 의식과 상상** 작용에서의 환원(162쪽). 상상된 것은 '마치'의 성격으로 의식된다. — 순수한 상상의 작용들 그리고 현실성 의식과 상상이 혼합된 작용들. 환원 속에서 '마치-대상'을 정립하는 상상하는 자아가 등장한다. — 유사-정립적 작용으로서의 상상 작용은 정립적 작용들과 구별된다(166쪽). 소박한 상상함 속에서 자아는 자기 망각의 상상 방식 속에 있다. 환원 속에서 상상된 자아는 자기 자신을 반성하는 자아로 변형된다: 상상에서의 판단중지는 자신 안에 상상-자아의 유사-판단중지를 포함한다. — 현상학적으로 순수한 모든 정립적 작용에는 평행한 유사-정립적 작용이 상응한다(171쪽).

(보론(172쪽): 현상학적 환원의 어려움. 현상학적 분석은 객관적인 자연적 분석에 원리적으로 반대되고, '부자연스럽다'.

이제까지의 사유의 과정에 대한 개관과 그에 대한 교정(178쪽): 자연적 확실성을 필증적 확실성으로 첨예화하는 것은 나중에야 비로소 도입되어야 한다. 그리고 시작을 위한 지도指導는 자연적이고 막연한 원리에 맡겨져야 한다. 예시 분석은 초월론적 주관성을 향한 두 번째 길을 열었다: 개별적 작용들에 대한 환원을 넘어서 여전히 더 높은 환원이 가능하다. 이러한 환원을 통해 초월론적 자아 전체가 획득된다.)

중단된 연구의 재개(184쪽): 이것은 모든 현전화 작용에서 지향성은 단순하지 않고, 순수한 주관적인 것을 자신 안에 **함축한다**는 사실을 보여주는 데 기여했다. — 다시 한번, 현전화 작용들에 대한 짧은 개관. — **함축**은 동일한 작용 유형 내부에만 존립하는 것이 아니라 다양한 작용 유형을 통해 서로 중첩될 수 있는 **반복 가능성**을 통해 배가된다: 상상이 보여준다. —

　함축 이론의 계속(현상학적 환원이 어떻게 수행되어야 하는지에 관한, 어디까지나 범례적인 이론으로서 — 그러나 이를 통해서 또한 그러한 방법을 통해 순수한 주관성이 전진적으로 드러남): **타인경험**의 작용들(192쪽). 타인경험을 통해서 의식되는 타인의 작용들에도 환원이 가능하다. — '**타인의 작용**(alter)'의 **변양**: 이러한 변양도 반복될 수 있다. — 이러한 반복에 토대하여 **사회적인 상호 간의 '서로에 대한─현존(Füreinander─dasein)'과 공동체적 삶**이 가능하다. 환원은 또한 **환원**이라는 작용 자체에도 무한히(ad infinitum) 가능하지만, 그러한 작용들에 더 높은 정도의 순수성을 부여하지는 않는다(197쪽).

　추정상 심리학적 환원에서 초월론적 환원으로의 이행으로서 — 우선 타당성 지평에 관한 이론 — 실제로는 보편적인 심리학적 환원에 속한다: 개별적인 작용들이나 모든 실제적이거나 가능적인 작용들의 전체에 수행된 이제까지의 환원은 **단지** 그 순수성 속에서 **영혼적 내면성**을 제시하는 것을 수행할 뿐이다. 이것은 우선 첫째로 순수 **심리학적**인 '내적 경험'을 성취한다. 이때 존재 정립의 배제는 단지 개별적으로 그리고 상대적으로 **일어났다**(202쪽). **지금까지의 판단중지**와 대조적으로 **보편적 판단중지가 가능**한데, 이것은 **타당성 지평**의 모든 **현행적** 타당성들뿐 아니라 모든 **가능적이고 습성적인** 타당성들도 배제한다(205쪽).

　타당성 지평에 관한 이론(205쪽 이하에서 216쪽까지). **타당성 지평에 관한 이론의 더 자세한 상론**(205쪽): 모든 구체적인 지각 작용에는 전경─의식과 배경-의식이 속한다(205쪽). 외부 지평과 내부 지평. — 외부 지평에서 지각적 직관성의 영역과 비직관적인 공허한 지평은 구별되어야 한다. 비직관적인 공허한 지평은 가능한 경험의 무한한 지평으로서 **전체 세계**를 포함하고(211쪽), 여기에는 특정한 통일성 양식이 밑그림 그려져 있다. — 의식의 지평은 또한 **함축된 타당성의 지평**으로서 과거와 미래에까지 이어진다. — 이로부터 생겨나는 기술의 과제. — 이념적 대상들에 관한 경험도 자신의 지평을 갖는다.

우리의 삶은 맨 위에서, **근원설립하는 작용들로부터 발원한 모든 존재 타당성들의 총체에 긴밀히 관련되어 있다**(215쪽).

그것들은 삶 전체에 걸친 **의지적** 결단을 통해서 보편적으로 배제될 수 있는데, 이러한 결단은 동시에 **보편적 반성**으로의 **결단**이기도 하다. 그러한 결단을 통해 나는 정립성이 필연적으로 속해 있는 지향적 삶으로서의 삶의 성격을 막연한 파악 속에서 조망한다(220쪽).

그래서 나의 삶을 조망하는 것은 세계를 조망하는 것을 의미한다.

앞서 수행되어야 할 보편적 환원에 대한 더 상세한 기술: 보편적 판단중지와 환원은 심리학적인 개별적 환원의 유사물이다. 나의 삶을 **보편적으로 조망하는 작용**의 단순한 환원은 **우선 현재의** 주관적인 것을 산출한다. — **과거의 주관적인 것도** 얻기 위해서, 과거의 삶의 존재 믿음이 배제되어서는 안 된다. — 그것은 과거의 대상 세계에 대한 **실존적** 입장 취함에 독립적이다. **이제 이것이 어떻게 배제되는지.** — 미래에 대해서도 유사하다(222쪽). 그 어떤 대상성에 대한 입장 취함도 없이 **절대적으로 완결된 전체 삶의 흐름을 획득하는 것은, 지평 의식을 가진다는 삶의 특성을 통하여** 가능해진다. 지평 의식은 또한 주제적인 것으로 이행될 수 있다. — 삶의 파악은 아직 명시적인 자기 파악이 아니다. **한계-이념으로서**

의 삶 자체(228쪽).

되돌아보기(231쪽): **현상학적 환원과 데카르트적 전복**. 새로운 진행은 현상학적 환원의 현상학을 제공한다. 시작에서 요구된 **전복**이라는 막연한 지도 원리는 **현상학적 판단중지의** 체계적 방법의 **철저한 완성이자 더 깊은 의미로서 드러났다**. 그것은 모든 가능한 진리와 학문의 정당화가 근거하는 새로운 존재 영역을 보여준다. ― 철학은 다만 초월론적 주관성의 자기-전개(Selbstentfaltung)이다(234쪽). 세계를 괄호 침을 통해 아무것도 잃지 않으며, 오히려 궁극적으로 정당화된 것으로서의 세계 인식이 획득된다.

초월론적 환원은 시작하는 철학자의 동기에서 떨어져서, 필증적 비판 없이 소박하게 수행될 수도 있다(238쪽). **모든 철학적 관심에 앞서** 이성적이고 경험적인 **현상학**의 가능성.

비실재적 주관성은 가능한 초월론적 경험의 연속적 연관으로서 주어진다. ― 유아론의 외견상의 필연성. ― 자기 자신의 자체 부여도 간접성의 단계를 갖는다. ― 자신의 현재, 과거 등은 그 자체로 비자립적이다. 완전한 구체성은 오직 근원적으로 주어진 삶의 전체 통일체다(244쪽). ― 초월론적 환원은 **직접적으로는** 단지 나의 자아(ego)를 산출하지만, **간접적으로는** 열린 다수의 **다른-자아**(alter-ego)를 산출한다.

현상학은 철학적 관념론의 최초의 엄밀한 학문적 형태다. ― **형상적 현상학**의 과제들. 모든 종류의 인식 사건에 대한 본질 규정들(252쪽). 모든 참된 존재자는 단지 나의 삶의 지향적 사건이다. ― 이로부터 **유아론의 외견상의 필연성**이 따라 나온다.

유아론이라는 난제의 해결. 다른 자아(alter ego)는 자체 주어지지 않고, 다만 경험적 증명의 정당성을 통해 지시될 뿐이다(258쪽). 현상학적 환원은 서로에게 정초된 두 가지 삶의 구조로 이끈다: 1) 나의 삶과 나의 삶에서 구성된 보편적인 사물 세계. 2) 나의 삶의 지향적 상관자 속에 용해되지 않는, 함께 경험된 다른 주관성. ―

사유 과정에 대한 후설의 비판적 메모들, 편집자가 정리함

30쪽 이하: 불충분함.

47쪽 1행~52쪽 18행: 새로 작성하고, 짧게 줄일 것.

52쪽 19행~58쪽: 52쪽에서 58쪽까지의 다음 설명 대신에, 여기서 우선 필증적 확실성의 원리를 즉시 첨예화하지 말고, **데카르트**의『성찰』에 나타나는 것과 같은 막연한 방식으로 확실성의 원리가 도입되어야 한다(여기에 대해서는 178쪽에서 시작하는 요약을 볼 것). 왜냐하면 세계 존재의 확실성에 대한 믿음을 흔드는 데는 이 원리를 모호한 방식으로 적용하는 것으로도 충분하기 때문이다. 여기에 적용되면, 세계의 배제를 통해서 그것은 순수한 주관성으로 이끈다. 그리고 여기에서 비로소 다시 다양한 소여들이 구별되어야 한다. 필증적으로 확실한 소여와 그렇지 않은 소여. 첨예화된 방식으로 확실성의 원리를 설정할 필요성은 막연한 방식으로 이러한 원리를 적용함으로써 순수한 주관성의 토대에 도달할 때에야 비로소 산출된다.

그러고 나서 그것은 초월론적 환원과 필증적 환원의 구별로 이끈다(119쪽). 그래서 다음의 설명에서 거기까지 '필증적' 환원 내지는 비판이라는 말을 피해야 한다.

위의 메모에 대해: 아니, 나는 세계가 존재하지 않는다고 의심할 어떠한 특별한 근거도 갖지 않는다. 그러나 나는 그러한 사실이 도대체 완전히 확실한지를 묻는다. 가령 만약 내가 수학적 명증을 숙고한다면, 나는 여기서 경험적 확실성과 필증적 확실성이 구별되어야 함을 알아차리게 된다.

59쪽 19~21행: 왜?

바로 거기에: 사유 과정에 대해.

충전적 인식의 원리. 필증성과 충전성의 단계를 가진 명증의 원리.

나는 충전성의 목표를 갖고 달성하지 못한 어떠한 인식도 절대적으로 정당화된 것으로 여겨서는 안 되는가? 혹은 그 **방법**과 작업수행에서의 진행이 필증적이고 충전적인 원리들을 통해 보장되는 그러한 방식의, 그리고 내가 해당하는 인식 영역에서 실제적인 충전성을 획득하지 못하지만 이념적 극으로서의 목표로의 **접근**에 도달하는 그러한 방식의 어떤 방법적 수행을 가진 인식, 인식의 과정도 나는 허용해야 하는가? 아마도 그와 같은 것에는, 경험적 학문이라는 명칭 아래, 내가 이전에 아직 파악하지 못한 종류의 필증성이 놓여 있을지 모른다.

물음:

철저하게 필증적인 세계 인식이 있을 수 있을까? 만약 내가 시작에서 **세계 인식**을 모든 학문적 인식의 본래적인 목표로 간주한다면?

만약 그렇지 않다면 필증적이고 충전적인 인식은 무엇을 수행할 수 있으며, 어디까지 도달할 수 있는가? 그리고 그러한 필증적 인식을 통해 **세계 인식**은 어느 정도까지 '학문'이 될 수 있는가? 만약 내가 인식되어야 하는 것에 대한 **필증적** 인식과 학문을 단순하게 동일시할 수 없다면, '**학문**' 이라는 정당화 형태, 근거 놓기의 형태, 인식의 형태는, 무엇을 의미하는 가? 만약 세계 학문이 '절대적인 것'으로서 형성되어, 단지 **세계를 단적으로** 필증적으로 정립하고자 하지 않고, **세계 추정**, 사물 추정 등을 정립하고자 한다면, 그리고 모든 이론이 경험적 추정과 관계하고, 그 자체로 추정적이며, 모든 변화에서 **상대적으로** 필증적인 것으로 남아 있게 된다면, 아마 세계 학문은 철저히 필증적일까?

1) 외부 경험이 필증적이지 않고, 자명하게 충전적이지 않다는 사실의 증명, 그리고 상관적으로 경험된 세계가 존재할 필요가 없다는 사실의 증명.

모든 자연적 학문은 그 토대 위에서 움직이고, 모든 것은 세속적이다. 자연적 학문이 '유일한' 참된 세계에 관한 궁극적 인식, 그러니까 필증적 인식을 원한다면, 나를 만족시킬 수 있을 그러한 학문은 존재할 수 없다. **그러면** 나는 경험 학문에 대한 어떠한 비판도 더 이상 필요로 하지 않는다. 그러나 또한 그러한 학문을 구축하고자 하는 어떠한 시도도 필요로 하지 않는다.

그러나 어떤 의미에서 경험이 그럼에도 학문의 토대일 수 있는지, 그리고 변경된 의미에서일지라도, 필증적 인식이 가능하지는 않은지 하는 문제는 열어두기로 하자.

2) 세속적 경험에 대한 비판이 끊임없이 **전제**한 것: 나의 경험하는 자아와 경험하는 삶. 그래서 "에고 코기토(*ego cogito*)"로의 이행. 여기서 우리는 파기할 수 없는 경험에 토대하여, 파기할 수 없는 주장을 갖는다. 초월론적 자아—그 이후에 초월론적 상호주관성.

3) 에고 코기토에 대한 필증적 비판. —

나는 칸트에 대한 강연과 같이 초월론적 주관성으로 직접 갈 수도 있다.

어쩌면 "필증적이며, 어디서나 전제되는 경험의 종류가 있는가?"라는 생각으로부터 직접. 그래서 외부 경험은 다만 아주 짧게 비판하거나 혹은 전혀 비판하지 않고, 단순히 다음의 사유를 수행한다: "내가 인식하는 것이 무엇이든, 하나의 인식이 이러한 인식함에 대한 모든 검토에 앞서 필증적이며, '전제된다'. 그래서 나는 인식적 삶 자체로 오고, 이제 이러한 에고 코기토의 해석이 나왔을 것이다. 자아는 심리 물리적인 것인가? 등등."

67쪽: 여기에는 객관적이고, 언제나 미리 주어진 세계에 대한 기술이 **빠져 있고**, 말끔한 설명을 위해 없어서는 안 될 **헐어내기에 관한 이론**이 빠져 있다.

97쪽 이하: 헐어내기에 관한 이론의 결여가 여기서 감지된다.

113쪽 23~114쪽 5행: 그것은 처음부터 원했을 수 있다.

119쪽 이하: 내 설명에 대한 비판: 초월론적 주관성의 영역에 대한 다음의 개관은 여전히 모든 필증적 비판에 앞서 주어진다. 이 구절에서, 이 개관은 **이후에 초월론적 주관성으로의 두 번째 길을 개시하는 기능**을 획득하게 될 것이라는 점을 지적해야 한다(180쪽을 보라). 이 길은 최초의 '데카르트적 길'과 분리되어 있고, 그 동기에 대한 고려 없이 들어설 수 있다. 여기서 다음의 예시 분석에서 수행되는 개별적인 작용들에 대한 환원에서 시작하게 될 것이다. 이러한 개별적 환원들을 통해서는, 세계의 배제가 언제나 단지 **각각의 경우에 따르며** 상대적이므로, 아직 엄밀한 의미에서의 초월론적 순수성은 획득되지 않고 다만 경험적 심리학의 의미에서의 순수성만 획득된다(155쪽 이하 참조). 여기에서부터 이 길은 203쪽 이하에 기술된 의미에서의 보편적 환원을 통해서 진정한 초월론적 순수성에 이른다. 데카르트적 길에 대비되는 초월론적 주관성으로의 두 번째 길의 장점은 이 길이 상호주관성을 환원에 포함시킬 가능성도 즉시 제공한다는 점이다(183쪽과

192쪽 이하 참조).

130쪽 9행 및 그 이하: 여기서 다음 문제가 다루어지기 시작한다: 초월론적 판단중지의 의미와 작업수행이 어떻게 해명되어야 하는지. 그래서 반성의 이론 일반에 토대하는 판단중지에 관한 현상학적 이론. 초월론적 주관성에 이르는 이 '새로운 길'의 의미에 대한 추가적 변형은 180쪽. 198쪽 이하 참조.

130쪽 9행~160쪽 2행: 설명의 과정을 개선하기 위해: 잠재적 자아와 명시적 자아 및 관심과 무관심한 관찰자의 개념에 관한 다음의 상술(130쪽에서 160쪽)은 이 구절에서 말하자면 **보론**으로 간주된다. 왜냐하면 그것은 두 번째 길에서, 말하자면 환원된 개별 작용으로부터 초월론적 주관성으로 끌어올리는 과정을 중단시키기 때문이다. 이 상술은 현상학적 **환원**이라는 작용에 관한 현상학의 부분으로 간주될 수 있는데, 우선은 **개별적인** 그러한 **작용들**과 관계한다. 여기서 이야기한 모든 것은 그러나 또한 후에 상론되는 보편적 환원에도 적용될 수 있다.

136쪽 1행 및 그 이하: 사유 과정의 말끔함을 위해 중요하다.

체험 **속에서** 모든 입장의 배제:

1) 소박성에서 출발한다면, 나는 아직 어떠한 현상학적 작용들도 갖지 못한다. 그리고 나서 나는 모든 작용들에서 태도 취함을 배제한다 — 물론 모든 **현전** 작용들에서.

2) 내가 이미 현상학적 작용들을 수행**했다면**, 나는 그것들에 대해서 반성할 수 있다. 이러한 반성은 새로운 현상학적 체험, 즉 하나의 반성이다. 이 반성에서 만약 내가 이미 수행한 배제를 고수하기만 한다면, 처음부터 초월론적인 것을 갖는다. 그러나 여기에서 다시 초월론적 체험이 **정립된다**. 내가 그렇게 해서 이 체험을 여전히 현전적인 것으로 갖고 있을 수 있

다면, 그것은 더 이상 배제될 수 없을 것이다. 왜냐하면 나는 현상학적 정립을 수행하고자 하기 때문이다.

140쪽 2행~153쪽 13행: 사유의 과정이 당연히 올바른지 이제 한층 더 숙고해보아야 한다.

나는 자연적 반성, 자아 분열 등에 관한 이론에서 시작했지만, 단지 **독사적(doxisch) 작용들과 독사적 반성들만을 고찰했다 — 이것은 더 예리하게 강조되어야 한다.** 이제 문제는 내가 139~143쪽에서부터 벌써 **독사적 영역에서 관심과 무관심성의 개념**을 도입하도록 유지할 수 있는가 하는 것이다.

그것은 준비하는 것으로서, 그리고 처음의 좁은 개념을 정당화하는 것으로서 유용한가, 그리고 나중의 것과 잘 일치하는가?

144쪽 23행 및 그 이하: 과정으로: 143쪽부터 주제, 관심, 태도에 관한 이론을 위한 보론:

이제 다음의 상론은 현상학적 환원의 현상학의 부분으로서의 기능 이외에도 환원에 요구되는 무관심한 관찰자의 태도가 모든 종류의 작용에 대해서 가능하다는 점에서 환원이 인지적 작용뿐 아니라 모든 종류의 작용에 적용될 수 있음을 지시하는 다른 기능도 갖는다.

144쪽 23행~153쪽 13행, 특히 147쪽 4행에 이어서: 주행위와 부행위에서의 작용들: **주된 행위는 주제적인 것에 대한 명칭이며, 주제의 통일체에 함께 속하는 것이다.** 관심의 통일체 — 여기에 대해서는 150쪽.

여기서 우리는 더 섬세하게 구분해야 한다. **여러 주행위들이 섞일 수 있다.** 주된 행위에 본질적으로 속하는 **태도 개념**이 빠져 있다. 그러고 나서 **태도의 변화.** 가령 업무에서의 습성과 태도의 지속성. 그러나 또한 여러 '직업', 여러 습성적인 주된 행위들, 주체의 여러 주제적 영역들이 함께 존립할 수도 있고, 서로 방해할 수도 있으며, 때로는 의도적으로 방해 없이 번갈아 나타날 수도 있다. **흩어진 행위들 내지는 연관 없는 작용들.**

주제적인 총체나 개별 주제에 속하는 **'집중된' 작용들,** 주제와 주제적 행위들이 서로 얽혀 밀쳐냄.

전체 작용의 통일체에(주제적인 태도에) 속하는 작용들, 그리고 다른 주제적 영역에서 온 것이든, 주체에게서 주제적으로 조직되지 않은 것이든 그 사이에 끼어든 착상들.

그래서 그것을 완전히 새롭게 작성하기. **문제는 이 모든 것이 속하는 주제에 관한 일반적인 이론이 어디에서 다루어져야 하는가이다.**

전체 작용의 내부에서 부분 작용으로서의 모든 작용들은 **통일체적 기능**을 갖는다. 여기에는 궁극적인 주제(목표 주제) 자체가 결정적인 궁극적인 목표 작용과 중간 작용들(전제들)의 차이만 속하는 것이 아니다. 부분 작용들도 상호 조율될 수 있다. 목적의 상호 조율된 수단으로서만 그러한 것이 아니다. 목적이 없어도, 부분 작용들이 도대체 '수단'으로서 기능하지 않고서 목적으로서 상호 조율되어 있는 한에서, 완전한 전체 작용의 부분 작용들은 상호 조율될 수 있다. 내가 순수하게 경험하면서 둘러보고, 하나씩 차례차례 인지할 때 그러하다. 그러나 속성, 부분에 대한 파악도 이미 수단, 섬기는 작용에 관한 무언가를 갖고 있다. 더 자세한 것은 형식 논리학, 가치론, 그리고 실천론의 문제다.

153쪽 이하: 153쪽부터 계속해나가야 할 방식:

여기까지 이르는 **관심, 주제, 주제적 총체, 태도** 개념에 대한 해명의 시도는 매우 불완전하고 새로 작성되어야겠다.

모든 심적 작용이 그 자체로 경험할 수 있는 **그러한 주제적 변경,** 다시 말해 **심적 작용을 독사적–주제적 작용으로 변경하는 것,** 그러니까 주제적으로 가치평가하는 행위를 **독사적 주제로서의 가치에 대해** 경험하고 **판단**

하는 정립으로서의 **정립**인 주제적–독사적 행위로 변경하는 것을 논하는 일은 아마도 적합한 일이며 심지어 필수 불가결한 일이다.

인지함(아마도 심지어 **주목함**)이라는 통상적인 말은 일반적으로 '자아로부터의 파악(Vom-Ich-her-erfassen)'을 의미하며, **지각함, 경험함**이라는 **일반적인** 말은 **바로 인지하는** 지각과 경험을 뜻한다는 사실이 또한 그 전에 이미 언급되어야 한다. 다른 한편 인지함과 특수한 의미에서의 주목함은 구분되어야 한다. 후자는 **주제적으로** 향함을 의미한다(원래 이것은 단순히 독사적으로 이해되어서는 안 되고, 어쩌면 가치론적으로 이해되어서도 안 된다). 이러한 의미에서의 주목하는 경험, 즉 주제적 경험, 그것도 순수하게 독사적으로 주제적인 경험은 소위 이론적 관심에서의 경험인데, 이것은 단지 실험하는 학문적 관찰에만 적합한 표현이다. 철학적이고, 특히 물론 논리적인 말에서 우리가 보통 이해하는 **사유함**은, 언제나 주제적인 사유, 이론적인 관심, 이론적 태도에서의 사유를 의미한다.

이러한 중요한 사전 고찰 후에, 모든 부류의 작용들을 포함하는 자기반성을 연구하는 것이 중요하다.

155쪽 23행: 무관심(무관심한 비판)의 다른 개념들을 논하기!

160쪽 6행 및 그 이하: 여기서 129쪽에서 중단된 현상학적 환원의 소여들의 종류에 관한 개관을 계속한다면, 그리고 이제 이중적인 지향적 관계를 가진 것으로서 **현전화 작용**을 보여준다면, 이것은 **상호주관성으로의 환원의 확장**으로 이끄는 데 기여한다. 이러한 발걸음은 192쪽 이하에서 수행된다.

178쪽 21행~184쪽: 더 나은 수정을 위해:

1) 원래의 데카르트적 길에서는 기억과 예상에서의 환원의 작용에 관해 이야기하지 않고서 단지 두 단어로 초월론적 주관성의 무한성, 초월론적

삶의 흐름의 무한성을 지시한다.

2) 두 번째 길로의 이행. 그것은 "나는 생각한다(*ego cogito*)"와 "우리는 생각한다(*nos cogitamus*)"로 직접적으로 힘차게 나아가는 한에서 데카르트적 길의 변양이다. 초월론적 주관성에 대한 이전의 조망은 데카르트적 길과 독립적으로 특별한 '현상학적 환원'하에서 수행된다. 그러나 그런 다음에는 지각에서 시작하여, 주요 유형들로 체계적으로 진행해야 한다. 외부지각에서 음영, 음영 다양체들, 그것들의 종합, 그것들의 연상적 연관들. 나는 자아 전체로의 환원에서 나중에 그것을 필요로 한다.

따라서 전년도 강의(1922~1923)를 부분적으로 사용해야 한다.

180쪽 23행~181쪽 5행: 그러나 나중에 나는 첫 번째 단락의 사유에 불명료함이 있다는 사실을 통찰해야 한다. "개별적인 작용들에 현상학적 판단중지를 작동하게 한다"는 것은 무엇을 의미하는가? 주제적 작용들, 관심의 작용들은 그것의 **주제**를 갖는다. 관찰자의 관심으로부터 배제한다는 것은 아직 **외부 지평**을 배제함을 의미하지는 않는다. 외부 지평은 그럼에도 불구하고 아직 정립적으로 현존한다. 그것은 나중에 보게 될 것이다. 드러남의 과정에서 처음으로 나타나고 연속적으로 새롭게 개시된 것을 포함하여 **모든 지평**이 배제될 것이 요구된다. **보편적인** 판단중지가 요구된다.

그러나 이제 나는 그럼에도 개별적인 환원으로는 결코 **끝**에 이르지 않으며, **심리학자로서** 나는 내 앞의 개별 작용들뿐 아니라 **전체 인간**과 **전체 영혼들**을 주제로 삼아야 한다는 사실을 처음부터 이야기해야 한다. 그것들의 통일체는 처음부터 주도적인 것이었다. 우리는 이렇게 말할 수 있다. 사물이나 세계처럼, 영혼 내지 모나드 또한 그 자체로 원본적으로 주어진다. 그러나 다만 소여 방식들의 무한한 다양체의 통일체로서, 그리고 다만 말하자면 펼칠 수 있는 지평을 가진 영혼적 현존(Präsenz) 주위로만 향해진다. 그래서 **처음부터 보편적 환원이 요구된다.**

그래서 그것은 단지 개별적으로만 환원하는 '**심리학적 환원**'이 아니고, 전체에 토대하여 개별적으로 환원하는 것이다. 이 전체가 다만 미규정적인 일반적 예견에서 주어지는 것처럼 **전체의 환원도 예견 속의 환원**이다. 그러한 환원은 보편적인 의지 속에서 수행되는데, 그러한 의지 아래에 모든 개별적인 환원이 이제부터 일관적으로 요구되는 것으로서 서 있다.

마찬가지로 180쪽 10~21행: 그것은 심리학자의 환원이어야 할 것이다. 그러나 이것은 잘못되었다. 심리학자에게는 처음부터 보편적 환원이 요구되며, 보편적 환원을 통해서 모든 개별적 환원이 요구된다.

181쪽 10~14행: 전체 영혼적 주관성에 대해서, 계속해서 세계 속의 전체 상호주관성에 대해서 선취하는 환원을 수행할 것, "그리고 일관적으로 모든 개별적 작용들에 환원을 수행할 것!" 이렇게 써야 했다.

181쪽 24행~182쪽 6행: 아니다.

183쪽과 203쪽: 그러나 이러한 상론에 반대하여 다음과 같이 주장할 수 있다. 심리학자인 내가, 모든 사람들처럼, 그 전체성 속에서… 강조하고자 한다면 ─ 물론 나는 순수 영혼 일반을 원한다 ─ **나는 그래도 보편적인 현상학적 환원을 수행해야 한다**고 말이다. 왜냐하면 모든 타당성은 나에 대해 존재하고, 나에 대해 존재하는 모든 것은 나의 고유한 지향적 삶으로부터 타당성으로 정립되기 때문이다. 개별 작용들에 대한 모든 개별적 환원들은 일반적이고 미리 모든 것을 포괄하는 환원의 내부에서 움직이며, 개별적인 순수한 작용들을 순수한 전체 영혼의 계기로서 산출한다.

203쪽부터 계속되는 설명은 초월론적 대상이 괄호 쳐지는 모든 곳에서, 모든 지평이 지향적으로 타당성 테제(지평의 지향적인 타당성 함축)를 자신 안에 어떻게 포함하는지를, 이러한 지평을 관통하여 다다르는 선취하는 판단중지가 어떻게 수행되는지를 설명하기 위한 다른 맥락에서 아마도 유용할 것이다. 더욱이, 비주제적인 실재적 배경 및 마찬가지로 타당성 함축을 포함하고, 마찬가지로 괄호 치기로 오고 와야 하는 것으로서 그것을 통해 특징지어지는 외부 지평을 고려하는, 실재적인 것에 대한 괄호 치기는 보편적 괄호 치기를 포괄하게 된다. 이 모든 것과 여기서 설명된 것은 순수한 주관적인 것에서 그러한 판단중지를 통해 암묵적으로 획득되는 것을 드러내는 것이다. 우리는 다음과 같은 질문으로 그것을 파악할 수 있다: 내가 단번에 보편적인 괄호 치기를 수행한다면, 그것을 통해서 어떠한 주관적인 것이 구조적으로 획득되겠는가?

이것은 지향적 함축에 대한 기술로 들어가는 입구다.

그러나 바로 지평 고찰을 통해서, 마치 직관적인 것이 고립되어 있기라도 하듯 단순히 그것의 **주제적** 내용 — 혹은 내실적 내용 일반 — 에서만 환원된다면, 객관적으로 향해진 어떠한 유일한 체험도 실제로 순수한 것으로 환원되지 않는다는 이의가 산출된다.[1] **모든 개별적 체험은 체험의 전체 연관을 '반영'**하므로, 나는 단지 순수하게 영혼적인 것으로서 개별적인 것만을 획득하기 위해서도 처음부터 보편적인 환원을 수행해야 한다.

그래서 분명한 것은 심리학자에게 전체 객관성과 관련하여 보편적인 판단중지는 방법적인 근본 부분에 속해야 한다는 것이다.

(그러나 개별적인 순수한 모나드의 통일체, 그것의 모나드적 존재 혹은 영혼적인 전체 내면성의 모나드적 존재를 가령 역사적인 선입견으로서 **전제**할 필요는 없다. 먼저 모든 인간에게 하나의 '모나드'가 속해 있음을 **보여야** 한다. 개별적 환원에 대한 기술에서 강의의 진행은 — 이것은 다양한 유형의 직관들에서의 지향적 함

---

1 이것은 아직 깔끔하지 않다. 내실적인 것에서의 함축과 지평 함축의 구분 참조. - 원주.

축의 증명 등으로 이해될 수 있는데 — 이제 저기에 도움이 될 수 있다. 지평들에 대한 설명은 처음부터 이 이론의 부분으로 다루어진다.)

184쪽 10행 및 그 이하: 함축 내지는 드러냄에 관한 이론에 대하여: 그러나 여기서 체계적으로 진행해야 한다. 우선 **직관**, 그리고 주제적인 대상성과 비주제적이지만 직관의 장에 놓여 있는 대상성의 구분이 제시된다. 다른 한편 주제에 속하는 빈 지평들에 관계하는 **지평** 함축들과 주제에 속하지 않는 지평들.

더 나아가 **빈 의식**이나 표현을 통한 의식 등. 이것은 무언가를 산출하는가? 여기서 어떻게 진행되어야 하는가? 그리고 본질적이고 가장 일반적인 구별들은 어떤 것인가?

193쪽 14~17행: 여기서 타자의 신체에 대한 현상학적 환원은 잊혔는가?

203쪽: 183쪽을 보라.

207쪽 이하: 여기서부터, 우리에게 존재하는 모든 실재적이거나 이념적인 대상에 속하는 타당성 의식으로서 지평 의식에 대한 체계적 고찰. 마지막으로, 매 순간 그리고 우리의 주관적 삶의 전체성 속에서 **하나의** 보편적 타당성 지평이 우리에게 존재한다는 사실에 관하여. 이 지평의 지향적 펼쳐짐은 실재적이거나 이념적인 세계적인 것으로서 우리에게 타당한 모든 대상성의 얽힌 통일체로 이끈다.

이러한 보론은 하나의 삶 속에서, 그리고 영혼 삶의 통일체와 공동체적 삶의 통일체를 산출하는 상호주관적 삶 속에서 모든 지향성의 암묵적 얽힘에 관한 이론에 속한다. 또한 함축에 관한 이론에 속한다.

212쪽 18행 및 그 이하: 이에 대해 보충해야 할 것: 개별적인 계기들의 지평들이, 모든 변화에도 불구하고 일치되는 타당성의 통일체로 종합됨. 그것은 이어지는 부분에서도 암시된다.

216쪽 4행 이하: 그러니까 함축에 관한 이론의 통일성 속에서, 다른 구절에서 사용하기.

218쪽 이하: 윤리적 판단중지를 끌어넣는 것에 대한 비판 그리고 나의 목적을 위해 삶에 관한 이러한 이야기를 사용하는 것에 대한 이의 제기. 완성된 원고의 부록 참조.

마찬가지로 218쪽 이하: 보편적인 윤리적 판단중지. ─ 나는 윤리적 판단중지가 현상학적 판단중지와는 완전히 다른 보편성을 갖는다는 사실을 여기서 간과했다. 보편적인 윤리적 판단중지는 나의 이제까지의 삶의 인격적 작용에 작동했던 각각의 모든 타당성과 관계한다. 그러나 이것은 다음을 의미하지는 않는다: 나에게 그 근원을 갖는 모든 타당성 일반. 가령 세계의 존재 타당성은 영향을 받지 않는다. 그러나 이미 예에서 분명해지듯, **자아 작용들** 일반에서 수행된 타당성조차도 모두가 능동적 경험과 경험 판단들인 것은 아니다.

일반적으로 이러한 윤리적 판단중지의 의미는 정확하게 규정되어야 한다. 이것은 근원적으로 절대적인 당위와 관련된 모든 작용들 및 보편적 실천적 장에서 이러한 점에 관련된 것과 관계한다.

일반적으로 어디서나 주의해야 할 것은 **삶**(즉 나의 삶, 그리고 일반적으로는 인격적 삶)의 자연적 의미에서는 언제나 **미리 주어진 세계**, 환경세계가 인격적 행위와 겪음의 관계항으로서 전제된 것으로 말한다는 것이다. 그러나 나는 **그것을** 계속해서 간과하지 않았다.

이에 따라 217쪽 이하는 수정되어야 한다.

220쪽 2~5행: 그러나 삶 및 삶에 대한 개관이라는 자연적 말은 인격적 지향성으로만 이끌지 수동적─구성적인 지향성으로는 이끌지 않는다.

226쪽 6~10행: 정확하지 않다.

228쪽: 이제 보편적인 심리학적 환원과 대비하여 초월론적–철학적 환원의 참된 특성이 빠져 있다. 그러나 **그 전에 심리학적 환원으로서 상호주관적 환원**이 또한 빠져 있다.

243쪽 3행: 이것이 상론되어야 한다: 해석적 경험.

245쪽 2행~249쪽 4행: 이 장들은 00으로 표시되었다.[2]

248쪽 10~13행: 지향적 내재: 하나의 상론이 빠져 있다. …에 대한 모든 지향적 체험에서, 그리고 근본적으로(*au fond*) …에 대한 모든 표상(모든 정초된 체험에서 지향적 관계는 이를 통해 산출된다)에서, 동일화하는 합치가 들어설 때 동일성과 (동일한 지향적 대상으로서) 동일자가 원본적으로 주어지고 끌어내어지는 방식으로, 표상된 대상이 실제로 이념적으로 내재적인 것은 아니다. 이것은 지각 현상이라는 엄밀한 의미에서의 현상들에, 자체로 주고 원본적으로 주는 현상들에 들어맞는다. 종합, 그리고 우선은 연속적 종합의 수행이 그런 경우다. 연속적인 봄(Sehen)은 바로 오직 그 때문에 대상에 대한 실제적 봄이다. 불연속적인 봄의 경우에 벌써, 우리는 숙고할 필요가 있다.

이것은 또한 그리고 물론 직관적 회상에서도 맞아떨어진다. 그러나 불명료한 표지(Anzeige), 불명료하고 불명확한 예기들에서는? 그러나 불명확한 것의 맞은편에 또한 명확한 것, 논리적 영역에서 '명확한' 판단도 존재한다. 이것이 원리적으로 매우 중요한 지점이다.

---

2 후설은 가치가 없다고 생각한 원고나 페이지를 여백에 0을 써서 표시하곤 했다.

전통과 '획기적인' 시작의 고지[3]

철학, 학문, 이와 더불어 인식 비판, 학문 비판의 가능성에 관한 물음은 철학의 시작부터, 그리고 철학의 발전의 전체 역사를 관통하여 철학을 따라다녔다. 그러한 물음들은 정말이지 모든 시대에 의미의 어떤 공통성, 어떤 내적 공속성을 지닌다. 그러나 그러한 물음들은 발전 단계에 따라서 그저 내적인 규정의 차이, 분화되는 특수성과 막연한 일반성의 차이만을 갖는 것이 아니다. 그것들은 또한 발전의 상황에 따라 그것의 의미 및 그것의 발전을 규정하는 기능을 변경한다.

학문과 철학, 이 둘은 처음에는 분리되지 않았는데, 이것들은 모든 인류에게 형성되는 것은 아닌 특수한 문화 형태의 명칭이다. 혹은 목적 형성물 일반처럼 그 실행에서 결코 충족되지 않는 목적—이성적 의미를 가진다

3 1925년.

고 주장하는 고유한 종류의 목적 형성물에 대한 명칭이다. 이 주장은 일반적 타당성을 향해 가고, 모든 이성적인 것에 의무를 지우는 인정을 향해 간다. 그리고 여기에는 모든 이성적인 존재가 수행할 권한을 가지는 **비판**이 상응한다. 가령 순수 미술과 같은 어떤 문화의 일반적으로 생각된 목적의 이성성에 비판을 수행할 이유는 **없다**. 일반적인 인정과, 일반적으로 말해서 존경할 만한 전통에서 수행되는 행위가 그러한 범주의 형성물을 따르는 경우라면 말이다.

철학에서는 다르다. **철학은 하나의 전통을 처음으로 창조하기 위해 전통 없이 등장한다.** 목표 설정은 새로운 것이고, 목표 형태들은 그 평가자를 얻는다. 그리고 가치 있는 새로운 종류의 문화 형태로서 관철된다. 그러나 **회의주의**가 등장하여 자신의 편에서 인정받는다. 회의주의는 철학자들이나 예술가들이 상호 간에 수행하듯 개별적으로만 비판을 수행하는 것이 아니라, (연구 방식이나 연구 성과에 따라) **학문 일반의 목적 합리성**을 단적으로 **부정**하는 **원리적인 비판**을 수행한다. 학문 일반이 스스로에게 설정한 목표는 하나의 키메라이고, 철학적 체계들은 특수한 종류의 문학의 기지 넘치는 형성물로서 좋을 수도 있고, 수사학적 목적을 위해 좋을 수도 있다. 그것들 자체가 되고자 하는 것, 그것은 (목표에 미치지 못하고, 부분적으로 혹은 완전히 놓치는 한) 사실상(*de facto*) 그것들이 아닐 뿐 아니라 그것들은 실제로 목표가 없다. 그것들은 상상의 과녁을 쏘는 궁수와 같으며, 전적으로 존재하지 않거나 혹은 원리적으로 도달 불가능한 것으로 간주될 수 있는 것을 인식 노력을 통해 달성할 수 있는 것으로 여긴다.

새로운 문화 유형인 철학은 직업적인 노력의 형식으로 자칭 목표 이념을 어느 정도 완전하게 실현하는 목적 형성물을 창조함으로써 시작하는 반면, 뒤따르는 회의주의는 실천적인 것으로서의 이러한 목표 자체의 가능성(그리고 그와 더불어 거기에 이를 수 있을 방법)이 **의심스러움**을 입증한다.

철학은 '학문', 세계 전체에 관한 보편적 학문이고자 한다. 철학은 그것의 모든 다양한 체계 구상들에서, 보편적인 것에 따라 전적으로 타당한 진리(내지는 통일적으로 결합된 진리들의 질서 있는 결합된 체계)이고자 한다. 이러한 진리는 통찰력 있는 모든 사람들을 결합시키고, 각자는 모두에게 동일하게 타당한 것으로서 각자를 결합시키는 진리를 인정해야만 한다. 회의주의가 원리적인 일반성에서 부정하는 것은 인식 목표로서의 바로 그러한 진리 일반이다. 바로 이와 더불어 '인식 비판' 혹은 학문 비판이 필요하게 된다. 즉 가능한 세계 인식 일반과 거기에 편입되어야 할 모든 개별적인 인식의 의미와 목적 이념에 대한 **원리적인 숙고들**이 필요하게 된다.

학문(규범 법칙에 종속된 어떤 정상적인 작업수행의 이념으로서의 학문)의 의미는 학문이 관계하는 **대상성**의 의미와 본질적인 관계 속에 있다. 모든 학문은 자신의 **영역**을 갖는다. 시작하는 철학자는 **세계 전체**에서 자신의 보편적 영역을 갖는다. 이 세계는 인식되어야 하는 것이다. 이 **세계**는 비록 부분적으로, 단편적으로일지라도, 언제나 (무한한 미규정적 지평들과 더불어) 직접적으로 경험되고, 경험 속에서 '직접적인 거기'로서 제시된다. 그러나 세계가 무엇인지, 세계에 그 자체로 실제로 귀속되는 것이 무엇인지는 오직 철학만이, 학문만이 제시할 수 있다. 보편적으로 의무를 지우는 학문이 있다면, 그것이 진리라고 가르치는 것은 이 세계 자체에 대해서 타당하다. 그 어떤 실재적인 것의 참된 존재와 세계 자체의 참된 존재는 학문적인 술어적 진리들 속에서 규정되는 기체 존재이고, 술어들은 존재자가 그 자체로 존재하는 대로, 존재자 자체의 술어다. 학문이 실제로 자신의 이념에 상응하는 한, 세계 자체의 존재와 존재 방식은 학문적 인식의 인식 기체로서 학문 속으로 들어간다. 그래서 **세계 자체**는 그 자체로 그것인 바에 따라서 다만 학문의 이념에 편입되는 **상관적 이념**으로 보인다. 이때 학문의 이념 자체는 다시 경험하는 주체의 경험과 관계 맺고, 규범에 따른 어떤 형식 속에서 경험하는 주체의 현실적이거나 가능적인 인식적 수행과 관계 맺는다. **세계, 세계 경험, 세계 학문**은 밀접한, 그야말로 분리 불가능한 연관 속에 서 있는 것처럼 보인다. 그리고 이러한 연관이 자신의 편에서 사유에 어려운 문제를 부과한다. 만약 주관적인 경험함과 사유함이 **그 자체로** 진정한 학문으로서 학문의 이념을, 그리고 진정한 학문의 **상관자**로서 **참된 존재**를 (학문적 규정의 기체로서, 그리고 주관적으로 통찰적으로 도달 가능한 것으로서) 지니지 않는다면, **참된 존재**는 의미 있는 이념, 즉 "실제로 존재하고, 그 자체로 존재하는 바대로 존재하는 세계"일 수 있겠는가? **이념**으로서의, 어떤 이성적 실천의 **목표**로서의 **학문**을 부정하는 것은 **세계** 일반을 부정하는 것을 의미하지 않겠는가? **고르기아스**는 아무것도 존재하지 않으며, 무언가가 존재하더라도 인식될 수 없다고 말한다. 인식에는 그 자체로 타당한 것으로서 인식 가능한 어떤 것도 존재하지 않고, 그래서 어떠한 앎도 존재하지 않는다. 그래서 나는 무언가가 존재한다고 이성적으로 말할 수 없다. 어쨌든 진실로 존재하는 것은 그것이 무엇이든지 가능한 진정한 학문, 가능한 철학의 기체 내용으로서의 의미에 의거해서만 자신의 존재를 갖는다. 그것이 신으로 불리든 물질로 불리든, 천체, 지구, 인간 등으로 불리든 말이다.

이러한 방식으로 회의주의가 요구하는 최초의 숙고는 이미 회의주의 자체의 부정에 상응하는 **세 가지 상관적인 방향**으로 향해 있다. 회의주의는 학문의 목표 이념을 인식하는 주관성에 되돌아 관계 짓고, 참된 존재 자체를 학문적 진리 및 진리를 인식하는 주관성에 되돌아 관계 지음으로써, 새롭게 발견된 이러한 상관관계가 지니는 불명료함들을 감지할 수 있게 만들었다는 **획기적인** 의의를 갖는다. 이러한 불명료함들은 소피스트적인 테제들의 (진지한 것이든 경솔한 것이든) 역설을 통해서, 그리고 위대한 정신들이 극복하고자 애써야 했던 역설적 논변들을 통해서 가장 잘 감지될 수 있었다. 그래서 **플라톤**의 변증술은 철학, 그러니까 학문 일반의 가능성에 대한 탐구의 최초의 시도로서, '그 자체로(eo ipso)' 이러한 모든 상관적 방향들로 향해 있다. 플라톤 자신은 소피스트적인 역설들로부터 철학의 이념에 속하는 **참된 존재, 진리, 그리고 인식의 본질 상관관계**를 최초로 직관하고, 목표 의미와 가능성의 본질 조건에 따라서 자신의 성찰을 즉시 이것들로 향한다. 그래서 변증술은 인식론이다. 변증술은 의견과 통찰을 다룬다. 그리고 한갓 감각(phantasia)이 아니라 믿음, 의견이자, 언제나 '단순한' 의견으로 남아 있는 봄(Sehen)의 가장 낮은 단계로서의 감각적 경험을 다룬다. 그리고 사유 및 '직관하는' 사유를 다루는데, 이러한 사유 속에서 이념들이 직관되고, 사유가 '몫을 가지는' 경험적으로 현상하는 이념들이 그 아래에 놓인다. 또 변증술은 감각적 직관에 여전히 부착된 관념적 사유(고대의 수학)와 감각적 직관으로부터 완전히 분리된 순수한 이념적 사유의 차이 등을 다룬다. 그러나 플라톤 또한 이미 탐구하는 시선에 판단 내용의 형식과 관계된 규범들을 갖고 있으며, 그 자체로 타당한 진리들의 상관자가 되어야 할 참된 존재 자체의 의미를 이해하고자 그가 얼마나 애썼는지 알려져 있다. 감성적 세계, 우리의 공동의 경험에서 동일하고 입증된 것으로 추정되는 세계, 감성적 경험을 진술로 가져오는 지각 판단의 상관자는 어디까지 한갓 주관적인 그림자 세계일 뿐인지, 그러나 다른 한편 그림자 세계로서, 불충분한 이미지들의 세계는 그 자체로 존재하는 것, 참된 존재를 어디까지 되돌아 가리키는지. 이러한 원형적인 참된 것이 본래적으로 무엇이며, 그것은 어떻게 인식될 수 있는가.

최초의 **학문 이론**은 소박한 철학 내지 학문을 뒤따라간다. 그러나 그것은 이후의 모든 학문 이론과 구별되는데, 그것은 단지 무엇이 학문을 가능하게 하는지, 학문의 계획에 의미와 실천적인 이성적 권리를 부여하는 것이 무엇인지에 대한 최초의 체계적 숙고이기만 한 것이 아니라, 그것이 처음으로 사실적으로 학문을 가능하게 **만들며**, 학문의 역사적 원천이자, 학문으로서 등장할 수 있어야 하는 모든 것에 대해 지금부터 구성적이고, 구성적이게 되어야 하는 것의 역사적 원천이라는 점에서 그렇다.

모든 종류의 **자연적 실천**은 그 **실행**에서 충족된다. 그것은 비판을 동반하는 경우가 잦으며, 보다 높은 단계에서는 대체로 그렇다. 사람들이 원래 의도했던 것을 명백히 실현하지 못한 결함들, 그러니까 주도적인 요구를 만족시키지 못하고, 충족을 오히려 저지하거나 심지어 중단시킨 결함들을 현실화된 것의 계기로서 지적하는 구체적인 비판. (가령 신발이나 호밀 재배와 같은) 그때그때의 구체적인 종류의 목표를 충족시키면서 실현하기 위해 이러저러하게 행동해서는 안 된다거나 이러저러하게 행동해야 한다는 사실이 효과적으로 통찰되는 경험적 일반화로의 이행 및 구체적인 것을, 자연적 실천의 규범화는 넘어서지 않는다. 그리고 그것은 구체적으로 어디서나 충분히 좋은 것을 목적 이념으로 인지한다. 그러나 유한한 것에 놓여 있으면서, 실제로 자주 충분히 실현되고, 그래서 개별적으로나 유형적으로 자신의 자명한 타당성을 갖는 이념으로서 인지한다.

다른 한편 '**학문**'은 술어적 진리이자 이론으로서 처음부터 충분히 실현되는 것이 아니다. 불완전한 학문, 즉 불완전한 진리를 제공하고, 불완전한 추론과 이론을 제공하는 그러한 학문은 결코 학문이 아니다. 불완전성이 완전성의 단순한 부족이고, 이미 성취된 것은 진리 자체로서 영원히 확정되어 있을 때에만 사정이 다를 것이다. 진리를 거짓으로 부유하게 하는 불완전성, 존재자가 비존재 역시 열어두는 어림셈으로 남게 되는 불완전성은 바로 의도했던 것을 실현하지 못한 작업수행의 불완전성이다.

진정한 학문은 오직 학문의 텔로스에 대한 숙고에 토대해서만, 그리고 학문의 형식과 일반적인 내용 및 학문의 실현의 주관적 방식을 필연적으로 규정하는 것인 가능성의 조건들에 대한 숙고에 토대해서만 이루어질 수 있다. 진정한 학문은 '변증술'을 전제하고, 학문 이론, 인식론, 존재론을 전제하는데, 이것은 단지 이러한 상관관계에서만 해결될 수 있는 상관적으로 함께 속하는 과제들의 삼위일체이다. 그래서 학문에 **앞서** 학문 이론이 규범으로서 서 있고, 이념적으로(*idealiter*) 학문 자체는 규범에 적합한 인식 내용을 지닌 규범에 적합한 인식인 한에서만 엄밀하고 참된 학문이다. 그리고 **세계 자체**는 다름 아닌 규범에 적합하게 규정된 존재이며, 학문이 이제 일반적으로 그것에 대해 언명하게 하는 것에 상응한다.

우리는 또한 다음과 같이 말할 수 있다. 새로운 의미의 학문은 이론적 인식 일반이 아니고, 우선 철학으로서(철학은 경우에 따라 특수 학문들이 합리적으로 요구되고 가능한 한에서 그러한 특수 학문들을 자기 안에서 구획 짓고 포괄한다), 세계 인식 일반이 아니고, 모든 자신의 진술과 자신이 정당화하는 모든 단계에 대해서 모든 방면에서 **해명**을 줄 수 있는 인식이다. 이 해명은 필연성의 원리들에 따라서, 선험적으로 학문 일반을 가능하게 만드는 규범들의 보편적 체계를 제시하는 학문 일반의 가능성의 보편적 원리론에 따라서 이루어진다.

이러한 종류의 규범 적합성은 이제까지 물론 어떠한 학문도 성취하지 못했다. 그래서 어떠한 학문도 가장 높은 의미에서, 절대적인 해명 부여라는 플라톤적 이념을 만족시킬 수 있는 학문이 아니다. 그러나 이것은 플라톤의 이념이 전체 미래 학문의 발전의 정신을 규정하고, 미래 학문의 발전에 (어느 정도 명료하게 의식되고, 어쨌든 유효한 것으로서) 그러한 이상을 각인했다는 사실에 대해서 아무것도 변경하지 않는다. **학문은 오직 이성적 방법에 근거해서만 학문이다.** 이것은 하나의 이상을 특징짓는다. 왜냐하면 학문은 철저히 방법적인 것이고자 하기 때문이다. 주관적 관점에서 보자면, 철저히 방법적 행위이며, 이론에서 가지는 내용(간단히 말해서, 학문의 이론 체계에 결합된 이론적 내용)의 관점에서 보자면, 철저히 방법의 통일체다. 의미 형성물에서, 판단 명제들에서 ─ 학문은 이론으로서 이러한 의미 형성물, 판단 명제들에 구속되며, 그것들을 객관적으로 제시한다 ─ 걸었으며 필연적으로 걸어야 할 길의 통일체를 추론, 증명, 이론이 밑그림 그린다는 의미에서 그러하다. 학문은 이러한 이상을 갖는다. 왜냐하면 플라톤과 아리스토텔레스에 의해 출범한 논리학이 학문에 그러한 이상을 설정했기 때문이다.

물론 명백히 그러한 이상에 접근했고, 방법적이고 필증적인 학문의 유형을 실현한 최초의 학문이 생겨난 후에, **학문의 발전은 다시 여타 문화와 같은 유형을 따른다:** 사람들은 실현될 수 있는 인식 목표의 가능성에 대한 확신을 미리 갖고 있었고, 학문적으로 성공한 이론의 구체적인 예에서 방법적 전형을 갖고 있었다. 방법을 지닌 학문은 상대적으로 만족스럽고, 보통의 학자에게는 완전히 만족스러운 형태로, 영역의 특수성에 따라 분리되고, 검증, 즉 정당화를 견디는 고유한 방법 속에서 성장했다. 이것은 다른 한편 규범 적합성의 의식 속에서 성공적인 형태로 산출된 것이다. 그러나 이러한 규범 적합성은 **궁극적 원리들에 근거한 것이 아니었고,** 미리 선험적으로 생성된 보편적 규범론에 근거한 것이 아니었다. **논리학은 독립한 학문 및 특수 방법에 뒤처진 채로 머물러 있었다.** 논리학은 자신이 보편적 정당화를 준다고 주장했지만, 구체적으로 만족스러운 특수 방법의 원리적 정당성을 그 필연성에서 이해할 수 있게 만들 수는 없었던 일반성의 높이에서만 그러한 보편적 정당화를 (도대체 충분히 하기는 했다면, 그리고 도대체 일반성에 있어서 충분히 하기는 했다면) 수행했다.

따라서 학문은 만족스러운 인식적 수행의 실천적 의식으로 만족하는 일종의 **인식 기술**(技術)이 되었지만, 플라톤적 의미에서의 **철학적** 인식, 즉 절대적으로 — 그러니까 궁극적인 **원리적** 숙고에 근거했다 — 정당화될 수 있었던 순수하고 엄밀한 학문은 아니었다. 이로써 학문의 이해할 수 있는 발전을 통해 밑그림 그려진 구분, 즉 일상적이지만 실제로 논리화되지 않은 의미에서의 학문과 철학적 학문 사이의 구분이 미리 규정되었다. 이로써 또한 동시에 독립한 특수 학문들의 발전이 규정되었는데, 이러한 발전에는 서로 간의 가장 긴밀한 통일성, **원리들**에 근거한 통일성, 그리고 원리들을 통해서만 가능한, 존재자 일반에 대한 보편적이고 절대적인 인식의 통일성이 결여되어 있었다. 이중적 의미에서 철학은 '특수 학문들'과 대조되었다.

1) 한편에서는 궁극적인 참된 의미에서, 그리고 참된 존재자의 전체 통일성 속에서의 존재자와 관계하는 보편적 학문으로서, 그리고

2) 다른 한편에서는 특수 학문들에 근거와 방법에 따라 궁극적인 원리적 비판을 수행하는 학문으로서 그리고 특수 학문들을 넘어서, 그것들의 궁극적 이용에 근거하는 형이상학으로서. 어떻게 양자가 갈라지고 마침내 합쳐져야 했는지를 우리는 살펴보게 될 것이다.

문제의 정당한 의미로 들어 올리는 것은 '그 자체로(*eo ipso*)', 이러한 문제만이 거기에 거주권을 갖고, 따라서 명료한 의식으로 그 위에 세워져야 하는 독특한 존재 토대와 인식 토대로 들어 올림을 의미한다. 우리가 보게 되겠지만, 그것은 초월론적 주관성 내지는 순수 주관성의 토대, 순수 현상학 내지는 초월론적 현상학의 보편적 토대다. 정당하고 개념적으로 말끔

하게 규정된 모든 문제는 그 의미를 통해 해결 방책에 일반적인 방법을 규정한다. 그것에 대해 모든 다른 방법은 부조리할 것이라는 방식으로 말이다. 이러한 의미에서 현상학적 방법은 이러한 문제의 부조리한 왜곡 없이는 훼손될 수 없는 것으로서 유일하게 가능한 방법으로 입증될 것이다.

근대의 모든 인식론은, 이론적 내용의 풍부함에서 아무리 커다란 발전을 보였더라도, 어느 정도로는 원리적인 불명료함과 쉽게 입증 가능한 부조리함들에 시달렸다. 이러한 내용이 가치 있는 곳에서도, 그리고 개별적으로 의미 있는 통찰 속에서 등장하는 곳에서도, 문제의 올바른 의미와 관련하여 불명료함이 지속되었고, 문제가 세워져야 하는 절대적 토대에 대해 무지했기에 일반적인 인정을 통해 획득되는 영속적인 취득물의 축적이 방해받게 된다. 오히려 지배적이 될 수 있었던 인식론은, 그 모순이 기껏해야 일종의 신화에 의해 은폐되는 인식론, 그 효과적인 힘은, (다시금 기껏해야) 이론적 설명에서 엄밀한 개념적 틀이 부족하기는 하지만 그 설명에 대한 연구를 통해 일깨워질 수는 있는 직관들에 놓여 있는 인식론이다.

그러한 이론의 예로는 **데카르트**의 성찰 및 **로크**에서 **흄**에 이르는 영국 **경험론**의 성찰들이 있다. 영국 경험론의 성찰들은 현대에 이르는 실증주의적 결과를 수반했는데, 여기에는 **아베나리우스**의 생물학적 인식론이 포함되고, 유행하는 것이지만 학문적으로 훨씬 열등한 **실용주의**가 포함된다. 그러나 우리는 또한 여기서 **칸트, 피히테** 및 **신칸트주의**도 포함시킨다. 그들에게서 드러나는 문제 노선이, 완전히 다른 이론적 형식 부여와 정당화 속에서 상응하는 의미부여를 지닌 엄밀한 인식론은 다시 받아들일 수 있으며 그래야 하는 중요한 문제 노선임에도 불구하고 말이다. 일반적으로 말해서, 진정한 인식론은 과거의 시도에서 많은 좋은 의도들을 볼 수 있게 할 것이고, 이러한 관점에서 과거의 친숙한 것을 인수하는 인상을 불러일으킬 것이다. 그러나 과거의 직관은 학문적인 순수한 표현 양식과 정당화 속에서야 비로소 그 진정한 학문적 의미와 타당성 가치를 획득한다는 것이 진정한 학문에서 본질적인 것이다. 그리고 진정한 학문은, 학문의 초기 형태의 동일한 단계에서는 같거나 종종 더 큰 영향력을 부여받았으나, 이제 명증한 모순으로서 영원히 무가치하게 된 모든 다른 학문과 분리된다. **옛 인식론에 대한 비판은 단순히 새로운 인식론이 아니라 '진정한 인식론'의 현존을 전제한다.** (가령 갈릴레이 이전의 '자연철학'의 물리학과 같은) 옛 물리학이나 옛 화학 혹은 천문학에 대한 비판이 진정한 물리학, 화학, 천문학의 현존을 전제하듯이 말이다. 이것은 물론 진정한 것이 모든 이론과 결과에 따라서 완전하게 발전된 채로 주어져야 함을 의미하는 것이 아니라 **진정한 시작**으로서 완전하게 발전되어야 함을 의미한다. 이러한 시작은 수행되어야 하는 작업의 토대, 설정되어야 하는 목표의 의미 및 그러한 목표를 통해 필연적으로 요구되는 방법을 확실한 통찰 속에서 의심할 여지 없이 보증하는 것이다. 현상학적 인식론은, 자신이 이러한 시작이라고 주장한다. 그것이 권리주장하는 바는 다름 아닌 **갈릴레이**의 역학이 새로운 수학적 자연과학을 위해 의미했던 것과 정확히 동일한 것을 자신이 이성 이론과 철학을 위해 의미한다는 것이다. 그것도, 모든 단계의 규정에서 의식적이고 통찰적인 방법에 의해 규정된 명료하고 간명한 진술로서 한번 획득되면 결코 포기될 수 없는 진술들의 동일하게 냉철한 의미에서 그것을 의미하는 것이다. **철학적** 시작의 본질 특성에는, 그것이 일단 획득되면, 시작하는 자연적 학문으로서의 물리학과 관련하여 의미될 수 있는 것보다 높은 단계의 통찰을 절차의 규범 적합성과 진술의 신뢰성에 있어서 갖는다는 사실이 놓여 있다. **그와 같은 '획기적인' 시작의 선언은 시작하는 학문 자체의 필연적인 본질에 놓여 있다.** 그러한 선언은 명백한 결단 속에서 자신의 길을 모든 과거와 분리할 수밖에 없으며, 과거와 결탁할 수 없고, 결탁해서도 안 되며, 불화해야 할 뿐 아니라, 자신의 고유한 권리를 규명하고 다른 모든 권리를 깨뜨려버리는 원리적 비판을 수행해야 한다. 아주 다채로운 우연적 내용을 지닌 모든 역사적 인식론에 대한 비판을 수행하는 것은, 경험적 투쟁에 유용하기는 하겠지만, 필수적인 것은 아니다. 전형적인 근본적 오류들을 근본적 일반성에서 증명하는 원리적 비판은 진리를 사랑하는 모든 통찰력 있는 사람들에게 오류의 숲을 한꺼번에 불태우는 불쏘시개처럼 작용해야 한다. 하나의 오류를 반박하는 것은 '그 자체로(eo ipso)' 원리적으로 유사한 모든 오류를 반박하는 것이다. 그러나 모든 비판과 원리적 비판은 진리를 위한 투쟁에 기여한다. 진리 자체가 발견되기 위해 그러한 비판은 필수 불가결한 것처럼 보인다. 사실 비판을 통해서 진리로 침투해 들어가고자 하는 희망은 인식론에서 실패했고, 필연적으로 실패할 수밖에 없었다. 모든 전사들이 같은 원리적 착각과 모순에 사로잡혀 동일한 가상의 무기로 서로 싸우는 곳에서 성공할 가능성은 희박하다. 그러므로 외로운 시작을 시도하고, 참된 시작을 위해 외로운 싸움을 시도하는 것은 철학의 본질이다.

"이성적으로 무엇을 물어야 하는지 아는 것은 이미 명민함이나 통찰력의 필수적인 커다란 증거다. 왜냐하면 질문 자체가 불합리하고 쓸데없는 대답을 요구한다면, 그러한 질문은 질문을 제기한 사람을 수치스럽게 할 뿐 아니라 때로는 부주의한 청자를 불합리한 대답으로 이끌고, (옛사람들이 말했듯이) 한 사람은 염소의 젖을 짜고, 다른 한 사람은 그 밑에 체를 받치고 있는 것과 같은 우스꽝스러운 광경을 보여주는 결점을 갖게 되기 때문이다."[4]

∴

4   칸트, 『순수 이성 비판』, A 58, B 82~83에서 인용.- 원주.

이 문장은 모든 새로운 인식론의 금언으로서 유효할 수 있다. 왜냐하면 인식론적 물음 설정의 의미를 거슬러서 잘못을 범하지 않은 사람은 아무도 없기 때문이다. 이 점은 쉽게 이해할 수 있다. 그 누구도 인식론적 물음 설정의 의미를 처음부터 순수하게 산출하지 못했고, 그것에 따라서 자신의 방법과 이론적 설명을 제어하지 못했기 때문이다. 우리는 이성의 독특한 문제 설정의 순수한 정식화로 이끌 수 있는 그와 같은 논의의 **참된 시작의 유일한 단초를 데카르트에게서**, 그러니까 처음 두 『성찰』에서 **발견한다.** 즉 이미 근대 철학 전체의 입구에서 발견하게 되는 것이다. 그러나 그것은 유감스럽게도 참된 인식론과 참된 학문적 철학의 입구가 되지 못하고, (그것의 위대한 창시자에게나, 그 후계자들에게나) 실질적인 열매를 맺지 못한 채 남아 있게 된다. 이것은 데카르트의 성급함 때문이었는데, 데카르트는 자신의 시작을 넘어서 성급하게 앞으로 나아갔고, 그가 공표했던 동기의 근본적 영향력을 미치지 못하게 된다. 후대의 인식론자들 중 그 누구도 데카르트의 의심 고찰을 위대한 체험의 전체 힘 속에서 새롭게 하지 못했고, 그러한 체험을 저 순수한 결과로 가져오지 못했으며, 완전히 새로운 인식의 차원이라는 문제 자체의 의미와 이러한 차원의 체계적인 학문의 의미와 방법을 드러낼 수 있는 숙고의 저 철저한 완성으로 가져오지 못했다. 그래서 모든 후대의 인식론은 공공연한 모순 내지는 은폐된 모순에 붙들려 있었다. 후대의 인식론은 모두 데카르트적 시작의 유례없는 (그 천재적 창시자 자체에게도 숨겨진) 의미, 그러니까 순수 자아를 지닌 순수 의식의 영역의 발굴이라는 그 의미를 인식하지 못했다. 후대의 인식론은 인식론을 이러한 영역에 필연적이고 독점적으로 되돌아 관련시켜야 함을, 그리고 되돌아 관련지음의 많이 이야기되었던 **선입견 없음**(Vorurteilslosigkeit)이 갖는 유일한 이성적 의미이자 저 되돌아 관련지음에 포함된 의미를 (몹시 알아채고자 했음에도 불구하고) 인식하지 못했다. 후대의 인식론은 순수 자아 및 그 순수 의식에 관한 본질학으로서의 초월론적 현상학, 자연적으로 향해진 모든 가능한 학문의 필연적인 상관적 학문으로서의 초월론적 현상학에 대해 전혀 알아채지 못했다. 현상학이 순수하게 정초되고 무르익은 이후에도 대부분의 현대 연구자들은 혼란스럽고 미심쩍은 문제들을 생각하는 습관에 사로잡히고 그들의 사이비 이론 놀이에 만족하여, 철학에 새로운 시대가 도래했다는 사실을 보지 못한다. 자연적 태도에 있는 자아에 의해 파악될 수 있는 모든 대상들 및 학문적 방법으로 구축해야 할 모든 이론들에 대한 초월론적 현상학적 탐구를 통해서만, 그러니까 대상들 및 학문적 이론을 '구성하는' 의식에 대한 반성을 통해서만, 그리고 오직 '현상학적 환원'의 틀 안에서만, 절대적 보편학으로서의 철학의 목표가 활동적으로 실현될 수 있음을 그들은 보지 못하는 것이다.

모든 학문적 판단에 대한 충분근거율[5]

충분한 근거 지음: 물음, 결정을 향한 지향, 이론적 관심, 정당성의 물음, 이론적 물음 등.

원리: 인식에서 의심스러운 모든 것은 의심할 여지 없는 것으로 환원해야 하고, 의심할 여지 없는 이해로 가져와야 한다. 인식과 관련하여, '의심스러움'과 '의심할 여지 없음'은 무엇을 의미하는가?

분명히 의미하는 바는 '충분한' 근거 제시의 의심할 여지 없음이다. 인식 물음은 정당성의 물음이다. '인식'이라는 말은 문제가 없는 말이 아니다. 이 말은 다의적이다. 우리는 처음부터 학문적 태도를 취한다. 우리는 그저 일반적으로 판단하기만을 원하는 것이 아니라 '인식'하기를 원한다. 만약

---

5   1924년과 1925년.

우리가 정당성의 물음을 제기한다면, 우리는 이미 인식하는 자들이었고, 인식하는 자들이다. 우리는 단순히 그저 판단을 향해, 궁극적으로는 확실성을 향해 노력하는 것이 아니라, 근거 있는 판단을 향해 노력한다. 우리에게 근거 있는 판단이 있다고 해도, 근거 제시가 언제나 곧장 '충분한' 근거 제시인 것은 아니다. 우리는 완전히 충분한 근거 제시를 향해 노력한다. 그래서, 판단들이 그저 정당화되는 것뿐 아니라, 그러니까 판단을 명백한 올바름을 가지며 표준적 정당성이 제시되어 우리에게 인식의 입증된 성격을 획득한 판단으로 만드는 것뿐 아니라, 인식 자체가 시험되고, 그 정당성의 표준과 관련하여 근거 있는 인식으로서 검토된다. 근거 제시는 확장되고 심화하고, 완전해져서 인식 판단은 더 완전히 근거 있는 인식 판단, 그 이념에 따라서 완전히 근거 있는 인식 판단이 된다.

물음 — 결정을 향하는 소망 지향: 이것은 불확실성을 전제하고, 경우에 따라서는 의심을 전제하며, 상충하는 확신들 사이의 긴장이나 상충하는 판단 경향, 판단 기분 사이의 긴장을 전제한다. 대답은 소망 지향의 충족, 확실성(혹은 개연성)의 만족스러운 산출, 그리고 그와 더불어 "이제 모든 것이 함께 잘 맞아떨어진다"는 말의 만족스러운 산출이다.

한 가지 특수한 물음은 **정당성의 물음**이다. 여기에서 우리는 다음을 구분해야 한다.

1) 자체 가짐 내지는 '그것 자체'를 향하는 소망하는 지향. 이미 경험하는 직관의 공허한 형식으로서 공허한 선–파악(Vorerfassen), 선–사념(Vormeinen)에서도 우리는 자체 파악, 지각, 기억을 향한 소망 지향을 갖고, 실천적으로는 경험하는 직관을 작동시키고자 하는 실현하는 노력을 갖는다. 마찬가지로 관계 짓는 사념과 경험에서도, (논리적으로 보다 높은 단계의) 술어적 판단에서도 '통찰'의 자체 파악을 향한 소망하는 의도, 그

자체성 속에서 술어적 내용을 자체 파악하고자 하는 소망하는 의도를 갖는다. 이것은 물론 A가 존재하고, S가 P이기를 원하는 소망이나 A 자체에 대한 '쾌감'으로 끝나는 A에 대한 욕구와 혼동되어서는 안 된다.

'자체'를 향한 지향은 첫 번째 의미에서의 **이론적(독사적) 관심**이다. 이것은 실천적으로 되면서 진리 노력, (첫 번째 의미에서의) 인식 노력이 되는 관심이다.

2) 이것은 **정당성의 물음** 속에서 진술되는 질문하는 지향은 아니다. 정당성 물음의 근원: 정당성의 물음은 원래 말하자면, 바로 정당성에 관한 물음이고, 이러한 물음은 판단에서 제기된다. 정당성의 물음을 제기하는 나는 그러한 물음을 나의 판단에서 제기하는데, 이때 나의 판단이란 방금 수행했거나 다시 등장하는 판단으로서의 나의 확신이다. 나는 묻는다. 나의 판단은 올바른가? 나의 판단은 정당성을 **갖는가**? 그리고 약간 의미를 변화시켜서, **나는** 그렇게 판단할 정당성을 갖는가? 그리고 다시, 그 판단은 **근거** 혹은 (복수의) 근거들을 갖는가? 근거들이란 정당성 근거들이다. 우선 여기서 다음과 같이 이야기해야 한다. 거기에 대해 질문할 수 있으려면 나는 이미 정당성 근거들과 올바름에 관해 판단했어야 한다. 판단에 이르기 위해서 내가 우선 보고 해명하고 술어로 규정했어야 하듯이 말이다. 여기서는 자체 가짐이 선행하는 것이다. 그러나 뒤에 오는 공허한, '사태와 먼' 사념은 그 비충족성 속에서 결핍을 갖는다. 사태(Sache) 자체와 사태 연관(Sachverhalt), 개념적 내용 자체를 얻고자 하는 것은 이론적 노력이다. 그러면 성취 자체나 성취(혹은 실패)로의 이행 속에서 맞고 틀림, 옳음과 그름이 경험된다. 그리고 또한 그것은 단순한 의견들, 사태와 먼 판단들의 주제가 되고, 그런 다음에는 물음을 위한 주제가 되는데, 말하자면 (판단양상들, 입장, 주관적 타당성의 양상들로서) 불확실성과 관련하여, 결정을 향하

는 지향으로서 그러하다.

그래서 우리는 다음을 갖는다.

1) 자체(das Selbst)를 향한 노력, 이론적 관심의 노력 — 그리고 그것의 특수한 경우로서

2) '경험'의, 또는 판단의(말하자면 빈 경험의, 또는 빈 구성요소 혹은 보다 무르익은 충족을 허용하는 특수 부분들에 대한 경험의) 올바름의 자체(das Selbst)를 향한 노력.

여기서 우리는 상관적인 사건을 갖게 된다. 판단함은 통찰함으로 이행해야 하고, (노에마적으로) 판단 자체는 그것의 통찰로 이행해야 한다. 그러면 여기서 직접적인 통찰과 간접적인 통찰의 구분, 즉 직접적이거나 간접적인 충족 속에서 등장하는 사태(Sache)와 사태 연관(Sachverhalt) 자체의 구분이 등장하게 된다. 명제(판단)는 충족되고, 정당화되면 올바르고 참된 명제다. 명제는 참된 명제 자체(다른 의미에서의 진리)를 향한다.

정당화, 규범화에 대한 관심으로서 특수한 의미에서의 이론적 관심. 다음으로 여기에 연결하여 진술함, 안정적인 표현으로 확정함, 정당화에 형태를 부여함. 최초의 정당화: 정당화의 근원설립.

3) 정당화를 통과한 모든 판단은 규범 적합성의 성격, 올바른 이성(ὀρθὸς λόγος) 내지 올바른 의견(ὀρθὴ δόξα)이라는 성격을 지닌다. 검토, 그러한 검토를 향한 욕구: 따라서 다시 정당화의 복구를 향한 노력, 뒤따른 설립.

4) 자체 부여와 정당화는 다양한 의미에서 어느 정도 완전한 것일 수 있다. 더 정확히 알고자 하는 욕구, '무르익은' 혹은 전면적인 자체 부여를 향한 욕구 내지는 새로운 측면과 관련한 자체 부여를 향한 욕구.

그래서 보다 높은 단계: 정당화의 평가.

5) 우선은 이 모든 것이 **물음**과 그다지 관련이 없다. 그러나 판단이 의심스럽게 되거나, 처음부터 불확실성이 존재하거나, 결정을 향한 지향, 질문하는 지향이 생겨나는 일이 이제 있을 수 있다. 그리고 이러한 지향은 (습성적으로 통찰을 향하는 것으로서) 이론적 태도에서 일반적으로 그저 결정을 향하기만 하는 것이 아니라 **통찰력 있는** 결정을 향할 수 있다. (학자에게 습성적인 것인, 정당성에 대한 이론적 태도 속에서) **정당성**이 또한 불확실한 것일 수 있다. 확신이 그저 불확실성으로 변한 것이 아니라, 자신의 확신이든 다른 사람의 확신이든 확신에 정당성이 없음을 깨닫게 된다. 그것에 대해 **묻게** 된다. 혹은 정당한 의견이 정당성과 관련하여 불확실성으로 변하고, 정당성에 물음이 제기된다. 혹은 정당화 자체가 판단에 적합하게(믿음에 적합하게) 확신이지만 이제 불확실해져서 정당화가 의심스럽게 된다. 혹은 정당화의 올바름이 전적으로 의심스럽지는 않지만, 불완전하게 의심스럽게 되고, 완전성에 대한 믿음 속에서 불확실해지며, 완전성을 추구하고 물음을 던진다: 정당화는 어디까지 다다르는가, 그것은 완전한가, 나는 어떻게 완전성을 획득할 수 있는가? 등등.

그러므로 여기서 많은 것이 서로 얽혀 있다. 일반적으로 정당화를 향한 이론적 지향은 아직 묻는 지향이 아니다. 그러나 내가 이론적으로 태도를 취하는 자로서, 의견이 때로는 충족되고 때로는 이론적 충족 지향의 성취에서 실망될 수 있음을 아는 한, 나는 보통 질문하는 태도를 받아들인다.

여기서 다음에 주목해야 한다. 어떤 확신들이 견뎌낼지(또한 그 확신들에 상충하는 확신들이 견뎌낼지)에 대한 의심이 확신의 성격을 변양시킴에도 (가령 단순한 느낌을 불러일으킬 뿐) "내가 그것을 믿는다"는 확신의 성격을 아직 폐기하지 않는 것처럼, 다른 확신이 등장할 때 내가 하나의 확신을 곧장 포기하지 않듯이, 나를 '당분간' 주저하게 만드는 증거들, 그래서 "도대체 그것이 정말로 맞는가?"라는 질문 속에서 내가 검토하는 증거들도 마찬가지다. 내가 아직 실제로 결정하지 않았는지(즉 여기서 하나의 확고한 입장을 정했는지), 내가 단순히 "그래 보인다"고 하고 나서 거기에 반해서 또한 "그래 보이지만 물론 하나가 다른 하나와 맞지 않다"고 하면서 "이것인지 저것인지 의심스럽다"고 말하고 있는지는 차이가 있다. **혹은** 내가 가령 그것들이 서로 어떻게 충돌하는지 나중에야 비로소 인지할 때, 그리고 내가 '의심하게 되며', 상황이 어떠한지, 그것이 어떻게 해명되는지에 대해 염려할 때, 가령 과거의 확고한 확신에다가 새롭게 결정된 확신과 같은 결정들을 내가 갖고 있는지는 차이가 있다.

'의문스러움'의 첫 번째 개념은, '물음'이라는 단어의 일반적인 의미에서 언어를 표현하는 것인 물음 자체의 지향적 특성이다. 그러나 '의문스러움'의 일상적 의미는 다음과 같다.

의문스러운 것은 물음이 제기될 수 있는 것이다.

어떤 방식으로는 나는 나에게 통찰적으로 주어지지 않은 **모든** 판단에 대해서 물음을 제기할 수 있고, 어떤 방식으로는 완전하게 통찰력 있는 것은 아닌 모든 통찰력 있는 판단에 대해서 재차 물음을 제기할 수 있다. 그러나 그렇다면 [여기에서] '물음을 제기한다'는 것은 전의된 말이다. 말하자면 나는 또한 통찰과 완전한 통찰을 향한 모든 지향을 통찰과 정당화를 향한 물음이라고 부른다. 언제나 나는 마치 내가 정말로 확신이 없어서 묻고 있으며, 결국 정당성에 대해서 묻고 있는 양 생각할 수 있다. 이때 또한 정당성 자체를 추구할 것이며, 바로 그것은 결정의 형식을 취할 것이다. 그러나 다시 한번 그리고 계속해서 다시 한번 더 확신하고자 하는(증명에 호소하고자 하는) 모든 검토−노력을 학문적 태도 속에서 동기부여하는 생각은, **기억**은 속일 수 있을 것이며, 충족은 아마도 아주 완전한 충족은 아니었다는 생각 등이다. 그러나 그것은 공허한 가능성이 아니라, 의식하면서 이제 여기서 상황이 어떠한지를 어느 정도 의심하게 만드는 실재적인 가능성이다. 그리고 습성적 소유물로 이행한 통찰력 있는 확실성조차도 다시금 불확실성에 이르고, 의심과 물음에 이른다. 모든 것이 다시금 의문스럽다. 그러나 나는 의문스럽지 않은 인식을 추구하고, 의문의 여지 없는 확신을 추구한다. 이것은 물론 현상학적 기술의 고유한 문제다. 학문적 진술의 개별 주관적인 그리고 상호주관적인 확실성의 문제이고, 실천적으로 접근할 수 있는 이념으로서 언제나 다시 복구할 수 있는 통찰 속에서의 확실성의 확고한 존속의 이념이다. '도덕적인' 확실성.

손상된 확실성의 양상. — 내가 이미 오래전에 정당화했던 확신의 경우, 내가 그것을 재고하면서, 내가 그것을 다시 정당화할 수 있는지 그리고 그것이 정말로 정당한지에 대해서 완전하게 확신하지는 않는 것처럼. 확신이 새로운 확신에 의해 반박되거나 확신들이 대조되면서 그것들이 서로 맞지 않음을 나중에 인지하게 될 경우에도 유사하긴 하나 완전히 같지는 않다.

내가 결정하지 않았고, 아직 내적으로 본래적으로 결정하지 않은 단순한 **느낌**과 (서로에게 반박하는) 서로와의 충돌 속에 있는 느낌의 차이를 알아야 한다. 말하자면 그 어떤 이유에서 하나의 느낌이 떨어져 나가면(나는 상응하는 부정적인 판단에 대한 확신에 이른다), 나머지 느낌들은 일반적으로 말해서 느낌들로 남는다. 이 느낌들은 적어도 결정을 내릴 필요는 없다. 다른 한편 **확신**이 다른 확신에 의해 논박되거나 그 확신에 반대하는 느낌이 자라남으로써 확신이 손상될 때, 이러한 주장을 증명하는 일은 논란의 여지가 있는 확신을 순수한 확실성으로 복원시킬 것이다. 나는 그것을 포기하지 않았고, 이제 훌륭한 앎 속에 그것을 간직한다.

충전성과 필증성의 원리로서의 충분근거율. — 학문은 이론적 관심에 근거한 소박한 인식이 아니다. 학문의 본질에는 아마도 **비판**이, 원리적 비판이 속한다. 비판은 인식하는 행위를 모든 단계에서 원리에 근거하여 정당화하기 위해 출발한다. 이것은 모든 단계에서 필연성의 의식을 형성하기 위함인데, 이러한 의식은 일반적으로 그러한 형식의 인식이 필연적으로 올바른 인식이며, 근거 짓는 것으로부터 근거 지어진 것으로의 진행 속에서 인식하는 근거 지음의 그와 같은 종류의 길이 목표에 적합한 길이라는 의식이다.[6] 이것은 학문적으로 진정한 인식의 특성을 묘사한다. 학문적 인식은 그저 목표 적합성의 의식 속에서의 인식하는 행위, 명증의 의식 속에서의 인식에 그치는 것이 아니라, 명증의 **비판**을 명증의 곧바른(gerade)[7] 의식과 결합시킨다. 혹은 더 잘 이야기하자면, 진리의 필연적 타당성의 필연성의 의식을, 그때 그때의 자신의 형태(직접적인 진리, 추론적 진리 등) 속에 있는 진리의 곧바른 의식과 결합시킨다.[8] 그러나 여기서 이것이 의미하는 바는 학문적 인식은 소박하게 획득된 진리, 충족된 자체소여성의 양상에서 추정된 사태를 한갓 추정된 진리로 비판적으로 고찰하고, 비판을 실행하면서, 이렇게 추정된 것을 분석하고, 판단 의견이 의미한 정말로 모든 것이 정말로 자체소여되었는

∴

6 정당화의 이중성은 여기서 고려되지 않는다: 1) 진술 내용의 명증에 맞추어 재는 것은 그것의 대상적 기체에 대한 경험을 전제한다. 2) 계속되는 경험을 통한 경험의 증명. **객관적** 타당성의 의미 형식은 말하지 않는다. 이 이중성에 관한, 앞으로 만들어져야 할 구별에 관해 예단하지 않는 일반적인 표현 방식을 여기에서 시도해야 한다. - 원주.

7 명증의 곧바른 의식은 반성적 비판 없이 명증 자체만을 보는 의식이다. 이것은 명증을 반성하는 의식과 구별된다.

8 '사태를 이해했다는', 설정한 진리 목표에 도달했다는 의식. - 원주.

지, 정말로 진리를 형성하는 자체의 성격을 지녔는지 관찰하면서, 그것 자체를 완전한 의견–진리로서 자신 안에 담지한다는 것이다.

학문적 인식은 주어진 인식, 즉 충족의 양상에서 주어진 사태적인 것으로부터 **원리**로 이행한다. 일반적으로 통찰은, 그렇게 진행하는 것이 일반적으로 필수적이라고 말한다. 즉 모든 명증, 인식 진리의 충족적인 자체 파악은 그것들이 모든 의견의 구성요소를 충족으로 가져와서 오류를 필연적으로 배제할 때에만 완전하고 진정한 명증, 자체 파악, 판단 사념된 것의 충족이 된다.

실천적인 원리는 다음과 같다. 즉 그것은 어떠한 판단도 (판단중지를 통해 억제하는 대신) 학문에서 타당한 것으로 허용하지 않는 것, 어떠한 판단도 함께하지 않는 것, 그리고 **완전히 충분한 인식 근거**를 갖는 판단, 자체 가짐에 의견을 비판적으로 맞추어 측정함으로써 자신의 진술을 획득하고 모든 부분적 의견들, 함께 포함된 모든 의견의 충족에 의거한 전체 의견의 충족의 완전성의 방법적 제시를 통해 자신의 **충전성**을 입증한 그러한 판단으로 고정시키지 않는 것이다. 증명이 결여되고, 받쳐주는 근거가 결여된 무언가가 함께 사념되는 경우, 추정된 것이 존재하지 않을 수 있음이 열려 있다. 다른 한편 완전한 충전성은 비존재를 배제하고, '철저히' 통찰력 있는 판단은 그 자체로 전체로서 올바르며, 자신의 진리 자체를 자기 안에서, 그리고 **필증적 필연성** 속에서 갖는다. 그것은 틀릴 수 없다. 그러나 그것은 원리적 일반성에서 그 자체로 충전적이고 필증적으로 통찰될 수 있는 진리다.

거짓이 **무가치한 것**이라면, 혹은 판단 사념이 충족적 직관으로의 이행함에 따라 (실망을 통해, 그것들을 부분적으로 충족시키는 그에 속한 직관과의 상충을 통해) 포기되어야 할 가능성이 원하지 않는 가능성이고 추구하지 않는 가능성이라면, 어떠한 '눈먼' (명증적이지 않은) 판단도 허용하지 않고, 충전적인 정당화를 통해 완전하게 증명되지 않는 어떠한 판단도 허용하지 않는다는 원리는 **실천적 이성의 원리**이고, 그것은 자신의 일반적 보편성 속에서 그 **실천적 필증성**을 갖는다.

그러므로 이러한 고찰은 이론적이면서 동시에 실천적인 보편적 원리로 이끈다. 이론적인 것으로서 이 원리는 충전적이거나 '충분한' 정당화의 '정의(Definition)'이며, 여기에는 이미 실천적 요소로서 그러한 정당화의 **가능성**이 놓여 있다. 더욱이 모든 충전적 정당화는 필연적 진리를 진술한다는 추가적 원리가 있다. 즉 모든 충전적 정당화 자체는 순수한 일반성 속에서 거짓을 배제한다는 원리 내지는 그러한 정당화 속에서 존재하고 그렇게 존재하는 것으로서 판단되는 것은 존재하지 않을 수 있는 것이 불가능하다는 원리, 그것이 존재하지 않거나 달리 존재함은 생각할 수 없다는 원리가 있다.

진정한 학문의 모든 진리는 필증적이어야 한다.

실천적인 원리로서, 진리는 일반적으로 학문의 최상위의 원리적인 목표이고, 가능한 거짓은 그 의미에서 절대적으로 그리고 원리적으로 피해야 하는 것이므로, 판단에서 일반적으로 오직 진리만을 추구하고, 충전적으로 근거 지어진 것 이외의 어떠한 판단도 허용해서는 안 된다는 것은, 저 원리의 특수화로서, 학문의 최상위의 원리적 훈령이다.

학문의 정언명령은 다음과 같다. "**순수 필증성 속에서 충전적으로 판단하라.**" 결코 소박한 명증에 만족하지 말고, 오직 네가 원리적으로 필증적인 것으로 바꿀 수 있는 그러한 명증에만 만족하라. 혹은: **오직 절대적으로 충분한 근거에 의해서만 판단하라.**

따라서 여기에는 명증 비판 및 명증의 유효 범위의 시험에 대한 요구가 놓여 있다. 명증, 그리고 완전한 근원적인 정당화(자체 부여와 관련된 정당화)를 절대적으로 요구할 때, 그것은 불완전하고 필증적이지 않은 정당화의 모든 판단들은 배척해야 할 것을 의미하는 것처럼 **보인다**.

그러나 어떤 전체 판단 영역에서 필연적으로 선행하는 소박한 명증이 그 대상적 의미의 동일성 아래에서 충전적인 것으로 바뀔 수 없는 종류의 것이라는 사실, 혹은 전체 대상 영역이 충전적 인식을 일반적으로 허용하지 않는다는 사실이 배제되지 않는다. 그러나 다른 한편 그러한 모든 명증은 그 유효 범위에 대한 비판을 통해서, **어떤 가정을 다시 참조하거나** 그 밖의 방식으로 비충전적 명증에 근거하여 충전적으로 변경된 내용이 달성될 수 있으며, 이러한 방식으로 모든 가능한 대상성들에 대해 충전적 정당화와 순수한 진리가 획득될 수 있다는 통찰을 함께 산출한다. 비록 그것들의 존재 혹은 존재 내용 자체에 대한, 그리고 그것들에 대해 존재하는 그 어떤 사태 연관에 대한 충전적 인식은 아닐지라도 말이다.

그러나 처음에 이러한 암시는 충분한 근거의 원리를 잘못 다루고, 그것을 처음부터 우스꽝스럽게 터무니없는 것으로 배척하는 경고에 지나지 않는다. 왜냐하면 자연과학은 가령 자연에 대한 필증적이고 충전적인 인식 속에서 진행될 수 없음이 거의 자명하기 때문이다. 그러나 그것은 여기서 전제로 간주되어서는 안 되고 지금 수행되어야 하는 억제의 동기로 간주되어야 한다.

보편적 인식의 목표는 전혀 무의미하지 않은가?[9]

우리의 학문적 지평의 무한성. 나는 a + b의 가능성의 무한성 자체에 대해서 어떻게 무한히 알 수 있는가? 모든 것을 아는 것의 이념, 무한한 진보 속에서 인식-가치 상승과 가치 체계로서의 학문, 그리고 그에 속하는, 최고의 가치라는 이념. 개별적인 학자에게 학문의 실천은 인식 가치의 무한성을 실현할 수 있다는 확신을 전제하는가? 마찬가지로 모든 실천에서. 어디에 실제로 최고의 가치가 놓여 있는가. 직업과 직업적 가치의 문제. 철학의 이념, 윤리적 삶의 이념, 그리고 무한한 지평 속으로 영향을 미치는 이성적인 삶의 실천의 이념. 약간의 성찰. 학문의 가치론적-실천적 고찰.

학문의 의미(목표 의미)에 속하는 것. 무한한 영역 속에서 인식 지배의 가능성의 조건. 실마리로서의 수학. 전문성. 학문의 자연적 생성. 그 밖에도: 자연적으

∴

9   1923년.

로 성장한 학문의 불충분함(수학에 대해서만 상술함).

연구의 에로스는 모든 학문에서 무한한 지평과 관계한다. 연구하는 공동체는 이러한 지평과 관련된 사랑 공동체이며 작업 공동체이고, 획득된 체험, 방법적 통찰을 교환한다. 연구 공동체는 서로를 지원하면서 공동의 무한한 계속적 작업 속에서 인식-무한성의 개시라는 커다란 목표를 위해 살아간다.

여기서 모든 '자기-제약(Selbstbeschränkung)'(전문화)은 공동체의 기능으로서만 정당성과 의미를 지니며, 다른 곳에서 (다른 연구 집단과 전문 분야에 의해) 이미 해결된 것을 알고 이용할 수 있는 가능성과 준비 속에서 자신의 발판을 갖는다.

이미 하나의 전문 분야에서, 그리고 당연히 하나의 본질 영역을 통해 주제적으로 완결되는 모든 보편적 학문에서, 가장 위에서 이끄는 것으로서 보편적 관심 방향이 필요하고, 보편적인 목표와 수단에 관한 보편적 숙고가 필요하다. 관심이 진정하고 가치 있는 것으로서 지속적으로 충족될 수 없는 비체계적 개별들로 노력이 흩어지지 않으려면 그러한 것이 필요하다. 인식 사랑이 끊임없이 사고되어야 한다면, 무한히, 힘을 유지하고 힘을 증가시키는 전진하는 속도로 그래야 한다면, 무한한 작업-지평이 필요하다. 그러나 무한성은 무한히 열린 무질서한 더미의 형태를 가져서는 안 된다. 그것은 이론적 지배를 가능하게 하는 인식 무한성이어야 한다. 그리고 이러한 지배는 정복하는 전진 속에서 보다 높은 인식 행위와 목표에 몰두하고, 인식 기쁨을 언제나 새롭게 불타오르게 하며, 인식 노력이 결코 중단되게 하지 않는다.

최초의 학문으로서의, 실천적으로는 최초의 학문적 직업으로서의 수학. 인식 지배의 가능성의 조건. — 수학은 모든 학문의 스승이었고, 본래적 의미에서 최초의 학문, 그러니까 열린 무한성 속에서 정복하고 기뻐하며 전진해 나가는 최초의 체계적 학문이었다. 이론적 관심이 어떻게 한갓 호기심으로서 개별적인 것에 만족하지 않고, 무분별하게 새로운 것을 뒤쫓지 않으며, 인식 가능한 것의 열린 무한성에 직면하여서도 약해지지 않고 오히려 자라나며, 더욱이, 다른 종류의 영역과 관련된 관심이 유혹하는 곳에서조차 견뎌내는지를 사람들은 여기에서 처음으로 보았다.

인식 사랑과 활동적 노력의 회춘의 샘은 **체계**다. 그리고 체계, 체계적 방법과 이론을 가능하게 하는 것은 **원리들**로 되돌아 관계함이다. 언젠가 사랑과 작업의 자립적 목표일 수 있었던 다양한 특수성들은 '관심 없게' 되고, 그들에 대한 관심은 보다 높은 이론에서 더 높은 관심에 의해 소비된다. 이러한 이론에는 오래된 인식적 가치가 잠겨 있고, 그 일반성에서 포함되어 있으며, 특별한 강조 없이, 방법에 따라서 자유롭게 처리될 수 있다. 언제나 연역할 수 있는 것, 이론에 근거한 확실한 방법에 따라서 혹은 순수한 사유 속에서 혹은 경험이나 사유를 통해 규칙에 따라 추론할 수 있는 것은 실제로 추론할 필요가 없다. 언제나 계산할 수 있는 것은 실제로 계산할 필요가 없다. 만약 이 인식 특수성을 제시할 것을 요구하는 다른 곳에서 동기부여된 관심이 없는 한에서는 말이다. 방법은 미리 지배력을 부여하고 따라서 자유롭게 처리될 수 있는 소유물을 준다. 이론은 일반적인 것이고 일반적인 실천의 규칙이다. 그리고 방법은 추론하고, 특수성들을 획득하고, 경우에 따라서는 구체적인 것에 적용하기 위해 수반되는 규칙이다. **유클리드** 기하학은 늘 새롭게 내용적으로 풍부해지고, 인식 가치에서 높아지는 진리와 이론으로 방법적으로 날아오름으로써 무한한 것으로 전진하는 인식 상승으로의 전망을 처음으로 일깨웠다.

획득된 보다 높은 일반성의 인식적 가치는 그러한 일반성을 통해 단번에 (다만, 명증적으로 가능한 특수화와 추론들의 수행하에서) 지배되는 구성 가능한 특수성들의 범위에 놓여 있다. 상대적으로 의식적으로, 그럼에도 상대적으로 소박하게 전진하면서, 전체 영역을 지배할 전망이 열린다. 이 영역은 임의적이고 우연적인 무한성이 아니라 시작의 주제에서부터 열리는 본질적으로 경계 지어진 무한성(이것의 원리적 경계는 아직 필연적인 방식으로 규정되지 않음)이다. 따라서 기하학자의 실천적인 의식 속에는 즐겁고 항상 즐거운 작업 영역에 대한 실천적으로 무한한 전망이 있다. 그래서 수학은 **직업**이 된다.

이전에 수학에서 성공적이었던 것이, 바로 실천으로서의 그리고 직업으로서의 체계적 학문의 확립으로서 모범이 되었다. 순수하게 사실적인(순수하게 이론적인) 관심이 자라나는 곳에서는 어디서나, 가장 가깝게 접근할 수 있는 시작하는 인식으로부터 본질적으로 경계 지어진 '우주', 본질적으로 완결된 전체, 바로 그때그때의 학문 영역을 체계적으로 지배할 수 있다는 이상 내지 이미 근거 지어진 실천적 전망을 가지고서, 그것은 학문으로서, 이성적으로 조직된 관심의 체계 내지는 진행되는 이론적 작업에서 끊임없이 확장되고 인식 가치에서 높아지는 이론의 체계로서 영향을 미치고자 한다.

우리는 여기서 다양한 **영역**을 지닌 다양한 학문을 주시한다. 기하학은 하나의 영역을 지니는데, 그것은 이상적으로(*idealiter*) 구성할 수 있는 공간 형태의 영역이다. 산술학은 구성 가능한 수 형태의 이상성의 영역이다. 더 정확히 말하자면 집합, 수 계열 등의 가능하고 구성 가능한 형식들의 영역이다. 여기서 우리는 그것의 형식 내지 형태들에 따른 '이념적 가능성들'을 갖는다. 그리고 '경계 지어진 영역'으로 정돈되는 가능성들을 갖는다.

다른 한편 개별적인 사실들의 세계로서 실재적 세계의 실재적 사물들이 있다. 여기에 속하는 영역은 다음과 같다: 역학, 물리학 일반, 화학, 생물학, 특히 식물학 등.

그러나 만약 모든 이상적 가능성들 및 이와 관련된 이상적으로(*idealiter*) 구성할 수 있는 모든 형태들이 **하나의 유일한 영역**, 그 밖의 모든 영역을 보편적으로 포괄하는 영역, 모든 이념적 가능성들의 총체를 형성하게 된다면 어떻겠는가? 그리고 사실 세계 — 이것은 '그 자체로(*eo ipso*)' 하나의 통일체, 예외 없이 결합된 우주, 다차원의 열린 무한성, 모든 것이 모든 것과 필연적으로 결합된 그러한 무한성이 아니겠는가?

철학과 그 영역. — '철학'이 세계 인식, 그러니까 인식 가능한 것 일반의 우주에 관한 인식을 향한 사랑, 이성적으로 지배하는 확고한 삶의 원동력을 향한 사랑이 되려면 **우주**(Weltall) **자체**는 가능한 학문의 영역, 가능한 체계적인 통일적 이론의 영역, 이론적 체계 속에서 전진하는 인식의 영역이 될 수 있어야 한다. 인식 영역으로서의 세계는 그 정복이 실천적인 가능성으로 나타나야 하고, 심지어 통찰력 있게 인식 가능해야 하는 그러한 것이어야 한다.

물론 그러한 학문이 어떻게 가능한지는 우선은 간파할 수 없다. 수학적 영역과 관련하여 미리 통찰할 수 없었던 것처럼 말이다. 수학에서 체계적인 것은 물론 개별적인 맥락에서 특수성에서야 비로소 등장했고, 그러고서야 관심의 원동력으로 작용했다.

모든 부류의 특수성들을 한꺼번에 연역하고 처리할 수 있게 하는 이론적 일반성을 획득할 수 있다는 (특정한 경우에 열린) 전망은 인식 욕구를 자극했고, 인식 욕구가 충족되면, 즉시 새로운 유사한, 훨씬 더 흥미진진한 전망이 열렸다.[10] 그래서 학문의 생성은 (소박한 발전의 단계에서) 이 소박함 자체에서 성장한 저 원동력에만 맡겨져 있다고 생각할 수 있다. 이 원동력에는 물론 특정한 이론적 상황에서 출발하여, 해당되는 학문에서 이제까지 습득된 인식 소유물을 조망하면서, 이제 어떻게 진행될 수 있는지, 체계적 지평에서 다음으로 붙잡을 수 있는 문제로서 산출되는 것이 무엇인지, 이를 통해 인식 지배의 확장이 어떻게 획득될 수 있는지를 묻는, 생산적 연구자의 개별적 반성들도 속한다.

그러나 여기서는 **모든** 학문이 놓여 있는 동기 상황이 문제시되며, 학문으로서, 체계적 인식 지배에 굴복될 수 있어야 하는 실천적인 인식-무한성으로서 모든 것에 속하는 형식적 구조가 문제시되기 때문에, 형식적-일반적 숙고를 위해 멀리 동떨어지지 않은 가능한 주제가 표시된다. 모든 이성적인 사람이 결국 자신을 이성적인 사람으로 통찰하고, 자신의 실천적 삶의 진행에 대한 보편적 숙고를 수행하며, 형식적 일반성 속에서 정언명령을 생각해내고 거기에 복종하도록 동기부여되듯이, 철학자, 즉 학문 일반을 사랑하는 자는 의식적이고 이성적인 인식 지배를 위한 가능성에 대한, 또한 그것을 위한 보편적 정언명령에 대한 형식적-보편적 물음으로 이끌린다.

여기서 '철학자'는 보편적인 세계 인식을 사랑하는 자이자 실천적으로 노력하는 자로서 생각된다. 그것은 세계에 대한 모든 특수 학문을 포괄하

---

10 게다가 획득된 이론의 실용적 가치, 어떤 부류의 일반적인 유용성의 목적에 그 이론을 적용할 가능성은 이론적 관심이 부족할 때 이론을 기억 속에 보존하기 위한 보수적인 힘으로 작용할지 모른다. 이것들은 경우에 따라서 다시 새로운 이론적 관심의 발판이 될 수 있다. 만약 재수용과 가르침 속에서 일깨워진 이론과 다시 일깨워진 관심이 새로운 지평을 열어주고, 이론의 확장 가능성을 열어준다면 말이다. - 원주.

고, 그와 더불어 모든 개별 학문에서 구성할 수 있고, 실천적으로 성취할 수 있는 체계적인 지배의 가능성을 포괄한다. 이러한 가능성은 물론 방법에 대한 물음이다. 그러한 물음은 인식 영역 자체의 본질에 무엇이 근거하는지, 인식 영역 자체는 가능한 인식의 무한성인지, 이러한 무한성 자체는 그것을 통해 인식 영역이 (언제나 형식적 일반성 속에서) 구성될 수 있는 체계적인 질서를 지니는지에 대한 물음이다. 다른 한편에서는 그러한 (경우에 따라 그 자체로 필연적인 것으로서 존립하는) 체계적인 인식 질서가, 그리고 이론적으로 해결하는 작업의 정돈된 과정 속에서 이론의 통일체가 방법적, 체계적 연구 속에서, 실천으로서의 학문 속에서 어떻게 현실화될 수 있는지에 대한 물음이다.

철학자는 개별 학문의 체계론과 체계적 실현의 물음 앞에 서 있지만, 또한 마찬가지로 보편적 학문의 실현의 물음 앞에 서 있기도 하다. 그러니까 그것은 어느 정도까지 세계, 현실성의 우주가, 세계가 무엇인지를 총체적 완전성 속에서 체계적으로 진술하는 인식 체계를 위한 주제인지, 또 어느 정도까지 세계가 자신으로부터 우연적인 개별적 인식 영역과 같은 것을 가능한 학문의 영역으로 내어주고 개별적 학문을 가능하게 하는 것이 아닌지, 오히려 어느 정도까지 세계가 개별적인 학문들로 체계적으로 나뉘는 **하나의** 학문과 더불어 **하나의** 보편적이고 총체적인 영역인지에 대한 물음이다. 그러면 세계는 연관 없는 개별성들의 합을 담고 있는 것이 아니라 말하자면 그것들 모두를 기능하는 개별적인 지체로서 자신의 통일적 삶 속에 지니고 있는 **인식의 신체**다. 연구와 관련하여: 그것은 필연적으로 **체계적인** 연구의 통일체인데, 이러한 통일체는 내적인 이유들 때문에 근원 토대, 공동의 뿌리 토대의 통일체로부터 다양하게 분기하지만, 그 가지들은 그럼에도 언제나 근원적인 통일체의 비자립적 부분들로 남게 된다.

이것은 일반적으로 인식과 학문을 사랑하는 자이고자 할 뿐 아니라 이성적 인간으로서 또한 이성적인 철학자, 엄밀한 의미에서의 철학자이고자 하는 철학자의 형식적-보편적 물음들이다. 보편적 인식 일반의 체계적 진행 방법에 대한, 다음으로는 개별 학문들로의 체계적 분류에 대한, 개별 학문들 자체 내에서의 체계적 진행에 대한 이러한 숙고는 그러나 철학자로서의 내가 (이성적인 것일 수 있어야 하는 나의 인식 실천의 우주 속의 진정한 이성적 인간으로서의 내가) 필요로 하는 방법에 대한 숙고의 한 측면일 뿐이다. 왜냐하면 나의 철학적인 진행과 특수 학문적 진행의 소박함은 단순히 진행의 우연성에 놓여 있지 않기 때문이다. 여기서 나는 체계적인 연구의 모든 특수 부분들을 처음으로 지도하고 합리화해야 했을 최상의 체계론에 대한 주도하는 형식적 인식이 결여되어 있다. 바꾸어 말하면, 여기서 나는 사실적으로 맞아떨어질 수 있는 인식을 통해 밑그림 그려진 공허한 형식으로서 형성되어야 했을 체계적 이론 자체의 필연적 형식에 대한 구조적 통찰이 아직 결여되어 있다. 의식적으로 구성될 수 있는 모든 특수한 이론의 규범인 그러한 체계적 이론의 목표 이념에 대한 이러한 질문 **이전에는** 그러나 다른 것이 놓여 있다.

실천적인 이성적 인간으로서 나는 숙고하면서 우선 나의 삶의 계획을 구상하는 데에 이르게 되는 것이 아니라 우선 **개별적 행위**의 옳고 그름에 관한 물음에 부딪힌다. 그래서 가장 일반적인 윤리적 형식 물음(이성적 삶 일반의 체계적 형식에 관한 물음)에 **앞서** 개별적 행위와 행위 목표 일반의 옳고 그름에 관한 형식적 물음이 등장해야 한다. 이것은 학문으로서 작용하는 이론적 관심의 실천에서도 그리고 일반적인 학문 방법적 숙고의 질서에 관해서도 마찬가지다. 학문의 모든 체계적인 것에 **앞서** 이러한 학문에서 인식과 관계하는, 그것도 인식으로서의 인식과 관계하는 물음 복합체가

서 있다. 그리고 이러한 물음은 정당성 물음으로서 등장한다. 이것은 특수적으로는 모든 각각의 학문 영역에 적용되고, 형식적 일반성에서는 학문 일반과 철학 일반에 적용된다. 여기서는 특별히 **'토대'–물음들**이 문제시된다. 나는 여기서 올바른 근본 개념에 대한 논쟁, 그리고 근본 개념들을 획득하고, 근본 사실들을 규명하며, 개념적으로 확정하고, 근본 개념들로부터 올바른 방식으로 공리를 획득하며, 공리를 올바르게 해석하고, 어느 정도까지 주장된 공리가 필연적이거나 사실적인 타당성을 갖는지를 결정하는 올바른 방법에 대한 논쟁을 떠올린다. 이것은 체계화하는 이론의 방법에 대한 정당성 물음으로 상승시킨다. 그러나 이러한 물음 내지 방법은 이미 개별적인 인식을 정당하게 획득하게 하는 방법에 근거해야 한다.

학문적 소박성에서의 불만족은 사람들이 학문에서 학문의 전체적인 것을 주시하는 대신에, 작은 상대적으로 합리적인 지평과 더불어 단조롭게 살아가고 단조롭게 연구한다는 데 대한 불만족이다. 혹은 사람들이 그때그때의 학문적인 특수 과제의 모든 특정한 목표를 넘어서 전체적인 것으로서의 학문에 속하는 텔로스에 관해 묻지 않는다는 데 대한 불만족이다. 합리적으로 행위함, 합리적으로 삶: 각각의 단계의 정당성과 관련하여, 개별적인 경우에서 사람들이 추구하는 목표와 관련하여 훌륭한 앎과 의식을 지님, 그러나 그것을 넘어서 또한, 전체 삶의 목표 질서 속에서의 이러한 목표의 정당성과 관련하여 훌륭한 앎과 의식을 지님. 저 전체 삶은 바로 목적론적 질서의 통일체를 지녀야 한다. 나는 개별적으로 '올바른' 목표를 전체 삶의 관점 아래에서 올바른 것으로서 인식할 수 있어야 한다. 그렇지 않으면 그것은 전혀 정당하지 않을 것이다. 그래서 나는 학자로서 그저 개별적으로 정당한 인식을 가져야 하는 데 그치는 것이 아니라 이러한 개별적인 인식을 보편적인 체계적 인식 연관 속에서 실천적인 산출물로서 뒤

따라 평가할 수 있어야 한다. 어떤 과제를 체계 속에 넣지 않고서 그 과제에 대해 고심하는 것, 어쩌면 참된 체계적 진행을 통해서, (나의 특수한 과제를 포함하여) 수많은 특수 과제를 일반성 속에서 한꺼번에 해결하게 될 이론을 획득할 수 있는 곳에서 개별적 과제를 해결하는 것, 그것은 무가치하다. 이것은 비체계적 전문 작업의 소박성이다. 그러나 그것은 가장 본질적인 소박성은 아니다.

인간은 무한한 세계 속에 들어가 산다. 인간은 본능과 이성을 통해서 이러한 세계를 향하고 있다. 더 낮은 단계에서는 인간에게 경험, 직관적 인식, 지각, 기억이 봉사하지만, 또한 연상적-귀납적인 예상, 통각적 선취, 종종 먼 유비를 따르면서 귀납적 추론이 봉사하기도 한다. 보다 높은 단계에서는 논리적인 인식, 선험적인 인식과 경험적-귀납적 인식, 그리고 수학적인 방식에 따른 합리적-경험적 인식이 봉사한다.

인간은 무한성에서 사실적으로 어떻게 해나갈 수 있을까? 그것은 어떻게 가능한가? 인간의 경험은 가까운 장을 거쳐 먼 장으로 나아가는데, 그의 선학문적 인식은 가까운 곳에서는 상대적으로 풍부하고, 먼 것과 관련해서는 상대적으로 빈약하고 비어 있다. 인간의 행위는 마찬가지로 '방향 설정되어 있다'─ 자신의 신체에 대한 직접적인 지배, 신체의 가까운 주변에서의 세력 범위는 상대적으로 크고, 넓고 멀리 떨어진 것과 관련해서는 상대적으로 작으며, 결국 0이 된다.

무한히 먼 것은 일반적으로 현존하지 않는 것과 같으며, 가까운 것이 중요한 것이다. 인간은 인식적으로 (경험과 경험적 예견 속에서) 지배하거나 어느 정도 계산할 수 있는 실천적 환경세계를 지닌다. 그래서 인간에게는 이러한 인식이 이성적-실천적 숙고의 매개체로 봉사할 수 있다. 예견과 실천적 인과관계의 교란은 대략적인 유형이 있고, 가능성들과 가능한 우연적 유형들을 어느 정도 예견하고 피할 수 있다. 사람들은 평균적으로 해나 간다. 무한히 먼 사물의 영향력은 가까운 영역에서는 평균적으로 눈에 띄 지 않고 실천적으로 중요하지 않다. 그래서 일상적 삶의 행위하는 일상적 사람('자연적 인간')은 인식이 필요하지만, 실천적으로 해나가고 살아가기 위해서 결코 무한한 인식이 필요하지는 않다. 일상적 사람은 단지 가까운 것만, 제한된 수의 가능성 등만 고려하면 된다. 이때 그는 또한 무한성에 대한 인식의 양식으로부터, 모든 경우에 충분한 일반적인 인식을 갖는다. 무한성은 유한성의 양식, 가까움의 양식을 갖는다.

이제 학문적 인간, 학문이 무한성에 도달하는 방식 및 학문을 통해 학문 적 기술이 무한성에 도달하는 방식을 고찰해보자.

학문도 가까운 것에서 먼 것으로 가고, 유한한 것에서 무한한 것으로 간 다. 그리고 학문이 순수한 법칙과 그 보편성의 방식에 의해 이미 무한한 인식을 가질 때조차도, 심지어 직접적으로 접근 가능한 무한한 인식을 가 질 때조차도, 거기에는 가까운 것과 먼 것이 있다. 공리로서의 **순수** 일반성 들—연역적 이론들과, 이론의 단계의 무한성. 사실의 영역에서는 접근의 단계들. 학문과 실천에는 방법이 있다. 방법은 가까운 것에서 먼 것으로 간다.

이제 우리는 관찰이 보여주는 것을 형식적-초월론적 물음 설정으로 말 하자면 전도시킬 수 있다. 세계 인식과 세계 실천이 가능하다고 생각한다 면, 그것들은 어떤 성질의 것이어야 하고, 그 가능성의 조건은 무엇인가? 무한성, 무한한 세계에 대한 인식은 다만 어떤 의미를 가질 수 있는가? 그 러나 모든 사물에 대한 개별적인 경험이나 개별적인 인식의 의미는 아니 다. 세계는 어떻게 주어지는가? 세계는 다만 어떻게 주어질 수 있고, 어떻 게 인식되는가? 그리고 세계는 오직 어떻게 인식될 수 있고, 어떤 보편적

목표를 가질 수 있으며, 그에 따라 세계 실천은 어떤 보편적 목표를 가질
수 있는가?

새로운 시작. ─ 우리는 몇 가지 단계로 나와 세계에 대한 보편적 성찰의
실현을 검토한다. 이것은 모든 주체가 동일한 방식으로 수행할 수 있도록,
그래서 결국 주관성과 세계의 본질 관계에 대한 형식적 숙고를, 그리고 자
신이 세계와 지향적으로 관계 맺고 있음을 알고 있으면서 자기 자신을 인
간으로서 세계에, 그러니까 주관성의 환경세계인 세계에 편입시키는 주관
성 일반에 대한 순수한 형식적 숙고를 수행할 수 있도록 보편적으로 수행
되었다. 이때 인간은 온전한 신체적-정신적 인간이다. 그러나 모든 이념적
가능성에서 그러하다. 그리고 인간-자아는 온전히 경험하는 자, 가치평가
하고, 원하고, 생각하는 자이다.

이러한 성찰은 불만족스러운 실천을 통해, 만족스러운 삶의 가능성에
대한 일반적인 반성을 통해 동기부여된 것으로 생각되었다. 혹은 충족된
현존재가 모든 '행운'의 유한성, 유보, 닥쳐오는 폐기를 통해 저지되고 교
란될 (현실성으로서 감지되지 않은) 가능성들에 대한 일반적인 숙고로서 우
선 생각되었다. 나는 무엇이고, 세계는 무엇이며, 나는 세계를 향해 어떻게
존재하는가? 나는 그 무한성 속에서 나의 삶을 어떻게 지휘하며, 나는 나
의 내적인 무한성(실천적인 가능성들을 포함한 열린 가능성들)과 자연 및 인격
적 환경세계의 외적 무한성을 고려하여 내가 행복할 수 있도록 나의 삶을
어떻게 지휘하는가? 그러나 나는 그러기 위해서 나 자신과 나의 환경세계
인 세계를 인식해야만 한다.

모두가 이러한 동기부여의 가능성 아래에 서 있다. 나는 일반적으로-
형식적으로 인식을 수행하고자 한다. 그리고 순수하게 형식적인 (원리적인)

규범들을 획득하고자 한다. 그러나 현존하면서 모든 가치평가와 나의 모든 실천에 앞서 놓여 있는 것과 관련된, 그런 다음 가치와 실천적 가능성들 및 실천적 당위들과 관련된 보편적 규범들을 획득하고자 한다. 이렇게 나는 나의 삶과 (나의 삶에 의해 자유롭게 형성되고, 그런 다음 또한 공동체에 의해 상호 연대 속에서 형성된) 모든 주체의 삶에 실천적으로 최상의 것이 무엇인지에 대한 보편적 인식을 획득한다. 그렇다. 나는 보편적 인식을 획득한다. 그 전에, 나는 **보편적** 인식을 **추구한다.**

  그러나 **그러한 인식은 가능한가?** 나는 어떤 의미에서 어떤 범위로 그것이 가능한지 물을 수 없는가? 형식적 인식은 인식이다. 그러나 또한 동시에 가능한 질료적 인식을 위한 형식이다. 형식적인 자아 인식과 세계 인식은 따라서 구체적인 자기 인식, 자연과 환경세계적 정신에 대한 인식을 위한 형식이다. 그러나 이때 무한자들을 품고 있는 대상들이 문제시된다. **나는 무한자들을 어떻게 인식할 수 있는가?**

  무한성에 대한 인식이 **실천적**이 될 수 있어야 한다면, 그것은 완결될 수 있는 인식 과정의 유한한 영역 속에서 획득되어야 하고, 무한성에 대한 유한한 삶의 부분에서 행위를 이성적으로 이끌 수 있는 인식이 획득되어야 한다.[11] 내가 나에게 가능한 한 최선의 삶의 목표를 세울 수 있어야 한다면, 나는 모든 것을 이해하고 충분히 완전한 방식으로 예견을 가질 수 있도록 무한한 세계를 인식적으로 지배할 수 있어야 하는 것처럼 보인다. 그

----

[11] 그러나 그것은 그렇게 단순한가? 나의 삶은 계속되고, 나는 무한성을 지닌 인식에 살기 위해 모든 것을 내버려둘 수 없다. 보편적 인식은 그 자체로 무한하다. 도달했다면 그것은 전지(Allwissenheit), 신의 인식이 될 것이다. 나는 또 다른 사유 과정, 즉 직업적 삶에 대한 사유 과정이 필요하고, 그러면 전지에 대한 물음이 되풀이된다. 그러나 수행된 것은 다시 사용될 수 있다. – 원주.

것은 나에게 **신적인 인식**을 요구함을 뜻하는 것처럼 보인다. 우리는 신이 모든 순간에 현존하는 모든 무한성에 대한 충전적 앎을 갖는다고 생각한다. 그러나 그러한 인식은 본질적으로 오직 신에게만 생각될 수 있는가(이러한 표상의 의미에서 신은 생각될 수 있는가?), 아니면 심지어 우리에게도 생각될 수 있는가?

전지(全知)의 이념. — 속박이 풀린, 무제한적으로 생각된, 이론적 관심 — 우선은 세계, 사실적으로 현존하는 것의 우주에 대한 관심으로서: 자연, 동물, 인간, 인간 공동체, 그 작업수행의 우주, 추정된 학문, 추정된 가치, '추정된' 목적과 활동, 다른 활동의 수단으로서의 활동, 정신적 문화의 우주, 모든 단계에서, 과거로 그리고 미래로 무한히. 이것은 현재, 과거, 미래에 현존하는 것에 대한 전지의 이념을 향한 보편적 관심일 것이다. 모든 것을 아는 자는 모든 것을 통찰한다, 등등.

보편적인 절대적 앎은 이성적 목표, 실천적 목적일 수 있는가? — 그러나 이러한 이상은 이성적인 의미를 지니는가? 그리고 그것은 언제 그러한 의미를 지니며, 어떻게 경계 지어지고, 자신의 정당한 경계 설정 속에서 통찰력 있게 구성될 수 있는가? 자아는 무한한 시간 지평 속으로 들어가 인식하지는 못하는 인식하는 자로서 생각될 수 있는가? 그리고 인식은 보편적인 것, 정말로 완전한 것으로서 생각될 수 있는가, 혹은 심지어 존재하는 모든 것에 대한 보편적인 충전적 직관(Erschauen)으로서 생각될 수 있는가? 그리고 보편적인 충전적 개별적 앎에 토대하는 인식 — 그것은 그와 같은 것 없이 진행되는가? — 그리고 개별적 증명, 개별적 파악, 개별적 진술의 토대 위에서, 등등? 그리고 그와 같은 것이 한 '순간'에 벌어질 수 있는가?

전지적 주체는 앎을 습성적인 것으로서 가져서는 안 되는가, 그리고 경험하면서 자연을 따르고 인식과 앎 속에서 경험한 것을 모방하는 방식으로만 앎을 가질 수는 없는가? 그러나 자연은 선형적인 인식의 흐름 속에서 인식될 수 있는가? 자연은 많은 무한성을 지닌 다차원적인 것이 아닌가?

그래서 의식과 인격적 주체 일반, 그리고 세계(혹은 자연, 세계 유형의 초월적 현존)는 이미 전제되어 있으며, 가능한 이상이 구축될 수 있도록 서로에 대한 그것들의 관계 속에서 해명되어야 한다. 현상학과 존재론 없이는 그러한 이상의 어떠한 구축도 없다!

사실 인식으로서의 보편적이고 절대적인 **세계** 인식의 이상에 대해서는 이미 그렇다. 보편적인 **선험적** 인식 그리고 우선은 형식적 인식에 대하여, '형식적 존재론'으로서의 보편 수학의 이념에 대하여 이야기된 것은 '필요한 부분만 수정을 가하여(*mutatis mutandis*)' 반복된다. 그러나 보편적 인식은 또한 사실적 관계 속에서 보편적 세계 인식과 보편적인 '실천적' 인식을 포함한다. 그것은 세계에 대해 보편적으로 가치평가하는, 그리고 더욱이 이성적으로 올바르게 가치평가하는 입장 취함을 전제하며, 자신으로부터 더 나은 세계를 창조하는 것을 돕는 올바른 실천적 입장을 전제한다. 그러나 또한 가능한 세계들에 대한 고려, 꾸며낸 상상 속에서 주어진 것의 변형과 그것들의 가치평가의 변형, 그리고 가치평가에 따라 목표로서 주어진 것의 가능한 실천적 형성물의 변형이 고려된다. 그리고 그런 다음 가치와 좋음에 대한, 그리고 주체들에 대한 형식적이고 질료적인 본질 학문의 인식이 고려된다 ─ 주체들이 어떻게 가치평가에 들어가는지 등등. 그러나 인식은 그 아래에 놓여 있는 가치평가함과 행위함처럼 무한성 속에 서 있지 않은가? 이성적인 이상일 수 있기 위해서 이상은 어떻게 경계 지어져야 하고, 부조리한 것들 이외의 다른 것은 포기하지 않고서 어떻게 경계 지어져야 하는가?[12]

내가 개별적인 것들에 대해 개별적인 것들을 무한히 연속적으로 처리하고, 인지하고, 인식할 수만 있다면, 이것들이 자신 안에 무한성을 포함하지 않는다고 가정하더라도, 나는 어쨌든 예견을 갖지 못한다. 개별적인 것들이 그 진행 과정에서 나에게 개별적인 귀납적 추정을 준다면, 상대적으로 이성적인 처리가 가능하지만, 완전히 만족스러운 처리는 가능하지 않은 것으로 보인다. 왜냐하면 여기서 우리가 동기부여의 출발점으로 삼았던 나의 소망과 의지에 반하여 다른 것이 일어날 위험이 위협하기 때문이다. 이와 관련하여, 처음으로 보편적 인식의 가능성을 탐색하고, 이를 이성적으로 경계 지을 필요가 있을까?

실천적 인간으로서 나는 이렇게 말할 수 있다. 가능한 한 최선의 행위함은 어쨌든 가능한 한 최선의 인식함을 요구한다. 그래서 나는 시작한다. 내가 형식적 보편성에서 확정할 수 있는 것은 그것이 무엇이든 규범으로서 봉사하고, 나의 실천적 상황을 개선한다. 나는 어쨌든 일반적 인식을 획득한다. 그러나 물론 나는 총체적으로 포괄하는 인식을 어떻게 획득하는가? 나는, 자아 일반은, 그 어떤 대상에 대해, 무한성을 포함하는 그 어떤 인식 영역에 대해, 이러한 무한성 자체와 관련되고 이러한 무한성을 고려하며 어느 정도 추구하는 인식을 어떻게 획득하는가?[13] 우리가 그리스 이후의 인간에 대해서 생각해본다면 우리는 그리스 철학이 불러온 역사적 전환점 덕분에 '학문'을 갖게 되었다. 그러나 모든 학문은 무한한 지평을 갖는 것

..

12 그러면 나는 또한 물론 다음과 같은 문제에 부딪힌다: 학문은 유한할 수 있는가, 그리고 무한한 학문은 실천과 윤리적 실천을 위해 어떤 유용성을 지니는가? ─ 원주.
13 이것은 독자적으로 물음으로서 설정될 수 있다.─ 원주.

처럼 보이며, 처음부터 (연구 없이) 사람들은 그것이 학문의 본질에 속한다고 말할 것이다. 그러나 개인의 인식 노력과 결코 종결되지 않고 끝없이 새로워지는 연구하는 인류의 인식 노력은 어떤 의미를 지니는가?

과제를 설정하고 해결하는 일은 즐거움을 준다. 과제나 과제 유형의 단계에서, 이러한 단계에 의해 어려움의 단계를 형성하는 점점 더 어려워지는 과제를 해결하는 일은 항상 새로운 즐거움을 준다. 그리고 극복된 더 깊은 단계에 대한 반성에서 증가되는 즐거움: 그 가치 자체도 더 높다. 그러나 **스포츠의** 즐거움도 그렇지 않은가? 그 가치는 스포츠의 가치가 아닌가?

우리가 학문이라고 부르는 명제들이나 이론들의 무한성의 본질에는 모든 명제들이 직접성과 간접성(근거와 귀결)의 차이에 따라서 **층을 이루어** 정돈되어 있다는 사실이 놓여 있지 않은가? 그러니까 정초하는 인식이 필연적으로 이러한 층의 계열이나 단계를 따라서 전진해 나가야 한다는 방식으로 말이다. 이것은 학문이 유일한 방식으로 '발전되고', 구축되어야 함을 의미하는 것이 아니라 다만 그것이 어떻게 구축되더라도, 층들의 계열은 깨질 수 없음을 의미한다. 여기서 말하는 것은 참된 근거들과 참된 결과들인데, 이들은 자신을 그것으로서 그 자체로 고하는 것이다. 층의 내부에서 배열은 바뀔 수 있지만, 배열은 어느 정도 다음 층을 규정한다.

그렇다면 우리는 가령 다음과 같이 말하게 될지 모른다. 구체적인 실행은 유한하게 움직인다. 구체적인 실천의 개념들은 '경험적' 개념들, 유형 개념들이고, 이들의 구분은 실천적 목적을 위해서 중요하지 않은 차이를 산출한다. 가령 같음은 대략적으로 같고, 대략적이라는 것은 중요하지 않음의 범위에 따라서 그때그때의 실천을 통해 규정된다. 이제 만약 간접적 인식이 필요하다면, 모든 연관들의 모든 인식이 필요한 것이 아니라 정해진 간접성의 단계에 놓여 있는 정해진 연관의 인식만이 필요하다. 순수한 이론적 학문은 이제 실천을 위해 준비한다. 그것도 개별적인 경우의 특정한 실천이 아니라 임의적인 실천, 임의적으로 완전해지는 실천을 위해서 준비한다. 모든 성공적인 실천은 이미 이론에 앞서, 보다 높은 실천을 위해 준비한다. 실천적으로 더 높고 복잡한 것이 가능하게 된다. 그러나 이론적으로 정초된 실천은 그저 이론을 통해 이해할 수 있게 되고 통찰력 있게 정당화된 실천에 그치는 것이 아니다. 선행하는 이론적 인식은 실천적 가능성에 대한 이론적-실천적 인식에 기여한다. 그러니까, 이제 가능한 목표에 대한 통찰을 통해서 달성 가능한 것으로서 이제 서 있는 가능적 목표들의 달성에 대한 이론적-실천적 인식에 기여한다. 그래서 모든 학문은 그것의 모든 이론적 단계를 통해 추가적인 인식 목표들의 단계뿐 아니라 실천적 목표들의 가능한 단계를 개시한다. 이것이, 인식 목표가 다만 다른 목적을 위한 수단으로서의 가치만을 지니고 그 자체로는 가치를 제시하지 않음을 의미할 필요는 없다. 그러나 그것은 여기서는 결정하지 않은 채로 둔다.

이론과 학문에까지 이르는 인식의 가치 단계. — 인식이 그 자체로 가치로서 인정될 수 있다면, 그러한 가치는 서열에 따라 어떻게 배열되는가 하는 물음이 생긴다. 물론 단일한 경험적 인식은 모든 특수한 경우를 추정적인 것으로서 필연적으로 포괄할 수 있는 귀납적-일반적 인식보다 낮게 서 있게 된다. 이성적인 인식은 비이성적 인식보다 높고, 이론은 보다 높은 가치일 수 있다. 그리고 이론의 단계적 발전은 개별적 이론에 비하여 더 높이 솟아 있다. 결국 무한히 계속되는 이론 체계의 이념 — **학문,** 인식의 틀에 놓인 최고의 가치, 그것의 주어짐은 다만 단계에 따른 이론의 산출의 무한한 연쇄 속에서만 생각할 수 있다. 그러면 우리는 무한한 가치 체계를 갖고, 그 속의 모든 가치는 다만 명증적 산출 속에서만 주어진다. 그리고 그

밑에는 공허한, 아직 완전히 형성되지 않은, 가치를 향한 지향의 충족으로 특징지어질 수 있는 원본적인 설립이 있다. 이것은 결국 모든 인식 지향에도 적용된다.

이 끝없는 계열에서 연역적 단계에 따른 그다음의 보다 높은 모든 가치는 가치로서 더 높아야 할 뿐 아니라, 모든 가치에서와 마찬가지로 산출물 자체가 하나의 가치다.[14] 산출물의 가치 순서는 가치 자체의 가치 순서와 평행하다. 보다 높은 가치가 오직 보다 낮은 가치를 통해서만 산출될 수 있는 모든 가치 계열에 대해서 (모든 상승하는 가치 계열에 대해서) 보다 높은 산출물의 가치는 보다 낮은 산출물의 가치를 실제로 포함하며, 산출에 있어서의 전진은 산출의 중단보다 보다 높은 가치임이 분석적으로 자명하다. 만약 전진이 가능하다면, 그리고 경우에 따라서 만약 무한한 전진이 가능하다면 말이다. 가치 계열이 무한하다면 산출의 무한히 전진하는 과정도 그러하며, 최고의 가치라는 이러한 이념의 의미에서의 목적 설정 및 이러한 인식 영역에서 설정될 수 있는 최고의 목적도 그러하다. 그것이 모든 다른 가치를 선험적으로 포함하는 한에서 말이다. 우리가 개별-자아를 산출하는 자로 가정하고, 개별-자아가 끊임없이 산출하면서 전진해나갈 수 있다고 이념적으로 가정하든, 아니면 언제나 새로운 연구자가 자신의 연구를 시작하고, 학문을 점점 더 높게 형성해나가는, 연구자들의 개방된 인격적 공동체를 가정하든, 그것은 타당하다. 이때 연구자 공동체는 학문을 보다 높게 형성해나가기 위해서 이후의 산출에서 전통을 통해 낮은 단계를 인수한다.[15]

••

14 단순한 중간값이 아닌 인격적 가치 ― 인격적 가치로서 보다 높은 가치.- 원주.
15 개인에게 죽음은 고유한 주제이며, 떼어낼 수 없다. 빙하시대의 죽음과는 다르다.- 원주.

물론 언제 지식이 학문의 이러한 형태를 띨 수 있는지, 그리하여 이론의 산출의 이러한 배열 순서의 흐름 속에서 언제나 보다 높은 단계에 도달하는 것이 보장될 수 있는지 하는 물음이 발생한다. 그러나 그것은 계속해서 숙고되어야 한다. 모든 영역이, 그리고 생각건대 모든 무한한 영역이 어떤 조건들 아래에서만 학문의 주제로 생각될 수 있다. 그 영역의 모든 대상은 인식에 도달할 수 있어야 하고, 그때그때 주어진 대상들로부터 '구성될 수 있어야' 하며, 사유를 통해 규정될 수 있어야 한다. 그것도 주어진 것으로서 유한한 수로 임의로 전제된 것들로부터 말이다. 이것은 간접적인 인식, 법칙 등을 요구한다.

무한한 전진의 이념과 나의 유한한 삶. ─ 그것은 그렇게 간단하지 않다. 여기서 물론 어려운 문제가 제기된다. 무한한 전진이 가능하다고 나는 언제 말할 수 있는가? 이것은 개별적인 계열에서 산출에서 산출로 무한히 전진하는 추정적인 경우에 이미 문제다. "a가 어떤 수라면, a + b가 또한 산출될 수 있고, 그것은 존재한다"는 공리의 명증은 어떻게 해명될 수 있는가? 모든 수에는 다음 수가 존재한다. 나는 순수한 가능성에서일지라도, 추가된 새로운 통일체가 언제나 다시 '새로운' 것일 수 있음을 어떻게 확신할 수 있는가? 그리고 **나**는 언제나 산출에서 전진할 수 있음을 어떻게 확신할 수 있는가? 내 삶은 무한한가? 무한한 삶에서 나는 도달한 모든 지점을 원했던 종류의 모든 산출이 자리를 찾는 새로운 삶의 구간의 출발점으로 간주할 수 있으리라.

실천적인 가치에 관해서라면 내가 이성적인 방식으로 무한히 산출할 수 있는지 그렇지 않은지가 중요하다. 그렇지 않다면 내가 단지 말할 수 있는 것은 내가 그러한 산출을 위해 실천적인 것으로서 열린 지평을 갖는 **한에**

서, 나의 전진은 점점 더 높은 가치를 산출한다는 것이다. 내가 어떠한 삶의 종결도 그려 보여주지 않았거나 그 밖에 그러한 산출에 대한 제한을 그려 보여주지 않는 한, 나는 다음과 같이 말할 수 있다. 전진하고 항상 전진하는 것은 내가 이러한 가치 다양체에서 도달할 수 있는 최고의 가치다. 나는 **마치** 나의 삶, 나의 산출이 무한히 가능한 것인 것처럼 가장 이성적으로 행동해나간다. 최고의 가치는 **실제로** 결코 끝이 없는 가치 산출의 전진이라는 의미에서, 혹은 실제로 무한히 새로운 가치를 산출할 수 있다는 확신 속에서의 전진이라는 의미에서의 무한한 전진이 **아니다**. **원리**는 다음과 같다: **어디에서든 전진에 한계가 설정될 때까지 중단 없이 전진하는 것**. 이 한계는 순수하게 이러한 가치로부터 동기부여된 주체로서의 내가 나로부터 설정한 것이 아니다.

나는 이제 처음부터 이 과정이 중단되리라는 것을 안다. 나의 삶은 유한하다. 나는 또한 때때로 방해가 나의 자유를 빼앗는다는 것을 안다. 그리고 게다가 나는 또한 문제의 가치 다양체의 모든 가치들에 비해 보다 높은 가치를 지닌 것으로서 나에게 생겨날 수 있는 다른 가치들도 갖고 있다. 그러나 후자의 관점에서, 해당되는 삶의 맥락에서 일시적으로는 다른 가치들이 이성적으로 앞서더라도 나의 삶은 단지 그러한 지금-여기의-가치들만을 추구해야 하는 것이 아닐 수 있다. 오히려 이러한 가치들이 처리되자마자, 그리고 이들 사이에 이들이 차지하지 않은 열린 삶의 자리가 남아 있자마자 즉시 영속적인, 말하자면 초국지적 가치들로서의 다른 가치들이 자신의 권리를 주장하고, 경우에 따라서는 이성적 실천의 결과를 현재의 가치에 따라 가치 상승의 방식으로 함께 규정하게 되는 것도 가능하다. 이것은 다음을 의미한다. 영속적인 다른 가치들 — **직접적 가치들** — 이 있다. 이것은 그저 일시적으로 물러날 수 있으나, 일시적으로 선호된 것이 처리되고, 내가 '자유로운 손'을 가지며, 함께 가정되는 것이 무엇이건, 나의 자유 속에서 방해받지 않게 되자마자 그 즉시 실천적으로 결정적인 것이어야 한다. 이것들은 언제나 다시 추구되어야 한다. 더욱이 그것이 단계에 따라 보다 높게 형성되는 것이라면 말이다. **'무한한' 산출의 가치는, 마치 우리가 무한성에 도달할 수 있다는 듯이**, 최고의 가치로서 추구되어야 한다.

그러나 삶은 죽음을 앞두고 있다. 나는 한계가 있음을 알고 있지만, 다만 어떤 것인지 알지 못한다. 미래와 죽음의 시간은 규정되어 있지 않다. 물론 내가 최대치로서의 대략적인 삶의 시간을 갖고 있음을 미리 아는 것은 중요하다. 그에 따라 나는 나의 과제로 향해야 한다. 또한 내가 죽음이 가깝다는 것을 아는지 그렇지 않은지는 차이가 있다. 내가 아직 삶의 한가운데에 있고, 통상적인 삶의 시간을 고려한다면, 원리는 다음과 같다: 마치 그 지평이 무한한 것처럼 열린 지평에서 계속 활동하고, 무한한 산출의 이념을 **규제적 이념**으로서 다루고,[16] 한정 없이 전진하는 것. 물론 나를 이성적으로 규정하는 여러 개의, 그러나 상호적 한정의 규칙들 — 작업이 언제는 이 관점에서, 언제는 저 관점에서 선호되는지 — 아래에 서 있는 무한성들이 있다.

여기서 어떤 종류의 가치가 있는지, 나의 가치인지 객관적으로 다른 사람이 접근할 수 있는 가치인지는 묻지 않았다. 이제 자아를 인격적 공동체, 그러니까 태어나고 죽는 사람들의 교체 속에서 '무한히' 유지되는 공동체 속의 인간으로 취해보자. 나는 개별적인 인간이 태어나고 죽는다고 말할 수 있지만, 이때 인류가 태어나고 죽는 것은 아니다. 인류는 '불멸하는가'? 그러나 물론 지구가 멸망할 수 있다, 등등. 어쨌든: 나는 내가, 그리

16 여기에 규제적 이념의 정의가 놓여 있다.— 원주.

고 각자는 각자가 나의 혹은 그의 민족의 일원이고, '무한히' 삶을 이어가는 인류의 인간임을 안다. 내가 산출하는 모든 객관적인 가치, 그리고 나의 고유한 삶이 활동하게 하는 모든 궁극적인 가치 단계는 전통의 형식 속에서 계속 영향력을 발휘하고, 보다 높은 가치의 하부 단계로서 인류의 이성적 삶에 무한히 봉사한다.

이것은 — 여기에서 지배적인 관점하에서(그러나 이것이 유일한 것일 필요는 없다) — 한갓 주관적인 가치에 비해 **객관적인** 가치에 대한 선호를 산출한다. 그러나 중요한 것은 이후의 한정들일 것이다.

형식적 실천론에 대하여. —

1) 나는 수를 셀 때, 단위 a에 대해서 새로운 단위 b를 생각할 수 있고, b에 대해서 다시 새로운 (그리고 a와 같지 않은) c를 생각할 수 있으며, 이렇게 언제나 '완전히 새로운' 단위들을 생각할 수 있다. 나는 이러한 '나는-할 수 있다'의 명증을 어떻게 획득하는가?

나는 이러한 방식으로 세면서 계속해서 전진할 수 있다. 셈하는 모든 가능한 자아는 자신의 한계를 갖고 있지 않은가, 그래서 언젠가는 할 수 없지 않은가? 그러면 나는 다른 자아를 고안해낸다. 그러나 나는 다시 그러한 자아-계열을 무한히 산출하는데, 그것은 동일한 문제를 지니는 것처럼 보인다.

2) 나는 계속되는 실천 속에 있는 자아, 언제나 "그것이 일어날 수 있을 것이다. 그러면 나는 아마도 이러저러하게 할 수 있을 것이다"라는 실천적 가능성, 실천적 느낌의 열린 지평 속에 있는 자아를 생각한다. 나는 이제 경우에 따라서 가치들에서 가치들로, 낮은 가치들에서 보다 높은 가치들로 전진할 가능성을, 그것도 실천적 가능성을 주시할 것이다. 그것은 내

가 — 단지 '어쩌면'의 양상에서만일지라도 — 모든 산출된 가치는 (아주 약한 추정일지라도) 추정된 가능성의 지평을 지닐 것이라는 통찰을 가지고서 산출할 수 있을 실천적 가능성이다. 이때 이 지평은 이제 개입하고 이를 통해 보다 높은 가치를 산출할 수 있을 추정된 가능성의 지평, 추정된 할-수-있음의 지평이다. 여기서 무엇이 요구되며, 가능한 한 최선의 실천적 태도로서 무엇이 요구되는가?

이제 요구되는 것은 작업의 열린 연쇄로 의지를 향하고, '그것을' 실현하고, 실현하면서 각 단계의 가능한 한 최선의 것으로부터 아마도 가능한 모든 다음의 단계로 전진해 나가기를 시도하는 것이다. 절대적으로 요구되는 것, 최선의 실천적 좋음은 여기서 추정적인 실천적 전진이다. 그러니까 실천적 좋음으로서, 추정적으로 의지의 가능한 실현의 전진이다!

그래서 내가 원하고자 한다면, 나는 실천적으로 시도해야 하고, 실천적으로 긍정하면서 행위로, 실행으로 들어가야 한다. 그리고 실천적 주체가 추정적 가능성의 그러한 열린 무한한 지평(그리고 가치 가능성들의 지평, 그리고 심지어 가치적으로 상승하는 지평)을 갖는 이 상황 속에 있는 한, 여기서 양상화되는 행위함의 '의무'가 있다. 그 행위가 **시험함**(Probieren)의 일반적인 성격을 갖는 한에서, 혹은 시험함이나 '단언적으로' 행위하는 수행함과 계속적 행위함의, 그리고 다시 시험함의 일반적 성격을 갖는 한에서, 그러나 언제나 적어도, 열린 추정적 지평을 통해 무한히 시험하기를 원함의 성격을 무한히 갖는 한에서 말이다. 여기서 가장 중요한 것은 그러한 고찰들에서 원리적 역할을 하는 원함과 행위함의 양상들을 해명하는 일이다. 이 전체는 명백히 형식적 가치론과 실천론(실천의 분석론)에 속한다.

나는 그러한 경우에 다음과 같이 말할 수 있다.

내가 열린 실천적 지평을 갖고, 그것과 더불어 산출할 수 있는 가치들의 열린 실천적 지평을 갖는 한, 내가 전진하며 실현해가는 것은 점점 더 높은 가치들을 산출한다. 만약 전진 속에서 지속되는 가치들을 내가 실현한다면, 나는 새롭게 산출된 가치를 획득하게 될 것이다. 즉 실천적 가치들을 나란히 늘어세우는 것은 그 자체로 점점 더 높은 가치(그 가치가 그저 어떤 의미에서 나의 것으로 고유하게 남아 있는 한에서는, 그 계열 자체의 가치)의 실현을 의미한다.

그러나 여기서 이제 우리에게 — 이것은 정확히 규정되어야 한다 — 특수한 무한성이 문제시된다. (우선 우리의 관심사인) **학문**의 무한성과 다시 일반적인 경우로서 **직업적 삶**의 무한성처럼 말이다. 우리는 이 문제는 뒤에 남겨둔다. 어쨌든 여기서 실천적인 '**마치**'가 해명된다.

내가 끝이 없는 열린 실천적 지평을 갖는 한에서, 그리고 내가 모든 실현 가능한 가치를 (비록 한갓 모호한 추정에서일지라도) 가능한 한 최선의 것이나 절대적 당위의 방향으로 추정적으로 새로운 실천적 가치로 이어질 수 있는 가치들로 부여한 한에서, 나는 행위함의 의무를 지니고, 가치 산출의 진행의 열린 무한성은 무한성으로서, 끝없이 전진해야 할 의무로서 요구된다. 나는 나의 삶에 끝이 있게 되리라는 것을 알고 내가 실제로 무한한 가치를 산출할 수 없음을 알며, 나는, 혹은 우리는 지상의 인류가 언젠가 종말을 맞게 되리라는 것을 안다(혹은, 적어도 우리 시대에는 확신한다). 그러나 학문적 직업과 공동체의 문화 과제로서의 학문은 실천적 의미를 지니고, (상황에 따라서는) 실천적으로 요청되는 것이다.

의사가 나에게 이제 죽을 것이 확실하다고 이야기한다면, 개인으로서의 나에게 의무는 '끝이 난다'. 그러나 내가 아직 열린 삶의 지평을 갖고 있고, 아직 발견의 연쇄에 대한, 학문적 작업에서의 전진에 대한 전망을 갖고 있는 한 나는 의무를 지닌다. 나는 (인류에게도 마찬가지로) 실제로 무한히 일할 수 있을 것이라는 확신에 의해 인도되는 것이 아니라, 내가 실천적으로 파고들 수 있는 지평을 내 앞에 갖고 있으며, 나에게 주어지고 알려진 종말 없이 '계속 일하고', 끊임없이 일할 수 있다는 추정에 의해 인도된다.

나는 이제 또한 다음과 같이 말할 수 있다. 나는 마치 영원히 죽지 않는 것처럼 실제로 무한히 일할 수 있는 것처럼 살아야 한다. 그러나 그것은 그저 내가 이러한 확신을 갖고 있든 (실제로 그런 것처럼) 단순히 끝없는 실천적 지평을 갖고 있든 나의 의무가 형식적으로 동일하다는 것을 의미하지 않는다. 추정적인 것을 가진 이 끝없는 실천적 지평이 결정적인 것이며 순수하게 현상학적으로 해명되어야 하는 것이다!

여기서 역할을 수행하는 '가능성들': 내가 갑자기 아프게 될 수도 있고, 외적인 방해 때문에 일을 못 하게 될 수도 있으며, 나의 원고가 타버릴 수도 있다. 그러면 나는 내가 전제한 것처럼 계속 해나갈 수 없다. 그러나 상황이 다시 좋아질 수 있고, 새로운 지평이 산출되며, 옛 지평 형식이 수정되고, 그것은 의무로 남게 된다.

모든 행위함에서 불확실성의 요소. 언제나 추정적인 것으로서의 실천적 확실성. 실천적 확실성의 양상화. 양상화된 욕구와 행위로서의, 그러나 그 자체로 양상화된 실천적 의미를 지닌 행위로서의 시험함. 원함의 필증적 요구가 언제나 산출된다: 그것을 행하라 — 적어도 그것을 시험하라. 그러나 그것은 그 자체로 다시 "그것을 행하라"이다. 그러나 (그것이 확실했다면) 우선 목표로 보였던 A가 아니라 시도된 A 자체를 행하라는 것이다: 시도하기로 결정하라.

진리에서 진리로 인식하면서 전진하지만, 또한 달성된 진리를 통일적으로 함께 포괄하는 인식하는 행위함과 노력함의 무한성에 절대적 당위가 놓여 있다. 그러나 이러한 전진함과 결합함은 마치 인식된 진리의 증대된 덩어리에 관심이 만족하는 것처럼 무분별하게 일어나는 것이 아니다. 오히려 진보는 진리에서 새로운 진리로 나아가고, 새로운 진리는 그 의미 내용에 따라서 이미 인식된 진리와 서로 긴밀하게 속하며, 이미 인식된 진리와 (인식 가치의 최대한의 증대 속에서) 보다 높은 단계의 전체적 진리로 함께 결합된다. 다른 말로 하면, 인식함 또한 실천적 행위함이고, 이론적인 인식함이라고 불리는 이성적 인식은 실천적 이성에서 비롯된 행위함이다. 이때 실천적 이성이란 어디에서나처럼 여기서도 가치들을 향하고, 여기서 일반적으로 주도하는 목적 및 진리 일반의 통일체 내부에서 가능한 한 높은 가치들을 향하며, 낮은 단계에서 가능한 한 높은 단계의 가치로 전진해 가면서 충족된다. 이러한 가치들은 인식, 즉 인식적으로 바쳐질 수 있는 진리들이다. 진리의 더미는 아직 보다 높은 진리 가치가 아니다. 그러나 **이론**은 인식을 정초하는 모든 개별적 진리들에 비해 보다 높은 가치다. 그래서 이론은 다시 한층 더 높은 가치이며, 이론이 보다 포괄적일수록, 보다 높게 형성될수록, 개별적으로 그 자체로 완결된 이론들은 그러한 이론을 **하나의** 이론의 통일체로 (그러므로 바로 이론적으로) 포괄한다. 이때 유의해야 할 것은 모든 이론은 (모든 자연적으로 완결된 기하학의 장章처럼, 삼각형, 직선 도형 일반, 원의 이론처럼) 개별적 진리들의 다수라는 점이다. 그러나 **전체**로서 이론은 물론 진정한 이론, 그 자체로 진리다. 따라서 통일체로서, 주장된 이론은 판단되고, 통일체로서, 경우에 따라서는 틀린 것으로 배척되거나 혹은 참으로서 승인된다.

이제 우리가 계속해서 이론에서, 보다 높은 단계의 이론으로의 전진함에서 궁극적으로 통일성을 부여하면서 규정하는 것이 무엇인지, 그리고 최고의 통일체의 이념으로서, 최고의 가치로서 전체 인식 운동을 이끄는 것이 무엇인지 묻는다면, 우리는 **학문**의 이념에 도달하게 된다. 그러한 학문적 이념의 주도 아래, 가령 기하학이나 사회과학 등에서 살아 숨 쉬는 무한히 계속 추구하는 이론적 관심은 그럼으로써 자의적이지 않으며, 가치와 관련되고 실현으로의 의지의 지속적 통일체 속에 묶인 진행의 질서를 가지며, 그 안에서 또한 이론 체계들을 점점 더 나은, 점점 더 많이 '성취하는' 이론들로 변형할 지속적 과제를 갖는다. 그러나 인식의 무한성이, 그래서 결코 현실적으로 완결된 채로 실현되지 않는 학문의 이념에, 추구된 인식의 무한히 열린 지평을 관통하여 이성적 목표 향함의 통일체가 주재할수 있는 그와 같은 통일체를 부여하는 것은 무엇인가? 명백히 사실적으로 함께 속하는 진리들의 전체성의 이념이 주도한다. 그리고 그와 관련하여 참된 이론들의 진보 속에서 이러한 무한성이 체계적으로 인식 지배에 굴복하는 (비록 끝이 없을지라도) 인식 진보의 이념, 혹은 전진하면서 진리들의 전체를 최대한의 완전성 속에서 포괄하게 되는 이론들의 무한한 진보의 이념이 주도한다. 결국 이성적이고, 전체성의 지배를 보장하며, 상대적으로 가장 단순하고 투명한 체계의 이념이 주도한다.

그러나 이제 체계, 즉 무한히 전진하는 이론들의 연속의 진리들의 동질성은 어디에 놓여 있는가? 그것은 무엇을 의미하는가? 사태적 공속성(Zusammengehörigkeit)인가? 대답은 멀리 놓여 있지 않다. 모든 진리, 모든 판단은 고유한 의미에서 그 어떤 **대상**을 또는 대상들을 갖는다. 그것에 대해 그러한 진리 내지 판단이 판단하고, 참된 술어를 진술하며, 진리 속에서 이러저러한 것을 형성한다. 이론적 공속성 및 모든 물리학적 진리들의 통일성은 물리학적 영역의 본질 통일체에 근거하고, 물리적 자연은 모든 가능한 개별적 대상들 및 개별적인 술어들에 대해 본질적으로 하나이며, 하나의 본질 개념(영역)에 의해 확고하게 포괄된다. 물리학적 개념(일반적인 퓌지스φύσις[17]의 특수화) 이외의 개념은 물리학에서 있을 수 없다. 그래서 동질성은 진리의 의미 내용에, 더 자세히는 진리의 논리적 질료에, 진리 개념의 사태 내용에 근거한다. 동일한 것이 모든 부분 영역에 적용된다. 그것은 한정된 본질 통일성을 자체 안에 가지며, 하나의 이론의 통일체에 속한다. 이 이론은 자기 편에서, 그 개념의 일반성과 그 가능한 특수성들에 의해 무한히 많은 개별성들을 포괄한다.

칸트의 요청 이론. — 순수 이론적 세계 고찰, 순수 객관적 세계 고찰은 경험적 사실로서 각각의 인간의 심리 물리적 현존의 중단인 죽음을 경험적 사실로서 제시한다. 몸은 분해되고, 그때부터 몸에 속한 영혼과 인격성은 더 이상 존재하지 않게 된다. 그들의 노력, 그들의 작업은 그 자체로 끝이 있다. 그들의 작업은 덕이나 악덕 속에 있었으며 더 이상 그렇지 않다. 한편 그것은 아직 살아 있는, 그리고 새롭게 삶 속에 들어서는 인간 주체의 환경세계에 선과 악 속에서 영향을 끼친다. 전진하는 완성을 향해 가능한 한 최선을 다해 노력하는 삶은 아름답고, 그러한 삶이 속해 있는 세계를 아름답게 한다. 노력하는 자로서의 나는 그것을 알고 있을지 모른다. 그러나 나는 또한 내가 (만약 노력이 아직 물리적으로 방해받지 않는다면) 그러한 노력의 한가운데에서, 그리고 (경우에 따라서는) 내가 떳떳한 양심에 대한 그 어떤 만족에 이를 수 있기 전에 죽게 되리라는 사실을 알아야 한다. **그것은 견딜 수 있는가?** 게다가 지구는 끝날 것이고, 나의 민족, 유럽 문화의 전체 가치 체계도 끝날 것이며, 마침내는 지구상의 모든 문화가 끝날 것이다. 모든 곤경과 재앙은 무엇 때문인가. 이 노력의 기계장치, 추한 장

17 그리스어 '퓌지스(φύσις)'는 '자연'을 뜻한다.

치, 그리고 또한 아름다운 장치, 이 전체는 만약 그것이 이 의미 없는 세계의 지나가는 우연이라면, **의미**가 있을까?

여기서 본질적인 어떤 것이 초월론적인 내적 고찰에서 변하는가?

세계는 내가 내 앞에서 약간의 추정, 이성적인 삶을 형성할 가능성을 보도록 그렇게 존재한다. 그러나 내가 둘러본다면, 나는 의미 없이 삶이 중단되는 무수한 경우들을 발견한다. 인류의 종말은 과연 멀리 있지만, 그것은 경험적으로 확실하지 않은가? 다른 한편 세계는 인간을 지시하지 않는가? 지상 세계든, 그렇지 않은 세계든, 세계는 경험하는 주체의 가능한 경험의 구성적 통일체가 아닌가? 아마도 나는 그것을 통해 순수한 주체는 살해될 수 없고, 다만 심리 물리적 현존재의 어떤 사실적 형태, 그러니까 지향적으로 절대적 주체와 관계하고, 그것을 절대적으로 존재하는 것으로서 전제하는 구성적 형성물만이 살해될 수 있음을 통찰할 수 있을 것이다. 그렇다고 해서 난점에 변화가 생기는가? 수동적이거나 능동적인 구성의 과정이, 그리고 구성된 환경세계와 관련된 인간적 신체의 형식 속의 주관적 삶이 하나의 '우연'이라면 어떨까? 그리고 전진하는 가치 있는 삶의 가능성의 조건이, 진정한 인류의 이념과 신의 세계의 이념을 향하여 거주하는 인류의 가능성의 조건이 그저 우연적이고 부분적이며 일시적으로 충족되는 것이라면 어떨까?

여기서 세계 삶은 망상이고, 목적 없으며, 어떤 것도 일어나지 않는다고 나에게 말하는 것이 낫지 않을까? 나는 인간 공동체와 세계 속에서 나의 삶을 궁극적으로 긍정할 수 없다. 나는 세계의 의미를 신뢰할 때야 그렇게 할 수 있을 것이다. 나는 '이론적으로' 거기에 대해 어떠한 근거도 갖지 못한다. 나는 그것에 대해서 경험으로부터는 아무것도 증명할 수 없다(칸트). 경험은 나에게 개별적으로는 많은 것이 성공하더라도 전체적으로는 모든 것이 실패한다고 가르친다. 어떤 것도 최종적이지 않고, 모든 최종성은 상대적이다. 보편적인 멸망은 자칭 영원히 가치 있다고 하는 모든 것을 집어 삼킨다.

나는 세계를 내 안에서 극복하고, 모든 노력을 억제할 수 없는가? 모든 의미 없는 노력으로부터 나를 구원하고, 그것으로 나를 '구원하는' '지복을 주는' 확실성 속에서 영원히 투쟁하지 않고 노력하지 않는 자아로 들어갈 수 없는가? 자연적인 물리적 죽음은 잠에서 깨어나도 결코 자연적인 새로운 삶으로 이어지게 하지 않는다는 사실을 안다면, 나는 자살을 선택할 것이다. 그러나 나는 우선 내 안에서 이 세계를 극복해야 한다, 등등.

여기서 어떤 일관적인 입장 취함이 가능한가? 고찰된 보편적 삶에 대하여 보편적인 긍정이나 부정을 수행하는 어떤 '방법'이 가능한가? 절대적인 올바름의 의식 속에서?

칸트의 정언명령에는 무조건적인 행위해야–함이 있고, 표준적인 형식, 즉 규정된 내용을 지닌 규정된 것으로서 무조건적으로 행해져야 하는 것이기 위해 언제나 충족해야 하는 형식이 있다. 그러나 어쨌든 모든 경우에 나는 결정을 내려야만 한다.

어쨌든 행위함을 요구하는 절대적 당위가 있지 않은가? 나는 모든 당위를 절대적인 당위의 **하나의** 우주 속에 정돈해야 한다는 사실, 실천적인 성찰 속에서 끊임없이 **행위함**이 보편적인 가치 증대와 자기 증가의 이념과 관련하여 **요구된다**는 사실이 분명하지 않은가? 그러나 나는 또한 다음과 같이 말해야 하지 않는가? 그러한 요구는 내가 살아 있을 때야 의미를 지닌다고? 그리고 내가 그러한 요구에 따라 완전하고 절대적으로 살아간다면, 내가 그것을 어쩌면 명료히 하지 않는다고 해도, 그것이 바로 필연적으로 함께 주어진 것이기 때문에, 그것을 믿기도 한다고? 하나가 없이는 다른 하나가 불가능하다는 것을 나는 반성적으로 안다. 그러나 만약 내가 믿으면서 이러한 믿음을 의식하게 하고, 그 믿음을 이 실천적 원천에 근거하여 **자유롭게** 수행한다면, 그 믿음은 세계와 나의 삶에 의미를 부여하고, 아무것도 헛되지 않으며 모든 것이 좋다는 즐거운 낙관을 부여한다.

시작의 물음들

우리는 시작의 물음 앞에 서 있다. 우리는 다음과 같은 확신에 도달했다. 이제까지의 학문은 만족스럽지 않다. 그것은 실증적 진리 정초의 소박성 속에 있다. 초월론적 주관성, 즉 추정적 존재와 참된 존재, 추정적 이론과 학문적으로 참된 이론이 인식자에게 구성되게 하는 경험함, 사유함, 근거 제시함, 이론화함의 구성적 삶과 작업수행은 익명으로 남아 있다. 완전한 학문은 또한 초월론적 근원들의 학문이어야 한다.

정신과학은 의식에 관한 학문이지만 그 자체로 실증적이다. 모든 실증적 학문은 이러한 불완전성에 시달리는데, 이러한 불완전성은 우연적인 것이 아니라 실증적인 것으로서의 그러한 학문에 본질적인 것이다.

이러한 확신은 모든 것을 포괄하는 학문적 비판에서 생겨났다. 이러한 비판은 현재에 이르기까지 현재를 포함하여 전체 철학사의 과정을 따라가는 비판이다.

그래서 이러한 확신들은 새로운 종류의 초월론적 학문 및 보편적인 초월론적 학문으로서의 철학의 사유로 이끈다.

플라톤의 철학함을 움직인 철학의 이념을 떠올려본다면, 그것은 학문의 이념이었고, 결국 절대적으로 충분한 방식으로 정당화하는, 모든 것을 포괄하는 학문의 이념이었다. 즉 그러한 학문은 이성적으로 정당화할 뿐 아니라, 에피스테메[18] 자체, 그리고 자신의 무조건적인 진리 타당성을 정당화하는 작업수행의 능력과 본질을 연구의 주제로 삼는다. 이성적 작업수행 일반의 본질에 대한 통찰 없이는 어떠한 이성적 형성물도, 어떠한 진리, 이론, 학문도 궁극적 정당화를 가질 수 없다. 학자 자체의 궁극적 자기 인식 없이는 학문의 모든 정당화는 불완전하다.

우리는 **데카르트**가 주관적 정당화와 초월론적 자아로 주제적 시선을 전환한 이래로, 이러한 사유가 어떻게 새롭고 깊은 내용을 획득했는지, 주관적 인식 정당화 및 그것을 통해 권고된 이념적 세계관이라는 대두된 이념이 어떻게 이론적으로 작용했는지 보았고, 그것 자체도 언제나 새로운 비판을 깊이 요구했음을 보았다.

참된 근원적인 그리고 그 때문에 새로운 종류의 것인 철학, 그리고 모든 특수한 의미의 새로운 종류의 학문에 대한 숙원이 점점 더 절박해지고 내용적으로 점점 더 명료해졌다. 이러한 학문은 (말하자면 이것으로부터 모든 실제적이고 가능적인 근거들이 발원하는) 모든 근거들의 최종적 근거, 그러니까 초월론적 주관성을 이론적 연구의 근원 주제로 삼고, 계속해서 모든 참

---

18 플라톤에서 에피스테메는 이데아를 파악할 수 있는 진정한 인식을 뜻한다. 에피스테메는 독사(δόξα)와 대비되는데, 에피스테메가 참된 인식이라면 독사는 감성적이고 주관적인, 낮은 단계의 인식을 뜻한다.

된 인식의 추구된 체계적 전체가 이러한 근원 근거로부터 **어떻게** 발원하는지, 목적 의식적 작업이 적합한 방법들을 **어떻게** 형성하는지, 그것을 통해 어떻게 그 뒤에 더 정당화하는 근거들을 찾는 것은 아무 의미가 없는 철두철미 절대적 근거 제시와 절대적 정당화라는 원리적 성격을 주장해도 되는 '학문들의 총체(*universitas scientiarum*)'를 작동시키는지 보여주는 그러한 종류의 학문이다. 동시에 그것의 의미부여가 탐구되는 방식으로 모든 가능한 의미를 탐구하는 것이 정말 성공한다면, 실제로 어떠한 가능한 물음도 미결로 남아 있지 않을 것이다. 실제로, 우리에게 존재하는 모든 것은 우리에게 우리의 현행적이거나 잠재적인 인식의 '내용'이거나 '의미'다.

이것은 우리의 이제까지의 성찰 전체의 수확이다. 근원적인 근거인 주관성에 대한 전지(Allwissenschaft)의 이념은 무한한 인식 과정의 주도적 이념 내지 목적 이념이다. 이것은 소박한 실증성의 모든 학문의 인식 과정처럼 무한하지만, 본질적으로 새로운 진행 형식을 갖는다. 이러한 이념은 우리의 이념사적 비판의 동기에서 생겨나자마자 이 의도된 학문의 명료하고 분명한 표상의 가치를 가지는 것이 명백히 불가능하다. 우리가 우선 갖게 되는 것은 아주 모호한 실천적 계획, 그러니까 우리에게 모호한 먼 표상에서 아른거리는 것으로서, 수행되어야 할 어떤 인식 과정의 계획에 지나지 않는다. 우리가 여기서부터 더 확정적인 표상으로, 우리가 실제로 시작할 수 있는 데까지 오려면 우리는 어떻게 해야 하는가?

그러나 새로운 학문을 겨냥하는 것은 역사적으로 미리 주어진 모든 학문, 그리고 심지어 미리 주어진 인식 일반의 타당성을 물음에 세운다는 의미에서의 우리의 비판에서 자라났음을 또한 이제 유념해야 한다. 지금까지의 학문, 적어도 현대의 엄밀한 학문은 그들의 이론과 심지어 방법의 주요 내용에 따라서 새로운 학문의 체계적 구축 속에서 다시 산출되었을지 모른다. 그것들은 여기서 더 깊게 토대를 세우고, 통찰의 지평을 다방면으로 확장하는 정당화로부터 발원한다. 그러나 이것들은 자신 앞에 불만족의 낙인을 갖고 있다. 이것들은 물음 속에 서 있다.

이제 우리의 비판은 동시에 이러한 불만족의 **원천**을 드러냈다. 모든 정당화는 초월론적-주관적 정당화라는 저 근원 토대로 되돌아가고, 모든 것에 앞서 절대적인 토대 학문적 연구, 바로 초월론적 연구가 필요하다는 사실이 이미 우리에게 실천적으로 확실해졌다.

그러나 우리의 비판적 숙고의 과정에서 자라난 그러한 통찰을(그리고 초월론적-구성적 영역에 대한 대략적인 제시 및 그것이 어떻게 작업되어야 하는지에 관해 조심스럽게 더듬어보는 최초의 사유들을), 새로운 학문의 현실적인 구축의 시도를 위해 미리 주어진 것으로서 사용해도 좋을 것인가? 비판은 체계에 속하지 않는다. 체계는 학문 자체다. 학문을 구축한다는 것은 건축의 각각의 구성요소를 그 자체로, 첫 번째 것은 첫 번째 자리에, 각각은 자신의 자리에 형성하고 사용함을 의미한다. 학문의 이념은 그 역사적 근원에서부터 절대적 정당화에 근거한 보편적 인식의 이념을, 혹은 같은 말이지만 절대적으로 정당화될 수 있는 인식의 이념을 자신 안에 지니고 있으며, 이러한 이념은 우리의 모든 비판의 근원적인 규범이었다는 사실에 유념해야 한다. 어떠한 사실적 학문도 이러한 이념을 충족할 수 없었는데, 그것은 우리가 본 바와 같이, 초월론적 근원 문제를 보지 못했거나 그것을 왜곡된 형식으로 설정했기 때문이다. 모든 인식의 참된 근원 원천적 토대로서 초월론적 순수 주관성에 대한 수고스러운 해명이 우선 필요하며, 또 이러한 주관성에 대한 학문적 연구가 필요하다. 이야기했듯이, 우리는 비판을 통해서 그것을 보았다. 절대적으로 근거 지어진 보편학 내지는 절대적으로 정당화될 수 있는 학문이라는 철학의 이념의 한갓 출발에서부터, 만약 우리가 그러한 학문의 가능성을, 그것이 절대적으로 어떻게 시작되고 계속 형성되어야 하는지를 해명했을 때, 그때 이미 다음 모든 것이 순수하게 체계적으로 산출되어야 할 필요는 없는 것인가? 즉, 그러한 학문이 가능적 전제와 필연적 전제로 무엇을 필요로 하는지, 그리고 또한, 그것이 절대적 정당화를 요구한다면, '절대적 근거들'이란 무엇을 의미하는지, 그리고 무엇이 그러한 것을, 초월론적 주관성의 제시를 수행할 수 있는가 하는 물음 속에서, 모든 것이 산출되어야 할 필요는 없는 것인가? 우리를 이끄는 의미의 철학, 그러니까 절대적 정당화에 근거한 보편적 학문이 있다면, 그 의미에 따라 이러한 학문 자체에 속하는 것은, 그러한 학문을 시작하게 하고, 그러한 학문이 절대적 방식으로 모든 것을 세우는 절대적 토대를 제시하고, 경우에 따라서 처음으로 그러한 토대로 이끌어 올리며, 그것의 절대성을 그러한 것으로서 해명하고 규정하면서 밝혀내는 일이다.

논리화하기와 이해시키기

현상학과 실증적 학문 ─ 실증적 합리성과 초월론적 합리성.

수학의 기능이, 자연적 인식과 결합된 곳에서, 자연적 인식을 정확하게 만들고, 자연적 인식에 로고스, 이성(*ratio*)을 병합하여, 그러한 인식을 이성적으로 (최선의 의미에서는 논리적으로) 만드는 것이라면, **현상학**의 기능은 모든 학문에 초월론적 합리성을 마련해주고, 새로운 종류의 궁극적 합리성, 그러니까 전면적 명료성과 **이해 가능성**이라는 완전히 다른 종류의 합리성을 부여하여, 이를 통해 모든 학문을 하나의 유일한 절대적 학문의 가지로 변경시키는 것이다. 그리고 이것 자체는 소박한 실증성 속의 삶으로부터 모든 관점에서 '절대적인' 삶을, 그러니까 절대적인 자명성에 근거하고, 삶 자체에 놓여 있으며 삶으로부터만 길어 올려질 수 있는, 세계 및 참으로 존재하는 것 일반의 궁극적 의미에 대한 이해에 근거하여 자신을 다스리고 자신의 절대적 목표를 향하는 삶을 자유로이 형성해나가기 위한 수단이어야 한다.

위의 문장들을 설명하기 위해 몇 마디 더 하자면 다음과 같다.

실증성의 영역에는 실증적 합리성이 상응하고, 초월론적인 것의 영역에는 초월론적 합리성이 상응한다. 개체적으로 개별적인 모든 것, 현실적이거나 가능한 모든 것은 인식의 주제적 작업 속에서 자유롭게 변경되어 형식적이거나 내용적인 본질 일반화에 내맡겨질 수 있다. 이러한 상승에서 인식할 수 있게 되는 것은 모든 개별적인 것은 분석적—형식적으로 수학화될 수 있으며, 분석적—수학적인 것(분석적 존재론)으로의 상승에서 이러한 분석적—형식적인 것에 대한 순수한 주제적 관심이 정초되어야 한다는 것, 내지는 형식적—분석적 '보편 수학(*Mathesis universalis*)' 내지는 **분석적 존재론**이 정초되어야 한다는 것이다. **주어진** 개체적 개별성들, 현실적이거나 가능한 개별성들로 혹은 그러한 개별성들의 '전체 영역'으로 주제적으로 **되돌아갈** 때, 이 전체 영역에는 (주제적 관심의 종합 속에서) 수학적 합리성이 주어진다. 순수한 수학적 필연성과 보편성은 개별적으로, 그리고 영역에 적합하게 규정된 필연성들, 적용의 형식적 필연성이 된다. 다른 한편 개별성들에서 본래적인 본질 일반성으로, 질료적으로 규정된 형상(εἶδος), 종(γένος)으로, 보편적인 것으로 상승하면서 '영역'을 규정하는 최고의 일반성들이 산출된다. 그리고 주제적 관심은 이러한 순수한 일반성과 이러한 일반성들에 포함된 특수성들에 대한 연구 속에서 충족된다. **질료 존재론**, 순수한 합리성의 학문, 그러나 질료적인 합리성의 학문이 자라난다. 그 자체로 분석적—형식적인 것의 형식 아래에 서 있고, 형식적 존재론을 이미 질료적 일반성에 적용함으로써 저 형식들을 각인된 채로 획득한 이러한 질료적 로고스가 적용을 통해 사태 영역에 각인된다. 분석적—형식적 존재론과 질료적 존재론을 통해서 '**정밀한**', '**합리적**' 학문이 모든 사실 영역에 대해 획득된다. 사실 학문은 개별적인 것의 정밀한 형식으로서의 이러한 합리성을 순수한 형상적인, 수학적-형식적 학문과 수학적-질료적 학문에 빚지고 있다. 그러나 사실 학문은 사실 학문으로서 형상적인 이성(*ratio*)을 개별적인 것으로 전이시키는 것에서만 존립하는 것이 아니다. 합리적으로 파악되고 순수한 합리적 형식 법칙 아래에 서 있는 것은 그것의 사실적 (경험적-사실적) 일반성과 특수성에 따라서 연구되고, 그것은 경우에 따라서 (물리적 자연에서 말하자면 **자연의 경험적 수학**으로 이어지듯이) 수학적 형태의 법칙으로 이어진다. 그러나 이 법칙들은 형상적 법칙의 단순한 결과화, 사실화인 법칙들은 아니다. 이것은 특수한 매우 깊은 문제들로 이어지는데, 이것은 우리가 여기서 다루지 않을 것이다.

덧붙여서 공허한 분석적-수학적 형식화는 수학적 대상성들을 포함하여 모든 종류의 대상성들에 언제나 다시 적용할 수 있는 합리화의 방법이다 (예를 들자면, 계열로서의 개별적인 계열은 특수한 종류의 '다양체'로서 간주될 수 있다).

형식적 존재론의 **분석적 형식화**를 수행하는 것은 **초월론적 영역**의 주제적 내용에도 수행될 수 있다. **질료적** 일반화도 마찬가지다. 그래서 순수한 자아, 순수한 자아 작용 등을 지닌 순수한 의식은 합리화하는 형상학의 영역이 된다.

초월론적 **경험**의 개시를 통해 초월론적 의식이 가시적이 된다. 초월론적 의식은 물론, 그리고 우선은 정밀하지 않고, 아직 합리적이지 않은 경험적 지식의 영역이 될 수 있다. 이제 물음은 다음과 같다. **초월론적인 것에 대한 합리적인 경험적 지식, 합리적인 사실 과학**도 이러한 영역에서 정초될 수 있을까?

초월론적 현상학이 나의 『이념들』[19]에서 생겨났듯이, **초월론적 주관성의 형상학**으로서 정초된다면, 그 적용(초월론적 존재의 사실성으로 주제적 관심을 되돌림)은 형상적 필연성들의 한갓 개별화인, 초월론적 존재의 사실 법칙들의 무한한 다양체를 산출한다. 어쨌든 우리는 따라서 초월론적인 것에서 합리적인 경험적 지식의 영역을 **갖고**, 여기서 모든 사실은 우리가 기술적으로, 그런 다음에는 (간접적으로) 연역적으로 증명할 수 있는 합리적인 본질 법칙 아래 서 있다는 통찰이 구체적으로 분명해진다.

그럼에도 불구하고 이것은 **정밀한 자연과학**의 유형에 따른 합리적인 사실 과학이 아니다. 이것은 형상적인 선험적 지식을 단순히 경험적인 것에 적용한 것이다. 또한 초월론적인 경험적 지식은 귀납적인 법칙성들의 영역이다. 여기에서 그것이 '정밀하게' 형성될 수 있는지, 그리고 어떻게 그럴 수 있는지 물을 수 있다. 그러나, 귀납적인 경험적인 것, 그리고 형식적 개별화가 **아닌** 경험적 일반성들이 어디까지 정밀하게 학문화되고 합리화될 수 있느냐는 물음, 이것은 열린 채로 남아 있는 물음이다.

(그에 속하는 모든 형상적 학문이 정초되고, 인식된 선험적인 것을 경험적인 것으로부터 말하자면 넣어서 인식하는 데 기여하는 가운데) 우리가 실증적 세계 **그리고** 초월론적 삶의 우주가 인식을 통해서 어떻게 **합리화**되는지 이해했다면, 이제 인식의 **또 다른** 작업수행, **이해시킴**(Verständlichmachung)[20]에 대해 이야기해야 한다. 이것은 공동체화된 인격적 주관성의 지향적 형성물인 정신적 형성물에 대한 **정신과학**의 특수한 작업수행이다. 정신적 형성

⋮

19 『순수 현상학과 현상학적 철학의 이념들』 1권(후설 전집 III권)을 가리킨다.
20 여기서 후설은 로고스적인 해명, 수학적인 합리성에 의거한 해명과, 또 다른 합리성에 의거한 해명인 현상학적인 해명을 대립시키고 있다. 후자가 이해시킴(Verständlichmachung)이다. 이것은 자연과학의 설명(Erklärung)의 방법과 대비된다.

물을 이해할 수 있게 만드는 원리적 학문, 정신성의 근본 형식과 법칙들에 관한 학문이 심리학적 의식 삶의 형상적 학문으로서의 **현상학적 심리학**이다. 그러나 **실증적**인 것으로서의 정신과학은 다만 **실증적** 정신성을 이해할 수 있게 만들 뿐이다. 그러한 정신성이 **세계** 속에서 (혹은 가능한 세계 속에서) 정신성으로서 나타나는 곳에서 말이다. 그러한 정신과학은 다양한 단계의 심리학적인 정신성과 인격적 정신성, 그리고 이것들에 의해 창조된 정신적 형성물을 **자연적 통각**에 맡기고, **자연**의 정신적인 것을 **이해할 수 없음**의 영역에 **병합**되게 한다. **현상학**은 그것이, 그리고 **전체 세계가, 그러므로 모든 실증성의 우주가 이해될 수 있다**고 생각하는 실증적 태도 속에서만 이것이 이해할 수 없는 것이 됨을 처음으로 보여준다. **현상학**은 초월론적인 순수한 보편적 정신에 관한 학문이고, 세계로 이행하면서, 모든 세계적인 것에서 보편적 정신성의 형성물을 인식하는 **보편적 정신과학**이 된다. 현상학은 보편적 학문으로서 모든 학문을 하나의 정신과학, 그러니까 초월론적인 보편적 정신에 관한 학문의 가지로 변경시킴으로써 자연과학과 정신과학의 구분을 지양한다.

모든 실증적인 것에 현상학적 분석이 형성하는 **이해**의 본질은 지향적 형성물로서의 모든 실증적인 것이 그저 일반적으로 주장되기만 하는 것이 아니라, 지향적 연관, '정신적인' 작업수행, 개별적이거나 종합적인 작업수행이 입증된다는 것, 그리하여 모든 형성물이 '동기부여'의 혹은 더 잘 표현하자면 내적인 지향적 의미부여와 증명의 얽힘 속에서 정신적으로 생성되고 지속하는 '존재자'로서 현실적으로 밝혀진다는 데 있다. 그래서 우리는 생성 속의 형성물, 어떠한 어둠도, 추상적인 공허에 머무르는 어떠한 배경도 남아 있지 않은 완전한 구체성 속의 형성물을 보게 된다. 이것은 그 참으로 구체적인, 절대적인 연관 속에서 존재자를 완전히 속속들이 보는 것이다.

그러나 이제 **형상적** 현상학은 초월론적 현상학을 합리화하고, 그것에 자신의 로고스를 부여함으로써, 모든 가능한 존재자에 대한 보편적이고 합리적인 이해를 창조한다. 그리고 합리적인 '일반'의 보편성에서, 이미 형상적 현상학으로서 그것을 수행한다. 그러나 **사실**(Faktum)에 적용하면서, 형상적 현상학은 합리적으로 이해하고-설명하는 사실 과학을 창조한다. 여기에는 현실적이거나 가능한 실증적 학문의 모든 합리성이 포함된다. 그러나 이러한 합리성은 단순히 상대적인 것이며, 이해할 수 없고 합리화되지 않은 채 머물러 있는 하부 토대들에 근거한다. 이 합리성은 소박한 경험에 근거한다. 그러나 경험의 영역도 합리적으로 이해할 수 있게 되어야 한다. 그래서 경험은 그저 외적으로 보충되는 것이 아니라 보편적으로 **경험하는** (개별적인 직관의 단계에서 직관적인) 이해에(보편적이며 합리적으로 이해될 수 있는 경험적 지식의 개시에) 토대하여 **합리적인** 이해를 (우선은 순수한 합리적 학문을 통해) 정초하는 보편적인 초월론적 정신과학이 지니는 새로운 종류의 합리성에 의해 철저하게 변화한다. 순수한 합리적 학문은 그것이 지닌 이해 가능성의 결여를 거부하고, 동시에 자기 안에서 '지양'함으로써 실증적 합리성을 극복한다.

실증성의 **존재자**는 모든 것과 마찬가지로 이해 가능한 의미를 가지면서도, 이러한 절대화 속에서는 이해 불가능한, 절대적으로 정립되었으며 단적으로 존재하는 것으로부터, 초월론적 주관성의 완전히 상대적인 형성물로 변한다. 그리고 그것을 통해 실증적 합리성은 존재론자들의 절대화된 합리성으로부터 상대적 합리성으로 변한다. 이 상대적 합리성은 완전하고 현실적으로 구체적으로 길어진 합리성, 이해 가능성의 합리성이 되기 위해 여전히 초월론적-주관적인 구성적 구조의 상관적 합리성을 요구한다. 실증적 합리성은 이제 이해 가능성의 합리성 속에서 단순히 비자립적인 하부 토대가 된다. 실증적 합리성은 순수한 (실증적으로 곧바른, 아마도 또한 그것을 통해 일치하는) 명증 속에서 입증된 한에서, 완전하게 유지된다. 이것은 본래 실증적인 실재적 존재와 마찬가지로, 재해석되는 것이 아니라 그 일면성 속에서 인식됨으로써, 가시적이 된 초월론적 주관성의 구조의 무한성과 본질적으로 동일한 것으로서 인식됨으로써 새로운 의미를 획득한다. 이러한 초월론적 주관성 안에서 이것은 형성물로서 구성되고, 이제 영원히 인식에 적합하게 초월론적 주관성에 주어진 것으로 남아 있어야 한다. 실증적 합리성은 초월론적 영역, 이해 연관의 영역으로 들어 올려져서, 모든 실증적인 것과 마찬가지로, '실증적인 것의 절대화'라는 말이 암시하는 존재와 타당성의 저 자족성을 상실한다.

현상학적 환원은 처음으로 절대적 경험과 경험 학문 및 절대적 학문 일반의 가능성을 열어준다. 그리고 낮은 단계의 직관에서 최고의 통찰의 단계인 합리적 통찰의 단계로 우리를 들어 올리는 엄밀한 학문으로서 그러한 학문은 형상적 합리성을 지녀야 한다. 현상학적 학문만이 절대적이고 동시에 합리적인 학문, 그러니까 **플라톤**에게 떠올랐던 근원적인 이념의 완전한 의미에서의 학문이다. 수행된 전면적 **이해 가능성**과 **합리성**의 이상은 현상학적 학문에서 통합된다.

이 모든 것에 따르면 우리는 실증적 학문의 두 단계를 구분해야 한다. 그것은 현상학 이전의 실증적 학문과 현상학 이후의 실증적 학문이다. 후자의 단계는 전자의 단계의 소박성을 단념했다. 후자의 단계는 모든 객관적인 것이 주관적으로 구성됨을 안다. 고유한 실증적 작업수행에 대한 이해를 어디서나 소유하기 위해 모든 구성적 단계를 추적하도록 강요받으면서, 실증적인 학자는 가장 낮고 가장 원초적인 구성의 단계와 그 안에서 수행되는 통일체 형성에 주목하게 된다. 그리고 그럼으로써 그는 그가 소박하게 얻은 근본 개념들의 근원을 이해하게 된다. 또한 그럼으로써 막연하고 알려지지 않고, 정확하게 규정되지 않은 전제들에 그의 토대가 의존하게 되지 않도록 그 자체로 필연적인 것인, 더 깊고 풍부한 실증적 구조의 토대가 되는 통찰을 획득한다. 현상학적 작업은 또한 개념 형성과 판단 형성의 철저함에 있어서 실증적 학문에 도움이 된다. 그래서 현상학적 작업은, 실증적인 것으로서의 합리화도 소박성 속에서 역사적으로 가능했던 것보다 더 철저하고 더 완전하게 형성할 가능성을 창조한다. 여기에 더하여 모든 선입견들로부터의 해방 등등. 그 외에 실증적 작업은 본질적으로 다른 형태를 취할 필요가 없다. 다만 이제부터 실증적 학문은 (소박한 실증성의 시야에 들어올 수 있는 문제뿐 아니라) 자신의 대상들과 관련된 **모든** 문제를 인식하고 해결하고자 하는 **완전한** 학문이 될 수 있다. 그러나 여기서 물론 실증적인 전문가적 작업과 다시 전문가적 작업으로서의 현상학의 작업은 서로를 보완할 것이다. 각자는 자신의 특수한 기술을 지닌다. 그러나 모든 학자는 동시에 현상학을 알아야 하고, 보편적인, 현상학적으로 정초되고 해석된 학문의 기관(Organ)으로서 자신을 인식해야 한다.

모든 인식 노력의 전제인 필증적으로 절대적으로 주어진 것

나는 안전하고자 한다. 나의 판단이 착각으로부터 안전하도록 나의 판단을 정당화하고자 한다.[21] 확실성의 사유가 가장 첫 번째 자리에 오는가? 어쨌든 나는 우선 다음과 같이 말할 수 있다. 나는 나의 생각이 맞는지, 내가 생각한 것이 정말로 제시될 수 있는지 알고자 한다. 그리고 만약 내가 이미 자체 가짐을 수행했다면 나는 나의 명증이 '참된' 것인지, 여기서 정말로 자체 주어진 것이 무엇인지 알고자 한다.

나의 삶 전체는 믿음 속에서 깨어 있는 삶으로서 수행된다. 비판의 필요 내지는 비판의 요구는, 잘 정당화되고, 견뎌내는 인식을 목표로 하여, 우선은 자신의 틀 속에서, 소박성에서 자라난다. 저 목표를 우리는 똑같이,

⁞

21 미리 가정되는 것: 세계는 **존재하고**, 따라서 인식할 수 있으며, 따라서 정상적인 경험을 통해 언제나 다시 일치하면서 알게 된다.– 원주.

잘 정당화된 진술이라고 말할 수도 있다. 잘 정당화된 진술에서 존재하는 것으로 진술된 것은, 언제나 다시 수행될 수 있고 언제나 다시 모두에게 '강제되는' 정당화 덕택에 나와 모두에게 영원히 그것이다. 진술은 참된 것에 대한 진술이어야 한다. 그리고 진리는 모두에게 영원히 이론의 여지 없이 정당화되거나 정당화될 수 있는 것으로서 영원히 타당한 것이다.

그러나 그것은 어떻게 가능해야 할까, 그리고 이론의 여지 없이 정당화된다는 것은 무엇을 의미하는가? 이제 맨 먼저 나는 다음과 같이 말할 것이다. 나의 판단은 아주 다양하게 동기부여될지 모르지만, 나는 내가 경험에 따라, 직관과 통찰에 따라 나의 판단을 규정할 때에만 진리를 달성할 수 있게 될 것이다. 나의 판단들은 경험된 것, 통찰된 것에 맞춰져야 한다. 나의 판단이 나에게 지속적인 타당성을 가질 수 있어야 한다면, 나는 '보면서' 판단해야 하고, 눈먼 채로 판단해서는 안 된다. 눈먼 판단은 종종 기만한다. 경험이 들어서서 판단과 결합한다면, 눈먼 채로 획득된 나의 의견을 봄을 기준으로 측정한다면, 획득된 의견은 본 것과 맞지 않게 되기 때문이다. 경험, 통찰력 있게 주어진 것에 상충하는 의견을 나는 유지할 수 없고, 포기해야 한다. 거기에 거슬러서 나는 아무것도 할 수 없다. 명료한 경험이 반대되는 것을 제시하는 즉시 필연적으로 그 의견은 삭제된다.

그러나 나는 또한 이제 경험 또한 반드시 '견뎌내는 것은' 아니며, 선과학적 삶에서 종종 충분히 발생하는 것으로서 경험이 다른 경험에 의해 무가치해질 수 있음을 알게 된다. 마찬가지로 통찰은 새로운 통찰에 의해 무가치해질 수 있다. 이것은 나에게 새로운 반성을 요구한다.

모든 경우를 포괄하는 말을 갖기 위해 **직관**(Erschauung)이라는 단어를 도입해보자. 일상적 삶에서 우리는 감각적 직관(Anschauung) 속의 실재적 대상성에 관해서만 경험이라는 말을 쓰며, 예를 들어 (가령 수학적 사태에서의) 일반적인 개념적 통찰에 대해서는 우리가 수학적 경험을 가진다고 이야기하지 않기 때문이다. 직관의 맞은편에 우리는 직관하지 않는 의견을 갖는다. 여기서 우리는 **의견**이라는 명칭 아래 자연스럽게 술어적 판단, 판단 확실성을 염두에 두거나, 이것과의 유사성 속에서 **확실한 믿음**의 성격을 갖는 그 밖의 체험들을 염두에 두었다. 예를 들어 개념적 파악 및 진술과 얽히기 전의 믿음 작용인 외적 지각들, 그리고 확실성들이 그렇다. 그때그때 확실성 속에서 확실한 것은 그때그때의 대상성, 그때그때의 사태다. 해당되는 체험에서 거기에 사념되거나 사념되지 않은 개념적 형식과 규정이 있든지 없든지 말이다. 또한 가장 가까이 있으면서 지금 보이지 않는 주변의 대상에 대한 의식처럼, 어둡거나 완전히 비직관적이고, 비개념적인 의견들도 여기에 속하고, 상응하는 직관적인 현전화는 더욱 그렇다.[22]

모든 유형과 형식의 의견들은 '양상화[23]될 수 있다'. 그 믿음 확실성 내지 존재 확실성은 변할 수 있고, 의심스러움, 의문스러움으로, 한갓 가능성, 개연성으로, 심지어 무가치한 것으로 될 수 있다. 의견에서 (심지어 경험에 근거해 생겨난 의견조차도) 그러한 모든 변경은 경험의 인식 기능에 대한 가치 절하다. 그리고 부정으로의 변경, 직관하는 확실성으로부터 **가상**이라 불리는 유사—직관하는 의식(직관된 것이 무가치함, 취소의 성격을 얻는 의식)으로의 변경은 완전한 가치 절하를 의미한다. 앞선 확실성에서 대상적인 것이 직관되었던 완전한 존재 타당성은 거짓의 삭제된 타당성으로, 타당

⁝

22 다음이 빠져 있다: 현행적 믿음에 근거한 **습성적 획득물**에 대한 의견.ㅡ 원주.
23 후설 현상학에서 '양상'이란 어떤 것의 존재 성격 및 존재에 대한 믿음 성격을 뜻한다. 어떤 것의 존재 성격에는 '현실적', '가능적', '개연적' 등이 있고, 존재에 대한 믿음 성격에는 '확신', '추측', '의문', '회의' 등이 있다. 이러한 양상들 중에서 '확신'은 양상화되어 있지 않은 근원 신념이다. 여기서 존재 성격이나 믿음 성격이 다른 양상으로 변양되는 것을 '양상화'라고 한다.

하지 않음으로 변하고, 경험된 존재는 경험 가상으로 변한다. 이제부터 이전의 경험은 (그리고 이전의 직관함도) 우리가 그리로 돌아갈 때마다 한갓 가상의 경험, 가상의 명증으로 불린다.

직관으로 모든 의견을 표준적으로 환원하는 것은 진정한 직관으로의 환원을 의미하지 가상의 직관으로의 환원을 의미하지 않는다. 명백히 나는 (그리고 의견을 확증하거나 산산조각 나게 하는, 의견에 상응하는 직관(경험, 통찰)을 찾음으로써 의견을 시험하거나 경우에 따라서는 '보증'하고자 하는 자인 우리 모두는) 우리가 참됨에 대해 말할 때 분명하게 가정하는 의미에서의 '참된' 명증, 경험, 통찰이 있다는 확신에 의해서 인도되었다. 그 의미는, 그러한 직관은 한번 수행되면 영원히 모두에게 타당성을 획득한다는 것, 오직 동일한 의미에서 완전한 확실성 속에서만 반복할 수 있다는 것, 그리고 반복을 조망할 때 다만 깨지지 않은 동일한 존재에서만 언제나 다시 동일한 대상적인 것을 주관적으로 혹은 상호주관적으로 직관할 수 있게 해준다는 것, 마찬가지로 동일한 대상적인 것과 관계하는 것으로서 인식할 수 있는 그 밖의 어떠한 참된 직관도 해당하는 직관과 충돌할 수 없다는 것이다. 요약하자면 **참된 직관은 양상화될 수 없다**. 혹은 우리는 또한 동일하게 다음과 같이 말할 수 있다. 참된 방식으로 존재하는 것으로 직관될 수 있는 것은 참된 방식 속에서 결코 존재하지 않는다거나 의심스럽게 존재하는 것으로서 직관될 수 없다.

우리가 그 참됨을 파악하고, (다시 참됨 속에서) 직관하면서 보증할 수 있는 **참된** 직관과 같은 것이 없다면, **모든 인식 노력은 무의미할 것이다.** 나는 왜 나의 '눈먼' 의견을 넘어서 상응하는 직관을 향해 노력했는가, 경험과 통찰의 길이 **최종성**의 의미에서 나의 확신을 새롭게 형성하는 길이리라는 확신에서가 아니라면 나는 왜 이러한 규범화(Normierung)가 필요하다고 믿었는가? 진리는 인식 목표로서 나에게 최종적으로 인식 가능한 것을 의미한다. 모든 참된 존재도 마찬가지다. 그것은 최종적으로 경험될 수 있는 것, 최종적으로 직관될 수 있는 술어적 진리의 기체로서 직관될 수 있는 것이다. 나의 고유한 (그리고 계속해서, 우리의 공동체화된) 인식 삶으로부터가 아니라면 나는 그러한 이념들을 어디서 길어 올 수 있는가? 진리 자체가 존재한다거나 그 자체로 존재하는 것이 있다는 **것**은 그 자체가 하나의 판단이다. 그리고 이러한 판단이 공허한 의견이 아니어야 한다면, 나는 통찰로부터 그러한 판단을 얻어야 한다. 그러나 모든 종류의 통찰, 직관이 언제나 다시 말하자면 취소 통지를 향한 통찰이라면, 모든 것이 결국 양상화될 수 있고, 거기서 일시적으로 확실히–존재하는 것으로 직관된 모든 것이 나중에는 삭제될 수 있는 것이라면, **내가 특수한 종류의 어떠한 직관도 영원히 깨지지 않는 것으로서, 필증적으로 '절대적으로' 주어진 것으로서, 절대적으로 의심할 수 없는 것으로서, 상응하는 모든 향해진 의견에 대한 절대적 규범으로서 직관했던 깨지지 않는 존재에 대한 통찰로서 가질 수 없다면, 그 자체로 타당한 진리나 진리 추구라는 말들은 모두 그 의미를 상실할 것이다.**

그래서 모든 실천적 노력과 행위는 내가 목표에 도달했을 때, 내가 목표에 도달했음을 실천적으로 확신하게 될 수 있으며, 내가 도중에 있을 때, 내가 실제로 목표에 접근하고 있음을 확신할 수 있다는 사실에서만 그 의미를 갖는다. (행위가 이성적으로 전제하는 것으로서) 이러한 길과 목표의 확실성이 때때로의 기만에도 불구하고 유지되는 것으로서 결코 어떤 방식으로도 절대적 직관으로 가져와질 수 없다면, 합리성의 실천에서 어떠한 의미 있는 말도 더는 있을 수 없을 것이다. 그러나 진리 추구는 실천적이고, 행위로서 현실화된다.

물론 존재라는 말의 무의미함은 모든 단계에서 되돌아온다. 내가 모든 인식, 모든 의견과 직관을 이러한 규범화된 올바름에 따라서, 한갓 주관적인 것으로서, 그저 대략적인 것이고 때때로만 견뎌내는 것으로 간주하고자 시도한다면, (내가 그것을 주장하고자 한다면) 나는 그것을 어떻게 알 수 있었으며, 내가 한갓 가능성으로 나를 제한한다면, 나는 이러한 가능성에 대해서 어떻게 알 수 있었는가 하는 물음이 제기된다. 가능성도 그저 생각할 수 있는 무언가고, 직관하는 제시 속에서 정당화되어야 하는 것이다.

나를 둘러싼 사물, 지구, 우주, 나의 이웃, 나 자신, 그리고 무엇이든 간에, 그 어떤 존재자를 자명한 것들로서 전제하는 것 — 그것은 인식하는 노력 속에서 현실화로, 결국에는 통찰력 있는 현실화로 올 수 있는 인식의 절대적 목표점을 전제하는 것이다. 그것은 참된 통찰, '참된' 직관이 존재한다는 것을 전제함을 의미한다. 이러한 참된 직관은 그러한 것으로서 다시 진정한 방식으로 직관될 수 있다. 그리고 우리가 존재하는 것에 대해서 존재하는 것으로서 최종적으로 확신하고, 하나씩이든 한 걸음씩이든 그것의 성질에 접근할 수 있게 하는 (순수하게 그러한 직관을 향하는) 인식의 길이 저 참된 직관으로부터 구성될 수 있다고 여겨진다. **절대적으로 정초된 인식 없이는 모든 인식 노력의 저 전제가 유지될 수 없다.**

이러한 성찰을 통해서 나는 일관적인 인식 노력의 가능성의 분명해진 조건을 갖고, 주관적인 합리성의 조건을 갖게 된다. 그러나 내가 여기서 밝힌 것은 **예비적 공준**(Postulat)이고, 나의 이후의 사유를 이끌어주는 사유다. 이후의 사유 속에서 나는 인식이 어떻게 실제로 진리를 현실화하는 것으로서, 그리고 이러한 진리를 절대적으로 확신하는 것으로서 진지하게 작동될 수 있는지 분명하고 명확하게 밝히고 싶다.

참된 또는 절대적인 학문, 그러니까 그 학문의 학자가 학문의 그때그때의 목표와 방법에 관하여 절대적으로, 절대적 확실성에 도달하게 되는 그러한 학문의 길은 어떤 모습이어야 하는가? 그러한 학문의 모든 언명은 그러한 절대적인 직관에서 나와야 하고, 실천적으로 언제나 다시 접근할 수 있는 것으로서의 절대적 직관으로부터 자신의 절대적인 규범 정당성을 길어 올려야 한다. 참된 학문은 우리가 이론이라고 부르는 통일적인 인식 형성물과의 얽힘 속에서 전진하는 언어적인 진술 연관들의 체계적 연관이다. 그리고 이것의 확실성은 언제나 모두에 의해 절대적으로 정당화된다. **절대적인 정당화는 절대적인 직관을 전제한다.** 술어적 판단 및 판단 형성물과 관련된 그러한 직관은 계속해서 **선술어적 직관**으로 되돌아간다. 우리는 **독사 일반**, 의견, 존재 믿음의 넓은 **영역**에 서 있다. 주지하다시피 — 내가 참된 것으로 전제하지 않는 미리 주어진 학문을 대충 훑어보아도 벌써 이것을 알게 된다 — 여기에는 믿음, 확신의 **간접성**, 다양한 의미의 간접성이 있으며, 이것들은 '근거 제시', 규범화하는 정당화 속에서 **직접성**으로 되돌아간다. 그래서 직관도 마찬가지다: 우리가 술어적 영역의 간접적 직관을 **통찰**(Einsicht)이라고 부른다면, 선술어적 직관은 가장 넓은 의미에서의 **경험**으로 특징지어져야 할 것이다. 그리고 여기서 다시 단적으로 파악된 사물을 향하는 외적 지각이나 기억과 같은 **단적인 경험**이 구별되어야 한다. 그러나 나중에 보게 되겠지만, '단적인 경험'이라는 이 표현도 일상적인 말의 의미에 비해서 매우 확장된다.

이제 다음과 같이 물어보자. 우선 요청된 저 참되거나 절대적인 직관은 어디에 있는가, 그리고 이러한 참됨 자체는 어떻게 인식할 수 있는가? 그러면 우리는 우선 **직접적인 절대적 직관, 절대적 경험**에 관한 물음으로 되돌아가게 된다. 경험이 자신의 확실성의 힘을 잃는다는 일반적인 경험, 경험이 가상의 경험으로 변경되거나 그 밖의 방식으로 양상화되어야 한다는 일반적인 경험은 **경험에 대한 일반적인 비판**을 요구한다. 그리고 이것은 다시 그것의 다양한 형태에 따라 그러한 경험에 대한 **우선은 소박한** 연구를 요구한다. 이 연구는 물론 자신의 자연적인 명증 속에서 절대적 직관의 후속하는 규범에 적합해야 하고, 후속하는 비판 속에서 그것으로서 자신을 입증해야 한다.

절대적 직관의 의미에 포함된 근본적인 성격을 숙고해보자.

믿음은 임의에 관한 것이 아니다. 나는 믿지 않거나, 나의 믿음 확실성을 양상화하거나, 그때그때의 양상화 자체를 다시 임의적으로 변경할 수 없다. 모든 양상화에는 동기가 속하고, 이것은 그 자체가 믿음 작용이다. 의견만이 의견에 영향을 줄 수 있으며, 그에 포함된 것으로서, 의견만이 이들을 포괄하는 의식의 통일체 속에서 양상화를 강제할 수 있다. 그래서 직관하는 의견을 나는 임의로 의심하거나 부정할 수 없다. 그러나 그것은 내가 그것을 수행하는 동안 혹은 내가 근원적인 직관에 근거해서 수행된 것으로서 그것을 여전히 붙잡고 있는 동안 내가 그것이 의심스럽다거나 무가치하게 되는 것이 가능하다고 생각하는 것을 배제하지 않는다. 외적인 사물 경험이 가상의 경험으로 바뀌는 모든 경험은, 여기서 위에서 말한 것이 어떻게 가능하게 되는지 그 가능성들의 유형을 제공해준다. 내가 외적인 경험을 수행하는 동안 나는 (이제 모든 상황에서든 특정한 경우에서든) 이러한 경험이 더 가까이 다가감 속에서 양상화되는 것을 생각할 수 있고, 지금 확실성 속에서 존재하거나 그렇게 존재하는 것으로서 경험된 것이 그럼에도 불구하고 존재하지 않거나 달리 존재한다고 생각할 수 있다.

그러나 이것은 직관의 일반적인 속성이어서는 안 된다. **절대적인** 직관이 있다면, 그것은 내가 그것을 근원적으로 수행 속에 갖거나 여전히 갖는 동안, 어떤 것에 의해 지지되는 반대 가능성을 옆에 갖는다는 의미에서, 경험된 것이 존재하지 않거나 의심스럽거나 가능하다고 '**단적으로 떠올릴 수 없는**' 그러한 성질을 지녀야 한다. 내가 그것을 생각하거나 떠올릴 수 없다는 사실은 그것 자체가 직관이어야 하고, 그 어떤 단순한 의견이어서는 안 된다. 직관된 존재 확실성과 함께 정립된 비존재, 양상화된 존재의 '가정적 정립(Ansatz)'은 절대적으로 명증적인 불가능성이어야 한다. 양자는 명증적으로 모순된 것으로서 주어져야 한다. 그러나 그것은 일반적으로: 내가 그러한 직관을 가질 때마다, 양상화된 존재의 직관의 시도는 정립된 존재와 양립할 수 없는 것으로 나타나야 한다. 이것은 **필증적 원리**로서 타당해야 한다.

경험 및 경험 학문에 대한 경험적 비판과 초월론적 비판[24]

즉시 보편적 학문을 향해 움직이는 동기.[25]

　이전의 성찰에서 보편적인 존재 문제와 인식 문제를 향하는 철학을 포함하여, 역사적으로 생성된 학문은 충분하지 않음이 드러났다. 이러한 학문에는 자신의 결과물과 방법을 궁극적으로 책임질 수 있는 궁극적인 근

----

24 판단중지의 도입에 대하여, 원래 객관적 경험에 대한 비판이 주요 주제인 1923~1924년 강의에 대하여. 여기서 **경험**과 경험 인식의 비판에 대해 상술된 것은 곧장 보다 일반적으로 받아들여져야 한다. 이것은 자연적인 소박한 인식에서 출발하여 보편적 인식 비판으로서의 인식 이론을 향해 가는 훌륭한 사유 과정이다. 이것은 필연적으로 비판의 전제된 토대인 초월론적 경험으로 되돌아가고, 따라서 초월론적 경험의 토대 위에서 **이러한** 경험과 가능한 학문에 대한 비판으로 되돌아간다. 그러나 다음의 기록에서 경험 학문의 최종성에 대한 보다 구체적인 문제들은 특별히 논의되지 않고 있다. – 원주.

25 1925년 9월 혹은 10월.

거 제시가 결여되어 있다.

나는 이미 **특수 학문**은 참된 자립성이 결여되어 있으며, 예측건대 **보편 학**만이 궁극적인 근거 제시와 정당화로 가져와질 수 있음을 대략 분명히 하였다.

그러나 우리는 특수한 것, 제한된 세계 영역에 대한 탐구로 시작하는 것 외에 달리 시작**할 수 있는가**, 그리고 특수 학문을 **통해서** 보편학으로 날 아오를 수 있는가? 물론, 나는 그것을 통해, 말하자면 무한한 존재 영역 이 학문을 통해 인식적으로 지배될 수 있어야 하듯이, 무한성과의 부딪힘 을 피할 수 없다는 생각이 떠오른다. 왜냐하면 모든 학문 영역은 인식되어 야 하는 것의 무한성을 포함하기 때문이다. 물리학적 자연과학은 자신 앞 에 물리적 자연의 무한성을 갖는다. 물리학적 자연과학이 처음부터 추구 하고 도달하는 인식은 자신의 영역의 무한성과 관계하는 그러한 인식이 아닌가? 그러나 물리학적 자연과학은 개별적인 사실의 규명, 그리고 가령 연구자의 가장 가까운 주변으로부터의 사실의 규명에서 시작하지 않는다. 처음부터 그 규명은 자신의 영역 범위에 **자연 일반**을 포괄하는 일반성들이 다. 가령 시간과 공간에 대한 규명, 운동 일반과 그 법칙에 관한 규명 등이 다. 마찬가지로 존재 **전체**와 관련하여 내가 직접적으로 그리로 움직일 수 있고, 절대적 근거 제시의 방식 속에서 도달할 수 있는 보편적 인식이 있어 야 하지 않을까? 그래서 만약 개별 학문이 처음부터 비자립적이고 불확실 하다면, 나는 즉시 보편적 학문으로 나아가는 것을 처음부터 가망 없는 것 으로 간주해서는 안 된다. 비록 앞선 나의 사유가 증명되어야 하는지, 어 떻게 증명되어야 하는지, 그리고 실제로 수행될 수 있는지 아직 분명히 알 수 없지만 말이다. 그럼에도 불구하고 나는 즉시 출발점을 갖고, 보편학적 인 것으로 특징지어질 수 있는 인식이 있어야 한다는 사실을 알 수 있다.

그러한 인식이 넓은 범위를 형성하는지는 아직 알 수 없지만 말이다. 즉 모든 특수 학문도 **학문**이고, 그것들은 모두 **판단한다**. 그것들은 모두 **진리를 추구한다**. 그것들은 모두, 진리가 **명증** 속에서 주어지고, 그것들이 순수하게 명증적으로 수행될 수 있는 단계에 근거하여 구축된 **방법**에 따라서 장악되어야 한다고 주장한다. 아마도 이러한 방향에서 아주 많은 것이 숙고되고 연구되어야 한다.

(어떤 동기에 근거하든 간에) 절대적인 정당화에 근거하는 보편학의 목표를 세우자마자 나는 명백히 그러한 물음에 직면한다. 나는 그러한 목표를 갖고서 본래 무엇을 원하는지 숙고해야 한다. 그리고 만약 내가 그것을 해명하고자 시도한다면, 나는 **학문 일반이 본래 의미하는 것이 무엇인지**, 모든 학문이 이론으로서, 그리고 증명으로서 추구하는 것이 무엇인지, 이론을 통해 근거 지어질 수 있고, 증명 속에서 입증될 수 있으며, 추론 속에서 추론될 수 있는 진리가 무엇인지 하는 물음에 즉시 직면한다. 그러므로 나는 즉시 가장 일반적인 물음을 세우는데, 완전히 불가피하게 그렇게 해야 한다. 나는 즉시 개별적인 인식으로 온다. 그러나 일반성 속에서 그렇게 한다. 왜냐하면 학문적 노력은 결국 일반성으로 되돌아가기 때문이다.

경험 및 경험 학문에 대한 경험적 비판 그리고 경험과 결국 경험 학문, 모든 인식 일반에 대한 순수한 (초월론적) 비판. 현상학적 환원의 도입에 대하여.[26]

어떤 종류의 것이든 경험은 확실성의 다양한 양상 속에서 등장할 수 있다. 보통의 기본적인 경우는 다음과 같다. 우리는 순수한 경험 확실성을

··

26 1923년 방학.

갖고, 그러한 경험 확실성은 그것에 대립하여 싸우는 경험이 등장할 때만 확실성이기를 그친다. 즉 확실성은 저지되고, 경우에 따라서는 방금 확실성 속에서 경험된 것, 즉 경험된 것이 우리에게 주어졌던 완전한 '현존'의 삭제로 온다. 그러면 삭제된 것의 '자리에' 다른 확실한 것, 그러니까 다양한 경험 확실성의 일반적 통일체에 삽입되고, 포괄적인 확실성의 통일체를 산출하는 현존하는 것이 들어선다. 확실성의 저지(미심쩍게 됨, 의심스럽게 됨)는 또한 그 경험과 반대되지만, (비주제적인 경험 배경을 갖지만, 실제로 현상적인) 실제적 경험의 범위가 다다르는 한, 어떠한 직관적 불일치도 갖지 않는 경험적 의견, 판단이 경우에 따라 완전히 비직관적으로, 비설명적으로 떠오를 때도 나타날 수 있다. 의심이 나타나는 그러한 상황에서만 그것이 이제 정말로 어떻게 존재하는지 물으면서 실천적 지향이 자라나게 된다. 그러니까 의심을 결정으로 바꾸거나 혹은 여기서 확실성 속에 무엇이 발견될 수 있으며, 여기서 무엇이 확실하게 정말로 존재하는지를 밝혀내는 데로 향하는 지향이 자라나게 된다. 반박할 수 없는 경험 확실성(이것은 전혀 드물지 않다)이 사후에 양상화되고 반박되며 삭제되어야 했다는 사실에 대해서는, 물론 일반적으로 재생산하며 생각해보기만 해도 충분할 것이다.

명백히 양상화의 이러한 변경은 실천적 삶을 위해서 중요하다. 자연적 삶은 지속적인 확실성을 추구한다. 행위함은 확고한 토대 위에서 수행되어야 하는데, 그렇지 않을 경우 쉽게 잘못된다. 나는 내가 신뢰할 수 있는 확실성을 필요로 한다. 의심의 동기들이 나타나는 곳에서는 어디서나 그 동기들은 내가 **비판을 실행하는** 태도로 이행하도록 자극한다. 경험의 영역, 그리고 우선은 지각의 영역에서 이미 나는 주어진 경험이 정당하고 입증될 수 있는 것인지, 그리고 의심이 명료하게 해소되고, 그 발판을 상실하는 방식으로 그 경험이 계속 형성되고 확장되며, 충족하면서 풍부해질 수 있는지를 '더 자세하게' 확인하는 데로 나아간다. 나는 더 가까이 다가 가서 이미 경험된 것의 아직 경험되지 않은 측면이나 배경을 나에게 소여로 가져오고, 혹은 본질적으로 같은 말이지만, 나의 경험적 통각에서 함께 사념되었으나 자체 경험되지 않은 것에 포함된 것을 충족으로 가져오고자 시도한다. 그리고 이로써 (지금 문제시되는) 믿음을 지닌 이 통각을 그것이 나에게 지시하는 새로운 통각과의 일치를 통해 강화하고 확증하고자 시도 한다.

명백히 나는 또한 (구체적인 경우에서 시작해서 자연적으로 생겨난 동기들을 따르면서 구체적으로 결부된 비판을 수행하는 대신에) 경험과 경험 확실성을 조망하면서, 그리고 경험 확실성이 더 이상 유효하지 않게 될 가능성을 생각하면서 **일반적인 숙고**를 행하고, **경험에 대한 일반적인 비판**을 수행할 수 있다. 마찬가지로 경험될 수 있는 대상성들과 관련하여 경험 비판을 필요로 하는 술어적 판단들에 대해, 그 고유한 정당성을 증명하기 위해 일반 적 비판을 수행할 수 있다. 나는 그러한 판단이 어느 정도까지 **'최종적일'** 수 있는지, 또 그것이 언젠가 (최종적으로 경험에 맞추면서) 무가치하게 될 수 있음이 배제되는 방식으로 어떻게 획득될 수 있고 정당화될 수 있는지 숙고할 수 있다. 모든 개별적인 경험적 판단은 제한하에서만 진술될 수 있고, 결코 포기로부터 절대적으로 지켜질 수 없는 반면, 그럼에도 불구하고 경험 과학은 **최종성의 규제적 이념**에 인도되어 가능한 것으로 남게 됨이 곧 밝혀질 것이다. 그러나 물론 어떻게, 어떤 의미에서 경험 과학이 이러한 상황들 아래에서 가능한지는 경험적 학문의 비판에 관한 가능하고 중요한 문제다.[27]

..

27 이 고찰에서 실천적 태도와 이론적 태도 사이의 본질적인 구별 및 진리의 의미의 차이는 고

(내용, 형식, 확실성 정도와 확실성 한계에 따라 논란의 여지가 있거나 없는 경험의 타당성의 문제와 더불어) 경험 및 경험 과학에 대한 원리적으로 일반적인 비판에서도, 구체적인 개별 경우에 달려 있는 모든 비판에서도, **존재 토대와 경험 토대가 어떤 방식으로 '전제된다'**. 비록 정식화된 전제로서는 아니지만 말이다. 즉 **비판되어야 할 경험 및 경험 연관들의 현실적 존재**(내지는 선험적 물음 설정 속에서 선험적 가능 존재), 그리고 거기에 속한 **경험하는 자아의 존재**가 지속적으로 전제된다. 유사한 것이 판단하는 이론적 인식에 대한 추가적 비판에도 타당하다. 이와 같이 구체적인 **주관성**이 그 현실성에 따라서 전제되며, 그에 상응하여 (순수 가능성의 이념적 영역에서 유지되는 것으로서) 원리적이고 순수하게 선험적인 숙고의 경우에는 그에 속한 순수한 가능성 속의 주관성이 전제된다. 더 구체적으로 말하자면 주관성 속에서 전제되는 것은 그때그때의 인식 과정, 그러니까 고려, 비교, 결합, 동일화, 파지, 회상, 진술하는 작용, 파악하는 작용 등의 존재다. 이러한 상황을 더 자세하게 숙고해보자. 이러한 상황은 자아 반성 속에서 밝혀지고 표명된다.

경험된 현존(여기서는 사물)이 정말로 존재하는지가 나에게 의심스럽게 되었다면, 계속되는 과정에서 나에게 확실한 것, 그리고 이러한 확실성 속에서 전제되는 것은 "방금 내가 확실성 속에서 이 현존을 가졌다"와 "이것은 의심스럽게 되었다"이다. 그래서 방금 확실한 것으로서 확실한 것, 의문스러운 것으로서 의문스러운 것은 이때 자신의 방식 속에서 경험적으로 확실하고 반박할 수 없다. 그리고 다시 내가 계속 진행하면서 나의 이전의

∴

려되지 않았다. 경험에 대한 일반적인 비판은 두 번째 경우에는 '이론적인' 최종성을 향한다.– 원주.

경험 확실성으로 돌아오고, 그것이 나에게 입증된다면 이제 입증되고 결정된 이러한 현실적 존재 자체는 아주 확실하다.[28] 어떤 지속 기간을 거치면서 확실성으로부터 의심, 의문, 결정, 그리고 나서 그 결정된 확실함으로의 그러한 모든 이행 속에서 나는 의식 사건의 계열들을 어떤 현실성으로서, 그러니까 의심 밖의 것으로서 '전제했다'. 여기서, 이러한 현실성이 경험 인식으로 오는 주관적 삶이 전제되고, 내가 체험했고, 수행했으나 주제적으로 주목하지 않은 그에 속한 파지, 회상, 동일화가 그 자체로 **존재했을** 뿐 아니라 정당하게 인식될 수 있었다는 사실이 전제된다.

우선 그것이 보편적인 세계 및 세계 경험과 관계하는지 아니면 선험적인 것으로서 세계 일반 및 세계를 증명하는 경험 일반의 순수한 가능성과 관계하는지에 대한 원리적으로 일반적인 숙고를 내가 수행하게 될 수 있다. 그래서 여기서 현실적이거나 가능한 경험과 그 밖의 경험 과정의 전체에 대한 것으로서 전제되는 인식하는 주관성에 대해서 그것이 무엇인지 묻고, 다음과 같이 답할 수 있다: 이제, 나 혹은 그 어떤 그 밖의 **인간** 일반.

그러나 이제 나는 그러한 태도에서 착수된 그러한 숙고는 철저한 일반성이 결여되어 있고, 그래서 철저한 원리적 숙고가 아니라고 확신한다. 우리가 (한 번도 정식화하지 않은 자명한 진리로서) **이 세계가 존재한다**고 전제한다면, 우리는 (자신의 삶을 관통했고, 관통하는) **연속적인 외적 경험이 철두철미한 정당성을 지닌다**는 사실을 참으로서 전제하는 것이다. 왜냐하면 '이' 세계는 나에게 우선 나에 의해 일반적으로 경험되고, 나의 경험 속에서

··

28 나는 나의 확신을 포기하지 않지만 시험하고자 할 수도 있다. 그러면 그 확신의 존재 자체와 확신을 가동하는 판단들이 전제되고, 여기에다가 비판의 태도가 가지고 들어오는 것이 전제된다. – 원주.

반박할 수 없이 주어지며 일치하면서 경험할 수 있는 것에 다름 아니기 때문이다. 개별적인 환영이나 경험적인 착각은 이러한 사실에 대해 나와 우리 모두에게 아무것도 변경시키지 않는다. 개별적인 환영이나 경험적 착각은 일반적인 세계 진리에 편입되고, 개별적인 수정을 통해 언제나 다시 그것들을 정당화하는 진리들 속에서 해소될 수 있다. 그리고 이러한 사실은 자연적인 세계관 및 이러한 세계관에 할당된 일반적인 전체 타당성의 자명한 양식에 속한다. 물론 인식하는 주관성을 **인간적인** 주관성으로 해석하는 데에는 전제된 **세계 실존**의 자명성이 함께 포함되어 놓여 있다. 인간이란 그 어떤 인간이다. 그러나 '이' 세계 속의 인간이다.

1) 인식에 대한, 그리고 우선은 **사실적 세계**의 인식에 대한 철저한 비판은 이러한 인식이 보편적 경험에 근거해서 세계의 현존을 길어내야 하기 때문에, **외적 경험에 대한 보편적 비판**으로 이어진다. 이것은 보편적인 외적 경험의 정당성을 의문시하는 비판이다. 그래서 이러한 비판은 '이 세계'를 참되게 존재하는 것으로서 근원적으로 경험하면서 증명하는 권리 일반을 의문시한다.[29]

보편적 비판을 향한 태도, 그리고 우선은 **나의 사실적** 경험 전체에 대한 보편적 비판을 향한 태도의 본질은 내가 나의 보편적 경험의 정당성을 의문시하는 데에,[30] 혹은 같은 말이지만, 내가 이러한 비판을 수행하는 동안

··

29 여기서 쉽게 떠오르는 다음 단계는, 이 물음이 **이 사실적 경험에 대한** 권리의 물음으로 (그 완전한 보편성 속에서) 세워지는 것이 아니라, 가장 고유한 의미에서 **원리적 물음**으로서 **선험적인 일반성**의 형식 속에 세워지는 단계다. 그러면 이 물음은 세계 일반의 참된 존재가 그 속에서 정당하게 증명되는 **종류**의 보편적 경험 일반의 가능성과 관계한다. 여기에 대해서는 아래 '2)'를 보라. – 원주.

30 세계 경험(외적 경험)에 대한 보편적 비판은 세계가 보편적인 **상호주관적** (공동체적인) 경

에 이전과 같이 온전하게 현존하는 세계를 갖는 것이 아니라 **의문스럽게** 현존하는 세계, 그것의 현존에 관해 '원리적으로' 의문스러운 하나의 세계 (실은 이 세계)를 갖게 된다는 데 있다.

　　의문시함을 통한 변양. — 여기에는 이제까지의 나의 경험과 여전히 지금 흘러가는 나의 경험의 전체 영역 너머에까지 다다르는 보편적인 **변양** (Modifikation)이 나의 경험 믿음과 관련하여 생겨난다는 사실이 놓여 있다. 내가 그것을 "경험된 이 세계는 내가 그것을 의문시하는 한 더는 **단적으로**(schlechthin) 타당한 것이 아니다"라고 표현한다면, 그것은 비판 이전에 현행적 타당성 속에서 세계를 갖는다는 것이 다음과 같은 이중성을 의미한다는 생각은 아니다. 그러니까, 처음에는 이 세계가 나에 대해서 현존했고, 그리고 나서 내가 무언가를, 말하자면 그것에-타당함을-귀속시킴, 그것을-인정함을 덧붙이는 이중성 말이다. 오히려 나는 정상적인 지각과 그 밖의 경험 속에서 살았다. 가령 공간 사물적 내용에 대한 회상이 떠오르면, 그것은 곧장 대상적 관점에서 내가 실제로 그것들을 경험하면서 믿었던 대로 존재했던 사물, 사건 등으로 받아들여졌다. 그러나 비판의 동기와 비판 자체가 작동하자마자 명백히 단순한 경험 믿음에(지각 믿음, 기억 믿음, 예상 믿음, 그리고 더 나아가 세계와 관계하는 모든 인식, 판단에) **변화** (Wandlung)가 생긴다.

．．

험 속에서 '**객관적으로**' 주어져 있기 때문에, 바로 이러한 상호주관적 세계 경험에 대한 비판이다. 명백히 우리는 우리의 개별적인 세계 경험에 대한 비판으로, 그러니까 각자 **자신의** 경험에 대한 비판으로 되돌려진다. – 원주.

판단중지. ─ 나는 더 이상 경험 믿음을 수행하지 않는다. 나는 경험 믿음을 **억제했고**, 보통의 경험하며 행동함을 갖는 대신 경험함 속에서 믿음을 억제함을 갖는다.[31] 그것으로 믿음은 흔적 없이 사라지는 것이 아니다. 경험의 현존과 타당성이 비판 속에서 **의문시**된다면, 문제의 현존에서 현존은 어떤 방식으로, 그러니까 (다만 그저 확실성으로서가 아니라) 어떤 의미에서 표상적인 것으로서 정립된다.[32] 동일한 것이 명백히 존재의 모든 양상 내지는 그러한 양상들이 등장하는 의식의 모든 양상(의심함, 가능한 것으로 여김, 그리고 개연적인 것으로 여김, 올바른 것으로 봄 등)에 대해서 타당하다.

만약 내가 이러한 철저한 방식으로 보편적인 범위에서 비판적인 '의문시함'을 수행하고, 지각의 진행이나 기억의 진행 혹은 그 밖의 동기들로부터 오는, 정상적인 경험으로 되돌아가려는 모든 기분들(성향, 경향들)에 저항한다면, 우선 여기서 본래 어떤 종류의 변양이 존재하는지 묻게 된다. 만약 내가 나의 경험 전체를 **비판한다면**, 그것은 내가 그러한 경험을 **소유하고 있음을**, 그러한 경험이 그 확실성과 확실성의 가능한 양상화를 포함하여 실제로 그리고 경험으로서 존재함을 전제한다. 내가 나의 경험에 대해서, 그것이 정당한지, 그리고 그것이 얼마나 정당한지 혹은 정당하게 될 수 있을지 부단히 물음을 제기한다면, 나는 주관적 사실로서 그러한 경험들 자체에 관한 경험을 갖고, 더욱이 내가 '전제'로서 받아들이는 경험들을 갖는다. 이때 이러한 전제들은 내가 비판하지 않고 수행하는 것이며, 그 속에서 나의 경험들은 나에게 현존하는 확실성으로서 존재한다. 경험

31 외적인 경험 믿음을 믿지 않음으로 보편적으로 변경한 회의주의자와 유사하다.─ 원주.
32 나는 더 이상 실제로 확실성 속에서 믿는 사람이 아니다. 그러니까 내가 지금 믿음을 '수행하지' 않고, 믿음의 토대 위에 서 있지 않다는 의미에서 말이다.─ 원주.

대상이 그 진정한 현존에 관해 의문시되고, 경험 대상과 관련된 모든 판단 내지는 경험 확실성의 정당성이 의문시된다면, '억제(Inhibieren)'는 경험 속에서 계기로서 포함된 이러한 확실성과 관계하는 것이지 경험 사실로서의 경험의 존재의 확실성이나 거기에 포함된 사실로서의 확실성과 관계하는 것이 아니다. 비판하는 동안 나는 이 사물이 여기에 존재하고, 세계가 존재한다는 경험 믿음을 수행하면서 판단해서는 안 된다. 그러한 믿음이 바로 의문시되고 있는 것이다. 그러나 나는 내가 이 사물을 경험하고, 이 세계를 경험한다는 사실에 대해서는 판단을 수행해도 된다. 이러한 사실을 경험하여 갖는 것은 실로 전제되는 것이며, 그래서 **이러한** 방향에 놓인 모든 판단은 (말하자면) 차단되지 않는다.

그러나 가령 "나는 이 나무가 푸르다는 사실을 경험한다", 나는 이것을 확신한다는 판단과 같은 이러한 판단에는 바로, 그 나무가 나에게 **현존함**을 내가 바로 확신한다는 사실이 놓여 있지 않은가? 그러나 이것은 동어반복이다. **내가 경험하면서, 내가 이러이러한 것을 경험하고 내가 그것을 확신한다고 이 경험 속에서 판단하면서, 동시에 어떻게 내가 이 경험 확실성을 수행할 것을 억제하거나,** 이 현존을 의문시할 수 있겠는가? 인식 비판의 다른 경우들에서도 그렇다. 만약 내가 "2 + 1 = 1 + 2"라는 명증을 비판적으로 고려한다면, 내가 확실성을 억제하고, "2 + 1 = 1 + 2"라고 판단해서는 안 되는 동안에, "나는 이러한 명증적 확실성을 소유한다"고 말하는 것이 허용되어야 할까? 억제의 본질은 내가 원리적으로 단적인 판단 ("2 + 1 = 1 + 2"라는 판단)을 수행하는 것을 중단하고 저 반성적 판단만을 나에게 허용한다는 사실에 놓여 있는가? 그러나 곧바른 판단들의 억제는 반성적 판단들도 억제하는 것처럼 보이기 때문에, 이제 **문제는 하나 없이 다른 하나를 어떻게 타당하게 할 수 있는가** 하는 것이다.

즉시 떠오르는 것은 우선 다음과 같은 방식으로 답변하는 것이다. 비판적 태도에서 전제되고, 우선 어쨌든 명증적인 것으로 승인된 **사실**, 즉 내가 그러그러하게 경험하고, 경험된 것 속에 그러그러한 내용에 관한 그때그때의 경험 확실성이 (그 속에 포함된 사실로서) 나에게 놓여 있다고 경험된 것을 판단한다는 사실은 이러한 경험의 **정당성**, 이러한 경험에 놓인 경험 믿음의 정당성, 그리고 그 밖에 비판 속에 있는 인식의 정당성과는 다른 것이다. 정당성(타당성)이 의문시된다. 그래서 내가 의도하는 것은 오로지 **정당성 진술**(Rechtsfeststellung)이다. 그러니까 정당성, 그리고 물론 판단의 정당성에 관해 (판단 자체가 재차 정당성을 주장하는 한, 가장 넓은 의미에서, 그러한 경험 확실성, 술어적 확실성, 그리고 양상화된 확실성에 관해) 진술하는 판단이다. 그러나 물론 임의적인 그러한 판단은 아니다. 경험(그리고 더욱이 세계 경험, 그리고 경험으로서 순수하게)에 관한 비판을 하려는 것이라면, 그것은 경험의 정당성에 관한 판단이거나 경험 속의 정립으로서 정당한 참된 현존에 관한 판단이다. 그리고 그것은 재차 임의적인 그러한 판단이 아니라 관련된 확실성 자체의 확인을 통해 입증되었고, 그 참됨과 정당성 유형, 그리고 유효 범위에 관해 철저히 점검되었으며 그에 상응하여 한정된 정당성에 대해서만 이야기하는 판단이다. 혹은 다른 곳에서 입증된 정당성에 근거하여, 그것과 충돌하면서 주장되는 정당성을 거부하는 부정적인 정당성 판단이다.

물론 거기서 온갖 선입견들이 지배한다. 정당성이 추정되기는 했지만, 정당성이 자체로 입증되지는 않고서 현존할 수 있다. 실로 경우에 따라, 어떤 의견, 심지어 어떤 경험하는 의견조차도 다른 정당성에 의해 경험 정당성(혹은 추정된 존재 정당성)이 논박되고 반박될 수 있다. 등등. 비판은 어디에 기여하는가? 비판은 학문적 진리의 성취, 즉 그저 판단 일반, 주관적이거나 상호주관적인, 확고하거나 변화하는 확신이기만 한 것이 아니라 정당성의 규범 성격, 그리고 더욱이 그 유형에 아마 귀속되는 가능한 한 최대의 정당성을 갖춘 판단들의 성취에 기여한다. 학문적 판단은 원래 정당성의 술어를 갖는 판단이다. 이 정당성은 입증되고, 근원적으로 규명된, 인식을 통해 얻어진 정당성이다. 학문에 등장하는 모든 판단은 (적어도 자칭으로는) 판단 형성을 지배하는 방식(Verfahren)에 대한 비판에 근거해서 획득된 정당성 판단이다. 단적으로 언표된 모든 판단은(이것은 개별적 판단에도, 마찬가지로 아주 복잡한 이론들에도 해당된다) 학문에서 암묵적으로 정당성의 술어를 갖는다. 그리고 이 정당성의 술어는 비판적인 정당성 입증과 정당성 진술, 그리고 최종적으로 가능한 시험의 정신적 작업수행을, 그것도 언제나 반복될 수 있고, 그 자체로 다시 검토될 수 있는 작업수행으로서 되돌아 지시하는 의미로 이해된다. 시작할 때, 그리고 비판하는 동안, 나는 (경험에 대한 비판 **속에서**) 경험을 갖고, (모든 각 유형의 인식에 대한 비판 속에서) 모든 각 유형의 '인식'을 나의 인식 삶의 사실로서 갖는다. 그리고 그것은 다른 인식하는 자들 및 비판하는 자들과의 공동체 속에서는 "우리가 이러한 인식을 우리 삶의 공동의 사실로서 갖는다"를 뜻하게 된다. 그럼에도 불구하고 나는 정당성 자체를 갖고, 비판적으로 규정하고 한정했을 때야 비로소 나의 삶의 '주관적' 사실 대신에 더 많은 것, 그리고 내가 원했던 것을 갖게 된다. 그러니까 나는 이러한 사실에 대해 정당성의 규범화(Normierung)를 수행했다는 것을 말이다.

인식에 대한 보편적 비판은 보편적이고 절대적으로 정당화된 인식의 겨냥과 같은 것을 의미한다. 그리고 **현상학적 환원**은 그 자체로 최초의 것인 **바로** 그 경험 영역과 인식 영역으로의, 그러니까 그 자체로 최초의 것으로서 그것이 모든 다른 절대적 정당화의 전제가 될 수 있도록 절대적 정당화에 내맡겨질 수 있는 것인 경험 영역과 인식 영역으로의 환원을 의미한다.[33] 절대적인 주관성, '초월론적' 주관성으로 되돌아감은 절대적으로 정당화될 수 있고, 절대적으로 정당화될 수 있는 모든 존재에 필연적으로 앞서 놓여 있는 '**근원 존재**(Ursein)'를 밝히는 것이다. 모든 다른 존재는 이 근원 존재(초월론적 주관성이라는 존재)에서 추정된 존재이고, 그것이 실제로 존재한다면, 정당한 것으로서 입증될 수 있는 존재다. 등등.

여기서 보편적 인식 비판에 의해 요구되는 것으로서 **현상학적 판단중지**는 아직 절대적으로 정당화된 것이 아닌 한에서의 모든 판단, 우선은 모든 객관적 판단과 관련한 판단중지를 의미한다. 그것도 바로, 오직 절대적 정당화의 규범 성격을 가진 판단들만을 제시하고 '학문적 판단'으로서 확정하고자 한다는 의미에서 말이다. 다른 모든 판단들은 절대적으로 정당화된 인식이라는 나의 새로운 '토지대장(Grundbuch)'에 속하지 않는다. 그러나 그러한 판단들은 나의 정당화하는 연구의 주제이고, 전제된 사실로서 존재한다.

2) 만약 내가 사실성을 향한 태도에서 **형상적-선험적 태도**로, 가능한 인식 및 본질 일반성에서의 그 가능한 정당화의 태도로 이행한다면, 사실에 관해 이야기된 것은 이념적으로(*idealiter*) 가능한 경험, 가능한 판단, 가능한 정당한 현존 등과 더불어 순수 가능성의 영역으로 전이된다. 이것은 다음을 의미한다. 즉 가능성의 영역에서도 현상학적 환원이 수행되고, 가능

---

33 어떤 경험 영역은, 그것이 모든 그 밖의 경험과 경험 인식에 전제된다면, 그리고 무엇이 의문시되고 비판되든, 그것도 선행하는 타당성으로서 전제된다면, 정당성과 관련하여 절대적으로 최초의 것이다. 여기에 인식 비판적인 것으로서의 초월론적 환원의 의미가 놓여 있다. - 원주.

한 경험, 가능한 명증 등, 일반적으로 그리고 가장 넓은 의미에서 가능한 인식은 가능성 의식 속에서 받아들여지고, 가능한 인식으로 간주되며 (가능한 판단 속에서일지라도) 판단 속에서 언표되는 것이 아니라, 그것은 가능한 초월론적 주관성으로 환원되며, 그제야 그 인식 작용의 가능한 정당성이 비로소 비판적으로 밝혀지고, 본질 일반적인 비판 속에서 법칙에 따라 확정된다는 것이다.

내가 우선 '객관적', 초재적 인식에 대한 보편적 비판에서 시작하고, 그래서 그것의 정당성을 의문시한다면, 나는 물론 이러한 인식의 총체에서 어떤 것도 전제로 사용해서는 안 된다. 말하자면, 그러한 인식이 이미 정당성을 가지며 내가 그 정당성으로부터 정당성을 끌어낼 수 있는 것처럼 사용해서는 안 된다는 것이다. 내가 이러한 단계적 상승 속에서, 이 비판에서 어쨌든 주관적 영역의 존재 일반이 전제되어 있음을 나에게 분명히 한다면, 이렇게 함으로써 어떤 정당성이 전제된다. 이 정당성 자체도 다시 의문시되어야 한다. **초재에 대한 비판이 철저해지기 위해서는 내재에 대한 비판이 앞서 요구된다.**[34]

명백히 우리는 다음과 같이 말할 수 있을 것이다. 보다 높은 단계의 이러한 비판이 행해질 수 있다면(그리고 여기서 아마도 이러한 보다 높은 인식의 단계에 오류가 가능하거나 해명되어야 할 불명료함이 있거나 그 필요한 동기를 갖는 한에서) 그 결과는 보다 낮은 단계의 비판과 무관할 수 없다. 내가 세계 경험 일반의 가능성 혹은 나에게 정당하게 현존하는 것으로서 정립될 수

⁚

34 우리는 다음을 갖는다.
1) 괄호 치기,
2) 현상학적 경험과 인식에 토대한 경험 비판,
3) 현상학적 경험에 대한 비판 등. ─ 원주.

있는 세계의 가능성을 탐구하고자 한다면, 나는 가능한 경험 일반, 가능한 경험 연관들, 연관의 형태들을 실제로 가져야 하고, 그것들은 나에게 현실적으로 존재하는 가능성들로서 주어지거나 주어질 수 있어야 한다. 마찬가지로, 내가 그것들과 관련된 술어적 판단과 진리의 가능성을 숙고한다면, 그러한 가능한 판단과 가능한 진리, 그리고 결국 그것들과 관계할 수 있는 일반적인 본질 법칙들은 정말로 그리고 그 자체로 주어져야 한다. 이때 다시 파지, 회상, 종합적 결합 등이 자신의 역할을 수행하고, 이것들은 그 정당성을 가져야 한다.

가령 우리는 현실성은 전혀 전제하지 않고서 어떤 경험 속으로 상상해 들어간다. 우리는 반성하고, "순수한 상상 속에서" "내가 경험한다"는 것 그리고 당연히 "내가 이러저러한 것을 경험한다"는 사실을 관찰한다. 그러면 그럼으로써 하나의 가능성이, 언제나 수행될 수 있는 '일반'의 형식 속에서, 가능한 경험과 가능하게 경험된 현존 자체가 펼쳐진다. 우리는 그러한 경험 일반이 자신의 경험 유형 속에서 어떻게 변할지라도, 추가적 경험의 그러그러하게 형식을 가진 종합 속에서 일관적 확증의 가능성을 허용할 수 있으며, 그러나 폐기의 가능성 또한 허용할 수 있음을 분명히 한다. 혹은 가능한 경험에 덧붙여지는 믿음 동기의 그러한 연관 형식 속에서 해당되는 경험이 포기되거나, 그러한 포기가 폐기되면서 다시 인정될 수 있음을 분명히 한다. 여기서 물론 전제되는 것은 여기서 작동하는 파지, 이전의 경험된 것을 되돌아 붙잡는 회상 등이 자신의 정당성을 가지며, 이 동일자는 바로 이전의 경험이나 새로운 경험의 동일자이며, 이러한 경험들에서 얻은 확증들의 지속적 기체라는 점이다.

그러나 이 모든 것과 더불어 판단중지의 본질이 본래적으로 무엇인지는 대답되지 않았다. 나는 물론 절대적으로 정당화된 인식의 토지대장을 만들고 싶고, 진정한 학문을 구축하고 싶다. 이러한 동기가 지배적인 동안에 나는 계속해서 경험한다. 사물들은 이 경험 속에서 현출하고, 세계는 현출한다. 그리고 그 연관 속에서 예상 지향이 유발되고 충족된다. 짧게 말하면 어떤 방식으로 경험의 진행은 이전과 같이 존재한다. 그러나 이제 (그것이 정당성의 종류든 정당성의 상대성이든, 그 한계든) 인식 정당성 일반이 문제시되고, 연구의 고유한 주제가 되며, 이제 궁극적으로 모든 학문이 근거하는 경험과 경험 판단의 정당성이 또한 그렇게 된다면, 경험의 확실성은 동일한 것으로 남아 있을 수 있겠는가? 비판적 태도가 견지되는 동안 비판 이전과 동일한 것으로 머물러 있을 수 있겠는가? 내가 모든 경험의 정당성을 의문시하고, 연구 주제로 삼자마자, 나는 경험된 '현존'과 세계가 전적으로 나에게 유효한 이와 같은 경험을 더는 확실하게 소유하지 못한다. 즉 경험에 놓여 있는 확실성은 더는 '이' 세계가 의심할 여지 없는 확실성 속에서 현존했고, 단순하게 그리고 전적으로 나에게 현존했다는 방식으로 내가 이전에 전적으로 수행했던 그와 같은 확실성일 수 없다. 이것은 술어적 경험 판단들에 대해서도 마찬가지다. 그래서 반성적인 "나는 경험한다, 나는 그러그러한 것을 판단한다"는 자신의 통상적 의미를 변경한다. 왜냐하면 이러한 변양도 함께 반성에 들어가기 때문이다. 우리는 여기서 다음과 같이 말할 수 있을 것이다. 곧바른 태도, 즉 내가 비판 이전에 가졌던 무반성적 경험과 경험 판단을 나는 언제나 다시 가질 수 있다. 나는 자연적인 일치하는 통각으로 나를 끌어들이는 동기들에 복종할 수 있으며, 나는 바라보고, 거기에서 일어나는 사건들을 관찰하고, 예상 지향들의 흐름에 따르며, 그에 따라 다가올 것을 예상할 수 있다. 또 나는 그에 대해 판단을 형성할 수 있으며, 마찬가지로 자연적 반성을 수행할 수 있다. 그러나 **그렇게 해서** 나는 자연적 자아인 것이며, 소박하게 살아가는 것이다. 그러나 나는 언제나 이러한 소박한 삶을 다시 억제할 수 있다. 내가 과거의 삶을 비판적으로 고찰했으나, 이제 그 확실성, 그 경험, 그 판단에 '참여하지 않고', 함께 믿음을 '중단하면서' 오히려 비판하는 것처럼, 나의 현재 삶에 대해서도 역시 그렇게 한다. 말하자면, 내가 현재 소박한 삶의 한 부분을 살고 있고, 그러므로 내가 끌어들여지게 하고, 소박한 경험 속에서, 거기에서 어떻게든 '주어진' 것이 내 마음에 들게 한다는 의미에서 그렇다. 그러나 그러면 나는 반성하고, 판단중지를 수행한다. 나는 뒤따르면서 그 확실성과 관련하여 소박한 경험에 함께 참여하지 않는다.

여기서 나는 자아의 분열에 관한 이론, 그리고 초월론적인 무관심한 관찰자의 태도에 관한 이론으로 오게 된다.

부록 10(33강에 대하여)

세계의 실제성의 가능성에 관한 문제

인식은 진리를 향해서 간다 — 존재하는 것은 존재하고, 존재하는 대로 존재한다. 영원히 그리고 모든 사람에게 말이다. 그것과 관련된 언명들은 '진리 자체'다. 그러한 언명들은 한 번이 아니라 영원히 참이고, 이 사람이나 저 사람에게 참인 것이 아니라 모두에게 참이다. 존재하는 것은 인식할 수 있다 — 인식의 일시성은 언명의 존재 내지 진리(올바름)에 비본질적인 것이다. 언명은 그 자체가 일시적인 것으로 되지는 않는다. 언명은 (나와 임의의 다른 사람들에게) 우연적인 인식함과 대조적으로 '그 자체로' 존재한다. 그리고 이것은 현행적 인식에서 자라난 영속적 인식에 대해서도 마찬가지다 — 경험적 인식과 지식.

인식의 불완전성 — 실재성에 관한 경험의 불완전성. 영속적 인식 획득물의 형성과 인식의 반복 가능성, 명료한 회상 가능성, 동일한 인식 내용을 지닌 완전한 재생산의 가능성이 전제된다.

필증적 인식은 동일한 타당성 속에서 완전히 반복할 수 있다. 한번 필증적으로 명증적인 것은 이러한 명증을 가졌던 가능한 회상을 산출할 뿐 아니라 지금, 그리고 영원히 타당성의 필연성을 산출한다: 궁극성.

세속적 경험은 계속적 타당성 속에 머무를 수 있지만, 그 추정적 공동 정립의 성격 때문에 양상화의 가능성이 있다. 절대적인 궁극성이 결여되어 있다. 세속적 경험은 필증적이지 않다. (그것이 필증적이지 않다는 것은 필증적으로 통찰할 수 있다.)

나는 경험에 근거하여 '진리', 궁극적인 무언가를 어떻게 인식할 수 있는가? 학문은 궁극성을 원하지 않는가, 그것은 적어도 그것이 지향하는 바에 따라서는 학문적 언명의 성격이 아닌가, 수학의 학문성의 이상, 합리주의적 지식의 이상이 아닌가?

그러나 경험이 속일 수 있음을 내가 필증적으로 통찰할 수 있다면, 나는 이러한 이상을 어떻게 고수할 수 있는가? 이것은 감성적 경험에 대한 최초의 비판이다. 경험 대상의 존재조차 필증적으로 확실하지 않다면, 나는 세계 인식이나 세계 영역에 관한 인식과 관련하여 나의 인식 노력을 어떻게 정당화할 수 있을까?

그러나 우리의 삶 전체와 그 아래의 모든 인식 노력은 경험의 불완전성에도 불구하고 경험된 세계가 **존재한다**는 확신(모든 필증적 학문의 '아프리오리')에 근거하지 않는가? 개별적으로 취했을 때, 그때그때의 사실적 경험은 사실적 존재와 관련하여 속일 수 있음에도 불구하고 모든 착각은 극복될 수 있으며, 자신의 배후에 전진하는 인식에 의심할 여지 없는 목표를 부여하는 그 어떤 실제적 존재를 가지고 있다. 의심할 여지 없이 **세계**는 (바로 의심할 여지 없이 존재하는 것으로서) 인식의 주제이고, 우리는 의심할 여지 없이 인식의 불완전성을 개선할 수 있다. 우리는 **존재**에 관한 특수한 경험적 인식에서 착각으로부터 항상 더 잘 보호될 수 있도록 확실히 그렇게 할 수 있다. 존재자에 관한 진리가 드러나야 한다면 추가적인 방법적 조치가 뒤따라야 하겠지만 말이다.

우주로서의 세계는 의심할 여지가 없다. 세계 속에 실제로 존재하는 것이 무엇인지, 그것은 어떤 성질의 것인지 혹은 세계적인 것과 세계 자체에 관해 규정하는 진리들 자체에서 분명한 것은 무엇인지, 이것은 학문이 갖는 물음이다.

학문은 방법을 필요로 한다. 학문에는 일반적인 경험과 선-학문적 앎이 선행하고 토대로 놓여 있다. 이러한 선-학문적 앎을 통해서만 세계와 그때그때의 개별적인 세계적인 것이 우리에게 현존하고, 그때그때 그것에 의도된 의미와 더불어 우리에게 존재한다. 그러나 이러한 인식은 학문적인 인식으로서 추구되는 그와 같은 완전성을 갖지 못한다. 그래서 우선 비판이 필요하고, 더욱이 **선**-학문적 경험과 사유 형성의 작업수행에 관한 일반적 비판이 필요하다. 마찬가지로 인식하고자 하는 자에게 존재하는, 보다 높은 작업수행을 추구하고 성취할 가능성에 관한, 바로 학문적 진리가 존재와 존재 방식 속의 자신의 참된 존재자와 더불어 귀속되는 학문적 인식의 작업수행을 추구하고 성취할 가능성에 관한 일반적 비판이 필요하다.

우선 이러한 보다 높은 목표의 의미와 가능성이 확보되어야 한다. 여기서 나는 (역사적 전통에서처럼) **수학적** 인식에서 그러한 보다 높은 작업수행을 알게 될 수도 있다. 즉 **필증성**을 알게 되고, 이제 거기서부터 일반적인 인식의 이상이 필증성과 관련하여 어떻게 형성되어야 하는지 숙고할 수도 있다.

기하학적 인식으로서의 수학적 인식 — 생각할 수 있는 모든 공간 형태에 따라 공간에 대해 필증적으로 타당하다. 세계는 공간-시간적인 것이고, 그 속에 보편적이고 필연적인 형식 등을 지닌다. 그러나 여기에 어려움이 놓여 있지 않은가? 나는 일반적인 경험 속에 주어진 세계를 갖지만, 거기서 모든 시간성과 모든 공간성이, '보편적' 시간의 무한성을 관통하는 공간성의 보편적 형식이, 그리고 시간의 이러한 무한성 자체가 나에게 주어져 있는가? 세계의 존재는 내가 '세계에 대해' 파악한 것을 넘어서 보편적으로 진술할 수 있도록, 세계에 대해 파악한 것을 넘어서 나에게 주어져 있는가? 세계의 존재는 — 내가 생각하듯 현실적으로 이미 자체 주어진 것과 더불어, 그리고 그럼에도 '더 멀리 나아감(*plus ultra*)'이라는 생각과 더불어 경험 속에서 — 나에게 의심할 여지 없는 것이어서 나는 세계가 필연적으로 언제나 현재 경험된 것 이상으로 무한히 존재하고, 그 무한성 속에서 확보되어 있다고 말할 수 있을 것인가? 세계의 미리 확실한 현실성은 사정이 어떠한가, 그리고 세계가 언제나 이미 나에게 갖는 의미에 따라서, 이러한 확실성 및 그것이 사실적으로 의심으로부터 자유롭다는 성격의 **정당화**는 어떠한가? 그것은 선입견이 아닌가? 내가 경험에서 생각하는 현실성은 가능성의 지평과 더불어, 더 자세하게는 현재의 경험에서 발산하는 불연속적 가능성의 여유 공간과 더불어 현실성의 의미를 지님을 이미 성찰의 첫 단계가 보여준다. 거기에서부터 나는 세계의 현실적 존재도, 세계의 '나에-대해 존재함'의 가능성도 분명한 사실이 아님을 알게 된다. 그리고 사실적으로 갖고 있는 것과 같은 경험 자체가, 존재하는 가능한 세계를 정초할 수 있는지, 그리고 어떻게 정초할 수 있는지가 최초의 정당화된 통찰로 가져와져야 함을 나는 알게 된다.

또한 고려되어야 할 것은 내가 일반적으로 세계 경험과 세계 경험 일반의 가능성을 명료하게 하고, 그것에 대해 필증적인 아프리오리를 획득했을지라도 그것을 사실적 경험의 개별적 소여들에 적용하는 것, 그리하여 내가 개별적인 것의 존재를 최종적으로 확신할 수 있고 그것에 주어진 성질들을 아프리오리에 편입시킬 수 있게 되는 것은 어려움을 포함한다는 점이다. 개별적인 존재는 그러나 경험에서 추정적이다. 기껏해야 나는 그것이 경험의 일치 속에 있을 수 있으며, 동시에 더 상세히 규정되면서 그러한 일치를 통해 확증될 가능성만을 인식할 뿐이다. 그러나 나는 "그것이 존재한다"는 것과 관련하여 어떻게 최종성에 도달하는가?

그럼에도 우선 내가 경험에서 갖는 세계의 가능성 — 이것은 해명에 어떤 어려움도 제공하지 않는 것처럼 보인다. 그러나 자세히 보면 이 해명은 그렇게 간단하지 않다. 산출된 명증은 의심할 여지 없는 것이 아니다. 다음과 같이 정식화된다.

세계 내지는 내가 방금 일치하면서 경험하는 사물의 실제성의 가능성의 문제, 그리고 순수하게 파악하면, 세계 일반의 본질 가능성, 내가 방금 일치하면서 경험하거나 일치하면서 상상하는 것 같은 사물 일반의 본질 가능성의 문제.

나는 가능한 경험의 계속적 진행에서 사물이, 가능한 경험의 사물의 집합체가 어떻게 '보일' 수 있는지, 하나의 사물이 그러한 상황 아래에서 인과적으로 어떻게 규정될 수 있는지, 상황의 교체와 상황의 변화에 있어서 자신의 변화 속에서 어떻게 규정되는지를 직관적으로 표상할 수 있다. 나는 가능한 경험의 진행 속에서 '직관적' 세계를 일치하면서 계속해서 구성할 수 있고, 현실적으로 경험된 사실성의 핵에 상응하여 변경시킬 수 있으며, 가능한 감성적 세계가 나에게 표상되게 할 수 있다. 그렇게 진행하면서 나는 경험의 연속적 종합의 진행 속에서 언제나 일치를 무한히 획득하고, 그 속에서 존재하는 것으로서, 연속적으로 증명된 것으로서 동일하게 정립된 것에 대해 연속적인 증명의 형식을 획득한다.

그러나 이것으로써 이미 존재자의 가능성과 보편적으로 세계의 가능성이 **명증적**인가? 여기에는 내가 드러내지 않았던 암묵적 전제가 숨어 있지 않은가? 세계는 단순히 동일한 연속적 경험이 아니다. 내가 존재자라고 말할 때, 나는 존재자가 언제나 다시 그리고 모든 사람들에 의해 경험되고 다시 경험될 수 있다는 사실, 존재자는 모든 사람에게 가능한 지속적 앎의 동일자라는 사실, 그리고 모든 사람이 그것을 획득할 수 있을 뿐 아니라 그것을 동일한 것에 관한 앎으로서, 그와 모두에 의해 입증될 수 있는 것으로서 **증명**할 수 있는 가능성의 동일자라는 사실을 부단히 전제한다.

다음을 고려해야 한다. 가장 단적인 모든 경험, '나의 환경세계를 둘러보는' 모든 일, 그 '사방에서' 여기 이 사물을 바라보는 것은 나에게 이 사물들과 세계에 관한 명증을 제공해준다. 나는 곧바로 내가 거기서 파악한 것을 그것의 **지평** 속에서 파악한다. 지평은 그것에 곧바로 속하고, 곧바로 함께 이해된다. 개별적으로 '부각된 것'이 그것이 의미하는 것으로서 이해되는 것은 오직 지평 속에서만이다. 나는 명증을 갖고, 사념된 것의 자체-소여의 의식, 그러니까 그것 자체를 원본적으로(*originaliter*) 파악하는 의식을 갖는다. 그러나 **상대적인** 명증이다. 왜냐하면 그것은 공허한 지평을 지닌 자체 부여이기 때문이다. 지평 속에 놓여 있는 것, 말하자면 거기서 함께 사념된 것은 (방문을 바라볼 때 지금 보이지 않고 숨겨진 곁방처럼) 특수성 속에서 사념된 그리고 알려진 함께 현전하는 것처럼 명시적이지 않고, 여러 차원의 여러 추측할 수 있는 방식으로부터 암묵적이다. 이것이 나에게 근원적인 의미를 획득했다. 그것을 부각시켜 해명하는 것은 특수한 체계적 방법을 요구한다. 그것도 실재적으로 사념된 것과 사념된 ('자체 부여'의 방식으로 사념된) 세계의 **완전한 가능성**을 증명하는 방법으로서의 방법을 요구한다.

내가 어떻게 경험하고 가능한 경험으로 이행하든지 나는 언제나 '명증'을 가지기는 한다. 그러나 그 명증은 추정하에 있다. 명증은 언제나 충족되지 않고 해석되지 않은 지평을 갖는다. 이미 명증적인 소여들이, 그 속에서 그때그때의 지평이 부각되는 소여들로, 그것을 통해 일치 속에서 원본적으로 경험할 수 있는 것으로서 사념된 것에 속하는 것이 가시적이 되는 소여들로 진행할 때만 나는 가능성의 증명을 획득한다. 나는 대상을 본다. 그러나 여기에는 다만 다음과 같은 사실이 놓여 있다. 나는 지평과 더불어 한 측면에서 대상의 자체 현전의 의식을 갖는다. 이때 지평은 때로는 다른 '측면'과 관계하고, 때로는 접근해서 더 자세히 봄으로써 '더 자세히' 규정함, 달리 규정함에서 산출될 것과 관련하여, 이미 현실적으로 '그 자체로 보인 것'과 관계한다. 그러나 여기에는 의미와 관계하고, 동일한 방식으로 모든 실재적 대상과 관계하는 또 다른 함께 사념된 것이 있다. 나는 그러한 대상을, 그러니까 경험의 방식 속에서 '불완전하게' 주어지고, 존재하는 것으로서 미리 추정된 대상을 계속해서 지각하면서 알게 될 수 있기만한 것이 아니다. 그 대상은 나에게 존재한다. 나는 이러한 존재를 나에게 알려지고, 나에게 획득된 것으로서 **언제나 마음대로 처리할 수 있으며**, 그 대상으로 되돌아가고, 그것을 다시 현전화하고, 기억의 양상 속에서 근원적 취득물을 정확히 반복할 수 있다. 그리고 만약 내가 그것을 더 이상 필요로 하지 않는다면, 나의 '주의'를 다른 방향으로 돌릴 수 있다. 그 대상은 나에게 **지속적으로** 존재하고, **획득된 것**으로서 존재하며, 다시 파악함, 다시 그리로 되돌아 바라봄 속에서 동일화될 수 있다는 사실을 통해서만 일상적인 관점이나 다른 모든 관점에서 나에게 실천적이 될 수 있고, 나는 그 대상을 나의 고려에 넣을 수 있으며, 그 대상을 변형하기 위해 그 대상을 가지고 이러저러한 계획을 세울 수 있다, 등등. 이때 '그 대상'은 **나의 근원적 획득, 재현전화에 근거한 동일자다.**

이제 다음과 같이 말해서는 안 된다. "그것은 우리가 우리에게 그 자체로 존재하는 세계 현실성을 확언하는 나의, 그리고 우리의 주관적 방식과 관계한다. 그것은 세계 현실성을 명증적이고 점점 더 완전한 명증적 인식으로 가져오는 주관적 방식과 관계한다." 왜냐하면 우리는 미리 존재하는 세계를 갖고, 그 후에 그 세계에 대한 인식(경험을 포함하는 가장 넓은 의미에서의 인식)을 갖는 것이 아니기 때문이다 ─ 혹은 경험은 의심할 여지 없이 존재하는 세계의 미리 놓여 있는 현실적으로 충분한 자체 가짐이 아니다. 오히려 세계의 존재는 우리에게 인식에 근거한 확실성 속에서만 그리고 인식 취득물로서만 우리에게 존재한다. 그리고 경험과 인식의 의미에서 세계가, 우리가 생각하는 유일한 세계가 실제로 인식에서 추정된 의미에 따라서 자신의 실존을 증명하는지 그리고 증명할 수 있는지, 그리고 우선은 자신의 실존의 가능성을 증명하는지 그리고 증명할 수 있는지 하는 물음이 앞서 존재한다. 인식 의미로서의 세계, 그리고 증명되고 결국 최종적으로 증명되는 존재 믿음으로서의 세계의 존재가 **문제**다.

세계의 구성을 통찰될 수 있게 하는 가능성(내지는 가능한 세계로서 세계 자체를 통찰될 수 있게 하는 가능성)을 증명함에 있어서 여전히 많은 것이 고려된다. 물론 여기에는 무한히(*in infinitum*) 자유로운 경험의 이념 아래 연속적 경험의 가능성이, 혹은 직관의 연속성 속에서 직관적으로 증명되는 경험 통일체의 가능성이 함께 속한다(그리고 중요한 의미를 지닌다). 다만 그것으로 충분하지 않다. 나는 내가 세계의 존재의 가능성을 (혹은 또한 방금 사실적으로 경험된 그러나 언제나 다만 추정된 세계가 현실적으로 존재할 가능성을) 해명할 수 있기 위해서, 그리고 가능성**으로서 증명**할 수 있기 위해서,

세계 경험이 때로는 연속적 경험으로서, 때로는 가령 '어제' 경험된 것과 방금 경험된 것의 동일화의 종합의 형식 속에서 개별적으로 경험하는 주관성에서 연속적 경험의 불연속적 결합으로서, 실제로 어떻게 진행되는지에 대해 특별한 주제적 관심을 기울여야 함을 이미 알고 있다. 그러나 또한 나의 경험(연속적으로 통일된 나의 경험과 종합적으로 불연속적으로 통일된 나의 경험)과 나에게 세계 경험의 공동 주체로서, 함께 경험하는 자로서 존재하고, 열린 현실성과 가능성 속에서 존재하는 **다른 사람**의 경험의 종합의 형식 속에서도 세계 경험이 어떻게 진행되는지 주제적 관심을 기울여야 함을 알고 있다. 나는 '단순히 주관적인 것'을 주제로 삼아야 한다.

내가 사물에 대한, 그리고 계속해서 가능한 방식으로 나타나는 새로운 사물들의 열린 지평을 지닌 사물 집합체에 대한 소박한 직관에 교착되어 있어서는 안 되고, 내가 그것 자체를 주제적 고찰로 가져오지 않고서 소박한 경험이나 유사-경험(가능한 경험)을 수행해서는 안 된다는 사실은 분명하다. 나는 말하자면 나 자신을 경험하는 자로서, 나의 경험(나의 수동적이고 자의적으로 이끌 수 있는 경험)의 가능한 방식과 그 속의 경험의 종합의 방식을 명시적으로 고찰해야 한다. 그리고 나의 경험이 나에게 현존하는 다른 경험하는 자와 종합되는 방식이 나의 경험의 방식에 속함을 고려해야 한다. 왜냐하면 이 모든 것은 '나의 세계 경험'이라는 넓지만 해석되지 않은 명칭 아래에 함께 속하기 때문이다. 만약 나의 세계 경험이 경험하는 작업수행의 의미를 지녀야 한다면 말이다. 경험하는 작업수행을 나는 일시적 지각으로서 수행하기만 하는 것이 아니다. 나는 그 속에서 언제나 다만 경험하면서 경험과 경험을 동일한 사물, 동일한 세계의 경험의 통일체로 결합하며, 그리하여, 때로는 경우에 따라 필요에 의해 약간의 걸음으로 만족하면서, 한번 정립된(나에게 직관적으로 귀속된) 존재를 그것과 함께 사념되기만 한 것에 따라서도 나 자신에게 확신시킨다.

세계는 수동적인 경험 속에서, 그리고 때로는 수동적이고 때로는 능동적인, 자연적인 살아감의 경험 속에서 **어떻게** 연속적으로 동일한 세계로서 주어지는가, 그리고 이때 세계는 **어떻게** 마음대로 처리할 수 있는 취득물로서 주어지는가? 상호 간의 의사소통은 여기에 어떻게 기여하는가, '세계'는 어떻게 움직이는 것인가, 공동체적 삶에서 어린 시절부터 확장되어가는 것인가, 새로운 의미를 취득하면서도 동일화되는 것인가? 가능한, 그리고 실행할 수 있는 증명은 어떻게 여기에 속하는가? 그리고 처음으로 '이론적 세계'라는 존재 의미를 만드는 이론적 관심에서의 체계적 의미 형성, 증명은 어떻게 보이는가?

언제나 앞서 주어지고, 보편적으로 앞서-정립되며, 함께 정립되는 세계를 그 가능성에서 나에게 전면적으로 해명할 어떠한 필요성도 나는 삶에서 갖지 않는다. 그러나 세계가 부단히 나에게 존재한다면, 하나의 **통일성**이 이미 상호 간의 경험과 그때그때의 종합(또한 공동체적인 경험의 삶의 종합)의 연속성 속에서 공동의 경험하는 삶을 관통하고 있다. 그러나 내가 정당성 물음을, 현실적이거나 가능한 세계의 존재에 관한 물음을 제기한다면 이것은 해명되어야 하고, 현실적으로 흐르는 경험의 맞은편의, 존재와 가능 존재가 의존하는 가능한 경험 자체의 체계적 추구를 통해 해명되어야 한다.

우선은 반박할 수 없는 추정적인 세계 믿음은 무한히(*in infinitum*) 상호주관적으로 종합적으로 계속되는 경험에 근거하여 결코 반박할 수 없는 확실성의 의미를 획득한다. 그리고 그러한 경험의 가능성은 그러한 경험을 가능하게 하는 형식에 대한 연구를 통해 보장된다(구성). 그것은 가정적(가능성의) 이념 속에서 학문적 연구의 토대를 제공한다.

학문적 판단들:

1) 상관관계 속의 필증적 본질 판단들.

2) 이러한 판단들은 말하자면 무한히(*in infinitum*) 경험될 수 있는 것으로서 추정된, 추정적으로 사실적으로 경험된 세계에 관한 새로운 종류의 학문적 판단의 가능성을 제공한다. 사실적으로 경험된 것에 대해, 알려지지 않은 개별적 특수성 속에서 실천적으로 현실화할, 가능한 현상의 작동 공간이 선험적으로, 그리고 지평(그러나 해석된 지평)으로서 밑그림 그려진다. 여유 공간은 선험적 판단을 통해 판단에 적합하게 형성되고, 그것은 현실적으로 형성될 수 있는 판단과 판단 체계에 대해 무한한 형식을 앞서 보여준다. 그러니까 접근이나 (덧붙여 하듯) 교정의 형식과 같은 것을 말이다. 형식에는, 그리고 접근의 의미에는, 형성될 수 있는 모든 판단과 형성될 수 있는 모든 체계적 이론이 언제나 새로운 것인 경험하는 상황에 근거해서 자신의 상대적 규정성을 갖고, 따라서 모든 판단을 상대적으로 역사적으로, 그리고 모든 사람에게 자신의 '시간'에서 상대적-필증적으로 조건 짓는 필증적 상대성을 갖는다는 사실이 속한다. 학문은 추정하에서 필증적 방법으로 역사적으로 판단한다. 결국 **그것의** 명증의 문제가 제기된다.

무한한 이념은 경험에 속하는 무한성의 모든 차원과 양상에 따라 모든 방면에서 완성되어야 한다. 여기서 가능한 (그리고 그것도 자유롭게 능동적으로 산출할 수 있고 지휘할 수 있는) 경험의 모든 무한성 차원이나 계열에서, 세계 혹은 세계적으로 개별적인 것의 일치적으로 동일한 것이, 무한한 이념의 구성요소에서 정점에 이르는 상대성 속에서 경험되어야 한다. 참된 존재는 진리의 계기들에 근거하여 구축되며, 모든 것은 무한한 것에 놓여 있다.

형식, 최종적으로 참된 세계로서의, 이념 속에서 무한한 먼 세계로서의 — 언명에 대한 규범으로서의, 세계의 필증적 형식. 세계를 위한 필증적 진리 — 형식과 관련하여 필증적이라는 것인데, 그것도 일치하는 이제까지의 계속되는 경험이 무한히 지속되고, 경험하는 자의 임의적인 관여에서 언제나 다시 가능성, 일치가 무한히 유지되리라는 **추정하에서** 필증적이라는 것이다. **이러한 추정 아래에서** 모든 개별적 사실에 하나의 이념이 깔릴 수 있고, 보편적인 필증적 형식에 근거하여 이 개별적인 것의 이러한 이념이 규정될 수 있다.

이제 외부 경험이 가져올 것은 결코 완전히 필증적일 수 없다. 왜냐하면 우리는 **유한성** 속에 서 있기 때문이다. 그러나 경험이 필증적인 형식 양식 내에서 흘러간다는 것은 필증적으로 확실하기 때문에, 만약 경험이 일반적으로 일치성 속에서 흘러가고, 주체가 관여할 때 언제나 일치성을 유지해야 한다면, 형식 양식이 얼마만큼 선험적으로 세분화되고, 거기서부터 모든 개별적인 것에 대해 얼마만큼 밑그림 그려지는지는 형식 양식 자체에 달려 있어야 한다.

인식하는 규정의 능동성 — 수동적 경험이 능동적 경험으로 변함. 동일성 속에서 기체를 유지한 채로 계속되는 펼침과 관계시킴의 능동성, 기체에서 기체로의 전진에서의 능동성. 현출의 통일체로서 이러한 통일체의 연속적 밑그림 그림, 현출들이 연속적인 종합적 연관에서 밑그림 그려짐, 능동적으로 경과로 오면서, 최적을 향함. 이것은 다시 현출이다, 등등. 이러한 양식의 일치하는 경과 속에서 끊임없이, 계속되는 일치가 밑그림 그려짐, 그리고 존재의 동기부여된 이념이 무한히(*in infinitum*) 속함. 능동적 술어화, 개별적으로. 존재자는 자신을 규정되게 해야 한다. 만약 그것이 존재한다면, 선험적으로 가능한 그리고 언제나 가능한 상대적 진리. 상대적인 것으로서의 모든 규정은 그것의 이념을 향하는 접근의 무한한 계열을 가리킨다. 이념화— 자연에 대해서 본질적으로 규정된, 접근을 실현하는 체계적인 방법의 형식(계산, 측정의 수학적 형식). 정신의 영역에서는 다르다. 측정도 없고, 수학적 방법도 없다. 엄밀한 기술의 방법, 역사.

결론적으로 나는 다음과 같이 말할 수 있다. 우리 '유한한' 존재가 어떻게 절대적 인식을 획득할 수 있는가? 절대적 인식은 무한한 인식이고, 그것은 무한한 존재의 인식이다. 선험적으로(a priori) 세계는 단지 '유한한' 존재에 의해서만 경험될 수 있다. 유한한 존재가, 본질적으로 제한된 지금 속에서 세계를 경험한다는 것, 유한 속에서 무한한 것을 경험한다는 것이 유한한 존재의 유한성이다. 무한한 것은 선험적으로, 추정 가능하기만 하다. 그것은, 유한하게 일치하는 경험의 양식 속에 지향적으로 포함된 이념으로서만, 그러니까 열린 '그리고 또'와 현실적 '언제나 다시' 및 이미 가능적인 '언제나—다시'의 추정 속에 포함된 이념으로서만 선험적으로 존재한다. 그러나 추정의 의심 불가능성은 반대 가능성에도 불구하고 필증적 확실성이고, 연속적으로 종합적인 일치하는 경험함 속에서 주관성에게 지속하는 확실성이다. 그리고 그것으로서 그 자체로 필증적인 전진이 가능하게 되고, 그 역사적 상대성 속에서 상대적으로 필증적인 판단들의 전진이 가능하게 된다.

'이' 세계는 우리에게 공동의 것으로서 존재하고, 우리가 그 속에서 살고, 실천의 세계로서, 아름다움의 세계로서, 가치의 세계로서, 괴로움, 근심의 세계로서 다양한 주관적 방식 속에서 우리가 들어가 사는 세계로서 우리에게 존재한다. 세계는 바로 의사소통적 경험으로부터 내지는 주관성의 통일성 속에 나타나고 다양하게 종합적으로 결합되는 새로운 경험, 동일한 것의 재경험, 떠올림 등으로부터 자신의 의미를 갖는 세계로서 언제나 이미 거기에 있고, 끊임없이 거기에 있다. **이 세계 내지는 이 종합적인 경험 연관은** ─ 진술하는 의사전달함으로서, 주관적이고 상호주관적인 판단 취득물로서 삶 속에서 병합되는 모든 것과 더불어, 계속해서 흐르는 의사소통적으로 결합된 삶을 관통해서 생생하게 계속 펼쳐지면서, 세계의 존재 의미를, 우리의 일상적 세계의 존재 의미를 규정하면서 ─ **학문에 앞서 주어져 있고**, 특수한 이론적 관심의 모든 작업수행, 학문의 작업수행을 위한 출발점이자 토대이다.

학문은 새로운 종류의 목표함을 동일한 세계로 향하게 한다. 그러니까 우리가 알고 있으며, 끊임없이 우리에게 이미 현존했고, 현존하는 유일한 세계로 향하게 한다. 삶에서 누구에게는 이렇게 누구에게는 저렇게 인식되고, 누구에게는 이렇게 누구에게는 저렇게 판단되었으나, 동일한 것으로 생각되고 경험되고 판단되는 세계를 학문은 '학문적으로 인식하기를' 원한다. **삶의 인식함**은 진리와 참된 존재 자체가 상대적으로 남아 있는 상대성 속에 머물러 있다. 그것은 나름대로 (주관적으로 향해진 술어적 확신의 의미에서) 진리와 오류를 구별하고, 단순한 경험의 영역에서도 진정한, 실제적 지각 및 경험 일반과 가상의 경험의 차이를 인식하며 상관적으로 실제적 존재와 가상의 차이를 인식한다. 그럼에도 여기서 어디에도 **최종성**(Endgültigkeit)은 없다.

회의주의(Skeptizismus)는 삶의 방식(억견δόξα의 방식) 이외의 다른 경험의 방식과 판단의 방식을 인정하지 않음으로써(소위 '철학', '학문'의 에피스테메를 부정함으로써) **상대주의**(Relativismus)로 끝나게 되는데, 이것은 동시에 **(고르기아스) 부정주의**(Negativismus)이기도 하다. 그 자체로 상대적이지 않게 존재해야 하는 참된 존재와 학문적 인식의 목표, 그리고 진리의 성격을 그 자체로 지녀야 하는 참된 술어적 판단들이 인정되지 않는 한 후자에 이른다.

삶의 인식의 상대성에도 불구하고 누구나 세계에 대해 이야기하고, 경우에 따라 이러저러한 참되게 존재하는 사물 및 (그 진리 속에서 증명될 수 있는) 속성들에 대해 이야기한다. 또 다른 한편으로는 참으로 존재하지 않는 것, 가상, 오류 등에 관해 이야기한다. **전체 경험**은 어떻게든 모든 상대성에도 불구하고 동일한 존재가, 그리고 포괄하면서, 동일한 존재의 총체가 우리 모두에게 '존재하고'(즉 타당성으로 가져와지고), 삶의 실천을 위한 공동의 토대로서 '존재한다'는 사실을 성취해낸다. **학문**은 자신의 '이론적 관심', 참된 존재와 존재 방식에 대한 자신의 관심 속에서 **최종적 증명의 이념** 아래, 그러한 증명의 **방법**을 만들어낼 수 있다고 믿는다. 만약 그것이 성공한다면, 그럼으로써 더 자세히 봤을 때, 에피스테메의 의미에서의 존재는 공허한 선입견이 아니라는 것, 그러한 무언가가 **정말로 주어진다**는 것이 드러난다. 또는 모든 상대적 진리는 ─ 경험하는 자와 판단하는 자와의 경우에 따른 관계 속에서, 그리고 그들에게 그때그때 공동으로 미리 주어지고, 그들에게 공동으로 친숙한 관계적 상황 속에서 ─ 하부 토대로서, 조야한 견적으로서, 실천적으로 충분한 상대성으로서, **절대적 진리**와 관계해야 한다는 사실이 드러난다. 그러나 절대적 진리에는 바로 **방법**이 속한다. 그것은, 경험 진리로부터, 삶의 진리로부터 나와서 ─ 또는, 이들이 서 있는 인식 수준, 또한 학문이 필연적으로 이것으로부터 시작해야 하는 그 인식 수준으로부터 나와서 ─ 어떤 탁월한 인식 과정 속에서 **통찰적인 학문적 진리**를 획득할 방법이다.

여기서 방법은 무엇을 말하는가? 그것은 목적에 따라 수행된 인식의 작업수행이다. 전제들의 토대를 갖는 작업수행은 이러한 전제들이 충족될 때만 현실적인 작업수행이다. 이러한 작업수행은 비판을 필요로 하고, 행해진 작업과 되돌아 관계하는 새로운 작업, 새로운 작업수행을 필요로 한다.

  모든 학문적 작업수행은 **경험의 숨겨진 작업수행**이 자신의 이제까지의 과정, 세계의 존재에 대한 자신의 밑그림에서 **자신의 정당성을 가짐**을 전제한다. 그래서 **보편적 경험에 대한 비판**, 드러냄, 제시함이 필요하다. 그것은, 이러한 경험이 어떻게 지속적이고 일치하는 수행함인지, 모든 작업수행이 어떻게 이러한 수행함으로부터 자신의 참된 의미를 획득하는지, 이러한 수행함으로부터 다시, 무엇이 작업수행으로서의 작업수행의 이러한 방식에서 나타날 수 있고 경우에 따라 나타나야 하는지가 어떻게 해명되는지를 드러내고 제시하는 것이다. 소박하게 획득하는 것, 획득함에서 전진하는 것, 취득물을 이미 가지고서, 취득물을 전제하고서 습관적으로 계속 움직이는 것, 익숙한 목표나 방법에서 익숙한 것으로 계속 나아가면서 지향적 충족을 체험하는 것으로는 충분하지 않다. 이때 이미 전제들이 부단히 작동하기 때문에, 추정된 확실성, 자칭 취득물이 실제로 의식적으로 그러한 것으로서 그것의 취득함으로부터 시험되지 않은 채로 사용되기 때문에 충분하지 않다. **높은 단계의 학문적 작업수행이 삶의 숨겨진 전통 위에 구축된다면, 이러한 전통이 먼저 해명되어야 하고,** 전통 속에서 작업수행으로서 성취된 것과 성취될 수 있는 것이 비판적으로 탐구되어야 한다. 그럼으로써 학문적 목표와 그 가능한 방법의 궁극적 정당성이 밝혀질 수 있도록 해야 한다.

학문적 경험과 판단 형성의 방법. —

  1) 내가 서 있는 경험의 소박한 존재 확실성을 고수하는 것, 경험에서 존재하는 것으로 의식되는 세계, 규정된 사물들, 실재성들의 존재 확실성, 특히 현재 규정될 수 있는 사물, 실재성들의 소박한 존재 확실성을 고수하

는 것.

　2) 이러한 존재 믿음은 무한성의 사유와 그 이념화의 방법에 의해 참된 존재, 진리 자체라는 이념의 무한히 먼 목표를 부여받는다. 그럼으로써 참된 존재는 이러한 방법에서 의식적으로 제시된 '점근'의 무한성의 무한히 먼 목적으로 파악된다. 그러니까 경험에서 주어진 것에서 그것의 무한한 이념에 이르는 이념적 길, 그리고 그럼에도 실천적인 길의 무한히 먼 목적으로 파악된다.

　이러한 길의 **존재**와 그 목적(τέλος)과, 이러한 존재의 의미에 대한 명증의 문제, 내지는 "우리는 언제나 가능한 세계의 형식에 따라서 그러한 계열 속에서 그러한 현상을 다시 발견할 수 있다, 우리는 점근할 수 있다"에 대한 명증의 문제.

　① 관찰하면서, 실험하면서, "내가 원한다면 나는 확신할 수 있다"의 명증화함 속에서, 이러한 사물이 실제로 존재한다고 스스로에게 확신시키는 방법 — 물론 다시 추정을 통해서.

　② 아프리오리(Apriori)의 주도하에, 계속되는 기술과 규정의 방법. 개별적인 규정과 구별의 방법(개별성의 확정). 자연과 자연의 개별적 규정의 특수한 위치. 공간 위치와 시간 위치, 측정, 계산. 자연에 대한 인식의 특수한 장점.

　③ 가능한 구성 속에서 그리고 이러한 방식으로만 현실적으로 수행될 수 있는 가능한 세계의 절대적으로 필증적인 인식. 가능한 순수한 주관성 일반의 선험적 인식. 모든 개별적 인식은 '지금 여기(*bic et nunc*)'를 전제하고, 그럼으로써 경험적 지식이 상호주관적으로 확고한 공동의 것, 상대적으로 확고한 것 등을 산출한다고 전제한다.

필증성의 모범에 따른 최종성의 방법. — 그러한 방법은 어떻게 시작될 수 있는가? 궁극적 진리는 그것이 산출되고, 그것**으로서** 절대적으로 통찰된다는 사실을 통해서가 아니라면, 달리 어떻게 목표로서 정당화될 수 있는가? 그럼에도 절대적 통찰은 단지 필증적인 통찰만을 의미할 수 있다.

그러나 그것은 **세계**에 대한 진리여야 한다. 세계를 처음으로 우리에게 존재하는 것으로 부여하는 경험에 토대하여, 술어적 판단은 어떻게 경험의 추정성을 전혀 포함하지 않는 필증적 진리가 되어야 하는가? (이러한 불완전성 때문에) 필증적 술어화가 경험에 토대할 수 있다는 사실은 선험적으로 (*a priori*) 배제되지 않는가?

여기서 다음과 같이 말하는 것이 즉시 떠오른다. 필증적 진리의 목표는 다음을 의미해야 한다. 세계는 그 참된 존재에서 그 자신이 필증적인 이념이다. 세계의 참된 존재는 세계가 더 이상 어떠한 추정도 지니지 않는 경험될 수 있는 것임을 의미하고, 그것과 관련하여, 절대적으로 존재하는 것에 무엇이 타당하고, 충실하게 적합한지를 설명하는 언명이 존재함을 의미한다.

이제 **유한한** 경험, 즉 실제로 우리가 수행할 수 있는 경험은 '**비충전적이다**'. 그러나 세계의 가능한 존재는 우선 **가능성으로서** 생각되어서는 안 되는가? 경험의 무한성의 가능성, 그런데 추정적으로 사념된 세계의 참된 존재가 우선 **가능성으로서** 명증적이 되도록 하는 방식으로 양식과 형식 속에서 구축될 수 있는 경험의 무한성의 가능성으로 생각되어서는 안 되는가? "경험은 언제나 필연적으로 추정적이다"라는 것은 올바르지만 불완전한 표현이다. 경험은 언제나 새로운, 종합적으로 연결될 수 있는 가능한 경험을 **지시한다**. 이러한 경험은 물론 새로운 추정을 가지고 들어오지만 추정을 충족시킬 수 있다. 그러나 이때 경험의 본질에는 가능한 경험의 통일적으로 일치하는 종합적 진행의 가능성이 속하지 않는가? 이러한 진행 속에서 언제나 다시 이미 산출된 종합적인, 그 자체로 일치하는 경험이 확장된 종합으로 가져와지고, 무한성이, 그러나 조망할 수 있고 명증적인 무한성이 가능성으로서 보이게 되며, 그 종합 속에서, 그때그때의 경험된 것의 가능한 참된 존재가 보이게 된다. 혹은 가능성의 영역이 보이게 된다. 왜냐하면 모든 충족은 여기서 자신의 필연적인 불확실성을 갖고, 필연적인 분리의 통일을 통해 통일된, 가능성의 무한한 여유 공간으로 펼쳐져야 하기 때문이다.

그러므로 참된 존재 내지는 참된 세계의 가능성이, 인식하는 주관성 및 인식하는 주관성의 가능한 인식 행위의 무한성과 관련하여 해명되어야 할 것이다. 이때 '참된 존재'는 인식하는 주관성에 대해 확고하게 구속하는 규칙을 의미하며, 이것은 다시 해석되어야 한다. 참된 세계 존재의 이러한 가능성을 명증적으로 만들기 위해 그러한 단순한 견적으로 여기서 충분한 듯 보인다. 그러나 물론 더 자세한 반성은 여기서 대단히 광범위한 숙고가 필요함을 드러낸다.

만약 이러한 가능성이 해명된다면, 계속해서 다음과 같은 물음이 생겨날 것이다. (그에 따라 모든 일치하는 유한한 경험으로부터 밑그림 그려질 수 있고, 이미 암묵적으로*implicite* 밑그림 그려진) 이러한 참된 존재는, 그것이 이제 명료한 가능성이기 때문에, 어떻게 인식에서 **실현**될 수 있는가, 혹은 유한성 속에 있는 경험은 그렇게 할 수 없기 때문에, 어떻게 술어적 진리가 이것에 대해 절대적으로 필증적으로 타당한 것으로서 구축될 수 있는가?

부록 11(33강에 대하여)

세계의 비존재의 가능성에 대하여[35]

더 자세하게는 다음과 같이 구분될 수 있을 것이다.

1) 세계 지각의 조화로운 구조의 해체의 가능성.

2) 이 세계와 세계 일반이 '무'일 가능성 자체.

말하자면 해체가 일어난다고 해도, 그럼에도 세계 현상이 **다시** 구성되고, 그래서 일치하는 믿음의 이전의 기간에 다시 결합되면서 하나의 동일한 세계가 다시 타당성 가치를 획득할 열린 가능성이 남아 있게 될 것이다. 세계 믿음은 이미 이전에 동기부여된 세계 믿음을 받아들이고 지속하는 방식으로만 다시 자라날 수 있는가? 더 자세히 고찰해보면, 때로는 일치하고 때로는 불일치하는 전체 경험의 흐름은 시간적으로 분리된 다수의 세계를 지닐 수 없고, 오직 하나의 세계 공간과 세계 시간 속의 **하나의** 세

---

35 1924년 강의에 대하여.

계만을 지닌다는 사실이 정당화되고 드러난다.

그러나 우리가 승인된 부조화의 '사이 기간(Zwischenperiode)'에 대해 무엇이 이야기되어야 하는지 묻는다면, 그것은 단지 이러한 전체 기간이 **경험적 가상의 성격**을 갖는다는 방식으로만 생각될 수 있다고 대답해야 한다. 더 자세하게는 **정신착란**의 성격, 즉 사실적 진행 속에 놓인 부조화의 성격을 갖는다는 방식으로만 생각될 수 있다고 대답해야 한다. 이 부조화는 사실적 부조화로서, 말하자면, 경험하는 자아에게 존재했던 모든 실재적 가능성을 이용하지 않았다. 그리고 그것이 사실적 가능성이었다는 사실은 자신의 편에서는, 기억 종합을 통해 복구된 조화의 두 기간의 결합 속에 바로 그러한 가능성이 동기부여된다는 사실을 의미한다. 바로 하나의 동일한 세계가 그 사이에 존재했으나, 경험하는 자에게 그 진행의 사실성 속에서 드러나지 않아서 경험될 수 없었다는 형식으로 말이다.

더 나아가 우리는 경험 믿음이 깨지는 방식으로 부조화가 발생할 수 있다는 생각을 만들어보았다. 우리는 이제 더 나아가 다음과 같이 말할 수 있다. 세계가 실제로 무일 가능성은 하나의 이념의 의미, 즉 무한히 계속되는 부조화, 그런데 우연적인 것이어서는 안 되는 부조화의 이념의 의미를 지닌다. 그러나 이러한 부가적 내용에는 무엇이 놓여 있는가?

참된 세계의 반대 이념은 일치하는 지각의 믿음 구조 속에서 동기부여된 이념이다. 믿음의 동일한–이상적 극으로서 동기부여된 것이다. 그리고 세속적 지각 자체에는 그것이 세속적 지각으로 남아 있을 것이며, 이에 상관적으로 하나의 '동일한 모양의 자연의 경과'를 경험할 것이라는 예기적 믿음이 놓여 있다.

다른 경우에서는 어떠한가? 경험적 세계 믿음이 파괴된다. 물론 그것은 다시 힘을 되찾을 수 있다. 그러나 이것은 공허한 가능성이고, 그것을 지지하는 것은 없다. 그러나 지금 발생하는 부조화는 사정이 어떠한가? 부조화는 미래의 부조화를 동기 지을 수 있는가?

어쨌든 하나의 세계가 '구성된다'는 사실은 언제나 열려 있다. 만약 세계가 구성된다면 세계는 과거의 세계를 요구한다(또는, 열어둔다?). 그러나 '창조되고' 파괴되는 상이한 '세계'를 내가 차례로 갖는다고는 왜 상상할 수 없는가?

추정적 경험의 정립 통일체인 하나의 세계에 대립하는 것은, '**무**'라는 명칭 아래의 하나의 가능성이 아니다. 오히려, 모두 똑같이 타당하지 않고 모두 타당성 없는 무한히 다양한 허구들(*ficta*), 하나의 가능한 실증적 조화의 모든 가능성과 상관자다.

외부 세계의 실존의 문제. 실재성과 관련하여 비존재의 가능성.

일치하면서 진행하는 경험 속에서 나는 확실성 속에서 자연을 부여했고, 확실성 속에 머무르는 것 이외에는 할 수 없다. 그 속에 포함된 미래의 자연의 존재의 확실성과 관련해서도 그렇다. 그래서 경험에서 우선은 한갓 개연성을 지닌 것은 아무것도 없다.

이제 내가 일치의 단절을 경험한다면 어떻겠는가? 그러면 그러한 단절은 확실성 속에 머물러 있는 경험과 경험의 과거의 연속성의 하부 토대 위에서 나타난다. 그것 없이는 어떠한 가능한 의심의 '확신'도 없으며, 무(Nichtigkeit)로의 이행도 없다. 여기서 일치의 하부 토대가 남아 있고, 의심의 계열 속에서 일치가 계속되는 한, 의심, 충돌의 해소가 가능함이 틀림없다. 즉 나는 "내가 계속적인 경험 속으로 들어갈 수 있으며, 연속을 계속 정립할 수 있다"는 명증을 갖고, 그러면 충돌하는 지평들과 가능한 경험 계열들로부터, 충돌하는 두 항에 대해 이러한 하나의 것 또는 다른 하나의 것이 필연적으로 나타나서 일치로 보내지게 된다는 명증을 갖는다. 만약 하나는 그것과 일치하고 다른 하나는 일치하지 않는다면 그렇다. 이것은 더 자세하게 보여주거나 이해할 수 있게 해야 한다.

어떤 형식 속에서 나는 사물의 비존재의 자체-주어짐으로 오는가? 사물의 비존재는 순수한 공간적 가상이고, 사물은 무이며, **비어 있는 공간**이라는 형식 속에서다. 그러나 여기서 일치하는 경험은 전제되기 때문에, 모든 것이 무이며, 모든 것이 '비어 있는 공간'으로 용해될 수 없는가? 이것은 그렇게 단순하지 않다.

각각의 모든 사물에서 **차례로** 그것이 헛된 가상이고, 비어 있는 공간임이 밝혀질 수 없는가? 일상적인 의미의 타당한 헛된 가상의 의미에서, 말하자면 무인 것 대신 다른 것이 정말로 존재한다는 의미에서 밝혀진다는 것은 물론 아니다. 더 나아가 밝혀진 가상에 대해서 경험 확실성의 토대가 언제나 있었다면, (가상을 적절하게 다시 배제하면서) 확실성이 폐기되면서 계속해서 몇몇은 일치하고, 그런 다음 다시 일치하지 않아야 한다. 그러나 여기서 선험적 가능성의 현상학이 요구된다. 경험 속에서의 가상과 경험의 꿈, 그리고 그 자체로 가상을 품고 있는 경험 현실성은 다른 것이며 이 모두를 숙고해야 한다.

어쨌든 세계의 구성에 대해서처럼 가상이나 비존재 등의 모든 가능한 형식에 대해서도 가능성의 면밀한 현상학이 요구된다. 그리고 이것은 자아 및 함께 생각 가능해야 할 자아 공동체와 관계한다.

객관적 세계 학문의 문제와 의사소통적 상호주관성의 문제

1) 모든 인간의 삶은 의사소통적이다. 심지어 그 삶이 단일 경험적이고, 독백적인 것일 때조차도, 그 삶은 그것의 경험 소여 및 인식 소여와 관련하여, 타인에 의한 인수 가능성, 타인에 의한 동의 가능성, 마침내는 타인에 의한 통찰적인 확인 가능성을 지시하는 의미를 취한다. 모든 경험은 그 자연적 의미에 따라서 '객관적인 것', 상호주관적으로 존재하는 것, 모두에 대해 ─ 모두에 대해: 모두가 따라 경험할 수 있고, 확증할 수 있는 것 ─ 현존하는 것을 경험한다. 그리고 그 참된 존재와 관련하여 이론적으로 모든 이성적인 존재가 동일한 방식으로 규정할 수 있는 것을 경험한다.

근본적 사실은 세계가 물리적 자연이고, (이 자연 속에서 할당된 신체 덕분에) 심적인 사실의 영역이라는 것이다. 혹은 세계는 동물적인 것, 신체적─영혼적 통일체가 실재성으로서 존재하는 물리적 자연이다. 이것은 우리의 의사소통적 경험의 근본 사실이다. 그리고 이를 통해 이러한 심리 물리적 세계의 통일체와 관계하는 모든 학문의 근본 사실이다. 이러한 학문의 과제는 다름 아니라 객관적인 경험 세계의 참된 존재를, 이 세계의 현실적이거나 가능적인 경험의 주체이기도 한 모든 이성적 주체에게 가능한 통찰 속에서 인식될 수 있는 이론적 진리 속에서 규정하는 것이다. 그래서 진리는 이 세계의 모든 이성적 존재에게 상호주관적으로 타당한 진리 자체다.

2) 객관적인 세계 학문은 이론적 형성물의 체계로서 경험하고 사유하는 주체를 되돌아 지시한다. 이러한 주체는 서로를 경험하고 서로와 함께 경험하며, 서로를 인식하고 서로와 함께 인식한다. 그리고 서로에 의해 경험된 것과 인식된 것을 '넘겨받는다', 등등. 그러나 '이론'의 체계로서의 학문뿐 아니라 그 학문의 근원 원천에 관해서도, 그러니까 보편적인 세계 경험, 경험의 형성물로서의 선이론적 세계에 관해서도 이러한 주체를 지시한다. 그래서 모든 기능하는 인식 주체에게 전체 세계는 그 내재적인 인식 체험을 통해서 선–이론적으로 혹은 이론적으로 주어진다. 그것도 그러한 체험의 다양체 속에서 내재적 통찰에서 구성되는 이념으로서 말이다. 이것은 '초재적' 통일체이고, 내재적으로 구성된 초재다. 그리고 이때 주체 자체와 주체의 체험은 내재적으로 구성된 이 세계의 부분이며, 그것 자체로서 내재적으로 통찰될 수 있어야 한다. 이것이 어떻게 이해되고 전면적으로 해명되어야 하는지는 세계를 구성하고, 객관화하고, 객관적 학문을 창조하며, 실재적 객관성과 관계하는 이념적 객관성인 자신의 진리 체계 자체를 구성하는 것으로서의 주관성에 관한 현상학적 '내적 고찰'의 문제다. 이것은 가능한 그러한 모든 주관성과 관계하는 (초월론적–현상학적인) 선험적 본질 탐구의 문제이며, 그런 점에서 자연적 사실성으로서 주어진 세계의 내적인, 초월론적 해석의 문제다. 이것은 객관적 학문으로서의 자연 학문 및 세계 학문의 문제가 아니라 초월론적 주관성에 관한 학문의 문제이

며, (이 객관적 세계의 가능한 주체에 대해 이념적으로 가능한 모든 객관적 세계와 관계하는) 주어진 모든 이념적으로(*idealiter*) 가능한 객관적 학문의 초월론적 해명의 문제다. 그러나 현상학의 과제는 또한 객관적 = 상호주관적으로 입증할 수 있는 이론적 진리 속에서 모두에게 동일한 세계의 상호주관적 구성이기도 하다.

3) 객관적 학문의 '방법'에 관한 근본적 의미에서 원리적 물음은 우리의 선–이론적 경험의 세계로서, 객관적 '세계'의 근원적 의미로 되돌아감을 요구한다.

작업수행으로서, 끝없는 체계로서, 끝없는 작업으로서 학문적 이론은 서로에 기반하여 구축된 작업수행에서 산출된다. 그러한 작업의 그와 같은 실행의 일반적 형식으로서의, 그리고 이러한 일반성 자체에서 생각되고 만들어진 목적 이념으로서의 방법(목적 이념으로서의, 그리고 심지어 구체적 학문을 산출하고 지원하기 위해 학문론으로서, 논리학, 도구, 오르가논[36]으로서 보존된 이론적 작업으로서의 형식). 개별 주관적 작업수행으로 고찰된, 그리고 그런 다음 상호주관적 작업수행으로 고찰된 이러한 작업수행.

학문적 이론과 학문적 이론을 의식적으로 이끄는 방법(논리적 규범과, 실제적 방식의, 논리적 규범을 통해 규정된 습성, 혹은 세워진 과제에 대한 계획적 숙고 속에서 습성적으로 규정된 앞선 생각)은 공동체적 작업의 생성에서 서로 함께 작업함과 서로에 대한 작업함 속에서 성장하는 공유 자산이자 공동체적 수행이다.

학문의 역사 속의 학문의 역사적 해명, 이러한 공동체적 수행의 생성 과

---

36 '오르가논(Organon)'은 '도구'라는 의미를 지닌다. 아리스토텔레스의 논리학 저작 전체를 가리키는 명칭이기도 하다. 논리학이 학문 수행에 있어서 도구의 역할을 하기 때문이다.

정의 해명, 이론의 역사적 실현의 해명, 그 형성을 의식적으로 주도하는 방법적 이념의 해명. 이론, 그리고 모든 참된 것, (일반적으로 논리학으로서 제시된) 방법의 참됨은 한번 산출되면(근원적으로 설립되면) 언제나 다시 산출될 수 있다. 보다 정확히 말하면 이론이 진리 인식인 한에서 그렇다. (비록 사실 학문과 관련해서는 단지 어떤 역사적 상대성 속에서만 타당할지라도) 이론은 그러한 인식으로서 더 이상 폐기되지 않는다.

그 정당성의 이론적 검토, 이론적 해명은 완전한 통찰적 인식, 인식으로서의 진리 자체의 체계에 대한 물음 설정이고 밝혀냄이다. 이때 나는 상호주관성 속에 서 있는데, 학문에 따라 다양한 방식으로 그렇다(경우에 따라 나는 정신과학과 관계한다). 어쨌든 수학에서 나는 모든 사람과 관계한다. 진리는 상호주관적이다. 다만 나는 상호주관적 명증 속에서 살고 있고, 인식하는 의식 삶(나 자신의 삶 및 실재적으로 정초된 의사소통적 인식의 가능성의 열린 지평 속에서의 삶)을 주제로서 갖지 않을 뿐이다. 이때 근원설립하는 인식의 사실, 즉 역사적 사실은 관심 밖에 있다(즉 존재적 관점에서: 이론의 출현, 이론이 세계 속에서 이론화하는 사람과 맺는 관계, 이론화하는 사람들의 구체적 삶 속에서 그들의 이론화하는 작용들).

그러나 이제 모든 공동체적 삶, 그리고 이론적 진리의 이념성과 관계하는 공동체적 수행은 공동체적으로 수행되지만, 동시에 공동체는 여기서 진리의 공동체적 주체로서 기능할 수 있어야 하는 모든 사람에게서 구성되어야 한다.

이론은 어떤 **개인**에게 입증되고, 근원적으로 산출된 진리이며, 이론은 그에게 단순한 그 자신만의 진리인 것이 아니라 상호주관적 진리다. 또는 이론은 **그의** 의식 속에서 초주관적인 것으로서, 다른 사람과 모든 사람에게 타당한 것으로서 입증되는 것이다. 혹은 오히려: **나**, 그러니까 여기서 현실적으로 숙고하고, 그 어떤 학문을 해명하는 나는, **나의** 인식으로부터, **나의** 삶으로부터, 나에게 존재하고 존재할 수 있어야 하는 모든 진리가 이해되어야 하고, 그 정당성이 해명되어야 한다고 나에게 이야기해야 한다. **나의** 삶은 그 자체로 최초의 것이고, 모든 정당화가 되돌아 관계해야 하는 근원 토대다. 나는 객관적 학문의 가능성, 모든 진리의 가능성, 이론 자체로서의 모든 이론 및 역사적으로 생성되고 역사적 근원에 따른 것으로서의 모든 이론의 가능성을 자아(*ego*)로부터 이해할 수 있게 해야 한다. 객관적 존재와 객관적 진리의 자아론적 해명은 상호주관적 타당성(입증 가능성)으로서의 특수한 객관성의 해명에 선행해야 한다.

존재자의 인식에 대한 필증성의 요구는
어느 정도까지 세워질 수 있는가?

'나는-존재한다'와 세계를 나란히 놓음. 절대적 필증성과 상대적 필증성. ― 인식은 그 어떤 인식 대상의 존재와 존재 내용을 향해 간다. 인식은 그것들이 존재하고 그렇게 존재한다고 우리가 정당하게 진술할 수 있기 위해 존재와 존재 방식에 대해 필증적이어야 하는가? 혹은, 모든 참되게 존재하는 대상, 가능한 학문의 모든 대상이 필증적으로 경험될 수 있고, 그에 따라 인식될 수 있어야 하는가? 그리고 이제 심지어 충전적으로! '나는-생각한다'조차도, 비록 필증적으로 인식될 수 있더라도(즉 경험으로서 언제나 필증적 존재 정립의 형태로 가져올 수 있더라도) **충전적으로** 인식될 수는 없다. 내가 나의 순수한 주관성의 내부에서 진술할 수 있는 모든 특수한 사실 판단은 그것이 (필증적 구조 형식을 포함하여) 그에 관해 필증적인 내용을 넘어서는 한 더 이상 필증적으로 정당화될 수 없고, 말하자면 필증적인 구체적 내용을 가지고 들어오지 않는다. 그러나 가령 지나간 것과 관련하여, 내가 **특정한** 과거를 가졌다는 것, 그리고 내가 전제된 이념적인 '나는-할 수 있다' 속에서 언제나 다시 재생할 수 있으며, 나의 '참된' 과거에 접근할 수 있다는 것은 여기서 여전히 필증적이다. 경우에 따라서는 교정하면서, 기억 내용으로 침투하면서, 기억 내용을 부단히 해명하면서, 여기서 실제로 기억된 것과 기억되지 않는 것이 어느 정도까지 구분되고, 모든 실제적으로 기억된 것이 실제로 어느 정도까지 회상 속에서 기억된 과거의 통일체에 속하는지 혹은 상이하고 분리된 과거가 어느 정도까지 서로 뒤섞였는지 분석하고 숙고하면서 말이다. 그래서, 증명할 수 있는 대상을 향하는 이성적 이성 목표라 불리는 것 내지는 대상의 존재 정립의 이성적 정당화라 불리는 것을 나는 분명히 갖고 있지만, 그럼에도 인식 목표, 참된 것은 어떠한 인식 속에서도 필증적이고 충전적으로 주어질 수 없다.

그러면 **자연 인식**에 대해서 자연 인식도 동일한 의미에서 이성적이라는 사실이 산출된다. 자연 인식이 외적 경험의 일반적인 일치 내부에서 움직이고, (순수하게 주관적인) 이러한 일치의 그 자체로는 필증적이지 않은 사실이 이성적인 일치의 사실로서 의식되는 한에서 그렇다. 그리고 이러한 사실이 이성적으로 확정되어 있으며 모든 세속적 판단이 이성적인 **한에서**, 그것이 명증적이지만 경험적인 의심 불가능성의 조건을 충족시킨다는 원리의 사실로서 의식되는 한에서 그렇다. 일치의 무한히 열린 사실을 **가정**으로서 전제하면(이러한 사실이 존재하는 한에서, 그리고 필연적으로 이 개방성의 이러한 형식 속에서), 세계의 형식에 대해서, 그러나 또한 구체적인 세계의 존재에 대해서 **상대적인 필증성**이 산출된다. 반면에 형식을 넘어서는 그것의 구체적인 존재 내용은 필증적으로 인식되지 않는다. 그러나 모든 존재자에는 선험적으로 다시 접근할 수 있고, 일치하는 경험의 본질에는 "나는 언제나 다시 경험할 수 있고 경험하면서 접근할 수 있다"는 전제된 이념적 가능성이 속한다. 그리고 이러한 가능성에는 더 나아가 자유로운 경험과 경험적 사유 속에서 더 상세히 규정하고 교정하면서 (가정의 상관자로서, 그리고 인식 가능성의 그 상대성 속에서) 세속적 존재자로의 접근이 가능하다는 사실이 속한다. 그런 다음 특히 '상호주관적 접근 가능성'으로서 전이된다. 비록 이러한 존재자가 경험과 이론 속에서 이러한 접근의 지표에 지나지 않을지라도 말이다.

('진리'와 '참된 존재'라는 명칭 아래) 인식 노력의 목표는 무엇인가? 인식은 **존재**를 향해서 간다. 이것은 인식이 존재 자체의 도달을 향해서 감을 의미한다. 그러나 이것은 사념으로서의 인식이 자체의 충만으로 넘어가서 그것을 통해 충족된 사념이 되어야 하고, 오직 그러한 사념만이 존재자 자체가 존재한다는 것과 존재자 자체가 어떻게 존재하는지를 보면서 진술할 수 있고, 이를 통해 직접적으로 입증된 사념일 수 있음을 의미한다. 인식은 바로 이를 통해 **정당성**을 갖는다. 왜냐하면 인식은 동시에 정당성을 갖고, 올바름을 충족된 올바름으로서 자기 안에 가지며, 인식이 목표했던 것 내지는 인식하는 자가 자신의 사념함에서 의도했던 **그것** 자체에 있기 때문이다.

그러나 자체 파악과 자체 가짐의 의식에서 사념의 충족은 단순히 상대적인 것일 수 있다. 인식은 기만적인 인식이 될 수 있고, 자체 파악은 최초의 자체 가짐이 충족되지 않음을 포함하고, 이러한 관점에서 충족의 진행에 충돌과 폐기의 가능성들이 열려 있음으로 인해 기만적인 것으로서 입증될 수 있다.

인식, 그리고 특히 학문적 인식은 만약 그것이 **필증적 내용에 대한** 동시적인 **충전성** 아래에서 필증성 속에서 절대적인 궁극성을 성취한다면, 그리고 그런 한에서, 절대적으로 만족될 것이다. 그러나 **어떠한 사실적 인식도**

(어떠한 **세속적 인식도**, 그리고 어떠한 **현상학적-주관적 인식도**) **이러한 종류의 인식이 아니다.** 어떠한 시간적 존재도 필증성 속에서 인식될 수 없다. 우리에 대해서 그런 것일 뿐 아니라, 그와 같은 것이 불가능하다는 것 자체가 필증적으로 인식될 수 있기 때문에 그렇다.

경험적 필증성. — 그러나 현상학적-경험적 사실 판단의 독특한 방식 속에 있든 세속적-경험적 사실 판단의 독특한 방식 속에 있든 '의심할 여지 없는', 말하자면 경험적으로 필증적인 사실 인식이 아마도 가능하고, 유의미하다.

1) 어떤 사실 판단에서, 게다가 모든 그러한 사실 판단에 대하여, '**나는-존재한다**'에서 필증적인 경험 토대가 확정되고, 그것의 절대적 구조 형식 속에서 그것의 실존의 절대적 인식을 통해 확정된다. 모든 현상학적 자료의 총체는 구체적인 '나는-생각한다'의 통일체인데, 이 '나는-생각한다'는 필증적 정립의 내용이고, 아직 규정되지 않은 그리고 규정 가능한 면 목표다. 그러나 그것은, '**나는-생각한다**'에 관해 필증적이고 충전적으로, 그러니까 구체적으로 주어진 것으로서의 현행적이고 흐르는 현재의 가까운 지점을 가지고 있다. 여기서 더 나아가 '나는-존재한다'에 속하는 필증적인 것을 드러내면서 필증적인 것으로 밝혀질 수 있는 것은 모든 자신의 구체적 존재에서 자기 자신에게 무한히 접근할 수 있는 자유로운 가능성이 나에게 선험적으로 존재한다는 점, 그리고 모든 달성된 접근의 단계는 단적으로 필증적인 것으로 여겨질 수 있는 어떠한 절대적 진리도 산출하지 않고 상대적 진리만을 산출한다는 점이다. 즉 충족하는 것, 자체의 양상에서 제공되는 것은 경험적 의심 불가능성이라는 확실성을 갖는다. '자체-거기'라는 규범 형식을 가지고 있는 추정된 구체적 존재조차도 포기하도록

요구하는 진행이 경험 속에서 가능하며, 말하자면 생각될 수 있다. 그 유형과 구조적 형식에 있어서 확실한 현실적인 무언가가 여기에 토대로 놓여 있다는 필증성에도 불구하고 말이다. 그러나 이러한 가능성은 판단, 존재 및 존재 내용의 믿음에 있어서 어떠한 중요성도 갖지 않는다. 접근의 의미, 평가적 다가감의 의미에서 진행되는 인식이, 자신의 내용을 통해 경험된 내용을 반박하며 그럼으로써 믿음을 변양시키는, 자체 부여에 근거하는 믿음을 가져다주지 않는 **한에서** 말이다. 나는 전진하는 가운데 필증적으로 존재하는 것을 일치적으로 언제나 더 가까이 규정하는 일관적인 다가감이 이상적–실천적으로 가능함을 선험적으로 통찰할 수 있다. 일관적인 다가감의 형식 속에서 자체 주어진 모든 현실적인 진행은 근원적으로 정당화된 진리, 어떠한 근원적 의심의 동기도 등장하지 않는 한 타당한 경험적으로 의심할 여지 없는 진리를 제공한다. 내가 늘 경험하듯이, 그러한 의심의 동기가 언제나 다시 나타날 수는 없다는 사실이 여기서 그 자체로 필증적으로 확실하다. 그리고 이러한 일관적인 다가감이 정당화의 방법이다. **그러므로 나는 실천적인 의미에서 이성적인 것인 실천적 목표를 지닌다.** 날카롭게 강조되어야 할 것은, 접근 속의 모든 진행은 **미래의 확실성의 필연적 지평**을, 즉 그것이 그렇게 머물러서 참된 자체에 가까이 이끌어줄 것이라는 필연적인 미래의 예상을 가지고 있다는 점이다. 이것은 예상 일반이 아니라 자체 부여와 일치하는 자체 부여의 진행 속에서 동기부여된 예상이고, 이러한 확실성의 양상 속에서 필증적인, 근원적으로 정당화된 예상이다.

2) 우리에게 **우주**를 부여하는 경험 영역에서 우리는 한 단계 더 높이 존재한다. 여기서 경험과 경험 종합은 '나는–존재한다' 속의 사건들이다. 이것에 대해 필증적인 것으로 입증될 수 있는 모든 것이 여기에 속한다. 여

기서 아마도 여전히 의문시되는 것은, 내가 기억 속에 필증적 인식을 갖는 한, 내가 살아 있는 현재에서 수행한 모든 근원적인 개념적 각인은 기억으로 이행한다는 것이다. 비록 기억이 이러한 각인을 이미 갖고 있지 않다면, 내가 기억으로부터만 그러한 각인을 더 이상 근원적으로 획득할 수는 없을지라도 말이다. 이것은 내가 이미 자체 부여로부터 길어 온 일정한 술어적 내용을 잃지 않을 확실성과 관계한다.

외적 경험을 통해 자체 주어진 세속적 영역에서(반면 외적 경험 자체는 내재적인 소여성이다) 나는 나의 주관성의 필증적 토대 위에서 **경험적 의심 불가능성**을 갖는다. 나는 나의 외적 경험의 일치성이라는 경험적으로 의심할 여지 없는 주관적 사실을 발견한다. 경험이 자연을 일치적으로 현출하게 하는 연속적인 양식으로서 말이다. 모든 외적 경험은 자신의 외적 대상의 자체 부여이고, 외적 경험 전체는 세계의 자체 부여다. 외적 경험 전체의 양식의 경험적 확실성이라는 사실에는 세계의 존재의 확실성이 놓여 있다. 근원적으로 주어진 것으로서 이제까지의 일치의 양식이 그것이 계속될 것이라는 예상을 동기 짓는 한, 존재하는 것으로서의 세계에 대한 모든 믿음은 의심할 여지가 없다. 연속적인 진행에는 연속적인 확증이 놓여 있다. 이것을 고려하면 필증적인 필연성을 쉽게 저 믿음에 줄 수 있다. 이런 방식으로 흘러가는 한, 모든 새로운 국면의 모든 새로운 믿음은 **필연적으로** 의심할 여지가 없다. 아무것도 그 믿음을 폐기하지 않고, 폐기할 수 없는 한 그것은 필연적인 믿음이다. 예상은 경험적으로 필연적으로 예상될 수 있는 것으로서 다가오는 것 자체의 근원적 자체 부여이고, 진행되는 가운데 입증되면서 동시에 미래의 정당성에 근거를 제공해주는 자체 부여다. 세계의 존재는 전적으로 필증적으로 확실한 것은 아니다. 그러나 그것은 경험의 일치의 확실성에 토대하여 **상대적으로 필증적으로** 주어진다. 이러한 일치가 확고한 한에서, 이러한 일치가 확고하다면 말이다. 이러한 일치가 타당한 한에서 세계 실존을 의심하거나 부정하는 것이 더 이상 가능하지 않다는 가정하에서 그렇다. 그러나 이제 세계 실존이 이성적으로 정당화된다면, 이러한 일치는 세계에 대한 이성적인 경험 판단의 토대를 제공한다.

내가 순수한 주관성 속에서 외적 경험의 본질과 외적 경험의 보편적 일치의 본질을 연구한다면, 나는 필증적으로 (가능한 일치하는 외적 경험의 세계로서의) 세계의 본질 구조를 인식하고, 경험하는 자아, 경험하는 작용들, 그 속에서 흘러가는 현상들과 현출하는 대상 사이의 모든 관계의 본질 구조를 인식한다. 나는 존재하는 세계의 이념과 가능적 경험들의 체계 사이의 본질 관계를 인식한다. 이 체계는, 경험하는 자아가 저 의심 불가능성 속의 존재자에, 즉 세계에 — 세계에 편입된 모든 개별적 사물-존재자에 따라서 — 접촉하는 가능한 작용들의 체계다. 자체 부여로서의 모든 개별적 경험이 정당화되고 정당화하는 확실성을 갖지만, 그럼에도 속일 수 있다는 사실을 나는 본질 고찰의 필증성 속에서 인식한다. 그리고 더 자세하게 가져옴과 일치적 확실성의 의미에서 경험의 모든 진행은 새로운 확실성을 제공할 뿐 아니라, 미래에 대해서, 그리고 모든 자유로운 개입과 그것을 통해 창조될 수 있는 경험적 미래에 대해서 근원적으로 정당화되는 예상을 만들어냄을 본질 고찰의 필증성 속에서 인식한다. 이때 그러한 예상의 상관자는 경험된 존재의 필연성이다. 이것은, 그것이 실제로 존재함의 상대적 필연성이고, 그것이 존재하지 않음의 불가능성이다.

그럼에도 불구하고 이제 경험은 달리 흘러갈 수 있으며, 의심의 동기와 무성(Nichtigkeit)을 지닐 수 있다. 그러나 내가 필증적으로 알고 있는 것은, 경험의 경험적으로 확실한 일치(내적인 확실한 사실)를 전제하면, 존재자는 모든 경험의 토대에 놓여 있고, 그 존재는 그 접촉 가능성의 체계의 상관자라는 점이다. 접촉-경험의 형식의 모든 체계적 경험, 모든 실험은 필증적 원천으로부터 그 정당성을 끌어내는 상대적 확실성을 나에게 창조한다. 그러므로, 경험하고 실험하면서 '이' 세계를 알게 된다는 이상적 과제, 순수하게 경험의 자체 부여와 경험에 뿌리박힌 양상화된 자체 부여로부터 경험적으로 의심할 여지 없는 앎을 나에게 창조할 이성적 과제를 나는 세울 수 있다. 그리고 경험의 토대 위에 창조될 수 있는 이론이라는 과제를 나에게 세울 수 있다. 물론 이 이론 자체는 접근하면서 참된 이론의 이념을 향해 움직이게 된다. 자연의 필증성의 구조와 그 아프리오리(Apriori)에 토대하여 자연의 보편적 이론과 그 접근의 형식의 본질 형태를 제시하는 것은 자연의 논리학의 과제가 될 것이다.

'현출을 통한 존재'의 존재 양상과 그 안에 뿌리내리고 있을 수 있는 상대적 필증성에 대한 해명. — 객관적인 경험적 지식에 대한 필증적 비판에 대하여. — 나는 여기서 경험하고, 앞면의 이러저러한 특징들을 지닌 책상을 그 너머의 규정되지 않은 예견과 더불어 지각한다. 상관적으로: 여기에 이것은 나에게 실제성이고, 그 자체가 파악되고, 존재하고 있으며, 더욱이 필증적이다. 왜냐하면 내가 이 지각에 분리 불가능하게 속하는 이러한 내용, 이러한 양상을 지닌 경험된 것, 지각된 것 그 자체를 취하는 한, 나는 그것을 결코 생각할 수 '없기' 때문이다. 내가 일치하는 종합의 의미에서 경험을 계속한다면, 저러한 상황은 계속된다. 그러면 나는 대상, 이 책상을 그러그러하게 규정되는 것으로서, 그러나 지금의 방식에서는 개방되어 미규정적이기도 한 것으로서 정립해야 한다. 여기서 존재자는 상관적으로 이 양상의 존재자이고, 즉 이 양상의 존재자로서 필증적으로 주어진다. 마찬가지로, 여기서 필연성에는, "내가 달리 할 수 없다"에는, 하나의 본질 법칙이 놓여 있다. 나는 (혹은 그렇게 경험하는 나 일반은) 이 양상에서 경험된 것을 존재하는 것으로 정립하는 것 외에 달리 할 수 없다.

이제 나는 다음과 같이 덧붙인다. 능동적인 '나는-경험한다'는 나의 자유의 활동이고, 경험된 것의 양상적 내용에는 계속적인 경험의 '가능성'이 속한다. 그리고 자아적인 연관에서는, "나는 계속 할 수 있고, 더 가까이 다가가는 등을 할 수 있으며, 그에 따라 자유롭게 (일치 종합의 통일성 속에서) 새로운 경험을 산출할 수 있다"는 믿음이 속한다. 나의 양상적 존재자는 저기의 이것이고, 그것은 그러그러하게 현출하고, 자유로운 진행 속에서 그러그러하게 현출하게 될 것이며, 이러한 진행 속에서 언제나 점점 더 상세하게 규정될 것이다. 그것을 나는 믿고, 달리 할 수 없다. 모든 나의 경험은 자유로운 가능한 행위의 지평을 지니고, (상관적으로) 실천적으로 가능한, 방해받지 않는 자유의 경우에 오는 현출의 지평을 지닌다. 사실적으로 자유롭게 진행되는 동안 양상적으로 주어진 모든 것은 의심할 여지가 없고, 그 아래 접근해 오는 현출의 '다가오는 것'도 의심할 여지가 없다. 이것은 가정된 자유 속에서 함께 따르는 것으로서 '예견되었던' 것을 충족 속에서 확증한다.

그러나 자유는 사실적으로 존재할 필요가 없다. 그리고 의심할 여지 없이 오는 것은 실제적인 옴을 의미하지 않는다. 정립된 것, 그리고 예견 의미를 통해 전제된 것이 존재하게 되는 것은 필연적이지 않다. 자유의 경우에 '예상될 수 있는 것', '예견될 수 있는 것', '예측될 수 있는 것'을 포함하면서 지금 현실화되는 것으로서의 현재 주어진 것의 양상이 필연적이다.

내가 완전한 자유에 이입하여 생각해본다면, 그리고 (나의 자유를 무한히 아무리 작동하게 할지라도, 내가 어떤 경험의 길에 접어들게 될지라도, 일관적 종합 속에서) 예견이 계속되는 경험 속에서 봄을 통해서 충족될 것이라고 생각한다면, 나는 무한히 전진하는 대상의 모든 양상 계열들을 관통하여 현출의 방식으로, 이러한 현출의 무한한 종합의 방식으로 대상을 구성할 것이다. 그리고 만약 내가 모든 방향으로 그렇게 전진했다면, 현출의 극으로서 구성되고 모든 측면에서 규정되는 대상, 그것의 예견, 그것의 규정되지 않은 예측이 완전히 규정된 봄이 되게 될 대상을 구성하게 될 것이다. 물론 그것은 무한한 수 계열에 속하는 수 전체를 지닌 수 계열만큼이나 현실적으로 수행될 수 없다.

그러나 이제 이러한 이념이 수행하는 것은 무엇인가? 경험하는 삶 자체에서 나는 언제나 예견 가능한 것의 '현출'과 양상적 확실성을 갖는다. 이 예견 가능한 것은 연속적으로 가장 가까이 예측 가능한 것으로서 그리고 계속 연속적으로 함축적인 예견의 희미한 미규정적인 예측 가능한 것으로서 삭제할 수 없이 확실하다. 계속적인 경험 속에서 나는 언제나 다시 종합을 갖는다. 새로운 그러한 종합을 예견으로서 함축하면서 말이다. 그리고 단절이 개입하지 않는 한, 나는 바로 동일한 사물을 갖고 그 규정이 진행되는 가운데 존재하는 것으로서 동일한 세계를 갖는다. 나는 일치적으로 획득된 규정 속에서, 그리고 자라나는 더 상세한 규정 속에서 이와 같은 동일한 것을 고수하고 붙잡아야 한다. 여기서 나에게 다른 현실적인 존재는 존재하지 않는다. 단절되면 나는 가상으로서 '가치 저하(Entwertung)'를 맞닥뜨린다. 그리고 이것은 내가 이제 규정의 움직이는 종합적 환경 속에서 동일한 것을 더 이상 갖지 않음을 의미한다. 그것이 붙잡혀서 현상적으로 규정되든지, 시야에서 사라졌으나 종합의 연결을 통해서 다시 인식될 수 있든지 말이다. 여기서 경험적 믿음 내지는 경험적 존재의 양상화가 들어서고 나는 새로운 경험적 존재를 획득한다.

이제 다음과 같은 이의가 제기될 수 있을 것이다. 내가 자의적으로 믿음을 양상화할 수 없는 한 모든 객관적 의견은 (확실성 속에서) 나를 구속한다. 그렇다면 경험적 의견과의 차이는 무엇인가? 여기에 대해 다음과 같이 대답할 수 있다: 모든 의견의 본질에 속하는 것은 의견이 불명료하거나 직관이 완전히 결여된 의견일 경우, 내가 그 본래적 의견에 대해 물을 수 있으며 이것은 경우에 따라 단순한 명료화를 넘어서 직관적으로 만드는 것에 이른다는 점이다. 이제 명료한 의견이 의미하는 것은 무엇인가? 의견의 명료함은 무엇을 의미하는가? 명백히 그것의 본질은 산출된 가능한 경험 그리고 가능한 경험(경우에 따라서는 가능한 경험의 다양체)의 해명, 개념적 파악, 그리고 그 밖의 '논리적' 가공에 있다. 그러나 이것은 내가 — 그리고 인식 공동체 속에서 말하자면, 우리가, 그 어떤 누군가가 그리고 모두가 (그의 활동이 자유로운 한) — 충족하는 경험을 산출할 수 있고, 해당되는 사유 작용들을 '적합한' 방식으로 현실적으로 수행할 수 있음을 의미한다.

내가 이러한 본래적으로 생각된 것, 나와 우리, 그리고 모두에게 경험될 수 있는 것을 제시한다면, 나는 그것을 통해 내가 그것을 그저 생각하는 것이 아니라 '생각할 수 있음'을 알게 된다. 왜냐하면 내가 모호한 의견으로부터 본래적으로 생각된 것의 현실화로 계속 추구해나가면서, 이러한 명료한 것이 그 밖의 경험 가능한 것들과 싸우고 이를 통해 폐기되는 것이, 그러니까 내가 나의 의견을 포기해야 하는 데에 이르는 것이 가능하기 때문이다. **경험 가능성은 한갓 상상 가능성을 의미하지 않는다.** 그것은 내가 그리로 갈 수 있고, 이때 신체적 여기로부터, 그리고 가까운 주변의 현실적으로 경험된 것으로부터 지각하면서, 눈으로 보고, 손으로 만지면서 전진할 수 있으며, 내가 예측할 수 있으면서 그러나 완전한 확실성 속에서 해당되는 경험으로 나아갈 수 있음을 의미한다. 모든 예견의 약간의 미규정성을 도외시한다면 말이다. 그러나 이것은 다시 확실하게 되고 결과적으로 의심할 여지 없게 되며 더 상세하게 묘사된다. 경험은 객관적 의견이라 불리는 **지향**이 관계하는 것이다. 실제적인 경험에는 궁극적인 '확증', 정당화가 놓여 있고, (믿음에 적합한 예기를 산출할 수 있는 경험으로서) 경험 가능성과 관련된 모든 간접성은 가장 가까운 환경을 내용으로 가지는 현실적 경험의 직접성에 근거한다.

그래서 현행적인 경험은 임의적인 의견이 아니라 (세속적인 것으로서) 그 밖의 모든 의견이 의도하는 직접적 가짐의 양식에서의 그 '자체'를 지니는 의견이다. 그러나 다른 한편 모든 경험은 또한 선취하는 의견이다. 대상적인 것에 관해 본래적으로 지각된 것과 관련해서는 본래적인 경험이고, 무한히(in infinitum) 계속 흐르고 언제나 다시 본래성과 비본래성을 관통해서 늘 새로운 경험을 지시하는 가능한 경험 가능성(나의 자유롭게 가능한 경험적 행위의 상관자)의 지평인 지평과 관련해서는 비본래적이고 충족되지 않은 경험이다.

세계는 언제나 무한히 연결되어 있는 실제적 경험의 세계이고, 자유롭게 가능한 경험의 전개될 수 있는 무한성을 지닌다. 존재하는 모든 사물은 확실성 속에서, 현출하는 것으로서 그리고 실천적으로 가능한 일치하는 현상들의 열린 무한성의 동일한 것으로서 경험된다. 그것은 확실성 속에서 경험된다. 즉 그것은 그 자체로 현존하는 것으로서 주어진다. 그러나 현출의 현출하는 것의 이러한 양상의 존재자로서 주어진다. 이때 현출은 현실화의 실천적 가능성으로서 현출의 무한성을 함께 사념하고, 이러한 가능한 현실화의 동일한 것으로서의 현출하는 것을 동시에 그 자체로 파악하고 예견한다. 그리고 계속해서, 모든 그 자체로 현출하는 것, 그리고 확실성의 양상에서 사념된 것은 보편적 경험의 통일체 속에서 **세계**의 모든 그 밖의 사물적인 것과 연결되어 있다. 이러한 통일체는 일치의 통일체이며 그런 것으로서 자체 주어진다. 그리고 동시에, 앞선 사념의 무한성이다. **세계적인 존재**(그리고 우선은 **자연 존재**)**는 고유한 존재 양상이고,** 이것은 경험에 함축된 무한성과 더불어 **경험의 이러한 방식으로부터 자신의 의미를 갖는다.** 이러한 무한성은 모든 사물 믿음과 세계 믿음에 함축되어 있고, 이러한 믿음은 모든 객관적 사념이 겨냥하고, 모든 사념이 충족되는 원본적인 자체 부여의 형식을 갖는다. 반면에 경험 지향 자체의 충족의 실행은 경험 사물을 더 가까이 가져오고 더 상세히 규정함을 의미한다. 혹은 가상의 제거를 의미한다. 그러나 일반적으로 산출되는 것의 하부 토대 위에서 그리고 그 밖에 유지되는 경험 일치에 따라서 그렇다. **경험이 이러한 양식으로 계속해서 흘러감으로써, 그것은 일관적으로 세계의 존재를 부여하고 확증한다.** 이때 세계는 가능한 현출의 열린 무한한 통일체의 지평을 지니고, 가능한 경험의 사물들, 즉 어떤 일반적인 통일체 구조의 경험 가능성에 관한 일관적 믿음으로서 계속되고 결코 끝나지 않는 충족 속에서 타당한 것으로 확증되는 지평을 지니는 현출의 계속해서 확증되는 전체의 통일체로서만 존재한다.

기술된 방식의 현출을 통한 존재 양상에는, 일치의 테두리 내에서 개별적으로 경험된 것이(그리고 그것만이 지각 확실성의 성격을 가질 수 있다) 어떤 필증성을 지닌다는 사실이 놓여 있다. 말하자면 내가 그러한 자체 부여(가능한 경험을 통해 드러날 수 있는 현출, 앞서 사념된 지평의 양상 속에서의 존재자)를 갖는 곳에서, 나는 어떠한 경험도 가능한 것으로서 생각해낼 수 없고, 그러므로 이러한 존재 양상에서 주어진 어떠한 것도 내가 자유로운 계속됨에서 '발견할 수' 있을 대상으로서, 그리고 경험된 것과 상충하는 대상으로서 생각해낼 수 없다.

그러나 **모든** 나의 경험이 한 번은 가상으로 해체될 수 있다는 것, 그래서 나의 현재의 경험을 추후에 삭제하도록 강요하는 경험이 올 수 있음을 내가 통찰할 수 있으므로 이것은 완전히 잘못된 주장이 아닌가? 여기서 이제까지의 이야기의 애매한 표현을 분명하게 만드는 명료한 개념을 만들 필요가 있다. 내가 지금 하나의 경험을 갖고, 여기 이 책상을 그 자체로 지각한다면, 존재하는 것으로서의 이러한 자체 가짐의 양상에는 "나는 경험하면서 계속할 수 있다, 혹은 계속할 수 없다, 둘러볼 수 있다, 만질 수 있다, 등등"의 가능성의 무한성이 포함되어 있다. 그리고 내가 명료성 속에서 이러한 주관적 가능성들이 실현된다고 생각한다면, 나는 상관적으로 예견으로서, 동일한 사물의 가능한 경험들, 현출들을 획득한다. **함축된 이러한 가능성**은 나의 할-수-있음, 그리고 올 것에 대한 **임의적인 사념**이 아니라 **현행적 현재로부터 근원적으로 동기 지어지는 예견**이며, 이것은 지금 다가오고 있는 것에 대한, 현행적인 자유로운 경험의 활동에서 부단히 나타나는 예견의 특수한 경우에서 예시될 수 있는 것과 같다. 그것은 임의적으로 사념된 것이 아니라 예견된 것이고, 임의적으로 예상된 것이 아니라 예견(見)될 수 있도록 예상된 것이다. 그것은 자체 파악인데, 현실화하는 현재에서 일어나는 것과 같이 단적으로 미래의 것에 대한 자체 파악이 아니라, '오고 있는 것'으로서의 미래적인 것에 대한 자체 파악이다. 그것은 현재적인 것의 자체 가짐의 양상이고, 변경이며, '오고 있음'의 양상에서의 생성이다. 그래서 예견의 명증에 반하여 그럼에도 불구하고 달리 옴이 언제나 '생각될 수 있다'. **지금의 경험의 지향성에 함축된 가능한 현출들은 필증적으로 다른 가능성들을 배제한다.** 그러나 **예견**의 이러한 유형의 가능성들은 그렇지 않다.

더 상세한 논의를 위해 아직 보충적으로 덧붙여야 할 것은 현재의 경험에 포함된 (가능한 경험된 것들, 현출들로 여기서 이해된) 경험 가능성들은, ㄸ

집어낼 수 있는 예견이 마치 내용적으로 완전히 규정될 수 있다는 것처럼 **결코 완전하게 규정되지 않는다**는 점이다. 다만 그러한 가능성들의 결과들의 명료화 구축이 직관적으로 충족되는 특정한 양식만이 밑그림 그려질 뿐이다. 그러나, 변할 수 있는 것과 확고하게 밑그림 그려진 것, 즉 이 책상의 현행적으로 현재적인 경험이 그 경험 가능성에 대해 동기 지어진 예견으로서 밑그림 그린 것은 구분되어야 하는 방식으로 그렇다. 내가 이제 지금 보고 있는 이 책상에 대한 경험으로서의 경험(혹은 다른 사물의 경험)을 **상상한다면**, 나는 **자유롭지 않고**, 이 책상의 직접적인 '발견', 자체 파악, 가짐으로서의 나의 책상-경험을 통해 **구속된다**. 예견의 의미에서 가능하지 않은 어떠한 경험도, 그리고 예견과 상충하는 어떠한 경험도 이 책상에 속할 수 없다. 그러니까 내가 지금 경험하고 있고, 그리하여 자체 현존하는 것으로서 내가 부여한 이 책상에 속할 수 없다.

다른 한편 경험과 경험이 **싸우고**, 하나가 다른 하나를 통해 경험으로서 폐기되고, '자체-거기에' 존재함의 양상으로 현출하는 것이 '**가상**'으로 삭제되는 경우가 배제되는 것은 아니다. 경험으로서의 경험, 생생하고, 깨지지 않은 경험은 모든 실재적으로 가능한 것에 대해 '**예견 가능성 (Voraussichtlichkeit)'의 양식**, 예견 가능성을 통해서 그리고 예견 가능성에서 동기부여된 가능성의 양식을 밑그림 그린다. **그것이 경험이고**, 경험 자체에 현존하는 것인 존재의 토대를 제공하는 **한에서** 말이다. 끊임없이 나는 이것과 저것을 경험하고, 필연적으로 세계의 지평 속에서 경험한다. 연속적으로 존재하는 세계가 나에 대해 현존한다는 것은 그 자체가 연속적인 경험이고, 그 자체 주어지는 것이다. 그래서 '이' 세계에서 경험될 수 있고, 이 세계 속에서 예견될 수 있으며, 예견을 채우는 것으로서 이 세계 속에 등장할 수 있는 것에 대한 보편적 가능성의 구조가 있다.

그러나 경험이 예상과 반대로 흘러가고 예견된 것 대신 다른 것이 나타나며, 결국 존재하는 것을 존재하지 않는 것으로 가치 저하하는 그러한 것이 나타나는 일을 언제나 **떠올릴 수 있다**(vorstellbar). 존재의 양상에서 현출을 통해 현출하는 모든 것은 **존재와 비존재 사이에서 부유한다.** 즉 언제나 비존재의 준비된 **가능성**(이것은 그것이 '매우 가능하다'는 것을 결코 뜻하지 않으며, 그것을 지지하는 아주 희미한 계기라도 예견에 있음을 의미하지 않는다)으로서 존재한다. 그리고 내가 보여줄 수 있듯이, 그것은 보편적 경험의 '대상'인 우주에 대해서도 타당하다.

그러나 만약 이 세계가 모든 교정을 관통하여 그럼에도 불구하고 일치하면서 현출하고 증명되는 것으로서 존재한다고 내가 전제한다면—실제로 무한히 존재하든, 그러니까 무한한 미래로 그리고 미래의 무한성으로 계속 펼쳐지는 경험하는 자들의 공동체와 관련하여 존재하든, 또는 신이 세계를 폐기할 때까지 우리가 잠시 동안 창조된 세계를 받아들이도록, 규정되지 않는 넓이로 존재하든—존재하는 세계라는 이 전제는 세계에—그리고 세계에 대한 모든 가능한 경험에—필증적으로 필연적인 구조를—그리고 모든 경험하는 주체에 대해 필증적인 규칙을—규정한다.

그러면 우리는 **상대적 필증성**을 갖게 될 것이고, 모든 경험에 대해 필증적 구조를, 세계 자체와 현출 다양체 및 주체를 위한 형식을 갖게 될 것이다. 존재하는 세계라는 이러한 토대 위에 세워져, 자연적 인간의 소박성 속에서, 우리는 필증적 학문의 근본 조건을 충족시켰다.

자연과 자연을 경험하는 자아

내가 살고 있는 모든 지금(Jetzt)에 대해 우리는 선험적으로 다음과 같이 말할 수 있다.

1) 자연을 경험하고 그로부터 자연에 대한 경험적 인식을 갖는 자아는 **자연이 실제로 존재함 없이도** 그가 경험하는 것대로 정확히 그렇게 경험하면서 **존재할 수 있다.** 자연이 존재하지 않는다는 가정은 자연을 경험하는 자아의 실존을 폐기하지 않는다.

2) 이제 '**이념**'을 형성해보자. 무한히(*in infinitum*) 나는 일치하면서 자연을 경험하고, 나의 경험의 진행의 일치, 즉 자연의 존재의 일관된 확증을 경험한다. 나는 나의 전체 삶을 통해서 무한히(*in infinitum*) 다다른다. 그것이 이념적으로 무한한 사실적인 삶일지라도 말이다. 그렇다고 가정하면, 자연은 존재하지 않을 수 있는가? 그것이 명증적 불가능성이고 모순이라고 누군가 말한다면 다음과 같이 대답할 수 있다: 자연적인 것은 언제나

다만 '일면적으로' 주어진다. 일치하는 경험의 무한히 계속 펼쳐지는 과정의 이념을 통해서도 비존재의 불가능성을 보증하는 **충전적** 경험의 이념이 획득되지 않는다.

3) 이제 무한히(*in infinitum*) 일치하는 경험의 이념적 유형을 변경해보자. **현실적으로** 계속되는 나의 경험뿐 아니라 자유롭게 내가 수행할 수 있고, 수행할 수 있었고, 수행할 수 있게 될 나의 '**가능적**' 경험도 무한히(*in infinitum*) 일치하며 존재한다. 자아, 즉 경험하는 자아는 경험 속에서 단순히 수동적인 것이 아니라, 경우에 따라 활동적으로 경험하는 자아로서 능동적이기도 하다. 내가 이제 활동적으로 경험하면서 어떻게 행동하든, 그것은 **언제나** 일치가 유지되어야 하는 방식으로 일어나야 한다.

혹은 더 잘 이야기하자면 다음과 같다. 불일치가 발생하지만 불일치는 결국 보다 높은 일치의 형식 속에서 해소된다. 2)와 3)의 방식에서 그렇다. 즉 나는 경험 일반의 가능성의 이념을 형성하는데, 그에 따라서 나의 경험 능력의 자유 속에서 언제나 다시 불일치가 보다 높은 일치 속에서 해소되어야 한다. 결국 자연은 현실적인, 그리고 (모든 시간 양상에서) 자유롭게 수행될 수 있는 무한히(*in infinitum*) 지속될 이념적 우주의 상관자로서 부각될 수 있을 것이다. 물론 여기서 이념적으로 이상적인 것으로서 이념 속에서 정립되어야 하는 것을 정확히 규정하기란 쉽지 않다. 그러나 우리는 경험된 자연 자체의 참된 존재와 대등한 것일 **가능한** 경험의 무한성이 관건임을 이해한다.

4) 이제 동일한 자연과 관계하는 **여러 주체들**을 생각해보자. 한 사람의 경험은 이러한 이념의 의미에서 부단히 흘러가고 그러한 양식의 흐름 속에서 깨지지 않는 경험적 진리의 힘을 이러한 이념 자체에 부여하는데, 다른 사람의 경험은 그에게 또 다른 참된 자연 혹은 부분적으로 동일한 자연이

양립 불가능하게 주어지게 되는 방식으로 흘러갈 수 없을까? 하나의 자아와 다른 자아의 공동체의 가능성의 조건, 그리고 **공동의** 자연이 구성될 필연성.

그러나 이러한 자연은 궁극적 의미에서 참되고, 그 자체로 존재하고, 이론적 진리 속에서 자연과학적으로 규정될 수 있는 자연이어야 하는가? 등등.

모든 존재는 주관성을 전제한다

모든 학문을 의문시함 — 가장 완전한 방식으로 새롭게 학문을 얻어냄. 모든 학문에 앞선 관점. 보편적 논리학. 인식 규범화.

모든 학문에 앞서 나는 경험하는 삶을 갖고 있다. 내가 아직 어떠한 종류의 논리적이고 개념적으로 확정된 앎도 갖고 있지 못하다고 가정해본다. 그래도 나는 경험을 갖고 있을 것이다.

그러나 경험에도 그 타당성이나 비-타당성, 그 확증이나 권리 박탈이 있다.

우리는 어떤 경험이 경험된 존재를 재현하는 것이 아니라 근원적으로 그 자체로 부여할 때 그러한 경험을 지각이라 부른다. 경험은 경험된 것을 자체 가짐의 의식 속에서 갖지만 그럼에도 불구하고 불완전하게 갖는다. 처음부터: 예기. 필증적으로 존재하는 경험이 있는가? 모든 경험은 확실성으로서, 반박될 수 없이 일치하면서 계속되는 지각으로서 의심 불가능성을 부여한다. 확실함이란 단지 의심하지 않는다는 것이 아니라 의심과 양립 불가능하다는 것이다. 비존재의 필증적 불가능성이다. 충전적인 것은 완전히 지각된 것이다. 필증적인 지각, 경험이 존재하는가? 모든 다른 경험적 타당성이 그것의 타당성에 의존하고, 언제나 전제하는 경험이 존재하는가?

모든 경험이 다른 경험을 전제하고, 이 다른 경험도 다시 다른 경험을 전제하며, 어떠한 경험도 필증적이지 않다면, 모든 경험은 허공에 떠 있어야 하는 것처럼 보인다. 그래서 인식의 구조를 지탱할 소명이 있는 경험 그리고 가장 낮은 단계의 인식이 있다. 이러한 인식과 그 존재자를 주제로 삼는 것이 최초의 과제인 것처럼 보인다: 최초의 존재자에 대한 최초의 학문.

참되게 존재함: 모든 개념적 진리는 경험을 전제하고, 모든 개념적 내용은 경험될 수 있는 존재를 전제하며, 모든 존재는 개별적인 존재를 전제한다. 모든 개별적 존재는 주관성을 전제한다.

부록 16(40강에 대하여)

자아의 이중적 '잠재성'

반성의 이론에서 아직 고려되지 않은 것은 다음과 같다.

발달한 인간은 사회적 존재다. 그리고 모든 사회성은 반성을 통해 수행된다. 사회적 존재로서 인간은 부단한 반성의 습성 속에서 살아간다. 인간은 부단히 다른 사람과 교제하고, 부단히 자기 자신과 교제한다. 인간은 다른 사람과 마찬가지로 자기 자신을 실천적 주제로, (그리고 그 속에 포함된) 가치평가하는 독사적(doxisch) 주제로 삼는다.

통각적인 계속적 타당성과 통각적인 전이의 형성의 법칙에 따라서 주목하며 보인 사물은 우리에게 현존할 뿐 아니라 필연적으로 자신의 공간 사물적 배경을 가지고 있듯이, 그리고 그때그때의 다양한 주목되지 않은 사물들이 그럼에도 **사물로서** 지각되고, (불명료하고 발전되지 않은 통각적 단계로) 이미 바로 우리에 대한 사물로 주목될 준비를 하고 있고, 공간적으로 항상 방향 지어지며 이미 '대략적인' 특수한 감각 내용을 갖추고 있듯이 — 지각장의 주목되지 않은 다른 자아를 도외시한다면 — 자아의 경우에도 마찬가지다. 그러나 그것은 자신에 대한 **자아의 이중적 잠재성**이 구별되어야 함을 의미한다.

1) 아직 '자기의식'으로 발전되지 않은 주체의 근원적 잠재성.

2) 작용 주체인 **인간적** 자아의 잠재성. 말하자면 다음과 같다:

나는 나에게 언제나 인간-자아로서 통각된다. 내가 한갓 자연 고찰에 완전히 몰두하고 있고, '자신을 망각할' 때조차 나는 나의 지각장 속에서 인간-자아로서 존재한다. 여기서 연상적 얽힘과 객관적 통각이 구별되어야 한다. 전자는 나의 영혼 삶을 신체의 과정과 통합시키며 일종의 앞선 구성을 수행할 수 있는 것이며, 후자는 **작용들**로부터 근원적으로 자신의 타당성을 갖고 이제 배경 속에서 작용 주체로서의 나를 객관화한다. 이때 이제 물론 내가 나 자신에 대한 보다 높은 작용 반성에서도 언제나 보다 높은 단계로 분리된 자아로 **객관화되는지**가 문제다. 일반적으로 주제가 된 반성된 모든 자아는 확실히 인간-자아이지만, 모든 숨겨진 자아가 인간적으로 통각된다는 가정은 무한 소급에 이르지 않는가? 아니면 그것은 모순을 요구하지 않는 지향적 함축을 통한 무한성인가? 아니면 유한히: 통각은 첫 번째 단계에서만 현존하고, 새로운 단계에서는 **사후적으로** 약간 밀려나는 것인가? 그럼에도 우리는 다음과 같이 이야기해야 할지 모른다. 양극화된 **작용 형식**의 "에고 코기토"의 출현과 함께, 저 극은 "에고(*ego*) = 자아-인간"이라는 반성적 형식을 취하고, 다음으로는 즉시 지향적인 공허한 형식을 취하는데, 이것은 다시 동일한 의미에서 배경-자아로 간다. 그러나 이것은 무한히(*in infinitum*) 무한한 연쇄 속에서 드러날 수 있다는 특성을 암묵적으로(*implicite*) 지평 형식으로서 지닌다. 모든 해명은 '에고'라는 이러한 형식을 의미에 적합하게 요구한다. 그래서 모든 사물 지각이 자신의 공허한 지평 속에서 무한한 함축을 지니듯이 무한한 함축이 있고, 가능한 드러남의 모든 방향에 따라서 그러하다.

그러나 이 형식은 어떻게 헐어내야 하는가? 그러나 그것은 결코 본질 필연성일 수 없다. 그리고 나는 이것을 어떻게 확신하며, 이러한 통각으로부터 자유로운 가능한 자아를 어떻게 확신하는가? 이것은, 감각 자료는 아직 미규정적이더라도 언제나 어떻게든 사물적으로 통각되기 때문에 생기는 순수한 감각의 제시의 문제에서와 동일한 어려움이 아닌가? 나는 타당성 수행으로의 경향처럼 통각으로의 경향을 어떤 방식으로 억제할 수 있는가?

그러나 얼마나 분열적이고 불분명한 말인가! 통각은 이러저러한 통각된 의미의 정립이다. 자연적 태도에서 나는 자연적 인간-통각에 반성하면서 자연적 인간-통각을 함께 행한다. 그러나 내가 첫 번째 단계의 반성에서 이미 **세계**를 실존적으로 억제한다면, 그러니까 나의 물리적 신체도 억제한다면, '자아-인간'이라는 통각은 억제되고 — 나의 현출하는 신체성을 통해 자극된다고 하더라도 — 배경-자아로 옮겨지는 것은 '인간'-통각이 아니라, **억제된** 통각이다. 이때 세계와 나의 신체는 계속해서 현출하고, 지표-동기는 내재적인 것으로서 계속 존재한다는 사실에 유의해야 한다. 이를 통해 자신의 신체의 자아 극으로서의 자아의 통각은 언제나 다시 거기에 있다. 다른 한편, 모든 경험적 통각처럼 나는 그러한 통각을 지속적인 추정으로서 폐기되고 무효가 되는 것으로 생각할 수 있다.

내가 삭제할 수 없는 자아란 무엇인가?

내가 삭제할 수 없는 자아란 무엇인가? 나는 무엇을 필연적으로 정립해야 하는가? 그것은 인간-자아의 현상이 아니라 더 이상 현상이 아니고, 경험, 사유 등의 지향적 대상이 아닌 자아다. 그러니까 내가 생각하는 모든 것에서 내가 실제로 발견하고, '나는-생각한다'의 **주체**로서 발견하며, 비록 내가 나라는 인간, 일상적 의미의 자아를 '괄호 쳤더라도' 발견하게 되는 그러한 자아다.

우리는 다음과 같이 이야기할 수 있다. 내가 연속적으로 소박한 객관적 경험 속에 살면서 세계를 발견하고, 이제 데카르트적인 방식으로 세계를 배제한다면, 나는 이러한 연속적 경험의 **현상**을 획득하고, "나는 세계를 경험한다"는 형식 속에서 획득한다. 그리고 만약 내가 이러한 연속적 경험함을 처음부터 나의 **인간-자아**에 대해서 이끌었다면, 이것은 처음부터 함께 배제된다. 그럼에도 나는 필연적인 에고(*ego*)를 갖고 있다. 그러면 나는 나의 삶의 전체 흐름에 대해서 **절대적 삶을 현상으로서** 갖고, 그 속에서 **자아**를 언제나 이러한 흐름의 주체로서 가지며, 그러나 **초월론적** 자아로서 갖고, 다양한 방식으로 갖는다. 나는 그것을 "나는 지금 이 사물을 경험한다, 나는 기억한다, 나는 예상한다" 등 속에서의 연속적 자아로서 발견한다. 그것이 그때그때의 개별적 체험의 자아로서이든, 방금 흘러간 현상이 지향적으로 아직 살아 있는 동안 하나에서 다른 하나로 이행하면서 이어지는 연속성의 자아로서이든 말이다. 그러나 나는 그것을 또한 내가 헤엄치는 이 살아 있는 흐름의 현행성 속에서도 발견하고, 회상 '속에서도' 회상된 자아로서 발견하는데, 이것은 회상 현상의 지금 주체인 자아와 통일된다. 마찬가지로 예상에서는 물론 추정적으로 정립되는 다가오는 자아로서 다가오는 것에 속하는 자아로서, 그러나 그럼에도 순수한 자아로서 발견한다.

보다 높은 단계의 반성. ─ 더 나아가 나는 또한 새로운 반성을 수행할 수 있고, "나는 생각한다"로부터 "나는 생각한다고 생각한다"로 되돌아갈 수 있다. 그리고 나는 이 "나는 생각한다"를 그 자체로 다시 괄호 치고, 새롭게 순수한 자아를 "나는 생각한다"라는 현상의 주체로서, 마찬가지로 모든 현상의 주체로서 그리고 현상의 (그러나 괄호 쳐진) 전체 흐름의 주체로서 획득한다.[37] 그러나 여기서 우리는 현상의 현상이 첫 번째 단계의 현상 아래 '끼워진다'는 의미에서 개별적인 현상이라는 특이한 점을 갖는다. 첫 번째 "에고 코기토"는 내가 그것에 다시 현상학적 환원을 수행할 수 있다고 해서 현상학적 환원에 '빠지지' 않는다. 그것은 이미 절대적이다. 그리고

---

37 그러나 또한 나는 절대적인 '나는─생각한다'를 인간학적으로 뒤집을 수 있다. 나, 곧 인간이 절대적인 '나는─생각한다'를 수행한다.─ 원주.

내가 다시 현상학적 반성과 환원을 수행한다면, 나는 두 번째 단계의 현상을 획득하기 위해서 단순히 그것을 필요로 한다. 그러나 내가 선행된 첫 번째 단계로 돌아간다면, 새로운 반성은 새로운 현상으로서 그 연관 속에 편입된다. 그리고 그것은 내가 더 높게 반성한다면 더 높은 반성에 대해서도 타당하다.[38]

그래서 나는 다음을 갖는다.

1) 우선 어떠한 반성도 가질 필요가 없는 삶의 소박한 흐름, 순수한 사태로의 몰두를 갖는다.

2) 그것에 대해서 나는 첫 번째 반성과 환원을 통해서야 **알게 된다**. 그것을 통해서야 나는 경험되고 생각되며 가치평가되는 등의 객관성을 상응하는 부분적 삶의 순수한 주관성의 지향적인 것으로서 본다. 그리고 순수 자아 자체를 보는데, 이 순수 자아에 대해서 지향적인 것이 현존하고 지금 뒤돌아보면서 현존한다.

3) 그러나 나는 또한 추가적인 반성에서, 선행한 최초의 현상학적 반성 자체가 하나의 현상이고, 순수 자아(경우에 따라서는 그 이전에, 경험적 자아)의 각성으로서, 자아의식 없이 흘러간 삶의 맥락 속의 삶의 한 부분임을 본다. 그리고 나는 모든 순수한 현상과 순수하게 흘러가버리는 삶이(그 속에서 경우에 따라 반성과 환원이) 자아에 **대해** 현존하고, 하나의 자아로서의 자아에 속한다는 사실을 인식한다. **모든 반성에서 나는 나를 발견하고, 필연적인 자기 합치 속에서 동일한 자아를 발견한다.** 나는 말하자면 자아 없음의 소박성 속에서 흘러가버린 삶은 다만 자아를 의식하지 못했을 뿐이

---

38 여기서 우리가 필증적 명증을 따르는 것이 아니라, 필증적 환원을 포기하고 '체험 흐름'으로의 환원으로서의 현상학적 환원만을 수행한다는 사실을 간과해서는 안 된다.– 원주.

지, 자아는 거기에 있었다는 사실을 안다. 특히 나는 삶이 본래적인 "나는 생각한다"의(주의를 기울이며 향해진, 파악하고, 입장 취하거나 유사 입장 취하는 자아의) 형식 속의 깨어 있는 삶에 국한되는 것이 아니라 **배경 현상**과 같은 무언가가 존재한다는 것을 안다. 그러나 이러한 배경 현상은 진정한 의미에서 자아 없는 것은 아니다. 나는 **촉발**(Affektion)과 그것에 속한 것에 주의를 기울이게 된다. 이제 나는 필연적으로 나의 삶은 그것이 내가 나를 의식하는 반성된 삶일지라도 언제나 소박성의 계기를 지닌다는 것을 알고, 모든 것에 대해 내가 깨어 있을 수는 없으며, 그것이 보편적 반성을 수행하고, 자신의 전체 삶을 어떤 방식으로 포괄할 때조차 **하나**는 포괄되지 못한다는 사실을 안다. 그것은 반성하는 자아가 자신의 다양한 삶과 이러한 삶의 주체로서의 자신을 향하는 시선 향함이다. 파악하고, 정립하는 태도, 주제적 행동 등이다. **그래서 파악되지 않은 "나는 생각한다"가 언제나 다시 거기에 있고, 따라서 이러한 '나는-생각한다'의 자아가 있다.** 그것이 그 속의 극(Pol)인 것처럼 말이다. 그러나 반성이 이것을 **파악하면**, 이제 비로소 볼 수 있는 이 극은 자아극으로서 파악되었던 것과 '동일한' 자아극임이 다시 분명해진다.

순수 자아로서의 자아가 천 가지의 자아이고, 분리된 작용에서 천 번이나 등장하더라도, **수적으로 동일한 것**으로 인식될 수 있다는 사실은 기이한 일이며 그럼에도 명증적인 일이다.

물론 이때 자아는 가장 넓은 의미에서의 대상이고, 이러한 천 가지 것에서 천 가지 양상을 갖는다. 그리고 '자아적인 것(Ichlichkeit)'은 자기 자신에 대해서 모든 지향적 대상성들에서처럼 이러저러한 양상 속의 대상성으로서만 생각될 수 있는 지향적 대상이다. 그럼에도 불구하고 대상성은 모든 이러한 양상을 통해 동일한 것(대상극)으로 인식될 수 있다.

다른 한편 모든 반성에서 자아는 대상적인 것이다. 그리고 동시에 언제나 대상적인 것이 **아닌** 자아가 거기에 있다. 이러한 비-대상적-임은 다만 주목되지-않음, 파악되지-않음을 의미할 뿐이다. 뒤에 오는 반성과 파악이 가르쳐주듯이, 그럼에도 '대상적이지 않은' 그때그때의 자아는 '거기에' 있고, 삶의 주체다. 반성이 거기에 있으나 다만 (다음의 보다 높은 단계의 반성에서처럼) 파악되지 않은 반성이듯이, 그 반성의 자아도 마찬가지다.[39]

그러므로 **자아의 존재는 언제나 '자신에 대한 존재**(Für-sich sein)'이고, **언제나 존재이며, 자기 현출을 통한, 그 속에 현출하는 것이 필연적으로 존재하는 절대적 현출을 통한 '자신에 대한 존재**'다. 그리고 자기 파악 이전의 **현출함의 근원 양상**은, 그럼에도 불구하고 특수한 형태의 **현출함**이다. 이러한 현출함에서 그것은 '현출한다'. 바꾸어 말하면 그것은 해당하는 반성되지 않은 삶에서 자신의 '의식되지 않은' 자아로서의 극이다. 그리고 다만 저 이전의 삶의 극을 파악하는 새로운 극을 지닌 새로운 삶이 등장할 가능성이 언제나 존재한다. 이때 이전의 삶의 극(자아)은 파악된 것의 양상을 갖는다. 그러나 그것은 다시 '나중에야' 파악될 수 있는 파악되지 않은 극을 지니는 새로운 반성하는 삶을 전제한다.

다음이 추가되어야 할 것이다. 내가 '자아-인간'을 괄호 친다면, 나는 그럼에도 나중에 순수한 자아로서의 내가 '자아-인간' **속에 포함되어 있으며**, 다시 말해 (그 어떤 자아-인간-체험, 경험적인 '나는-생각한다'에서와 마찬가지로) 자아-인간 속에서 **삭제될 수 없는 것**임을 인식할 수 있다.

∴

39 파악된 현상의 자아로서의 자아는 바로 파악된 자아이고, 본질적으로 파악함의 '대상'으로서 파악된 현상은 파악된 파악함이 아니다. 그리고 이러한 파악함의 파악하는 자아로서의 자아는 파악된 것이 아니다. – 원주.

현상학적 환원의 의미

세계로의 주제적 향함 — 세계-가짐(Welthabe). 자연, 시공간적으로 위치 지어진 '영혼적인 것' — 자아-반성, 즉 주체적 작용, 현출 방식, 신체성에 대한 주관적 주재에 대한 반성의 모든 체험과 더불어.

자아에 순수하게 속하는 것, 궁극적으로 '나 자신'인 것에 대한 주제적 향함, 그리고 나의 삶인 것, 내가 나의 삶에서 객관적인 것으로서, 시공간적으로 세계적인 것으로서, 나에게 지금 나의 삶에서 그러그러하게 현출하고, 그러그러하게 추정적으로 생각된 것으로 주어진 것**으로서** '부여한' 것에 대한 주제적 향함.

세계-아이(Weltkind)가 되는 것 — "세계가 존재한다"는 것을 지속적으로, 지속적인 타당성 속에서 갖는 것. 나는 나 자신에게도 지속적인 타당성 속에서 존재하고, 나는 존재하며, 나는 그러그러한 성격 특성들, 객관적으로 향해진 그러그러한 확신들, 또한 객관적으로 향해진 실천적 결단들을 가지고 있다. 타당성 속에 존재하는 세계, 그 속에서 나는 존재한다. 나는 세계 속으로 들어가 경험하고 생각하고 원하며, 보고 듣는 등 세계로 들어가 활동하는 기관을 신체에 갖고 있다. 이러한 신체를 통해서 나는 나에게 현존하는 공간 세계 속에 위치 지어지고, 이러한 심리 물리적으로 묶인 존재 속에서 신체의 영혼으로 존재한다.

그래서 나는 세계 '속에' 존재한다. 나의 자아는 나의 신체를 통해 자연을 순수하게 객관적으로 자연화한다. 마찬가지로 다른 자아는 자신의 신체를 통해 그렇게 하고, 정신적 작품은 인격적 주체에 의해 형성된 정신적 의미의 표현으로서의 자연적인 몸을 통해 그렇게 한다.

그러나 세계는 나에 대해 어떻게 현존을 갖는가? 세계는 나의 경험의 경험된 것이고, 나의 현상의 현상된 것이며, 나의 파악함의 파악될 수 있는 것 내지 파악된 것이고, 나의 증명함의 증명된 것이다. 그러나 세계는 또한 경험하는 작용의 흐름 속에서 나의 현행적 경험에서 (그리고 일치의 경험에서) 자라난 습성을 통해 나에게 머물러 있으며, 새로운 현행적 경험의 경험 지평을 통해 이차적인 방식으로 '암묵적으로(implicite)' '함께' 의식된다.

나는 나의 맞은편에 외부의 경험 세계를 갖고 있었다. 그것은 **앞서서** 나에게 현존했고, 확고한 타당성 속에서 '앞서 주어졌다'. 그것은 '모든 것'을 포괄하고 나 자신을 인간으로서 포괄한다. 거기에는 다음과 같은 사실이 놓여 있다: 앞서서 나는 자연을 갖고 있고, 심리 물리적인 경험과 그 밖의 정신적 경험을 통해 자연에 삽입되고 편입된 정신성을 갖고 있다.

나는 그럼에도 **나의 것**인 이러한 미리 부여하는 타당성을 **억제할** 수 없는가? 나에 대해 현존하고 실제로 존재하는 것으로서 입증된 모든 것(그리고 존재자 자체의 모든 것, 세계)은 나의 삶 **안에** 있는데, 이러한 삶, 또는 나의 존재와 나 자신에 대한 경험은 그것의 현존에 있어서 필연적으로 선행하지 않는가? 나에 대해 존재하는 모든 것은 기껏해야 나의 경험함의 경험된 것이고, 이러한 토대 위에서 인식에 적합하게 사유하면서 입증된 것이다. 그리고 내가 나 자신에 대해 존재하는 한, 나는 스스로 경험된 것으로서 혹은 스스로 경험할 수 있는 것으로서 그리고 판단에 적합하게 입증될 수 있는 것으로서 존재한다. 나는 그것을 나로부터 분리할 수 없다. 내가 존재한다는 사실은 내가 경험적 진리 속에서 존재하는 것으로서 정립할 수 있는 모든 것에 단적으로 선행한다. 나는 존재한다는 사실을 나는 포기할 수 없다. 이렇게 포기하면서조차 나를 전제하지 않고서는 말이다. 그러나 나는 세계를 포기할 수 있다. 그리고 내가 세계를 경험함에도 불구하고 세계가 존재하지 않으리라는 것은 생각될 수 있을 것이다. 그리고 세계가 존재하지 않는다고 해도 그것은 내가 존재한다는 사실에 대해 아무것도 변경시키지 않는다.

나는 세계의 존재에 대한 모든 입장 취함과 관련하여 판단중지를 수행한다. 나는 순수 주관성을 획득하기 위해 내가 필요로 하는 것을 해야만 한다. 나는 순수 주관성을 주제로서 어떻게 획득하는가?

내가 술어적으로 판단하고 술어적 진리로(그러므로 이론, 학문으로도) 출발할 수 있기 전에 내가 **그것에 대해** 판단하는 무언가를, 즉 존재하는 것으로서 나에게 미리 주어진 그 어떤 기체를 갖고 있어야 한다는 사실은 분명 선험적으로(*a priori*) 타당하다.

세속적인 경험은 부단히 그러한 판단 기체를 돌보거나 내지는 돌봤다. 그리고 세속적 경험이 타당성 속에서 정립한 것과 타당성 속에서 새롭게 정립하는 것은, 삭제의 형식 속에서 뒤따르는 배제가 들어서지 않는 한, 지속적인 타당성 속에 있다. 게다가 이러한 경험의 본질 방식에는 이러한 경험이 경험된 것과 경험으로부터 타당한 모든 것을 통일시킨다는 사실, 그리고 그때그때의 경험적 소여들(지각적 소여, 기억 소여)이 언제나 보편적인 경험 지평을 갖는다는 사실이 놓여 있다. 이때 이러한 경험 지평은 이전부터 알려진 것과 다시 일깨워질 수 있는 것뿐 아니라 그때그때의 예상 지평과 가능한 경험의 지평들도 포괄한다. 이 모든 것은 모든 현행적 현재에, 그리고 모든 이전의, 그러므로 기억적인 현재에 속한다. 이 분석은 모든 구체적인 외적 대상(세속적이고 실제적인 대상)에 다음 사실이 선험적으로 속함을 보여준다. 즉, 그것이 자신의 고유한 의미에 따르면 고립될 수 없고, 순수하게 자체로 존재하는 것이 아니며, 다만 자신의 경험 세계, 그러니까 다만 부분적으로만 경험되고 나머지는 무한히 알려지지 않았지만, 가능한 경험을 통해 나, 경험하는 자에게 인식될 수 있는 세계 속의 실재적인 것으로서 존재한다는 사실이 선험적으로 속함을 보여준다.

세속적인 경험, 그리고 나에게 주관적이고 지속적으로 타당한 장, 그러니까 존재하고 서로 실재적으로 관련된 실재성들의 열린 무한한 시공간적 장을 만드는 세속적 경험의 작업수행은, 그럼으로써 나에게 지속적으로 준비된 판단의 장과 가능한 술어적 인식의 장 내지는 '무한히(*in infinitum*)' 가능한 진리 노력의 장을 만들어준다.

세속적 경험에 힘입은 기체들에는 모든 다른 인격성처럼, 인간적 실재성으로서 나의 인격성도 속한다. 인격성의 양면적 구조에 필연적으로 따르는 것은, 내가 끊임없이 함께 주어진 신체성과 그 밖의 인격 외적인 객관적 세계를 판단하지 않고서도 인격성의 영혼적 정신성을 넓은 구간에서 일관적으로 판단할 수 있고, 인격적 공동체와 그 인격적 작업수행에 대해 내가, 그 밖의 세계에 대해서 전적으로 판단하지 않거나 세계에 대해 진리를 추구하지 않고서도, 바로 오직 이러한 인격적 공동체와 작업수행에 대해서만 진리를 추구하는 방식으로 판단할 수 있다는 사실이다. 말하자면 그들이 인격으로서 자신이 자신의 환경세계와 관계함을 알고, 자신의 경험과 그 밖의 사유하는 의식을 갖고 있으며, 그 속에서 무언가를 성취한다는 믿음 속에서 환경세계 속에 의식적으로 들어가 사는 한, 나는 그들을 살아 있는 것으로서 정립하고, 자신이 활동적이고 세계에 작용하는 것임을 아는 것으로서 정립한다. 그러나 내가 아무리 앞서서 경험 세계의 기체 토대 위에 서 있더라도, 그리고 우리 모두에 의해, 모든 가능하거나 현실적인 인간과 동물에 의해 공동으로 경험되는 것으로서 경험 세계의 기체 토대 위에 서 있더라도, 내가 아무리 모든 인격이 앞서서 참되게 존재하는 세계인 '이' 세계와 관계함을 믿더라도, 나는 이 인격들을 다음과 같은 방식으로 고찰할 수 있다. 즉, 내가 세계를 전적으로 그들에 의해 추정되고, 그들에게 타당하고, 그들의 존재 사념에 토대하는 실천적 세계**로서** 주제적으로 고찰했던 방식으로 고찰할 수 있다. 이때 처음에는 — 여기에서 그들이 착각하고 있다는 의식에 그들이 이르는 것이 아니라면 — 그들이 착각 속에서 파악되었는지를 묻지 않고서, 그러나 또한 그들이 **그 안에서** 객관적 정당성을 갖는지 그렇지 않은지는 묻지 않고서 고찰할 수 있다.

그 밖에 그렇게 진술될 수 있는 순수한 인격적인 것은 나에게 그 자체로 세계에 속하는 무언가이고, 개별 인격 및 공동체화된 인격에 대해 참인 것이다. 이 인격들은 미리 주어진, 그리고 경험 내용과 더불어 언제나 새로운 경험들이 계속해서 규정되는(그러나 그 때문에 술어적으로 규정되지 않는) **세계** 속의 인격이다. 다만 나는 순수하게 인격적 정신성을 향한 태도를 취하고, 물질적 사물, 실재성으로서의 신체에 대한 술어적 진리를 향해 태도를 취하지는 않는다. 그래서 정신과학의 인격주의적 태도는 아직 자연적 태도다. 비록 우리가 세속적인 인식 태도 속에서 바로 자연주의적 태도와 인격주의적 태도의 이 이중적 가능성을 지닐지라도 말이다. 이 두 가지 태도는 이것들이 처음부터 내적으로 결합되어 있었고, 다만 **추상**을 통해서만 분리되었듯이, 다시 결합되게 된다. 그래서 실천적 인간은 때로는 외적인 자연적 연관을 향하고 때로는 인격적 연관을 향한다. 보편적 경험의 통일체 내지는 통일적으로 경험된 세계 내부에서 말이다. 이러한 세계 속에서 자신에게 고찰된 인격적인 것은 그럼에도 자연화되어 주어져 있고, 다만 때때로 오로지 자신의 고유한 본질적인 것에만 관심을 갖는다.

여기서 우리는 이제 새로운 종류의 태도는 순수한 인격주의적 태도와 연구에 근거 지어진다는, 상응하는 새로운 종류의 순수한 (더 이상 정신과학적이지 않은) 경험이 작동된다는, 그리고 이러한 경험 토대 위에서 하나의 '학문'이(이것이 세속적 학문과 유사한 양식과 의미의 학문인지는 여기서는 놓아둔다) 작동된다는 이상한 사실을 갖는다. 이 학문은 타당성으로서의 세속적 경험과 철저히 분리되어 있는데, 말하자면 이러한 타당성이 전적으로 그리고 보편적으로 '타당성 밖에 정립'되고 남아 있다는 사실을 통해서 분리되어 있다.

'자연적' 태도에서, '자연적' 인간으로서 개별적으로 혹은 다른 인간들과 공동으로 살아가고, 특히 연구하고, 실천적 행복을 추구하는 것처럼 학문을 추구하고, 행동하고, 작용하고, 형성한다는 것, 그것은 세계를 단순히 부여했다는 것이다. 즉, 자연적으로 보편적 경험으로부터 전적으로 타당한 것으로서, 이론적이거나 이론 외적인 관심을 움직이고, 최초의 고려 속에서 궁극성의 이념 아래 자신의 술어적 진리 속에서 규정되길 원하는, 우리에게 현존하는 것으로서 세계를 갖는다는 것이다.

커다란 진전은 내가 **나에 대한** 세계의 존재를 완전히 보편적으로 타당성 밖에 둘 수 있고, 혹은 보편적으로 현행적이거나 잠재적인 객관적 경험을 타당성 밖에 둘 수 있다는 인식이다.

그 **동기**는 분명하다. 나는 세계에 대한 모든 생각과 앎(이것을 통해서 세계는 바로 나에 대해 단순히 현존하고, 세계에 대해 착각할 때조차도 앞서서 존재하며, 진리와 거짓에 대한 앞서 존재하는 기체 영역으로서 존재한다)이 나의 고유한 경험으로부터 나오고, 이 토대 위에서야 비로소 경우에 따라서는 (그들의 자연적 신체에 대한 나의 경험과 나의 타인경험 없이는 나에게 현존할 수 없을) 다른 사람의 경험으로부터 나온다는 사실을 깨닫게 되고 거기에 몰두한다. 나의 경험하는 삶과 그 속의 습성적 경험 가짐의 필연적 형성으로부터 나에 대해 존재하는 것으로서의 세계의 존재에 **앞서**, 언제나 나 자신의 존재가 서 있다. '앞서'라는 말이 시간적−발생적으로 이해될 수 있는지는 지금 우리의 관심사가 아니다. 그러나 나의 고유한 존재나 자신의 존재(완전히 구체적으로 이야기하자면 나의 순수한 인격적 삶 속에서의 나의 인격적 존재)는 '그 자체로' 선행한다.[40]

나는 타당성 통일체를 나 자신의 삶의 동기로부터 수행해야 했고, 그랬듯이 나의 경험에서, 그리고 그에 따라 나의 주관적 타당성 속에서 평소에 수행했는데, 세계가 나에 대해서 이러한 나의 타당성 통일체 이외의 다른 것이 아니라면, 나는 이러한 세계가 정말로 존재하는지 그렇지 않은지 물을 수 있다. 즉 내가, 내가 가진 타당성을 입증할 수 있는지, 그 입증은 사정이 어떠한지 물을 수 있다. 그리고 그 물음이 나에게 어떻게 답할지라도, **나는 존재한다.** 모든 물음, 모든 경우에 따른 의심과 그 밖의 부정은 나의 것이고, 나는 이때 언제나 전제되며, 내가 입증하는 세계, 나에 대해 다만 나에게 타당한 것으로서 존재하는 세계가 정말로 존재하는지 그렇지 않은지 하는 나의 물음의 결정에 **앞서** 명증적인 방식으로 존재한다. 그

----

40 이러한 '그 자체로'는 그러나 세계적인 것에 대한 통상적인 그 자체(즉자)와는 원리적으로 다른 것이며, 이 '그 자체(즉자)' 속에 나, 이 인간은 존재하지 않는다.− 원주.

래서 분명한 것은 내가 (이제 이러한 타당성을 정당화하려는 관심에서든 그 밖의 다른 관심으로부터든) 이러한 타당성을 미결인 채로 두거나 이러한 관점에서 입장 취함을 삼가는 동안에, 나는 나 자신과 나의 삶에서 경험의 장을 가질 수 있고, 이를 통해 또한 술어적인 연구의 장을 가질 수 있다는 점이다.

그에 따라 나에게는 세계와 단적으로 관계하는 어떠한 언명도 허용되지 않는다. 각자는 전제된, 타당성 속에 있는 기체로서 세계적인 무언가를 그리고 암묵적으로는(implicite) 전체 세계를 가질 것이다. 모든 객관적인 (세속적인) 경험은 이제 '괄호 쳐지고', 나는 그것의 경험된 현존을 이용해서는 안 되고, 판단 기체로 취해서도 안 된다. 그리고 명백히 자연적 의미의 '자아 — 세계 속의 인간'에서의 나를 이용해서는 안 되고, 판단 기체로 취해서도 안 된다. 그러나 이를 통해 '순수한' 자기 경험, 즉 초월론적 자기 경험이 열리게 된다. 판단중지 속에 살면서 나 자신을 반성하면서 나는 **경험한다**. 그러나 초월론적인 순수한 경험 속에서 경험하는 것인데, 이러한 경험 속에서 경험된 것은 인간이나 인간적 인격이 아니라, 내가 나의 인간임과 인간적인 인격임을 타당성 속에 정립했던 나 자신이다. 물론 나는 이제 반복해서 다음과 같이 말할 수 있다. 나는 이전에 초월론적으로 경험된 자아에 앞서 존재하고, 나는 초월론적 경험 속에 살면서 나를, 즉 초월론적 자아를 발견한다. 세계-판단중지 내부에서 말이다. 그러나 나는 이때 또한 이 두 자아가 하나의 동일한 자아이며, 세계 정립이 수행된 초월론적 체험처럼 초월론적 자아가 자기 자신을 정립하는 그와 같은 체험도 초월론적 자아 내지는 초월론적 자아의 삶의 구체화에 속한다는 사실을 인식한다.

초월론적으로 순수한 자기 경험은 나에게 이제 지속적인 존재의 새로운 토대를 제공한다. 나는 이제 그러한 토대가 언제나 존재했으며, 비록 미리 주어지지 않았더라도 이미 타당성 속에 있었음을 안다. 그것도 필연적으로, 자신의 경험 속에서 세계를 타당성 속에 정립했고, 이제 부단히 세계를 가진 구체적 자아 주관성의 형식 속에서 그러하다는 것을 안다. 다만 초월론적 자아는 아직 이러한 방식으로 존재할 수 없고, 자신에 대해 구성될 수 없고, 자기 자신을 깨닫지 못하고, 자기 자신을 그 순수성 속에서 경험하지 못하며, 주제적인 인식의 영역으로 만들지 못한다. 이를 위해서 초월론적 자아는 우선 우리가 기술했던 동기로 들어가야 하며, 현상학적 환원을 수행하는 것으로 끝나야 한다.

이전에 초월론적 주관성은 자기 자신에 대해 절대적으로 **익명으로** 존재한다. 그리고 비주제적으로 눈에 띄지 않게 존재한다. 다만 세계적인 것, 그리고 그 아래 다만 자아-인간으로서, '세계 아이'로서의 자아만이 열려 있고, 경험적으로 현존하며, 미리 주어져서 현존한다.

내가 이러한 **자연적** 태도 속에서 반성적으로 경험하면서 나를 고찰했고, 그래서 인간으로서 발견했다면, '자아-인간'이라는 이러한 경험의 주체인 나의 자아에 대한 추가적 반성은 다시 나를, 그러니까 인간을 산출하고 이는 무한히(*in infinitum*) 계속된다. 내가 이러한 나의 자아를 그 인격적 삶 속에서 주제로 삼고, 그 경험함과 사유함 등에서 주제로 삼는다면, 나는 세계를 경험하는 것으로서, 세계를 사유하고 다루는 것으로서의 나, 즉 인간을 발견하고, 내가 타인들(다른 사람들)과 관계하고 있으며, 나와 마찬가지로 타인들도 세계와 의식적으로 관계하고 있음을 발견한다. 나는 결코 이 범위에서 벗어나지 못하고, 심지어 통상적인 소박한 양식의 인식론자가 늘 이야기했듯이 내가 나에게 다음과 같이 이야기할 때조차도 그러하다. "나는 다만 나의 경험으로부터만, 그리고 모든 다른 인간들은 그들의 경험으로부터만 세계에 관한 무언가를 안다." 내가 철저하게 초월론적으로 나를 숙고하고, 경험된 것으로서 나의 인간임을 함께 끌어들이고 이제 위에서 기술된 동기에 따름으로써, 이러한 소견의 유효 범위를 철저하게 넓히지 않는다고 해도 그럴 때조차도 나는 이 범위에서 벗어나지 못한다.

현상학적 환원의 두 번째 형태[41]

깨어 있는 자아는 살아간다. 즉 경험하고 사유하고 가치평가하며 의지하고 행위한다(혹은 이 모든 것을 상상의 방식으로 행한다). 이때 때로는 미리 주어지고, 때로는 본래적으로 주어지며, 경우에 따라서는 저 활동적 작용들의 파악된 대상들이 되는 대상들로부터 자아는 갖가지 촉발들을 체험한다.

1) 자아가 자신과 자신의 삶에 대해 전혀 반성하지 않거나 혹은 반성하면서 이 삶을 자연적으로 주어진 것(반성되지 않은 것)의 부가물로서 자연주의적으로 파악하는 한, 삶은 이제 소박한 삶, 즉 자연적인 세속적 방식의 삶일 수 있다. 반성은 순수한 반성이 아니고 삶은 순수한 삶이 아니며, 반성적으로 파악된 자아 자체는 이-인간-자아이지 순수한 자아가

41 즉 비-데카르트적인. 첫 번째 구상. 1920년.- 원주.

아니다.

2) 자아는 순수한 초월론적 반성을 수행할 수 있고, 자신을 궁극적인 순수한 자아로, 자신의 삶을 순수한 삶(순수한 자아가-생각한다, 경험한다, 느낀다 등)으로 파악할 수 있으며, 전체 삶을 그 완전한 구체성 속에서 파악할 수 있다. 그리고 자아에 대해서 대상인 (경험된, 생각된 등의) 모든 것은 순수한 의식 속에서 의식된 대상임을, 그리고 모든 '자연적 삶'은 근거를 가지고 절대적 자아의 절대적 삶이라고 불리는 순수한 삶 속의 '형성물'임을 깨닫는다. 이것은 현상학적 환원의 방법이 드러낸다.

이때 나는 다음과 같이 전진할 수 없는가? 그 무언가가 나에게 (나의 경험, 나의 상상, 나의 생각 등의) 대상인 모든 경우는 대상이 의식되는 주관적 방식으로 시선을 돌릴 가능성을 제공하고, 우리는 (언제나 가능하듯이) 이러한 시선 전환에서 이론적 관심은 시선 전환에서 대상적으로 주어진 것을 고찰하며 향한다고 가정한다. 시선 향함에 주어진 대상들에 적용되는 이론적 관점이 근원적 시선 향함과 상응하는 자아-태도에서 결정적이거나 결정적이었던 곳에서, 우리는 이제 이론적 관심을 억제할 수 있다. 다시 말해 계속해서 작용 밖에 둘 수 있다. 이와 함께 우리는 작용하는 관심의 노선에 놓인 모든 이론적 입장 취함을 억제할 수 있다.

여기서 다음을 인지해야 한다. 이론적 관심은 그 어떤 존재, 존재 내용을 작업해내는 데로 향하는 실천적 경험 지향과 사유 지향을 말한다. 그것이 단적인 것이든, 어떤 가능 존재(이것은 동시에, 어떤 가능성의 존재다)든, 개연적 존재 등이든 간에, 그리고 물론, 그 어떤 시선 방향에 놓인, 다소간 명료하고 규정적이거나 미규정적인 방식으로 의식되는 대상성과 관련하여서 말이다. 여기에는 직관적으로 나타나는 대상의 전진하는 앎에 대한 모든 순수한 관심이 속한다. 혹은 전진하는 직관적 앎에서 점점 더 풍부하게 충족되고, 그것을 통해 순수하게 충족되는 직관적 대상 '자체'에 대한 모든 관심이 속한다. 우리는 더 자세히 알게 됨을 실천적으로 향한다. 이때 우리는 활동적인 지각함이나 기억함을 수행하고, 대상에 다가가고, 대상을 돌리고, 가장 넓은 의미에서 실험하고, 혹은 회상을 촉진하고, 기억 연관을 뒤쫓아 가는 등등을 한다. 계속 전진하면서 우리는 우리의 이론적 관심의 확고함과 깊이 혹은 그것이 봉사하고자 하는 목적에 따라 언제나 새로운 단계에서 사유 활동을 수행한다.

그래서 모든 이론적 작용은 계속되는 그리고 경우에 따라서는 무한히 계속될 수 있는 다른 작용들의 연쇄의 일원(Glied)이다. 이러한 인식 작용이 중단된다고 해도 실천적 지향은 '그 이상'으로 가며 중단 후에도 경우에 따라서는 다만 계속된다. 실천적 지향이 '포기'되지 않는다면, 그것은 달성되지 않은 목표를 실천적으로 향하면서 습성적 형태로 남아 있게 된다. 포기되는 대신 그것은 **억제되고**, 만류될 수 있다. 그러나 또한 그렇게 향해진 모든 습성적인 입장 취함도 마찬가지다.

우리는 이제 이렇게 진행하고자 한다. 현상학적 환원을 수행하고자 하는 나는 지금에 대해, 그리고 내가 '현상학자'이고자 하는 모든 미래의 경우들에 대해 이제까지의 나의 모든 입장 취함을 지금 억제한다. 나는 새로운 종류의 이론적 연구를 위한 하나의 습성을 자유롭게 내 안에 설립하는데, 그것이 최초로 시작될 때에도 벌써, 그리고 마찬가지로 그것이 계속될 때에도 언제나, 그것은 다음과 같은 절차를 통해 가능해져야 한다. 즉, 그것을 진행하는 동안에는, 내가 이제까지 (비–현상학적으로) 나의 삶에서 수행했던 나의 모든 입장 취함을 억제하고 그것의 실천적 영향력을 빼앗는데, 나의 이론적 작용뿐 아니라 나의 가치평가함이나 의욕함까지도 그렇게 함을 통해서 말이다. 물론 이제, 내가 현상학을 수행하고자 하는 곳에서 나는, 이전에 파악된 것으로서 늘 나에게 지금 기억으로 떠오를 수 있는 그 밖의 어떠한 나의 결정도 수행하지 않는다. 나는 내가 나의 가치평가로부터, 가령, 새로운 행위로 계속 추동되도록 하지 않는다. 무엇보다도 이제까지 나를 규정했고 계속 규정하는 모든 이론적 관심을 (물론 현상학적 관심은 그 가치평가와 더불어 제외하고) 나는 억제한다. 나는 자연의 친구였다. 나는 이제 자연을 더는 계속 알고자 하지 않고, 기술하고자 하지 않으며, 계속해서 이론적으로 탐구하고자 하지 않는다. 이제 현상학자로서 말이다. 이론적으로 전체 세계는 그것이 이제까지 이론적으로 나에게 현존했던 한, 더 이상 현존하지 않는다. 그리고 물론 열린 무한한 우주로서 언제나 나에게 현존하는 세계의 범위로부터 내가 그 어떤 것에 여전히 관심을 갖고 이론적 구조로 만드는 경험이 있을 수도 있는 한, 나는 단연코 그러한 '부차적인 것들(ἀλλότρια)'[42]을 차단한다. 내가 이제 오로지 이론적 주제로 만드는 것, 나의 '경이(θαυμάζειν)'를 자극하고, 나를 전진하는 앎으로, 그리고 거기에 근거하여 이론적 인식으로 규정해야 하는 것은, 나에게 이제까지 현존했고 이제까지 그 어떤 주제였던 모든 것이 나에게 존재하는 것으로서 타당하고 나에게 의식되었던 주관적 방식이다. 내가 이론적으로 활동했다면 나는 그때그때의 이론적 주제가 이론화 속에서 주제가 되었던 '방식(wie)'을 추적한다. 그러니까 작용에서 작용으로, 의식에서 의식으로 '대상'이 보였던 방식, 그리고 대상에 대한 '의식' 전체가 보였던 방식, 여기서나 저기서 자아가 한 번은 이렇게 한 번은 저렇게 의식된 대상적인 것을

42 '알로트리아(ἀλλότρια)'는 원래 '다른 종류의 것'을 뜻하는 말이다. 그런데 스토아 철학에서는 인간의 경우 재산, 명예, 사치 등 인간에 본래적으로 속하지 않는 것을 가리키기도 했다. 본문에서도 문맥상 부차성을 강조하는 것이 적절해 보여서 '부차적인 것들'로 옮겼다.

'동일화했던' 방식 혹은 다양한 의식을 통일성과 동일성의 의식 속에서 의식했던 방식, 한 번은 '불명료하게' '비직관적으로', 한 번은 직관적으로 분명하게, 한 번은 일면적으로, 한 번은 혹은 연속적인 전진 속에서는 다면적으로 '새롭고 새로운 측면들에 대해' 의식했던 방식 등을 추적한다. 내가 문장들을 진술했다면 나는 이때 문장으로서 주어진 것이 무엇인지, 그것이 어떤 양상 속에서 어떻게 주어졌는지 묻는다.

그러나 의식의 이러한 세계에서 나의 관심을 끌어야 하는 것은 개별적이고 개체적인 사실들이 아니라 그것들을 지배하는 유형이다.

이론적 관심과 이제까지의 삶의 모든 이론적 사건을 **나는 배제하지 않고**, 나의 과제에 포함시킨다. 그러나 어떤 의미에서인가? 나는 해당하는 **대상들**에 이론적으로 관심을 갖지 않는다. 이러한 관심은 곧바로 **억제된다.** 오히려 나는 이론적 관심과 이론적 관심 속에서 실행되는 작업수행, 그리고 이 이론적 의식 속에서 개별적으로나 전체적으로 의식된 대상이 자신을 드러내는 방식에 반성적으로 관심을 갖는다.

관찰자. ─ 해당되는 진리와 그 속에 규정된 참으로 존재하는 대상은 현상학적인 인식 주체로서의 나에 의해 판단되지 않았고, 나는 현상학자로서 존재와 비존재, 진리와 거짓에 대해 입장을 취하지 않았다. 오히려 나는 최근에 혹은 언젠가 자연적 자아로서 태도를 취했다. 그리고 나는 현상학적 자아로서 그것을 들여다본다. 자연적 자아로서 나는 다음과 같이 말했다: 나는 그것을 경험하고, 그것은 모든 이제까지의 경험을 통해서 입증되며, 계속적인 경험을 통해서 입증된다. 혹은 나는 다음과 같이 말한다: 나는 경험 논리적 사유 속에서 경험에 토대하여 명증 속에서 그것을 규정하고, 그러그러한 이론을 통찰적으로 형성한다. 자연적 자아로서 나는 경험된 것이나 생각된 것에 대해서 사랑과 미움 속에서 태도를 취한다. 혹은 의지를 수행한다. 현상학적 자아로서 나는 다음과 같이 말한다: 이러한 명증 연관, 일치하면서 연관된 경험의 이러한 연쇄가 그것 내지는 그것들의 유형적 본질에 따라서 나의 관심을 끈다. 나는 거기에 놓인 것을 연구하고자 한다. 거기에는 표상된, 지각된, 그런 다음 회상된 대상이 놓여 있다. 그것은 풀어내지고, 다른 대상과 관련을 맺고, 확정되며, 풀어내짐 속에서 의식으로 온다. 그리고 그것의 풀어내진 특징은 개념적으로 파악된다, 등등. 이 모든 것은 이러한 의식의 고유한 본질에 놓여 있다. 나는 그것을 어떻게 전면적으로 규명하고, 그러한 의식의 본질 유형을 인식할 수 있는가?

자연적 의식에서는 현상학적 의식에서와는 완전히 다른 것에 대해 진술한다. 자연적 의식에서는 그러그러한 대상, 대상적 사태가 나의 주제이고, 나는 그것을 논리적으로 파악하고, 주장되거나 통찰된 진리로서 규정하는 판단 명제를 진술한다. 현상학적 인식함에서 나는 판단 명제 **속에서** 규명한 것을 진술하고, 내가 판단 명제 속에서 규명한 판단과 진리들을 진술한다. 나는 자연적으로 주어진 대상에 대해서 아무것도 규명하지 않고, 자연적인 주어짐 속에 있는 그 대상들에 관한 의식에 대해 규명한다. 혹은 대상들의 자연적 주어짐에 대해서 규명한다. 그리고 대상들이 아니라 대상의 경험함에 대해서 규명하고 단적인 대상에 대해서가 아니라 경험된 대상 자체에 대해서, 생각된 것 자체에 대해서 규명한다. 그리고 이론적 의식의 이러저러한 유형 속에서 그것이 어떻게 생각되는지 진술한다.

자연적인 이론적 의식 속에서 나는 다음과 같이 이야기한다. 켄타우로스는 존재하지 않는다. 꾸며진, 신화적인 미신을 나는 나의 세계에서 삭제한다. 왜냐하면 나의 세계는 참된 것이어야 하는데 허구는 어떠한 진리도 주지 않기 때문이다. 나는 참된 것 자체를 내가 파악하고 붙잡고 규정하게 하는 의식 속에서 이론적으로 살고 있으며, 무엇이 존재하는지, 그리고 그것이 참으로 무엇인지를 진술한다. 현상학자로서 나는 의식된 대상들의 참된 존재에 관심을 가질 뿐 아니라 꾸며진 것이든 거친 상상 착상이든 의식에 주제적인 것으로서 등장하는 것은 무엇이든 마찬가지로 관심을 갖는다. 허구로서 그것은 어떻게 의식되고, 착각은 벗겨질 때 어떻게 의식되며, 벗겨짐의 의식은 어떻게 보이는가?

이러한 의식 전환은 순수하게 행해지고 보편적이라고 할 수 있겠다. 이러한 의식 전환은 모든 가능한 의식 일반과 관계한다고 할 수 있겠다. 그러므로 모든 사념된 대상과 사념될 수 있는 대상 자체를 포괄한다고 할 수 있겠다. 그래서 또한 논리학과 학문의 의미에서의 모든 대상들, 즉 현실적인 것으로서, '현존하는 것'으로서 **증명된** 가능적 사념된 것까지도 포괄한다고 할 수 있겠다. 그러나 바로 이것은 어떻게 보이는가? 어떤 것, 의식적으로 떠 있는 것, 사념된 것, 생각된 것 등이 참으로 존재하는 현실성의 성격을 가지게 되는 의식 속에서 그것은 어떻게 일어나는가? 여기서 나는 본다, 혹은 나는 통찰한다는 말로, "그것은 참되고 현실적이다", "그것은 의심할 여지 없는 타당한 진리다"라는 말로 반성적 자아가 표현하는 것은 어떻게 보이는가?

자연적 인간으로서 나는 나의 확신들을 갖는다. 그러니까 계속되는 경험과 경험적 인식의 형식 속에서 실재적인 현실성에 대한 존재 확신들을 갖는다. 학자로서는 나의 이론적 확신들을 갖는다. 나의 미적이고 윤리적인 확신들, 개별적이거나 일반적인 확신들은 나의 미적인 입장 취함에 놓여 있고, 내가 이론적으로 대변할 수 있는 판단 언명들에 반영된다. 내가 고집하는 나의 윤리적인 입장 취함들, 나의 윤리적인 원칙들, 나의 윤리적인 일반적 규범들, 그리고 경우에 따라서는 윤리적인 개별적 입장 취함과 일반적 입장 취함에 근거하는 윤리적 이론들도 마찬가지다. 나의 가치들, 나의 아름다움들, 나의 실천적 목표들도 마찬가지다. 이 모든 것을 자연적 인간으로서 갖는다. 그러나 현상학적 주체로서의 나에게 이 모든 것은 억제된다. 억제된다는 것은 포기된다는 것이 아니다. 그것은 배제된다. 내가 이전에 자연적으로 입장 취함으로서 수행했거나 이전의 확신으로부터 고수했던 것에 나는 지금 참여하지 않는다. 이제 현상학자로서 나는 어떠한 입장도 취하지 않고, 그러한 입장을 통해 나에게 어떠한 이론적, 미적, 윤리적 토대도, 어떠한 목표도, 나의 사유함, 느낌, 원함에 대한 어떠한 방향 지시도 하게 하지 않는다. 오로지 의식만이 나에게 나의 지시들을 부여한다. 그 아래에는 저 이전의 의식, 그리고 거기서 나에게 여전히 계속 영향을 미치는 저 이전의 입장 취함과 그 습성적인 계속적 영향력이 있다. 나는 해명하고, 기술하고, 이론화하면서 그것을 나의 체험함으로서, 의식으로서, 자아─태도(Ich-habitus)로서 **주시한다.**

현상학적 태도의 결단을 통해 자아 주체에게 일어나는 매우 기이한 **분열**이 있다. 현상학자는 자연적으로 인식하고, 느끼고, 의욕하는 바로 그 자다. 경험하는, 이론적인, 미적인, 실천적인 그러그러한 확신을 갖고, 그의 자연적 삶을 형성하는 계속적인 발전과 변화 속에서 그러그러한 의도, 결단, 생각 등을 갖는 바로 그자는 이제 이러한 자연적 삶에서 걸어 나와 보다 높은 반성의 망루에 오르고, 관찰자일 뿐 아니라 탐구하는 사유자의 눈으로 이 삶을 주시한다.

이러한 이중화(Verdopplung)는 보편적이고 철저한 비판을 요구하는 어떤 것과 근친성을 갖는다. 이것은 그러한 목적을 위해 함께 사용되기에 적합할 수 있다. 그래서 말하자면 의식 비판 말이다! 되는대로 살아갔던 내가 나의 전체 삶에 관해, 그 가치와 관련하여 갈피를 잡지 못하게 된다면,

종교적 동기를 따르면서 내가 완전히 내적인 회심, 의미의 내적인 쇄신을 얻고자 애쓴다면, 나는 나의 이제까지의 전체 삶과 관련하여 **비판**의 보편적 태도를 받아들인다. 나의 이제까지의 입장 취함을 아직 포기하지는 않지만 억제하고, 나는 당분간 그것의 타당성을 거부한다. 이때 이것은 내가 그러한 타당성을 부정함을 뜻하지는 않는다. 아직 그것을 포기하지 않고 비판적 검토를 위해 그저 괄호 쳤던 나는 이제 계속 조망하면서 그것을 검토하고 거기에 찬성하거나 반대할 결심을 한다.

그러나 **이것은** 현상학적 판단중지의 의도가 아니다. 현상학적 판단중지는 현상학으로서 어떠한 비판이나 비판적 선택도 수행하고자 하지 않으며, 오히려 자신의 연구 범위에서 이러한 입장을 결코 취하지 않으려 하고, 이러한 입장 취함의 현실적 수행을 전제로 갖는 어떠한 진술도, 가장 명증적이고 가장 참된 진술도 하려고 하지 않는다.

자신이 가진 명증을 경험하고, 그 명증 속에서 진리를 판단하면서 밝히고자 하는 자와, 다른 한편 자신이 가진 명증을 단순히 반성적 주제로 삼고, 다만 그 명증 자체에 놓여 있는 것을 밝히고자 하는 자는 완전히 상이한 태도 속에 있다. 말하자면 진리가 그의 코앞에 놓여 있다. 그러나 그는 진리에 관심을 갖지 않고, 자신의 주제로서 판단하면서 진리를 언표하지 않는다. 진리는 그의 판단 체계 안에 나타나지 않는다. 다만 의식으로서 명증 자체에 놓여 있는 것, 그리고 명증이 '참된 생각'이라는 성격 속에서 그러그러한 생각을 지니고 있다는 것 — 그는 그것을 진술한다. 이는 완전히 다른 것이다.[43]

..

43 그럼에도 나는 여기서 만족할 수 없다. 현상학은 그럼에도 **궁극적인** (절대적인 의식에서 발원하고, 절대적 의식으로부터 궁극적인 의미, 궁극적인 가치, 궁극직으로 충족된 명증을

현상학의 학문적 틀에서 현상학자에게는 세계, 그러니까 실재적 세계, 수학적 세계, 그에 의해서나 (그에게 알려진 것이거나 다른 방식으로 규정하는) 다른 사람에 의해서 파악된 어떤 대상성이든 그러한 것과 관계하고 그러한 것을 밝히는 문장은 나타나지 않는다. 그는 그 어떤 학문의 그 어떤 명제도 사용할 처지에 올 수 없다. 그렇게 하자마자 그는 자신의 토대를 상실한 셈일 것이다.

그러나 그렇다면 우리의 '현상학적' 반성의 토대는 고유한 학문의 그 자체로 완결된 영역인가? 그것은 보편적 자연의 일부가 아닌가? 그것은 심리학의 토대이거나 심리학의 보편적 토대의 일부가 아닌가?

이에 대해서 우선 다음을 이야기해야 할 것이다. 확신, 그 어떤 입장 취함, 특히 이론적 인식에서 현상학적 태도 밖에서 획득된 모든 것은 현상학을 가능하게 하는 무조건적인 일관성 속에서 작동 밖에 놓이고 괄호 쳐진 채 머무른다. 내가 모든 세계에 관해서, 나에게 존재하는 것으로 타당했던 모든 것 각각에 대해서 그것이 존재하는 것으로서 타당했고 타당하다고 믿었고 현상학 밖에서 믿게 될 것에 대해, 내가 현상학하는 동안에 나는 나의 현상학적인 괄호를 친다. 그리고 그것은 나에게 다음을 말해준다. 이것 중 어떤 것도 넘겨받아서는 안 되고, 이것 중 어떤 것도 믿음 속에서 내적으로 고수해서는 안 되며, 이것 중 어떤 것도 이제 전적으로 현실적인 것으로 여겨서는 안 되고, 어떤 것도 추정적인 것으로서, 개연적인 것으로서, 의문스러운 것으로서, 의심스러운 것으로서, 없는 것으로서 여겨서는 안 된다. 가치론적인 관점에서: 어떤 것도 너에게 이제 현행적으로 가치로

••

길어 올리는) **진리**에 이르는, 그리고 **절대적 의미에서의 존재** 및 절대적인 것에 뿌리내리고 절대적인 것에 상대적인 모든 존재에 이르는 방법이다. – 원주.

서 타당하지 않으며, 너는 이제 가치평가하지 않는다. 어떤 것도 정당함이나 부당함으로 평가하지 않고, 양심적이거나 양심 없는 것으로 평가하지 않는다. 이것은 물론 "너는 그것을 타당하게 하지 않는다"를 의미한다. "너는 부정한다"를 의미하지는 않는다. 왜냐하면 부정은 그 자체가 입장 취함이고, 무언가에 대해 존재하지 않는다거나 거짓인 것으로서 어떤 타당성을 부여하는 방식이기 때문이다. 오히려 "입장 취함 속에서 산다면 '그것은 존재한다, 그것은 이러하다, 그것은 존재하지 않는다' 등이 너에게 타당할 것인데, 자아로서 너는 어떠한 그러한 입장 취함도 수행하지 않는다." 너는 오히려 이제까지의 너의 현상학 밖의 삶의 모든 입장 취함을 억제한다. 너는 어떤 것도 망각하지 않고, 그것들로부터 눈을 돌리지 않으며, 그것들에 대해 네가 눈먼 상태로 있게 만들지 않는다. 반대로, 그것들은 너의 큰 주제를 형성하게 될 것이다. 그러나 바로 거기에 근본적인 것이 놓여 있다. 나는 단적으로 경험하는 대신, 반성할 수 있고, 경험함, 즉 나의 "내가 이러저러한 것을 경험한다"를 응시할 수 있다. 나는 단적으로 가치평가하는 대신에, 단적으로 사랑하고, 사랑하면서 애인에게 향하는 대신에, "내가 이러저러한 것을 가치평가한다", "내가 이 애인을 사랑한다"를 응시할 수 있다. 그리고 이렇게 응시하는 동안, 여기에 후속하는 반성의 이론적 연구를 하는 동안, 전적으로 더는 판단하거나 가치평가하는 자아가 아닌 방식으로 나는 그렇게 응시할 수 있다. 이 응시된 타당함 및 이것이 근거하는 모든 그것의 '함께 타당함'의 무엇과 관련해서 말이다.[44]

이것은 다음을 의미한다. 나는 나를 분할하지 않는다. 나는 판단하면서 나의 사태에 관심을 기울인 채 머무르지 않고, 잠깐 동안만 반성적 관심에

∴

44 이것은 올바르지 않다. 이것은 심리학적 반성일 것이다.‒원주.

의해 방향을 돌린다. 오히려 나는 나의 미래의 전체 삶에 대해 타당성을 지니는 주제적 전환을 위한 결단을 내리고, 나의 미래의 전체 삶을 자신을 관철하는 두 층으로 날카롭게 분열시키고, 상관적으로 나의 인격적 자아를 분열시킨다. 체계적인 귀결로 그리고 (나의 현상학적인 연구 삶의 구간에서) 직업적으로 나는 어떠한 입장 취함도, 이제까지 내가 수행했고 (가령 지속적인 세계 타당성처럼 자명성들로서 정초의 타당성으로서일지라도) 여전히 타당한 것으로서 입장 취함에 뒤따르는 어떠한 경험의, 경험 사유의, 가치평가함과 의욕함의, 거기에 정초된 상응하는 사유의 활동도 계속해서 따르지 않기로 결정하고, 오로지 순수한 반성을 수행하고, 입장 취함 자체, 전체 구체적인 자아 삶과 그 작업수행의 방식을 응시하고 학문적 주제로 삼기로 결정한다. 내가 중단하면 나는 다시 자연적 인간이 되고 나의 자연적 삶을 계속해나간다. 내가 다시 현상학적 작업을 가지고 계속하면, 나는 다시 현상학적 자아, 분열의 자아가 된다.

이제까지의 나의 세계 전체는 지금 현상학자로서의 나에게 더는 전적으로 '이' 존재하는 세계가 아니고, 모든 학문은 더는 전적으로 이 존재하는 학문이 아니다. 예술의 모든 형성물은 지금 나에게 더는 전적으로 이 아름다운 작품이 아니다. 그것들은 지금 나에게 그때그때 그것들을 경험하고, 판단하고, 가치평가하고, 가치로서 판단하는 의식 및 그 밖의 의식의 **한갓 현상들**이다.

그래서 모든 학문들과 더불어 심리학 또한 한갓 현상들로서 거기에 존재한다. 어떠한 심리학적 (심리적) 사실도, 어떠한 심리학적 판단도 나에게 미리 주어져서는 안 된다. 그리고 미리 주어진 것들로부터 주제적으로 주어져서는 안 된다. 오직 내가 현상학자로서 나에게 그 자체로 부여한 것만 주어진다. 그리고 나는 나에게 '순수한 의식'의 우주를 부여했다. 나는 현상학적으로 반성하고, 그것을 발견했고, 지속적으로 발견함으로써 그것을 나에게 부여했다. 근원적으로 나는 경험에서, "에고 코기토"의 반성적 경험에서 그것을 발견한다. 이것이 내가 가진 유일한 경험이다. 그러나 형상적 현상학자로서의 나에게 나의 관심은 개별적인 의식이 아니고 이 일회적인 의식, 의식 체험의 일회적인 사실적 흐름이 아니다. 모든 경험은 범례적인 것일 뿐이고, 내가 실제로 사용하는 것은 다만 자유로운 가능성, 상상 반성에서도 마찬가지로 유효하게 그리고 더 유효하게 제공되는 가능성, 자유롭게 변형되고 모든 변경에서 자신의 동일한 유형적 본질을 보존하면서 나에게 주제적으로 제공하는 가능성이다.

그러나 이제 물음은 다음과 같은 것이다. 현상학적 반성의 영역은 자신의 고유한 연관을 갖고, 전진하는 이론적 연구의 고유한 체계학을 가능하게 하고 요구하는 자신의 고유한 법칙성을 지니는 일관성 있는 학문의 분야인가?

여기서 우선은 다음에 유의해야 한다. 현상학자인 내가 현상학적 태도로 들어가서 자연적으로 내려진 모든 판단(경험을 포함하여 존재 타당성 일반)을 철저히 억제하고, 자연적으로 제공된 어떠한 존재 소여도 인수하지 않는다면, 자연적으로 획득되거나 정당화될 수 있는 어떠한 판단도 나의 현상학적 진술의 전제로 숨겨질 수 없다. 현상학적 진술들은 모든 자연적 학문과 무관하고, 역사적으로 전승되었거나 지금까지 나 자신에 의해 형성된 모든 철학과도 무관하다. 나는 그러한 것을 처음부터 괄호 쳤다. 그러나 또한 나에게 분명한 것은 내가 진술하는 것은 기껏 진리와 거짓에 대한 입장 취함에 나중에 비판적으로 영향을 줄 수 있겠지만, 그것들에 독립적이라는 사실이다. 이 사실은 또한 세계의 존재와 의미에 관한, 실재론과 관념론에 관한 모든 논쟁적 물음들에도 해당된다. 그와 같은 것과 관련하여 나는 그것들을 현상들로, 현실적이거나 가능적인 의식의 현상들로 간주하는 한갓 관찰자에 불과하다.

그것은 모든 실재성의 학문들이 관계하고, 경험된 것으로서 전제하는 **세계의 존재**에도 이미 해당된다. 세계는 지속적으로 나에게 현존하고, 나는 세계를 경험한다. 그러나 내가 이 경험에 귀 기울일지, 내가 이 경험을, 존재자를 제공한다는 경험의 권리주장을 받아들일지는 나에게 달려 있다. 현상학자로서의 나에게 세계는 내가 경험했고 여전히 경험함에도 불구하고 현존하지 않는다. 왜냐하면 나는 세계를 더는 비-현상학자처럼 자연적으로 경험하지 않고, 경험과 그 경험된 것을 괄호 쳤기 때문이다. 내 눈앞에 절대적으로 서 있는 세계가 존재하든 존재하지 않든 간에 내가 현상학적으로 판단하는 것은 그것의 고유한 권리를 갖는다. 그리고 나는 가령 "나는 지금 이러이러한 사물을 경험한다"라는 이 체험에 대해서 판단하고, 그러므로 소박한 경험함 자체와 모든 그 내용에 대해서 판단한다. 내가 자연적으로 나에게 주어졌던 환영이나 순수한 상상 허구에 대해서도 바로 그러한 반성을 수행할 수 있고, 자연적으로 수행되는 — 그리고 이 경우에는, 폐기하는 — 어떠한 입장 취함에도 참여하지 않는 것처럼 정확히 그렇게 한다. 내가 이제 반성으로서 획득한 것은 명백히 직접적으로 확실하고, 의심할 여지 없으며, 직관된 것으로서 직접적으로 파악된다. 그래서 그것은 명증을 갖는다. 이것은 **데카르트**의 방법을 상기시킨다.

데카르트의 방법은 우리의 시선을 (혹은 더 잘 표현하자면 인식하는 자이자 근본적 고찰을 수행하는 자로서의 나의 시선을) 나의 "에고 코기토"로 향하게 한다. 그러나 데카르트의 방법은 모든 객관적 존재, 경험 속에 주어진 전체 자연의 존재를 의심 속에 둠으로써, 에고 코기토를 절대적인 '자체 존재'로서 증명한다. 내가 꿈꿀 때조차, 모든 감각적으로 경험된 세계가 존재하지 않을 때조차, 나의 신체가 존재하지 않을 때조차, 그것을 경험하는 나는 그럼에도 존재할 것이고, 이러한 경험함은 존재할 것이다. 혹은 내가 그것이 존재하는지 의심할 때조차, 그리고 의심이 가능할 때조차, 이것은 절대적으로 확실할 것이고, 내가 의심한다는 사실은 반성 속에서 절대적으로 확실한 것으로서 파악될 수 있을 것이다. 나는 존재하는 내가 궁극적인 진리 속에서 인간적 자아인 것이 아니라 나에 대해 절대적으로 존재한다는 것을, 그리고 흐르는 의식 속에서 살아가는 것으로서 절대적 체험함의 자아 통일체로서 존재함을 비로소 깨닫는다. 이러한 의식 중에는 외적 경험이라 불리는 의식도 있는데, 이것은 동일한 것에 대해 경험에서 경험으로의 진행 속에서 일치를 제시하지만, 때로는 불일치의 진행 속에서 환영, 믿음의 폐기 등에 내맡겨지기도 한다. 나는 실제로 존재했고 흐르는 의식 속에서 살았으나 이러한 나의 절대적 존재와 삶을 주제적 작용 속에서(경험하면서 파악하고 그 밖의 방식으로 그리로 향해진 작용 속에서) 인식적으로 의식하지 않은 한에서, 자연적으로 경험하고, 그 밖의 방식으로 그럭저럭 살아가고, 입장을 취하고, 사유하고, 가치평가하고, 의욕하는 자아로서의 나는 나의 절대적 존재 속에 숨겨져 있으며 인식적으로 숨겨져 있음을 나는 (계속적인 반성을 통하여) 깨닫는다. 나는 비로소 현상학적 태도가 이것을 수행함을 깨닫고, 이와 함께 절대적 자아에서 **분열**이 수행됨을 깨닫는다. 이 분열은 절대적 자아를 폐기하거나 나의 존재를 분리시키는 것이 아니라 그것의 의식 삶의 흐름 **속에서** 수행된다. 순수한 자아, 즉 절대적으로 궁극적으로 존재하는 자아는 반성하는 삶을 불러일으키고, 반성하는 삶 속에서 나는 방금 아직 소박하게 자연적 태도를 가진 자아와 그것의 자연적인 삶, 그것의 비-반성적인 삶을 주제로 만든다. 나는 나 자신, 나의 절대적 존재와 삶을 이제 바라보고, 내가 거기서 본 것을 반성적으로 관찰하고, 해명하고, 개념 파악하며 규정하는 작용 속에서 응시한다. 이렇게 함으로써 나는 주제적이 된 이러한 자아를 **나**로서 인식하는데, 이러한 자아는 나 자신에게 방금 인식적으로 알려져 있지 않고 나 자신에게 숨겨져 있던 것이었다. 그리고 **이제는** 현상학적으로 **반성하는** 자아와 그 반성하는 삶이 숨겨지게 된다. 그러나 새로운 반성 속에서 이 자아, 그러니까 반성이라는 자신의 기능 속의 자아 또한 주제적이 되고, 우리가 반성에 토대하여 그것에 대해 말하는 한 그러한 자아는 우리에 대해 여기 존재하게 된다. 나는 '언제나 다시' 반성할 수 있고, 이러한 끝없는 반복이 열려 있으며, 나는 따라서 선험적으로 계속해서 다음과 같이 말할 수 있음을 통찰한다. **나 자신인 나는 숨겨져 있는, 그러나 언제나 주제적으로 열릴 수 있는 삶, 절대적 삶, ~에 관한 의식의 흐름으로서의 삶을 산다.** 그러나 ~에 관한 이러한 의식 속에서 나는 다만 현상학적 반성과 환원 속에서만 절대적인 것(말하자면 그 자체로 ~에 관한 의식인 그러한 것)을 주제로 갖는다. 자연적 태도 속에서 나는 외적인 경험과 내적인 경험을 수행한다. 즉 나는 지향성이 초재를 향하고 의식 속에서 사념된 무언가, 경우에 따라서는 경험되고, 지각되고, 지각적으로 점점 더 완전하게 '밝혀지는' 무언가를 향하는 의식을 수행한다. 그런데 이 무언가는 그럼에도 절대적인 존재, 삶은 결코 아니다. 의식이 순수한 현상학적 반성 속에서(모든 초재적인 대상성을 배제한 초월론적 반성 속에서) 주어진 곳에서만, 즉 내가 객관적인 것에 대한 자연적 정립을 '작동 밖에 두고', 그러한 정립을 단순히 수행하는 대신 그것을 반성하고, 의식으로서 주제적으로 만드는 곳에서만 나는 순수한 의식을 파악**했고**, 순수하고 절대적인 존재, 그리고 절대적 주관성의 삶을 갖는다. 심리학적 의식과 '영혼 삶', 초재적인 의식과 '영혼 삶'은 객관적, 초재적 통각의 내용이고, 이것은 현상학적 환원에 예속된다.

(초월론적-현상학적 자아로서) 순수한 반성의 보다 높은 망루의 자아가 그 초월론적 순수성 속에 있는 자연적 태도의 자아를 주제로 삼는다고 해서 물론 그것은 자연적 태도의 자아의 객관적 정립, 객관적 통찰(통찰된 진리)을 (마치 그것들에 대해 스스로를 눈멀게 하기를 원했기라도 한 듯) 차단하지는 않는다. 그것은 어불성설일 것이다. 오히려 지금 현상학적 자아이고 오직 그것이고자 하는 나는 이와 더불어 자연적 자아의 방식으로 객관성을 정립하고자 하지 않고, 내가 현상학자가 아니고 그러므로 순수 의식에 대해 아무것도 몰랐을 때 행위할 것이듯이 행동하려 하지 않는다. 오히려 **나의 첫 번째 주제는 자연적 자아이고**, 자연적 자아에 본질적으로 속한 내용들에 따라 고찰된, **그 초월론적 순수성과 완전한 구체성 속에 있는 자연적 자아의 자연적 삶의 현실성과 순수 가능성들의 다양체**. 만약 그래서 **자연적 자아가 세계를 경험한다면**, 그러니까 자연적 자아가 어떤 방식으로 세계에 통합되어, 사물들, 생물들, 영혼이 깃든 신체들, 공동체, 문화 형성물, 역사적인 인류의 발전과 문화 발전을 경험하고, 전진하는 경험 속에서 다소간 정당하게 이 세계를 확신하고, 이 세계에 대해 곰곰이 생각하고, 이 세계에 대한 참된 현실성과 이론적 진리를 향하고, 이 세계의 이론적으로 참된 존재를 향하고, 이러저러한 존재를 참된 존재로 증명하고, 그것에 대한 이론을 정초하고 통찰력 있게 정당화한다면, **현상학적 자아**는 이 모든 것을 관찰하고, 이때 자연적 태도의 모든 진술 가능한 것, 그러니까 모든 그 소여들이 자연적 태도의 순수한 의식 속에서 그것들의 의미부여를 획득한다는 사실을 스스로에게 분명히 한다. 여기에는 객관 존재, 그러니까 현실적인 잠깐 동안의 경험, 지각, 기억, 경험적 표지 등의 맞은편에 있는 것으로서 현상학적 자아에 의해 진술될 수 있는 '자체' 존재도 포함된다. 그리고 참된 현실성으로서, 명증적으로 근거 지어진 것으로서의 특성

규정도 마찬가지로 포함된다. 현상학적 자아는 이러한 연관들을 연구하고, 이러한 연관들의 본질 필연적 유형을 제시하며, 이를 통해 모든 객관적 존재와 모든 객관적으로 타당한 진술의 궁극적, 절대적 진리 의미를 증명하고 이해할 수 있게 한다. 현상학적 자아는 그때그때의 명증의 절대적 본질, 명증에서 길어 온 모든 인식의 '권리', 그와 더불어 근본적 변양들 속에서의 진정한 인식의 본질을 증명하고, 여기서 모든 것을 이해할 수 있게 한다. 그러니까 자연적 주체가 '정당성'으로서 추구하고 발견하는 것, 그리고 실제적 삶 속에 있는 모든 것, 또한 실제적 삶 속에서 '만들어지는' 모든 것을 이해할 수 있게 한다. "나는 경험한다"는 것,[45] '나는—객관적인—것을—경험한다'에 무엇이 본질적으로 속하는지, 그것이 어떻게 보이는지, 그것의 본질 형태, 가능한 본질 변경이 어떤 것인지, '증명과 거부', '근원적인 자체소여', '경험이 순수한 자체소여를 추정적으로 넘어섬'이라는 명칭 아래 어떤 본질 가능성들이 놓여 있는지를 이해할 수 있게 하는 것이다. 그리고 이와 더불어 현상학적 자아는 참된 객관적 존재를 그러그러한 성질의 어떤 의식의 상관적 작업수행으로서, 상관적 이념으로서, 그리하여 절대적으로 인식하는 주관성에 상관적인 것으로서, 그리고 그러한 주관성과 분리할 수 없는 것으로서 증명한다. 그러나 현상학은 여전히 자아에게 나타나는 모든 참된 존재에 대해, 그리고 절대적인 것의 내재적 영역과 관련해서도 동일한 것을 수행하고, 동시에 현상학적 인식이 본질적으로 자기 자신과 되돌아 관계함을 해명한다.

이것이 수행된다면 세계 전체는 (혹은 참되게 존재하는 것으로서의 일반적

••
45 '나(ich)'는 자연적 태도 속에 살면서, 나를 세계 속의 인간으로 발견하고, 통상적 의미의 '나(Ich)'는 그 자체로 괄호 속에 있음 등이 명시되어야 한다.—원주.

으로 가능한 세계 일반은) 세계를 인식하는 주관성과의 관계 속에 있게 되고, 그러한 주관성과 분리 불가능한 것으로서 증명되고 이해할 수 있게 된다. 현상학적 환원은 여기서 가능한 세계의 인식을 현상학적 인식으로, 말하자면 상응하는 절대적 의식의 상관자로 만들고, 이것을 자연적 태도에서 수행된 모든 가능한 세계 인식의 절대적 의미로 증명하며, 가능한 모든 자연적 학문의 모든 형이상학적 사용을 위한 규준으로 증명한다. 현상학적 환원은 동시에 자연적으로 규명된 모든 가능한 존재를 그것과 분리 불가능한 절대적 주관성의 본질 연관 안에 두며, 이로써 모든 그 본질 가능성과 관련하여 절대적인 것의 본질학을 낳는다. 현상학적 환원은 자연적이고 사실적으로 주어진 세계 및 그러한 세계와 관계하는 자연적 학문에 적용될 때 구체적인 **형이상학**을 산출한다. 그러니까 절대적인 의미에서의 존재자에 대한 일반적 규정들을 지닌 일반적 형이상학뿐 아니라 **구체적인** 형이상학을 산출한다. 즉 그것은 모든 자연적인 학문에 대한 형이상학적 평가를 제공함과 동시에 그러한 평가 **후에도** 그리고 그 전제 아래에서도 여전히 산출되는 문제들에 대한 입장을, 그리고 경우에 따라서는 해결을 제공한다. 형상적 현상학과 사실성에 관한 현상학적 철학은 모든 가능한 절대적 학문의 총체로 완결된다. 혹은 주어진 절대적 현실성과 모든 가능한 절대적 현실성 및 서로에 대한 그것들의 필연적 관계 속에서 둘 모두에 관한 보편적이고 절대적인 학문으로 완결된다.

그에 따라 우리는 다음과 같이 말하게 될 것이다. 현상학자는 자연적 토대 위에 서지 않는다. 그는 자연적–독단적 학문에 종사하지 않는다. 현상학자는 그것들이 자연적 삶의 태도에서 수행되듯 경험을 수행하고, 그 어떤 방식의 자체 부여하는 작용들을 수행한다. 그런데 자연적 삶의 태도에서 수행되는 방식, '소박성'의 방식으로는 **아니다**. 방법적으로 그의 첫 번째 일은 이러한 자연적 태도 전체를 근본에서부터 변경시키는 것이다. 그리고 거기에는 자연적 태도에서 그에게 주어진 모든 대상성을, 자연적 태도 속에서 받아들여지거나 자동적으로 정당화된 모든 타당성을 '괄호로 묶는 것', 그러니까 어떤 방식으로 '작동 밖에 두는 것'이 놓여 있다. 그래서 무엇보다 실재적 세계 전체, 가장 넓은 의미에서의 우주를 그렇게 하는 것이 놓여 있다. 자연적 경험에서 그것은 부단한 확증 속에서 주어지고, 언제나 다시 인식되며, 언제나 새로운 사물과 사건에 대해서 알려진다. 그것은 경우에 따라서, 그리고 드물지 않게, 획득된 인식의 변경, 이론의 여지 없이 수행된 선행하는 경험의 삭제를 동반한다. 그리고 다양한 형식의 신화로 해석되거나 (나중에 경우에 따라 가짜 학문으로 평가절하되기도 하는) 학문 속에서 이론적으로 인식된다, 등등.

현상학자는 계속해서 '이' 세계를 경험하고, 사유하고, 평가하고, 행위함을 통해 이 세계로 들어가 영향을 미치는 일을 계속하려 하지 않는다. 그는 경험 수행에서 자연적으로 태도를 취하며 살려고 하지 않는다. 그렇게 하는 대신에 그는 경험함, 입장 취함, 흐르는 전체 삶을 보편적으로 연구하고자 한다. 이러한 삶 속에서 '이' 세계는 그에게 '현존'하고, 인식되고, '자신의' 속성을 그에게 '보여주며', 참되게 존재하고 그렇게 존재하는 것으로서 증명되면서, '방법적으로' 그러그러하게 학문적으로 참된 것으로서 규정된다, 등등. 반복해서 말하건대 경험함의, 이론화함의, 그리고 그 밖의 자아 삶의 이 전체 삶을 그는 연구하고자 한다. 그래서 그는 "이 세계는 공간적이고, 이 사물은 탄력적이며, 모든 물체는 무겁다" 등과 같이 판단하지 않고 "나는 이 세계가 공간적이라고 판단한다", "나는 이 사물이 탄력적이라고 경험한다"(내지는 "나는 경험에 따라서 …라고 판단한다")고 한다. 어디서나 그렇다. 그리고 그는 계속해서 다음과 같이 묻는다. 이 "나는 A

라고 판단한다"가 어떻게 보이는가, 이 사물에 대한 경험으로서 이 경험은 어떻게 보이는가 등과 같이 말이다. 그러나 현상학자는 자연적으로 태도를 취하는 사람이 자연적인 경험 토대와 인식 토대를 고수하면서 물을 수 있고 충분히 자주 묻는 방식으로 이것을 다시 묻지 않는다. 말하자면 가령 **심리학자**가 하는 것처럼 그렇게 하지 않는다. 심리학자는 비록 불완전하게 인식되더라도 그에게 논란의 여지가 없는 존재 토대로서 고수된 세계의 내부에서 인간을 골라낸다. 가령 자기 자신, 이 '자기 경험'을 수행하는 인간, 신체적인 것 이외에 "나는 판단한다"를 포함하는 영혼적인 사건들도 갖고 있는 이 신체적–정신적 존재라는 식으로 말이다. 오히려 현상학의 독특한 점은 현상학이 반성에서 **보편적이고 철저하다**는 점, 그리고 단적인 방식으로 자연적으로 주어진 **어떠한 것도** 받아들이지 않으며, 오히려 **모든 것**을 의식으로, 그러니까 이 자연적 존재가 의식된 것이 되고, 추정된 것, 경우에 따라서는 '참되게 입증된 것' 등이 되는 현실적이거나 가능적인 의식의 우주로 되돌려 보낸다는 점이다. 이때 모든 것은 위험하게도 개별화되어 있지 않고, 모든 다른 현실적이고 가능적인 것들과 함께 통일되어 있다. 그러니까 어떠한 자연적 현존도 주어진 것으로 받아들이지 않으며 오히려 의식의 총체, 그리고 오직 이것만을 주제로 삼고, 자연적 현존을 오직 이 의식에서 경험된 것, 그 밖의 어떤 방식으로 추정된 것, 생각된 것 등 **으로서**만 소유하고 고찰하려고 하는 근본적 결단의 통일체 속에서 통일되어 있다.

현상학적 태도는 모든 자연적 입장 취함과 더불어, 총체성 속의 전체 자연적 의식을 자신의 주제로서 포괄한다. 그리고 자연적 의식에 주어진 모든 것을 그의 주제가 아니라 자연적 의식의 주제로서 포괄한다. 그와 더불어 모든 학문을 단적인 학문으로서가 아니라 자연적 의식의 형성물로서 그리고 경우에 따라서는 또한 자연적 의식의 주제로서 포괄하고, 이러한 학문을 통해서 참되게 존재하고 그렇게 존재하는 것으로서 규명된 모든 대상들, 그 대상 영역들에 대해 규명된 단일하거나 법칙적인 모든 사태들을, 자연적으로 연구하고, 경험하고, 실험하고, 관찰하고, 파악하고, 이론화하는 의식의 주제**로서** 포괄한다. 즉 나에게 학문으로서 주어진 것, 그러그러한 명제들의 체계를 나는 생각하면서 추체험하고, 정초하는 경험들, 개념적 작용들, 술어적 작용들, 추론들, 증명하는 통찰들을 추체험하며, 경우에 따라서는 명료하든 명료하지 않든 그와 같은 학문적인 것이 나에게 주어질 수 있는 갖가지 그 밖의 의식을 추체험한다. 달리 표현하면 다음과 같다. 나는 자연적 태도에서 학문을 수행한다. 그러나 오직 현상학적 태도로 이행하기 위해서, 그리고 나의 유일한 주제여야 하는 이 의식 연관에 나타난 모든 형성물과 모든 대상을 이러한 의식의 대상으로서, 술어의 주어 등으로서, 그러니까 **다만 상관자로서만** 고찰하기 위해서 그렇게 한다. 이제 나의 주제가 된 의식의 주제로서, 그것들 자체는 어떤 방식으로 이 주제에 함께 속한다. 그러나 이러한 간접성 속에서 그것들은 나에게 완전히 다르게 존재한다. 그것들은 그러그러한 의식의 추정된 것, 증명된 것, 입증된 것 **'자체'**이며, 한갓 의식 상관자다.

그러므로 모든 학문은(내가 의미부여하고 참된 존재를 정초하는 그 사유를 추체험할 수 있는 한, 그리고 나는 그럴 수 있다고 전제해도 된다) 이러한 태도 변경에 속한다. 이것은 주제적 변경이고, 자연적으로 주어진 것에 대해 상대화하는 변경이며, 자연적으로 주어진 것을 이전에 알려지지 않은 환경으로, 또한 현상학으로 들여놓는 변경이다. 그러나 자연적 학문은 현상학 속에서 더 이상 자연적 학문이 아니고, 자연적 학문의 참되고 입증된 존재는 단적으로 참된 존재가 아니라 순수한 주관성의 지향적 형성물이며, '참된 것'으로서 그것은 탁월한 주관적 성격을 지닌 형성물이다.

순수한 주관성은 "나는 자연의 실존을 배제한다"고 괄호 친다. 그리고 모든 세계 학문적, 자연 학문적 명제도 괄호 친다. "어떠한 것도 이제 나에게 타당해서는 안 된다." 모든 수학적 명제도 마찬가지다. 이것은 무엇을 의미해야 하는가? 우선 이것을 의미한다. 나의 **직업**은 자연과학이 아니고, 나의 직업은 이제 그 어떤 '자연적' 직업이 아니다. 나의 직업은 순수 주관성을 연구하는 것이다. 그리고 순수 주관성에는 모든 의식과 마찬가지로 또한 자연을 부여하는 (자연을 경험하는) 의식, 자연과학적 의식도 속한다.

내가 1907년과 1910년에 환원의 이념에서 획득했던 두 단계의 비판

현상학적 환원은 '초월론적 주관성'의 경험의 장을 열어준다. 어떠한 '세계'-믿음도, 소박하게 수행된다면, 가장 넓은 의미에서, '전제'로서 허용되지 않는다. 한마디로 일반정립은 억제된다. 그러면 무엇이 정립 가능하며, 가능한 경험의 통일적 우주인가? 그러면 나는 (초월론적 주관성의) '초월론적' 지각에 대해 이야기해야 하고, 초월론적 경험 일반에 대해 이야기해야 할 것인데, 이것의 수행 주체는 현상학하는 익명적 자아로서의 자아 자신이다.

'초월론적 주관성'이라는 주제의 해명과 체계적으로 타당성 속에 정립될 경우 새로운 존재 토대를 제시하는 것으로서 여기서 등장하는 새로운 지각의 해명은 내가 원래 생각했던 것보다 더 큰 어려움을 야기한다.

1) 우선 현상학적 '**잔여**'라는 말과 '세계의 **배제**'라는 말은 피하는 것이 낫다. 이러한 말은 세계가 이제 현상학적 주제에서 벗어나고 대신 오직 '주관적' 작용들, 세계와 관계하는 현출 방식 등만 주제가 된다고 생각하도록 잘

못 이끌기 쉽다. 이것은 잘 이해된 어떤 방식으로는 옳다. 그러나 만약 그 완전한 보편성 속에 있는 보편적 주관성이, 그것도 초월론적 주관성으로서 정당한 타당성 속에서 정립된다면, 그것 속에는 상관자―측면에 참으로 존재하는 모든 것에 따라서 정당하게 존재하는 것으로서 세계 자체가 놓여 있다. 보편적인 초월론적 연구는 자신의 주제 속에 세계 자체를 포함하고, 모든 그 참된 존재에 관하여, 모든 세계 학문을 포괄하며, 형상적인 초월론적 학문으로서 세계에 관한 모든 선험적 존재론을 포함하고, '경험적인' 초월론적 학문으로서 사실적 세계에 관한 모든 사실 학문들을 포함한다.

2) 그러나 여전히 다른 관점에서는 특별한 주의가 필요하고, 위험한 선입견을 억제해야 한다. 환원을 통해 '잔여'로서 획득한 주관성이 나의 고유한, 현상학적 자아의 '순수한' 주관성임은 아주 자명해 보일 수 있다.[46] 이때 말없이 주도하는 것은 다음과 같다. 자연적인 객관적 경험의 태도에서 나는 나를 그리고 모든 다른 사람들을 물리적 신체성과 영혼적 존재 내지 삶을 갖고 있는 인간으로서 발견한다. 이제 내가 현상학적 판단중지를 수행한다면, 나는 모든 '객관적 판단'(독사doxa)을 억제한다. 그와 더불어 실재적 사물에 관한 모든 판단, 그러므로 나의 신체와 모두의 신체도 환원에 예속되고, 그러므로 타자들도 환원에 예속된다. 그러면 나의 심리적 삶은 남아 있는가? 이러한 삶에서 "에고 코기토" 속의 자아로서의 나는 남아 있는가? 그러나 나의 순수한 심리적 삶은 그럼에도 이 세계 속에 존재한다. 그리로 환원하는 것은 다만 존재하는 세계 내부에서 심리적인 것의 층을 끄집어내어 추상하는 것일 터이다. 오히려 나는 초월론적인 '순수한' 자아와 자아 삶을 획득하고자 한다. 모든 객관적 통각은 억제되어야 하고, 자

----

46 말하자면 나의 사적인 자아.―원주.

아―인간으로서, 영혼으로서의 나의 통각도 억제되어야 한다.

나는 자연적 삶에서 우선 자연적 반성을 수행하고, 나를 인간적 인격으로 통각한다는 것에서부터 출발한다. 나는 현상학자로서 그것을 고찰한다. 이러한 통각의 타당성은 환원에 예속되고, 그런 다음 순수한 통각으로서, 순수한 의식으로서, 나의 초월론적인 경험 영역에 귀속되어야 하는 것에 그 자체로 함께 속한다. 환원은 '순수한' 의식으로의 환원을 의미하는데, 이것은 나의 인간성의, 특히 나의 영혼의 '순수화'로부터 생겨나는 것으로서 자연적 태도에서 나에게 타당한 '인간으로서의 자아'라는 객체의 '심리적 측면'의 순수한 것이다. 이때 나는 원래 이 환원에서 의식의 흐름을 너무 강조했다. 마치 그것이 의식의 흐름으로의 환원을 뜻하는 것처럼 말이다.

어쨌든 1907년의 현상학적 환원의 도입에서 나의 첫 견해는 그러했다. 명확히 하기가 아주 쉬운 것은 아니지만 여기에는 근본적인 오류가 놓여 있다.[47] 이 오류는 1910년 가을 강의에서 모나드적 상호주관성으로의 현상학적 환원을 모나드적 상호주관성으로 '확장'함을 통해 폐기된다.[48] 그때 이미 나는 '의식 흐름'으로의 환원은 새로운 유형의 유아론을 낳는 것처럼 보일 수 있음을 설명했다. 그러나 환원이 우선 단순히 **현행적인** 의식 흐름(그리고 그것의 자아극)에 이르는 것이 아님을, 그리고 모든 경험 사물―그리고 그때그때 흐르는 경험에서 타당한 것으로서(그리고 우선은 자

••

47 여기서 실제로 오직 의식 흐름으로의 환원이 에고 코기토로의 환원을 의미했는지 살펴보라!― 원주.

48 1910~1911년 겨울학기에 후설은 괴팅겐 대학에서 『인식 이론으로서의 논리학』에 관한 주당 네 시간짜리 강의에 더하여 『현상학의 근본 문제』에 관한 주당 두 시간짜리 강의를 했다. 이에 대한 후설의 속기 원고는 루뱅의 후설 아카이브에 F I 43이라는 기호로 보관되어 있다.

연으로서) 전체 세계 — 이 (1910년에 이야기했듯이) **가능한** 경험의 무한한 다양체에 대한 **'지표(Index)'**임을 우리가 분명히 한다면 어려움은 해소된다. 계속되는 설명은 모든 현전화가 경험할 수 있는 **이중적 환원**의 입증에 근거했다. 그것은 현전적 체험으로서의 현전화의 환원과 현전화 **'속'**의 환원이다. 이를 통해 '동기부여'의 체계가 드러난다. 이 체계는 소박하게 정립된 '현존하는' 모든 사물에 근원적 정당성 부여에서 속하는데, 이러한 사물의 그때그때의 현존 타당성은 (나는 지금에 와서는 이렇게 말할 텐데) 단순한 사건적 체험하고만 관계하는 것이 아니라, 순간적 체험에 뿌리박고 있지만 (물론 오직 지평으로서) 양식적으로 완전히 규정된 가능한 일관적 경험의 체계의 이러한 전체를 **지향적으로 함축한다**. 세계를 경험하는 삶의 사실적 흐름에는 (모든 새로운 경험의 순간으로부터 새롭게 변화되어) 무한한 추정이 포함되어 있다. 이것은 순간순간 변화하면서 **양식(Stil)**을 유지하는 지속적으로 나에게 타당한 세계, 존재하는 세계의 보편적인 지평 추정에 — 유효한(= 일치하는) 동기부여 속에서 — 언제나 지향적으로 포함되어 있다. 이때 이 양식은 그때마다 그때그때의 사물과 그 전체 지각 환경 등의 구성의 선험적 양식으로서 드러날 수 있고, 그것의 지각 의미로부터 계속해서 드러날 수 있다.

현상학적 태도의 수행을 통해서 모든 객관적 판단은 (단적인–곧바른 판단으로서) 작동 밖에 놓이거나 금지된다. 그러나 이에 대해 경험하는, 일반적으로 지향적인 삶의 전체 영역이 효력 속에 등장하고, 순수하게 그러한 삶에 놓여 있고, 그때그때 그러한 삶에서 끄집어낼 수 있고 '추론할 수 있는' 정당성의 효력이 지향적으로 드러난 연관 속에서 등장한다. 내지는 가능한 경험, 가능한 지향성으로부터 이후의, 이제 요구되는 가능한 경험으로의 진행 속에 놓인 정당성의 효력이 등장한다. 자세히 들여다보면 **'지**

표'-임[49]은 다름 아닌 다음을 의미한다. 나에게 단순히 현존하는 것으로서 타당한 지각 대상이 곧바로 나의 눈앞에 있다면, 내가 그 속에서 이러한 "나는 지각한다"와 그것의 믿음을 자료로 갖게 되는 순수한 현상학적 반성으로부터 산출되는 것은, 거기에서부터 (일의적인 규정 속에서는 아닐지라도) 그러그러한 계속되는 현실적이거나 가능적인 지각이 (키네스테제의 정립에 따라서) 동기 지어진다는 사실이다. 그리고 내가 상응하는 키네스테제를 작동시키면, 그러그러한 양식 속에 그것의 활동 공간 속에 '와야 한다'는 사실이다. 주어진 지각은 내가 설명하고 구성할 수 있는 '귀납적'[50] 체계의 중심점이다. 그리고 이러한 귀납적 체계는 내가 경험하면서 추정된 객체의 동일성을 나의 지각적 행위의 목표로서 고수할 때 자신의 권리 부여를 근원적으로 지닌다. 내가 (물론 대략적인 방식으로) 이것을 해명한 후, 계속되는 커다란 진전은 다음을 보이는 것이었다. 즉, 원초적으로 고유한 의식 체험이 그것의 그때그때의 객관적 의미 내용 및 정립과 더불어 동기부여되듯이, 다른 의식 체험들도 비록 나의 의식 연관에 대해 '원본적으로' 동기부여된 것으로서는 아닐지라도, '타인경험'이라는 명칭으로 동기부여된다는 사실을 보이는 것이었다.

혹은 '인간'이라는 종류의 모든 객체는 새로운 종류의 체계의 지표이고, '물질적 사물'이라는 종류의 이미 이해할 수 있는(**나의** 원초성으로부터의 체계로서 이해할 수 있는) 체계에 토대한다. 타인경험하는 경험을 통해서 '다른' 영혼 삶과 다른 자아로의 '귀납(Induktion)'이 수행된다. 이것

··

49 외적 지각의 내부에서.− 원주.

50 귀납적: 내가 순수하게 그 현출 방식을 그것의 키네스테제 아래에서 본다면, 여기에는 실제로 '만약 ~라면 ~이다'의 귀납적 체계가 놓여 있다. 나는 1910년에 이에 대해 작업했다.− 원주.

은 '의식'의 새로운 종류의 현전화이고, 내가 아닌 다른 의식의 파생현전 (Appräsentation)[51]이다. 그리고 여기에는 가능한 그러한 현전화의 체계가, 나에 대해 타자가 현존하는 지향과 충족의 체계로서 그리고 정당한 방식으로 (물질성의 구성적 체험과 통일되어) 속한다. **나에게서** 수행된 구성이 '현존하는 다른 인간'으로서 순수하게 현상학적으로 고찰된다면, 여기에는 현실적이거나 가능적인 일치적 타인경험의 **나의** 체험 체계가 놓여 있을 뿐 아니라, **타자**가 순수한 주관성으로서 현전화의 방식으로 타당성 속에 존재한다.

원초적 정초의 최초의 단계에서 나는 자연을 잃지 않았고, (원초적) 자연 대신 전적으로 경험된 자연 자체를 우선은 나의 체험, 원초적으로 고유한 구성적 체험의 극으로서 가졌다. 비록 비존재의 가능성이 지속적으로 열려 있더라도 추정을 통해서 그 속에서 참되게 입증되는 것으로서 말이다. 이것은 자신의 고유한 신체와 타인의 신체에도 적용된다. 내가 이제 타자와 일반적으로 동물이라는 객체 유형을 구성적으로, 그리고 순수하게 구성적으로 조명한다면, 나는 확장된 구성적 체계를 갖는다. 이것은 나의 순수한 지향성의 체계이지만 이 속에 포함되어 있고 일치하는 확증을 통해 지향적으로 정당화되는 것은 타자 자체와 **그의** 구성적 삶, 즉 그의 지향적 삶이다. 그러나 이때 타자는 내가 나를 경험하고 그가 그 자신을 경험하는 최초의 원초적 방식의 원본성 속에서의 타자가 아니라 나에 의해서 그리고 내 안에서 근원적으로 경험된 타자로서, 그리고 결국 나의 대상 인간

---

51 타인의 의식은 나에게 직접적으로 현전하는 것이 아니라 타인의 신체를 매개로 하여, 간접적으로 현전한다. 이것은 신체에 대한 직접 현전에서 파생되어 나오는 현전 작용이므로 '파생현전'으로 번역했다.

으로서, 나에게 상대편으로서, '타자'로서 원본적으로 주어진 이차적 원본성 속에서의 타자다. 그리고 동일한 원본성 속에서 나에 의해 그때그때 드러날 수 있는 양식의 형식에 따라서 부단히 입증될 수 있는 것으로서의 타자다. (물론 자연과 마찬가지로 인간, 세계 일반도 타자를 통해 간접적으로 구성된다.)

현상학적 환원은 다름 아닌 태도 변경이다. 이러한 태도 변경 속에서 경험 세계는 일관적으로 그리고 보편적으로 가능한 경험의 세계로서 고찰된다. 즉 경험된 것이 규정된 지향적 지평과 더불어 그때그때 (그리고 보편적으로) 경험 의미가 되는 경험하는 삶이 고찰된다.

물론 이제 보다 정확한 해명이 시작되어야 한다. 만약 현상학적 환원이 나의 사적인 주관성으로의 환원이 아니라면 한편으로는 나 자신이 원본적으로 살고 있고, 최초의 원본성 속에서의 현상학적 반성 속에서 발견되는 것으로서의 나의 고유한 존재와 삶 그리고 다른 한편으로는 나 자신 안에서 그러나 '반영된 것'으로서 나타나고 나에게 물체적 신체를 통해 나에게 원본적으로 주어진 것으로서 귀납되듯이 드러날 수 있는 나에 대한 모든 타자의 존재와 삶이 구별되어야 한다.[52]

초월론적 주관성으로의 환원은 물론 **나의** 순수한 "에고 코기토"로 돌아감이다. 그러나 이것은 마치 내가 단지 나의 사적인 고유한 존재와 내가 존재하는 나의 고유한 삶만을, 그래서 단지 나의 의식 삶만을 존재하는 것으로 정립해도 되거나 혹은 정립해야만 하는 것처럼, 나의 **사적인** 존재와

<hr />

[52] 어디서나 이야기되는 '귀납'은 지향적인 '해명'이다. 나의 흐르는 현재에는 나의 과거와 미래가 (원초적으로) 함축되어 있다. 나의 원초성 속에는(그래서 나의 살아 있는 현재에는 이미) 타인의 현재, 타인의 원초성이 '함축되어 있다'. 모든 비밀은 함축과 해명, 지평, 지표 등에 놓여 있다. – 원주.

의식 삶이라는 의미에서의 나의 존재와 나의 의식 삶으로의 제한으로 이해되어서는 안 된다. 처음부터 그것은 "에고 코기토(ego cogito) — 코기타타(cogitata)"로 불리고, 후자는 나에게 순수하게 코기타타로서 타당하다. 그리고 만약 내가 (함축 지평들을 '해명하면서') 나의 사유하는(cogitierend) 삶을 고찰하고, 그것이 종합적으로 어떻게 통일되는지, 그리고 그 속에서 코기타타가 — 자신의 동일하게 머물러 있으면서 일관적으로 입증되는 성질들(존재 질료)과 더불어 — 일관되게 지속하는 동일성으로서, 대상극으로서 어떻게 구성되는지 고찰한다면, 그리고 내가 개별적인 그러한 코기타타와 자기 입증의 계열을 고찰하는 대신 나의 전체 삶, 그러니까 나의 구체적인 완전한 타당성의 삶의 보편적 입증의 양식을 주제적으로 만들고, 나의 본질적인 지평의 양식과 끊임없는 새로운 지평 형성들의 양식을 주제적으로 만든다면, 나는 나의 환원된 영역 속에서 단지 나와 나의 삶 그리고 그 속의 **일반적으로** 사념된 것들만을 발견하는 것이 아니라 언제나 필연적으로 사념된 것으로서 무엇보다 통일적인 원초적 자연을 발견한다. 이 자연은 단절되지 않은 채 확증되고, 나에게 참되게 존재하며 이러한 열린 '무한한' 확증을 통해서 나에게 필연적으로 타당한 것이다. 이 자연을 나는 의심에 끌어들일 수 없다. 그러한 일치하는 보편적 경험의 자연**으로서는** 말이다. 현상학적 태도 속에서 자연은 비록 부단한 지평-추정(Horizontpräsumption)과 더불어서이긴 하지만 나에게 연속적으로 일치하는 경험의 특수한 방식으로 '사념된다(vermeinen)'. 이러한 일치는 배경 경험의 환경 속의 특수한 개별 사물적 경험 속에서 흐르는 일치다. 개별성들은 경우에 따라서 변양된다(정정). 개별적으로 볼 때 일치는 동기 상황이 변하여 내가 이제 이제까지의 필연적인 존재 확실성을 포기하는 데로 기울어질 수 있음을 열어두는 그러한 일치다. 그래서 자연은 우선은 나의 고유한 사적인, 현상학적으로 구성된 자연이다. 그러나 우선은 다만 나에게 '원본적으로' 원초적으로 구성된 자연으로서의 자연일 뿐이다. 다만 그러한 것으로서만 그 자연은 순수하게 나의 의식 삶으로부터의 증명-통일체다.[53]

내가 세계를 괄호 치고, 그 자체로 앞선 것(필연적으로 '전제'된 것)으로서의 나의 "에고 코기토"로 되돌아간다면, 정확히 숙고해보건대 나는 "에고 코기토"(와 코기타타로서의 그것의 코기타타)의 영역 자체에서 다시 환원을 수행해야 한다. 나의 자아와 의식 삶은 그 자체로 모든 나의 습성들에 선행한다[54] ─ 심지어 나의 살아 있는 의식 현재는 그 자체로, 말하자면 나의 의식 과거에 선행하고, 또 다른 많은 것에 선행한다 ─ 그러나 우선 나는 그것을 제쳐두고, (이후에 아주 중요하게 될 그러한 정교한 환원 없이) 단지 나의 의식 삶 일반과 그 속에서 살아 있고, 습성들을 갖는 것으로서의 나의 습성적 자아로의 환원으로 시작하는 것이 필연적이다. 그러면 다음 환원은 최초의 원본성 속에서 구성된 원초적 자연으로의 환원으로서, 초재와 관련하여 놓여 있는 환원이다. 그러면 내가 코기타타와 관련하여 상관자로서, 그러나 참되게 존재하는 초재적인 (나의 존재에 초재적인) 존재 영역으로서 구획하는 최초의 것은 다만 나의 일차적-원본적 삶으로부터 순수하게 자신의 존재 의미를 획득하는 그러한 것이고, 순수하게 나의 일차적 삶, 원초적 삶에서 초재적인 것으로서 '원본적'으로 구성되는 것으로서의

..

53 총체적인 자연으로서의 그것의 증명은 (책임 있는 정당화로서의 증명이 아니라) 해명을 필요로 하는 비본래적인 '숨겨진 증명'이다. 이것은 특수한 해명을 필요로 한다. 본래적인 증명 아래에 전제로서 비본래적 증명이 놓여 있다.─원주.

54 나의 자아 ─ 이것은 명백히 나중에 나의 원초적 자아와 원초적 삶이라 불리는 것이다. 그러나 특수한 의미에서이지 타인경험에서 문제 되는 의미에서가 아니다!─원주.

자연이다. 그러나 자연적 태도에서 자연은 **모두**에 의해 함께 경험하는 가능한 존재 규정을 가능한 방식으로 획득하는 자연이라는 의미에서의 **객관적** 자연이다.[55]

이제 타자는 사정이 어떠한가? 그들도 환원된(그것의 나에 대한 원본적 경험 가능성으로 환원된) 자연과 동일한 의미에서 나 자신에 속하는 통일체이며, 나에게서 구성된 것으로서, 그리고 나의 보편적인 증명하는 삶 및 그 습성들과 분리할 수 없는 것으로서 내 '안에' 존재하는가? 내가 타자들을 초월론적 영역으로서의 나의 영역 속에서 가질 때에야 비로소 나는 그들뿐 아니라 **객관적** 자연을 초월론적-상호주관적으로 구성된 것의 타당성 속에서 정립할 수 있을 것이다.

이제 내가 타자에 대해서 묻는다면, 그들은 우선은 세계적으로 경험되고 세계 경험으로부터 정립된 것으로서, 신체적-영혼적으로 규정된 **인간**으로서 괄호 속에 있다. 그러나 그럼에도 그들이, 그들의 완전한 존재 의미 속에서 그러한 바대로 나에 대해 존재하는 것은, 바로 일치의 방식 속에서 종합적으로 통일적인, **나의** 경험의 다양체로부터다. 그리고 이것은 여기서 특수하고 명백한 다층적 방식의 경험들인데, 이러한 경험들은 '감정이입(Einfühlung)'[56]이라는 말을 통해서 잘못 특징지어진다. 그것은 인간-경험, 동물-경험이다.

⁚

55 1) 내가 원본적으로 접근 가능한 나의 삶, 단지 타인경험되는 타인의 삶.
2) 나의 일차적-원본적 (원초적) 삶. 타인과 그들의 원초적-원본적 삶.
이 두 구별을 혼동해서는 안 된다! – 원주.

56 이 책에서 'Einfühlung'은 '타인경험'으로 번역했다. '타인경험'이라는 번역어는 후설 현상학에서 'Einfühlung'이라는 용어가 갖고 있는 올바른 철학적 의미를 반영한 것이다. 그러나 이 맥락에서 'Einfühlung'은 타자에 대한 경험을 잘못된 방식으로 이해하고 있는 표현으로 쓰였기에 '감정이입'으로 옮겼다.

나, 그러니까 초월론적 자아에 대해 실제로 존재하는 모든 것이 다만 나의 입증하는 삶의 통일체이고 그로부터 자신의 의미를 얻는 것이라면, 모든 것은 나의 삶 자체에 속할 뿐 아니라 나의 삶의 존재와 분리 불가능한 것으로서 나의 고유한 의미 형성물이 아니겠는가? 그것은 나의 삶의 존재에 '포함되고', '함축된' 지향적 통일체인가? 그러나 원초적 자연과 마찬가지로? 원초적인 것은 나에 대한 존재에 있어서 본질적으로 앞서는 것이고, 정초하는 타당성이다. 그것은 실제로 물론, 나에게 원초적-자아론적으로 존재하고 입증된 육체인 모든 다른 신체에 대해서도 그러하다. 여기서 다른 주관성 내지는 다른 인간의 구성의 문제, 그리고 그와 더불어 인간 일반의 구성의 문제가 생겨난다. 원초적인 것은 나에게 원초적이지 않은 것을 정초한다. 여기서 다시 환원이 자신의 역할을 수행한다. 즉 괄호 친 인간의 그의 신체-물체로의 환원, 그리고 더욱이 순수하게 나의 원초적 영역에서 구성된 것으로서의 그의 신체-물체로의 환원이 역할을 수행한다. 거기에서부터 우리는 우선 그러한 신체-물체를 통해 나의 원초적-자아론적 동기 속에서 동기부여되고 함께 지시되는 '다른' 초월론적 주관성에 이른다. 내가 타자를 초월론적으로 획득했을 때야 비로소 나는 다른 자아를 갖게 되고, 나의 자아와 타자, 그러니까 타당성의 담지자로서의 나의 자아와 암묵적으로 타당한 것으로서의 타자를 구별하게 된다. 그리고 여기에서부터야 비로소 우리는 세계의 구성원으로서의 인간의 존재 의미와 세계 자체의 존재 의미에 이르게 된다.

타자의 초재, 그리고 이와 더불어 객관적 세계, 객관적 자연, 다른 인간 등의 초재 ─ 이들은 원초적 자연의 초재의 맞은편에 있다. 원초적인 고유한 삶은 내실적으로 거기에 고유한 내재적인 시간 속에 사실적으로 존재한다 ─ 나의 원본적인 의식의 흐름 ─ 나의 생생하게 흐르는, 나의 근원 원천의 현재에 '함축되어', 이러한 근원 원천에는, 이러한 의식 흐름의 정당하게 설명할 수 있는 '참된 존재', 이러한 의식 흐름의 입증할 수 있는 '참된 존재'가 숨겨져 있다.

나의 삶, 그러니까 활동 공간의 무규정성 속에서 해명을 통해 구성될 수 있는 이러한 나의 삶에서 원초적 '세계', 원초적 '사물' 등이 존재 타당성의 하부 토대로서 구성된다. 그것들이 나로부터, 나의 원초적 존재로부터 '분리할 수 없는 것'이라는 사실, 의식 흐름에 가능성의 지평이 속하는 **한**, 그리고 내가 의식 흐름 속에 살아 있는 자아, 능력의 자아인 한, 그것들은 나로부터, 나의 원초적 존재로부터, 의식 흐름으로부터 분리할 수 없는 것이라는 사실은, 무엇을 뜻하는가? 나는 의식 흐름의 '내실적' 요소 부분이 아니다. 다른 한편 의식 흐름은 능력-자아로서의 나 없이는 아무것도 아니다. 나는 이미 원천으로부터 의식 흐름을 구성하는 것으로서 전제되어 있다. 사물, 존재하는 것, 이러한 원초적인 것들은 그것들이 존재하는 바대로 존재하고 분리 불가능하게 상대적이며, 내 안에서 구성됨과 분리 불가능하다. 두 번째 단계: 타자들은 내 안에서 원초성에 토대하여 구성되고, 두 번째 단계에서 나로부터 분리 불가능하다. 그러나 타자는 내 안에 다른 자아로서 함축되고, 모두는 각자 모두로부터 분리 불가능하다.

부록 21(47강에 대하여)

잠재하는 것을 드러내는 것의 반복에 대하여

나, 그리고 반성하는 자로서의, 인식하는 물리학자, 심리학자, 인식론자로서의 우리.

1) 자연적 태도: 그러한 것으로서 나는, 우리는, 세계를 발견하고, 그때그때의 사물들, 인간들, 동물들, 예술작품들 등을 발견한다. 내가 세계적인 것을 발견하는 동안에 세계적인 것에 대한 나의 발견함은, 그러니까 이때 인식–**기능**인 전체 주관적인 것은 **잠재적이다.** 가령 인식 이론가의 단적인 반성 속에서 전체 주관적인 것이 '명시적(patent)'이라면, 그것은 나의 '심적인' 발견함 작용이다. 이때 나는 세계 경험에서 물리적 신체에 '속하는' 주관적인 것에 마주친다. 그래서 인간으로서의 나에게서는 나의 경험함, 나의 사유함 등과 마주치고, 타인들에게서도 마찬가지다. 이때 다시 **거기서 기능하는** 인식–삶이 잠재적으로 남아 있다. 그것이 (다시 새로운 인식 기능들 속에서) 명시적이 되자마자 그것은 나의 신체성 혹은 경험하는 그

624 | 부록

밖의 신체성의 **심적인 것**으로서 경험하면서 발견된다.

2) '초월론적' 태도 속에서 나는 공간 세계와 관련하여 보편적 판단중지를 수행하고, 공간 세계를 주관성으로 환원한다. 이러한 주관성의 경험함과 사유함 속에서 '세계'는 (나와 모든 심적인 것을 포함하는 완전한 보편성 속에서) 타당성의 통일체로서 제시되고 증명된다.

자연적 태도에서 나는 세계 경험을 작동시키고 명증을 작동시키며, 세계 경험에 근거한 사유함의 명증에 따른다. 나는 사유를 작동시키고, 단순한 수행 속에 살고, 언제나 앞서 이미 타당한 세계적 존재를 갖는다. 내가 이때 기능하는 인식—삶을 단순히 반성한다면, 그것은 내가 그럼에도 세계(나의 주변, 나의 신체 등)를 언제나 앞서서 나에게 타당한 것으로서, 그리고 나에게처럼 모든 타자들에게서도 타당한 것으로서 갖는다는 방식으로 일어난다. 나와 타인은 인간으로서 세계 속에 존재하고, 세계 자체는 그들에게 타당한 것으로서 전제되며, 그들은 그들 자신에게 타당한 것으로서 전제된다.

물론 내가 보편적(초월론적) 판단중지를 수행한다면, 나는 다시, 내가 그 안에서 살아가는 경험함, 사유함, 인식함을, '초월론적 주관적인 것'이 그 안에서 나에게 현실성이자 가능성인 것으로서, 그것이 그 안에서 명증하게 증명되는 것으로서 가진다 — 우선은 분별없고 경험되지 않은 것으로서 남아 있는 드러나지 않은 삶으로서 가진다. 이처럼 무한히 계속된다. 그러나 이러한 반복(Iteration)을 나는 세계적으로도, 심리학적으로도 갖는다. 한 번은 나는 세계와 세계 속의 우리를 갖고, 나는 그것들을 그것인 바대로 인식한다. 다른 한 번은 나는 소위 초월론적 주관성을 갖고, 나는 그것을 다시 그것인 바대로 인식한다. 하나의 태도에서 다른 태도로 이행하면서 나는 세계가 세계를 인식하는 주관성과 맺는 관계를 인식한다. 모든 것은 존재자다. 그리고 한 존재자는 다른 존재자와의 관계를 갖는다. 이것은 완전히 옳다. 그러나 이제 다음을 유의해야 한다.

1) 내가 일단 초월론적 토대를 갖게 되면,[57] 나는 잠재적인 것의 드러냄을 **계속할** 수 있다. 물론 나는 어떠한 **최종적인 것**에도 이르지 **못한다**. 그러나 바로 이것을 나는 근원적인 본질 필연성으로서 인식한다. 그리고 나는 초월론적 경험을 구성하는 인식 자체의 **양식**을 규명할 수 있고, 초월론적 주관성 일반의 양식을 그때그때 그 속에서 명시적인 것으로서 주어진 것과 더불어 그것의 숨겨진 현실적이거나 가능적인 구조에 따라서 규명할 수 있다.

2) **현상학하는 자아와 현상학하는 자아에게 주제적인 현상학적 자아.** — 다음이 구별되어야 한다.

① 환원을 수행하는 현상학자로서의 자아, 그리고 나의 현상학적 삶,

② 내가 **그 속에서** 초월론적인 것으로서 인식하는 자아와 삶, 즉 세계와 그 어떤 것이든 무엇인가가 나에게 인식으로 오는 나의 그때그때의 현실적이고, 다만 불완전하게 드러난 삶.

드러내는 나의 현상학적 인식 삶에서 나는 일관적으로 계속하면서, 새로운 현상학적 삶의 산출을 통해 그때그때의 그것의 단계들 속에서 현상학적 인식 삶 자체를 인식한다. 그리고 이때 새로운 현상학적 삶은 다시 주제적으로 될 수 있고 되어야만 한다. 현상학적 드러냄은 삶의 생산을 의미할 수는 없다. 그 삶은 인식된 것(경험된 것 등)을 가지지만, 그것의 **인식함은 완전성 속에서** 드러내진 삶으로서 한 수준에서 거기 있지 않다. 이때 완전성 속에서 드러내졌다는 말은, 하나의 드러내진 삶이 나에 대해 거기 있다고

---

57 초월론적 주관성은 '미리 주어지지' 않는다. – 원주.

할 때 이 나 자신도 나의 모든 삶과 함께 이 수준에 있음을 뜻한다. 내가 현행적으로 살고 있는 삶은, 그리고 내가 이러한 삶의 기능하는 자으로서 존재하는 **바로 그 삶은 언제나** 잠재적이다. 그러나 "나는 존재한다" ― 여기에는 다음이 놓여 있다: 나는 전진하면서, 가능한 '나는-존재한다'와 '나는-살아간다'의 전체 양식을 차지하면서, 자기 숙고를 수행할 수 있다.

3) 나는 이때 전진하면서 순수한 반복을 수행할 수 있고, 전진하면서 인식하는 행위의 '작업수행'을 숨겨진 소박성 속에서 명료성으로 가져올 수 있으며, '타당성-속에-정립함'과 증명의 방식, 자기 소여의 한계와 다양한 권리 부여의 양상을 완전하게 해명할 수 있다. 오직 존재하면서 '타당한 것'으로서만, 존재하면서 '정당화'되는 것으로서만 등장할 수 있는 '존재자'라는 명칭 아래 여기서 등장하는 모든 것에 대해, 나는 의미와 권리 유형, 권리 부여의 단계를 마지막까지 해명할 수 있다 ― 오직 초월론적-주관적인 양상.

4) 초월론적 영역에서 나는 (지금 판단중지 속에서 주제가 되는) 자연적 경험 등의 경험된 것으로서 **세계**를 발견한다. 판단중지는 세계를 나에게 주관적으로 그러그러하게 타당한 것으로, 그리고 그러그러한 추정의, 그것의 증명의 기체 등으로서 변화시킨다. 나는 이제 다음과 같이 이야기할 수 있다. 현상학은 의미와 의미부여 속에 주재하는 필연성에 대해 보편적으로 그리고 일관성 있게 수행된 일반적 숙고이며, 나로서의 나에게, 그리고 우리로서의 우리에게 생각될 수 있는 모든 대상 유형에 대한 숙고다. 그 대상 유형들이 의식 삶 속에서 의식되고 의식되게 되는 방식으로, 사념되는 방식으로, 존재하는 것으로서 타당성으로 오는 방식으로, 그리고 이러한 그때그때의 타당성이 주관적으로 증명되고 '참으로 존재한다'는 성격을 자신에게 머무르면서 선사하거나 선사할 수 있는 방식으로, 상관적으로는

타당한 것이 의심스러운 것으로서 혹은 무효인 것으로서 입증되는 등의 방식으로 말이다. 그리고 현상학은 총체성, 이러저러한 모든 존재자의 우주에 대한 숙고다.

어떤 의식 양상 속에서가 아니라면, 어떠한 것도 나에 대해, 그리고 생각할 수 있는 모든 자아와 우리에 대해 타당하지 않다. 그리고 나와 '모두'에게 진리의 타당성을 가질 수 있어야 하는 것, 그것은 '증명될 수' 있어야 한다. 그리고 그의 삶의 양식(그리고 그 속에서 함께 구성된 공동 주체들의 삶의 양식)은 이를 통해 밑그림 그려지는데, 이것은 자신의 편에서는 타당하고 유효한 진리를 분리 불가능하게 지닌다. 참된 존재는 그것이 마치 의식 주체나 의식 주체의 우리로부터 분리할 수 있는 것인 양 전제되면, 소박성이나 신화를 낳는다. (의식의 맞은편의 초재적인) 객관적 존재는 신화적인 자체 존재가 아니라 그 자체로 순수하게 주관적으로 자신의 의미를 획득하고, 의미로서 그것의 의미 구성과 분리할 수 없으며, 그 자체로 한갓 주관성의 양상인 자체 존재다.

현상학적 환원의 방법 속의 주관성의 학문으로서 현상학은 비록 형상적 학문일지라도 그 무한한 상대성 속에서 모든 생각해낼 수 있는—우리의 주관성 속에서, 우리의 '우리' 속에서 생각해낼 수 있는—존재자에 대한 구체적 학문이다. 실재적인 것은 의식 상대적이다. 즉 초월론적 주관성에 대해 상대적이다. 독자적인 것이었다가 그리고 나서 그 어떤 관계함 속에서 주관과의 관계에 들어서는 것이 아니다. 이러한 상대성은—초월론적 주관성 안에서 '상대성'이라는 명칭 아래 구성된 극 체계이자 '객관적' 진리의 기체들의 체계로서, 규정 가능성으로서—그 자체로 초월론적 주관성의 닫힌 범위 안에 속한다. 세계적인–실재적인 것의 '맞은편에' '한갓 주관적인' 것으로서 특징지어질 수 있는 것은, 비록 이제 그저 실재적인 것으로서는 아닐지라도, 그 자체로 다시 구성된 것이고, 자신의 편에서는 다시 구성하는 것이다. 여기서 무한 소급이 위협한다고 해도, 그것은 우리가 그때그때의 단계에서 구성을 증명할 수 있고, 그때그때의 단계의 통일성이 통일성 극과 기체가 되는 방식과 자신의 뒤에 기능하는 다양체를 입증할 수 있게 가지는 방식을 완전히 철저하게 규명할 수 있고 이해할 수 있다는 사실에서 아무것도 변경시키지 않는다.

소급이 '위협하는' 곳에서조차 우리가 본 것을 이야기하는 용기를 가져야 하고, 그것을 그 명증 속에서 타당하게 해야 한다. 메두사는 미리 그것을 믿고 두려워하는 사람에게만 위험하다. 여기서 우선은 수수께끼가 남아 있을지 모르지만, 그것은 바로 수수께끼다. 풀리지 않는 수수께끼는 모순이다.

5) 세계에 대해서, 모든 종류의 세계적인 것에 대해서 단적으로 판단한다는 것, 우리가 환경세계로서 실천적으로 혹은 그 밖의 방식으로 관계 맺고 있는, 수중에 있는 것으로서 그것을 그 어떤 방식으로 '단적으로 갖는다는 것', 그것은 인식 취득물, 작업수행하는 주관성의 취득물을 소유하는 것이다. 그러나 이러한 취득물 자체, 무언가로서 인식 형성물, 그것은 그것이 구성되었던 의미와 더불어 최대한 감추어진 채 머물러 있다. 그것은 오랜 습성의 방식으로 처리함이다.

실재적인 경험은 분명하게 만들지만, 불명료함의 환경 속에 있다. 우리가 실재적 경험과 판단 방식의 소박성 속에 머무른다면 우리는 자연과 마주친다. 그러나 또한 (구체적으로 자연과 하나인) 인간적이고 동물적인 주관성과 마주치고, 인격적인 것, 인격, 습관 등과 마주친다. 그러나 이것은 심리적인 상태로 소급되고, 경험함 속에, 겪음과 행함 속에 있는 인격적인 의식 삶의 양식으로 소급된다.

심리적인 것에 대한 일관적이고 순수한 태도: 이 인간의 심리적인 것으로서 그것은 자연적인 것 속에 타당성에 따라 정초되고, 그래서 그것은 심리 물리적인 것이다.

그때그때의 코기토의 자아는 통각을 통해서 인격을, 인격적 특징, 인격적 습관, 모든 종류의 습득된 습성을 갖고, 이 모든 것과 더불어 타당하게 되는데, 우리는 우선 그와 같은 통각을 도외시할 수 있다.

우리는 더 나아가 심리 물리적인 통각을 도외시할 수 있다. 정확히 말하자면 다음과 같다: 모든 코기토는 인간, 인간적 인격과 동물적 인간의 규정으로 여겨진다. 여기서 이것은 모든 경험에 속하고, 모든 경험 속에서 타당하다. 그러나 우리는 이러한 파악 방식을 '도외시'할 수 있고, 그것을 작동 밖에 놓을 수 있으며, 고유하게 본질적으로 코기타치오에 속하는 것으로 시선을 향할 수 있다. 우리는 현상 너머에 이르는 모든 것을 도외시한다. 즉 실재적인 규정들을 도외시한다. 나는 순수한 의식을 획득하고, 그러고 나서 그것으로부터 일관적으로 모든 순수한 의식 연관으로 들어서고, 더 나아가 이러한 연관들과 분리 불가능한 통일체로, 대상극들의 구성 등으로 넘어가는가? 이것은 물론 심리학적으로 순수한 의식 등으로의 심리학적 환원일 것이다.

자연적(심리학적) 태도의 테두리 내에서
심리학적인 내적인 것으로의 환원

자연적 태도에서 나는 다음을 발견한다. 공간-시간적 자연 **속의** 의식, 의식은 실재적 세계의 '부분'이자 실재적 구성요소다. 이제 우리는 계속해서 다음과 같이 표현할 수 있을까? '자아-의식'을 가진 영혼이라고 불리는 자연의 이러한 부분은 현상학적으로 환원된다는 기이한 특성을, 자연의 이러한 부분 자체에서 수행되고 이것과 얽혀 있는 자연적 정립을 우리는 작용 밖에 둘 수 있고 우리의 판단함에 대해 배제할 수 있으며, 그러면 '그것 자체'는 순수한 내재적 존재로서, 자연이 아닌 무언가 등으로 남아 있게 된다는 기이한 특성을 가진다고?

우리는 여기서 환원을 더 구체적이고 더 명료하게 분석해야 한다.

1) **타자에 대한 환원.** — 내가 자연적 태도 속에 있고, 그러그러한 지향적 체험을 수행하는 누군가가 나의 앞에 서 있다면, 나는 그를 이해하면서 그의 정립에 참여하는 만큼, 이러한 정립으로부터 물러날 수 있고, 그런 한

에서 그의 단순한 체험으로의 환원을 수행할 수 있다. 이 환원 전이나 후나 타자는 거기에 있는 이 인간이고, 환원은 순수성 속에서 타자의 내재적 체험, 내재적 '심리적인 것'의 전체 요소를 끄집어낼 뿐이다. 물론 거기에는 노에마적 요소와 그 규정된 현출 방식 속에 있는 그의 주관적 환경세계의 대상적인 것이 그에 의해 사념되고, 정립된 것**으로서** 포함된다. 이러한 상관자는 다른 사람이 거기서 '상상'에 내맡겨져 있든 올바르게 경험하고 생각하는 등이든 간에 체험에 속한다. 타자와 그의 흐름이 나머지 세계 자체와 어떤 관계에 있는가 하는 모든 물음에 앞서, 상관적인 드러냄 속에서, 타자의 심리적 의식, 더욱이 현행적인 의식, 타자의 체험 흐름을 나는 그 순수성 속에서 획득한다. 타자를 그의 밖에 존재하는 세계와 실재적 관계 속에 정립한다는 것은 물론 타자의 지향적 체험 속에서 타자에 의해 수행된 지향적 객체 관계와 존재 정립의 **정당성**을 평가함을 의미한다. 그러나 어쨌거나 그러한 모든 지향적 체험은 그 자체로 심리적인 것이고, 그 자체로 대상적인 것과 관계 맺음을 가지며, **이러한** 관계 맺음은 그 자체로 **실재적인** 관계, 즉 실질적-인과적 관계가 아니다. 실재적 관계가 존재할 수 있으나, 다만 의식 흐름이 (인간-통각의 의미에 적합하게) 신체와 그것의 실재적 결합을 갖는다는 방식으로만 그러하다. 그리고 인간은 세계를 인식하고, 세계에 대한 의식적 관계를 갖는다. 그러나 이러한 관계 속에서 그의 의식은 세계와 실재적으로 통합되어 있는 것이 아니라(이것은 말이 안 된다) 실재적인 것에 심리 물리적으로 결합되어 있고, 그것을 통해서 '직접적으로 서 있는' 사물들과 (경우에 따라서는 매우 간접적인) 실재적 관계 속에 있다.

이러한 방식으로 나는 다른 사람들에 대한 경험에서 출발하여 **그들에게서** 심리학적 환원을 수행하고, 타자의 주어진 신체를 넘어서 그의 실재적인 심리적 내면성으로서, 그리고 그의 체험의 총체로서 타자에게 존재하는 것을 구별하면서 *끄집어내어* 파악한다. 이때 그의 체험 흐름은 현존하는 신체에 객관적-실재적으로 속하는 것으로서 주어진다. 나는 객관적 자연의 정립을 타당성 속에서 지니면서 부단히 그 정립을 수행한다: **저기** 공간에는 객관적 시간을 관통하여 지속하는 다른 신체가 존재하며, 그것과 하나로 함께 지속하면서 함께 얽혀 있는 영혼적인 체험 내면성이 존재한다.

2) 이제 만약 심리학적 태도의 주체인 내가 심리학하는 인간인 **나 자신**을 주제로 삼아 나, 그러니까 이 인간에 대해 영혼적인 내적 체험을 획득하고자 한다면 어떻겠는가?

나는 다음을 발견한다. 여기에 이 사물, 이 환경세계, 그리고 이것들을 넘어서 지각되지 않은 세계, 다소간 규정적으로 표상된 세계, 알려지거나 알려지지 않은 세계는 시공간의 무한성으로 다다른다. 여기에는 모든 그러한 사물처럼 공간 속에서 모든 위치를 가질 수 있을 물리적 사물로서의 나의 신체도 포함된다. 나는 더 나아가 그것은 마음에 들거나 들지 않는다는 등 사물들에 대한 나의 영혼적 관계함을 발견하고, 현전하지 않는 현실적이거나 꾸며낸 사물들에 대한 나의 표상, 그것들에 대한 나의 생각함 등을 발견한다. 나는 또한 동일한 사물이 나에 대한 그것의 위치, 그러니까 나의 감각 기관, 나의 신체에 대한 그것의 위치에 따라 변화하면서 보인다는 것, 이러한 모습이 사물 자체는 아니라는 것 등에 유의한다.

나는 어떻게 나를 신체적-영혼적인 실재적 존재로서, 자연 속의 인간으로서 발견하는가? 나는 어느 정도는 타인의 눈으로 나를 바라보고, 나를 신체로서 그리고 신체적-영혼적인 것으로서 새롭게 해석하고, 내가 타인을 표상하듯 임의의 공간 위치에서 표상한다.

1923~1924년 겨울 강의에서 심리학적 환원과
초월론적 환원의 차이에 관한 틀린 서술에 대한 비판

"순수 영혼의 총체(Allheit)"에 대하여(202쪽 3행): 그것은 또한 아마도 영혼과 영혼을 결합하는 순수한 영혼적 통일성이 제시되리라는 점을 고려하여 '**전일성**(Alleinheit)'으로 불려야 한다.

일반적으로 전체 서술의 의도에 반해서 다음과 같이 이야기해야 한다.[58]

왜 **개별적 작용**에 대한 계속적 환원이 강조되었는지, 그러고 나서 (마치 순수한 모나드 공동체가 존재하지 않는 것처럼) 개별적 영혼에 대한 환원이 강조었는지 간파되지 않는다. 심리학자로서의 내가 개별적인 영혼을 그 순수성 속에서 직관하고 기술하고자 한다면, (적어도 **데카르트** 이래) 전통적 영혼 표상에는 이미 영혼이 모든 순수한 영혼적인 것(자아 내지는 신체)의 그 자체로 닫힌 통일체라는 생각이 놓여 있다. (이것은 데카르트가 제시한 순수

58 199쪽 3행부터의 서술에 대한 이의제기 및 나머지 전부에 관해.

한 정신적 실체, 순수한 영혼*animus*에 대한 심리학적 표현이다.) 이제 (내가 근원적인 경험을 갖는 유일한 것으로서) 나의 고유한 순수한 영혼을 근원성 속에서 획득하려면 나는 세계 및 나에게 타당한 모든 이념적 객체성에 관해 **보편적 판단중지**를 수행해야 한다. 말하자면 다음 통찰과 관련하여 그러하다. 즉, 나에게 타당하고 나에게 언제나 타당할 것이며 타당할 수 있는 모든 객관적인 것은, 실재적인 것이든 이념적인 것이든 간에, 나의 타당함, 나의 경험 믿음, 나의 지각하는 체험함, 기억하는 체험함 등의 속에서만 타당할 수 있다는 통찰 말이다. 그리고 여기서 경험된 사물과 함께 타당한데, 그것은 이후에는 저 경험된 것과 관계하는 사유된 것으로서 함께 타당하다는 통찰 말이다. 그래서 필연적으로 다르게 진행되는 서술 속에서 모든 것이 이야기되어야 한다!

(개별적 작용에 대해 계속되는 개별적 판단중지뿐 아니라) 이러한 심리학적인 보편적 판단중지는 심리학자로서의 나에게 단지 순수화의 수단일 뿐이다. 내가 서 있는 나의 실증적인 보편적 영역, 그러니까 내가 그 안에 들어가 주제화하고 내가 인식 목표의 영역으로 선택하는 나의 실증적인 보편적 영역은 **세계**고, 나의 영역은 바로 세계 속의 영혼적인 것이다. 이것은 물론 어려움을 낳는다. 나는 절대적인 타당성 속에서 세계를 지키고, 처음부터 언제나 의심할 여지 없는 타당성 속에서(궁극적 타당성 속에서) 세계를 가지며, 이 세계 속에서 (모든 다른 인간과 마찬가지로 심리학자인 나를 포함하여) 모든 주관적인 것이 세계적으로 등장한다. 이 모든 것은 심리 물리적 통각의 수행 속에서 일어난다.

환원의 동기에 대한 더 자세한 설명. ― 그러나 이제 인간은 (그리고 특히 인간의 주관적 삶은) 세계적으로 존재하면서 동시에 세계적인 것, 객관적인 것을 개별적으로 그리고 결국에는 또한 보편적으로 경험하고, 판단하며, 다양한 방식으로 '생각한다'는 기이한 특성을 지닌다. 그래서 우리는 물리적인 것으로서의 객관적인 것과 심리적인 것을 **외적으로** 결합시키고, 영혼적인 것을 정초하는 것으로서의 신체적-물리적인 것에 묶었을 뿐 아니라 동시에 영혼적인 것을 '**내적으로**' '생각하면서' 신체적-물리적인 것과, 또한 그 밖의 객관적 세계와 관련시켰다. 정확히 이것은 심리 물리적 **환원**이 심리적 삶 어디에서나 수행될 것을 요구한다. 그리고 나 자신의, 심리학자의 영혼이 문제시된다면, 나는 **보편적** 환원, 보편적인 세계 배제를 수행해야 한다. 잘 유의한다면 이러한 목적을 위해 나는 나의 영혼의 존립 요소가 아닌 다른 인간 주체도 괄호 쳐야 한다.

이제 덧붙여야 할 것은, 세계와 순수한 심리 물리적인 상호주관성 속의 모든 순수한 영혼적인 것을 끄집어내어 제시할 의도로, 나는 **나의** 주관에 대해 환원을 수행하고, **나의** 순수한 영혼(*animus*)을 획득한 후에, 상응하는 변양 속에서 타인경험 속에서 나에게 주어진 다른 인간에 관하여 유사하게 해나가야 한다는 것이다. 내가 이전에 존재하는 것으로 **나에게** 타당한 세계에 관해 보편적 환원을 수행했다면, 이제 나는 **타자에게** 타당한 것에 관하여 환원을 수행한다. 그러는 동시에 이제 **나는** 세계를 정립하고, 이제 다시 다른 신체와 인간을 정립한다. 세계의 배제, 그리고 바로 타자에게 타당한 속성 등을 지닌 타자에게 타당한 것으로서의 세계의 배제는 타자에게 '타인경험된' 영혼을 순수한 것으로 환원하는 수단이다. 이때 순수한 것은 동시에 객관적인 것이고, 심리학자인 나에게 객관적으로 타당한 것이며, 나에게 외적으로 경험되고 주어지는 신체의 영혼이다.

(말하자면 공간-세계적인 것으로서) 모든 객관적 경험 및 경험 인식과 마찬가지로 이것들은 상호주관성 속에서, 그러니까 심리적으로 활동적으로 기

능하는 다수의 주체들과 관련하여, 이러한 두 번째 의미에서의 상호주관적 타당성과 객관성의 성격을 얻는다. 우리는 이러한 방법에서 객관적–세계적인 순수–영혼적인 것을 공동으로 인식하는데, 이것은 순수하게 '내적 경험'에 근거하는 일반적인 영혼론 자체의 주제가 된다. 이것은 순수한 자기 경험의 변양으로서 환원적 자기 경험 및 환원적 타자 경험의 경험이라는 새로운 의미에서의 내적 경험이다.

그러나 지금까지 어떠한 심리학도 수행하지 않았던 단계가 아직 더 수행되어야 한다. 말하자면 개별적 영혼에 대한 개별적 환원의 맞은편에, 모든 영혼을 영혼적이고, 인격적인 공동체와 결합시키고, 더욱이 세계 속의 순수한 영혼적인 공동체 연관과 결합시키는 어떤 것으로의 환원이 있다. 그것은 우선은 나의 환원된 영혼 속에서 흘러가면서, 그것으로부터 나와 의사소통하는 다른 영혼으로 이끄는 길이다.

여기서 생각해야 할 것은 다음의 것들 사이의 명백한 구별이다.

1) 내가 기능하는 심리학자로서 가지고 있는 의견들, 확신들, 통찰들: ① 부분적으로는, 미리 주어진 것의 장을 나에게 창출하는 '토대' 확신들로서, 내가 서 있는 세계, 경우에 따라서는 물리적 생물학, 물리학과 같은, 내가 전제하는 학문들. ② 부분적으로는 내가 학자로서 나에게 창출하는 확신들.

2) 다른 한편 내가 주제로 삼고, 내가 심리학에서의 공동 객체로서 나의 영혼에, 나에게 귀속시키는 의견들, 지향적 체험들. 그러나 이제 우리는 다음과 같이 말하게 될 것이다: 그것은 모든 기능하는 작용들과 습성들에 해당된다. 심리학적인 주제화함과 작업함이 수행되는 기능하는 작용 삶, 이것도 동시에 주제에 속하지 않는가? 나는 그것에 대해 반성할 수 있고, 내가 그렇게 하자마자 그것은 영혼적인 것이고, 심리학적인 주제가 된다.

내가 자연적으로 태도를 취하고, 세계 가짐을 유지한다면, 나의 기능하는 삶에 대한 반성은 자신과 관계하고 그 밖의 방식으로 기능하는 인간으로서 나, 인간으로 이끈다. 그리고 이것은 모든 반성에서 반복된다. 나는 나, 인간이 언제나 다시 반성할 수 있고, 반성적 파악에 앞서 언제나 다시 기능하면서 존재하며, 반성을 통해 이러한 기능함을 나의 인간적인 기능함으로서 발견하고 발견해야 함을 일반적으로 통찰할 수 있다. 이러한 태도에서 명증한 것은, 자기반성의 모든 존립 요소가 나의 신체의 영혼의 내용에, 그리고 그와 한꺼번에, 인간으로서의 나에게 덧붙여진다는 사실이다. 이것은 물론 내가 타자를 '타인경험하는' 현실적이거나 가능적인 반성에 전이되며, 그래서 나는 타자에게서 다음을 구별한다: 모든 그것의 작용들에서 주제적으로 향함 자체를 포함하여, 이러한 자아에 대해 언제나 필연적인 것으로서, 비주제적이고 경우에 따라 지속하면서 익명적으로 머물러 있는 주관성의 존립 요소로서의 기능하는 자아 — 그리고 이러한 자아에 대해 주제적인 것, 그리고 특히 주제적으로 심리적인 것. 이 둘은 그때그때의 인간에게 속한다.

내가 나에게서 심리학적 환원을 수행한다면, 나에게 타당한 세계를 배제하면서 지각 현상, 지각하는 ~로 향해짐으로, 나에게 남아 있는 모든 '한갓 주관적인 것'으로 환원한다면, 모든 자연적 반성은 현상학적 반성이된다. 그러면 나는 모든 숨겨진 주관적인 수동성과 능동성을 발견하고, 기능하는 자아를 발견한다. 그것은 언제나 다시 자기 자신을 반성할 수 있다 — 중심으로서의 특수한 자아를, 자신의 작용들을, 자신이 행하는, 자기자신 및 자신의 작용과 관계하는 언제나 보다 높은 단계의 반성들을 반성할 수 있다.

내가 우선 심리학적 태도에서 보편적이고 경우에 따라 통합된 영혼적인 것을 겨냥하면서 (보편적인 순수한 주관성의) 보편적인 순수성을 획득한다면, 이제 물론 초월론적 태도로의 이행이 아주 가까이 놓여 있다. 심리학자로서 나는 궁극적 타당성 속에서 세계를 고수했고, 다만 세계 속에서 순수한 영혼적인 것을 찾고 발견했다. 말하자면 내가 그것을 체계적으로 드러내고 기술할 수 있도록 말이다. 그러나 나는 그럼에도 초월론적인 것, 순수 정신적인 것을 수중에 가지고 있으나, (환원 중에는) 세계를 전혀 가지고 있지 않다. 세계는 말하자면 배경에서만 타당성 속에 ― 심지어 궁극적 타당성 속에 ― 머무른다. 이 타당성은, 나의 주제적 소여와 진술의 내용에 조금도 관여하지 않고, 다만 전체에게 지평 지표를 ― 순수 '영혼적인 것'을 ― 주기만 하는 것이다. 모든 세계적 경험, 모든 세계 정립, 세계 인식에 독립적인 보편적 경험과 인식의 영역을 내가 나에게 열었다는 생각이 거의 즉시 준비되어 있지 않은가?

나는 세계를 전제했고, 세계를 여전히 지금 정립 속에서 붙잡고 있다. 그러나 나는 거기서 정립을 행하는 자가 아닌가? 그리고 이 그러한 성격의 체험과 주관적 습성들을 통해서만 내가 세계를 갖고 가졌다는 사실, 세계, 인간임, 그리고 모든 객관적인 것은 주관적인 것에서 그러그러하게 형성된다는 사실, 여기서 내가 순수한 가능성과 형상적 필연성으로의 이행 속에서 통찰하듯이 모든 세계 타당성과 이러한 타당성 ― 이러한 타당성에 따라 참된 존재가 주관성의 특정한 유형의 지표가 된다 ― 의 증명에 속하는 본질 법칙을 지배한다는 사실은 명증하지 않은가? 주관성의 존재는 그것이 자기 자신에게 순수성 속에서 드러나고 인식되자마자 모든 다른 인식에 선행하고, 그래서 그것은 모든 객관적으로 규명된 것에서 이미 존재에 적합하게 전제되며, 더 나아가 객관적 진리의 증명은 순수한 주관성의 증명을 자기 자신에 대해 그리고 그것의 주관적 타당성에 따라서 전제한다는 사실은 명증하지 않은가? 기능하는 삶은 그 자체로 그것인 바대로 존재한다. 그것의 참된 존재는 그 자체에서 보다 높은 단계에서 수행되는 인식하는 증명의 인식이고 오직 거기에서부터 타당하다. 그러나 우선은 타당성은 궁극적 타당성 속에서 이러한 삶 자체의 자아에 의해 직관될 수 있다.

그래서 나는 단적으로 정립된 세계가 순수한 주관성의 인식 정립에 앞서 단적으로 타당하고, 궁극적 타당성 속에서 인식 가능한 세계가 아님을 인식해야만 한다. 인식과 존재에 따라서 선행하는 것은 순수한 주관성이다. 존재하는 바대로의 세계는—그리고 존재와 인식가능성에 따라서—이러한 주관의 상관자 형성물이며, 이러한 주관성 자체에 속한다. 나는 현상학자로서 방법적으로 활동하면서 어떤 의도에서 세계를 배제하고 싶어 한다. 이것은 세계에 대해 곧바로 판단하려고 하지 않음을 의미한다. 순수한 주관적 연관을 추적하면서, 현실성과 동기부여된 가능성에 따라, 우리는 순수하게 주관적인 것 **속에서** 세계를 상관자로서 획득한다. 판단중지는 세계를 전제하기를 폐기함이고, 곧바로-판단함, 단적으로-판단함을 폐기함이다. 이제 세계는 (순수한 주관성 속의 체험으로서는 아닐지라도) 순수한 주관성 속에서 획득된 계기로서 순수한 주관성의 내부에 있다. 자연적 세계는, 의식되지 않고, 드러나지 않은 전통 속에서 정립된 세계다. 초월론적 주관성에서 제시된 세계는 드러난 전통 속에서 '형성물'로서, 이해된 참된 이념으로서 정립된 세계이고, 주관적인 것으로서 그것의 진리 속에서 정립된다. 판단중지는 선-판단으로부터 나를 자유롭게 한다. 판단중지에 근거한 현상학은 세계 정립의 정당성과 그 참된 의미가 발원하는 근원적 장소를 드러낸다.

심리학자가 순수한 상호주관성에 발을 들여놓으면 이 모든 것은 그에게 명백해진다. 곧바른 태도의 세계 경험과 세계 인식은 하나의 소박성이라는 인식, 그것은 어떠한 독립적인 경험 토대나 정당성 토대에도 서 있지 않다는 인식, 절대적으로 스스로 서 있고 스스로 근거 지어진 오직 하나의 보편적 토대, 즉 모든 진리와 모든 참된 존재가 자신의 지향적 원천을 갖게 되는 초월론적 상호주관성의 토대가 존재할 뿐이라는 인식에서, 심리학자는 초월론적 철학자가 되어야 할 것이다. 그러나 이것은 그에게 그의 인식의 특정한 정당성 평가만을 산출할 뿐이지 가령 심리학을 포기하는 것은 아니다.

객관적 세계는 허구(Fiktion)가 아니다. 비록 자연적 경험이 '추상적'이며, 숨겨진 (그리고 이제 심리학자에게 알려진) 주관적 하부 토대와 기능 전제들을 가질지라도 객관적 세계는 자연적 경험에서 나온 그대로다. 자연적 세계는 객관적 정신, 영혼, 인간적 인격, 동물 등을 포함한다. 그래서 순수한 영혼적인 세계 연관을 드러냄의 과제, 요구가 남아 있다. 이제 상황은 다음과 같다: 순수한 현상학자는 이러한 사실 유형인 '인간 세계'를 인식하고, 주관성에게 존립하는 본질 가능성과 본질 필연성들을 인식한다. 그것은 주관성이 스스로 물리적 자연, 유기체적 자연, 그리고 객관화된 정신성, 공간 속에서의 영혼의 배치를 구성한다는 것이다. 이를 통해 그는 또한 객관적 인식, 심리학적 인식의 모든 근원적 방법들을 인식한다 — 또는 인식할 수 있다. 그래서 올바른 상황은 초월론적 현상학 — 그러므로 어떤 내적 심리학도 아닌 — 이 궁극적으로 그리고 모든 목적을 위해 형성된다는 사실, 그리고 그것이 심리학자에게는 바로 동시에 내적 심리학으로 기능한다는 사실이 된다. 심리학자로서 그는 (물론 궁극적인 학문성의 단념일 텐데) 소박하고 독단적으로 남아 있을 수 있다. 그는 그에게 명백한 것, 즉 심리학적 환원의 초월론적 전환을 볼 필요가 없다. 이제 그는 초월론적 사유 과정을 무시하면서 초월론적-현상학적 서술들을 순수 심리학으로서 고찰하고 이용해야 할 것이다. 그것은 그 과제와 이론의 전체 체계가 초월론적 현상학에서와 내용적으로 동일하게 전개되는 순수한 심리학을 따로 형성하는 목표를 가질 것이다.

그러나 그가 궁극적 학문성을 의도한다면 그래야 하듯이, 그리고 모든 독단적 요구자가 그래야 하듯이, 초월론적 토대 위에 선다면, 그는 궁극적 토대 위에서 궁극적 정당화, 궁극적 명증의 원천으로부터 자신의 특수한 학문을 수행한다. 그는 이를 통해 보편적인 인식 연관 속에 서 있고, 철학자가 된다. 이와 더불어 그의 객관적 학문은 철학의 가지로 변한다. 즉 모든 상대적 존재자, 즉 드러나지 않은 상대성을 가진 존재자를 절대적 존재자로 되돌리는 궁극적 인식 원천으로부터의 학문, 모든 인식이 완전히 충분하고, 완전히 이해되며 의문의 여지가 없는 인식이 될 수 있는 그러한 학문의 가지로 변한다. 그렇다면 심리학은 하나의 보편적이고 절대적인 학문인 철학의 한갓 부분이자 기관이다.

물론 (세계 정립이 단적인 정립이었던 것처럼) 단적인 판단중지로서의 세계-판단중지의 수행과 세계의 일반정립의 가정 아래에서의 판단중지로서의, 그러니까 세계의 내부에서 순수한 영혼을 획득하는 수단으로서의 세계-판단중지의 수행 사이의 구별은 초월론적 관점으로 옮겨지고, 어떤 변양을 띠게 된다. 세계-판단중지는 여기서 단적이고 절대적이다. 초월론적 철학적으로 태도를 취하고 학문적 소양을 가진 내가 (다시 곧바로 경험하고 판단하면서) 세계를 정립한다면, 이러한 정립은 오직 상대적이다. 나는 세계 존재가 무엇을 의미하는지 안다. 정립은 지평을 갖는다. 나는 지평을 활성화할 수 있고, 그것의 주관적 상관자를 해명할 수 있다. 현상학이 이미 그렇게 했듯이, 준비되어 있고, 재활성화될 수 있는 인식으로서 말이다. 그러나 지금 나는 이러한 주관적인 것에 주제적으로 관심을 기울이지 않는다. 비록 그것이 주제적 영역 밖에서는 함께 타당할지라도 말이다. 나는 곧바로, 즉 비반성적으로 판단한다. 그것은 더 이상 세계를 절대적으로 정립하는 것이 아니고, 세계에 대해서 곧바로 판단하는 것이다. 반면 이제 모든 판단은 다만 언표되지 않는 초월론적 지평을 갖는다. 이것에 상응하여, 심리학자로서의 내가 수행하는 판단중지가 있다. 판단중지는 이제 다음을 의미한다. 내가 주제적인 통일체인 동물, 인간, 사회성을 가지고 있고, 결국 정신성이 스며 있고, 다양하게 혼이 불어넣어진 것으로서의 세계를 갖는 곳에서, 나는 나를 일면적 판단 방향으로 (내지는 경험 방향으로) 규정한다. 그것은 모든 인간 주체 등에서, 그리고 나 자신에서도 수행된 세계 정립에 참여하지 않고 순수성의 목적을 위해 배제하는 방식의 판단 방향이다. 이 판단중지는 우리가 알고 있다시피, 언제나 초월론적인 판단중지로 변화될 수 있을지라도, 상대적인 판단중지다. 그러면 나는 다시 (초월론적인 주관성과 동일한 것인) 순수한 주관성을 획득한다. 그러나 초월론적 주관성에서 객관화된 것으로서 말이다. 이것은 그러나 그럼에도 불구하고 초월론적 주관성과 동일한 것이다. 그래서 나는 나를 순수하고 절대적인 자아로, 그리고 객관적으로 인간-자아로 파악하면서 다음과 같이 말할 수밖에 없다: 나는 동일한 것이다. 다만 나는 한 번은 인간-자아로 통각된다. 물론 초월론적 자아로서의 나 자신을 통해 통각된다.

자아와 구체적 주관성(모나드)의 자기 관계, 자기 자신에 대해 존재함 속의 그것의 존재는 우리가 말하자면 실재성들을 위해서만 교육받을 때만 모순이다. 그것은 놀라운 속성을 간직하고 있지만, 직관, 해명, 이해에 전적으로 접근 가능하다. 그러므로 놀라움은 다만 새로움이 열리는 통찰의 놀라움이다.

양상들의 자체 부여에 대하여.
예상의 맞은편의 회상 — 충족과 관련하여

외적으로 경험된 것의 비존재의 원리적 가능성에 대한 상론: 개별적인 경험, 그리고 아무리 멀리 이르는 경험 계열일지라도 모든 경험 계열의 정당성과 정당성 주장은 다만 조건적이다. 즉 계속적인 경험의 일치하는 진행을 조건으로 한다. 덧붙여서 다음과 같다.

경험 믿음 자체는 경험 충돌이나 다시 일깨워진 앞선 경험의 형식에서의 어떠한 반대 동기도 없을 때, 또는 유사한 경우들의 반대 동기도 없을 때 확실하고, 반박할 수 없이 확실하다. 내가 가령 미래 지평과 같은 그것의 지평에 관해 이러한 믿음을 '명석하고 판명하게' 만든다면, 이것은 다음을 의미한다: 예기하는 지향을 충족하는 '미리 떠올림(Vorerinnerung)'을 내가 나에게 산출한다. 이것은 (미리 떠올리는 펼침 속에서!) 연속적인 일치의 의미에서의 확실성과 완전한 반박 불가능성의 양상에서의 경험 통각을 위해 흘러가며, 예기하는 지향과 미리 떠올리는 충족의 연속적인 서로 포개어짐의 방식 속에서 흘러간다. 이때 미리 떠올리는 충족은 그 자체로 함축된 것이다. 즉 예기들**로서의** 예기들의 충족, 즉 예기들 자체의 자체 부여, 오는 것으로서의 오는 것의 자체 부여다. 우리는 다음과 같이 말할 수 있다. 그것을 통해 미리−예감함은 미리−봄이 된다.

그러나 예기는 충족의 두 번째 유형을 가진다. 미리 봄은 현실적인 **봄**(Sicht)이 된다. 미리 보인 것은 **끝**(Ende)을 향한 예상에서, 미리 보인 것들의 연속체의 끝이다. 그러나 여전히 미리 보인 것이다. 충족하는 **지각**은 미리 보이거나 미리 예감된 모든 것을 상응하는 몸소 '자체−거기'로 변화시킨다. 열린 지평들에서도 그렇다. 회상에 대해서는 되돌려진 '예감', 즉 일깨움이 있고, 이러한 예감에 대하여는 (재현전화된) 다시 봄으로서 충족하는 '되돌아봄'이 있는 반면, 다시 봄에는 그 이상의 어떠한 충족도 없다. 이것은 지나간 것 자체를 제공한다.

더 나아가 미리 떠올림은 확실한 것이다. 그러나 미리 떠올림은 경우에 따라 아무리 명료한 미리 봄이더라도, 미리 보여진 경험 진행 대신에 다른 것이 들어서거나 다른 것이 존재하거나 일어날 가능성을 열어둔다. 연속적으로 산출된 미리 봄은 연속적으로 산출된 달리 존재함이나 비존재의 가능성, 내가 지금 현전하는 것에 대해 갖고 있는 경험 믿음, 지각 믿음을 폐기하게 될 가능성과 조화된다.

가능성들의 자체 부여. — 여기서 또한 빈 가능성 의식에서의 이러한 가능성의 빈 '표상'과 그것의 충족이 구분되어야 한다. 이러한 가능성 의식도 무력한 **상상**이 아니다. 혹은 자아로부터 상상 가능성으로서의 순수한 상상 대상을 정립하는 것이 아니다. 오히려 현행적 지각에 연결되거나 연결될 수 있는 이러한 가능성 의식 자체가 **정립적 작용**이고, 믿음의 양상이며, 이러한 '실재적' 가능성이 근원적 자체소여로 오는 충만 형태를 확실성이 가지게 되는, 확실성의 변화 형식이다.

모든 근원적인 자체소여는 정당성을 부여하고, 근원적으로 규범화하거나 규범화(Normierung)의 자격이 있다. 그리고 모든 믿음 양상은 자신의 규범 형태를 갖고, 상관적으로 자신의 '대상성'을 갖는다. 여기서 우리는 믿음으로서의 확고한 믿음 일반과 확실성으로서의 확실성의 **논리적** 양상만을 생각해야 하는 것이 아니다. 어떤 방식에서, 확고한 확실성의 유형은 의미를 부여하고 대상을 구성하는 통각에 따라서 변한다. 즉 (이것은 믿음 양상이 유지되는 와중에 일어나는 통각의 변화에 상응하기 때문에) 대상성의 일치성과 동일성이 유지되는 동안 통각 유형이 동일하게 머무르는데도 믿음 질료의 방식(Wie)이 변화함에 따라서 변화한다. 경험 믿음은 대상에 대해서, 지각으로서 몸소 자체 부여하지만, 동시에 예기하는데, 현실적이거나 가능적인 미리 봄의 연속 속에서 — 예상 계열의 진행에서는 현실적으로 동기부여된 미리 봄의 연속 속에서, (가능한 지각 계열의 진행에서) 가정적으로 동기부여된 미리 봄의 연속 속에서 — 그러하다. 여기서 우리는 미리 봄에 대한 명증, 다가오는 지각에 대한 명증, 우리의 지각 활동의 가능한 방향에서 요구되고 고려되는 예견할 수 있는 것에 대한 명증을 갖는다. 이러한 관점에서 우리는 명증적인 경험 판단을 갖는다. 그러나 그것의 권리주장은 미리 봄의 명증이나 (지각과 기억의 확실성에 의해 지지되는) 경험의 통일체에 포함된 예기의 명증보다 더 멀리 다다르지 못한다. 이러한 권리는 우리가 자체 부여에서 명증적으로 알 수 있는 달리 존재함의 가능성의 권리를 통해 제한된다.[59] 이 제한은 이 두 가지 종류의 명증이 **함께 존립함**을 의미한다.

••
59 더 올바르게는 권리-한계(Rechtsgrenze)는 아닐지라도 권리-제한(Rechtsschranke)!- 원주.

다음으로 여기에 추가되는 것은, 경험 확실성에서 반대 동기가 등장하고, 경험 판단을 획득하거나 경험 확실성을 준비하는 새로운 방식 — 개연성 판단, 가정 등 — 이 등장한다는 사실이다. 경험 학문은 존재 확실성과 존재 개연성을 진술하고, 그것들의 구축을 추적한다. 달리 존재함의 가능성은 경험 학문을 방해하지 않는다. 이러한 가능성은 의심에서 비로소 반대 동기가 되어야 한다, 등등.

부록 25

현상학적 심리학과 초월론적 현상학[60]

우리는 어떻게 현상학적 심리학으로부터 초월론적 현상학에 이르는가?

세계는 나에게 현존하고 자연적 타당성 속에서 나에게 지속한다. 그리고 실증적 학문들이 나에게 타당하게 남아 있다. 나는 이제 나에게 인식 이론적 동기를 연다. 나는 세계 인식을 소유하고 획득하는 자로서의 나에게, 그리고 나에 의해 인식되고 인식될 수 있는 것으로서의 세계에 나의 관심을 향한다. 그리고 마찬가지로 세계와 주체, 그리고 세계를 인식하는 자들로서의 주체 공동체 일반의 상호 관계에 나의 관심을 향한다. 이러한 인식 이론적 태도에서 그러나 나는 실증성을 수행하고 타당성 속에서 소유하는 자연적 인식 주체로 남아 있다.

나는 나에게 다음과 같이 말한다. 나의 모든 세계 지식은 외적 경험으로

••
60 1925년경 혹은 1924년?

되돌아간다. 외적 경험이 없다면 나는 공간 세계에 대해서 알 수 없을 것이다. 나의 경험이 일치 속에서 그 힘을 유지하고, 나에게 일관적으로 현존하는 세계를 타당성 속에서 붙잡고 있는 대신, 어느 정도 파괴되고, 지속적인 충돌 속에서 폐기된다고 임의로 내가 가정해본다면, 나는 감각들의 뒤섞임과 해체된 사물 통각을 갖게 될 것이다. 이제 다른 주체들도 더는 나에게 현존하지 않을 것이다. '공간 세계'의 '이' 사물들 중에, 나에게 주어진 대로, 다른 주관성으로 해석하는 동기를 제공할 수 있는 신체와 같은 어떤 것도 나에게 존재하지 않을 것이다. 타인경험하는 모든 확증은 현존하는 사물들과 그 속에 있는 이러한 신체들의 일치하는 경험 믿음을 전제한다. 그러나 여기서 나는 세계가 나에게 존재하지 않을 가능성 속에서도, 즉 세계가 존재한다는 믿음에 대한 모든 근거가 없어진 경우에도 나 자신의 존재에 대한 확신은 영향을 받지 않는다는 사실을 깨닫게 된다. 자기 경험은 근본적으로 세계 경험에 선행한다. 내가 존재하지 않고, 나에게 인식될 수 없다면, 일치하거나 경우에 따라 일치하지 않게 되는 경험의 진행을 갖는 이러한 경험의 확증에 관해 묻기 전에, 나는 내가 세계를 경험**하려고 한다**고 말할 수조차 없을 것이다. 단순한 경험함만으로는 내가 세계를 현실성으로서 (궁극적 타당성 속에서, 근거를 가지고) 정립할 수 있게 되지 않는다는 사실, 오히려 공간 세계적 경험함으로서 경험함의 일관적 일치가 유지되리라는 추정이 거기에 함께 속한다는 사실을 나는 이제 주목하게 된다. 이러한 추정의 자세한 의미와 정당성에 대해, 그리고 실제로 세계가 그 자체로 존재한다는 것(회의주의가 의심하거나 부정하거나 일반적으로 이해할 수 없다고 설명하는 것)에 대한 그러한 일관적 일치의 정당성에 대해 더 묻지 않고서, 나는 이 모든 것과 참된 실존을 (그러므로 이것이 어떤 의미와 정당성을 갖든지 간에) 물음 속에 세울 수 있고, 완전히 미결로 남겨둘 수 있음을 인식한다. 그러나 반면 나는 다음과 같은 것을 남은 것으로 간직한다(그것은 이제 그러한 모든 물음에 영향받지 않고 자신의 타당성 속에서 필연적으로 전제되는 것으로 남아 있는 것이다). 즉, 나는 존재하고, 나의 경험의 진행은 그 자체로 존재하는 대로 존재한다. 이제까지의 경험함을 되돌아보면서 나는 마찬가지로 다음을 확신할 수 있다. 즉, 나는 세계 경험을 가졌으며, 경험하는 체험 흐름을 가졌다(이것의 객관적 타당성은 언제나처럼 존재했을 것이다). 거기서부터 나는 완전히 구체적이고 그 자체로 완결된 나의 '의식'의 삶, 나의 순수한 자아 삶, 에고 코기토를 주목하게 될 것이다. 이제 이러한 삶은 '초월론적'인 것이다. 그것은 인간적이고 신체적-영혼적인 삶이 아니라, 그 속에서 세계가 현출하고, 세계 속의 나의 신체가 현출하며, 신체와 더불어 공간화하고 세계화하며, 나의 인간적 영혼 삶이 현출하는 삶이다.

이처럼 나는 미리 주어져 나에게 자연적으로 타당한 세계와 세계 학문에서 시작했다. 그리고 세계 대신 오직 나만을 갖는 것으로 끝난다. 그러나 이것은 세계의 부분으로서의 내가 아니라 '초월론적' 자아로서의 나이고, 나의 초월론적 삶의 흐름이다. 내가 그 속에서 세계를 인식하는 인식함 전체는 초월론적 사실로서 초월론적 삶에 포함된다. 그리고 우선은 그 타당성에 관한 물음 이전에 그렇다. 나는 나에게 타당한 모든 것이, 선-이론적이든 이론적이든, 지적이든 감정적이거나 의지적이든, 나의 순수한 주관성 속에서, 나의 고유한 작용들의 형태 속에서 나에게 타당함을 본다. 내가 근거를 댄다면 그 근거 댐은 다시 나 자신의 순수한 삶이다. 그 속에서 사념된 것이 정당하게 존재하는 것으로서, 참된 것으로서 증명된다면, 사념된 것은 '정당하게 존재한다'는 성격과 마찬가지로 내재적인 존립 요소다. 추정적인 것으로, 가능한 것으로, 개연적인 것으로 타당한 것 같은, 그리고 참되게 가능한 것으로, 참되게 개연적인 것으로, 정당하게 기대되는 것으로 통찰되는 것 같은 타당성 양상과 존재 양상도 물론 마찬가지이다.

한 번 더 자연적 태도로, 실증성의 태도로 되돌아가보고, 하나의 실증적 학문 이론으로, 그러니까 심리학으로 되돌아가보자. 그 속에서 나는 나에게 전적으로 타당한 것으로서 부단히 미리 주어진 모든 현실성, 세계를 갖고, 그 속에서 인간을 가지며, 그 속에서 이러한 생생하게 기능하는 삶, 이러한 의식 삶을 지닌 이러한 인간으로서의 나 자신을 갖는다. 이제 나는 다시 다음과 같이 이야기한다. 나에게 실재성으로서, 자연으로서, 정신으로서, 학문과 법률로서, 종교 등으로서 타당한 모든 것은 나의 경험을 통해, 나의 가치평가, 나의 판단, 통찰 등을 통해 타당한 것이다. 이것은 나의 영혼적 삶의 체험들이다. 모든 타자들에게서도 마찬가지이다. 타자는 그의 의식에서, 경험함, 지각함, 기억함, 예상함, 판단함 등의 다양한 작용들 속에서 객관적 세계와 관계 맺는다. 그리고 그는 오직 그의 체험들을 통해서만 객관적 세계에 대해 무언가를 알게 된다. 내가 심리학자로서 이러한 체험을 순수하게 유지하고, 그 순수성 속에서 이 체험이 그때그때의 시간 점에서 주관적 체험으로서 흘러가는 대로 기술하고자 한다면, 나는 그 체험들에서 사념된 (그리고 경우에 따라 정당하게 사념된) 객관성을 존재하는 현실성으로서 (그리고 그것이 어디까지 현실적인지를) 고려하지 않아야 한다. 나는 다만 사념된 것을, 사념함 자체가 사념된 것을 자체로 생각하고 분리 불가능하게 함축하는 대로, 함께 기술하기만 하면 된다. 의식 삶을 그것이 실제로 흘러가는 대로 순수하게 포착하는 일은 그러므로 의식 삶에서 현실적인 것으로 여겨지는 현실성에 대한 일종의 배제를 요구한다. 기술하는 자인 나는 현실성에 대해 지금 어떤 것도 말할 필요가 없고, 현실성의 사정이 어떠한지에 대해 물음을 던질 필요가 없다. 체험은 가상의 경험, 틀린 판단, 잘못된 가치평가 등일 수도 있다. 이제 정당한 것으로 증명될 수 있든 틀린 것으로 배척될 수 있든 간에, 그것들은 존재하는 대로 사실이며, 거기에는 의식된 대로의 의식된 것이 속한다. 반면 객관적 현실성과 단적으로 관계하는 정당화 물음과 모든 진술은, 의식 삶 그 자체를 끄집어내어 제시하거나 경우에 따라 기술하면서 확정함의 계열과는 완전히 다른 계열에 속한다. 내가 심리학자로서 (비록 현실적인—경험을—넘어서—사념함의 방식에서일지라도) 세계 속의 모든 영혼적 존재를 조망한다면, 그리고 모든 현실성 속의 순수한 영혼적 존재를 세계 현실성으로부터 끄집어내어 사념하고자 하고, 전체 현실성으로서 정립하며 주제로 삼고자 한다면, 나는 모든 심리 물리적인 것을 도외시하고, 모든 심리 외적인 현실을 도외시한다(반면 나에게 이 모든 것은 자연적 방식에서는 현실성으로서 타당하다). 그러면 나는 보편적인 순수한 '내적 삶'을 지니게 된다. 이제 물론 여기에는 영혼적 주체들에게 객관적 현실성으로 나타나고, 영혼적 주체가 인식적으로 근거 놓인 것으로 밝혀낸 모든 것이 포함된다. 나는 (첫 번째 계열에서) 세계에 할당된 보편적인 순수한 의식 삶을 염두에 두고, 이때 그것을 올바른 방식으로 의식 삶으로서 기술하는 것을 배워야 한다. 그리고 거기에서 정립된 모든 객관성과 그것에 대한 모든 진술에 관해 판단중지를 수행해야 하며, 객관적인 것에 대해서는 오직 변양된 의미 형태로만 이야기해야 한다. 즉, "어떤 영혼 삶 속에서—그리고 그중에서 어떤 지각함 등 속에서—의식된 것 그 자체, 그런데 그 안에서 의식된 대로의 의식된 것 그 자체"로만 이야기해야 한다. 여기에서 의식된 것 자체는 관련된 체험 자체의 기술적 존립 요소이지 그 이상은 아니다.

여기서 심리학자인 나에 의해 세계의 일반정립이 '수행된다'. 혹은 오히려 세계는 깨지지 않는 타당성과 계속적 타당성 속에서 머무르고, 이러한 일반적 타당성 내부에서 나는 '추상한다'. 나는 심리 물리적 타당성을 고려하지 않고, 다시 정립의 타당성, 주제로 생각된 의식 삶의 타당성을 고려하지 않는다. 즉 나는 심리학자로서 여기에서 그러한 정립을 사용하지 않는다. 여기서 나는 순수 의식을 사념하고, 경우에 따라서는 개별적인 방식으로나 유형적 방식으로 기술한다. 그리고 정립의 참된 타당성이나 비–타당성에 대해서는 (그것의 정당화에 대해서는) 관심을 기울이지 않고, 오직 정립이 관련된 주체들에게 유효하다는 사실, 정립이 경우에 따라 관련된 주체들에게 통찰의 체험 성격을 가진다는 사실 등에만 관심을 기울인다. 그러고 나서 다른 심리학적 연구 맥락에서 나는 배제된 타당성을 사용한다. 그러니까 심리–물리적 고찰 등에서 그렇다.

다음은 본질적인 구분이다.

1) 세계의 보편적으로 포괄하는 타당성과 이를 통해 포괄되는 보편적인 인식 관심의 내부에서, 세계 영역과 관계하는 특수한 타당성 영역(의견, 확신의 영역)을 고려하지 않고, 그것들에 대해서 추상적으로 어떠한 사용도 하지 않으려 하며, 방법적으로 어떤 것도 허용하지 않는 것.

2) 다른 한편 모든 나의 타당성의 완전한 우주, 나에게 지금까지 타당했고, 여전히 타당한 모든 것을 단적으로 판단중지에 내맡기고, 대신 처음부터(ab ovo) 새로운 것을 타당성 속에 정립하는 것.

후자의 경우에 나에게 지금까지 타당했던 모든 것은 나의 '타당성–속에–정립함'과 '타당성–속에–가짐'을 통해 타당했다는 사실을, 그리고 만약 내가 나에게 여태껏 존재하는 것으로 타당했던 모든 것을 물음 속에 남겨둔다고 해도, 이때 '물음–속에–남겨둠' 자체와 '존재하는 것–으로서–타당함' 자체는 영향을 받지 않고 남아 있다는 사실을 나는 나에게 분명하게 한다. 이것은 이제 물론 그 자체로 존재하는 것으로서 이제 타당하다.

그리고 만약 내가 그것을 다시 물음 속에 세운다면, 나는 다시 전제된 것, '앞서-존재하는-것'을 갖는다. 이것의 명증은 언제나 필연적으로 선행한다. 그리고 나는 이제 객관적인 것의 우주, 사념이 아니라 단지 사념된 대상인 것의 우주를 궁극적으로 물음 밖에 세우고, (생각함과 생각된 것 자체라는 이중적 의미에서의) 생각들의 우주만을 오로지 주제로 삼을 수 있다. 이것은 내가 평소 자연적 방식에서 선행하고 지속하는 타당성으로서 갖고 있는 객관성의 일반정립 내부에서가 아니다.

나는 이제 우선은 나의 자아(ego)의 보편적 사실에서 출발하여, 자아의 순수한 가능성들을 형상적으로 고찰하는 데로 이행할 수 있다. 나는 초월론적 상호주관성의 상응하는 절대적 정립의 길을 발견할 수 있다. 가능성 속에서 가능한 자아와 얽혀 있는 것으로서(자아 일반의 가능성들에 속하는 것으로서) 말이다. 초월론적 의식의 그러한 형상학은 물론 완전히 유사하고 모든 본질적인 특수 규정들에 따라서 내용적으로 그것과 합치하는 심리학적 형상학에서 자신의 상관자를 갖는다. 다른 한편 이것은 신체의 영혼에 속하는 형상학의 표시(Vorzeichen)를 지닌다. 그러한 것으로서 그러한 형상학 자체는 필연적으로, 초월론적 형상학이 가능한 초월론적 상호주관성을 위해 제시해야 하는 학문의 가능성들 내부에서 (물론 초월론적 형상학 자체가 그러한 하나의 가능성이듯, 가능성들 중의 하나로서) 등장한다. 그리고 그 속에서 그것의 원리적인 '자기-자신에-관계함'을 증명한다.

내가 초월론적 자아로서 초월론적 주관성의 가능성들을 구성한다면, 자연적으로 나는 모든 가능한 의식 형태와 모든 가능한 자아 작용들, 그리고 실증성으로부터 획득된 모든 통각들, 모든 가능한 세계 경험들과 모든 가능한 개별적인 사물적 경험들, 그러그러하게 규정되거나 상대적으로 규정되지 않은 의미의 일치하는 경험의 모든 가능한 유한한 구간들에 이른다.

그리고 결국 나는 하나의 자아에게 현실적인 세계란 오직 일치하는 경험 속에서 증명되는 세계, 정당한 예기 속에서 무한히 계속되고 자유롭게 활동하게 될 수 있는 일치의 상관자로서 증명 가능한 세계라는 의미만을 지닐 수 있음을 본다. 나는 초월론적 태도에서 처음에는 세계 타당성을 수행 밖에 두었음을 본다. 그러나 나는 순수 주관성의 자유로운 설립에서, 순수 주관성과 관련하여 증명할 수 있는 현실성과 가능성의 자유로운 설립에서 다시 세계 정립으로 오게 됨을 본다. 말하자면 일치하는 경험의 그러그러한 성질의 체계의 명증에는 상관자로서 필연적으로 존재하는 경험 세계의 명증이 '포함되어' 있다. 내지는 적용에서 세계의 정립은 그러그러한 경험 진행에서 명증적으로 동기부여된다. 말하자면 세계는 명증적 정립을 위한 준비가 되어 있다. 세계는 물론 언제나 그렇다. 그러나 만약 내가 이제 자연적 정립을 수행한다면, 이제 소박하고 단적으로 (정립하는 의식 및 그것의 초월론적 순수성과 완결성에 대해 아무것도 모르는 실증성에서) 정립을 수행하지 않는다. 오히려 그것 없이는 세계가 생각될 수 없는, 본질적으로 속하는 의식 방식의 학문적으로 인식 가능한 체계와 함께 세계의 정립으로 간다. 저 체계 없이는 세계가 생각될 수 없다는 것은 내가 지금 통찰하는 것인데, 체계 없는 세계는 무의미할 것이기 때문이다. 그것은 무의미하고, 문자 그대로 어불성설이다. 이때 세계 자체가, 절대적이고 전면적으로 고찰한다면, 다만 충족된 의미일 뿐임이 드러나기 때문이다. 또는 오히려, 충족된 의미의 이념, 이념 속에서 모든 것을 포괄하는, 구성적 자체 부여의, 이념적으로 모든 것을 포괄하는 체계의 이념일 뿐임이 드러나기 때문이다.

세계에 대해 초월론적 연구는 세계를 포기하거나 세계의 자연적이거나 본래적인 의미를 빼앗는 방법이 아니라, 세계(바로 자연적 삶의, 그리고 그 속에서 설립되는 실증적 학문의 세계)가 자신의 의미를 처음으로 드러내도록 세계에 이르는 방법이다. 이러한 의미는 실증적 의미로서 경험에서 의문의 여지 없이 주어진다. 그리고 이러한 의미는 지속적인 경험뿐 아니라 이론적으로 드러내는 세계 학문에서도 드러난다. 그러나 실증적 의미는 아직 일면적 의미다. 즉 모든 대상적 의미는 의미를 부여하는 주관성으로부터 나온 의미다. 그리고 그러한 의미가 주관성으로부터 길어지고 주관성 속에서 보일 때만 그러한 의미는 그것과 분리 불가능하게 속하는 초월론적 규정들을 획득한다. 그리고 분리 불가능하지만 실증성의 태도에서는 숨겨져 있는 규정들로서 이러한 규정들은 절대적이고 전면적이며 궁극적으로 타당한 세계 인식을 처음으로 산출한다.

보편적인 세계 인식은 '원리적으로' 그 속에 포함된 모든 것에 따라서 보편적인 본질 인식, 가능한 세계 일반의 형상적 인식을 요구한다. 이것은 분리 불가능하게 통일적인 보편적 존재론과 함께 묶인 존재론들의 체계를 낳는다. 그 속에는 자연적 존재론 그리고 주관성과 상호주관성의 존재론도 포함되어 있는데, 이것은 신체성의 존재론과 관계한다. 존재론들이 이렇게 서로를 정초하고 얽혀 있는 것은 모든 세계적 존재의 일반적이고 다양한 상대주의에 상응한다.

보편적이고 절대적으로 정당화된
학문으로서의 철학에 이르는 두 길[61]

학문의 이념으로부터 두 길이 보편적이고 절대적으로 정당화된 학문으로서의 철학에 이른다.

1) 데카르트의 『성찰』에서 설계된, 이러한 이념 자체의 주도적 사유로부터 열릴 수 있는 직접적인 길. 이 길은 필연적으로 현상학적 환원에 이르고, 초월론적 현상학의 정초에, 초월론적 경험과 초월론적 자기 인식의 (그것의 모든 형태에서) 필증적 인식에 이른다. 그러니까 필증적 자기 인식 혹은 현상학의 정초에 이른다. 여기에서부터 경험 세계와 세계 학문의 절대적인 해석, 초월론적 규범 아래에서 이해된 새로운 실증성과 새로운 실증적 학문, 심지어 모든 가능한 학문의 정초가 나온다. 모든 세속적 학문을 초월론적 영역으로 지양하고 고양시킴과 함께, 새롭게 설정되어야 할 모든

61 1924년.

새로운 '형이상학적' 문제들도 구조적 문제를 넘어서, 낮은 단계의 정적 문제와 발생적 문제를 넘어서, 보편적 실증성과 초월론적 보편성 일반으로부터 설정되는 문제들로서 고양된다. 초월론적 모나드론의 최고의 문제들, 최고의 보편성의 문제들, 즉 세계의 구성에서 그것들의 조화의 문제, '이념'에 의해 인도된 보편적 발생의 문제, 초월론적–절대적 '역사'의 문제. 보편적인 초월론적 역사의 철학으로서의 절대적 역사철학 속에서 모나드들이 이념을 향하는 유의미한 발전의 통일체를 형성한다.

2) 인류의 정신 삶으로부터의 출발, 자연과 정신, 자연적 결정과 정신적 자유, 그리고 특히 심리학과 정신과학 일반의 긴장으로부터의 출발.

현상학적 환원과 절대적 학문

자연적 태도는 통상적으로 깨어 있는 그럭저럭 살아감의 태도다. 그것은 근본 성격에 따라서 볼 때, 깨어서–지속적으로–소박하게–미리–주어진–세계로–들어가–삶이다. 더 정확히 말하자면 다음과 같다. 자연적으로 살아가면서 우리는 연속적인 '서로–잇따름(Nacheinander)'과 '서로–함께(Miteinander)' 속에서 언제나 새로운 특수한 작용들, 경험함, 사유함, 가치평가함, 목적으로 함, 행위함 등의 활동들을 수행한다. 그리고 이러한 각각의 활동들에서 그 어떤 무언가(그때그때 지각된 것, 기억된 것, 생각된 것 등)가 **존재 확실성** 속에서 우리에게 의식되고, 존재하는 것으로서 우리에게 **'타당하다'**. 예를 들어 능동적으로 지각함은 현행적 확실성 속에서 "그것이 지금 여기 혹은 저기에 있다"는 것을 (선술어적으로) 그러저러하게 살아감이다. 통상적인 깨어 있는 삶, 현행적으로–소박하게–가동된–확실성–속에서의–삶의 이러한 모든 작용들은 **확실성의 보편적 토대**에 의해 지탱된다. 그것이 작동할 때에 그것은 언제나 이미 의식되지만, 개별 작용들의 형식으로 의식되지는 않는다. 이것은 우리에게 확실하게 된, 자연적인 개별 작용의 모든 대상들이 속하는 **세계**의 연속적 확실성이다. 이것은 흐르는, 중단 없이 변화하는 보편적 확실성인데, 이것은 모든 현행적인 개별적 확실성을 동시에 정초하고, 자신 안에 흡수한다. 후자는 보편적 확실성이 이러한 지속적으로 흘러가버리고 비현행적이 되어버리는 확실성들을 **계속적으로 타당한 것**으로서 보존함으로써 가능하다.

우리는 언제나 이미 세계 확실성 속에서 살아간다. 세계 확실성은 자연적인 깨어 있는 삶의 모든 국면을 관통한다. 중단 없이 변화하는 특수 내용과 특수 지평들 속에서 세계 확실성은 그럼에도 **이** (하나의, 다만 언제나 다시 다르게 나타날 뿐인) 세계의 통일적인 확실성이다. 모든 새로운 작용은 **하나의** 존재자를 타당성 속에 정립하지만, 그러한 작용이 이미 타당한 세계의 토대 위에서 그 존재자를 **세계 속의 무언가로서** 정립하는 방식으로만 그렇게 한다. 이것은 어떤 방식으로 또한 판단 활동들로 옮겨지고, 특히 자연적 태도의 학문(실증적 학문)의 이론적 활동들로 옮겨진다. 판단 활동들은 모든 자신의 판단의 토대를 언제나 이미 미리 주어진, 타당하고 지속적으로 타당한 세계 속에서 갖는다. 그리고 궁극적으로 이러한 세계는 끊임없이 그리고 완전히 일치하면서 흘러가는 '**세계 경험**'의 통일성에 근거하여 우리에게 존재한다. 이 세계는 자신의 소박하게 생동하고 깨지지 않는 존재 확실성 속에서, 말하자면 변함없는 전제인데, 이러한 전제에 전체 자연적 삶(그리고 모든 실증적 학문들의 삶)이 암묵적으로 근거한다.

현상학적 판단중지의 수행과 더불어 자연적 태도의 철저한 변화가 생겨난다. 세계 타당성의 소박하게 생동하는 수행은 억제된다. 즉 우리는 보편적 세계 경험을 판단의 토대로서 단번에 거부하고, 보편적 세계 경험 속에 이미 정초된 (올바르건 틀리건, 통찰력 있게 획득되었든 통찰력 없이 획득되었든) 모든 판단을 계속적인 판단 활동의 전제로서 단번에 거부한다. 우리는 '이' 세계를 사용하기를, 즉 그것을 통해 이 세계가 우리에게 존재하고 그렇게 존재하는 것으로 타당한 그러한 확실성을 사용하기를 거부하고, 전제로서 자연적으로 사용하기를 거부한다. 나는 현상학자로서 이론적으로 태도를 취한다. 그러나 철두철미 실증적 학문의 의미에서 이론적으로는 아니다. 내가 추구하는 학문은, 미리 우리에게 존재하고 우리가 모든 우리의 삶에서 들어가 사는 '이' 세계가 어떤 성질의 것인지 묻지 않는다.

내가 자연적 판단 토대의 초월론적 환원 속에서 해방되면, 나는 하나의 새로운, 그리고 우선은 하나의 새로운 경험 토대를 획득한다. 즉 초월론적 경험 토대를 획득한다. 그리고 나의 자연적 경험 확실성의 세계 대신에 '현상' 세계를 획득한다. 즉 순수하게 나의 경험하는 삶 속에서, 나의 타당성과 계속적 타당성 속에서 경험된 세계 자체를 획득한다. 그리고 시공간적 존재 지평 내부에서 다른 실재성들 가운데 존재하면서, 나의 외부에 (공간적으로 외부에) 있는 사물들을 다루고, 다른 인간들과 교제하는 등의 이러한 인간인 나로서, 자연적 자기 경험 속에서 경험된 나의 자아 대신에, 나는 초월론적 자기 경험 속에서 나를 초월론적 자아로서, 순수하게 초월론적 환원을 수행하는 자아로서, 그리고 이러한 경험 영역 속에서 일치하면서 증명된 모든 것과 더불어, 초월론적 환원을 통해 타당성 속에서 정립되는 자아로서 획득한다. (여기에는 무엇보다 나의 **타자들**이 속한다. 이들은 나의 타인경험하는 체험 속에서 경험되고 존재하는 '나와—함께'로서 일치하면서 증명되는 타자들이다. 그래서 이들은 나의 인간—자아의 외부에 있는 인간이 아니라 나의 초월론적 현존 속에서 현실적이거나 가능적인 초월론적 경험 속에서 나타나는 다른 초월론적 자아다.)

초월론적 환원에서 우선 나의 자아가 나에 대해, 즉 이 자아에 대해 초월론적으로 존재하는 것으로서 개시된다. 그리고 더욱이 흘러가버리며 깨어 있는 전체 작용 삶과 그것의 수동적 배경이 최초의 경험 토대로서 개시되고, 그 속에서 세계가 나에게 자연적 존재 확실성으로 오게 되는 모든 자연적 지각함과 그 밖의 경험함, 자연적 생각함, 가치평가함, 의욕함, 행위함이 개시된다. 이러한 존재 확실성을 소박하게 수행하면서 그 속에서 소박하게 사는 대신에, 나는 이러한 삶을 무관심한 관찰자로서, 순수하게 **고찰한다**. 무관심한 관찰자로서 모든 '함께-정립함(Mitsetzung)'을 괄호 치면서, 다만 의식 삶으로서의 흐르는 삶이 어떻게 의식되게 하고, 변화하는 '내용'을 확실한 타당성으로 가져오며, 변화 속에서 자기 동일적 '대상들'이 나에게 생겨나게 하는지를 고찰한다. 그러니까, 다양한 현출 속에서 나에게 현출하는 것으로서, 함께 일치하는 현출 속에서 확실성 속에서 존재하면서 나에게 그렇게 타당한 것으로서 생겨나게 하는지를 말이다. 이러한 나의 '환원된 삶'에는 모든 나의 '타인경험하는' 체험들이 속한다. 이러한 체험의 고유성은 타 자아의 타 의식 흐름 속의 타 체험들을 경험하면서 현전화하고, 일치하는 경험 확실성으로 가져오는 것이다. 이러한 형식 속에서 (끊임없이 초월론적 환원 속에서) 초월론적으로 경험하면서 나는 타 초월론적 주체들을 일치하며 세계를 경험하는 자로서, 나와 동일한 세계를 경험하는 그러한 삶의 주체로서 발견한다. 혹은 우리가 자기 자신의 경험 속에서뿐 아니라 타인경험된 타 경험을 관통해서 유대 속에서 동일한 세계를 의식해 가지고, 우선은 공동으로 경험하면서 동일한 사물들을 지닌 동일한 세계를 확실성 속에서 우리 모두에게 존재하는 것으로서 획득하는 그러한 삶의 주체로서 발견한다.

우리가 (초월론적 환원에서 발원한) 초월론적 태도로 **명명하고자 하는** 이러한 완전히 새로운 종류의 태도를 통해 나는 무엇을 할 수 있을까? 우리는 이론적으로 관심을 갖는 주체로서 새로운 종류의 경험 토대와 더불어 무엇을 **시작할 수 있으며**, 이러한 경험 토대 위에서 이 토대 위에 정초된 학문을 위해 어떤 목표를 세울 수 있을까? 그러한 학문은 분명 통상적인 의미의 새로운 학문으로서 이미 존재하는 실증적 학문들 가운데 등장할 수는 없다. 아직 정초되지 않은 모든 현실적인 실증적 학문의 총체는 이 세계와 관계한다. 그것은 자연적-소박한 공간-시간적 경험으로부터 우리 인간에게 앞서 주어지고 미리 타당한 세계다. 비록 그것의 참된 본성은 아직 규정되어야 하지만 말이다. 이 학문들은 하나의 소박한 세계 학문의 모든 가지들이다. 이 학문의 소박성을 우리는 다음과 같이 기술할 수 있다. 즉 이 학문은 모든 그것의 가지들에서, 모든 그것의 인식과 인식 단계에서, 모든 그것의 여전히 정밀한 이론들에서 **보편적인 '선입견'**에 근거하고 있다는 것이다. 그러니까 선-술어적인, 술어적으로 결코 진술되지 않은, 자연적 경험의 소박성에서 길어 올린 경험 믿음과 그 타당성에 근거하고 있다. 이러한 타당성은 그때그때의 내용이나 의미의 타당성인데, 그것의 근원에 관해 결코 물어지지 않은 것이다. 즉, 경험하는 삶 속에서 '세계'의 존재 의미가 내용과 타당성에 따라 어떻게 생겨나는지가 경험하는 삶에게 물어지지 않았다. 그리고 보편적 삶, 그러니까 그것을 통해서 세계가, 그러그러한 개별적 의미와 그러그러한 일반적 형식 구조의 실재성들의 총체가 나와 우리에 대해 존재하게 되는 보편적 삶, 그것을 통해서 이 하나의 동일한, 일치하면서 확증 — 이때 이러한 확증은 우리 자신에게 공동으로 일어나는 것이다 — 되는 세계가 우리에게 존재하게 되는 그러한 보편적 삶이 어떻게 보이는지에 관해 경험하는 삶에게 물어지지 않았다. 현상학적 전환(Umstellung)에 따르면, **세계는 실증성의 보편적 선입견**이다. 즉 하나의 선입견이며, 즉시 드러나듯이, 그것의 선-이론적 방식 자체에서 극도로 복잡하게 정초되었으며, 숨겨진 발생을 지시하는 보편적 타당성의 통일체다. 모든 실증성의 토대 자체도 극도로 복잡하게 정당화된 것이다. 모든 실증적 인식함과 앎은 허공에 떠 있으며 궁극적으로 그 타당성이 정당화되지 않았는데, 그것은 경험 자체의 의미부여와 존재 타당성의 구조에 포함된 알려지지 않은 선-이론적 근거들이 드러나지 않은 경우에 그렇다. 그러니까 초월론적인 재심문과 해명, 그러니까 '세계'의 전체적이고 부분적인 의미의 의미와 존재 타당성을 그것의 정초로 거슬러 올라가 추적하는 철저하게 숙고하는 해명의 필연적인 초월론적 방법에서 드러나지 않은 경우에 그렇다. 정초된 의미는 정초하는 의미와 나란히 있는 의미가 아니라 정초하는 의미를 '지향적으로 자신 안에 지니는' 것으로서만 존재한다.

현상학적 환원에서 시작되고, 오직 현상학적 환원을 통해서만 자신의 본질적인 방법적 의미와 진행을 가질 수 있는 보편적이고 처음으로 참으로 철저한 숙고는 명백히 본질적으로 최초에는 **보편적** 태도로서 수행된다. 그러니까 세계 학문과 더불어 세계 삶의 보편성을 조망하고, 더욱이 (소박성을 넘어서 고양시키는 태도에서) 초월론적으로 조망하는 태도로서 수행된다. 초월론적 판단중지는 우리에게 그럭저럭 살아감과 타당하게 함의 이 소박성에 몰두하는 것을 거부하게 하고, 이러한 소박성을 그것의 모든 소박한 타당성과 더불어 의문에 부치는 '비참여적' 관찰자로 만든다. 소박한 타당성의 삶을 수행하는 대신, 그리고 자연적으로 그럭저럭 살아가는 대신, 우리는 이러한 삶이 어떻게 존재 의미를 타당성으로 가져오는지, 거기서 타당성이 타당성 속에서, 타당한 의미가 이미 타당한 의미 속에서 어떻게 정초되는지 등을 순수하게 고찰하고 물으면서, 이러한 삶 위에 우리를 세운다. 이것은 이미 말했듯이 우선은 보편성 속에서 이루어진다.

우리는 가장 보편적인 숙고에서 시작했다. 즉 자명하게 경험을 통해 우리에게 존재하는 세계는 바로 자명하게 **우리에 대해** ─ 개별적으로는 존재 타당성에서 비─타당성(가상)으로 변하면서도, 전체적으로는 타당성의 연속적인 통일체를 통해서 끊임없이 고수되면서 ─ 존재하는 세계임을 깨달음으로써 시작했다. 그것은 우리의 경험에서 비롯된 것이고, 세계가 우리의 삶에서 이러한 경험에 토대하여 갖고 획득한 그 밖의 존재 의미와 더불어 그러한 것이다. 더 나아가 모든 '존재'와 마찬가지로 세계는 사실은 우리가 세계에 개별적으로 귀속시키는 모든 것 각각 내에서 존재하는 것이 아니라는 사실을 깨달음으로써 시작했다. 그러나 만약 세계가 그 자체로 존재하고, 가능한 궁극적 진리('진리 자체')의 주제로서 존재한다는 것을 우리가 확신한다면, 세계가 이러한 의미를 가질 수 있는 것은 오직 우리의 삶으로부터만이라는 사실, 진리는 가능한 진리 확인을 지시한다는 (그리고 '궁극적' 진리 확인으로서는, 우리 자신에게서 자라난, 확증의 경우에 따라 무한한 전진의 **이념**을 지시한다는) 사실을 깨달으면서 시작했다. 우리는 우리에게 '현출하고' 우리의 현출과 생각들로부터 의미를 획득하는 세계 이외에 다른 존재하는 세계를 갖지 않는다. 우리가 자체 존재자(an sich seiende)를 가진다면, 그것은 자신의 자체 존재가 우리 자신에게서 의미를 획득하고 자신의 방식에서 확증된 타당성을 획득하는 그러한 존재자뿐이다. 그리고 우리는 우리의 입증들의 단계로부터, 그리고 거기에서 우리 자신에게서 (개별적으로나 공동으로) 구성된 **이념들**로부터 나온 진리 이외에 어떠한 진리도 갖지 않는다.

이러한 최초의 가장 보편적인 숙고는 (만약 이것을 진지하게 대하고 견뎌낼 만큼 우리가 충분히 철저하다면) 현상학적 환원의 보편성으로 이끈다. 그리고 이를 통해 철저한 숙고의 근본 방법과 소박한 실증성의 극복이 획득된다. 우리가 또한 말할 수 있는 것은, 그다음에 와야 할 것은 보편적인, 그리고 나중에야 보편성으로부터 보다 구체적인 특수성으로 전진하는 **인식론**, 명백하게도 완전히 새로운 종류의 인식론이라는 것이다. 이것은 공공연하게 혹은 (전통적 의미에서 초월론적이라고 불리는 경우에서 그렇듯이) 은밀하게 세계를 판단의 토대로 전제하고, 그래서 소박한 실증성에 박혀 있는 전통적인 소박한 인식론과의 대조 속에서 등장한다. 자신의 심리적 내재 속에서 인간적 경험이 그 자체로 존재하는 세계에 어떻게 접근해 올 수 있는지, 인간적 경험이 '자체 존재자'를 어떻게 확신하고, 비록 일치하는 현출 속에서일지라도, 그것을 현출의 진리, 우리에 대한 진리(이러한 진리 뒤에 자체 존재는 가령 인식될 수 없는 것으로서 남아 있다)로 어떻게 가져올 수 있는지를 묻는 대신, 더 나아가, 일치하며 확증되는 직관적 진리로서의 경험 진리로부터 어떻게 하나의 무조건적으로 객관적으로 이론적이며 논리적인 진리 자체가 나오게 될 수 있는지 묻는 대신, 그러니까 이러한 물음과 이와 유사한 물음 대신, 우리는 이제 우리의 새로운 의미에서 이해될 수 있는 진정한 초월론적 물음을 갖는다. 이러한 물음에서 우리는 경험 세계와 이론적 세계, 그리고 세계에 대한 학문을 '세계'가 존재 의미와 존재 타당성을 획득하는 초월론적 의식 삶 속의 **현상**으로서 순수하게 고찰한다. 바로 이와 관련하여 우리는 어떻게, 주관적 타당성과 타당성 정초의 어떤 단계에서, 변화하는 의미(내용)와 함께 이것이 일어나고 일어날 수 있는지 묻는다. 우리는 순수한 고찰자로서 흐르는 의식 삶이 어떻게 보이는지, 어떤 본질적인 유형에서 그것이 필연적으로 경과하는지, 어떻게 그것이 '의식'으로서 (그리고 극도로 다양한 양상 속에서) 무엇에 '대한' 의식인지를 묻는다. 즉 이러한 무언가(흐르는 의미 현상과 타당성 현상, 그것의 현출 방식의 어떠함Wie 속의, 그것의 주관적 양상의 어떠함 속의 흐르는 사념된 존재자)가

의식 속에서 '지향적' 대상성으로서, 타당성의 통일체로서 어떻게 '놓여' 있는지, 그럼에도 의식 속에 내실적으로(부분으로서, 일부로서) 포함되어 있지는 않은지 묻는다. 우리는 의식과 의식이 **하나의** 의식으로 결합되는 방식을 고찰하며 추적하고, 다양한(가능성에 따라 무한히 다양한) 의식 체험이 종합적으로 하나의 동일한 무언가의 의식으로 혹은 다름, 다수의 의식 등으로 함께 합쳐지는 방식을 고찰하면서 추적한다.[62]

일반성으로부터 점점 더 충족되는 개별성으로 전진하면서 의식 대상의 구체적 유형학(Typik)에서 생겨나는 보다 명확한 물음을 제기해야 한다. 현실적이거나 가능적인 경험이 어떻게 보이는가? **물리적 자연**이, 인간적이고 동물적인 현존이, 특히 (그리고 추상적으로) 영혼적 존재가 구성되는 가능한 경험 일반의 체계적 다양체는 어떻게 경계 지어지는가? 모든 그와 같은 것이, 그리고 다음으로는, 그때 필연적으로 의식되는 총체성의 내부에서 '세계', 이 동일한 하나의 세계가 의식되며, (소박한 자기 확증 속에서) 연속적인 계속적 타당성 속에 남아 있게 되는 가능한 경험 일반의 체계적 다양체는 어떻게 경계 지어지는가?

인식론이 세계 인식의 가능성, 의미, 유효 범위에 대한 철저한 해명을 우리에게 제공해줘야 하는 학문이라는 의미를 지닌다면, 우리가 앞서 예고하면서 기술했던 것은 하나의 인식론이다. 더 정확히 말하자면 세계 인식론이다. 이것은 소박하지 않고 철저한 인식론이다. 그리고 (경험의 세계로서) **선**-이론적 세계에 대해 묻는 것을 게을리하는 가능한 실증적 학문의 이론이 아니고, 세계의 존재를 소박하게 전제하고, 이제 "어떻게, 어디서 그리고 어느 정도까지, 어떤 완전성에서, 우리 인간에게 피할 수 없는 어떤 표

62 '의식' — 상세히 설명하라! – 원주.

상 방식 등에서" 세계 경험과 세계 인식이 생겨나는지를 묻는 '경험의 이론'도 아니다. 철저한 인식론은 소박성의 그러한 잘못됨에 맞서 세계, 존재자 일반이 우리에게 이러저러한 의식 방식 속에서, 이러저러한 내용 혹은 존재를 지니고 **타당한 것**으로서만, 그러니까 가장 넓은 의미에서 **인식된 것**으로서만 우리에게 존재하고, 그것인 바대로 존재한다는 사실을 고려한다. 어떤 내용(타당성 내용)의 의식적 타당함(확실함과 그 양상들)이 다다르는 한에서, 이론적 태도로 이행할, 즉 엄밀한 의미에서 인식을 목표함으로, 그러니까 참된 존재, 궁극적으로는 학문적 존재의 달성을 목표함으로 이행할 자유로운 가능성이 다다른다.

그에 따라 분명한 것은 인식론적인 (그리고 우선은 세계 인식론적인) 과제의 설립에서의 철저주의는 자연적 소박성의 극복을, 그리고 우리가 초월론적이라고 명명했고, 초월론적-현상학적 환원으로서 완전히 의식적으로 수행된 그와 같은 원리적 전환(Umstellung)을 '그 자체로(eo ipso)' 요구한다는 점이다. 마찬가지로 오직 이러한 태도에서만 철저하게 진정한 학문을 정초하고 수행해나가는 과제가 가능하다는 사실도 분명하다. 보편적인 인식론이 다만 구축될 수 있는 진정한 학문의 가능성의 가장 보편적인 윤곽만을 밑그림 그리는 반면, 경험할 수 있고 생각할 수 있는 세계의 구체적인 것으로 내려가는 이론은 본질적으로 이러한 이념에 속하는 세계 영역(세계 영역에 상관적으로 편입되는 존재 영역)을 작업해내야 한다. 그리고 더욱이 그것들의 경험하는 의식 방식의 상관자로서 작업해내야 하며, 그리고 거기에서부터 영역적 학문의 본질적으로 가능한 형식들을, 그리고 그러한 학문의 문제와 방법의 본질 형식을 구상해야 한다. 결국, 가능한 방식으로 인식하는 주관성으로서의, 나의 초월론적 주관성 일반과 관계하는 경험 세계 일반과 인식 세계 일반에 대한 본질 통찰에 근거하여, 사실적으로 경험된 세계에 관한 학문의 구상이 남아 있다.

　이로써 학문의 새로운 이념, 초월론적 이념 아래 모든 학문의 철저한 개혁이 주어진다. 모든 우리의 학문(실증적 학문)은 소박하다. 이 학문들의 보편적 주제인 '세계'가 소박하게 미리 주어지게 하는 모든 타당성 정초를 드러냄에 근거한 궁극적 정당화가 이것들에는 결여되어 있다. 철저하게 진정한 학문은 초월론적이고 보편적인 토대에 근거하는 학문이며, 또 초월론적 상호주관성의 토대에 근거하는 학문이다. 초월론적 상호주관성에서 모든 존재 타당성이 발원하고, 초월론적 상호주관성의 동기부여 속에서 모든 존재 타당성은 견뎌내거나 견뎌내지 못하거나, 입증될 수 있거나 입증될 수 없는 것이 된다. 절대적으로 스스로 자기 자신에 대해 구성된 주관성이 모든 (내재적이거나 초재적인) 의미부여와 의미입증을 수행한다. 존재자는 사념되고 입증된 것으로서 초월론적 수행의 결과다. 최초의 진정한 학문, **근본 학문**은 초월론적 주관성의 본질과 존재에 관한 가장 보편적이고 이론적인 숙고를 수행하는 초월론적 주관성의 이론적-기술적 반성이다. 이러한 반성은 '의식적으로-작업수행을-수행함'이라는 자신의 고유한 존재에 관해 수행된다.

　그런 점에서 초월론적 판단중지는 세계 **일반**의 존재와 존재 내용(Sosein)이 **물음 밖에** 머물러 있어야 한다는 것으로 오해되어서는 안 된다. 세계의 배제는 오히려 소박한 '**선입견**'으로서의 **세계의 배제**를 의미한다. 가령 소박한 경험(그리고 그 밖의 소박한 의식)의 배제, 세계적인 것을 정립하면서 언제나 필연적으로 그것이 정립하는 것을 동시에 예기했던 경험의 배제를 의미한다. 선입견은 그저 존재 내용인 것이 아니라, 이미 세계의 존재 자체다. 세계 경험으로부터 시작하여 결국 더 이상 예기되지 않을 더 완전한 세계 경험으로 되돌아감은 생각할 수 없다. 그러나 여기서 요구되고 문제시되는 것은 (모순적이고 신에게서조차 모순적인) **충전적** 세계 경험이 아니라 초월론적 의식 삶으로 되돌아감이다. 초월론적 의식 삶은 (모든 추정적인, 그리고 경우에 따라서는 입증되는 세계 타당성의 절대적 토대로서) '이' 세계의 사념된 존재에 **선행하면서**, 이 세계를 존재 의미로서 스스로 부단히 **구성했고** 구성한다. 초월론적 주관성에서 객관적—세계적인 존재에 대한 바로 이러한 **구성**은 **보편적인 문제**다.

내재적 충전성과 필증성, 그리고 흐르면서 현전하는 '나는—존재한다'에서 구성되는 객관적 주관성 혹은 그것 자체의 주관적 (생동하는 자아에 대해 구성되는) 객관성의 필증적 형식으로서의 내재적 시간[63]

사물(내지는 세계)에 대한 지각과 "나는 존재한다"는 자기 지각 — 사물 지각과 '나는—존재한다—지각'을 본래적으로 지각된 것으로 환원함.

본래적으로 지각된 것으로, 즉 흐름 속의 순수한 현전으로의 환원은, 사물에서는 **현출하는 측면**에 이른다. 이러한 환원은 나의 **자아**에서는 **내재적 현전**에, **충전적**이고, 그러므로 필증적인 소여에 이른다. **전자에서 현출하는 것**(즉, 현출하는 사물 측면)은 비충전적이고, 비—필증적으로 주어진다. 그리고 오직 '~에 관한 현출'과 '현출하는 것 자체'만이 충전적으로 주어진다. 비록 현출하는 측면은 '자체 현출하는 것', 사물의 자체 현출하는 것이지만 말이다. 다른 한편 그것은 자아—현재 자체다. 즉 구체적인 자아**에 의해** 흐르면서—지금 본래적으로 지각된 **것**이다. 우리는 흐르는 지금의 순수한 내용으로 환원하는데, 이 흐르는 지금에서의 이 본래적으로 지각된 것은 절

::

63 1925년 11월 2일.

대적인 자체다. 그리고 더 이상 제시함(Darstellung)을 통해 제시된 것이 아니다. 물론 그것은 구체적인 자아**의** 현재이고, 이러한 '~의'는 그것과 분리할 수 없다. 이것은 여기서 **지향적 지평**이 존재함을 의미한다. 그리고 구체적 주관성이란, 어떤 의미에서, 그런데 이 주관에 **특유한** 의미에서 **제시된 것**이며, 언제나 다시 (그것 자체에 대해) 제시된 것임을 의미한다. 그러나 여기서 우리는 다시 **환원된 현재**를 갖는다. 그것은 **제시하는 것**으로서(즉 구체적인 자아와 구체적 자아에 속하는 모든 비현재적인 것이 거기서 기억의 방식으로 혹은 그 밖의 방식으로 표상되는 것으로서) **다시 제시되지 않는다.** 그것이 그렇게만 주어질 수 있다는 의미로는 말할 것도 없고, 그것이 **가장 먼저 충족되어야** 하는 '지향들'의 목표점으로서만 주어진다는 의미에서 다시 현출하는 것도 아니다. 이것은 아마도 **자아의** 모든 **비현재적인 것**에 대해, 원본적으로 부여하는 지각 속에서 자체 주어지는 현재적인 것이 아닌 모든 것에 대해(그러므로 내적 의식에서 — 그리고 주제적으로 — 동일한 것을 통해 향해진 주목하는 파악에서 주어진 것이 아닌 것에 대해) 옳다. 그래도 이러한 지각의 흐르는 영역에 대해서는 옳지 않다.

이것은 지각 '자체'에서 **사물**이 주어지는 원본성과 주관성 자체에서 **내재적으로 주관적인 것**이 제시되는 원본성의 본질적인 차이다. **비록** 사물이 자신의 방식이 **아닌 방식에서 전혀** 원본적으로(*originaliter*) 제시될 수 **없음**을 필증적으로 통찰할 수 있을지라도 말이다. 그것은 원리적으로 **현출들**의 존재자다. 현출들은 **자신의 편**에서는 **내재적인 소여들**이고, 그러한 것으로서, 지각하는 동안 비존재나 달리 존재함을 원리적으로 배제하는 근원적 원본성을 갖는다. 바로 왜냐하면, 그러한 현출들과 관계하는 지각은 (지금 문제시되는 현재와 관련하여) 현출하는 것 자체를 통해 무언가를 사념할 필요가 없는 절대적인 지각, 절대적인 충족이기 때문이다. 모든 현출은 (외부 지평뿐 아니라) 자신의 내부 지평을 갖는다. 즉 **현출에서 '본래적으로' 지각된 것과 관련된 지평 자체**를 갖는다. 그리고 이러한 지평은 지평 속에 포함된 함축들의 **무한성에 대한 명칭**이다. 이 함축은 (비록 미리 함축된 구체적 규정성들 속에서는 아닐지라도) 어떤 방식으로 지평에 근거해 주관으로부터 해명될 수 있다. 여기서 모든 현출에는 현출들의 '무한성'이 속한다. 이러한 현출들은, 비록 '잇따름' 속에서 흘러가고, 그래서 더 이상 대상을 그것의 환원된 **지금**의 현재 속에서 제시하지 않을지라도, 무한성과 되돌아 관계한다. 내가 지금 가질 수도 있었고, 현재에 속하게 될 것이며, 실제로 달리 흘러갈 때조차도, 일치의 양식 속에서 대상을 그것의 변화된 나중의 국면에서 변화된 것으로서 제시하는 현출들로서 말이다. 그러나 이것은 매우 불완전한 기술일지도 모르지만, 이 기술은 **대조**를 분명히 하기 위해서는 충분하다. 그리고 그러한 대조 속에서, 절대적으로 제시되고 자기 자신에 대해 주관성으로서 그리고 더욱이 자기 지각의 영역에서 본래적인 자체-지각된 것으로의 그것의 환원 속의 주관성으로서 **절대적 존재**의 의미와 대립하여, 현출이라고 불리는 절대적 사건을 통해 내재 속에서 제시되는 비-내재적인, **'초재적인'** 대상성의 의미를 분명히 하기 위해서는 충분하다.

이제 **충전성**은 이러한 종류의 원본적 자체 부여와 관계한다. 그리고 또한 **존재 양상들**과 관계하는데, 우선은 **시간 양상들**로서의 존재 양상들과 관계한다. **흐르는 구체적 현재**, 지속하는 것으로서의 내재적인 것, 그리고 흐르는 지속에서 변화하는 내용들 속에서 통일적으로 주어진 것 — 가령 흔들리는 감각적 음 또는 주어 정립, 관계 정립 등의 속에서 자아 중심으로부터 활동적으로 산출된 판단(이 판단은 그 내재적 연속체의 흐름 속에서, **통일적으로 신중하게 생각된 의미를 전개한다**) — 은 지속적인 **것으로서** 그리고 그러그러하게 펼쳐지는 것으로서 그것의 절대적 원본성에서 주어진다.

그러나 나는 필증적이고 충전적으로 주어진 것으로서의 이러한 구체적인 현재로 **환원**해야 한다. 이를 통해 나는 (나 자신인 바의 자아, 그런데 그저 내가 사는 삶이기만 한 것이 아니라 나의 능력과 이를 통한 나의 가능한 삶의 주체인 자아로서) 나의 자아 자체는 말할 것도 없고, 나의 삶의 무한성을 갖지는 않는다. 그래서 나는 지금의 지속하는 삶의 생동하는 흐름으로 환원해야 한다. 그러한 흐름이 **생동하는 '현상'**이며, 자신의 생동하지만 흐르면서 변화하는 세력 범위를 갖는 한에서 말이다(이러한 세력 범위는 본래적인 한계는 없으나 제한되어 있고, 변화하면서 제한되어 있다). 그것은 회상 등에서 드러남을 통해 경험하는 (본래적으로 객관적인) 자체 부여로 오는 나의 삶의 구체적인 현재 현출이다.

주관적으로 흐르는 현재는 나에게 충전적으로 주어진다. "나는 **본래적으로 지각된 것**으로 환원한다." 그러나 여기서 다양한 태도와 그 소여들을 구분하는 것이 중요하다.

1) **흐르는 현재로 시선 향함**과 그 속에서 주어진 것. 나는 흐르는 대로 현재에서 현재로 가고, 나는 함께 가면서 절대적으로 원본적으로 주어진 것, 본래적으로 지각된 것을 붙잡는다. 그것은 예를 들어 감각 음향, 음향 일반, 공간적으로 현출하는 음이다. 나는 소리를 따라 들으며 자동차가 굴러가는 것을 따라간다.[64] 객관적 굴러감이 현출한다. 나는 환원하고, 판단 중지를 수행한다. 그러면 나는 지금에서 지금으로 계속 흘러가는 이러한 현출함 자체를 갖는다. 나는 함께 가면서 이러한 현출함 자체에 주의를 기

64 혹은 나는 판단함의 과정을 따라가고, 그 의미 요소의 자라남을 따라간다 ― 반성적으로, 구경꾼으로서). ― 원주.

울이고, 그 속에서 가령 특히 객관적인 것이 음영 져 있는 음 현재에 주의를 기울인다. 그러나 (비록 구별되어야 하지만) 둘 모두가 지금 문제시된다. 내가 그렇게 행해도, 계속해서 객관적인 것이 그렇게 현출하고, 그것은 현출 통일체로서 구성된다. 그러나 이것, 지속하는 것, 굴러감의 시간적 사건이 **현출하는** 반면 나는 그것을 **타당성 속에 정립하지 않고, 주제로** 삼지 않는다.

2) 하지만 다른 것도 현출한다. 내가 **내재적인 것**을 순수하게 주제로 삼는다면, 내가 순수하게, 객관적인 것의 나의 흐르는 현출을 따라가는 동안, **내가 주제로 삼지 않고, 삼을 필요가 없는 무언가가 현출한다.** 말하자면 **흐름 속의 현출 자체는 흐름의 사건으로서** 통일되어 구성된다. 그 속에서 모든 각각의 새로운 현출 지금이 원천 장소다. 반면 지나간 일시적 현출은 바로 과거로서, **흐름의 사건의 구체적인 과거**의 계기다. 전체는 한꺼번에 모든 새로운 지금에서 **흐름의 현출하는 사건**이다(언제나 새로운 지금과 더불어 현출하는 사건으로서의 현출하는 사건이다). 물론 여기에는 새로운 지금과 사건 현출의 **미래 지평**도 속한다. 미래의 흐름으로의 예견을 구성하면서 말이다.

3) 이제 내가 내재적인 현재의 흐름 **속에서** 내재적 현재로 환원하면서 그리고 오로지 내재적 현재만을 주제적으로 향하면서, **필증적으로 주어지는 충전적인 것을 파악한다**고 이야기한다면, 이것은 내가 이러한 시선 향함에서 **나의 사념하는 지향의 순수한 충족**을 갖고 있고, 내가 이때 확실성의 양상화를 수행한다는 것은 생각할 수 없음을 의미한다.

다른 한편 그것은 **시간 양상적 소여가 아니다.** 내가 거기서 파악한 것은 과거의 삶이나 미래의 삶의 다른 시간 양상과 구별되는 나의 흐르는 삶의 현재로서의 시간 양상 현재가 아니다(내지는 현재, 과거, 미래의 구체적인 주관성이 아니다). 거기에는 물론 그것의 존재 정립, 그것의 객관적 정립이 놓여 있다. 그러나 시간적 방향 설정의 방식 속에서 그렇다. 그러나 그것만이 아니다. 위에서 충전적 파악 속에서 흐르면서 충족된 지금으로서 존재하는 것은 **현재들의 흐름의 현재의** 파악이라는 **두 번째** 의미에서의 흐르는 현재의 파악이 **아니다**. 여기서 이러한 흐름은 정립될 것이나 그것이 지금 현출에서 지금 현출로 지속하면서, 그럼에도 과거를 고수하면서 시간 양상적으로 현재 생생하게 지속하는 방식으로 그렇다. 바로 이러한 시간 양상으로부터 생동하는 흐름으로 환원되고, 이 흐름의 현실적 생생함이 다르는 한, 필증성은 계속해서 입증된다.

다른 한편 **사물적 사건**은 그 현출의 절대적 지속에서 마찬가지로 **절대적으로 현출하는 사건**이 아니다. 그러나 사물에 합당하듯이, 원본적으로 현출하기는 한다. 나중에 충돌이나 폐기의 가능성을 제공하는 충족되지 않은 것들의 무한한 지평과 더불어서 말이다. 그리고 결국 이러한 차이는 존재와 그것을 의식하게 하는 직관의 모든 양상들을 관통하여 계속된다. 그리고 그에 뒤따라서 (직관을 충족하는 것으로서) 동일한 것과 관계하는 모든 사념들에서 계속된다. 즉 내재적 회상과 (초재적인 것에 대한 회상, 상관적으로 내재적 과거와) 초재적 과거 등에서 계속된다. 모든 것은 어떤 방식으로든 이 차이를 가진다. 지향성의 전체 근본 형식의 본질 관계에 따라서, 확실성의 양상들도 그렇다.

모든 필증성의 원천, 최소한 개별적인 것들에 대해서 모든 필증성의 원천은 내재적인 것 일반의 근원적 원본성 속에 존재한다. 이 근원적 원본성은, 내재적인 것에서의 지각이 다시 직관의 모든 그 밖의 양상들과 생각에 대해 근원 원본적인 작업수행을 제시하는 한, 자신의 편에서 다시 원본성의 차이들을 갖는다. 신조차도 세속적 존재가 초재적으로 현출하는 것으로서가 아니라 그에게 절대적 방식으로 주어지게 할 수 없다(이것은 모순이 될 것이다). 신에게서도 세계 지각과 사물 지각은 무한히(*in infinitum*) 추정적이다.

'나는-존재한다'의 내재적 소여는 **본래적으로 지각된 것**과 환원된 구체적 현재라는 의미에서 환원된 것으로서의, **현재**에서만 그것의 충전성과 삭제될 수 없음을 갖는 것이 아니다. **나는** 회상에서 회상으로 전진하면서 **자유롭게 현재 지평들을 드러낼 수 있다.** 그리고 필연적으로 지각적 현재가 흘러가는 동안에 **회상 속에서 살 수 있다.** 물론 이때 **자신의 현재를 갖는 회상과 회상된 지나간 것**은 구분되어야 한다. 그리고 **제시의 새로운 방식**이 우리에게 생겨난다. **현재에서 과거가 '현출한다'.** 이때 나는 어떻든 "나는-'언제나-다시'-할 수 있다"를 발견한다. 다른 한편 나는 **보편적인 구조**를 직관한다: 모든 지점에서 '언제나 다시' '나는-할 수 있다' 속에서 불러일으킬 수 있는 무한한 과거, 이것은 우리가 **형식**으로서 특징지은 일반성 속에서, (과거와 **과거들의 질서**로서) **충전적으로 주어지고** 삭제할 수 없다. 반면 개별적이고 구체적인 내용은 하나의 한곗값, 하나의 이념이다. 그러나 충전적-필증적 테두리 속의 이념이다. 나의 현재-자아는 그것의 흐르는 지속 속에서, 존재자의 흐르는 현재로서, **비자립적**인 것으로 보인다. 이것은 자신의 과거 없이는 존재할 수 없다. 그러나 그것의 존재-정립은 절대적이고, **지각적 현재로부터만 과거의 존재 정립은 자신의 발판을 갖는다.** 과거를 부여하는 기억은 그 자체는 현재이고, 현재의 필증성은 어느 정도는 기억의 필증성을 떠받친다. 그것이 도달하는 한에서 말이다.

현재가 과거로 가라앉는다는 것과 '이' 과거는 그 구체적 내용이 절대적으로 주어지지 않음에도 불구하고 개별적으로 삭제할 수 없음을 나는 필증적으로 알 수 있다. 형식은 그때그때 깨울 수 있는 것에서 **'현출'**로서 제시되는 내용을 갖고, 가져야만 하지만, 이러한 제시함, 현출을 관통하여 나타남은 **절대적**임을 나는 알 수 있다. 그리고 내용 없이는 형식이 생각될 수 없고, 이러한 종류의 현출은 **절대적 현출**임을 원리적으로 통찰할 수 있다. 그러나 과거의 절대적 연관을 달려서 지나가는 동안, 동일한 것의 현출의 절대적 종합(동일한 내용을 지닌, 동일한 사건을 지닌 과거들의 종합)에서 나는 다음과 같은 사실을 발견한다. 즉, 분리된 현재의 회상들 속의 '동일한 과거'의 모든 '반복'은 동일화의 종합에서 하나로 연결되는데, 이러한 반복은 다양한 '주관적' 양상─현출 양상(시간적 방향 설정) 속에서 '동일한 것'을 준다는 사실을 발견한다. 나는 '언제나 다시' 동일한 것으로 되돌아올 수 있다. 그리고 양상(Modus)은 변해야 하나, 과거의 내용은 동일하게 머물러 있음을 원리적으로, 일반적으로 (충전적이고, 필증적인 소여에서) 알 수 있다. 그것은 내재적인 것이 문제시되는 곳에서 ─ 언제나 다시 새로운 방식으로, 새로운 시간 양상에서 현출하면서(시간 방향 설정의 양상) ─ 지나간 내재적인 것 자체다.

그래서 현행적 현재 속에서 그리고 현재 흘러가는 회상의 산출의 자유로움 속에서 나의 과거 자체는 **시간 계열**, 그러니까 나의 체험 자체의 시간 계열로서 **보호받는다**. 나 자신인 바의 나는 나에게 속하는 시간 형식 속에서 **구체적으로** 존재하는 자아다. 그리고 과거로 넘어가는 지금의 현재적인 것은 이러한 시간 형식의 '객관성(자체An-sich)' 속에서 자신의 위치를 획득하고, 이러한 위치는 '영원히' 유지된다. **나**에 대해서 말이다. 이 나는 지금 현재 존재하는 것은 과거가 되고, 다음으로는 가능한(내가 방해받지 않는다면 나에게 자유롭게 산출 가능한) 회상의 무한성의 현출 통일체가 된다고 이야기해야 한다. 이를 통해 그것은 동일한 것, 언제나 다시 인식 가능한 것의 종합적 의식에서, 언제나 다시 나에게 접근될 수 있다.

그러나 나의 현재적 삶은 또한 다가오는 것, '예상되는 것'의 미래 지평을 갖는다. 그리고 '다가옴'이라는 이러한 형식은 삭제할 수 없으며, 충전적으로 드러낼 수 있고, **필연적 형식**으로 인식될 수 있다. '다가옴'은 다시 하나의 **현재의 계기**이고, 다가오는 것이 의식되는 **예상**의 계기다. 그러나 예상은 **불러일으킬 수 있는 것**의 영역이 아니라 **선-직관화**, 선-현전화의 영역이다.

그러나 지금 아직 중요한 것이 빠져 있다. 왜냐하면 모든 과거가, 지나간 예상된 것이 특정한 내용을 가지고 **들어서는** 지나간 현재인 한에서, **모든 회상이 미래 지평**, 그러니까 **처리된 미래의 지평**을 갖는다는 사실이 논의되지 않았기 때문이다. 그래서 모든 회상은 미래 지평을 갖고, 이것은 **회상을 통해서 일깨워질 수 있다**. 모든 회상은 흐르는 현재에서 끝나는 더 많은 회상을 연속적으로 앞서 지시한다. 이것은 **미래의 과거**로서 예상되는 미래인 현행적 선-예상으로 옮겨진다. 그러나 그렇게 상상되는 미래는 위에서 이야기된 근원적 예상을 자신 앞에 갖고 있다.

1) 단지 **자신의 현재 속에서만 살고 있는 현행적 현재-자아.** 2) 자신의 삶의 흐름에 속하는 자기 경험들의 **다양체** 속에서, 자신에 대한 경험을 갖고 있고, **경험의 종합을**, 자기 자신과의 동일성을 갖고 있는, **자기 자신에게 객관적인 자아.**

나는 자아로서, 반복된 경험 속에서 동일한 것으로서 경험된 구체적인 자아로서 나를 경험한다. 나는 나에게 **객관적**이다. 나의 존재에는 내가 끊임없이 나를 (넓은 의미에서) 지각한다는 사실이 놓여 있다. 자기 지각은 나의 존재의 근본 구조다. 나는 존재할 뿐 아니라, 내가 존재한다고 말하고 있지 않을지라도, '나는-존재한다'를 통해 술어적으로 표현되는 자기 지각은 나의 삶의 부단한 근본 요소다.

나는 내가 **나에 관해 본래적으로 지각한** 것에 관하여, 나의 파악하는 시선을 **나의 지각적 현재**로 향할 수 있다. **이러한 현전도 객관적인 것이고**, '나는-존재한다'에서 주관적-객관적으로 정립되는 나의 주관성의 객관적 계기다. 이러한 자아가 다양한 자기 경험의(자기 지각의, 그러나 또한 일깨울 수 있는 자기 기억들의 다양성과 그 밖의 되돌아 붙잡거나 미리 붙잡는 자기 파악들의 다양성의) 동일한 것인 한에서 그 자체로 존재하듯이, 나에게 속하는 이러한 현전의 계기도 이러한 현전 지각과 다양한 회상들의 동일한 것이다. 새로운 현전에 속하는 것으로서의 모든 그러한 회상은 매개체인데, 이 매개체를 통해 이러한 회상의 현전적 자아로서의 내가 "나는 존재했다"고 말하게 된다. 존재했던 현전은 회상 속에서 언제나 다시 동일한 것으로서 인식될 수 있는 체험의 현전이다. 그리고 그러한 것으로서 그것은 객관적이고, 주관적 시간 속에 하나의 위치를 차지한다. 그러나 객관적인 것으로서 자아는 주관적 시간 속에 어떠한 위치도 차지하지 않고, 자아에 속하는 시간의 형식 속에서 모든 시간 속에 존재한다. 자아의 삶은 이러한 시간을 채운다. 모든 작용이 흘러나오고 모든 촉발이 밀어닥치는 자아극으로서의 자아 '자체'는 고유한 방식 속에서 자신의 시간과 자신의 삶 위에 존재하고, 자신의 삶의 시간 연속성 속에서 언제나 동일하며, 자신의 체험처럼 시간 속에서 개별화되지 않는다. 구체적인 자아, 그러니까 현행적으로 현전적으로 살아가고, 지나간, 현전적으로 존재했던 삶을 가졌던 나는 모든 시간에 존재하지만, 구체적인 것으로서 나의 시간인 시간을 채우면서 존재한다. 나는 언제나 나를 동일한 것으로서 경험하는 한에서 나에 대해 객관적으로 존재한다. 그러나 "나는 존재한다"는 것은 내가 지금 살아가고, 지속적으로 살아감을 의미한다. 이러한 현행적 의미, 현행적 삶 속에서 나는 객관적으로 존재하지 않고, 오직 지금, 그리고 언제나 다시 오직 지금 존재할 뿐이다. "내가 존재했다"는 것이 의미하는 바는, 내가 더 이상 존재했던 내가 아니고, 나는 오직 지금 존재하지만, 물론 그가 존재했다는 사실이 속하는 자아로서 존재하며, 존재했던 자아로서 존재한다는 것이다.

나는 객관적으로 존재한다. 다양한 자기 경험들의 동일자로 존재한다. 그러나 이러한 다양한 것은 그 자체로 나의 현재 혹은 과거의 삶에 속하고, 나 자신에게 속한다. 나는 나의 존재의 맥박으로서 존재한다(그리고 나의 존재 속에서 나는 자기 경험을 갖는다). 나는 존재하고 존재했다. 그리고 나의 시간의 통일성 속에서 동일자로 존재한다. 그러나 그것은 나 자신에게서 일어나는 가능한 종합의 상관자다.

현상학적 환원의 방법에 토대하는 보편적 학문으로서의 철학을 가장 깊게 정초하는 것의 어려움들[65]

현상학 자체를 위해 소박성들을 통과할 필요성. 두 가지 주요 단계: 1) 소박한 현상학. 2) 수행된 현상학적 방법에 관한 이론과 비판(현상학적 명증의 비판).

현상학적 환원으로 **시작하는** 것의 어려움.

그것의 동기는 궁극적으로 정초된 학문의 무전제성이다. 그러한 학문은 아직 정당화되어야 하고, 아마도 기만의 가능성, 비존재의 가능성을 열어 놓는 어떠한 가정에도 의존해서는 안 되는 **직접적인** 인식의 시작을 가져야 한다. **궁극적인 전제**로 되돌아감은 **결국 필증적인 것**으로 이끌고, 비존재를 생각할 수 없게 만드는, 존재자에 관한 **가장 직접적인** 인식으로 이끈다.

실증성의 전제는 경험을 통해 **미리 주어진 것으로서의** 세계이고, 이것

.:

65 1923년 무렵.

은 자체적 진리 속에서 사유함을 통해 간접적으로 인식될 수 있다.[66] 시공간적으로 존재하는 실재성들의 세계로서, 세계의 존재는 언제나 이미 '전제되어 있다'. 실증적 학문은 전제 없이 시작하지 않는다. **한 영역**을 선택한 학자, 그러니까 이를테면 일반적인 물리적 사실을 주제로 삼는 물리학자는 자신이 선택한 영역이 자신의 모든 현실적이거나 가능적인 경험에 **현실성으로서 주어져 있다고 전제한다.** 그리고 그가 작업하는 모든 개별적인 물리적인 것을 그는 경험에서 '끌어낸다'. 그는 경험이 어떻게 존재자를 정당화하는지, 자연의 경험이 확실성 속에 존재하는 것으로서의 자연을 어떻게 정당화하는지 묻지 않는다. 비록 (모든 사람처럼) 그가 경험이 가상의 경험으로, 경험 확실성이 비존재, 한갓 가상의 확실성으로 뒤집힐 수 있으며, 우리는 어떤 잘 알려진 방식으로 그것에 대해 실천적으로 확신할 수 있음을 어떤 방식에서는 매우 잘 알고 있을지라도 말이다. 그러나 이러한 지식, 이러한 실천적 친숙함은 경험함(그리고 우리가 세계를 존재하는 것으로서 확신하게 되는 전체 의식 삶)의 **이론적 탐구**에서 나온 것이 아니다. 학자로서의 나는 나의 학문적 삶 속에서, 부단히 주관적인 활동들 속에서, 나의 삶의 방식 속에서 움직인다. 그 속에서 세계적인 것이 존재하는 것으로서 의식되고, 때로는 이렇게 때로는 저렇게 현출하며, 현출하는 것이 확실성(경우에 따라서는 명증적인 확실성)의 양상에서 나타난다. 산출물 속에는 이러한 주관적인 것에 대해서는 어떤 것도 없고, 오직 존재하고, 어떤 속성으로 존재하는 객관적인 것에 대한 것만 있다. 그러나 그의 학문적 행위에서 학자는 그럼에도 모든 자신의 방법적인 것을 부단히 숙고해야 한다. 그리고 철저한 정당화는 그가 방법적인 것, 방법적인 것이 존립하는 삶,

66 간접적으로 ─ 어떤 종류의 간접성인가?- 원주.

방법적인 것이 성취하는 작업수행, 그리고 이러한 작업수행의 유효 범위 (Tragweite)를 **주제**로 삼는다는 사실을 전제한다. 결국 완전히 보편적으로 그는 어떤 것도 그에게 이미 존재하는 것으로서, 이미 존재와 존재 방식에 따라 확정되어 있고 밝혀져 있는 것으로서 **전제**해서는 안 되고, 그가 현실성 속에서 의식적으로 그것도 '확신할 만한' 정당화를 통해 규명하지 않은 것을 전제해서는 안 된다.

그래서 **가장 엄밀한 학문은 시작할 때 세계의 어떠한 것도 전제되어서는 안 되며**, 그 어떤 무언가(가령 이 주제적인 것)가 이미 존재하는 **세계 일반의 존재도 전제되어서는 안 됨을 요구할 것이다. 아무것도 아닌 것에서 ─ 전혀 세계적인 것이 아닌 것에서 ─ 시작해야 할 것이다.** 무엇이 남아 있는가? 물론 세계가 그때그때 이미 (이러저러한 실재성들과 지평들의 형식 속에서) 존재하는 것으로서 제시되는 **주관적인 것 자체**가 남아 있다. 시작은 다음과 같은 물음일 수 없다. (지구의 존재가 전제되는 곳에서) 일반적으로 통찰할 수 있는 진리 속에서 지구에 대해 무엇을 이야기할 수 있는가? 또는 아예 보편적으로 말하자면 (자명하게 부단히 경험되고, 그때그때 그러저러한 지각 요소들과 더불어 지각되는) **세계**에 대해 무엇을 이야기할 수 있는가? 물음은 다음과 같아야 한다. 그 어떤 실재성들의 **존재**, 지구, 자연, 세계, 일반의 존재를 나에게 확실하게 만드는 것은 무엇인가? 그리고 그와 함께 우선은 모든 주관적인 것, 우리의 주관적인 것, 그리고 결국은 나의 주관적인 것, 인식하는 자의 주관적인 것은 어떻게 보이는가? 세계적인 존재와 존재 내용이 나에게 의식되는 주관적인 것은 어떻게 보이는가? 그것의 **고유한 존재**가 세계의 존재와 비존재에 관한 물음에 **앞서** 확실하고, 그에 대한 모든 진술에서 전제되는 그러한 모든 주관적인 존재와 삶은 어떠한가? 그리고 거기서 객관적 존재와 존재 내용을 정당화하는 모든 인식함은 어떻게 수행되는가? **궁극적인** 객관적 정당화는 따라서 순수하게 주관적인 것의 탐구와 순수하게 주관적인 것에서 흘러가는 의식 활동의 탐구를 전제한다. 순수 주관성에 대한 체계적인 탐구가 '객관성'에 대한 체계적 탐구에 그 자체로 선행한다.

물론 여기서 어려움이 바로 문 앞에 서 있다.

a) **초월론적 심리학주의**: 주관적인 것 = 주체와 주체의 의식 삶 ─ 우리 자신이 세계 속에 존재하지 않는가, 인간이 아닌가, 등등.

b) 마찬가지로 이러한 주관적 영역의 **필증성의 유효 범위**의 어려움 혹은 이러한 필증성의 경계 설정의 어려움.

후자에 관해서라면(ad b), 시작은 어쨌든 소박한 자기 인식이다. 그래서 우리는 아마도(ad a) 다음과 같은 방식으로 전진할 수 있을 것이다.

1) 나에게 (그리고 나의 경험하는 삶과 그 밖의 삶을 통해) 미리 주어진 것으로서의 세계는 물음 속에 서 있는 것인 그것의 현실적인 존재와 존재 내용에 관해, 자신의 삶 속에 있는 나의 고유한 존재를 전제한다. 우선은 미리 주어진 세계는 인간으로서의 나를 포함한다. 세계 속에, 실재적인 것의 우주에 포함된 모든 것은 나의 신체적 현존, 나의 신체적 기능함을 전제한다. 그래서 미리 주어진 세계는 (그것의 존재 확실성과 증명에 관해) 그와 같은 나의 신체 내지는 나의 인간적 존재를 전제한다. 나는 존재하는 세계가 나에 대해 (인간적 존재와 더불어) 현실적이거나 가능적인 존재 타당성, 내용적인 것, 현출 등의 나의 다양체의 타당성 통일체임을 인식하고, 모든 것이 궁극적으로 수행하는 삶 속에, 나에게, 궁극적으로 기능하는 '자아'에 놓여 있음을 인식하면서 초월론적 환원을 수행한다. 그런 점에서 나는 나에 대해 존재하는 **마지막 존재 영역**에 존재한다. 그것은 나 자신에 대한 나의 순수한 존재의 자아다.

그러나 **이러한 존재에 대한 앎**, 그리고 "나는 존재한다"라는 명칭 아래 존재하는 것의 다양체에 관한 앎은 사정이 어떠한가? **이것은 무한 소급으로 이끌지 않는가.** 왜냐하면 나 자신을 알고 있으면서 나는 또한 이러한 앎에 대한 앎을 가져야 하기 때문이다. 그러나 내가 알고 있는 것에서 이 무엇(Was)의 앎은 아직 의식되지 않는다. 혹은 그 어떤 존재자에 대한 인식에 비해서 이러한 인식에 관한 인식은 새로운 것, 다른 것인가? 내가 경험에 충실하면 나는 다음과 같이 이야기할 수 있다. 현상학적 환원을 통해 나에게 경험 영역으로서의 나의 순수한 자아가 열린다. 그러나 나의 고유한 존재에 관한 나의 경험함, 예를 들어 세계적인 것에 대한 나의 환원된 경험함에 관한 나의 경험함은, 이때 세계적인 것에 대한 앎과 인식을 획득하기 위해 내가 그것을 그것의 편에서 경험 속에 가져야 하는 것처럼, 그 자체로 경험되는 것이 아니다. 그리고 내가 반성한다면, 나는 바로 이러한 반성 속에서 먼저 (주제적으로) 경험되어야 하는 그러한 것을 다시 갖는다. 그리고 이것은 무한히 계속된다. 그래서 **최초로 물어야 할 것**은, 내가 나에게 속하는 것에 대해 **개별적인 방식의** 경험을 획득할 수 있음이 곧장 확실하더라도, **자기 인식**(그것의 총체성 속에서 이러한 초월론적-순수한 자아의 인식)**은 어떻게 가능한가** 하는 것이다.

그러나 더 나아가 실제적인 경험으로부터 최소한 개별적인 주관적인 것에 관한 인식으로 오는 것이 쉬워 보일지라도 자세히 고찰해보면 여기서도 물음이 제기되어야 한다는 사실이 드러난다. **경험은 덧없는 것**, 흐르면서 지나가버리는 **무언가가 아닌가?** 나는 어떻게 **지속적인 인식**을 획득하며, 동일한 증명 가능성 속에서 나에게 지금부터 지속적으로 타당한, 동일한 의미를 지니는 언명을 획득하는가? 내가 경험하는 모든 새로운 경험, 혹은 내가 회상과 관련짓는다면, 모든 회상과 모든 반복된 회상은 또다시,

내가 경험하면서 관찰할 수 있는 덧없는 것이다. 그러나 **지속적인 것으로서의 인식 획득물**은 어떻게 가능하게 되며, 그것, 이러한 '지속적인 획득물'은 무엇인가? 단순히 지금 나타나서 지속하는 체험은 아니다. 내가 **명증**을 증거로 끌어들이고, 특히 **필증적** 명증을 끌어들인다면, 나는 그저 "그것이 어떻게 보이는가?" 하고 묻는 것이 아니라 "그것은 어떻게 (덧없는 순간의) 체험함을 넘어서 이르는가, 그것은 어떻게 덧없는 순간을 초월하는가?"라고 묻는다.

궁극적으로 정초되고, 궁극적으로 정당화되는 것으로서의 학문이 구상되어야 한다면, 우리는 그러한 질문을 무시할 수 있을까?

2) 그러나 다른 한편 우리는 **즉시** 그러한 학문에 착수하고자 할 수 있을까? 우리는 다음과 같이 말해야 할 것이다. 우리가 비판해야 하는 것은 이미 현존해야 한다. 우리는 그것의 작업수행과 관련하여 그 어떤 수행하는 삶을 비판한다. 우리는 (학문적 삶의 작업수행, 수행하고 산출하는 행위의 작업수행으로서) 실증적 학문을 비판한다. 우리는 자연적 경험 속에서 경험된 세계를 (경험하는 삶의 맥락에서 수행되는 의미의 작업수행과 이러한 의미의 존재 사념으로서) 비판한다. **작업수행하는 것으로서의 삶은 진척되어나간다.** 그러한 삶 속에서 무언가가 일어나고, 그것은 그러한 삶 속에서 생각되고 경험된다. 경험은 교정되고, 가상은 삭제되고, 사유 작용들은 활동하고, 결합되며, 수정된다, 등등. 그리고 이러한 삶, 작업수행하는 과정 속에서 살아진 이러한 삶은 그러나 그 자체가 주제적인 것은 아니고 비판 속에서 주제적으로 그리고 그 의미(그 목표), 그 방법, 그 성취나 과오에 관해 심문되면서 비판된다. 물론 비판하는 삶은 보다 높은 단계에서 그 자체로 다시 드러나 주제적으로 되어, 자신의 편에서 비판될 수 있다(그리고 아마도 그래야 한다). **삶**, 그것도 체계적으로 이러저러한 목표를 향하고, 그러한 목표

를 위해 살아가는 삶은 **진척되어나간다.** 우리는 '초월론적 주관성'과 관련하여 우선 '소박한' 인식 삶을 작동시키고, "실증적 학문이 자연적으로 존재하는 세계의 토대 위에서 어떻게 해나가는지"를 소박하게 곧바로 인식하는 이러한(내가 인식하는 자여야 한다면, 나의) 주관성에 관한 학문을 작동시키는 것이 옳지 않은가? 그러면 나는 소박한 명증과 소박하게 나를 이끄는 학문적인 목표 정립을 따르게 된다. 내가 나의 순수한 주관성의 지속하는 존재를 확신하고, 명증적인 방식으로 그러한 주관성에 언제나 나의 경험하는 시선을 향할 수 있다면, 나는 그러한 주관성을 그 독특성에 따라 기술할 수 있고, 그러한 주관성과 고유하게 본질적으로 관계하는 진리를 규명할 수 있다. 자연적 태도에서 자연적 경험을 통해 미리 주어진 자연을, 이론적으로 향해진 경험의 능동적 수행을 통해 내가 공략하고, 그러한 자연을 개별적인 실재성들에 따라, 일반적인 유형에 따라, 그리고 보편적이고, 언제나 불변하는 구조에 따라 기술적 학문 속에서 다룰 수 있듯이 말이다. 곧바로 경험 소여들에 향해져서, 그것들을 일치하며 계속되는 경험의 수행 속에서 고찰하고 기술할 때, 나는 경험함과 표현함의 덧없는 작용들로부터 비롯된 영속적인 경험 진리의 가능성에 관해 어떠한 물음도 제기하지 않는다.

절대적으로 정당화하는(궁극적으로 정당화될 수 있는) **학문을 정초하는 역진적 방법은 세계의 선−소여**에서 실증적 학문 및 선−학문적 경험적 삶에 대해 존립하는 전제를 제시하는 것으로부터, 이러한 전제의 정당화를 요구하는 것으로 이끈다. 그리고 이것의 귀결로, 세계 실존을 (그것의 일관된 '결정되어 있지 않음'으로) '괄호 치는 것'의 요구로, 그리고 문제 되는 존재 그리고 결정과 정당화의 모든 방법이 묶여 있는 경험 토대와 존재 토대를 제시하는 것으로 이끈다. 이러한 존재 토대가 이제 궁극적으로 정당화된 세계 인식에 대한 인식 전제로서 주제적으로 되어야 한다. 실증적 학문의 모든 인식 앞에는 필연적으로 순수한 (초월론적) 주관성이 놓여 있다.

여기서 **첫 번째 것**은 분명히, 관찰하는 경험을 통해 이러한 새로운 존재 영역을 주제적으로 만들고, 체계적인 기술 아래에 내맡기는 것이다. 물론 이러한 과정에서 **맨 먼저** 문제시되는 것은 오직, 궁극적으로 기능하는 순수한 주관성이다. 이러한 주관성이 **세계를 선−소여로 가져오고,** (소위 언제나 이미 인식하는 자인 나에 대해 존재하고, 경험과 사유 속에서 더 자세히 알게 될 수 있는 것으로서) 타당한 인식으로 가져오며, 소위 정당성을 가지고 **그렇게 하는 한에서** 말이다. 모든 '나에−대해−타당함'이 나 자신의 의식 삶 속에서 나의 작업수행으로서의 모든 입증함과 더불어 전개된다는 사실, 궁극적인 명료성과 의미, 그리고 그것의 타당함의 권리는 그것이 전개되는 자아−삶의 연구를 요구한다는 사실을 나는 숙고한다. 이때 이러한 자아−삶은 그러한 숙고 속에서 (초월론적 환원을 통해) 필연적인 '순수화'로 온다. 그러나 이제 우리가 이러한 '세계를 구성하는' 인식−삶을(내지는 그것과 관련된 순수한 자아를) 탐구하고자 한다면, 순수한 자아는 우리가 우선 다루는 것보다 훨씬 멀리 도달하며, 어쨌든 그것의 완전한 구체성 속에서 연구되어야 함이 미리 조망되어야 한다. 어쨌든 우리는 그것을 과제로 설정한다. 그러한 과제가 얼마나 큰지, 그리고 여기서 획득될 수 있는 결과의 유효 범위가 얼마나 큰지 우선은 알지 못한 채로 말이다. 심지어 이것은 이미 전체 보편적 철학을 포괄해야 한다.

나는 보편적 **'기술'**이 순수 주관성의 학문과 관련하여 최초의 과제라고 이야기했다. 이러한 기술은 **학문적**이어야 한다. 즉 궁극적인 해명을 제출할 준비가 되어 있어야 하며 그러므로 그럴 능력이 있어야 한다는 요구에 따라서 말이다. 우리는 여기서 기묘한 상황에 처해 있다. 왜냐하면 우리는 그러한 기술적 인식이 어떻게 가능한가 하는 일반적인 물음을 설정하기 때문이다. 가령 경험함은 흘러가버리고, 사라지는 잠깐의 체험함이라는 사실, 그리고 그러한 체험함으로부터 영속적인 인식이 획득되어야 하는 한편, 영속적인 인식의 이러한 존재 자체는 다시 다만 지나가버리는 명증 속에서만 통찰될 수 있다는 사실과 관련해서 말이다. 우리가 그러한 물음을 설정한다면 우리는 그러한 물음들 속에서 이미, 그 기술에서 끄집어내어지고, 이미 영속적인 타당성을 지니는 개념들을 (전제로서) 가지고 작업한다. 이미 모든 자아의 사용 및 자아의 그 어떤 존립 요소의 사용은 주관적인 것이 구별되고 주관적인 것에서 동일자가 제시되었음 등을 전제한다. 존재 인식의 가능성이 전제된다. 그러한 가능성에 대해 해명이 제출되어야 한다.

우선은 소박한 명증, 곧바른 명증을 따르면서 체계적으로 기술(그리고 일반적인 통찰 속에서 특히 본질 기술)을 획득해야 한다. 다음으로는 다시 반복하고 반성하면서 그리고 반성적 기술을 수행하면서, 어느 정도까지 드러나지 않은 전제가 저 곧바른 기술의 절차에 놓여 있는지, 어느 정도까지 그것의 드러남이 새로운 주관적 진술로 — 이 진술에서 저 기술의 **유효 범위**가 해명되고 경계 지어질 수 있다 — 이끄는지 확신해야 한다. 이와 다른 절차로 진행하는 것은 명백하게도 불가능하다. 그러나 이것은 반복이 진술들의 반복이 될 때까지, 즉 언제나 다시 반성하면서 전진할 수는 있지만, 여기에서 어떠한 새로운 학문도 자라날 수 없다는 통찰이 될 때까지다. 근본적으로 여기에 놓여 있는 사실은, 자기 자신을 인식하고 주제화하는 것으로서의 초월론적 주관성이 수행하는 보편적 본질 기술은 자신의 체계를 지녀야 하고, 그에 따라 그것은 소박한 기술에서 시작하고, 체계적으로 전진하여, 모든 소박성이 지양되는 기술에 필연적으로 이르러야 한다는 사실이다. 그리하여, 이것이 동시에 그 기술의 고유한 절차에 대한 비판으로 이끌고, 실천적으로 그것의 유효 범위의 한정 아래에서 그 기술의 정당성으로 이끌며, 결국 그것의 소박성이 완전히 제거되고, 다만 유효 범위의 규정을 제공하는 보다 높은 기술에 의해 보충되어야 하는 체계적인 단계의 보편적 기술로 이끌도록 말이다.

어쨌든 순수한 자아의 '현상학'은 다음과 같이 나뉜다.

1) **소박한–곧바른 현상학.**

2) 반성적인 보다 높은 단계: **현상학적 이성** 혹은 현상학적 방법의 **이론과 비판**(**현상학하는** 자아의 비판) 혹은 현상학적 명증의 비판으로서. 이를 통해 모든 철저한 인식 이론이 망라됨이 통찰되어야 한다.

시작에 있는 **심리학주의의 어려움**에 관해 말하자면, 자아로의 환원은 물론 처음에는 **인간적 영혼**으로의 환원으로 이해된다. 비록 세계의 실존이나 비실존의 결정(선–소여로서의 세계의 필증적 실존의 증명과 세계 속의 나의 인간적 존재의 증명)이 이미 자아로서의 나를 전제함이 증명될지라도 말이다. 그러나 이제 이와 관련하여 다음과 같이 말하기 쉽다. "나의 자아의 존재, 구체적으로 이해된 나의 영혼의 존재는 인식적으로 나에 대해 모든 다른 실재적 존재에 선행하며, 그것도 필증적으로 선행한다. 세계의 실재성에 대한 모든 간접적 인식은 실재적인 것이 직접적으로 경험되는 직접적인 인식에 근거한다. 그러나 이러한 경험은 그럼에도 필연적으로 감각적 경험이고, 나의 자아의 신체적 기능함으로서, 그래서 나의 영혼적 행위로서 수행된다. 그러므로 첫 번째 것으로서 나는 세계 일반이 아니라 나의 영혼이라는 세계의 이 작은 부분을 소유한다." 그러나 영혼이 **세계적인** 것은, 시공간적 실재성의 세계의 요소 부분인 것은, 오직 실재적인 유기체적 물체에 **혼을 불어넣음**으로 인해서가 아닌가? 그런데 이 신체가 바로 신체인 것은, 세계의 비자립적 부분으로서가 아닌가? 그러나 그러면 나는 다시 다음과 같이 이야기해야 한다. 그러나 그 '영혼', 순수하게 자기 안에 있는, 자신의 경험하는 삶 속에 있는 영혼 속에서 이 물체적 신체가 존재하는 것으로 사념되고 추정적으로 증명되는 것이 아닌가? 그리고 영혼 속에서 다시, 그 물체적 신체가 실재에 대한 감각적 경험의 기관이라는 것이 증명되는 것이 아닌가? **이러한 증명이 문제시된다면, 그와 더불어 영혼으로서의 영혼의 존재가 문제시된다.** 그러나 그것은 이제 **순수한** 주관성이다. 이러한 주관성 속에서 세계, 자연, 그리고 그 속의 물체성의 증명이 구성된다. 그리고 만약 주관성이 물체성의 이러한 타당성을 수행한다면, 어쩌면 필증적으로 완전한 정당성을 가지고 수행한다면, 이를 통해 **주관성은 자기 안에서,** 그것 속에서 구성된 물체적 신체와 **스스로** 관계하며, 영혼으로서의 **자신에게 세계 타당성**을 나누어준다. 반면 자기 자신에게 세계 타당성을 나누어줌은 이제 세계 타당성에 **앞서** 존재한다. 그러나 이에 대해 시작에서는 어떤 결정도 내려질 필요가 없고, 세계 명증의 어떠한 통찰력 있는 해석도 제공될 필요가 없다. 시작에서는 환원에 의해 구체적 존재로서의 인간의 어떠한 영혼도 세계 속에 있지 않고, **자신 안에** '현상' 인간(나, 이 인간)을 지니는 주관성이 있는 것으로 충분하다. 즉 그 초월론적 삶 속에서 세계 타당성, 경험 세계의 명증을 부단히 수행하는 주관성이 있는 것으로 충분하다.

우리는 판단중지 속에 남아 있으면서
'결코 세계로 돌아올 수 없다'는 추정적 난점

철학의 방법은 모든 선입견으로부터, 결국 세계성의 선입견으로부터 가장 철저하게 자유로워지는 것이다. 이것은 철학적 인식의 주체인 초월론적 자아로부터 보편적 학문을 초월론적으로 새롭게 구축하는 방법이다. 자아, 선입견 없는 자아는 일련의 '선입견 없는 진술들'을 수행한다. '선입견 없음'은 우선 모든 자연적−세계적, 자연적−인간적 선입견으로부터 자유로움을 의미한다. 나는 내가 이러한 선입견 없음 속에서 보는 것, 언제나 다시 볼 수 있는 것을 진술한다. 세계적인 것의 선입견의 단념, 그리고 세계의 존재를 전제하지 않는 철학의 새로운 길은 존재와 비존재에 관한 어떠한 선입견도(가능성이나 심지어 개연성과 같은 존재의 양상에 관한 어떠한 선입견도) 허용하지 않는다. 그러나 그것은 초월론적이고 현상학하는 주체인(나는 나를 이러한 주체로서 작동시켰다. 이 점에 내포된 것은 또한, 내가 나를 이러한 주체로서 정립했다는 것이다) 나에게, **내가 초월론적 경험 연관과 인**

식 연관 자체 속에서 **세계의 존재**(즉, 나, 초월론적 자아에 의해 정립되어야 할 존재)**에 이른다는 사실**은 열어둔다. (초월론적 존재 영역을 개시하는) 이 방법이 나로 하여금 우선은 자아로서의 나의 초월론적 삶에 이르게 하고, 내재적–시간적 고유 존재 영역에 이르게 하며, 거기에 '세계 현상'이 속한다고 하자. 그리고 더 나아가 내가 초월론적 주관성과 그것의 초월론적–내재적 시간성에 이른다고 하자. 그렇다면 내가 이러한 양식을 고수해야 할 경우, 세계 정립은 다음을 통해서 가능하게 될 것이다. 그러니까 내가 이러한 방향에서 **보편성에 도달**한다면 **현상 세계**가 초월론적 이념으로서의 **세계 자체**의 존재 의미를 획득한다는 사실이 나에게 입증됨을 통해서 가능하게 될 것이다.

개별적으로 볼 때 초월론적 태도에서 정립되는 것은, 초월론적 사념과 사념된 것 자체, 초월론적 자아의 그때그때의 현재적 삶과 그 속에서 사념된 (이러저러한 내용을 가지고 믿어진) 세계 자체다. 더 나아가 나에 의해, 그리고 초월론적으로 나와 함께 존재하는 자들에 의해 믿어진 세계 자체인 이 세계, 결국 완전한 모나드적 시간성 속에 있는 완전한 구체적인 '우리–공동체' 속에서, 미래의 교정 속에서 입증하며 밝혀질, (이러한 양식의 유지의 부단한 추정과 더불어, 종합적으로 일치하는 믿음 속에서 교정을 통해 지탱되는 추정과 더불어) 하나의 동일한 세계로서의 이 세계다. 그러나 이제 내가 알게 되는 것은, 자연적 자아로서의 내가 세계로서, 그리고 우리가 세계로서 부단한 확실성 속에서 가졌던 것은, 그리고 자연적 의미에서의 참된 세계는 다름 아닌 이러한 입증 과정에서 밑그림 그려진 이념이라는 사실이다.

내가 초월론적 주관성의, 그것도 **상호**–주관성으로서의 초월론적 주관성의 **완전한 보편성**을 초월론적 경험함과 사유함 속에서 다루지 않고, 그 속에서 **세계를 이러한 상호주관성의 상관자로** 인식하지 않은 한에서, 바꾸어 말하면 내가 완전한 범위에서의 초월론적 상호주관성을 인간성이나 자연적 세계성의 위치에서 살고 있는 것으로서(그리고 세계 속에서만 인간적 공동체로서 발견되는 것으로서) 초월론적으로 해석하지 않고, 나와 나의 우리를 그렇게 초월론적으로 이해하지 않는 한, **세계 표상과** (개별적으로는 세계적인 것에 관한 한갓 주관적인 인간적 표상과) 존재하고 실제하는 세계라는 **세계 자체 사이의 긴장**이 있게 된다. 이때 세계 표상, 사물 표상은 나와 우리의 인간적 표상함의 표상된 것 자체를 의미한다. 내가 궁극적-초월론적 입장을 선택하고, 그러한 입장으로부터 (세계적으로 발견되고, 세계 속에서 세계적인 주관적 체험 속에 들어가 사는 것으로서 발견되는) 초월론적 전체 주관성의 무한성을 그 총체성 속에서 붙잡을 때에야 비로소, **이러한 긴장이 사라지고, 표상과 현실성 사이의 구별이 사라진다.**

우리가 초월론적-철학적으로 시작하고, 초월론적 자아로, 그러니까 인간 자아에 초월론적으로 그리고 최초로 정립 가능한 것으로서 상응하는 자아로, 그리고 세계를 표상하는 삶으로서의 그러한 자아의 고유한 삶으로 시작할 때, 이러한 긴장은 **극복할 수 없는 대립**으로 모습을 드러낸다. **만약 우리가 판단중지 속에 남아 있다면, 우리는 어떻게 세계 표상을 넘어서 가야 하는가?** 우리는 가령 세계를 '환영'으로서, 가상으로서 설명하기를 원하는가? 우리는 "현실적으로 존재하는 어떠한 세계도 없고, 다만 나의 세계 표상만 있다"고 이야기하길 원하는가? 그리고 초월론적으로 타자와 그들의 세계 표상에 이르고, 그런데 이때 그들 자체를 다름 아닌 세계-표상과 기껏 그 밖의, 그들에 고유한 체험 연관으로 설명하는 그 어떤 방법을 우리가 발견한다면, 이것으로 무엇이 바뀌는가? 우리에게는 여러 순수한 심리적 주체가 있고, 여러 계열의 세계 표상이 있다는 것만이 바뀔 뿐이다. 우리는 이를 통해 세계의 실제성에 도달하지 못한다. 그리고 선입견 없는 철학이 **다만 초월론적인**(순수한 의식 현상학적인, 혹은 나의 『이념들』[67]의 많은 독자들이 이에 대해 오해하듯이 순수한 심리학적인) 철학으로서만 시작할 수 있고, 여기서부터 수행될 수 있다는 사실이 참이라 해도, 이러한 선입견 없음이 순수한 초월론적 태도 속에 남아 있고, 그래서 한갓 세계-표상의 범위 속에서 움직이는 한, 그것은 **세계**를 인식하고자 하는 우리에게 **아무런 도움도 줄 수 없다. 이 시도 전체가 처음부터 잘못된 것은 아닌가?** 왜냐하면 그것은 완고하게 '초월론적' 영역에 머무르고자 하지만 사유함을 통해 초월론적 영역을 인식하고자 하기 때문이다. **사유함**이 여기서 무언가를 수행해낼 수 있다고 가정한다면, 왜 사유를 작동시켜서 **표상**에서 **현실성**으로 넘어가고, 표상 속에서 표상된 것에 따라 사유하면서 실제적 현실성에 대해 묻고, 사유를 통해 이러한 물음에 답하지 않는가?

그러한 이의를 제기하는 사람들은 이때 그들이 얼마나 소박하게 말하고 생각하는지 **알지 못한다**. 모든 참된 철학이 의지하는 것으로서, 그것의 해결에서 참된 철학이 비로소 자신의 의미를 충족하고, 자신의 작업 영역을 획득하며, 그 속에서 모든 생각 가능한 학문적 문제와 모든 인류의 문제 일반이 포함되어야 하는 구체적 문제틀을 얼마나 간과했는지, 혹은 그들이 그래도 이미 작업의 단계에 이르렀다면, 그러한 문제틀을 얼마나 제쳐두었는지 알지 못한다. 그러한 공허하고, 사태와 동떨어진 논변에 개입하고자 하는 것은 완전히 무익하고, 그 자체가 공허한 반론이 될 것이다. 여기서 유일하게 가능한 답은 방법, 문제틀, 그리고 구체적으로 수행하는 작업에 따라 현상학 자체를 구축하는 것이다. 절대적으로 정당화되는, 즉 참된 의미에서 엄밀한 인식을 **초월론적으로**, 혹은 같은 말이지만 **세계-선입견**

67 『순수 현상학과 현상학적 철학의 이념들』 1권(후설 전집 3권)을 가리킨다.

의 폐기와 더불어 시작할 필연성이 초월론적 현상학의 정초와 수행에서 처음으로 입증된다. 세계 현실성이 휘발하는 것처럼 보이는 것 때문에 계속 불안해하는 것은 의심할 여지 없는 필연성을 **회피**하는 것이다. 피할 수 없는 필연성을 단계적으로 제시하는 계속적인 수행에서, 세계 현실성에 대한 염려, 그리고 실제적 세계와 관계할 수 있는 인식에 대한 염려는 저절로 해소된다. 그것들은 세계의 실제적 존재, 그리고 실제적 존재 일반이 **의미하는** 것(즉, 자연적 삶의 본질이 보편적인 초월론적 주제가 되었는데, 이러한 자연적 삶 속에서 세계의 실제적 존재와 실제적 존재 일반이 의미하는 것)에 대한 비교할 수 없이 새롭고, 더할 나위 없이 통찰력 있는 **이해**를 통해 해소된다.

경험과 사유함이 무엇을 수행할 수 있는지가 이때 완전히 분명해질 것이다. 그리고 초월론적 상호주관성 내부에서 진행되고, 오직 그 속에서만 증명되는 작업수행으로서, **사유함은 이러한 주관성을 원리적으로 건너뛸 수 없다**는 것, 초월론적 주관성은 자기 자신 안에서 언제나 다만 초월론적 주관성만을 밑그림 그릴 수 있다는 것, 이념적인 초월론적 형성물은 자신의 편에서 다시 다만 초월론적인 것 속에 남아 있을 수 있다는 것, 그것의 이념성, 그것의 자체 존재는 결코 초월론적 영역(비록 초월론적 개별 작용과 개별 주체의 영역, 사실적인 개별적 연관들 등의 영역일지라도)을 넘어섬을 의미할 수 없고, 총체적인 초월론적 주관성을 넘어서는 실재적이고 이념적인 존재는 **모순**이며, 그러한 것으로서 절대적으로 통찰될 수 있다는 점이 분명해질 것이다.

물론 이러한 상황에 대한—초월론적-현상학적 관념론에 대한—진술은 어디까지나 현상학의 내용 전체를 이루지는 않으며, 그것이 현상학의 주제를 나타내는 것도 아니다. 현상학의 전체 내용은 **모든 존재 의미의 형식**을 밑그림 그리는 결과이며, 모든 생각할 수 있는 존재론적 문제는 여기에 묶여 있어야 한다. 모든 **철학적** 존재론은 **초월론적–관념론적인 존재론**이다. '존재자(ὄντα)'의 모든 영역은 그것의 현실적인, 초월론적–철학적으로 해명된 존재 의미에 따라 초월론적 관념성들이며, 초월론적 전체 주관성 속에서 구성된 통일체인 '존재자'의 영역이다.

초월론적 관념론의 정초. 유아론의 철저한 극복[68]

궁극성의 이념.

자연은 어떻게 구성되어 자연과학의 주제가 될 수 있는지. 자아 속에서 주체들이, 자기 주체와 낯선 주체가 어떻게 구성되는지. 신체, 인간, 환경세계 등, 공동체와 초월론적 공동체가 어떻게 구성되는지.

존재 방식의 차이에 대한 초월론적 해명: 자연의(그리고 객관적 세계의) 존재 — 인간 주체로서의 주체의 존재 — 모나드-주체성의 존재.

내용

외적인 경험 판단의 우연성. 경험적 확실성은 결코 절대적이지 않다. 원리적

⠇

[68] 1923년. 1923~1924년의 『제일철학』에 관한 강의에 대해.

궁극성의 결여. 이러한 궁극성의 의미. 자연과학과 그 학문적 경험 판단에 포함된, (새로운 의미에서의) 확실한 궁극성의 이념. 계속되는 경험의 상응하면서 일치하는 진행을 가정하여, 경험적 지식의 그때그때의 상태와 관계하는 — 상대적 궁극성 = 자연적-경험적-학문적 궁극성.

1) 전체 외적 경험의 양식. 여기에는 또한 모든 불일치가 일치 속에서 다시 해소됨에 관한 경험이 속한다. 이러한 양식이 유지될 것이라는 근원적으로 정당한 추정. 여기에는 존재하는 실재적 세계의 계속적으로 타당한 이념이 속한다. 이러한 일반정립이 궁극성의 이념 아래, 자연과학을 위한, 자연 이론을 위한 토대다. 궁극성으로의 일관적 접근, 그러나 절대적인 궁극성은 아니다. 이론의 확실성은 결코 절대적으로, 충전적 통찰 속에서 주어지지 않는다.

2) 자아론적 경험적 지식의 절대적 궁극성. 그에 따라 경험 이론으로서 순수 주관성의 충전적 이론이 가능해야 함이 예견될 수 있다.

① 유아론적 한계 속에서 자신의 순수 주관적인 것에 관한 자아의 태도. 현상학적 판단중지. 두 가지 경험 방식과 판단 방식, 일반적으로 말해서 활동 방식에 대해 이러한 태도에서 바라보는 기술: I) 곧바른, 자연적 태도 — II) 순수 주관성을 향한, 초월론적 주관성을 향한 태도. II)는 I)을 전제한다. 초월론적 삶의 가능성에 관해 물음. 초월론적 삶 속에 극 체계로서의 나의 자연. 나에 대한 자연의 참된 존재. 모든 객관적인 것은 다만 주관적 사건에 대한 명칭으로서만 생각될 수 있다. 내실적으로 내재적인 것의 존재 — 초재적인 존재(사물의 초재적 존재)는, 관점 속에서 전진하면서 현실화되는, 근원적인 (관점적인) 제시에 근거한 통일성이다. 이에 따라 그것은 어떠한 절대적인 자체도 갖지 않는다. 부단한 추정 속에 존재한다. 자연의 사실은 나의 주관성 내지는 나의 가능한 경험의 사실에 포함되어 있다.

② 나에 대해 다른 주체들, 그리고 자연 사물의 현실성과 관계 속에서 다른 주

체들의 현실성. 다른 주체들은 사물 대상처럼 관점적 통일성으로서 주어지지 않고, 이념적 내재 속에서 주어지지 않는다. 다른 주체들은 어떻게 주어지는가. 자기-인간-경험, 우선은 자기-신체-경험(그리고 나서 인간-자아, 인격적 자아에 대한 경험). 나의 신체에 대한 나의 자아의 근원적 관계. 나의 신체를 통한 신체 외적 실재성들과의 관계. 순수한 자아, 인격은 자신의 신체와 외부 세계와 대립하여 구별되고, 구성된다. 양면적 통일성으로서의 나의 인간-자아, 여기에는 나의 신체와 나의 인격적 자아가 속한다. 이 맞은편에 외부 세계가 있다. 순수한 인격적 자아는 음영 통일체가 아니다. 인간적이고 순수하게 인격적인 "나는 한다"는 초월론적 체험이 아니다.

타인경험: 다른 사람은 나에 의해 어떻게 경험되는가. 사물과 다른 인간의 존재 방식의 차이 및 그것들의 초재의 상이함에 대한 초월론적 해명. 분리된 주체들의 공동체. 공동체의 산출로부터 다양한 구성적 통일체들의 해명. 모든 사물은 모두에게 상호주관적으로 지각될 수 있다. 인간들은 다만 자기 자신에 대해서만 지각될 수 있다. 주체와 사물의 다양한 객관성과 초재의 해명. (자연적 태도에서 가능한) 소박한 유아론뿐 아니라 초월론적 유아론까지도 유아론의 철저한 극복.

모든 경험 판단에는, 그리고 완전한 경험적 지식일지라도 경험적 지식에는 **우연성**이 놓여 있다. 이 우연성에 의해 그것들은 아무리 정당할지라도 어떠한 확실성도 **궁극적인** 확실성일 수 없다. 어떠한 것도 한번 정당화되면 영원히 정당화되는 판단이 생겨나는 식의, 그러니까 판단들이 그 확실성 속에서 흔들리지 않는 식의 성질을 띨 수 없고, 그런 성질의 것으로 변할 수 없다. 어떤 의미에서는 그 무엇도 반대하지 않는 '경험적' 확실성은 의심할 여지가 없다. 즉 일치하는 경험 속에 근거하는 것, 확실성 속에서 일치하는 경험으로부터 길어내진 것은 일치가 남아 있고, 새로운 경험이(혹은 지금까지 작동하지 않다가 소생한 옛 경험이) 지속하는 확실성에 반대하지 않는 한, 계속적으로 타당한 확실성으로 남아 있다. 그런 경우가 아닌 한, 모든 의심은 배제된다. 의심, 그리고 마찬가지로 부정도, 자의성의 문제가 아니라 자신의 동기를 전제한다. 이 맞은편에 우리는 **궁극적 인식**을 특징짓는 **다른** 의심 불가능성을 주시한다. 이러한 의심 불가능성은, 계속적으로 정당화된(통찰력 있는) 인식의 어떠한 생각할 수 있는 진행도 문제 되는 확실성과 그러한 확실성을 경험하며 근거 짓는 통찰을 포기하도록 요구할 수(동기 지을 수) 없다는 의심할 여지 없는 통찰과 더불어 정당화된다. 그것이 통찰력 있게 정당화된 가능한 의심의 형식 속에서의 포기이든, 부정의 형식 (또는 여타 대등한 것) 속에서의 포기이든 말이다.

모든 **경험 판단**, 사실로서의 세계 및 그러한 세계의 개별 실재성들과 관계하는 모든 판단 일반, 그리고 모든 자연과학적 판단까지도 (그것이 아무리 정밀하게 물리학적일지라도) 다만 첫 번째 의미에서 의심할 여지 없는 것일 뿐이다. 여기에는 **원리적으로** 궁극성이 결여되어 있다. 그것은 원리적으로 어떠한 미래의 경험도 변화시킬 수 없는 확실성으로서, '영원히'라는 의미에서 정당화된 것이 아니다. 물론 모든 잘 정당화된 (그리고 특히 학문적인) 경험 판단은 궁극성을 **포함**하거나 그러한 것으로 (변화된 의미를 지니고) **변화**되어야 한다. 나는 말하자면 언제나 다음과 같이 말할 수 있다. 나의 경험 지식의 현재의 상태에서 (**미래의 경험의 일치하는 진행을 가정하면**) **확실성은 궁극적**이다. 혹은, 모든 그러한 확실성은 전체 시간과 관련하여 **추정적 타당성**, 추정적 정당성을 지닌다.

외적 경험의 사실적 진행의 양식.

더 나아가 여기서 다음을 이야기해야 한다. 잘 정당화된 경험 판단은 사실상 자주 포기되어야 한다. 그리고 부분적으로는 가짜 판단으로서 완전히 배제되어야 하고, 부분적으로는 그것의 의미의 변양을, 그러니까 다시 확실성으로 바뀌는 변양을 받아들여야 한다. 그러나 그것은 다음을 의미한다. 경험의 일치하는 진행은(그리고 그와 관계된 일치적 확실성은) 일치의 모든 파괴를 통과하여 언제나 다시 재건된다. 들어맞지 않는 것을 부정하며 배제함은, 폐기된 사태 연관 대신에 다른 사태 연관이라는 대체물과 결합한다. 이 대체물은 일치 속에서 들어맞고 경험 연관 속에서 주어지고 요구되는 것이다.

경험적 세계 인식의 정당한 근거로서 세계 믿음의 경험적 정당성. 자연과학의 토대로서, 일반정립에서 존재하는 세계의 이념. 자연과학과 존재하는 자연의 이념(추정): 이것과 관계하는, 자연에 관한 궁극적 이론의 이념.

우리는 단적인 경험을 가질 뿐 아니라 불일치가 일치로 다시 해소되고, 경험된 **자연**의 균일성의 상관자인 경험의 균일성이 타당성을 지닌다는 사실에 대한 경험을 갖는다. 경험적 정당성과 더불어, 경험적 통찰에서 우리는 이것이 언제나 그렇게 머물러 있을 것이라고 추정하고, 상관적으로 하나의 경험 세계가 존재한다고 추정한다.

그리고 여기에는 이제 잘 정당화된 확신, 그러니까 **존재하는 세계의 이러한 타당한 이념**에 적합하게, **궁극성**이 귀속될 경험 판단과 경험 이론의 구축(Konstruktion)이 생각될 수 있으리라는 확신이 뒤따른다. 즉 모든 불화, 모든 속이는 가상의 뒤에 놓여 있고, 그것의 부정성이나 무성(無性)의 기초가 되어야 하는 저 실증성을 내포하는 진행으로서, 가능한 경험의 그와 같은 일치의 진행을 **예측함**으로써 말이다. **자연과학**은 참된 자연과 참된 이론의 이념을 이끈다. 그리고 자연과학이 그러한 이념을 실제로 발견할 수 있으리라고 진지하게 믿지 않더라도, 자연과학은 할 수 있는 만큼의 경험의 확장, 그리고 그 속에서 열리는 정당성을 만드는 경험적 동기와 더불어 학문과 학문의 이론의 **향상**을 수행할 수 있다는 가능성을 믿는다. 그에 따라 (이념으로의 일관적 접근 속에서) '자연 자체'의 진행에 점점 더 적합하고, 그래서 자연의 참된 이론의 이념에 점점 더 접근하는 이론들이 자라난다.

어떠한 자연 이론도 충전적으로 통찰되지 않고 그래서 절대적으로 궁극적일 수 없다.

여기서 우리는 **이념으로서** 궁극성을 갖는 것이지, 확실성이 결코 폐기될 수 없다는 통찰 — 어떤 새로운 통찰을 통해서도 그와 같은 것은 단적으로 생각될 수 없다는 통찰 — 로부터 길어진 **자체 주어진 절대적** 궁극성을 갖는 것은 결코 아니다. **모든 경험적 궁극성은 이제까지의 경험에 상대적이고, 한갓 추정적 타당성이다.**

내재적인 경험적 지식의 절대적 궁극성.

이와 반대로, **자아론적** 경험이 정당화하는 **경험적 지식**은 절대적으로 타당하고, 궁극적이다. 내가 지각된 것을 확고하게 붙잡고, 그것을 임의의 회상 속에서 동일화하면, 그것은 언제나 동일한 권리를 유지한다. 이것은 어떠한 미래의 경험을 통해서도 증가될 수도 파괴될 수도 없는 권리다. 모든 개별적인 자아론적 경험은 자신의 절대적 권리를 갖는 것이지, 한갓 추정적 권리를 갖는 것이 아니다. 기억의 신뢰성의 문제는 다른 노선에 속하는 문제다. 이 문제는 외적 경험에 대해서도 똑같이 고려된다. 기억의 신뢰성을 전제하거나, 이 신뢰성이 이르는 한에서 고려할 때에도, 모든 외적 지각은 (경우에 따라서는 정당성을 갖는 뒤따르는 회상 속에서 재생산된 외적 지각은) 사후적으로 자신의 확실성을 상실할 수 있다. 내재적 지각은 그렇지 않다. 내재적 경험은 절대적 지식을 정초한다. 내재적 경험이 존재하는 것으로 파악한 것은 포기될 수 없다. 반복된 기억이 실제로 다만 지각 재생산일 뿐이고, 그러한 것으로서 드러나는 한, 정당성은 절대적으로 남고, 존재자는 존재자로 남는다.

그러나 나는 **현행적인** 내재적 지각적 현재와 관련하여(지각적으로 파악된 체험, 작용 등의 과정과 관련하여) 다음과 같이 말할 수 있다. 내가 내재적 현재 속에 살면서 순수하게 그것을 바라보는 동안, 경우에 따라 미래에 그러한 지각적 사건이 이러한 경험의 정당성에서 무언가를 변경시킬 수 있다고는 나는 생각할 수 없고, 그럴 수 있다는 것을 불가능한 것으로서 통찰할 수 있다.

나는 나 자신을 절대적으로 확신한다. 현재와 과거 속의 나의 동일한 자아를 절대적으로 확신하고, 우선은 현행적 현재 속에서, 그런 다음에는 반복된 기억의 통일체로서 대상적으로 동일화하는 파악 속에서의 나의 체험을 절대적으로 확신한다. 자신의 내재적 시간 질서 속의 동일한 것으로서의, 그리고 나의 동일한 자아와 관계하는 모든 체험을 절대적으로 확신한다.

다음 질문은 다음과 같다. 순수하게 주관적인 경험의 궁극성은 자명하게도 주관성의 경험 이론의 토대가 아닌가? 마찬가지로 존재론적으로: 순수 주관성의 자연 존재론과 본질 이론은 본질적으로 다른 토대를 갖는다.

가능한 주관성으로서의 주관성은 충전적으로 주어진다. 가능한 자연으로서의 자연은 일관된 추정의 이념으로서 주어진다.

자신의 순수한 주관성을 향한 고독한 자아의 태도 — 현상학적 판단중지.

자신의 삶 속에 있는 **유아론적 자아**를 그러한 삶 속에 선험적으로 포함된 가능성에 따라 생각해보자. 혹은 오히려 **나는 반성하고 현상학적 태도를 수행한다.** 나는 세계 전체에 관한 판단을 삼간다. 정말이지 나는, 내가 이제까지 형성했고, 나의 지속적인 의견, 확신으로 내 안에 지니고 있던, 그리고 무엇이든 (아무리 성숙하고, 아무리 정당화된 것이든) 내가 재활성화(Reaktivierung) 속에서 나의 확신으로서 인정한 모든 판단을 삼간다. 나는 순수하게 바라보면서 **나의 초월론적 주관성과 관계 맺는다.** 즉 나는 내가 지금까지 어떻게 살았는지, 내가 어떻게 경험했고, 생각했는지 등을 바라본다. 그리고 내가 그사이에 다시 자연적 태도로 이행한다면, 나는 다시 그렇게 진행할 수 있다. 나의 현상학적 태도와 현상학적 태도의 봄, 그리고 보인 것에 대해 말함으로써 내가 방금 이미 어떻게 행했는지를 나는 재차 반성할 수 있고, 현상학적 자아로서 반성적으로 고찰하면서 그것을 바라볼 수 있다. 그리고 언제나 다시 반복적으로 그렇게 할 수 있다. 그러면 나는 **두 가지 경험 방식과 판단 방식, 활동 방식과 닫힌 흐르는 삶의 방식** 속에서 살 수 있다. 혹은 **자아로서 다음과 같은 두 가지 방식 속에서 활동**할 수 있다:

1) 곧바른 자연적 태도에서 나는 자아 작용을 수행한다. 그리고 판단하는 자로서 (논의를 판단 영역으로 제한하기 위해) 나는 이러저러한 대상들을 정립했고, 그것들은 나에게 타당하다. 그리고 의식의 진행 속에서, 동일화의 수행 속에서, 경험의 일치하는 진행 속에서, 판단의 확증 속에서 그것

들은 나에게 그것들인 것이고, 말하자면 그것들로서 나에게 판단에 적합하게 타당하다. 그것들은 확증 속에서 현실적인 것으로서 입증된 술어들의 기체들이다. 내가 그것들을 증명하지 못했더라도, 그것들은 판단 활동들 속에서 규정하는 정립으로 왔고, 이러한 판단 활동들 덕분에 그것들은 타당하다. 그리고 반대 동기가 없는 한, 오래된 판단을 폐기하고, 존재하는 것으로서 지금까지 타당했던 것을 존재하지 않는 것으로 바꾸는 등의 부정이 없는 한 그렇게 규정된 것으로서 타당하다. 나는 그렇게 갖가지 존재하는 대상들을 갖고 있고, 갖가지 가능적이고 개연적인 대상들, 갖가지 증명되고 참되게 존재하는 것으로서 인식된 대상들을 갖고 있다. 경우에 따라서 나는 (진리를 증명하고, 거짓, 비존재를 배제함으로써) **참된 것**만을 제시하고, 참된 대상들의 체계를 연구하여 얻는다는 목표를 설정한다. 참된 세계들은 말하자면 — 실재적 세계, 이념적 세계, 수학적 다양체 등 — 목표 이념들이다. 이것들은 부분적으로 현실화되고, 아직 달성되지 않은 것의 열린 지평들을 지닌다.

이 모든 것에서 나는 통일체들에 대해 판단하지, 초월론적으로 수행하는 주관성에 대해 판단하지 않는다. 내가 나에 대해 판단하고, 주관적 활동들을 판단할 때조차도, 나는 사물들, 수들 등에 대해 (타당한 현실성들로서) 단적으로 판단하고, **거기에 덧붙여서** 이러한 존재자들과 관계하는 활동들에 대해 판단한다.

2) 이제까지 타당하고, 동일화하고 규정하는 판단 활동에서 일자이자 존재자로서 나에게 확정되어 있는 모든 것을 내가 나의 판단 영역에서 배제한다면, 그리고 나의 고찰을 순수한 주관성으로, 나 자신으로, 나의 체험으로, 자연적 판단에서는 그 자체로 숨겨져 있었고, 이제 반성적 주제가 된 나의 행함으로 향한다면, 나는 자연적 태도를 버리는 것이다. 그런다면

나는 다시 판단하고 새로운 삶을 수행하는데, 이 삶은 다시 자기 자신에게 숨겨진 것이어야 한다. 나는 나의 이제까지의, 이제까지 숨겨진 채로 있던 초월론적 삶에 관해 판단하고, 나의 계속되는 삶에 대해 판단한다. 그것이 여전히 소박한 형식을 갖는 한에서 말이다. **모든 초월론적 경험은 자연적 경험을 전제한다. 모든 초월론적 경험은 자연적 경험을 반대 방향으로 구부리는 것이다.** 그리고 일반적으로 그렇다. 이야기했듯이 나는 그것을 반복할 수 있고, 이제 (절대적이고, 의심할 여지 없는) 초월론적 삶의 가능성, **나의 가능성들,** 나의 절대적 가능성들을 추적할 수 있다. 그리고 **그 속에서,** 나는 **자연,** 세계, 이념적 가능성과 필연성 등을 발견한다. 어떤 특성 묘사 속에서의 어떤 작용들과 작용 흐름의 동일성 극으로서 말이다.

그것의 성격과 관련하여 이러한 극에 어떠한 변화가 일어날 수 있는가? 궁극성의 이념, (한갓 일시적으로 타당하고 참되게 존재하는 것으로서 경험되지만, 가상, 착각 등의 명칭 아래 다시 포기되는 것의 맞은편에) 참된 존재의 이념은 사정이 어떠한가? 나는 그것을 선험적으로 탐구할 수 있다.

내가 자연적으로 발견했고, 현실성으로 간주했으며, 궁극적인 현실성으로 증명했던 모든 것이 초월론적 영역에서 나와 만나야 한다는 사실, 그리고 참된 존재자(증명된 참된 존재자)로서 존재하는 모든 것이 바로 초월론적 자아 속의 주관적 사건이라는 사실을 나는 본다. 모든 객관적인 것은 다만 주관적 사건과 그러한 사건(동일화되고 증명하는 경험으로 인도된 사건)의 종합을 위한 명칭으로서만 생각될 수 있다: 경험의 무한한 일치의 이념 아래 생각된 것과 통찰력 있게 직관된 것으로서, 그리고 언제나 다시 직관될 수 있는 것으로서 통찰력 있는 방식으로 인식된 것 등으로서만 생각될 수 있다.

내재적 존재는 내실적으로 초월론적 영역에 속한다. 초재적 존재는 근원적 나타남(Darstellung)의 통일체이고, 언제나 다만 주관적 나타남 속에서만 현출에 적합하게 현실화되므로 절대적 자체가 아니다.

그러나 이것은 경계 설정을 요구하고, 어떤 방식으로는 수정을 요구한다.

1) 지각은 자체 부여하는 의식이다. 우리는 그것을 초월론적으로 파악한다. 만약 우리가 지각된 것을 **절대적으로 파악하는** 지각을 취한다면, 지각 속에서의 이 절대적으로 파악된 것은 생생하게(leibhaft) 자체-현전적인 것으로서 '사념될' 뿐 아니라, 생생한 자체가 지각 속에서 현실화되고, 지각으로부터 분리될 수 없으며, 지각에 '**내재적**'이다. 그래서 그러한 존재자는 초월론적-주관적 영역에 곧바로 속한다.

2) 그러나 지각된 것이 **초재적인** 것이라면, **그 속에서**(이러한 지각 속에서) **지각된 것은 다만 생생하게 '현출할' 수만 있을 뿐이다.** 즉 현출하는 것이 **근원적으로 나타나는** 내용이 지각에 절대적으로 현존한다.

만약 초재적인 것의 **의미**가, 그러한 내재적으로 수행된 근원적인 나타남의 통일체라는 의미라면, 그것은 다름 아니라 주관적으로 그러한 통일체로서 현실화된 무엇**이다.** 그것은 **어떠한 절대적 자체도** 갖지 **않고** 다만 근원적 나타남의 자체만을 갖는다. 초재적인 외적 지각은 **추정적**이고, 일치하는 지각 속에서 **무한히 전진**할 수 있는 가능성, 그리고 사물이 될 모든 것을 어떤 길로든 간에 점차 자체-나타남으로 가져올 수 있는 가능성의 확실성을 지닌다. 그러나 거기에는 또한 사물**이었던** 것이 모든 것에 따라 나타남으로 가져와질 수 있었으리라는 가능성이 속한다. 그리고 **모든 시간점에 대해,** 이 시간점에 실제로 대상인 것(대상이 갖고 있는 그 어떤 규정 자체)은 하나의 **이념**이다. 그래서 여기서 존재자에는 **전면적이고 완전한 지각의 이념**이 속하지 않는다. 그것이 무한히 계속되는 것일지라도 말이다.

그것은 언제나 경험될 수 있는 것, 그러니까 우리가 그것에 대해 경험을 획득할 수 있거나 획득할 수 있었을 그 무엇의 **이념**이다. 그것은 그것인 바에 따라, 경험을 통해서 증명될 수 있거나 증명될 수 있었던 규정들의 미규정적 총체의 기체다.

그래서 이 모든 것은 불충분하게 기술되었다. 주관적으로 동기부여되어, 모든 사물과 사물의 모든 시간점에 대해 경험의 가능성을 경계 짓는 열린 가능성들의 체계는 어떻게 기술될 수 있는가? 어떻게 되든 간에 언급해야 할 것은, **현실적 경험**이 (현실적인 지각이나 잠재적 기억을 포함하는 기억의 형식 속에서, 그리고 그에 속하는 현실적으로 정당화된 동기부여의 형식 속에서) **경험 가능성 일반의 체계, 그리고 그중에서 일치적** 체계를 밑그림 그려준다는 것이다. 이 체계 속에 정립의, 경험적 판단의 **가능성**이 — 이와 더불어, 이러한 판단의 경험 가능하고 입증 가능한 기체들의 가능성이 — 밑그림 그려져 있다. **이러한 기체들은 기체로서의 주관성과 분리될 수 없고, 언제나 현실화된 극, 기체로서는 아닐지라도 주관성 자체에 포함되어 있다.** 초재적 사물들은 가능한 일치하는 경험 다양체의 통일체로서 주관성에 포함되어 있다. 이 주관성에는 초재적 사물들에 대해 가능한 경험의 드러낼 수 있는 규칙이 놓여 있는데, 이것은 그것의 현실적인, 곧바로 흘러가거나 흘러가버린 그리고 기억에 적합하게 보존되고 다시 일깨울 수 있는 지각의 사실성에 정박하고 있다. **사실적 자연은** 일치할 수 있어야 하고, 일치를 동시에 정당하게 추정하는 **가능한 경험과 경험 판단의 주관성**으로서 **나의 주관성의 사실에 포함되어 있다.**

다른 주체도 마찬가지로 관점적 나타남의 단순한 통일체인가?

내가 **다른 신체와 주체**를 나의 경험의 영역에 갖는다면 이제 그것은 어떠한가? 그것도 나의 가능한 경험의 나타남의 통일체일 뿐일까? 어떤 방식에서는 그렇다. 나는 그 밖의 사물과 마찬가지로 다른 신체를 경험한다. 그리고 나는 다른 인간과 동물을 경험하지 않는가? 어떤 의미에서 그것도 확실하다. 그러나 우리는 또한 다음과 같은 **차이**를 알게 된다: 단순한 사물은 그것인 바에 따라서 경험될 수 있는 것이고, 나, 인식하는 자에 대해 경험될 수 있는 것이다. 그 속에는 마찬가지로 나의 삶, 나의 삶의 흐름의 통일체 속에서 나타나거나 나타나게 될 모든 것에 따라서 경험 가능한 것이 있다. 후자에 대해서는 그것이 그것의 시간의 모든 순간에 다만 경험된 것으로서만 존재한다는 사실이 타당한데, 이것은 초재적인 사물−실재에 대해서는 타당하지 않다. **내재적인 것**(이것은 방금 언급한 것과 등가적인 것이다)은 **그 자체로 내 삶의 내실적 계기**이고, 오직 그렇게 내실적으로만 내 삶 속에 놓여 있다. **사물−초재**는 내 삶에 **내실적**(reell)**으로** 놓여 있지 **않지만**, **이념적**(ideell)**으로** 놓여 있다. 즉 기체 통일체로서 놓여 있는데, 기체 통일체는 현실적이거나 가능적인 경험 속에, 관점 속에, 경험된 규정 내용들 속에서 등장한다. 그것은 비록 우리가 그것의 현출함(Erscheinen)이라고 부르는 해당 체험의 등장 속에서 현출하는 것으로서, 그리고 생생하게 현출하는 것으로서 입증될 수 있을지라도, **다양한 분리되거나 시간적으로 서로 떨어진 현출들 속에서 동일한 것**이라는 특성을 갖는다. 종합 속에서, 시간적으로 상이한 현출들의 현출하는 무엇의 이 동일성은 절대적으로 자체 주어질 수 있다. 다른 한편 이 동일성은 그렇게 주어질 수 있고, 그리하여 동일한 것으로서의 대상이 자체 주어질 수 있지만, '진리의 의미에서' 자체 주어질 수는 없다. 참임(Wahrhaftsein)은 다음을 의미한다. 그것이 주어졌거나 확실성 속에서 일치하면서 동기부여되는 이제까지의 일치하는 경험에 근거하여, 사물−실재에 대해 (그것에 대한 가능한 일치하는 경험의 체계로서) **무한한 경험 체계의 이념**이 '밑그림 그려진다'. 나는 판단하면서 그것에 현존과 존재 내용을, 어떤 규정들에 따라 (그리고 열려 있으나 형식에서는 확고한 규정들에 따라) 확실성 속에서 귀속시켜야 한다. 반면 나는 그럼에도 달리 존재함과 비존재를 열린 가능성으로 승인해야 한다. 그래서 사물은 언제나 **경험될 수 있는 것**이고, 그럼에도 언제나 **추정적인** 그 무엇이다. 즉 사물은 언제나 가능한 경험 확증과 확증될 수 있는 판단의 기체로서 확실하게 주어지고 동일화될 수 있으며, 그것이 현행적으로 경험되는 곳에서는 언제나 확실한 경험 규정들, 판단 확실성들의 기체로서 주어지며, 동일화될 수 있다. 그러나 원리적으로 다른 것으로는 생각될 수 없다.

외적 대상의 이념적인 내재.

그래서 그것은 경험하는 의식 내지는 경험하는 구체적 주관성 속에서의 **사물 대상의 이념적 내재**를 의미한다. 그것은 가능한 일치하는 경험과 경험 판단의 잠재적 극이다. 그리고 들어서면서, 경험의 해결되고 확증된 일치의 체계를 새로운 확증으로 확장하는 현행적 경험에서 현행화된다.

자기-인간-경험, 자기 자신을 경험하는 인간-자아. 우선은 자신의 신체.

이제 **자신의 신체**를 고찰해보면 그것은 사물 객체다. 그러나 그것은 또한 신체이며, 그와 더불어 어떠한 다른 사물도 갖지 못하는 속성들의 층을 지닌다. 그것은 나의 **기관**이고, 나의 지각하는, 그러나 또한 가령 사물 세계 속으로 부딪치고, 밀고, 작용하는 행위를 위한 기관이다. 그것은 나의 기관이고, 서로와 관계하는 기관들의 체계로 형성되어 있고, 그것들 각각은 내가 자유롭게 움직일 수 있다. **다른 사물을 통한 신체의 접촉은 이 사물들 상호 간의 접촉과는 다른 것이다.** '나는' 만져진다. 신체는 접촉의 장이다. 그리고 이것은 내재적인 자료의 영역이다. 나의 신체가 **신체로서 기능하는** 방식, 그리고 특수하게 신체적 사건들이 자신의 함께 속해 있음, 자신의 경험적–연상적 연관들을 갖는 방식에서 다음과 같은 특징이 드러난다. 신체는 처음부터 신체적 기능함의 가능성들의 통일체로 파악된다. 그것의 외적인 현출함은 내적인 사건들, 그에 속하는 삶의 내용(운동감각, 촉감 자료 등)을 지닌 나의 내적인 촉발됨, 그리고 가령 '나는–이–손을, 눈을–움직인다, 나는–손으로–밀친다'와 같은 내적인 '나는–행한다'와 표현의 조화를 갖는다.

나의 신체에 대한 나의 자아의 근원적 관계. 그리고 나의 신체를 통한 신체–외적 세계와의 관계. (인격적인) 순수한 자아는 신체 및 외부 세계와 구별된다. 이러한 자아는 나의 전체 환경세계의 맞은편의 특수한 통일체다. 나의 인간–자아에는 나의 신체, 그리고 나의 인격적 자아가 속한다. 그래서 이중성이 있다. 인격적 자아의 통일체는 음영 통일체가 아니다. 순수한 인격적 '나는–행한다'는 초월론적 체험함과 혼동되어서는 안 된다.

이처럼 나의 신체는 동일한 기체에 사물적 속성 이외에 다른 주관적 속성의 층을 또 갖고 있다. 나의 겪음(Leiden)과 행함(Tun) 속에서 나는 이 사물과 특별히 관계한다. 그리고 동시에 (내가 감각하면서 활동하는) 감각 기관을 통해 이 사물을 모든 다른 사물에 대한 경험과 매개하고, 그것들에 대한 나의 실천적 힘과 매개한다. 나는 이 신체 속에서 작용하는 자 등으로서, 그리고 신체를 통해 모든 세계와 관계하는 자아로서, 경험적으로, 통각적으로 이 신체와 하나다. 그리고 나는 그럼에도 나를 신체와 구분하고, 다른 한편으로는 신체와의 통일성 속에서 나를 '외부 세계'와 구별한다. 나는 나의 신체와 나의 환경세계의 주체로서 나를 나의 신체와 구별하고 나의 환경세계와 구별한다. 이러한 환경세계에 의해 촉발되는 것으로서, 환경세계와 관계하며 활동하고 환경세계와 교섭하는 것으로서, 기관으로서의 이 신체를 사용하고, 이 신체를 가지고 어디서나 작업하는 것으로서, 나는 **자신의 통일성**을 획득한다. 그러니까 나의 '**인간적**' 경험(경험 확신), 나의 습관, 나의 앎, 나의 유용성, 미덕 등의 통일성을 획득한다. 이것은 다음을 의미한다: 나는 일상적 의미의 자아, 자신의 신체적 기관이 속해 있는 인간-자아다. 그리고 이러한 자아는 신체-기체(Leibessubstrat)와 통합된 이중적 통일체다. 이러한 이중적 통일체 속에서 자신의 자아 기체는 인격적 속성의 담지자이고, 신체는 상관적이며, 자아적으로 관계된 속성들을 갖는데, 이러한 속성들은 사물적 속성을 지닌 사물 기체에서 경험되는 것이다.

이제까지 이 모든 것은 **나의 초월론적 주관성 안의 형성물**이고, 그것의 현실성은 초월론적 주관성 안에서 '구성된' 현실성이다. 인격적 통일체, 인격으로서의 자아도 하나의 기체-통일체(Substrateinheit)다. 인격적 자아는 음영 지는 현출을 통해 구성되지 않고, 인격적 자기 경험의 방식을 지니며, 우선은 (다시 특수한 자신의 신체 지각을 지닌) 신체에 대한 지각과 외부 세계의 공간 사물, 외부 사물에 대한 지각이 **전제하는** 자기 지각의 방식을 지닌다는 점에서 사물-통일체와는 완전히 다른 구조를 지녔지만 말이다. '나는-겪는다'와 '나는-행한다'는 단순한 초월론적 체험함이자 지향적 관계 맺음인 것이 아니라 하나의 '**통각적**' 층, 그러니까 추정적 통각이 붙어 있다. 가령 나의 행동의 '습관에 따른' 양식으로서, 경험적인 '나는-할 수 있다' 속에서 능력에 따른 행위로서 말이다. 일반적으로 나는 능력의 주체이고, 나의 행위는 능력의 현실화로서 지각된다.

나에 의해 경험된, 다른 인간.

만약 내가 **다른 신체**를 신체로서 경험한다면 이제 어떤가? 여기서 나는 '우선은' 다른 사물처럼 하나의 사물을 경험한다. 나의 경험하는 현출 및 가능한 그러한 현출 일반의 기체로서 말이다. 즉 그것은 어쨌든 하나의 층이다. 모든 다른 신체들이 사라지고, 내가 '자신 홀로(solus ipse)'가 될지라도 현존해야만 하는 지향적 구조를 지니고 그것은 필연적으로 거기에 있다. 거기에 있는 이러한 신체-물체는 그러나 신체로서 통각되지만, 그럼에도 그것의 보다 높은, 특수한 신체적 규정의 층 속에서는 본래적으로 지각되지는 않는다. 나는 저기에 있는 이 사물을 유형적 형식, 움직임의 방식 등과 관련하여 나의 신체와의 저 외적인 유형적 동일성에 따라 신체로서 '인식한다'. 이때 움직임의 방식 등은 나의 것과 자아적 평행성을 갖고, (한번 경험된 것이 유형적 유사체로 정상적으로 전이됨으로써, 그러나 비교는 없이) 여기서 이제 통각적 전이 속에서 그러한 평행성을 지닌다. 이처럼 (인격적, 본래적 자아로서의) 자아와 이러한 자아의 기관으로서의 신체가 존재하지만, **파생-현전된 자아**가 존재하며 현전화를 통해 일어나는, 나의 것이 아닌 자아 현재의 공동 정립이 존재한다. 자아는 근원적으로 현전하고, 지각하는 의식 속에서, 유일하게 실제로 지각적으로 경험되고, 유일하게 근원적으로 현재적인 자아다. 그리고 자아는 파생-현전됨으로써, 자신의 신체를 지각하고, 자신의 신체를 지각 기관으로서 움직이며, 자신의 신체를 통해 자신의 환경세계를 지각하는 등의 자아로서 함께 주어진다. 이러한 자아에게 그의 신체는 자신의 경험 체계 속에서 구성되고, 나의 것인 경험의 통일체는 이제 그의 것인 경험의 통일체 속에서 평행성을 갖는다. 그리고 양자, 즉 나의 경험과 열린 경험 가능성들의 통일체와, 파생-현전된 자아에 의해 수행된, 그에게 가능한 경험의 통일체(현전화된 경험과 경험 가능성들의 파생-현전된, 그러니까 현전화된 기체)는 근원적인 합치 속에 존재한다. 내가 신체-물체로 보는 동일한 것은 또한 다른 자아도 본 것이다. 그리고 이것은 전체 환경세계에 대해서도 그러한데, 여기에 대해서는 더 자세한 상론이 필요하다.

그러나 이제 분명한 것은 **사물-실재성의 본질에 대한 초월론적 해명과 인격적 실재성의 본질에 대한 초월론적 해명**은 아주 상이한 결과를 가져야 한다는 점이다. 저기에 있는 이 신체-유사체 '속에' 기능하는 주체로서의 두 번째 인격은 이 신체-유사체에 혼을 불어넣어 기관으로 만들면서 파생-현전된다. 그러나 본래적으로 이 파생-현전이 의미하는 것은, 파생-현전된 타자가 그에게 향해진 경험된 환경세계의 영점 속의 사물로서 통각된, **자신의** 신체 경험의 기체와 모종의 방식으로 관계한다는 것이다. 그러나 타자가 경험적 인격으로서 파생-현전됨으로써 초월론적 주관성도, 그러니까 이러한 인격이 — 그의 신체-물체 주변에 그러그러하게 방향 지어진 그의 환경세계와의 관계 속에서의 이러한 인격이 — 구성되는 초월론적인 두 번째 주관성도 파생-현전된다. 그리고 이 인격은 이때 순수하게 **이두 번째 초월론적 주체에서 구성된 환경세계인 저 환경세계**와 관계한다. 적어도, 그것이 눈과 귀 등을 가지고 순수하게 경험하면서 지각하는 자아인 곳에서는 그렇다.

이러한 파생-현전하는 통각이 **나의** 초월론적 주관성 안에서 자라남으로써, 이 초월론적 주관성은 **두 번째** 초월론적 주관성과 어떤 관계를 맺게 된다. 혹은 두 번째 초월론적 주관성은 존재한다. 나는 그것을 **정립**하도록 동기부여되고, 그것을 근원적으로 정당하게 정립하도록 동기부여된다. 만약 다른 신체의 통각과 다른 인격이 경험의 진행 속에서, 즉 서로 일치하는 언제나 새로운 이러한 방식의 통각 속에서 **입증**된다면 말이다. 이때 나의 주관성 속에서 구성되고, 나에게 직접적으로 지각적으로 현존하는 다른 신체와, 타인경험하는 통각 속에서 **그것이 갖고 있고**, 그것만이 가질 수 있는 **현출 방식 속에서** 현전화되는 다른 신체와의 동일화하는 합치가 한 번에 입증된다. 왜냐하면 타자에게 자신의 신체는 '영점의 물체(Nullkörper)'이자 이 신체 주변으로 방향 지어진 공간 사물적 세계의 중심항이기 때문이다. 이것은 나에게 나의 신체가 나의 환경세계, 그러니까 나에게 방향 지어진 현출하는 환경세계에 대해 그러한 것과 마찬가지이다.

상호주관성의 수립(Herstellung)을 통한 구성적 통일체의 잇따름(Folge)에 대한 해명.

더 나아가서 **내가** 지각하고, 나의 방향 설정의 형식 속에서 지각한 **공간 사물과 그가** 함께 보고 자신의 방향 설정의 형식 속에서 지각한 상응하는 공간 사물이 합치한다. 그리고 이것은 많은 것을 뜻한다. 즉 이것은 내가 그의 신체를 외부 사물로 지각하듯, 그가 나의 신체를 외부 사물로 지각한다는 사실을 의미하고, 그의 신체 내지는 나의 신체의 모든 위치 변화는 사물의 현출 방식 내지는 사물 관점 속에서 다음과 같은 말로 암시되는 종류의 위치 이동을 우리에게 낳는다는 사실을 의미한다. 즉 내가 '그의' 위치에 서 있게 된다면, 나는 그가 자신의 위치로부터 갖는 현출 방식과 '동일한' 현출 방식을 가질 것이다. 그리고 그 역도 마찬가지다, 등등. 타인경험의 '작동함'을 통해서 나의 자아-인격적 주관성에 대해서 타자, 다른 **인격**이 존재하고, 거꾸로 타자에 대해서 나의 인격이 존재할 뿐 아니라 **다른 초월론적 주관성이 나의 초월론적 주관성에서 현전화되고, 그 역도 마찬가지다.**

그와 동시에 **나의 사물적 환경세계**는 나에게 **상호주관적 환경세계로서,**

인격적 관계 방향 속에서 **모두에 대해**, 그러니까 나의 주관성 속에서 파생-현전되고, 파생-현전될 수 있는 모두에 대해 **동일한 환경세계로서** 특징지어진다. 즉 기체-극(Substratpol)은 하나의 초월론적 주관성에서만 동일한 것으로 구성되는 것이 아니라 공동체적으로 묶인 **그러한 주체들의 전체**에서, 모두에게서 동일한 것으로 구성된다. 이 기체-극은 그의 가능한 지각의 기체-극이자 그에게 파생-현전된, (동일한 기체로 자신을 동일화하는) 귀속되는 기체들을 지닌 타자의 가능한 지각의 모든 체계의 기체-극이다.

인격적 주체에 관해 말하자면, (그것의 신체나 그것의 모든 정신적 작용들과 마찬가지로) 그것 또한 객관적으로, 말하자면 **상호주관적으로 경험될 수 있다.** 그것은 **모두가** 근원적으로 지각적으로 자기 자신 안에서, 말하자면 자신의 초월론적, 절대적 주관성 속에서 구성하고, 이제 모든 타자가 경험할 수 있는 속성과 관계들의 통일체들, 기체들이다.

그러나 여기서 우리는 다음의 커다란 **차이를** 갖는다. **각자는 모든 각각의 사물을 지각할 수 있다.** 그리고 각자는 모든 각각의 것을 자신 안에서 근원적으로 구성했거나 혹은 암묵적으로 함께 구성했다. 그래서 만약 **다른 주체가 존재하지 않는다면, 사물 세계는** 다만 변하기는 하겠지만, **그것의 실존은 영향을 받지 않을 것이다.** 사물 세계가 다른 한편 누구에 의해서도 주시되지 않고 실제로 경험되지 않는다 해도, 그것인 것으로 **남아 있듯이** 말이다. 사물 세계가 주체 속에서 구성된다는 것은 사물 세계의 본질에 속한다. 사물 세계는 다름 아닌 구성적 체계의 기체다. 그러나 이 주체나 저 주체가 존재하는지 존재하지 않는지, 그리고 이 주체나 저 주체가 실제로 숙련된 사물 지각을 갖고 있고, 외적 통각의 발전된 '능력'을 갖고 있는지 그렇지 않은지는 중요하지 않다. 다만 세계 통각이 그들의 삶의 진행에

서 형성되어야 한다는 그러한 규정을 갖춘 주체들이 있기는 해야 하며, 적어도 하나는 있어야 한다.[69]

다른 한편 **인격적 본질**에 관한 한, **모든 초월론적 주관성에서 오직 하나만 근원적으로 지각적으로** 구성될 수 있다. 그 때문에 각 인격은 자신의 인격적 요소, 상태, 활동, 성격 특성에 따라 **자신만을** 인격으로서 **지각**하거나 **근원적으로 경험**할 수 있다. 왜냐하면 인격적 통각은, 그것의 통각적 마력 속에서 이 사람의 전체 **초월론적** 주관성을 끌어당기는데, 그러면 이 주관성은 순수 영혼적 내면성으로 나타나기 때문이다. 모든 초월론적 주관성은 여기서 일종의 통각을 형성한다. 그러니까 초월론적 주관성이 그 속에서 (현실적이거나 가능적인, 반성적으로 파악되거나 가능한 반성 속에서 파악될 수 있는) 모든 그의 초월론적 삶을 함께 포괄하는 자기 표상을 형성한다.[70]

∴

69 이것은 더 조심성 있게 파악되어야 한다. – 원주.

70 여기에는 중요한 설명을 추가해야 한다.

1) 주관성 속에서 근원적으로 지각적으로 구성된 것 내지는 지각적으로 구성될 수 있는 것은 근원적으로 상관자로서 이 주관성에 속하고, 이 주관성에 내재적이다. 비록 이 주관성의 내실적 체험에 내실적으로 내재적이지는 않을지라도 말이다.

2) 주관성 속에서 파생-현전을 통해서**만** 구성될 수 있고 지각을 통해서는 구성될 수 **없는** 것은 더는 주관성에 내재적이지 않다. 그러니까 **내실적으로 내재적이지도 않고 이념적으로 내재적이지도 않다.** 모든 그러한 초재, 자기 자신을 넘어서는 주관성의 모든 그러한 자신을 넘어섬과 넘어감은 **타인경험**에 근거하고, **근원적인 해석**에 근거한다. **여기에서 유일하게 본래적으로 초재라고 불릴 수 있는 초재가 있다.** 그리고 객관적 세계처럼 그 밖에 여전히 초재라고 불리는 모든 것은 다른 주관성의 초재에 근거하고, 다음 사실에서 자신의 의미를 갖는다. 즉, 해석적 경험을 통해 서로와 관계하는 초재적인 주관성들의 공동체가 산출되며, 모든 개별적 주체에 내재적인 대상성들은 그것들이 내실적으로 내재적이지 않다면, 상호주관적 동일화를 통해 동일한 것으로서 경험되고 인식될 수 있다는 사실에서 말이다. 그래서 **세계는 상호주관적–이념적으로–내재적**이다.

모든 '존재자'는 이념이다. 타당하고, 정당화되며, 무한히(*in infinitum*) 더 자세하게 혹은 달리 규정되고, 그럼에도 타당성 속에서 필연적으로 유지되는 X다. 그것은 이념이거나, 다만 이념으로서만, 이념적 극으로서만 객관화될 수 있다(후자는 내실적으로 내재적인 것에 이처럼 초월론적 삶이 수행되어, 그것은 자신의 자아극을 통각과 자신의 경험 내용에, 그리고 통각들이 부착된 감정 내용에도 편입시킨다. 이를 통해서 자아는 자신을 **인격적 삶의 인격**으로서, **삶의 소유자**로서, **영육의 존재**로서, 환경세계와 관계하는 동물과 인간으로서 구성한다. 그리고 그것은 동시에, 현실적이거나 가능적인 이해관계 속에 서로 함께 서 있는, 그리고 이제 **모두에게 공통적인 세계인 세계**, 자연과 문화의 세계와의 관계 속에 서 있는 인간들의 인격적 다양체의 **일원**으로서 자신을 인지한다. **이러한 전체 세계는 개별적 주체들의 모든 영혼적 내면성들을 포괄한다. 그리고 이 세계는** 다른 한편 그 속에서 이러한 전체 세계가 세계로서 구성되는 **절대적 주체들의 다양체의 구성적 통일체일 뿐이다. 모든 경험적 자아에는 초월론적 자아가 상응한다.** 이 세계는 구성된 존재의 전체고, 그것을 구성된 것으로 인식하게 하는 **초월론적 해석을 요구한다.** 모든 존재가 자연인 것은 아니고, 영혼적 존재, 인격적 존재, 정신적 존재인 것은 아니지만, 이러한 방식의 모든 **객관적 존재**는 그것인 바에 따라, 발전되고 초월론적으로 형성되는 절대적 주관성의 '산물'로서 존재한다. 우리는 이러한 절대적 주관성을 더 이상 인격적으로 이해해서는 안 된다.

..

대해서 그렇다). 이에 따라 위의 차이는 이념들에 속한다.
그러나 이념들은 **충전적으로** 구성될 수 있어서, 닫힌 구성(근원적 자체 부여) 속에서 **완전히** 주어진다. **수학의 이념적 대상들**도 그렇다.
다른 이념들은 그러나 **사물**처럼 근원적 추정을 지닌 지각을 통해, 무한히 **비충전적이고, 단지** 비충전적인 자체 부여만을 경험할 수 있다. 이때 필연적인 미규정성과 규정 가능성이 있다. 어떤 경우에는 구성이 각각의 다른 주체에 의해 간단히 떠맡아질 수 있고, 어떤 경우에는 각각의 다른 주체가 규정되지 않은 것을 더 상세하게 규정할 수 있다. – 원주.

유아론에 반대함, 인격적이고 영혼적인 유아론 및 초월론적인 유아론에 대해서도 반대함. 현상학적 환원은 유아(*solus ipse*)로의 환원이 아니다.

영혼적 존재인 나는 **홀로** 존재하고, 모든 다른 것은 한갓 현상이라고 말하는 유아론은 어불성설이다. 나는 비–자아, 신체와 사물을 전제한다. 자연적 의미의 자아는 인격이다.

유아론을 초월론적 유아론으로 변경시키는 것은 이미 자아와 초월론적 주관성을 올바르게 구분하면서, 현상학적 환원과 자연의 초월론적 해석이 초월론적인 다른 주관성을 포함하여 다른 주관성의 모든 가능한 정립을 폐기함을 의미하는데, 이것 역시 어불성설이다. 타인경험의 초월론적 해석은 다른 주관성으로의 정당한 이행을 산출한다. 그리고 이때 초월론적인 다른 주관성으로의 정당한 이행도 산출한다. 그래서, 내가 직접 지각하는 것을 초월론적 주관성 속에서 내가 정당하게 경험할 뿐 아니라, 나는 초월론적 주관성 속에서 정당한 기억, 정당한 예상, 연상적 선–해석, 현전화도 가지듯이, (타인경험으로서) 동일한 권리에 입각한 초월론적 의식에 대한 현전화도 갖는다.

부록 32 (54강에 대하여)

현상학적 환원과 절대적 정당화

그리고 이제 '현상학적 환원'에 대하여. 이것은 원래 무엇을 수행해야 했는가? 초월론적 주관성으로의 환원. 여기에는 세계의 자연적 정립 내지는 세계의 현존, 그리고 세계에 대한 모든 자연적인 존재적 판단이 '괄호 쳐졌다'. 초월론적 토대를 **가시적으로** 만들고 그것의 완결된 고유성 속에서 **세계의 비존재의 가능성을 사용**하며, 그래서 세계가 정말로 존재하지 않는다는 **가정**(Ansatz)을 가지고 작업하고, ("에고 코기토" 자체를 부여하는) 반성적인 현상학적 경험의 영역으로서 "에고 코기토"의 필증적으로 필연적인 존재를 명백히 제시하기 위해, 이 방법을 따랐다.

그리하여 우리가 이러한 코기토의 테두리 내에서 **세계를 단지 현상으로서만** 갖고, 이제 세계에 대한 현실적이거나 가능적인 경험 및 경험 인식을 추적한다면, **무엇이 세계 인식을 정당하게 만드는지**, 언제 객관적 판단이 최고의 의미에서 정당화되고 '학문적'이게 되며 그것들과 더불어 인식하는 주체가 자신의 지향적 대상성을 참된 것으로 주장할 수 있는지, 어떻게 모든 관점에서 객관적인 학문적 인식의 이성적 작업수행이 이해될 수 있는지 하는 것들이 **순수하게 이러한 테두리 내에서** 나의 문제가 된다.

나에게 '현존'하는 모든 것, 그러니까 내가 그 속에 들어가 작용하고 부단히 나를 규정하는 전체 세계는 단지 나에게 **나의 경험의 지향적 대상들**로서만, 그리고 경험으로부터 파생된 그 밖의 표상들, 경험과 관계하는 그 밖의 사유 작용들로서만 현존할 뿐이다. 내가 자아에 도달함으로써 이 사실을 즉시 나에게 분명히 했다면, 나의 객관적 인식의 궁극적 정당화의 전체 과제는 다음으로 되돌아간다. 즉, 이러한 순수한 자아론적 태도 속에서 소박한 경험과 소박한 경험 사유, 소박한 학문적 사유를 그 소박성으로부터 자유롭게 해주고, 경우에 따라서는 순수한 현상학적 영역 속에서, 그것이 철저히 궁극적 정당화의 요구를 충족하도록 적합하게 변경하여 형성하는 것으로 되돌아간다. 그러나 이를 위해서 나는 인식적 작업수행 **일반**을 (우선은 모든 권리 물음 이전에 완전히 일반적으로) 그 종류, 형식, 본질 가능성에 따라 현상학적으로 알아야 하고, **이성 의식**과 성취하는 인식함의 본질, 경우에 따라서는 그 성취의 본질-가능적 완전성과 불완전성을 전면적으로 규명하고 이해해야 한다. 나는 **인식의 인식**을 모든 그것의 가능성, 작업수행에 따라 획득해야 하고, 달성함과 목표 놓침, 그리고 목표 자체(인식에서 그 자체로 의식되고, 경우에 따라서는 주어진 것으로서의 목표)를 연구해야 한다. 그리고 나는 그것을 나에게 충전적 인식으로, 자체 부여하는 가장 명료한 직관으로 가져와야 한다. 그에 따라 나는 모든 인식 개념과 모든 규범적 개념을 근원적으로 길어 올리며 형성해나가야 한다.

그래서 이러한 연구에서는 **초월론적 주관성 일반**과 그 의식(그 종류, 형식, 코기토의 종합적 통일성)의 **본질**이 문제시된다. 그러니까 일반적으로 자아, 자아의 겪음과 행함 일반, 지식과 그 밖의 작업수행 일반을 (습성의 형식 속에서) 자신의 것으로 하는 그의 방식 등이 문제시된다. 그리고 특별히, **인식 주관성** 일반의 본질(초월론적 본질)이 문제시되고, 더 특별히는 **타당하고, 목표가 올바르고, 자체를 성취하는 인식**의 본질과 본질 조건 및 가능성의 조건들이 문제시되며, **정당화, 판단 증명의 본질**과 가능성이 문제시되고, 또 그와 상관적으로 진정한 성취 속에서 **자체 파악된 목표**와 그 **진리**의 본질이, 그 속에서 나타나는 **진리의 의미**가 문제시되며, 언제나 다시 새로워질 수 있는, 목표의 성취와 자기-소유(Zueignung)(그것이 모든 정당화를 견뎌낼 것이라는 확실성 속에서 우리가 언제나 다시 의지할 수 있는 그러한 것으로서의 목표의 소유)의 가능성과의 관계로서 **진리의 서 있는 영속하는 '그 자체(An-sich)'**와 관련하여 진리의 본질적 특성 등이 문제시된다. 이 모든 것은 일반성 속에서, 그러나 가능한 인식의 모든 특수한 유형들에 따라서 그러하다.

철저한 인식론으로서의 현상학.

정당하고, '참된' 인식으로서의 인식, 인식의 지향적인 존재로서의 참된 존재, 그리고 참됨 혹은 진리의 상관적 성격 속에서 인식의 맞은편의 지향적 대상이라는 '자체 존재(An-sich-selbst-sein)' — 이것들은, 초월론적 주관을 전면적으로 탐구하며, 이러한 전면성 속에서 이러한 관점들 속에서 탐구하고 궁극적으로 이해하게 만드는 본질 연구의 **상관적 명칭**이다. 이러한 본질 연구는, 인식의 모든 가능한 사건들을 인식과의 연관에서 (예를 들어 얼마나 주체 자체가 인식하면서-작업수행하는 것인지 등을) 직관으로 가져오고, 규정의 궁극적으로 생각할 수 있는 명료성으로 가져옴으로써 그렇게 한다.

여기서는 물론 보다 낮은 단계의 인식, 곧바른 인식인 자연적 인식에서

와는 다른 것이 수행된다. 여기서는 대상적인 것들이 그 자체로 탐구되지 않는다. 예를 들어서 물리적 자연이 아니라 인식이, 그러니까 자연에 대한 인식으로서의 인식이 탐구된다. 여기서는 자연과학이 수행되는 것이 아니라 자연과학적 인식에 대한 이론이 수행된다. 그러나 초월론적 순수성 속에서 수행되며, 그래서 순수하게 초월론적 주관성과 그 고유한 연관들의 형태들 속에서 수행된다.

물론 나는 그것을 학문적으로 구축하기 위해 어떠한 존재론적 가설도 세우지 않는다. 즉 나는 자연과학을 수행하는 것이 아니고, 자연 존재론을 수행하는 것이 아니다. 왜냐하면 자연과학적 인식과 자연을 인식하는 주관성 일반의 가능성, 본질과 그 자체 그리고 (학문적 인식을 포함하여) 모든 종류의 인식에서 인식되는 것으로서의 자연 진리와 자연 자체의 본질에 관한 전체 학문은 **단적인 자연에 관한 학문이 아니기** 때문이다.

나는 자연과학에 근거해 **어떠한 전제도 취하지 않으며**, 혹은 여기서 형상적 태도에서 자연 존재론에 근거해 어떠한 전제도 취하지 않는다. 그것은 나에게 어떠한 '전제'도 제공하지 않는다. 나는 (현상학적 환원에도 불구하고) 또한 자연의 비존재를 가정하고서 연구하지 않는다. 현상학적 환원에 관한 한, 설정된 이러한 비존재의 가능성은 다만 나를 초월론적 태도로 가져오고, 나를 모든 자신의 현실적인 것들을 지닌 초월론적 주관성으로서의 이 구체적 주관성과 — 이것이 지금 중요한데 — 그것의 순수하게 가능적인 형태에 주목하게 하며, 내가 세계를 절대적 주관성의 현상으로 정립하는 대신, 자연적 방식으로 전적으로 정립하는 경험적-심리학적 태도나 객관적 태도로 빠지는 것을 예방하는 데만 기여한다. 형상적 태도에서는, 내가 가능적 세계를 가능성의 의식의 현상으로서, 가능한 경험의 세계로서, 가능한 경험의 지향적인 것으로서 정립하는 대신 '단적으로

(schlechthin)' 정립하는 것을 예방하는 데에만 기여한다.[71]

그러나 자세히 보면 나는 세계의 존재나 가능성에 대한 확신을 포기하지 않을 뿐 아니라, 그것은 그러한 확신들과 관련하여 내가 요구하는 실제적 판단중지가 아니다. 나는 인식의 본질과 진정한 인식의 가능성을 우선은 **일반적으로**(allgemein) 연구할 수 있다. 그러면 특별히 자연 인식에 관해서도, 자연에 관해서도 말하지 않는다. 물론 나는 진정한, 자신의 목표를 달성하는 인식의 가능성에 대한 연구에서 그러한 인식의 **상관자**, 즉 (가능성의 양상에서의) **참된 존재**와 마주친다. 거기에 놓여 있는 사실은, 만약 내가 그러한 진정한 인식을 **가능성**으로서 인식하고 규명한다면, 나는 거기서 또한 **가능적 존재**를 일반적 가능성과 개별적으로는 범례적인 가능성으로서 **정립한다**는 것이다.

그러나 내가 가능한 인식의 **특수한** 본질 유형으로서 가능한 자연 인식 및 적절한 자연 인식과 마주치고, 내가 '나에' 의해 체계적 정당화 연관 속에서 구축된 것으로 생각하는, 진정하고 완전한 자연과학의 인식 연관의 **가능성**과 마주친다면, 나는 그러한 **가능한 인식**의 구축 속에서 상관적 가능성으로서, **함께 정립된 자연의 가능성**을 물론 또한 함께 정립한다.

초월론적 환원은 가능한 자연을 배제한다는 의미를 지닐 수 없다. 형상적 현상학을 **적용**하고, 나의 **사실적인** 초월론적 자아를 향한 태도를 복원할 목적으로 순수한 형상적 태도를 **지양**(Aufhebung)할 때, 가령 모든 자연적 경험 믿음의 일관적 삼감(Enthaltung)의 방식 속에서 세계에 대한 모든 나의 판단이 폐기되지는 않는 것처럼 말이다. **사실**(Faktum) 속에서 나는 지금, 삶의 모든 실제적이거나 추정적인 앎을 지닌 나의 현실적 삶을 갖는

---

71 『순수 현상학의 이념들』의 방법을 위해서. – 원주.

다. 거기에는 내가 현상학자로서 나의 것으로 만든 현상학적 지식이, 그리고 **궁극적으로 가능한 지식**, 절대적인 지식, 철학을 **향한 철학적 의지가 사실**로서 속한다. 이를 통해 나는 또한 나와 관련해서뿐만 아니라 내가 경험하는 자연과 관련하여 나의 고유한 인식 가능성을 다룬다. 나는 가능성으로서, 나에 의해 경험된 이러한 사실적 자연에 대한 가능성으로서 완전한 자연 인식을 **실현**할 수 있고, 그러므로 형상적 현상학에 근거하여 나의 철학적 목표를 추구해나갈 수 있다.

나는 내가 형상적 현상학자로서 자연적으로-소박한 자연 존재론을 구상하지 않았듯이, **이제** 한갓 자연적으로-소박한 자연과학을 수행하지 않는다. 내가 형상적으로 자연 존재론을 자연을 인식하는 이성의 형성물**로서** 획득했듯이, 그리고 자연을 구성하는 **가능한** 경험과 자연을 규정하는(그리고 정당성 속에서 규정하는) 가능한 사유의 전체적인 (나에 의해 체계적으로 구성된) 연관 속에서 그렇게 획득했듯이, 나는 사실 학문적으로 경험적 자연과학을 경험적-사실적 자연을 인식하는 **사실적** 이성의 **형성물로서** 획득한다.

이러한 철학적 작업수행은 내가 보다 높은 반성에서 파악할 수 있는 자신의 본질 요구를 갖는다. 그래서 나는 우선은 소박하게 태도를 취하고 곧바로 경험하고, 경험 사유를 수행하고, **그런 다음 반성하면서** 초월론적 의식으로 넘어가서 초월론적 연관 속에서 경험된 것 자체를 모든 그것의 내실적이고 지향적인 규정들과 얽힘에 따라 주시하고, 실마리로서의 대상의 통일체에 의해 인도되어, 즉 가능한 경험의 일치를 고려하면서, 연관들과 그 구조들을 연구함으로써만, 그리고 이와 대조적으로 불일치의 반대 연관을 연구함으로써만, 자연의 현상학을 획득할 수 있다. 그리고 이것은 이론적 작업수행에 대해서도 마찬가지다. 그러나 이때 보다 높은 단계의 형식적 현상학은 이미 경험(지각, 원본적 자체 부여 등)과 논리적 사유에 대해

가장 보편적인 것을 제시했다는 점이 또한 고려되어야 한다. 그러면 이러한 경험과 논리적 사유는 단순히 자연 경험함과 자연 사유함에 적용되지만, 여기서는 그것의 전문화하는-특수한 연구를 요구한다.

그러나 이제 **사실적인 역사적 발전에서** 진행되는 상황은 그렇지가 않다. 거기에서는 마치 독단적인 근본 학문이 그 자체로 언제나 자신의 존립 요소와 권리를 지니고, 현상학이 거기에 **뒤따라야** 하거나, 독단적 근본 학문이 분리되어 남아 있을 수 있고, 현상학이 그러한 근본 학문을 단지 **보충**했던 것이기라도 한 듯이 진행된다. 심지어 우리는 우선 그러한 분리의 가능성을 준비할 수도 있었다. 그리고 현상학적 학문을 위해 독단적 학문의 존립 요소를 반복하는 것으로 이끌지 않는 방식으로 그렇게 할 수 있었다. 소박한 '나는-경험한다'는 현상학적인 '나는-내가-경험한다는-것을-경험한다'로 지양된다. 그러나 그럼에도 불구하고 우리는 다음과 같이 말할 수 있을 것이다:

만약 내가 곧바로 경험하면서, 그리고 경험 사유를 수행하면서, **자연적인 완전한 명증** 속에서 나아간다면 나는 완전한 곧바른 학문을 얻는다.[72] 만약 그리고 나서 내가 현상학자가 된다면, 그리고 (현상학적 주관성의 연구에 토대하여, 그리고 보편적 현상학과 특히 논리적인 것의 현상학 및 자연 경험의 현상학에 토대하여) '감성(Sinnlichkeit)'의 초월론적 작업수행으로서의 자연의 의미를, 그리고 자연 이론 일반의 의미를 '보편 수학(*Mathesis universalis*)'의 현상학에 토대하여 해명했다면, 나는 자연과학의 특정한 자연 이론을

∴

72 유혹적인 것은 이러한 '완전한 명증'에 놓여 있다. 이것은 하늘에서 떨어지는 것이 아니고 통상적인 연구자에게 저절로 주어지는 것이 아니다. 이것은 현상학의 형식 속에서만 '완전한' 것으로서 **존재한다**. - 원주.

현상학적으로 해석할 수 있고, 곧바른 자연과학뿐만 아니라 거기에 더하여 (보충으로서) 그것과 관련된, 그것을 현상학적으로 해명하는 학문을 갖게 된다.

나는 이전에 스스로 그렇게 생각했다. 그러나 이제 나에게는 곧바른 자연과학도 완전하게는 가능하지 않은 것으로 보인다. 또는 오히려 그것을 확신하게 된다. 왜냐하면 단지 구성적으로 분석되고 이해된 경험만이 그러한 학문의 토대가 될 수 있으며, 진정한 인식 이론적 노에시스학(Noetik)을 포함하는 현상학적 논리학만이 모든 단계에서 정당화되는 학문의 방법, 그러므로 논리적으로 정밀한 방법을 가능하게 하기 때문이다.

그래서 **괄호 치기의 의미**는, 곧바로 존재적으로 판단하지 말고, 존재적 판단에서 존재적 판단으로 전진하지 않으며, 명증의 자연적 실행 속에서 곧바로 영역의 사태와 그 연관들을 뒤쫓지 말라는 권고의 의미다. 그리고 오히려 우선 곧바로 내려진 모든 판단을 판단하는 주관성의 연관 속에 들여놓고, 판단함의 판단된 것으로서, 정당화함의 정당화된 것 등으로서 연구해야 한다는 요구에 복종하도록 하는 권고의 의미다.

물론 곧바른 판단함, 추론함, 이론화함이 필연적으로 선행한다. 그러나 정당화, 그리고 예외 없이 모든 단계와 관계하는 완전한 정당화에는 '타당성-속에-정립함'과 그 동기부여에 대한 방법적 반성이 속하고, 수동적으로나 능동적으로 수행되는 근거 놓기에 대한 방법적 반성이 속하며, 모든 구성적 단계에서의 지향과 충족에 대한 방법적 반성이 속한다. 그리고 어느 정도까지 그때그때의 지향이 전면적으로, 그리고 완전하게 충족으로 오고, 어느 정도까지 충족과 더불어 동시에 충족되지 않는 지평들이 등장하는지를 검토하는 것도 속한다.

그래서 내가 '자아론적' 영역, 초월론적 주관적 영역 속에서 자아에게 주어진 세계(심리 물리적, 동물과 인간을 포함하는 세계)에 대한 가능한 경험을 연구한다면, 초월론적 연구의 의미에는 내가 **가능한** 세계에 **괄호 치기**를 수행했다는 사실이 놓여 있다.

상상 속에서 가능한 세계에 몰두하고, 순수한 형상적 태도에서 (그리고 물론 순수한 직관적 본질 일반화 속에서) 가능한 세계 일반의 본질 요구를 연구하는 것은 **존재론**이다. 이것은 세계 일반 자체에 대해 **곧바로** 수행된 인식이다.

그러나 초월 철학자로서, 자아론자로서 나는 나의 가능한 초월론적 주관성 일반을 연구한다. 그리고 여기서는 특히, 그러한 주관성이 순수한 가능성 속에서 그 어떤 세계를 인식하고, 경험하며, 그 경험 의미를 뒤쫓으면서, 그러한 세계를 전면적으로 일치하면서 전진하는 경험으로 가져오고, 경험의 토대 위에서 가능한 경험 학문을 수행하는 한에서 나의 가능한 초월론적 주관성을 연구한다. 자아론자로서 나는 곧바로 가능한 세계나 세계 일반의 가능성을 연구하고 곧바로 존재론을 수행하는 것이 아니다. 나는 바로 가능한 세계의 **인식 방식**을 연구하고, 그것도 순수하게 그 자체로, 순수한 내재 속에서 연구한다. 나는 가능한 경험함과 가능한 (상상 속에서의) 이론화함을 소박하게 곧바로 수행하는 것이 아니라 이러한 경험함과 사유함이 나의 주제가 되는 두 번째 단계의 반성적 경험함을 수행한다. 이러한 경험함과 사유함 자체 내에서 본질 계기와 본질 법칙에서 주어진 것 이외에 어떤 것도 이제 나에게 타당해서는 안 된다. 나는 곧바로 인식된 것을 초월론적으로 규명된 인식함의 인식된 것으로서 고찰하고 이해하며, 초월론적 반성이 보여주듯이, 그것이 인식 수행 자체로부터 자신의 의미를 길어냈다는 정확히 그러한 의미에서 받아들인 후에야 비로소 승인한다.

어떤 자아가 자신의 인식함에서 아주 철저하고 순수하게 참된 것을 목표로 삼아서, 자신이 궁극적으로 가능한 명증을 획득할 때까지, 즉 타당성 위에 타당성이 떠받쳐지는(동기부여) 지향들의 구조를 드러낼 때까지, 모든 관점에서 지향들을 충족으로, 그리고 사념된 것의 궁극적으로 가능한 자체 부여로 이끌 때까지 중단하지 않는다는 것이 원리적으로 **생각될 수 있을 것**이다. 그러나 학문적 방식은, **목표의 올바름과 목표의 진정함에 대해 부단히 확신하고**, 한 단계 한 단계, 주관적으로 향해져, **노에시스적으로** 부단히 자신에게 다음과 같이 질문하는 것이다: 나는 거기서 무엇을 생각하는가? 그리고 어느 정도까지 인식이 실제로 정당화되고, 나의 주도적인 사념이 실제로 증명되는가? 어느 정도까지 아직 드러나지 않은 지평들이 타당성 속에 있는가, 어느 정도까지 여전히 함께 생각된 것이 존재하는가? 그 사념은 어느 정도까지 전제들, 보이지 않고 확정되지 않은 동기들에 의존하는가? 어느 정도까지 나는 거기서 획득한 명증 내지는 명증적 진리를 여기서 사용해도 되는가? 그러한 명증이 관계했던 '상황들'은 여기서 동일한가? 나는 의미부여에 기여하고, 의미를 관계있게 만든 모든 것을 고정시켜야 한다.

결국 학문적 절차를 위한 일반적인 반성의 규칙들과 모든 특수한 영역들에 대한 인식의 특수한 **방법론**을 완전하게 만들어내는 **규범적 인식론**이 형성되어야 한다. 이것은 모든 일시적 인식의 단계에 대해서, 인식론적 고찰을 특수하게 작동시킬 것을 불가피하게 만드는 것이 아니다. 그것이 가능하게 하는 것은, 인식하는 자가 모든 단계에서, 형성된 습성에 근거하여, 보편적 통찰을 정당화하면서 실마리로 삼고, 그것을 이해를 주고 정당성을 주는 것으로서 가리키고, 이를 통해 자신의 행동을 확신하는 가능성을 갖는 것이다.

모든 철저한 학문적 절차는 '인식론적'이고, '인식론'을 전제한다. 인식론을 완전히 포함하는 보편적인 초월론적 현상학의 테두리 내에서 말이다.[73] 다른 한편 일관되게 수행된 모든 그러한 현상학은 **가능한 인식의 대상성으로서 모든 가능한 대상성**에 도달해야 하고, 모든 것에 대해서, 그것을 곧바로 주어진 것으로서, 그러나 순수한 가능성과 순수한 본질 유형으로서(곧바로 사념된 것들과 가능한 경험된 것들로서) 파악하는 데서 시작해야 한다. 그리고 이러한 곧바른 태도를 초월론적 태도로 전환해서, 사념함, 경험함, '참된-존재로서-드러남' 등을 그 본질과 그 가능성 속에서 연구해야 한다. 그러나 이것은 분리된 과제들이 아니라는 사실이 즉시 드러난다(모든 존재의 통일성, 모든 인식의 통일성). 그래서 모든 **존재론**은 현상학의 영역 안에 놓여 있다. 그러나 인식의 상관자로서 놓여 있다. 그러나 그것이 현상학적 환원의 본질이고, 초월론적 현상학의 테두리 내에서 획득할 수 있는 인식의 궁극적으로 가능한 정당화의 작업수행의 본질, 분리할 수 없는 통일성 속에서 명증의 모든 종류와 형식에 대해 정당화하는 작업수행의 본질이다. 현상학 자체는 진정한 정당성 부여의 모든 가능한 형태를 구성하고, 그와 더불어 모든 가능한 **규범들**, 인식함과 인식된 것에 대한, 진리와 참된 존재에 대한, 진정한 이론으로서의 이론에 대한, 그러나 또한 모든 가능한 **가치평가함**과 **의욕함**에 대한 규범적 이념들을 개별 인간적으로나 사회적으로 구성한다. 모든 그러한 '진정한' 감정 작용들에는 동시에 인식 수

73 그러나 여기서 이야기해야 할 것은 **가장 가까운** 인식론은 여전히 소박한 논리학이라는 점이다. 그래서 여기서 이 마지막 문장은 충분히 설명되지 못했다. 그것은 이미 선험적인 논리적 노에시스학의 일부이며, 목표를 향하는 인식 행위함의 선험적 법칙은 소박성 속에서 (심리학적 인식론으로서) 전개될 수 있을 것이다. 그리고 그것은 본래적으로 초월론적인 현상학(본래적인 초월론적 논리학)은 아닐 것이다. 그래서 여기서 보다 높은 단계의 물음 속에 있는 것은, 이러한 초월론적 논리학의 의미, 그리고 그와 동시에, 모든 객관적으로 인식된 것의 의미다. '수수께끼'의 한 차원이 남아 있다. ─ 원주.

행이, 우선은 '경험들'이, 가치, 진정한 재화 등의 근원적인 자체 부여가 놓여 있으며, 다음으로 이러한 보다 높은 단계의 경험에 다시 이론화, 학문화가 근거함을 현상학은 보여준다. 요약하자면, **정신과학의 인식론**도 자연 및 동물적 영혼의 인식론과 마찬가지로 자아론적 테두리에 속한다. 그리고 초월론적 의식은 처음부터 보편적인 의식이고, 모든 의식을, 감정-지향성과 의지-지향성 전체까지도 함께 포괄한다. 이 모든 것은 서로 별개로 있는 것이 아니라 (드러나듯) 그것의 분리할 수 없는 통일성 속에 존재한다.

"에고 코기토"에 관한 학문은, 초월론적인 것으로서의 '에고(ego)'가 구성할 수 있는 모든 가능성들에 관한 학문으로 전환된 학문은, 그러므로 **형상적으로 모든 것을 포괄하는 학문**이다.

다른 자아.

나는 나의 자아의 모든 가능한 변경을 포괄함으로써, 나의 자아의 모든 가능한 본성들과 자아에 대해 가능한 경험의 통일체인 나의 모든 변경들도 포괄한다. 그러나 나는 또한 모든 가능한 다른 자아들을 획득한다. 그저 가능한 자아 속의 지향적 대상으로서만이 아니라 정당하게 유비적으로 함께 지각되며 인식된 것으로서, 그리고 나에게는 '타자'이지만 자신에게는 자아인 정당화된 다른 자아들로서 획득한다. 그러나 타자에 대한 현상학적 환원은 다만 내가 타인경험 인식의 방식으로부터 이러한 가능성의 정당한 **의미**[74]를 초월론적으로 확정하기 **전에는** 타자의 가능성을 사용할 수 없음을 의미할 뿐이다.

••
74 여기서 '의미'는 올바른 초월론적 해석을 말한다. - 원주.

이와 더불어 나는 더 나아가 '객관적' 세계와 '객관적'(상호주관적) 세계 학문의 '의미'를 획득하고, 우선은 자연의 의미, 그리고 상호주관적으로 그 자체로 존재하는 자연으로서의 자연에 관한 자연과학의 의미를 획득하며, 존재하는 인간 세계의 의미를, 더 나아가 사회성, 사회적으로 구성된 세계 사건, 문화 세계의 의미를 획득한다. 그래서 나는 정당한 진리 속에 존재하는 모든 것에 대해서 정당한 의미를 획득한다. 가능한 상호-개인적이고 의사소통적인 인식인, 의미와 정당한 의미를 산출하는 인식으로부터 말이다.[75] 그리고 **초월론적이지만, 현상학적인 '관념론'**의 전체가 필요하다. 이러한 관념론은 물리적 자연, 물질적 존재를 **부정**하고, **그 대가로** 영혼적 존재를 왕좌에 올리려는 것이 아니고, **오히려** 명료화된 인식 — 모든 존재와 모든 진리에 대해 의미를 부여하는 인식으로부터(그리고 의미부여하는 이러한 인식이 초월론적 자아 및 초월론적 자아와 의사소통하는 가능한 다수의 자아들의 인식이라는 인식으로부터), **모든 존재가 자아들의 존재와 지향적으로** (그리고 본질적으로) **되돌아 관계한다**는 절대적으로 **명증적인 통찰**을 끌어온다. 이러한 자아들은 자신의 편에서는 **자기 자신과만** 되돌아 관계한다. 이는 이들이 자기 자신에 대해서 지향적이고 자기 자신을 구성함을 통해 이루어진다. 반면 이러한 자아들은 **서로에 대해서는** 다른 자아들로서 다만 간접적으로만(사물과 신체라고 불리는 그들의 고유한 주관성의 구성적 작업수행을 통해) 구성될 수 있을 뿐이다.

---

75 모든 영역은 바로 그것의 구성적인 영역적 의미와 그에 상관적인 초월론적 의미를 지닌다. - 원주.

모나드론.

이에 따라 의사소통적으로 서로와 관계하는 **자아들만이 절대적으로** 존재한다. 이들은 자신들의 **공동체** 속에서 **세계의 절대적 담지자들**이다. 이 세계의 존재는 '그들에-대해-존재함'이고 '그들에-대해-구성됨'이다. 이들은 절대적 자아들로서 세계의 **부분**이 아니고, 경험적 '실재성'의 의미에서의 **실체들**이 아니다. 즉 세계의 항들(Glieder), 세계 속에서 자신의 **참된** 존재를 갖는 '실재적' 속성들의 기체들이 아니다. 이들은 **절대적인 것**이다. 철저히, 가장 넓은 말의 의미에서 인식하는 구성함이라고 할 수 있는, 이들의 사유하는 삶이 없다면, 모든 **실재적** 실체들은 **존재하지 않을 것**이다.

그러나 이들이 그저 **스스로에 대해서**뿐 아니라 다른 자아들로서 **서로에 대해서** 존재하는 한에서, 이들은 그들이 서로 상호적으로, 그리고는 이러한 상호 관계 속에서 서로 부과하는 **실체화하는 의미부여**를 통해서만 그렇게 존재하고 그렇게 존재할 수 있다. 그러니까 **동물성**과 **인간성**의 실체화 내지는 **실재화** 속에 말이다. 따라서 이들은 **이중적 존재**를 갖는다. 즉 **절대적 존재**와 (자체 수행된 통각으로부터) **'스스로에-대해-그리고-서로에-대해-현출함'**이라는 이중적 존재를 갖는다. 이들은 동물적이고 인간적인 주체들로서, 세계 속의 신체에 영혼을 불어넣고, 동물과 인간으로서 실체적-실재적 세계에 속한다. 그리고 모든 **사회성들**이 이 세계에 편입되지만, 그것의 절대적 존재는 각각의 자아 자체의 절대적 존재 속에, 모든 '나-너-관계', 자아에서 타자로 혹은 다수의 타자로 이어지는 모든 공동체 관계의 절대적 존재 속에 존립한다. 이러한 공동체 관계의 지표는 **수동적으로는** 자연이라고 불리지만, **능동적으로는** 활동적 규정 작용이다. 이러한 작용은 자아에 의한 자연 정립의 매개를 통해서 다른 자아로 들어가 작용하고, 거꾸로 그들의 작용을 체화하고, 그래서 자신을 기능적인 다른 정신성의 운반자로 만든다.

현상학적 관념론만이 자아와 (인류의 절대자인) 절대적으로 의사소통하는 주관성에 **참된 자율성**을 부여하고, 그에게 힘과 **절대적 자기 형성** 및 그의 자율적 의지에 따른 세계 형성의 유의미한 가능성을 부여한다. 그리고 이러한 절대적 주관성만이 절대적으로 향해진 뒤따르는 연구의 주제이며, **모든 역사의 발전**과 (초월론적-목적론적) **'의미'**에 대한 모든 절대적 물음을 포함하는 모든 **신학적**이고 **목적론적** 연구의 주제다.

절대적으로 고찰해보면, 모든 각각의 자아는 자신의 **역사**를 갖는다. 그리고 모든 각각의 자아는 다만 하나의 역사, 자신의 역사의 주체로서만 존재한다. 그리고 절대적 자아, 절대적 주관성들의 모든 의사소통적 공동체는 (세계의 구성을 포함하는 완전한 구체성 속에서) 그들의 **'수동적'**이고 **'능동적'**인 **역사**를 지니고 다만 이러한 역사 속에서만 **존재한다. 역사는 절대적 존재의 거대한 사실이다.** 그리고 궁극적인 물음들, 즉 궁극적으로 형이상학적이고 궁극적으로 신학적인 물음들은 이 역사의 절대적 의미에 관한 물음과 하나다.

옮긴이 해제

이 책은 루돌프 뵘(Rudolf Boehm)의 편집하에 1956년 후설 전집 7권, 1959년 후설 전집 8권으로 출간한 *Erste Philosophie I*,[1] *Erste Philosophie II*[2]를 번역한 것이다. 각 권은 주 텍스트와 보충 텍스트로 나뉜다. 주 텍스트가 되는 것은 후설이 프라이부르크 대학에서 1923~1924년 '제일철학'이라는 제목으로 행한 강의의 원고이다. 이 강의 원고는 두 부분으로 나뉘는데, 1923년 10월부터 크리스마스 휴가 때까지 이어진 1강에서 27강까지의 내용이 전반부를 이루며, 신년부터 1924년 2월까지 이어진 28강에서 54강까지의 내용이 후반부를 이룬다. 이 두 부분이 각기 후설 전집 7권과 8권,

1 E. Husserl, *Erste Philosophie (1923~1924). Erster Teil: Kritische Ideengeschichte*, Den Haag: Martinus Nijhoff, 1956 (Husserliana VII).

2 E. Husserl, *Erste Philosophie (1923~1924). Zweiter Teil: Theorie der phänomenologischen Reduktion*, Den Haag: Martinus Nijhoff, 1959 (Husserliana VIII).

우리의 번역본으로는 『제일철학 1』과 『제일철학 2』의 주 텍스트에 해당한다. 보충 텍스트는 다시 논문과 부록으로 나뉜다. 논문 파트에는 비슷한 시기에 쓰였으면서 주제상 관련된 논문들이 수록되어 있다. 그리고 부록 파트에는 대부분 1903년에서 1926년에 쓰인, 주제상 관련된 연구 수고들이 수록되어 있다.

후설의 강의 원고 초안은 당시 후설의 조교로 활동을 시작한 루트비히 란트그레베(Ludwig Landgrebe)가 타자기로 타이핑했고, 때때로 문체를 다듬었다. 후설은 이 텍스트를 여러 번 수정했으며, 난외 주석을 두었다. 그리고 수많은 연구 수고를 추가로 썼다.

1916년 프라이부르크 대학 교수직을 맡아 1928년 은퇴할 때까지 후설은 학문적 삶의 전성기를 구가한다. 1920년대 초중반, 후설의 연구는 한결 무르익었고, 후설의 명성도 높아지면서 전 세계 학생들이 후설에게 몰려들었다. 이 『제일철학』 강의 역시 참석률이 매우 높았다고 한다. 이 시기 후설이 자신이 창시한 현상학에 부여한 의미와 기대는 엄청난 것이었다. 그의 야심은 현상학을 첫 번째 철학, 즉 '제일철학'으로 규정하려는 이 강의에서도 잘 드러난다.

여기서 후설이 말하는 제일철학이란 모든 여타의 학문을 정초하고, 궁극적으로는 형이상학으로서의 철학을 수립하는 철학이다. 후설은 철학을 모든 학문을 포괄하는 보편학으로 이해하며, 현상학을 이 철학 전체의 기초가 되는 토대학으로 규정한다. 이 학문은 정초의 순서상 모든 학문에 (논리적으로) 선행하므로 제일철학이며, 필연적으로 초월론적 주관에 대한 연구라는 형태를 갖는다.

후설은 두 가지 작업을 통해 현상학이 제일철학임을 보이고자 한다. 하나는 절대적 인식으로서의 주관성에 대한 학문의 이념이 철학의 성립 초기부터 존속하면서 철학의 역사를 이끌어왔음을 보여주는 것이다. 이러한 철학사적 분석은 이 책 1권『비판적 이념사』에서 행해진다. 다른 하나는 이러한 이념에 따라 절대적 인식을 확보하려는 시도가 초월론적 주관성에 관한 학문으로서의 초월론적 현상학으로 이끈다는 점을 밝히는 것이다. 이러한 시도가 2권『현상학적 환원의 이론』을 이룬다.

철학의 이념을 역사적으로 고찰하고 새로운 환원의 길을 모색한 이 강의 원고에 대해 후설은 스스로 완전히 만족하지는 못했다. 그래서 이 강의 원고의 출판은 보류되었고, 이 텍스트는 후설 사후 18년이 지나서야 후설 전집으로 출간되었다. 그럼에도 불구하고 이 텍스트는 철학이라는 학문에 대한 후설의 생각과 초월론적 현상학의 근본 정신을 엿볼 수 있다는 점에서 후설의 가장 중요한 텍스트 중 하나라고 해도 과언이 아니다.

'제일철학'이라는 이념

'제일철학'이라는 용어는 아리스토텔레스가 도입한 철학의 분과학문의 이름이다. 아리스토텔레스에게 이 용어는 '존재로서의 존재'를 탐구하는 학문을 지칭한다. 이 학문은 모든 학문을 정초하는 토대가 된다는 점에서 모든 학문에 앞서는 첫 번째 철학, 즉 제일철학이라는 이름을 갖게 된다. 그러나 아리스토텔레스 이후 기원전 1세기경 안드로니코스가 도서를 정리하는 과정에서 우연히 '형이상학(Metaphysica)'이라는 용어를 사용하면서 '제일철학'이라는 용어는 밀려나게 되고, 존재로서의 존재를 탐구하는 학문의 명칭은 '형이상학'이라는 이름으로 자리 잡게 된다. 결국 아리스토텔레스에게 제일철학은 형이상학과 동의어다.

그러나 후설에게 제일철학은 그 자체가 형이상학은 아니고 형이상학에 앞서는 형이상학의 가능 조건으로서의 초월론적 인식론이다. 후설에게는 형이상학조차도 초월론적 인식론에 의해 정초되어야 하는 것이기 때문에 형이상학이 아니라 초월론적 인식론이 제일철학이 된다. 후설은 제일철학을 "모든 가능한 인식의 순수한 (선험적) 원리들의 총체에 관한 학문, 그리고 여기에 체계적으로 포함된, 그래서 순수하게 원리들로부터 연역 가능한 선험적인 진리들의 전체에 관한 학문"(이 책 1권 27쪽)으로 정의한다. 후설에게 제일철학은 형이상학을 비롯한 모든 철학의 근거를 놓는 분과학문이며, 그 자체로 철학의 본질에 대한 규정을 포함한다. 제일철학은 궁극적인 자체 정당화를 통한 지식의 최초의 시작을 담당한다. 이와 같이 제일철학은 절대적으로 자체 정당화되는 학문이어야 하며 보편학이어야 한다. 그런데 모든 정당화의 궁극적 원천은 "초월론적 순수성 속에서 포착 가능한, 인식하는 주관성의 통일체"(2권 16쪽)다. 이 지점에서 후설은 특별히 데카르트를 상기시킨다.

데카르트는 '제일철학'이라는 용어를 1641년 『제일철학에 관한 성찰』에서 사용한다. 여기서 데카르트는 철저한 의심의 방법을 도입함으로써 아무리 의심해도 의심할 수 없는 학문의 '첫 번째 원리', '확고한 토대'를 발견한다. 데카르트는 모든 참된 학문적 철학의 시작이 되는 근본 형태를 발견한 것이다. 데카르트의 『제일철학에 관한 성찰』은 철학사에서 전례 없는 철저주의에서 "철학의 절대적으로 필연적인 시작을 발견하고, 이 시작을 절대적이고 완전히 순수한 자기 인식에서 길어내려는 시도를" 했다(1권 20쪽). 그런 점에서 데카르트는 철학을 완전히 새롭게 시작했다.

제일철학이라는 이념에 따르면, 제일철학은 철학 일반이 "절대적으로 필연적인 시작"을 취할 수 있게 하는 것이다. 또한 "절대적으로 필연적인" 시작으로서 스스로 자신의 시작을 만드는 것이다. 이때 철학의 시작은 본질적인 의미에서 필연적이고 필증적인 진리 속에 놓여야 한다. 데카르트에 따르면 아무리 의심해도 의심할 수 없는 필증적 진리인 "나는 존재한다"는 명제는 모든 원리 중의 참된 원리여야 하고 모든 참된 철학의 첫 번째 명제여야 한다.

이러한 데카르트의 성찰과 함께 제일철학의 이념은 처음으로 사유하는 실체인 "에고 코기토(*ego cogito*)" 혹은 주체와 연결된다. 그런 점에서 후설은 초월론적 철학의 기원이 데카르트에서 시작된다고 보았다. 데카르트의 정신을 통해 계승된 제일철학의 이념은 모든 학문의 토대가 되는 것으로서, 필연적으로 초월론적 주관성에 관한 학문의 형태를 띠게 된다. 결국 후설에게 제일철학이란 초월론적 주관성에 관한 형상적 학문으로서의 현상학을 뜻한다.

모든 학문의 필연적 정초라는 제일철학의 이념은 데카르트적인 것이지만, 보편학이자 절대적으로 정당화된 학문이라는 제일철학의 이념에 영감을 준 최초의 사상가는 고대의 소크라테스와 플라톤이다. 후설은 소크라테스–플라톤의 철학에서 모든 회의주의의 망령에 맞서 절대적이고 객관적인 학문적 지식을 가능케 하는 확고한 원리와 진리를 추구하고자 하는 열망을 발견한다. 모든 학문을 절대적으로 확고한 원리와 진리 위에 정초하고자 하는 열망은 엄밀한 학문으로서의 제일철학의 이념을 특징짓는다. 철학의 역사에서 무성히 자라나는 회의주의와 싸우기 위해 필요한 것은 가장 완전한 명료성이고, 이러한 명료성은 엄밀한 명증적 인식을 통해 성취된다. 결국 회의주의에 맞서 모든 철학을 엄밀한 명증적 인식 위에 건립하고, 절대적 진리를 추구해 들어가려는 모티브를 후설은 이미 소크라테스–플라톤에게서도 발견하고 있는 것이다.

그런데 후설은 이러한 철학의 이념이 철학의 역사 초기에 이미 구상되고 면면히 존속해왔지만, 단 한 번도 완전히 이해되지 못했으며, 완전히 실행되지도 못했다고 보았다. 후설은 처음으로 철학에 진정으로 새로운 토대를 마련하고자 한다. 후설에게서 제일철학은 "시작에 관한 학문적 분과학문"(1권 16쪽)이다. 제일철학의 토대 위에서야 철학 일반은 엄밀한 학문으로서의 참된 철학의 소임을 다할 수 있다.

제일철학으로서의 현상학

이 책의 중심적인 주제는 철학사에서 오랫동안 존속해온 제일철학의 이념을 실현하기 위해서는 주관성에 관한 학문이 요청되며, 주관성에 관한 참된 근본학, 곧 현상학이 제일철학이 되어야 한다는 것이다. 그렇다면 왜 현상학이 제일철학이 되어야 하는가?

현상학은 초월론적 주관성에 관한 형상적 학문이다. 현상학은 주체가 자신이 경험하는 세계와 관계 맺는 방식을 연구한다. 현상학은 곧바로 존재자로 향하기 전에 먼저 주체가 존재자를 경험하게 되는 의식 체험을 연구하는 것이다. 현상학이 존재자로 곧바로 향하는 대신, 먼저 존재자가 현상하는 의식 체험에 주목하고, 의식 체험에 현상하는 존재자를 탐구한다는 것은 엄밀하고 참된 철학의 수립을 위해 결정적으로 중요한 대목이다.

철학은 언제나 존재 일반, 존재자 전체의 본성을 탐구하고자 한다. 그러나 우리는 우리의 의식을 경유하지 않고서는 존재자의 존재에 접근할 수 없다. 우리의 의식에 독립적으로 존재하는 존재자를 가정해본다고 해도, 우리는 결코 우리의 의식에 독립하여 존재하는 존재자를 경험할 수도 없고 알 수도 없다. 존재자는 언제나 우리의 의식에 현상하는 존재자다.

이러한 존재자가 의식에 현상할 수 있는 것은 우리의 의식이 지향성이라는 본질을 갖고 있기 때문이다. 의식은 언제나 그 무언가에 관한 의식이며, 언제나 무언가를 향하고 있다. 이때 의식은 자신이 지향하는 지향적 대상으로서 존재하는 것 전체를 가질 수 있다. 시공간상에 현실적으로 존재하는 대상뿐 아니라 유니콘과 같은 상상 속의 존재나 수와 같은 이념적 존재까지도 의식의 지향적 대상으로 포섭되는 것이다. 결국 우리의 의식이란 가장 넓은 의미에서의 존재자 전체, 세계 전체를 자신의 지향적 대상으로 품을 수 있는 광활한 영역이다.

이런 점에서 철학이 존재자 전체를 (엄밀하게) 탐구해야 한다면, 모든 존재자가 현상하는 의식의 영역을 탐구해야 한다. 앞서 이야기했듯이 우리는 의식에 독립해 있는 존재자를 인식할 수는 없기 때문에 의식에 현상하는 존재자를 탐구할 수밖에 없다. 그래서 현상학은 존재 및 세계가 경험되는 방식을 연구하고 주체가 이러한 경험을 갖는 방식을 연구한다.

그런데 우리가 존재자를 경험할 때 우리는 언제나 의식에 주어지는 것을 넘어서(초월하여) 우리에 대해 존재하는 대상을 구성한다. 가령 우리는 내 앞에 주어진 감각소여를 그저 감각 복합물로만 파악하는 것이 아니라, 그것을 넘어서 그러한 감각소여에 의미를 부여하고 내 앞의 존재자를 어떤 의미로서 해석하고 파악하는 것이다. 이것이 인식 주관의 의미 구성 작용이다. 그리고 이러한 의미 구성 작용을 하는 인식의 주체는 언제나 주어진 것을 넘어서 더 많이 사념함으로써 인식 기능을 수행하는 초월론적 기능을 갖는다는 점에서 초월론적 주관으로 불린다. 초월론적 주관은 자신의 지향적 대상으로서 모든 세계를 품고 있기 때문에 결국 현상학의 탐구 영역은 세계를 지향적 상관자로 갖고 있는 초월론적 주관성의 의식의 영역이 된다.

그런데 초월론적 주관성의 의식의 영역은 오직 일상의 자연적 태도를 괄호 침을 통해서만 주제화될 수 있다. 일상의 자연적 태도에서 우리의 관심은 언제나 우리의 의식에 독립적으로 존재한다고 (잘못되게) 믿고 있는 외부 대상을 향하고 있어서 자연적 태도에서는 초월론적 주관성의 의식의 영역이 결코 주제화될 수 없기 때문이다. 그래서 우리는 우선 세계가 의식에 독립적으로 존재한다고 믿는 자연적 태도의 일상적 가정을 괄호 칠 필요가 있다. 자연적 태도의 이와 같은 가정은 세계의 존재론적 우선성에 대한 가정이다. 그러나 자연적 태도를 괄호 침으로써 도달하게 되는 현상학적 태도는 모든 존재가 오직 '의식에 대해서' 존재함을 드러내준다. 여기서 의식은 절대적인 것으로 드러난다. 이 절대적인 것에 대해서, 존재하는 모든 것은 상대적이다. 의식은 모든 존재하는 것이 경험되는 가능성의 조건이다.

이와 같은 의식의 절대성이 시사하는 바는 의식이야말로 모든 존재에 앞서는 첫 번째 것이라는 점이다. 의식은 세계를 구성하기 때문에 세계는 의식에 의존적이다. 우리에게 존재하는 모든 것은 초월론적 주관의 구성 작용의 산물이다. 이와 같이 초월론적 주관은 우리에게 존재하는 모든 것을 구성한다는 의미에서 모든 존재에 앞서기 때문에 철학의 시작은 초월론적 주관성에 대한 연구에서 출발해야 하며, 초월론적 주관성에 관한 연구가 제일철학이 되어야 한다. 이것은 곧 세계를 경험하는 초월론적 주관성에 관한 형상적 학문인 현상학이 제일철학이 되어야 함을 의미한다. 결국 철학을 비롯한 모든 학문이 토대해야 하는 최초의 학문적 기반은 현상학이 되는 것이다. 모든 학문을 정초해야 할 제일철학은 바로 초월론적 현상학이라는 테제가 이 책을 관통하고 있다.

제일철학이라는 이념의 실현을 향한 철학사적 여정

『제일철학 1』에서 후설은 '비판적 이념사'라는 제목으로 서구 전통의 철학사를 철학의 이념의 관점에서 조명한다. 후설은 고대에서 근대에 이르는 철학의 역사를 제일철학의 이념이 현실화되어가는 목적론적 과정으로 해석하면서 줄기찬 회의주의의 압력으로부터 제일철학을 확립하려는 시도의 절정에 현상학을 위치시킨다.

제일철학의 이념의 실현을 향한 철학사적 여정을 기술하면서 후설은 우선 철학의 위대한 시작을 열었던 사상가로 플라톤과 데카르트를 꼽는다. 플라톤은 절대적 진리를 추구해가고자 하는 "참되고 진정한 학문의 이념"(1권 19쪽)을 창조했다. 데카르트는 "철학의 절대적으로 필연적인 시작을 발견하고, 이 시작을 절대적이고 완전한 순수한 자기 인식에서 길어내려는 시도를" 했다(1권 20쪽)는 점에서 철학을 완전히 새롭게 시작했다.

이러한 철학의 이념은 결국 주관성에 관한 학문을 요청하게 되는데, 일단 고대에는 그러한 학문의 필요성을 자각하지 못했다. 그럼에도 불구하고 그러한 학문의 결여는 회의주의라는 역사적 지표를 통해 감지된다. 후설은 철학사 속에 반복적으로 나타나는 회의주의를 '히드라'에 비유한다(1권 83쪽). 히드라에 언제나 새로운 머리가 자라나듯이 철학사 속에 회의주의도 끈질기게 번성해왔다. 후설에 따르면 "심지어 정밀한 수학조차도 공격하는 회의주의가 이렇게 울창하게 번성한다는 것은 플라톤 이후의 학문이 학문의 포부에 따라 철학으로서 수행해야 했던 것, 즉 절대적 정당화로부터 비롯된 인식을 진실로 수행하지 않았다는 증거다"(1권 83쪽). 절대적 정당화로부터의 학문이 올바르게 확립되었더라면 회의주의의 활동은 불가능했을 터이니 말이다.

그러나 후설은 회의주의를 단순히 물리쳐야 할 적으로만 보지는 않는다. 회의주의는 인식하는 주관을 주목하게 하는 역사적 계기로 기능하기 때문이다. "회의주의적 논변에서, 비록 원시적이고 모호한 형태이기는 하지만, 가장 보편적인 의미를 지닌 완전히 새로운 철학적 동기가 인류의 철학적 의식에 들어서게 된다. 세계가 소박하게 미리 주어져 있다는 생각이 처음으로 의심스럽게 되고, 그로부터 세계 자체도 세계 인식의 원리적 가능성에 관해, 그리고 세계의 자체 존재의 원리적 의미에 관해서 의심스럽게 된다. 다르게 표현해보면 다음과 같다. 실재적인 세계 총체가, 그리고 후속하는 결과로는 가능적 대상성 일반의 총체가, 처음으로 가능한 인식, 가능한 의식 일반의 대상으로서 '초월론적으로' 고찰된다"(1권 86~87쪽). 이와 같이 회의 속에는 초월론적 동기가 숨겨져 있다. "회의를 통해서 자신을 나타내는 대상에 소박하게 몰두하는 인식으로부터 반성적 태도로의 이행이 수행되었고, 이러한 반성적 태도 속에서는 인식하는 의식이 가시적이 되고, 인식된 것이 다양한 인식 작용의 통일체로서, 인식 작용과의 관계 하에서 고찰되어야" 했다(1권 96쪽).

고대의 소피스트 철학에서 시작된 회의의 초월론적 동인은 근대에 와서야 영향력을 발휘하기 시작한다. "데카르트 철학과 근대 철학 전체의 새로움은 이러한 철학이 보편적 발달 상황에서 아직 극복된 적이 없는 회의주의와의 싸움을 새롭게, 완전히 새로운 정신에서 받아들였으며, 또 회의주의를 정말로 철저하게, 그 궁극적인 원리적 뿌리에서 파악하고, 이로부터 회의주의를 최종적으로 극복하고자 시도했다는 데 있다"(1권 87~88쪽). 특히 그것은 데카르트의 『성찰』에서 절대적 인식으로서 에고 코기토의 발견으로, 따라서 최초의 초월론적 철학으로 이끄는 역할을 맡는다.

데카르트는 "초월론적으로 순수한, 그 자체로 절대적으로 완결된 주관성"(1권 91쪽)을 발견했다. 이것은 초월론적 철학의 시작에 무엇보다 필요했던 것이다. "그러나 데카르트는 이러한 발견의 본래적 의미를 손에 넣을 수 없었다. (중략) 데카르트는 새로운 대륙을 발견했으나 이에 대해 조금도 알지 못하고 그저 옛 인도로 가는 새로운 항로를 발견했다고 생각했던 콜럼버스와 같았다. 왜냐하면 데카르트는 새롭고 철저하게 정초되어야 할 철학의 문제의 가장 심오한 의미를 파악하지 못했고, 혹은 본질적으로 같은 말이지만, 에고 코기토에 뿌리박힌 초월론적 인식의 정초 및 학문의 정초의 진정한 의미를 파악하지 못했기 때문이다"(1권 91~92쪽).

데카르트는 "철두철미 객관주의적 선입견에 사로잡혀 있었다"(1권 105쪽)는 점에서 "초월론적 토대, 즉 에고 코기토 위에 구축되는 진정한 초월론적 철학의 설립자가 되지" 못했다(1권 105쪽). "데카르트가 발견한 순수 자아는 그에게 다름 아닌 순수 영혼이었다. 그것은 모든 인식자에게 절대적 의심 불가능성 속에서 주어지는, 그리고 직접성 속에서 유일하게 주어지는, 객관적 세계의 작은 일부이며, 이것으로부터 그 밖의 모든 세계가 추론을 통해 보증되는 것이었다"(1권 105쪽).

"충분히 깊이 파고들지 못했던 데카르트의 철저주의는 어떤 진지한 계승자도 찾지 못한다"(1권 106쪽). 로크에게서는 "미리 근본적으로 의문시된 학문을 절대적으로 확실한 토대 위에 체계적으로 정초하는 일이 더는 진지하게 논의되지 않는다. 세계는 확고하게 서 있고, 객관적 학문의 가능성도 근본적으로는 확고하게 서 있다. 그러나 객관적 학문을 진척시킬 수 있기 위해서는 객관적 학문의 도구, 즉 인간 지성을 올바른 방식으로 연구하는 일이 필요하다. 이때 구체적으로 취해진 자명한 주제여야 하는 것은 로크에 따르면, 다름 아닌 데카르트적 자아다"(1권 107쪽). "데카르트가 에고 코기토를 자신의 학문의 주제로 삼기를 포기했다면 로크의 새로운 점은 그가 이를 수행한다는 데에 있다. 그러나 이때 로크는 완전히 자연주의적으로 태도를 취하고, 자아를 미리 주어진 세계 속의 영혼으로 간주한다"(1권 107~108쪽).

후설에 따르면, 로크는 데카르트가 요구한, 모든 학문에 선행해야 할 지성에 관한 이론을 실제로 수행하고자 하였으나 "데카르트적 정신의 상속 자로서의 자격이 없으며, 『성찰』에 놓인 가장 귀중한 추진력을 흡수하지 못했다"(1권 114쪽). "모든 학문과 경험 세계 자체를 의문시함으로써 데카 르트처럼 시작하는 대신에, 로크는 새로운 객관적 학문의 타당성을 완전 히 소박하게 전제하고, 게다가 경험된 세계의 현존을 자명한 것으로 간주 했다"(1권 114쪽). "로크는 완전히 소박성에 잠겨, 데카르트적인 시작, 즉 소박한 독단주의를 극복하는 이와 같은 참된 시작을 포기"했다. "로크는 소박한 독단주의적 태도를 확고히 고수하면서 그럼에도 지성, 이성의 원 리적 문제를 해결하고자 한다. 그래서 이러한 문제들은 로크에게는 아주 자명하게 심리학적인 문제들이 되었다. 진정한 객관적 학문과 철학의 근 거 놓기가 그 자신도 객관적인 학문인 심리학의 토대 위에서 수행되게 된 다"(1권 121쪽).

그럼에도 "로크의 저작 자체에는 순수 내재적 철학으로의 경향이 내재 해 있었다"(1권 207쪽). "버클리가 물질적 실체와 그것의 일차적 성질들에 관한 로크의 이론에 가했던 비판은 (중략) 버클리가 물질적 세계에 대한 최 초의 내재적인 이론을 정초하는 데 기여한다"(1권 208쪽). "그것은 실재적 세계의 구성을 인식하는 주관성 속에서 이론적으로 파악할 수 있게 만들 려는 최초의 체계적 시도이다"(1권 208쪽).

"로크의 내재적 직관주의로의 혼란스러운 단초들을 버클리가 순수화한 것, 여기에 객관적 세계 학문으로서의 전통적 심리학 전체와는 필연적으로 구별되는 순수 의식에 관한 학문의 최초의 싹이 놓여 있다"(1권 214~215쪽). 그러나 "버클리 자신은 이러한 순수 의식에 관한 학문을 체계적으로 다루 지 않았고, 모든 인식과 학문 일반에 대한 근본학으로서의 그 학문의 완전 한 이념을 경계 짓지도 못했다"(1권 215쪽).

"내재적 자연주의 속에서 버클리를 훨씬 넘어서면서 버클리의 작업을 완성한 사람은 데이비드 흄이다". 흄은 "버클리의 이론과 비판들 속에서 새로운 종류의 심리학의 발현을 알아차렸고, 그 속에서 모든 학문 일반을 위한 근본학을 인식"했다(1권 215쪽). "흄은 본질적으로 새로운 유형의 근본적 심리학주의를 정초했는데, 이 심리학주의는 모든 학문을 심리학에, 그러나 순수 내재적이면서 동시에 순수 감각주의적인 심리학에 근거 짓는 것이었다"(1권 215쪽).

후설에 따르면, "흄의 거의 모든 논의에는 현상학적 연관들이 함께 보이면서 놓여 있고, 또 독자의 시야에 함께 들어오면서 놓여 있다. 자연주의적으로 잘못 해석된 모든 문제들의 배후에는 참된 문제들이 숨어 있고, 모든 불합리한 부정들의 배후에는 귀중한 입장의 계기가 숨어 있다. 그저 흄 자신이 그것들을 유효하게 하지 않았고, 이론적으로 파악하지 않았으며, 이론적 근본 입장들로 형성하지 않았을 뿐이다"(1권 248쪽). 후설은 흄의 철학을 "하나의 직관주의 철학이며, 순수 내재적 철학"(1권 249쪽)으로 이해한다. 후설에 따르면 흄의 철학은 유일한 "진정한 직관주의 철학인 현상학의 초기 형태"(1권 249쪽)다.

살펴본 바와 같이 후설은 고대에서 근대에 이르기까지의 철학사를 절대적 이념과 회의주의, 또 객관주의와 주관주의의 대결의 역사로 해석하면서 이러한 대결의 과정 속에서 초월론적 주관성에 관한 학문이 예비되어온 것으로 이해한다. 전체 철학사는 고대에 잉태된 철학의 이념이 스스로를 현실화해나가는 목적론적 과정이며, 이 정점에 주관성에 관한 근본학으로서의 현상학이 위치한다는 것이다. 철학의 이념에 대한 이와 같은 역사적 숙고는 철학의 참다운 시작을 위해 현상학이 요청되는 필연성을 이해할 수 있게 해준다.

제일철학에 이르는 학문적 방법 — 비데카르트적 환원의 길의 도입

『제일철학 2』에서 후설은 '현상학적 환원의 이론'이라는 제목으로, 철학의 이념을 실현할 수 있는 주관성에 관한 학문, 즉 제일철학으로서의 초월론적 현상학에 이를 수 있게 하는 학문적 방법을 제시한다. 이러한 학문적 방법은 초월론적 현상학적 환원으로서 초월론적 주관성의 경험의 영역을 개시해준다. 그렇다면 이러한 환원의 방법은 무엇이며 그것이 요청되는 이유는 무엇일까?

일반적으로 현상학적 환원은 일종의 태도 변경으로서 우리를 특정 태도 속에서의 선입견으로부터 해방시켜, 탐구하고자 하는 사태에 적합한 방식으로 주어진 사태를 직관할 수 있게 해주는 방법적 절차다. 즉 특정 태도 속에서 은폐되어 있던 사태의 참모습을 우리에게 드러내 밝혀주는 것이 현상학적 환원이다. 그래서 어떠한 학문적 탐구 대상이든 그 탐구 대상에 제대로 접근하기 위해서는 그것을 위해 요청되는 특정한 태도 변경, 특정한 현상학적 환원이 필요하다.

초월론적 현상학에 이르기 위해서도 초월론적 경험의 영역을 드러내줄 수 있는 현상학적 환원의 방법이 필요한데, 이것이 초월론적 현상학적 환원이다. 초월론적 현상학에 이르기 위해 초월론적 현상학적 환원이 필요한 이유는 우리의 일상적인 자연스러운 태도(자연적 태도)에서는 초월론적 현상학이 탐구해야 할 초월론적 주관성의 영역이 시야에 드러나지 않기 때문이다. 자연적 태도에서의 이러한 은폐 성향을 극복하고, 초월론적 주관성의 영역을 학문의 탐구 대상으로 주제화하기 위해서는 자연적 태도의 일반정립, 즉 외부 세계가 의식에 독립해서 그 자체로 존재한다는 존재 믿음을 판단중지하고, 외부 대상으로 향해 있던 우리의 시선을 우리의 의식으로 향해야 한다. 자연적 태도의 일반정립을 판단중지할 때에야 비로소 세계는 초월론적 주관성에 의해 구성된 의미의 총체임이 드러난다. 그리고 세계는 하나의 현상으로서 현상학의 탐구의 영역에 포섭되게 된다.

그런데 초월론적 주관성에 이르는 환원의 길은 한 가지만 존재하는 것이 아니다. 후설은 1913년에 출간된 『이념들 1』[3]에서 우선 데카르트적 길로 명명되는 환원의 길을 소개한다. 이 길은 의심스러운 것을 지식의 목록에서 배제해나가는 절차로 시작되는데, 이 길이 데카르트적 길로 불리는 이유는 이러한 환원을 도입한 이유가 절대적으로 타당한 지식을 발견하려는 데카르트적 동기에서 비롯된 것이기 때문이다. 그러나 후설은 1924년 강의인 『제일철학 2』에서 비데카르트적 길로 불리는 새로운 길을 개척하는데, 여기에서 이 길은 심리학의 길의 형태로 도입된다.

후설이 초월론적 현상학에 이르는 새로운 길을 도입한 이유는 데카르트적 길의 한계와 단점 때문이다. 데카르트적 길은 철학의 시작점이 절대적으로 정당화된 필증적 인식이어야 한다는 요구에서 출발하여 초월론적 태도로 직접적으로 상승하는 길이며, 여기서 발견되는 코기토는 철학의 필증적 시작을 보증한다. 그러나 데카르트적 길에서 발견되는 코기토는 그 구체적인 내용이 잘 드러나지 않아 공허하며, 후설이 전통적 의미의 데카르트주의자이자 관념론자이며 심지어 유아론자라는 오해를 낳기도 했다. 그래서 후설은 현상학적 심리학을 경유하는 새로운 길인 비데카르트적 길을 개척했는데, 이는 곧바로 보편적 환원을 행하기보다 우리가 이미 가지고 있는 의식 작용들에 개별적으로 환원을 행한 후 마지막으로 보편적 환원

3 E. Husserl, *Ideen zu einer reinen Phänomenologie und phänomenologischen Philosophie. Erstes Buch: Allgemeine Einführung in die reine Phänomenologie*. Den Haag: Martinus Nijhoff, 1950 (Husserliana III).

을 행하는 형태를 취한다.

일상적인 자연스러운 태도에서 우리는 우리를 둘러싼 대상들로 우리의 시선을 향한다. 이때 우리의 의식 활동은 시야에 들어오지 않고 익명적인 것으로 남는다. 그러나 우리는 반성을 통해 우리의 시선을 의식 활동 자체로 향하게 하여 주관성이라는 우리의 의식을 주제화할 수 있다. 이와 같은 반성은 반성되는 자아와 반성하는 자아 사이의 분열을 수반한다. 반성되는 자아는 작용을 수행하면서 언제나 외부 대상에 시선을 향하며, 자신의 활동에 대해서는 자각하지 않는다. 반면 반성하는 자아는 반성되는 자아의 의식의 활동에 주목한다.

이때 반성하는 자아는 반성되는 자아가 가지고 있는 대상들에 대한 존재 믿음이나 타당성 정립을 공유할 수도 있고, 공유하지 않을 수도 있다. 그런데 만일 반성하는 자아가 반성되는 자아의 존재 믿음이나 타당성 정립을 억제한다면, 이러한 억제는 반성되고 있는 작용에서의 순수하게 주관적인 것에 주목할 수 있게 한다. 이처럼 의식 주관의 개별적인 작용에 대해 그 작용이 관여하고 있는 대상에 대한 존재 믿음이나 타당성 정립을 억제함으로써 순수하게 주관적인 것을 직관하게 하는 환원이 현상학적 심리학적 환원이다.

현상학적 심리학적 환원을 통해 우리는 개별 작용에서 대상이 주관에 주어지는 방식에 집중할 수 있게 되는데, 이때 각각의 모든 개별적인 작용들은 당장 자신이 직접적으로 향하고 있는 대상 외에도 다른 대상성들의 지평에 둘러싸여 있음이 드러난다. 이와 같이 특정한 작용에 영향을 미치고 있는 지평들에 대한 지향성을 후설은 지평 지향성이라고 부른다. 모든 개별적 작용은 이와 같은 지평 지향성을 동반할 뿐 아니라 궁극적으로는 전체 세계를 지향한다. 따라서 개별적 작용의 지평 지향성은 세계 의식을 함축한다.

이와 같이 개별적인 작용에서의 타당성 정립은 숨겨진 채 작동하는 무수한 지평 지향성의 타당성 정립까지도 함축하기 때문에, 개별 작용에서 순수 주관적인 것에 완전무결하게 이를 수 있기 위해서는 결국 세계 지평의 타당성의 판단중지를 의미하는 보편적 환원이 요구된다. 이와 같은 보편적 환원을 통해 초월론적 주관성의 순수한 삶의 영역과 초월론적 주관성의 지향적 대상으로서의 현상 세계가 드러난다. 이는 정확히 초월론적 현상학의 탐구 영역에 해당한다. 심리학의 길은 개별적인 작용들의 환원에서 시작하여 보편적 환원에 이름으로써 현상학적 심리학을 경유하여 궁극적으로는 초월론적 현상학으로 이행할 수 있게 하는 것이다.

이와 같은 심리학의 길은 데카르트적 길에 비해 여러 가지 이점을 지닌다. 심리학의 길은 데카르트적 길이 개시하는 초월론적 현상학과 달리 필증적 명증으로 주어지지 않는 다양한 의식 체험들, 가령 타인경험이나 발생적 현상학이 주제화하는 수동적 발생의 문제 등을 해명하는 데 유리하다. 데카르트적 길을 통한 초월론적 현상학적 환원은 비필증적 경험을 모두 소거하는 전략을 취하기 때문에 초월론적 주관성이 품고 있는 내용이 극히 제한적으로 시야에 들어오게 되지만, 비데카르트적 길을 통한 초월론적 현상학적 환원은 초월론적 주관성이 품고 있는 비필증적 경험까지도 드러내 보여줌으로써 초월론적 주관성의 보다 풍부한 모습을 우리에게 열어주는 것이다.

이와 같이 심리학을 통한 길은 자연적 태도의 현상학적 심리학에서 시작함으로써 내용적 풍부함을 가지고 시작하지만, 궁극적으로는 보편적 환원을 통해 초월론적 현상학에 이르게 된다. 후설이 『제일철학 2』에서 도입한 비데카르트적 길은 결과적으로는 초월론적 현상학의 탐구 영역을 훨씬 넓고 풍부하게 제시해주기 위한 길인 것이다. 데카르트적 길이 초월론적 경험의 영역으로 직접 상승하는 방법인 반면, 심리학의 길은 자연적 태도에서의 현상학적 심리학을 경유하여 초월론적 경험의 영역에 간접적으로 도달하는 방법일 뿐이다. 결국 데카르트적 길과 비데카르트적 길로서의 심리학의 길은 초월론적 주관성의 영역에 도달하는 방법이 다를 뿐, 궁극적으로는 초월론적 주관성의 경험의 영역이라는 공통의 영역에 도달할 것을 목표로 한다.

제일철학의 이념과 데카르트주의

『제일철학 2』에서 후설이 비데카르트적 길을 도입한 데 대해서는 상반된 두 해석이 있다. 그것은 후설이 데카르트적 길의 불충분성 때문에 비데카르트적 길을 개척했으나 말년까지 데카르트적 길은 포기되지 않았으며 초월론적 현상학에 이르는 동등하게 가능한 다양한 길 중 하나로서 보존된다는 해석과, 데카르트적 길에 대한 필연성의 요구가 몰락함으로써 데카르트적 길이 더는 필연적인 길이 아니며 종국에는 포기되는 길이라는 해석이다.

데카르트적 길이 결국은 포기되는 길이라는 입장은 『제일철학』 강연을 타이핑한 후설의 조교 란트그레베가 주장했고, 『제일철학』 1권과 2권에 해당하는 후설 전집 7권과 8권의 편집자인 루돌프 뵘이 지지했다. 뵘은 편집자 서문에서 데카르트적인 길의 본질적인 것은 이 길의 필연성의 요구에 있는데, 이 길의 필연성 요구가 몰락함으로써 데카르트적 길은 원리적으로 포기된다고 이야기한다. 그리고 데카르트적 길을 기술하려는 시도와 저 필연성의 요구는 제일철학의 이념으로부터 생겨난 것이기에, 초월론적 현상학으로의 데카르트적 길의 몰락과 함께 제일철학의 이념도 해체된다고 이야기한다.

뵘은 제일철학의 현실화의 원리적 가능성과 거기에 원리적으로 기초하는 데카르트적 이상의 의미가 물음 속에 세워진다는 데에서 현상학에 제일철학의 이념으로부터 요구되는 발전 형태를 부여하려는 후설의 시도는 좌절될 수밖에 없다고 본다. 그러니까 제일철학의 이념은 그것을 현실화하려는 시도에서 해체를 겪을 수밖에 없다는 것이다.

이것은 란트그레베가 "데카르트주의로부터의 결별"[4]이라고 부른 것과 일맥상통한다. 란트그레베는 후설이 초월론적 주관성이 시간성 및 역사성을 지닌 끝없는 삶의 무한한 연쇄의 총체성을 수반한다는 것을 깨달았을 때 필증성을 추구하는 제일철학의 이념은 실현할 수 없는 것으로 포기되었다고 해석한다. 란트그레베는 『제일철학』에서 심리학의 길이 도입됨으로써 제일철학의 이념을 실현하고자 하는 데카르트주의적 기획은 난파를 맞은 것으로 해석하고 있는 것이다. 이와 같은 란트그레베의 독해는 몇 세대 동안 후설의 수용에 영향을 미쳤고, 이러한 해석은 여전히 살아 있다.

『제일철학』 이후의 저작들에서 '제일철학'이라는 표현이 뒤로 밀려나고, 후기 철학에서는 '초월론적 철학'이라는 표현이 이를 대체하는 경향을 보이는 것은 이러한 해석을 지지해주는 듯 보이기도 한다. 그러나 후설의 후기 철학이 데카르트주의와 결별했다는 오래된 해석에 반대하는 새로운 해석들도 존재한다. 이러한 해석의 근거는 심리학의 길도 모든 인식의 엄밀한 정초라는 목표하에 수행되는 길이며, 심리학의 길이 발견하는 초월론적 주관성도 데카르트적 길이 발견하는 초월론적 주관성과 마찬가지로 인

---

4   L. Landgrebe, "Husserls Abschied vom Cartesianismus", *Philosophische Rundschau* 9/2 und 9/3, 1961.

식의 보편적이고 엄밀한 정초의 토대로서 기능한다는 데 있다.

심리학의 길은 결국 세계 전체의 존재 타당성을 괄호 속에 넣는 보편적 환원으로 끝나며, 그 수확물로 얻게 된 초월론적 주관성의 발견 이후에 계속해서 초월론적 경험의 영역에 대한 필증적 비판을 요구한다. 심리학의 길 역시 필증적 명증에 대한 추구를 포기하지 않고 있는 것이다. 심리학의 길의 마지막 절차가 초월론적 경험의 영역에 대한 필증적 비판이라는 사실은 심리학의 길 역시 필증적 비판을 수행하는 작업의 순서가 시작점에서 끝점으로 밀려날 뿐, 데카르트적 길과 마찬가지로 필증적 앎의 추구에 의해 추동되고 있음을 보여준다. 결국 데카르트적 길과 비데카르트적 길은 초월론적 주관성에 도달하는 직접적인 길이냐 우회로를 거쳐가는 길이냐의 차이가 있을 뿐 동일한 종착지를 목표로 하는 길인 것이다. 그러므로 초월론적 현상학에 이르는 비데카르트적 길의 도입에도 불구하고 데카르트주의적인 제일철학의 이념은 초월론적 현상학을 규정하는 정신으로서 끝까지 존속된다고 볼 수 있다.

제일철학의 이념과 철학의 현재

제1차 세계대전 이후, 이성에 대한 불신과 회의주의가 지배하는 시대적 분위기 속에서 후설은 현대의 위기를 감지하고 이에 맞서려고 시도했다. 후설의 야심은 현상학을 고대 그리스 플라톤의 철학에서 잉태되어 근대에 부활하고 다시 좌절하기도 하였던 제일철학으로 해석하는 데 그치지 않았다. 후설은 더 나아가 현상학이 현대의 위기의 해결책이라고 확신했다. 현대의 문화와 학문의 운명은 진정한 철학으로서의 현상학이라는 토대가 얼마나 굳건히 세워질 수 있는가에 달려 있다고 생각했기 때문이다.

물론 필증적 진리를 추구하는 초월론적 현상학을 통해 여타의 모든 학문을 정초한다는 '제일철학'의 (거창한) 이념은 현대철학에서는 유행에 뒤떨어진 것으로 보이기도 한다. 그럼에도 불구하고 제일철학의 이념은 절대적 진리의 존재와 가치를 의심하고 부정하려는 오늘날의 철학적 경향 속에서, 우리에게 더욱더 근원적인 깊은 울림을 줄 수 있는 이념이라고 생각한다.

이 책이 제시하고 있는 '제일철학'의 이념은 플라톤 이래 절대적 진리를 추구해 들어가려는 철학의 정신을 보여준다. 후설은 사실적 경험의 영역에서는 인식의 상대성을 충실히 인정하는 철학자이지만, 철학의 영역인 선험적 인식의 영역에서는 절대적 인식을 추구해 들어가려는 열망을 결코 포기하지 않는다. 우리의 삶이 부단한 흐름 속에 있다는 것은 우리의 경험적 인식이 상대성 속에 놓여 있음을 보여주지만, 우리의 삶이 부단한 흐름 속에 있다는 그 사실 자체는 의심할 수 없는 필증적 진리이다. 이렇듯 철학에서 필증적 진리는 이미 존재할 뿐 아니라 앞으로도 계속 발견해나가야 할 무한한 탐구 영역이다. 후설은 자신의 철학에서 우리의 삶을 구성하는 여러 가지 본질들에 대한 필증적 인식이 원리적으로 어떻게 가능한지를 확립했다. 초재적 지각에 대해 내재적 지각이 갖는 인식적 우위나 본질 직관의 발견이 이를 잘 보여준다.

그럼에도 절대적 진리를 찾고자 하는 철학적 정신은 20세기 후반으로 오면서 더욱 약화되는 경향을 보여왔고, 오늘날도 이와 같은 경향성에서 완전히 자유롭지 못하다. 20세기 후반, 철학의 상황은 '해체'라는 단어의 급속한 부상과 더불어, 극단적 상대주의가 위협하는 모습을 보여주기도 했다. 그러나 극단적 상대주의, 대안 없는 허무주의적 상대주의는 철학적으로 옹호되기 어려울 뿐 아니라 많은 문제들을 파생시킨다. 이를테면, 극단적 상대주의는 학문의 성립 가능성을 부정하는 결과를 초래할 뿐 아니라 우리의 건전한 삶의 기반마저 파괴한다. 경험적 사실의 영역에서 온건

한 상대주의를 인정하면서도 선험적 인식의 영역에서 절대적 진리, 보편적이고 필증적인 진리를 추구해가는 것은 철학의 소임이며, 학자적 태도의 모범이다.

이러한 철학 정신은 철학사에서 숱한 좌절을 겪으면서도 끝없이 새롭게 부활했다. 후설은 서양 철학의 역사를 건설자와 파괴자의 끝없는 투쟁의 과정으로 이해한다. 달리 말하자면, 철학의 역사는 학문의 건물을 세우는 사람들과 전자가 성취한 것을 끊임없이 회의하고 파괴하는 사람들로 구성되는데, 후자는 때로는 회의주의의 형태로 철학의 모든 새로운 형태마다 새로운 반(反)철학(Antiphilosophie)을 대립시키면서 불멸해왔다. 이와 같은 회의주의는 잘린 머리에서도 언제나 새로운 머리가 자라나는 히드라와 같다. 후설은 참된 제일철학으로서의 현상학을 확립함으로써 회의주의의 히드라라는 야수를 죽이고, 절대적 진리로 무한히 접근하는 학문의 길을 열 수 있다고 생각했다. 그러나 후설의 철학은 제대로 이해되지 못했고, 야수는 여전히 길목에 버티고 있다.

제일철학의 이념이 오늘날 우리에게 여전히 의미를 갖는 것은 특히 후설이『유럽 학문의 위기와 초월론적 현상학』[5]에서 부르짖은 학문의 위기와 시대의 위기 상황이 여지껏 극복되지 못하고 오히려 더욱 심화되었기 때문이다. 학문은 사상 유례없이 파편화되고 전문화되었으며, 이로부터 각 학문은 기술적 발전의 원동력을 얻기도 하였으나 자신의 성과물이 우리의 전체 삶이라는 지평 속에서 어떤 의미를 지니고 또 지녀야 하는지는 스스

∙∙

5 E. Husserl, *Die Krisis der europäischen Wissenschaften und die transzendentale Phänomenologie. Eine Einleitung in die phänomenologische Philosophie*, Den Haag: Martinus Nijhoff, 1962 (Husserliana VI).

로 이해할 수 없게 되었다. 기술의 발전과 더불어 과학기술 만능주의가 팽배하면서 인간 소외는 더욱 심화되었고, 모든 인식의 근원이자 세계의 의미 원천으로서의 초월론적 주관인 인간의 절대적 가치는 망각되었다.

이에 후설의 위기의식과 그가 부르짖은 철학의 근본정신은 오늘날 여전히 유효하며, 이러한 위기 상황에 대한 해결을 모색하기 위해 우리는 여전히 후설을 읽을 필요가 있다. 초월론적 주관성에 관한 학문을 바탕으로 모든 학문을 아우르는 하나의 철학을 추구하고자 하는 후설의 시도는 파편화된 학문들 간의 소통과 통합의 범형을 제공한다. 또 인간이야말로 모든 존재와 세계의 근원으로서 어떤 자원으로도 기계로도 대체될 수 없는 절대적 존엄성을 지닌 초월론적 주체임을 보여준다.

후설은 이 책에서 서양 철학사를 개관하면서 점근적으로 진리로 접근해가는 학문의 목적론을 보여주었다. 그리고 초월론적 현상학적 환원을 통해 도달하게 되는 현상학을 통해 마침내 확고한 토대에서 시작하는 무한한 진보의 이념을 획득하였다. 후설이 보여준 진정한 철학 정신은 해체와 재건의 반복적 역사 속에서 우리의 철학이 추구하고 지향해가야 할 철학의 참된 원형이 무엇인지를 상기시켜주고 있다.

＊

이 텍스트는 프랑스어, 이탈리아어, 스페인어 등으로 번역되었고 이 한국어판 번역에 착수할 무렵 영역본이 출간되었다. 본 번역본은 주 텍스트는 물론 논문과 부록으로 이루어진 보충 텍스트 전체를 포함하고 있으나, 영역본은 보충 텍스트의 경우 일부만 번역되어 있다. 번역 과정에서 필요한 경우 영역본을 일부 참고하기도 했다.

후설의 독일어 문장은 독일어권 독자들조차 읽기 어려워할 정도로 복잡하고 까다롭다. 이는 특히 부록에 실린 연구 수고의 경우, 독백적 성찰의 형태로 쓰인 것이 많기 때문이기도 하다. 주 텍스트에 해당하는 강의 원고는 물론 청중을 상정하고 쓴 것이지만, 연구 수고의 많은 텍스트들은 청중을 염두에 두고 쓴 것이 아니라 후설의 내적 사유의 흐름대로 쓴 것이 많다. 자신의 생각을 정리하기 위해 쓴 이런 글들의 경우 문장의 일부가 생략되기도 하고, 틀린 문법이나 더욱 난해한 문법을 포함하기도 한다.

게다가 후설의 독일어 문장은 대개 복잡하고 긴 복문으로 구성되어 있기 때문에 번역 작업은 간단하지가 않았다. 후설은 내용을 부연 설명하기 위해 관계절이나 부사구를 연이어 사용하면서 장문으로 글을 써 내려가는 경향이 있는데, 길고 복잡한 이러한 문장들은 독일어 문장 구조 그대로 한국어로 옮길 경우, 상당히 어색한 문장이 되고 만다. 그래서 어떻게 하면 원문의 의미를 살리면서 길고 복잡한 복문들을 읽기 쉬운 한국어로 번역할 것인지를 깊이 고민해야 했다. 경우에 따라, 복잡한 복문들을 여러 개의 단문으로 끊어서 연결하는 등, 독일어 문장 구조를 자연스러운 한국어 문장 구조로 새롭게 변형하는 작업이 필요했다. 번역은 이렇게 원문의 내용에 충실하면서도 최대한 가독성을 높이는 방향으로 진행되었다.

번역어와 관련해서는 전문 용어의 경우, 현상학계에서 통용되는 번역어를 따랐다. 하나의 용어에 대해 둘 이상의 번역어가 존재하는 경우, 원문의 철학적 의미, 독일어의 관용 어법, 한국어의 용법 등을 종합적으로 고려하여 번역어를 선정하였다. 여기에는 번역에 있어서 다소 논쟁적인 용어도 포함되어 있는데, 이런 용어의 경우, 옮긴이의 철학적 견해에 기반하여 번역어를 선정하였다.

독일어판의 편집자 주는 싣지 않았는데, 이는 저작권 문제 탓도 있지만,

편집자 주가 원문 이해에 꼭 필요한 것은 아니라는 판단 때문이었다. 편집자 주가 독해를 위해 꼭 필요하다고 생각될 경우에는 편집자 주를 참고해서 역자 주로 고쳐 달기도 했다. 역주는 독자들에게 생소할 수 있는 전문 용어에 대한 간략한 설명과 텍스트 이해를 위해 필요한 기본적인 정보들을 위주로 작성했다. 또 본문의 문장 이해를 돕기 위해 역자가 추가한 말들도 있는데, 그러한 말은 〔〕안에 넣어서 표기했다.

지난 번역 과정을 회고해보면, 참으로 많은 인내심을 요하는 지난한 과정이었다. 이는 책의 분량의 방대함 때문이기도 하지만, 독일어 문장의 까다로움과 철학적 내용의 어려움에 기인하는 것이기도 했다. 1000페이지에 달하는 이 텍스트를 혼자서 작업한다는 것은 결코 녹록하지 않았고, 옮긴이의 역량만으로는 감당하기 벅찬 과제였다.

이러한 상황에서 독일에서 유학 중인 최일만 선생님이 큰 도움을 주셨다. 최일만 선생님은 번역 원고 전체를 꼼꼼히 검토해주셨다. 여러 오역을 바로잡아주었고, 더 나은 번역어를 제안해주기도 하였으며, 가독성이 떨어지는 문장은 가독성 높은 문장으로 고쳐주기도 하셨다. 이 번역본은 공동 번역이라고 해도 과언이 아닐 만큼 실질적으로 최일만 선생님과의 공동 작업의 결과물이다. 이 번역본의 훌륭한 점이 있다면 상당 부분 최일만 선생님의 공로일 것이다. 박사논문을 준비하는 바쁜 와중에도 최선을 다해 성심성의껏 번역 원고를 검토해준 최일만 선생님께 깊은 존경과 감사의 마음을 드린다.

아울러 옮긴이에게 학문적으로나 삶에서나 지금껏 많은 가르침을 주시고, 이 번역 프로젝트에 참여하도록 독려해주신 이남인 교수님께도 감사드린다. 나의 은사이신 이남인 교수님의 격려가 아니었다면 이 엄청난 작업을 시작할 생각조차 하지 못했을 것이다. 또 독문학자로서 까다로운 문장 해석에 조언을 준 형부 슈테펜 하니히(Steffen Hannig) 교수와 나의 언니 박수미, 희랍어 번역에 도움을 준 임성진 선생님과 이 방대한 분량의 원고를 온전한 책의 형태로 만들어주신 편집부 선생님들께도 감사드린다. 4년이라는 긴 세월 동안 붙잡고 있던 이 과제를 끝마치며, 이 책이 후설 현상학에 대한 이해를 심화하고 한국 사회의 문화와 학문의 발전에 기여할 수 있는 작은 밑거름이 되기를 소망해본다.

2025년 봄
옮긴이 박지영

찾아보기

지은이

:: 에드문트 후설 Edmund Husserl

후설은 옛 오스트리아제국의 작은 도시인 프로스니츠(현재 체코의 프로스테요프)의 유대인 가정에서 태어났다. 1883년, 빈대학에서 수학의 변이 이론으로 박사 학위를 받았으나, 프란츠 브렌타노를 사사하면서 철학으로 전향했다. 1887년에 교수 자격을 취득한 뒤 할레대학, 괴팅겐대학에서 교편을 잡았으며, 1916년에 하인리히 리케르트의 후임으로 프라이부르크대학의 철학과 정교수로 취임했다. 유대인이었기에 말년에는 나치로부터 박해를 받았다.

초기 저작인 『산술 철학』(1891)에서는 수학적 대상을 심리적 작용으로 환원하는 심리학주의에 경도되었으나, 『논리 연구 1, 2』(1900, 1901)에서 심리학주의를 비판하면서 의식의 지향성에 대한 순수 기술적 방법인 현상학을 창시했다. 이후 후설은 의식에 대한 순수 기술로서의 현상학을 초월론적 환원에 기초한 초월론적 현상학으로 발전시켰는데, 이것을 체계적으로 정리한 것이 『순수현상학과 현상학적 철학의 이념들 1』(1913)이다. 이후 그는 현상학을 발생적 현상학으로 확장했는데, 『형식논리학과 초월론적 논리학』(1928)과 사후에 출간된 『경험과 판단』(1939) 등은 그 탐구의 빼어난 성과다. 또한 『데카르트적 성찰』(1931), 『유럽 학문의 위기와 초월론적 현상학』(1936) 등은 초월론적 현상학을 철저히 정초하려는, 필생에 걸친 노력의 마지막 결실이다. 생전에 출간한 이러한 저서들 외에도 후설은 총 4만 5000여 장에 달하는 방대한 연구 원고를 남겼는데, 이 연구 원고들은 아직도 후설 전집으로 출간 중이다.

후설은 현상학의 엄밀한 방법을 통해 학문의 토대를 철저히 정초함으로써 실증주의에 의해 생겨난 현대 학문과 문화의 위기를 극복하고자 평생 분투했다. 그가 개척한 현상학은 20세기 주요 철학 사조의 하나가 되었으며, 철학에서뿐만 아니라 인문학, 사회과학, 예술 등 여러 분야에서 광범위한 영향을 미치고 있다.

옮긴이

:: 박지영

서울대학교 미학과를 졸업하고, 같은 대학 철학과 대학원에서 후설의 명증 이론에 관한 연구로 석사 학위를, 상호주관적 명증에 관한 현상학적 연구로 박사 학위를 받았다. 지은 책으로는 『진리에 대한 현상학적 성찰: 상호주관적 명증의 현상학』이 있고, 옮긴 책으로는 『현상학의 이념』(에드문트 후설), 『후설의 현상학』(단 자하비)이 있다. 또한 「후설 현상학의 이념과 상호주관적 명증의 문제」, 「후설과 상대주의」 등의 논문을 썼다. 현재 서울대학교와 성균관대학교에 출강하고 있다.

∴ 한국연구재단총서 학술명저번역 **670**

제일철학 2
현상학적 환원의 이론

1판 1쇄 찍음 | 2025년 2월 18일
1판 1쇄 펴냄 | 2025년 3월 12일

지은이 | 에드문트 후설
옮긴이 | 박지영
펴낸이 | 김정호

책임편집 | 임정우
디자인 | 이대웅

펴낸곳 | 아카넷
출판등록 | 2000년 1월 24일(제406-2000-000012호)
주소 | 10881 경기도 파주시 회동길 445-3
전화 | 031-955-9511(편집)·031-955-9514(주문)
팩시밀리 | 031-955-9519
www.acanet.co.kr

Printed in Paju, Korea.

ISBN 978-89-5733-970-1 94160
ISBN 978-89-5733-214-6 (세트)

이 번역서는 2019년 대한민국 교육부와 한국연구재단의 지원을 받아 수행된 연구임.
(NRF-2019S1A5A7068294)
This work was supported by the Ministry of Education of the Republic of Korea
and the National Research Foundation of Korea. (NRF-2019S1A5A7068294)